법학총서

국가조직론

장영수 · 김수갑 · 차진아

法 文 社

머 리 말

우리나라의 법학도 100년이 넘는 역사를 통해 발전되었으며, 서구의 법제도와 법이론을 수입하는 단계를 넘어 이제는 우리의 정치적·문화적 현실에 부합하는 법제도와 법이론을 만들어가는 단계에 접어들었습니다. 이러한 변화와 발전은 우리나라의 전체적 발전과 직접적으로 연결되어 있습니다. 민주주의와 법치주의의 발전이 법학의 발전을 가능케 했고, 또한 법학의 발전을 통해 민주주의와 법치주의의 안정을 공고화시키고 있는 것입니다.

그런 의미에서 가장 두드러진 발전을 보인 것은 법학 중에서도 헌법학이라고 할 수 있을 것입니다. 근대적 법제가 서구로부터 처음 도입되던 구한말의 경우, 군주제의 현실로 인하여 근대적 헌법을 수용하는 데에는 한계가 있을 수밖에 없었으며, 일제강점기에는 헌법학의 명맥을 이어가기조차 어려운 상황이었습니다. 그러던 것이 1945년 해방 이후로 눈부신 발전을 보이면서 이제는 우리나라의 발전과 더불어 우리의 헌법에 대한 외국의 관심도 높아지고 있으며, 우리나라의 헌법재판소제도를 모델로 삼고자 하는 나라들도 늘고 있습니다.

이러한 변화와 발전에는 몇 가지 중요한 계기들이 있었습니다. 1948년의 헌법제정은 물론이고, 이후의 9차에 걸친 헌법개정과정을 통한 발전이 그러하고, 그 중에서도 특히 1987년의 제9차 헌법개정은 6월 민주항쟁의 결과를 통해 헌법이론 및 헌법실무의 정상적 발전을 위한 기초를 형성했다고 할 수 있을 것입니다. 또한 그 바탕 위에서 1988년 구성되어 지금까지 20여 년간 활동하고 있는 헌법재판소가 우리나라의 헌법발전에 미친 영향은 아무리 강조해도 지나치지 않을 정도입니다.

이러한 결정적인 변화요인들 이외에도 크고 작은 요소들이 헌법이론과 헌법실무의 발전에 영향을 미쳐왔으며, 특히 최근에는 기존의 법과대학 체제에서 법학전문대학원 체제로 법학교육의 틀이 바뀌게 된 것도 상당한 영향을 미치고 있습니다. 이를 통하여 법조인 양성의 방식이 크게 달라졌고, 결과적으로 법학교육의 방식이 달라지면서 헌법학의 연구방식 및 교육방식의 변화가 이미 발생하고 있을 뿐만 아니라, 장기적으로는 법학전문대학원 출신의 법조인이 실무에 진출하게 되면서 헌법실무 또한 변화가 있을 것으로 예상해 볼 수 있는 것입니다.

최근의 헌법학교육에서는 헌법이론과 실무의 연결이 매우 강조되고 있습니다. 추상적인 헌법이론의 습득에 그치지 않고, 이를 구체적인 문제의 해결에 활용할 수 있는 능력의 배양이 중요시되고 있는 것입니다. 법학전문대학원의 출범은 이러한 변화의 추세를 더욱 강화시킬 것이 분명하지만, 아직 그에 대한 준비는 충분치 못한 것이 현실입니다.

이 책의 탄생배경은 이러한 문제인식에 기초하여 새로운 경향에 맞는 헌법학 교육을 위한 교재를 개발하는 데 있습니다. 기존의 헌법이론체계를 벗어나는 교재를 만들고자 한 것이 아니라, 그 바탕 위에서 실무와의 효과적 연계를 위한 보완장치들을 강화시키는 교재를 만들고자 하였던 것입니다. 이를 위하여 학설과 판례, 나아가 가설적인 사례들을 강화시킴으로써 헌법이론을 그때그때의 사건들에 적용할 수 있는 계기를 다양하게 제공하는 방식으로 교재를 구성하였습니다.

이를 위하여 저와 공저자들은 한편으로는 역할의 분담을 통해 각자의 전문성을 살리고자 노력했지만, 다른 한편으로는 공저의 경우에 흔히 발생될 수 있는 체계상의 불일치 문제를 최소화시키기 위하여 많은 대화와 토론을 통하여 체계적 일관성의 확보에 신경을 많이 썼습니다. 그 결과가 여러분이 보는 이 책입니다.

이 책이 나오기까지 학술진흥재단의 지원을 비롯하여 여러 동료교수님, 그리고 대학원생들의 관심과 격려 및 도움이 큰 힘이 되었습니다. 이 자리를 빌려 깊이 감사드리며, 최근의 어려운 출판계 사정 속에서 이 책의 탄생에 산파 역할을 해주신 법문사의 여러분들께도 감사드립니다.

2010년 2월
공저자를 대표하여
장영수

차 례

제5장 법 원

제6장 헌법재판소

제 1 장 헌법체계와 국가조직체계

제1절 국가와 헌법의 기초로서 주권자인 국민

개 요

헌법의 전체적 체계를 올바르게 이해하기 위해서는 그 출발점에 대해서 정확하게 아는 것이 매우 중요하며, 이런 의미에서 주권자인 국민이 국가와 헌법의 기초 내지 출발점이라는 점을 분명히 하는 것은 특별한 의미를 갖는다.

국민이 주권자라는 것은 단지 선언적 의미만을 갖는 것이 아니라 국가질서 내지 헌법질서의 초점이 주권자인 국민의 지위를 실질적으로 보장하는데 맞추어져 있음을 의미하는 것이다. 즉, 국민의 존엄 내지 인간의 존엄을 구체화시키는 것이 무엇보다 중요한 것이다.

이러한 바탕 위에서 국민에 의한 민주적 국가질서의 형성이라는 요청이 올바르게 이해될 수 있으며, 나아가 모든 국가권력이 국민으로부터 나온다는 헌법 제1조 제2항의 의미도 정확하게 이해될 수 있다.

Ⅰ. 국가와 헌법의 출발점: 국민(인간)의 존엄

국가와 국민의 관계 내지 공동체와 개인의 관계를 어떻게 볼 것인가에 대해서는 크게 두 가지 관점이 대립하고 있다. 전체주의는 일방적으로 공동체 중심적인 관점에서 모든 문제에 접근하는 반면에 개인주의는 개인의 절대적 우월성을 전제한다. 그러나 최근에는 양 극단을 피하면서 양자의 균형을 강조하는 입장이 폭넓은 지지를 얻고 있다. 이른바 **인격주의**에 따라 어느 한쪽의 관점에서만 이해할 것이 아니라 공동체와 개인이 상호의존하고 있다는 점을 강조하는 것이다.

그러나 국가와 국민의 관계를 헌법적으로 이해함에 있어서는 이러한 시각을 국가와 국민의 대등성으로 간주해서는 곤란하다. 헌법상 국가와 국민이 상호의존관계에 있는 것은 틀림없지만, 그렇다고 해서 양자 사이에 우열관계조차 없는 것은 아니기 때문이다. 헌법의 최고이념은 헌법 제10조에서 규정되고 있는 「인간으로서의 존엄과 가치」이다. 모든 기본권이 이로부터 도출·파생될 뿐만 아니라, 모든 국가질서의 출발점이자 궁극적인 목적은 인간의 존엄을 실현시키는 데 있다고 인정되는 것이다.

인간의 존엄 및 이로부터 도출되는 기본권이 국가질서의 목적이라면, 국가조직 및 국가권력은 이를 효과적으로 보장하기 위한 수단이라고 볼 수 있다. 경우에 따라서 국가권력을 통해 국민의 기본권을 제한하는 것도 가능하지만, 그러한 국가권력의 배후에는 기본권을 통한, 그리고 보다 궁극적으로는 인간의 존엄성에 기초한 정당성의 부여가 깔려 있는 것이다.

Ⅱ. 국민에 의한 국가공동체의 구성

'국민이 국가와 헌법의 출발점'이라는 말은 다분히 이념적이고 선언적이다. 민주국가의 경우에 모든 국민이 주권자로서 국가와 헌법의 주인이라고 인정되지만, 실제 국민이 이를 실감할 수 있는 경우는 많지 않다. 오히려 대부분의 국민은 자신을 국가의 주인이라기보다는 군림하는 국가권력에 의해 지배받고 있는 피치자(被治者)로 인식하는 경우가 더 많을 것이다.

아무리 인간의 존엄이 헌법의 최고이념이고, 국민이 주권자라고 선언한다 해도, 그것은 마치 무조건적인 신앙을 요구하는 종교의 교리처럼 피부에 와 닿지 않을 수 있다. 더구나 우리가 태어나기도 전부터 존재했던 국가가 그 안에서 태어난 국민들에 의해 비로소 구성된다는 주장은 자칫 현실과 동떨어진 공리공론으로 느껴질 수도 있다.

오히려 인간 존엄의 실천적 의미는 국가라는 것이 어느 한 시점에 구성되어서 그 상태로 계속 유지되는 것으로 이해되지 않고, 국가의 구성요소 및 내용이 끊임없이 바뀌는 과정 자체가 국가공동체의 계속적인 형성(Fortbildung)

으로 이해되며, 이러한 과정의 주체가 국민이라는 점에서 찾을 수 있을 것이다.

Ⅲ. 국민(=헌법제정권력자)에 의한 헌법의 제정

헌법은 국가의 최고법으로서 전체 국가질서의 형성과정을 규율하는 기준과 원칙을 정하고 있으며, 방법과 절차를 제시하고 있다.1)

여기서 중요한 것은 국민에 의해 헌법이 제정된다는 것, 즉 헌법(제정과 개정)의 주체는 국민이라는 것이다. 비록 구체적인 국가정책의 결정과 국가사무의 처리 등의 국가작용은 대부분 국민에 의해 선출된 대표자에 의하여 간접적으로 수행되지만, 헌법의 제정과 개정은 국민에 의해 직접 정당화됨으로써 국민의 주권과 헌법의 민주성을 확보할 수 있도록 하고 있는 것이다.

국민이 헌법의 제정과 개정에 주체로서 직접 참여하는 것은 다음과 같은 세 가지 의미를 갖는다.

① 국민의 직접적 결정에 의하여 헌법에는 최고법으로서의 권위와 정당성이 부여된다.

② 국민이 헌법의 제정과 개정에 대한 최종적 결정권을 가짐으로써 국민을 배제한 정치적 담합에 의하여 헌법이 왜곡될 가능성을 최소화시킬 수 있다.2)

③ 국민이 스스로를 주권자로 자각하게 함으로써 민주의식을 고양하는 데 큰 역할을 할 수 있다.

Ⅳ. 국민(=주권자)으로부터 나오는 국가권력

국민을 주권자로 인정하는 민주주의의 관점에서 볼 때, 국민이 국가와 헌

1) 물론 헌법의 제정 또한 국민에 의해 국가가 구성되는 과정의 일부라고 할 수 있다. 즉 주권자(=헌법제정권력자)인 국민에 의해 헌법이 제정되고, 이렇게 제정된 헌법의 틀 안에서 구체적인 국가질서가 형성되며, 다시금 국가질서의 기본틀 자체를 변경할 필요가 생길 경우에는 헌법의 개정 또는 새로운 헌법의 제정이 요구되기도 한다.

2) 물론 국민의 직접적 관여(국민투표)에 의하여 헌법의 제정과 개정을 최종적으로 결정한다 하더라도 독재자의 선동에 의해 잘못된 결정이 내려질 가능성은 열려 있다. 그러나 국민에 의한 최종적 결정은 독재자의 전횡이나 정치적 세력들의 담합을 막을 수 있는 최후의 보루가 될 수 있음은 분명하며, 국민의 민주의식이 확고할수록 그러한 통제적 기능은 커질 수 있다.

법의 출발점이라는 것은 명백하다. 즉, 국가는 국민에 의해 항상 새롭게 형성되고 있다는 점, 그리고 이러한 국가질서의 형성과정을 규율하는 기본법인 헌법도 국민에 의해 제정된다는 점을 생각할 때, 모든 국가권력의 출발점이 국민이라는 것은 당연하다고 인정되는 것이다.

현행헌법 제1조 제2항이 "대한민국의 주권은 국민에게 있고, 모든 권력은 국민으로부터 나온다"고 명시하는 것은 이러한 입장을 확인하는 것으로 볼 수 있다. 모든 국가권력은 국민에 의한 민주적 정당성에 기초하고 있으며, 이를 벗어날 수 없다. 그리고 모든 국가권력은 국민에 의해 제정된 기본규범인 헌법이 정한 틀을 벗어날 수 없다. 이를 벗어나는 국가권력은 정당성을 갖지 못하는 불법적인 폭력에 지나지 않는다.

제 2 절 국가조직의 목적과 기준으로서의 기본권

개 요

오늘날 국가는 국민을 위해 존재한다는 것이 널리 인정되고 있다. 그러나 과연 그 의미가 무엇인지를 정확하게 밝히는 것은 쉽지 않다. 이 문제를 정확하게 파악하기 위해서는 먼저 국민이 주권자로서 어떠한 지위를 인정받는지, 그리고 이를 어떻게 구체화시키는지에 대해서 정리되어야 할 필요가 있다.

이와 관련하여 가장 먼저 검토되어야 할 부분은 주권자인 국민의 지위를 실질적으로 보장하고 있는 기본권이 오늘날 헌법의 중심적 가치로 인정되고 있다는 점이다. 이를 기초로 하여 기본권이 국가조직의 목적이자 기준이 된다는 점을 확인할 수 있으며, 나아가 기본권과 민주주의의 관계, 기본권과 법치주의의 관계를 통해 기본권이 헌법의 전체적 구조 속에서 어떻게 구체화되는지를 살펴볼 수 있다.

그리고 기본권과 국가조직의 관계는 이러한 검토에 따라 목적과 수단의 관계, 즉 「기본권의 보장을 위한 수단으로서의 국가조직」이라는 명제로 정리될 수 있다. 다만, 이러한 기본권과 국가조직의 관계를 일방적인 우열의 관계로 파악하기보다는 실질적인 상호작용의 측면에서 잘 정리하는 것이 필요할 것이다.

Ⅰ. 헌법의 중심적 가치로서의 기본권

1. 가치질서로서의 헌법

20세기 초에 탄생된 가치이론은 가치와의 관련이라는 관점에서 사회과학의 독자적 방법론을 구성하려 하였으며, 이는 또한 법실증주의에 젖어 있던 법학에 있어서도 하나의 신선한 충격이었다.

이를 계기로 법학 특히 헌법학에 있어서는 가치이론적 토대 위에서 많은 이론들이 주장되었으며, 이들은 전통적인 법방법론과 경합·충돌하면서 점차 지배적인 이론으로 자리를 잡게 되었다.

이러한 새로운 이론이 보급되면서 오늘날에는 어떤 공동체, 어떤 헌법도 가치 및 가치평가로부터 완전히 자유로울 수 없다는 것이 일반적으로 인정되고 있다. 그에 따라 헌법을 가치질서로 파악하는 견해가 오늘날 널리 받아들여지고 있다.

아직도 헌법의 가치관련성을 인정할 경우의 문제점이 지적되기도 하고, 헌법의 가치관련성을 어떻게 구체화시킬 것인지에 대한 견해대립도 적지 않지만, 적어도 헌법 자체가 일정한 가치에 기초하고 있으며, 그 가치를 실현시키기 위한 여러 제도를 도입하고 있다는 점에 대해서는 이론(異論)의 여지가 없다.

2. 가치의 객관화와 실정화 → 인류사적 보편가치로서의 기본권

가치는 주관적인 성격을 갖는다. 그러나 법학에서는 이러한 가치를 일정한 절차와 방법을 통하여 객관화시켜야 할 필요성이 있다. 이러한 가치의 객관화는 모든 사람이 동시에 인정하는 가치, 즉 모든 사람이 중요하다고 인정하며, 따라서 보호할 필요가 있다고 공통적으로 생각하는 것을 통하여 확보될 수 있다.

이렇게 볼 때, 인류사적 경험을 통하여 확인되고 정당화된 기본적인 가치들을 중심으로 가치의 객관화를 시도하는 것이 가능할 것이며, 이렇게 객관화된 가치는 무엇보다 오랜 역사적 경험과 투쟁 속에서 확보되어 온 기본권 가운데서 찾을 수 있다.

3. 헌법의 중심가치로서의 기본권

오늘날 헌법이 일정한 가치에 기초하고 있으며, 그러한 가치의 핵심을 이루는 근본가치는 인류사적 보편가치인 기본권을 통해 확인될 수 있다는 것, 그리고 - 기본권의 해석문제를 포함하여 - 헌법질서를 구체화하는 데 있어서도 헌법적 가치질서가 특별한 의미를 갖고 있다는 것이 일반적으로 인정되고 있다.

헌법의 최고이념인 「인간으로서의 존엄과 가치」는 곧 기본권의 형태로 구체화되며, 이러한 기본권을 보장하고 실현하는 것이 헌법의 중심과제로 인정된다. 그러므로 기본권은 국가기관의 존립근거이고, 모든 국가활동은 기본권의 보장과 실현에 정향되어 있는 것이다.

Ⅱ. 민주주의와 기본권

1. 민주주의의 본질로서의 국민주권 - 그 실현의 가능성과 한계

민주주의의 출발점은 국민주권이다. 그러나 오늘날 민주적 국가질서는 불가피하게 대의제를 기본으로 구성된다. 주권자는 국민이지만, 실제 국가권력의 행사는 국민의 대표자, 즉 대의기관을 통하여 행해지는 것이 오늘날의 정치현실 속에서는 불가피하기 때문이다.

하지만 분명한 것은 민주주의의 출발점은 여전히 국민주권이고, 대표자가 아닌 국민이 주권자라는 점이다. 이러한 국민주권의 실현은 일차적으로 국민의 기본권보장에서 찾을 수 있다. 즉 주권자인 국민의 권리를 헌법적으로 규정하고 보장함으로써, 나아가 이를 실현하기 위한 구체적 조건들을 최적으로 형성함으로써, 국민주권이 실현되고 민주주의가 실현되는 것이다.

2. 민주주의의 이념으로서의 자유와 평등, 목적으로서의 기본권보장

(1) 민주주의의 이념으로서의 (국민의) 자유, 평등

흔히 민주주의 이념은 자유와 평등이라고 한다. 그것은 자유와 평등이 국민주권과 불가분의 관계에 있기 때문이다. 즉 국민이 주권자이기 위해서는 국민의 자유와 평등이 보장되어야 한다는 것이다.

국민을 주권자라고 인정하면서, 그러한 국민의 자유를 박탈하고 억압하는 것은 논리적으로 모순이다. 또한 특정인이 아닌 모든 국민이 동시에 주권자라고 인정하면서 이들 사이의 평등을 인정하지 않는 것도 마찬가지이기 때문이다.

(2) 자유, 평등의 구체화로서의 기본권 – 민주주의의 목적으로서의 기본권보장

자유와 평등은 개별적 생활영역, 개별적 생활관계 속에서 그 구체적인 모습을 드러내게 된다. 즉 개별적 자유권과 개별적인 평등권의 모습으로 나타나는 것이다.

민주주의의 이념으로서의 자유는 자신의 삶을 자율적으로 형성할 수 있는 자유, 즉 자기 삶의 주체가 될 수 있는 인격적 자율성을 의미한다. 이러한 인격적 자율성이 확보되기 위해서는 각 생활영역에서 생명권, 사생활의 비밀과 자유, 종교의 자유, 양심의 자유, 언론의 자유, 결사의 자유, 선거권, 재산형성 및 사용의 자유, 직업의 자유, 교육의 권리, 근로의 권리 등 각종 기본권이 보장되어야 하는 것이다.[3)]

평등 또한 개별적 생활영역별로 구체화된다. 하지만 평등은 독자적인 생활영역을 갖고 있는 것이 아니라 모든 생활영역에서 구체적인 상황에 따라 제기되는 문제이기 때문에 일반적으로 자유의 문제와 중첩되어서 나타나게 된다. 즉 선거의 자유 문제와 더불어 선거의 평등 문제가, 재산권을 비롯한 경제적 자유의 문제와 더불어 경제적 평등의 문제가 제기되며, 교육의 자유와 교육의 기회균등, 직업의 자유와 직업선택의 기회균등의 문제가 함께 제기되는 것이다.[4)]

따라서 자유와 평등이라는 이념을 지향하는 민주주의는 결과적으로 이러한 기본권의 보장과 실현을 지향하는 것이라고 할 수 있다.

3. 민주주의와 기본권의 상호영향관계

(1) 민주주의의 기초로서의 기본권(의 행사)

오늘날 기본권의 이중성은 널리 인정되고 있다. 기본권은 개인의 권리로서

---

3) 인격적 자율성의 실현을 위한 구체적 자유는 형식적 의미의 자유권적 기본권에 의해서만 보장되는 것이 아니다. 실질적 자유를 보장하는 수단으로서의 사회적 기본권 등도 인격적 자율성의 실현을 위한 중요한 조건이라고 보아야 할 것이기 때문이다.

4) 그렇기 때문에 자유권의 경우 독자적인 보호영역을 중심으로 이야기되는 것과는 달리, 평등권의 경우에는 별도의 보호영역을 갖지 않는다.

뿐만이 아니라 국가질서형성의 중심요소로서도 중요한 의미를 갖는 것이다.

국민의 자유로운 의사형성이 민주주의의 출발점이라고 할 때, 이는 국민에게 언론의 자유를 비롯한 각종 표현의 자유, 알권리 등이 확보되고 또 국민이 이를 적절하게 행사할 수 있도록 보장될 경우에 비로소 민주적 의사형성이 가능하다고 할 수 있다.

오늘날 민주주의의 실현이 대의제를 기본구조로 하고 있다는 점도, 국민의 선거권, 공무담임권의 적절한 행사를 전제하는 것이다. 선거권과 피선거권을 통한 대의기관의 구성, 그리고 언론의 자유 등을 통한 대의기관의 통제 없이 대의제가 올바르게 실현되는 것은 불가능하다.

(2) 국가조직을 통한 기본권보장의 구체화와 그 기준으로서의 민주주의

기본권의 구체적 실현과 보호는 결국 국가작용을 통해 이루어진다. 오늘날의 민주국가에서는 과거의 군주국가와는 달리 국가의 존립목적 자체가 주권자인 국민에게 봉사하는 데 있으며, 이는 곧 국민의 기본권에 봉사하는 것이라고 이해될 수 있다.

그러나 구체적으로 기본권이 국가작용에 의하여 어떻게 보장되고 실현되는지, 또 국가작용에 의한 기본권의 제한이나 침해는 어떻게 설명될 것인지에 대해서는 복잡한 검토가 필요할 것이다. 민주주의의 원리가 이러한 문제를 해결하는 데 있어서 기준으로 활용될 수 있다.

(3) 민주주의의 한계로서의 기본권보장

종래 민주주의가 상대주의적 관용에만 치우쳐서 결과적으로 민주주의가 스스로를 민주주의의 적으로부터 보호하는 것조차도 소홀히 했던 역사적 경험을 갖고 있다. 그 결과 오늘날에는 민주주의의 상대주의적 성격 내지 상대주의적 관용에 대해서도 일정한 한계를 그어야 할 필요성이 인정되고 있다.

그 한계를 구성하는 내용, 즉 자유민주적 기본질서의 내용으로서 인정되어야 하는 것은 지난 수세기의 역사적 경험을 통해 모든 침해로부터 보호되어야 할 가치가 있는 것으로 인정된 인권 내지 기본권, 그리고 이를 보장하기 위한 중요한 제도들이다.

> 여기에서 국가의 존립·안전을 위태롭게 한다 함은 대한민국의 독립을 위협 침해하고 영토를 침략하며 헌법과 법률의 기능 및 헌법기관을 파괴 마비시키는 것으로 외형적인 적화공작 등일 것이며, 자유민주적 기본질서에 위해를 준다 함은 모든 폭력적 지배와 자의적 지배 즉 반국가단체의 일인독재 내지 일당독재를 배제하고 다수의 의사에 의한 국민의 자치, 자유·평등의 기본원칙에 의한 법치주의적 통치질서의 유지를 어렵게 만드는 것이고, 이를 보다 구체적으로 말하면 기본적 인권의 존중, 권력분립, 의회제도, 복수정당제도, 선거제도, 사유재산과 시장경제를 골간으로 한 경제질서 및 사법권의 독립 등 우리의 내부체제를 파괴·변혁시키려는 것으로 풀이할 수 있을 것이다(헌재 1990.4.2. 89헌가113 결정).

Ⅲ. 법치주의와 기본권

1. 법치주의의 뿌리와 기본권

법치주의는 민주주의와 더불어 헌법의 구조와 성격을 결정짓는 중추적 기본원리이다. 법을 정의의 실현으로 생각하고, 법을 통하여 국민의 기본권을 보장하고자 하는 노력이 법치주의를 통해 나타나는 것이다.

2. 형식적 · 시민적 법치국가와 기본권

프로이센을 중심으로 1871년 독일이 통일된 이후 군주의 권력이 강력해지면서 법치주의는 상당히 위축되었으며, 그 결과 법치주의의 형식화가 나타나게 되었다.

당시 독일의 법치국가는 국가질서 전체를 지배하는 요소로서 인정되지 않고 - 국가목적 또는 국가내용과는 구분되는 - 정치권력을 (그것이 민주적인 것이건, 군주적인 것이건을 불문하고) 완화시키는 비정치적 형식원리로 축소되었던 것이다.

이러한 경향은 당시의 헌법이론을 지배하던 법실증주의의 몰가치적 태도와 결합되어 형식적·시민적 법치주의라는 결과를 야기하였고, 당시의 법치주의는 권력분립과 기본권(자유권) 보장을 내용으로 하는 소극적 원리로 인정되었다.

3. 실질적 법치국가의 발전과 기본권

이러한 형식적 · 시민적 법치국가는 민주주의의 발달과 더불어 그 한계를 노출시키게 되었다. 민주주의가 확산되면서 법실증주의를 극복하려는 움직임과 더불어 종래의 형식적 민주주의이해, 형식적 법치주의이해를 비판하는 실질적 법치주의가 등장하게 된 것이다.

실질적 법치주의는 종래의 형식적 법치주의와는 달리 단순히 법에의 구속, 법의 최고성을 주장하고 이에 따른 합법률성만을 강조하는 것이 아니라 실질적으로 정의로운 상태를 창설하고 유지하는 것이 중요하다고 인식하였다. 그에 따라 헌법은 이러한 질서의 기초와 과제를 규정짓는 구체적이고 실질적인 기본원리들을 실정화하여야 한다는 생각이 널리 보급되었으며, 법치주의의 실질적 요소들이 강조되었다.

Ⅳ. 기본권과 국가조직

1. 국가조직의 존립목적으로서의 기본권보장

민주주의의 실현은 무엇보다 공동체의 최고이념으로서의 인간 존엄에 대한 합의에 기초한다. 즉, 국가와 국민의 관계가 이원적인 대립관계가 아닌 국민을 중심으로 한 통일적 관계로 재정립되면서, 인간의 존엄성이 이를 상징하게 된 것이다.5)

이러한 인간(의 존엄성)에 대한 존중은 기본권의 존중으로 나타난다. 기본권은 인간이 존엄한 존재로서 삶을 영위할 수 있기 위한 개별적인 조건들이기 때문에 결국 인간의 존엄은 기본권을 통해 구체화된다고 할 수 있기 때문이다.

2. 기본권의 보장과 실현을 위한 도구로서의 「국가조직」

군주제 하에서의 국가와 국민의 관계는 국가를(또는 군주를) 위해 국민이 봉사하는 것으로 이해되었던 반면에 민주제 하에서의 국가와 국민의 관계는

5) 인간의 존엄은 인간에 대한 존중의 표현이다. 모든 인간은 – 다른 아무런 조건과 관계없이 – 인간이라는 이유만으로 존엄한 존재로서 대우받아야 한다는 요청이 곧 인간의 존엄인 것이다.

국민을 위해 국가가 존재하는 것으로 이해된다.

이렇게 이해되는 국가는 어떤 초월적 목적(예컨대 신의 섭리, 대자연의 질서, 초월적 윤리의 실현 등)을 위해 선재(先在)하는 것이 아니라 국민에 의해, 국민을 위해 비로소 형성되고 유지되는 것이다. 국가권력의 정당성 근거가 주권자인 국민의 수권(授權)에 있는 것으로 이해되었으며, 이에 따라 국가기관의 구성과 권한범위 및 활동방식도 국민에 의해 정당화되어야 하는 것으로 이해되었다. 국민에게, 즉 국민의 기본권을 보장하고 실현하는 데 봉사하는 것이 국가조직의 궁극적인 존재이유로 인정된 것이다.6)

제 3 절 국가(권력)조직의 민주적 구성과 합(헌)법적 활동

개 요

현대 헌법의 중추를 이루는 양대 기본원리는 민주주의와 법치주의이다. 이들은 헌법의 특정 영역이 아니라 전체 영역에 적용되는 말 그대로 중추적인 기본원리인 것이다.

민주주의와 법치주의는 국가조직의 영역에서도 직접 적용될 뿐만 아니라 국가조직의 정당성 근거 및 활동의 방향과 관련하여 매우 중요한 역할을 담당하고 있다. 그렇기 때문에 국가조직의 개별적인 문제들을 검토하기에 앞서 민주주의와 법치주의가 국가조직의 체계 속에 어떻게 구체화되고 있는지를 확인해 보는 것은 특별한 의미를 갖는다.

국가조직의 구성은 민주주의의 기본적 틀 안에서 결정된다. 즉, 국회와 대통령 같은 선거직 공무원에 의해 구성되는 국가기관은 물론이고, 법원이나 헌법재판소처럼 임명직 공무원에 의해 구성되는 국가기관도 그 제도의 기초에는 직접·간접의 민주적 정당성이 요구되고 있는 것이다. 이를 정확하게 파악하는 것이 국가조직론에 대한 깊이 있는 이해의 기초가 된다.

또한 국가기관의 활동은 법치주의의 틀을 벗어날 수 없다. 모든 국가기관은 헌법과 법률이 정한 틀 안에서만 정상적인 활동을 할 수 있으며, 그들에게 부여된 권력을 올바르게 행사할 수 있는 것이다.

---

6) 물론 국가작용의 목적은 공익의 실현이라고 할 수 있다. 그러나 그 공익의 실체도 – 적어도 현대 민주주의의 관점에 볼 때 – 기본권과 무관하지 않다. 민주주의 하에서의 공익이란 결국 여러 사람들의 기본권을 동시에 실현시키는 것을 의미하는 것이지, 기본권과 대립되는 독자적 법익은 아니기 때문이다.

Ⅰ. 대의제의 현실과 선거를 통한 민주적 정당성의 부여

1. 현대의 정치적 조건과 대의제의 불가피성

비록 국민주권이 민주주의의 출발점이며, 핵심적 징표라는 점에 대해서는 이론의 여지가 없지만, 국민주권의 한계 또한 분명하다. 즉, 주권자인 국민이 구체적인 국가사무를 직접 처리하는 것에는 명백히 한계가 있는 것이다.

이에 따라 현대 민주주의는 대의체를 채택하고 있다. 국민이 다수결원리에 따라 대표자를 선출하고, 선출된 대표자가 국민을 대신하여 국가권력을 담당하며, 국가사무를 처리하도록 하는 것이다.

이러한 대의제의 불가피성은 크게 두 가지 원인에서 비롯된다. ① 국민의 통일된 의사를 확인하기 어렵다는 기술적인 문제가 있다. ② 전문적인 정보와 지식을 갖지 못하고 있는 일반국민이 현대국가의 다양한 전문적 문제들(외교, 국방, 경제, 노동, 환경 등 대부분의 국가사무가 상당한 정도의 전문성을 요구하고 있다)을 판단하고 처리하는 데에는 한계가 있다.

2. 선거의 의의와 기능, 기본전제

대의제의 출발점은 선거이다. 선거를 통해 대표자를 선출하는 것은 곧 국가권력의 담당자를 결정하는 것이며, 국가기관을 구성하는 것이라고 할 수 있다. 따라서 선거를 통해 **활동력 있는 국가조직**[7])이 비로소 형성된다고 할 수 있다.

민주적 선거의 기능은 크게 세 가지로 정리된다. ① 대표자의 선출을 통해 국가권력을 담당하고 행사할 수 있는 정당성을 부여하는 기능, ② 다수의 후보자들이 선거를 통해 경쟁하도록 함으로써 통제하는 기능, ③ 선거에의 참여를 통해 국민의 주권의식과 민주의식을 고양하는 기능이 그것이다.

또한 선거가 민주적 기능을 수행할 수 있기 위해서는 두 가지 전제가 갖추어져야 한다. ① 국민들이 선거에 적극적으로 참여하여야 한다. ② 선거에서

---

7) '활동력 있는 국가조직'을 강조하는 것은 국민주권의 한계로 말미암아 국민을 대신하여 국가사무를 처리할 대표자를 선출하는 선거의 중요성을 강조하는 것이다. 그렇기 때문에 선출된 대표자는 활동력 있는 국가조직으로 기능해야 한다. 또한 이를 위하여 정국의 불안정을 막고 안정된 다수를 형성할 수 있도록 고려(예컨대 비례대표제 선거에 있어서의 저지조항의 도입)하여야 할 필요성도 인정된다.

다수의 대안 가운데서 선택할 수 있는 실질적인 가능성이 확보되어야 한다.

3. 대의제의 한계

대의제는 자유위임의 원칙에 기초한다. 즉, 국민의 대표자는 - 위법한 행위를 하지 않는 한 - 국민의 구체적 의사에 기속되지 않고 자유롭게 정책을 결정하고 집행할 수 있다고 인정되는 것이다.

그러나 이러한 자유위임의 원칙에 기초한 대의제는 일정한 딜레마를 안게 된다. 국민의 의사와 대표자의 의사 사이에 일정한 거리가 있을 수밖에 없을 뿐만 아니라, 자칫 대표자가 독선적인 의사결정을 통해 국민의 의사를 무시할 위험성이 상존한다는 것이다.

이러한 문제를 완화시키기 위하여 국민투표를 비롯한 직접민주제적 요소의 도입이 시도되기도 하였지만, 이들이 안고 있는 문제점도 적지 않기 때문에 오늘날에는 정당민주주의의 활용과 시민단체의 활동, 언론매체의 역할을 통한 여론의 형성 등을 활성화시킴으로써 대의제의 문제점을 보완하려는 노력이 기울여지고 있다.

Ⅱ. 정당을 통한 민주적 정당성의 매개

1. 정당의 의의와 기능

정당은 다원적 의사형성의 중요한 수단으로 인정되고 있으며, 국민의 다양한 정치적 의사를 결집하여 이에 기초한 국가기관의 구성(선거) 및 활동을 가능하게 하는 매개체로서 기능한다.

오늘날의 대중민주주의 하에서는 정당이라는 조직체 없이 수많은 국민들의 다양한 정치적 의사를 수렴하고 정리·조정하는 것이 사실상 불가능하기 때문에 정당은 민주적 정치과정의 실질적 주체로 등장하고 있다. 현실적으로 정당은 선거의 실질적 주체로 인정되고 있을 뿐만 아니라, 선거에 의해 당선된 정당소속 대표자들에 대한 직접적이고 광범위한 영향력 행사를 통해 국가권력의 행사에도 매우 큰 영향을 미치고 있다.

2. 정당을 통한 민주적 정당성의 확보와 그 한계

정당의 긍정적 기능은 널리 알려진 바와 같이, 현대의 정치적 조건 하에서 민주주의를 실현시키기 위한 불가결의 요소라는 측면에서 찾을 수 있다.

반면에 정당의 부정적 기능은 나치당이나 공산당 세포조직처럼 민주주의를 가장 효과적으로 파괴하는 수단이 될 수도 있다는 점에 있다. 그로 인하여 현행헌법 제8조 제4항은 위헌정당의 해산에 관한 명문의 규정을 두고 있다.

하지만 위헌정당해산제도가 정부·여당의 야당탄압수단으로 오·남용될 경우에는 그 위험성이 더 크기 때문에 위헌정당의 해산을 위해서는 일반결사의 경우와는 달리 엄격한 요건과 절차가 요구되고 있으며, 이로 인하여 정당해산에 관한 헌법 제8조 제4항의 규정은 정당특권이라고 지칭되기도 한다.

3. 우리의 문제: 당내민주주의의 현주소와 개선방향

정당의 민주적 내부질서(= 당내민주주의)는 민주주의의 발전을 위한 가장 중요한 조건이다. 정당 내부의 비민주적 요소들, 예컨대 정치자금 또는 공천을 무기로 정당의 수뇌부가 정당의 소속원들, 특히 공직선거의 후보자들을 좌지우지하는 것은 당내민주주의에 대한 중대한 위협이다.

그러나 비민주적 정당관행을 개선하는 것은 결코 쉽지 않은 일이다. 정부가 정당내부의 문제에 국가권력을 발동하여 개입하는 경우에는 자칫 야당탄압이 될 수 있기 때문이다. 물론 정치자금에 대해, 또는 민주적 공천에 대해 명백한 기준을 설정하고 이를 위반하는 행위에 대해 법적 제재를 가하는 것은 가능할 것이다. 하지만 정당 내부의 모든 문제를 법적으로 규제하는 것은 가능하지도, 바람직하지도 않은 것이다.

결국 당내민주주의를 확보하기 위한 가장 효과적이고 무리가 없는 방법은 국민의 정치적 심판이라고 할 수밖에 없다. 선거를 통해, 또는 여론을 통해 국민이 비민주적 정당활동을 통제하는 것이 최선의 대안이다.

Ⅲ. 선출된 대표자에 의한 임명: 간접적 정당성의 부여

1. 대표자선출의 유형: 선거와 임명

선거는 민주적 대표자 선출방식의 전형적인 예이다. 모든 대표자를 선거에 의해 선출하는 것은 불가능하다. 국가사무를 담당하는 모든 공직자들을 선거로써 선출할 경우에 소요되는 시간과 노력 및 비용의 문제도 있지만, 선거에 의한 대표자의 선출은 전문성을 도외시한 대중성에 치우칠 가능성이 높다는 것도 중요한 이유가 된다.

그러므로 대통령과 국회의원, 그리고 지방자치단체의 장과 의원 등 특수한 정치적 책임을 지고 있는 대표자를 제외하고는 선거가 아닌 임명의 방식으로 선출되는 것이 일반화되어 있다.

2. 임명에 의한 대표자 선출과 헌법에 의한 정당성 부여

임명에 의해 선출된 대표자의 민주적 정당성에 대해서는 논란이 적지 않다. 그 결과 헌법재판소나 대법원과 같이 국민에 의해 직접 선출되지 않은 기관에서 국민이 직접 선출함으로써 정당성을 부여한 의회나 대통령의 활동을 통제하는 것은 민주적 정당성에 반한다는 주장도 제기되고 있다.

그러나 민주적 정당성은 선거에 의해서만 부여되는 것은 아니다. 또한 다수의 지지가 무제한적인 (민주적) 정당성을 담보하는 것도 아니다. 때로는 다수의 주장이 틀릴 수 있고, 심지어 민주주의에 반할 수도 있기 때문이다. 그 때문에 현대의 민주주의는 실질적 법치주의와의 결합 속에서 다수의 결정이 내용적으로 정당한 것인지에 대해서도 검증하기를 요구한다.

그리고 이러한 요청에 따라 헌법재판소 또는 법원에 의해 의회나 대통령의 활동을 통제하는 것이 헌법적으로 정당화되고 있는 것이다. 이런 맥락에서 헌법재판소나 대법원의 권위와 정당성은 국민의 선거를 통해 부여되는 대신에 헌법에 의해 직접 부여된다고 볼 수 있다.

3. 임명제도의 문제점과 개선방향

대법원장 및 대법관의 임명과 관련하여 대통령이 임명권을 갖고 있는 것이 과연 적절한가에 대해서는 적지 않은 비판이 있다. 또한 헌법재판소 재판관의 임명에 있어서 현행헌법이 정하고 있는 것처럼 국회와 대통령, 대법원장이 각기 3인씩 지명하는 방식에 대한 비판도 적지 않다.

그밖에도 국무총리와 감사원장의 경우에는 헌법상 국회의 동의를 얻도록 규정되어 있지만, 국회법 제65조의2와 인사청문회법에 따른 국무위원 및 국가정보원장·국세청장·검찰총장 또는 경찰청장의 후보자에 대한 인사청문의 경우에는 청문의 결과가 대통령을 어느 정도 구속할 수 있는지가 명확하지 않음으로 인하여 논란의 소지가 있다.

Ⅳ. 국가(권력)조직의 합(헌)법적 활동

1. 국가작용의 목적으로서의 기본권보장

오늘날에는 기본권이 헌법의 중심적 가치라는 점에 대해 폭넓은 합의가 존재한다. 이는 모든 헌법적 작용이 기본권의 올바른 구체화를 지향한다는 것, 따라서 모든 국가기관의 구성과 활동이 기본권적 가치의 구체화를 목적으로 한다는 것을 의미하는 것이다.

그러므로 기본권을 보장하고 실현하는 데 도움이 되지 않는 국가기관은 그 존재이유 자체가 부정될 수 있으며, 개별적인 국가작용 하나하나가 정당한 것인지의 여부는 기본권의 보장과 실현에 기여하고 있는지의 여부에 달려 있다.

2. 국가활동에 의한 기본권제한의 필요성과 구체화(법률유보)

기본권이 국가작용의 목적이며, 국가권력은 기본권의 보장과 실현을 위한 수단이라는 점이 널리 인정되고 있지만, 그럼에도 불구하고 국가권력에 의한 기본권의 제한의 필요성도 인정될 수밖에 없다. 수많은 사람들의 다양한 기본권을 동시에 최대한 보장하기 위해서는 개별적인 기본권에 대해서 적절한 제한을 가함으로써 기본권들 사이의 갈등과 충돌을 최소화시키는 것이 필요하기 때문이다.

그러나 기본권의 제한이 광범위하게 허용될 경우에는 국가권력이 이를 남용할 위험성도 적지 않기 때문에 기본권의 제한에 대해서는 엄격한 요건과 기준이 요구된다. 이와 관련하여 현행헌법 제37조 제2항에서는 제한의 근거로서 국가안전보장, 질서유지, 공공복리를, 제한의 형식과 관련하여 법률의 근거를, 제한의 기준으로서 비례성원칙을, 그리고 제한의 한계로서 본질적 내용의 침해금지를 규정하고 있는 것이다.

3. 집행작용의 합법률성

국가작용 가운데서 집행작용이 차지하는 양적 비중은 입법작용이나 사법작용보다 크다. 국민의 기본권을 보장하기 위하여, 또는 기본권의 충돌을 정서하기 위하여 행사되는 대부분의 국가활동은 집행작용에 속하기 때문이다. 하지만 그만큼 집행작용의 오·남용에 의하여 기본권이 침해될 위험성도 크다.

그렇기 때문에 집행작용에 대해서는 합법률성의 요청이 특별한 의미를 갖는다. 집행작용의 담당자가 자의적 판단에 의해 권력을 행사하지 않고, 입법자가 정한 기준에 따라 권력을 행사하도록 함으로써 권력행사의 객관성과 공정성을 확보하는 것이 중요하기 때문이다. 또한 이는 집행작용이 헌법과 법률이 정한 테두리를 벗어나지 못하도록 일정한 한계를 설정함으로써 위법한 활동을 금지하는 것이기도 하다.

4. 입법의 합헌성

집행과는 달리 입법의 경우 민주적 정당성이 더욱 강력하게 확보되어 있다. 그로 인하여 영국처럼 의회주권의 사상 하에 의회에 대한 통제를 부정하는 경우도 있다. 그러나 현실적으로 의회가 잘못된 내용의 법률을 제정하는 예가 많아지면서, 이에 대한 인식도 크게 변화되고 있다.

현재까지도 의회는 국민에 의해 직접 부여된 강력한 민주적 정당성을 가지고 있으며, 이에 기초하여 광범위한 입법권을 행사한다. 하지만 입법권이 무제한적으로 허용될 수는 없으며, 적어도 - 국민의사의 직접적 표현이며 최고의 실정법규범인 - 헌법에 위배되어서는 안 된다고 인정하는 것이 점차 보편화되고 있다.

다만, 입법에 대해 헌법에 의한 구속을 인정한다 할지라도, 입법자의 활동에 대해서는 다른 국가작용보다는 폭넓은 형성의 자유가 인정된다. 그것은 헌법의 특성 및 입법의 특수한 지위에 기초한다. 헌법은 국가질서의 대강을 규정할 뿐, 구체적이고 개별적인 사항까지 세세하게 규정하지는 않는다. 이러한 헌법을 일차적으로 구체화하여 세부적인 사항을 규율하는 것은 입법자의 몫이며, 이와 관련하여 입법자는 - 헌법이 정하는 원칙과 기준을 벗어나지 않는 한 - 자신의 정책적 판단에 기초하여 다양한 방향으로 형성해나갈 수 있는 여지가 있는 것이다.

그렇기 때문에 법률에 대하여 위헌성을 인정하는 것은 매우 조심스럽다. 예컨대 헌법해석의 원칙으로 인정되고 있는 합헌적 법률해석 및 그에 기초한 한정합헌 또는 한정위헌의 결정도 입법자의 입법형성권을 최대한 존중하면서 법률의 합헌성을 추정하는 것이다.

5. 헌법재판과 실질적 법치주의

헌법재판은 헌법적 분쟁에 대한 사법적 판단, 즉 국가작용의 합헌성 문제를 둘러싼 법적 분쟁에 대한 사법적 판단이다. 이러한 헌법재판은 실질적 법치주의의 실현을 위한 중요한 제도적 장치로 인정된다.

실질적 법치주의는 국가작용이 형식적으로 법에 근거하도록 요구하고 있을 뿐만 아니라, 법의 내용이 정당하여야 한다는 점도 아울러 요청하고 있으며, 이와 관련하여 법의 내용적 정당성을 확인하는 객관적 기준과 절차가 필요하다. 오늘날 이와 같은 객관적 기준의 역할을 하는 것이 헌법규범이다. 국민의사의 직접적 표현이며, 국가질서의 기본이념과 원리를 수용하고 있는 헌법규범의 내용은 일단 정당하다고 전제하는 가운데, 법률 또는 명령·규칙 등 법규범의 내용이 헌법에 부합되는지의 여부를 심사함으로써 그 내용적 정당성을 판단하는 것이다.

헌법재판은 입법작용 또는 집행작용에 대한 통제를 통해 전체로서의 국가작용이 합헌적인 질서를 벗어나지 않도록 하는데 중요한 역할을 담당한다. 그런 의미에서 헌법재판은 현대적 국가조직체계(=권력분립체계) 내지 법치국가질서에 있어서 균형추의 역할을 하고 있다고 평가될 수 있을 것이다.

제 4 절 국가조직의 출발점: 권력분립

개 요

오늘날 헌법의 이해, 특히 국가조직의 이해에 있어서 권력분립이론이 차지하는 의미와 비중은 매우 크다. 권력분립은 국가조직 전체를 꿰뚫고 있는 기본적인 구성원리일 뿐만 아니라 활동의 지침이기도 하다.

그럼에도 불구하고 헌법상의 권력분립에 대한 이해의 혼란도 적지 않았다. 그것은 무엇보다도 권력분립이라는 이름 아래에서 주장되었던 것들이 적지 않은 변화를 겪었고, 그로 인하여 역사적인 권력분립론과 현대의 권력분립론이 – 외견상 비슷한 경우에도 – 서로 다른 기초 위에서 서로 다른 목표를 추구하고 있기 때문이다.

물론 현대적 권력분립을 올바르게 이해하기 위해서는 권력분립이론의 역사적 형성과 발달에 대한 정확한 이해가 필요하다. 현대적 권력분립이 적지 않은 부분에서 고전적인 권력분립론으로부터 벗어나 있다 할지라도, 그 현대적 권력분립의 모태는 고전적 권력분립이며, 고전적 권력분립의 형성과 변화의 흐름을 통해 현대적 권력분립에 대한 정확한 이해가 가능할 것이다.

근대적 권력분립과 현대적 권력분립 사이에는 그 형식의 유사성에도 불구하고 실질적인 구조와 성격에서 큰 차이가 있으며, 그것은 근대적 권력분립의 기초였던 「군주세력-귀족세력-시민세력들 상호간의 견제와 균형」이 붕괴되고 국민주권에 기초한 민주국가가 관철된 이후, 새로운 기초 위에서 권력분립이론을 재구성하는 노력을 통해 분명하게 밝혀진 바 있다. 그 과정에서 권력분립의 위기가 논의되고, 권력분립의 현대적 변용이 주장되기도 하였다.

Ⅰ. 권력분립의 역사적 발달

1. 고대의 권력분립론

아리스토텔레스(Aristoteles)는 국가의 기능영역을 세 가지로 구별함으로써 권력분립의 기초를 마련한 것으로 평가된다. 그는 ① 법률의 의결, 대외관계(동맹, 전쟁, 평화), 집정부의 선출과 책임을 포함하는 평의권과 결정권의 영역, ② 집정부에 부여되는 평의권 및 지시권의 영역, ③ 사법권의 영역을 구분하였던 것이다.

그러나 고대의 권력분립론으로서 근대 권력분립론에 가장 직접적인 영향을 미친 것은 혼합국가형태론이다. 이는 이상적인 국가에 대한 모색을 통해 고안된 것으로서 국가형태를 군주국, 귀족국, 민주국으로 나누어 각기 정치형태의 장단점을 비교할 때, 그 어느 형태도 완전하지는 않다고 평가되었기 때문에, 이러한 세 가지 국가형태를 혼합함으로써 이상적인 국가를 만들 수 있다고 생각한 것이었다.

2. 국가권력의 통일성과 권력분립부인론

근대초 주권이론을 정리하면서 군주주권론을 제창하였던 보댕(J. Bodin)은 주권의 불가분성을 강조하였다. 즉, 주권의 성질에 관하여 「불가분 · 불가양의 최고권력」이라는 점을 무엇보다 강조하였던 것이다. 이러한 주권이론은 국가권력의 분할을 주장하는 권력분립론의 입장과는 상당부분 배치되는 측면이 있다. 특히 군주주권론을 주장하여 군주의 절대적이고 무제한적인 권력을 인정하면서, 다시금 권력분립을 주장함으로써 그 권력을 분할하는 것은 현실적으로 양립되기 어려웠다.

반면에 옐리네크(G. Jellinek)는 국가권력과 주권을 구별하면서 국가권력의 불가분성을 강조하였다. 기본적으로 근대입헌주의사상에 의한 권력분립을 부정한 것은 아니지만, 한편으로는 권력분립론 그 자체에 대하여 회의적인 태도를 보이고 있었으며, 나아가 개개의 국가기관에 의한 권한의 분장이 곧 국가권력의 분할을 의미하는 것은 아니라고 주장하였던 것이다.

3. 근대적 권력분립론

절대국가시대(16~18세기)는 이른바 절대적 군주주권력이 정치현실 속에서 관철되고 있었으며, 그 결과 권력의 분립이 주장될 수 없었다. 모든 국가권력은 군주에 의해 독점되고 있었으며, 모든 국가활동은 군주에 의해, 또는 군주의 위임에 따라 행해지는 것이었다. 즉 군주가 주권자임과 동시에 모든 국가권력의 근원으로 인정되었다.

그러나 17세기에 들어와 국가와 국가기관의 구별하는 태도가 나타나기 시작했다. 절대적인 군주주권을 부정하는 태도가 점차 확산되면서 군주가 국가권력을 담당하는 것을 전면 부정하고 국민주권을 주장하는 급진적인 주장이 나타나기도 하였고, 혹은 군주가 국가권력의 일부를 담당하기는 하되, 모든 국가권력을 독점하는 것이 아니라고 보면서 국가와 국가기관을 – 즉 국가형태와 국가권력의 담당자를 – 구별하는 온건한 주장이 등장하기도 하였던 것이다.

이러한 변화 속에서 **로크**(J. Locke)의 2권분립론이 등장하였다. 그는 국가권력을 성질에 따라 입법권(Legislative Power), 집행권(Executive Power), 동맹권(Federative Power), 대권(Prerogative)으로 구분하였으나[8] 그 담당자를 의회와 국왕으로 이원화시켰기 때문에 2권분립론으로 불리는 것이다.[9]

반면에 **몽테스큐**(Montesquieu)의 3권분립론은 모든 국가에 세 가지 종류의 국가권력이 있다고 주장한다. 입법권, 국제법에 속하는 사항의 집행권(=집행권), 시민법에 속하는 사항의 집행권(=사법권)이 그것이다. 몽테스큐가 국가권력을 이와 같이 세 가지로 나누었던 것은 당시에 현존했던 군주세력, 귀족세력, 시민세력의 상호 견제와 균형을 염두에 두었던 것으로 이해된다.[10]
반면에 룻소(Rousseau)와 쉬에스(Sieyès)는 국민주권과 국민의 헌법제정권력을 강조하면서 권력분립에 대해 – 전면적 부정은 아니어도 – 소극적인 입장을 취했다.

Ⅱ. 권력분립론의 재검토와 현대적 권력분립의 대두

1. 현실정치적 여건의 변화와 권력분립론의 재검토

근대적(=고전적) 권력분립론의 실체는 세력간의 균형의 이론이라고 할 수 있다. 비록 형식면에 있어서는 (국가)기관의 분립으로 구체화되고 있었지만,

8) 이들의 상호관계에 있어서는 입법권의 최고성을 인정하는 가운데 집행권과 동맹권이 이에 종속하며, 대권은 공공의 복리를 위하여 법률의 구체적 지시 없이 행사되는 것이지만, 실정법에 의하여 제한될 수 있는 것으로 보았다.

9) 이와 같은 로크의 주장은 국가권력을 서로 다른 4개의 국가권력으로 나누어 놓고 있는 것으로 보인다. 그러나 로크는 실질적으로 국가권력의 담당자와 관련해서는 의회와 국왕이라는 두 개의 국가기관만을 염두에 두고 있다. 집행권과 동맹권이 서로 다른 기관에 의해 담당되기 곤란하다는 점을 인정하고, 나아가 대권이 국왕에게 속한다는 점을 수용함으로써 최고의 국가권력인 입법권은 의회가 담당하지만, 집행권과 동맹권, 대권은 국왕이 담당하는 것으로 인정하고 있는 것이다. 이 때문에 로크의 권력분립론은 2권분립론으로 일컬어진다.

10) 그는 국가권력을 입법권, 집행권, 사법권으로 나누었을 뿐만 아니라, 이를 각기 다른 국가기관이 담당하도록 함으로써 시민의 정치적 자유를 확보하는 것이 권력분립의 의의라는 것을 분명히 하고 있기 때문이다. 입법권과 집행권, 사법권을 분리시켜 놓는 정치체제, 즉 어느 권력도 다른 권력과 결합하여 자의적·폭정적으로 통치할 가능성이 없도록 하는 제한정체가 바람직하다고 주장하고 있는 것이다.

그 배경에는 군주세력에 의해 담당되는 집행부와 시민세력을 대표하는 의회, 또는 정치적으로 중립적인 인물에 의해 담당되는 사법부 등 국가기관 담당자 간의 권력의 분립을 의도하는 것이었기 때문이다.

그러나 민주주의가 관철되고 군주세력, 귀족세력의 붕괴되면서 세력균형이 소멸되었고, 이는 고전적 권력분립의 위기로 연결되었다. 더구나 정당국가화, 행정국가화에 따른 새로운 권력구조의 등장하면서 권력분립론 자체의 구조와 성격에 대한 재검토가 불가피하게 되었던 것이다.

2. 근대적 권력분립의 한계와 새로운 권력분립이해의 필요성

근대적 권력분립의 위기는 무엇보다 정치적 상황의 변화로 인하여 야기되었다. 이와 관련하여 새로운 권력분립을 불가피하게 만드는 새로운 요소라고 지적되는 것으로 다음과 같은 것들을 들 수 있다:

① 개인주의, 자유주의의 퇴조
② 민주주의의 보편화 - 국민주권과 다원적 집단
③ 정당제도의 영향력 증대 - 정당국가화
④ 집행기능을 중심으로 한 국가기능의 확대·강화 - 행정국가화, 사회국가화
⑤ 헌법재판으로 인한 사법국가화

3. 권력분립의 현대적 변용

새로운 권력분립의 시도는 다양하게 전개된 바 있지만, 가장 먼저 주목받았던 것은 **칼 뢰벤슈타인**(K. Loewenstein)의 **동태적 권력분립론**이었다. 그는 입법, 집행, 사법의 삼권분립 대신에 정책결정, 정책집행, 정책통제의 구분을 제시하였다. 그러나 그의 주장은 국가기관의 구성과 직접 연결되지 못함으로 인하여 종래의 입법, 집행, 사법을 중심으로 구성된 국가기관을 대체할 수 있는 대안이 되지 못하였다.

베르너 캐기(W. Kägi)의 **포괄적 권력분립론**은 상당히 광범위한 영향을 미쳤다. 그는 전통적인 입법, 집행, 사법의 구분 이외에 권력분립의 새로운 형태 내지 새로운 요소로서 다음과 같은 다양한 요소들을 강조하였다:

① 헌법제정·개정권과 일반입법권의 2원화,
② 입법부의 양원제,

③ 집행부 내부에 있어서의 권력분립,
④ 국가기능담당자의 임기의 한정,
⑤ 복수정당제의 확립과 여야간의 대립,
⑥ 연방제와 지방자치제에 의한 수직적 권력분립,
⑦ 국가와 교회의 2원화,
⑧ 민간권력과 군사권력의 분리

캐기와 유사한 맥락에서 클라우스 슈테른(K. Stern)은 다차원적 권력분립론을 주장한 바 있다. 그는 국가와 사회의 구별 및 이로부터 나타나는 권력의 통제가 중요하다는 점을 강조하면서 ① 개인의 정치적 참여권 및 정당의 형성, ② 단체의 구성, ③ 여론의 형성, ④ 기업의 공동결정모델에 따른 공직에서의 공동결정 등을 강조하였다.

또한 수직적 권력분립의 중요성을 지적하면서 연방과 주 사이의 권력분립을 강조하였고, 자치행정제도가 수직적 권력분립의 기능을 한다는 점에도 주목하였다. 그리고 집행부 내부에서 정치적 지도와 관료제적 행정 사이의 권력분립이 가능하다는 점 그밖에 국제기구 내지 초국가적 기구와 국가기관 사이의 수직적 권력분립, 결정적인 수평적 통제요소로서의 헌법재판제도 등을 강조하였다.

4. 현대적 헌법원리로서의 권력분립원리

(1) 역사적 원리로서의 권력분립

권력분립에 대한 전통적 이해는 국가권력이 입법, 집행, 사법의 삼권으로 분립되어야 한다는 것을 영구불변의 초실정적 도그마로 생각하는 경향이 있었다.

그러나 근대적 권력분립의 탄생과정, 그리고 근대적 권력분립의 기초가 붕괴된 이후 현대적 권력분립으로의 변화과정이 보여주듯이 권력의 분립은 도그마라기보다는 역사적 원리로 이해되어야 한다. 즉 역사적 조건 하에서 형성·발달된 것이며, 역사적 상황의 변화에 따라 그 내용 또한 변모될 수 있는 것이다.

(2) 권력의 구성

권력분립의 첫 번째 단계는 국가권력의 구성이다. 국가권력의 구성에 있어서도 국민에게 봉사하기 위하여 국가가 해야 할 과제 내지 기능이 무엇인지가 가장 먼저 고려되어야 하는 것이다.

현대적 권력분립이론에서도 입법-집행-사법으로 국가권력을 나누는 것이 일반화되어 있으나 이것은 정치적 세력이나 국가기관을 기준으로 한 것이 아니라 법치의 필요성에 근거하여 법을 기준으로 국가기능을 나누어 놓은 것이다. 법을 정립하는 기능, 정립된 법에 따라 구체적인 국가사무를 처리하는 기능, 그리고 그러한 국가작용이 법에 합치되는지의 여부를 확인하고 판단하는 기능을 각기 나누어 놓음으로써 법을 통한 국가작용의 객관성과 공정성을 담보하고자 하는 것이다.

이런 맥락에서 국가권력의 구성은 입법-집행-사법으로 국가기능을 나누고, 이를 담당할 국가기관들, 즉 입법부-집행부-사법부를 구성하는 방식으로 행해진다.[11] 그러나 이와 같은 기준 하나만으로 국가기관 내지 국가기관의 권한범위에 대한 설정이 완료되는 것은 아니다. 만일 입법-집행-사법의 기능을 입법부-집행부-사법부에 각기 분장시키는 것으로 국가권력의 구성이 끝날 경우에는 권력의 분립을 통한 객관성과 공정성의 확보는 가능할 수 있어도, 국가작용의 효율성은 확보하기 곤란할 것이기 때문이다.[12]

그 때문에 입법부, 집행부, 사법부는 본질적 기능으로서 입법기능, 집행기능, 사법기능을 각기 담당할 뿐만 아니라, 보조적 기능으로서 각종의 자율권 내지 규칙제정권 등을 보유하게 되는 것이다. 나아가 헌법은 입법부, 집행부, 사법부에 상호통제를 위한 특별한 권한(예컨대 국회의 각종 동의권·승인권, 대통령의 법률안 거부권, 헌법재판소의 탄핵심판권 등)을 부여함으로써 권력의 남용을 막을 수 있도록 하고 있다.

이렇게 볼 때, 국가권력의 구성을 통해 입법부, 집행부, 사법부가 헌법상

---

11) 입법, 집행, 사법의 성격과 이를 담당하는 입법부, 집행부, 사법부의 구성방식의 내적 연관에도 주목할 필요가 있다. 즉, 입법기능은 국민의 의사를 최대한 반영시키는 가운데 헌법에 의해 정해진 국가질서의 기본방향을 구체화시키는 것이기 때문에 국민의 의사를 다양하게 반영시킬 수 있는 집단적 대표인 의회에서 담당하는 것이 타당하며, 반면에 행정기능은 신속성과 탄력성, 기동성과 능률성이 보다 강조되기 때문에 이를 고려하여 구성된 행정조직을 이끌 수 있는 개인적 대표인 대통령에게 담당시키는 것이 합리적이다. 또한 사법기능은 공정한 재판을 위해 전문적인 자격을 갖춘 법관들로 구성된 독립된 기관인 법원에서 담당하는 것이 정당하다.

12) 예컨대 입법부가 입법기능 이외에는 일체의 다른 기능을 담당하지 못하거나, 집행부가 집행기능 이외에 행정입법 등의 기능을 할 수 없고, 사법부는 오로지 재판작용만을 할 뿐 그밖의 어떤 기능(예컨대 대법원규칙의 제정, 또는 각종의 사법행정작용)도 하지 못할 경우에는 기능수행의 효율성이 크게 떨어질 수밖에 없을 것이다.

부여받는 국가기능은 입법기능, 집행기능, 사법기능이라는 **주된 기능** 이외에, 이를 효율적으로 수행하기 위한 여러 **보조적 기능**들, 그리고 권력남용의 상호 통제를 위한 **통제적 기능**까지 포함하는 것이라고 할 수 있다.

(3) 권력의 정서

권력분립의 두 번째 단계는 구성된 국가권력들을 정서(整序)하여 그들의 활동에 있어서 각기 담당하고 있는 역할을 분명히 하는 가운데 각자 독자적으로 수행하여야 할 과제와 협동을 통해서 수행하여야 할 과제가 무엇인지, 협동의 방법과 절차는 어떠한지 등에 대하여 잘 정리하는 것이다.

넓게 보면 입법부, 집행부, 사법부에서 입법, 집행, 사법의 기능을 각기 담당하는 것 자체가 일종의 정서라고 할 수 있다. 그러나 국가권력의 정서는 주로 좁은 의미로 사용된다. 즉, 국회에서 법률을 제정하는 과정에 대하여 대통령의 법률안 거부권이 인정됨으로써 법률안에 대한 재의를 하도록 하는 것, 또는 대통령이 국무총리나 대법원장을 임명함에 있어서 국회의 동의를 얻도록 하는 것, 헌법재판소 재판관이나 중앙선거관리위원회 위원을 임명함에 있어서 대통령과 국회, 대법원장이 각기 3인씩 추천하도록 하는 것 등이 이에 해당된다.

국가권력의 정서에 있어서 단순히 국가권력 상호간의 견제 및 균형을 통해 각 기능(즉 권력)담당기관의 고유영역을 확보하고 권력의 남용을 방지하는 것만이 문제되는 것은 아니다. 그밖에 전체로서의 국가기능이 (국민을 위하여) 효율적으로 수행될 수 있어야 한다는 요청도 고려되어야 한다. 한편으로는 국가권력의 남용을 방지하면서, 다른 한편으로는 권력의 「분립」 자체가 「분업에 의한 능률성」을 확보할 수 있다는 측면도 함께 고려되어야 하는 것이다.

(4) 권력의 균형

권력분립의 세 번째 단계는 권력의 억제와 균형이다. 이미 권력의 구성 자체가 권력의 억제와 균형을 전제하는 측면이 있다. 권력분립에 따른 국가기관의 구성은 각 국가기관이 자신에게 부여된 국가권력만을 행사하도록 하고 있을 뿐만 아니라, 이와 같은 권한의 한정을 통해 자신이 담당하는 기능도 다른 국가기관의 활동과 연계될 때에만 온전하게 수행될 수 있도록 함으로써 어떤 국가기관도 독선적인 권력행사를 하지 못하도록 하기 때문이다.

오늘날 권력분립의 체계 내에서 권력의 균형을 이루는 요소들은 매우 복잡하고 다양하다. 근대적인 삼권분립이 주장되던 시기와는 달리 정당국가화, 행정국가화 등에 의하여 권력의 부분적인 융합 내지 불균형이 크게 대두되고 있고, 그로 인하여 이를 상쇄할 수 있는 또 다른 권력분립적 요소들이 가미될 수밖에 없기 때문이다.

예컨대 포괄적 권력분립론 내지 다차원적 권력분립론에 의해 강조되었던 수직적 권력분립이나 정당에 의한 권력분립, 또는 임기제 및 선거를 통한 권력의 통제 등이 모두 권력분립을 보완하는 요소가 되고 있다. 나아가 헌법재판의 도입을 통해 더욱 강화된 사법적 통제도 권력의 균형을 회복·유지하며 권력의 남용을 억제하는 중요한 요소가 되고 있다.[13]

Ⅲ. 한국헌법상의 권력분립

1. 한국헌법에 있어서의 권력분립의 변천

(1) 1948년 헌법상의 권력분립 - 제1공화국

제1공화국의 권력구조는 대통령제를 중심으로 의원내각제를 가미한 정부형태였다. 국회가 입법권을, 대통령을 수반으로 하는 정부가 집행권을, 그리고 법원이 사법권을 담당하는 권력분립의 기본틀은 유지되고 있지만, 대통령과 부통령 이외에 국무총리를 두었고, 국무총리의 임명에는 국회의 승인을 받도록 함으로써 의원내각제적 요소를 포함하고 있었다.

(2) 1960년 헌법상의 권력분립 - 제2공화국

제2공화국의 권력구조는 의원내각제였다. 국가권력의 민주성을 제고함과 동시에 대통령을 중심으로 한 집행부의 권력남용을 억제하려는 노력이 반영된 것이었다.

국회가 입법권을 담당하고 있지만, 대통령과 정부를 분리시킴으로써 대통령은 국회의 양원합동회의에서 간선으로 선출되어 국가원수의 지위를 가지며, 국무총리와 국무위원으로 구성되는 국무원이 정부를 구성하여 집행권을 담당하도록 하였다. 국무원은 민의원에 대하여 연대책임을 지며, 국무총리는

13) 이런 맥락에서 현대적 권력분립의 중요한 요소로서의 권력에 대한 억제와 균형은 민주국가적 질서와 법치국가적 질서의 실현을 통해 이루어진다고도 말할 수 있다.

대통령이 지명하여 민의원의 동의를 얻도록 하였다. 의원내각제의 기본적 구조에 따라 민의원의 국무원에 대한 불신임권과 국무원의 민의원해산권을 인정하고 있었으며, 민의원이 해산된 경우에는 참의원도 동시에 폐회되도록 규정하고 있었다.

(3) 1962년 헌법상의 권력분립 – 제3공화국

제3공화국의 권력구조는 의원내각제 정부형태를 폐지하고 **대통령제 정부형태**로 복귀한 것이었다.

입법권, 집행권, 사법권은 각기 국회, 대통령을 수반으로 하는 정부, 법원에 부여되었으며, 국회를 단원제로 하였고, 헌법재판소는 폐지되었다. 또한 제1공화국과는 달리 부통령제가 도입되지 않았으나, 국무총리제는 여전히 인정되었다. 대통령의 임시국회소집권과 정부의 법률안제출권도 여전히 인정되고 있었고, 국회의 국무총리, 국무위원에 대한 해임건의권이 도입되고, 감사원장의 임명에 대한 국회의 동의가 인정됨으로써 의원내각제적 요소는 오히려 강화된 측면도 일부 있다.

그러나 국무총리의 임명에 대한 국회의 동의가 폐지되었으며, 무엇보다 대통령에 대한 통제는 미약하였기 때문에 당시의 권력분립체계는 집행부우위의 권력구조로 평가된다.

(4) 1972년 헌법상의 권력분립 – 제4공화국

제4공화국의 권력구조는 역대헌법 가운데 가장 **독재적인 권력구조**로 평가된다. 외견상 권력분립의 기본적인 구조는 갖추고 있었지만, 실제로는 국가기관 상호간의 견제와 균형이 가능하지 않게 만들어진 권력구조였기 때문이다.

국회의 구성에 있어서 대통령이 국회의원 정수의 3분의 1에 해당하는 수의 국회의원을 통일주체국민회의를 통해 선출할 수 있도록 함으로써 사실상 국회를 무력화시켰다. 나아가 대법원장뿐만 아니라 모든 법관을 대통령이 임명하도록 함으로써 법원에 대한 통제권을 행사하였던 점 등을 고려할 때, 1972년 헌법은 외견상 권력분립을 취하고 있는 것과는 달리 실제로는 권력분립이 되지 않은, 독재적인 헌법이라고 평가될 수밖에 없다.

(5) 1980년 헌법상의 권력분립 – 제5공화국

제5공화국의 권력구조는 **대통령제 정부형태**로 분류된다. 대통령이 국회 또는 법원에 행사할 수 있는 영향력은 축소되었으며, 통일주체국민회의가 폐지됨으로써 이를 매개로 대통령이 무소불위의 권한을 행사하는 것이 더 이상 가능하지 않게 되었다.

그러나 현실적으로 신군부의 국가권력 장악을 위해 필요한 부분만큼은 여전히 비민주적·비합리적 요소를 유지하고 있었다. 대통령의 국회해산권이 여전히 인정되고 있었기 때문에, 대통령의 국회에 대한 우월적 지위가 인정될 수밖에 없었고, 대법원장과 대법원판사에 대한 대통령의 임명권을 통해 법원에 대한 영향력도 유지되고 있었으며, 헌법위원회도 대통령의 영향력을 벗어나지 못하고 있었다.

2. 현행헌법상의 권력분립의 기본구조

(1) 권력분립의 원리에 따른 국가기관의 구성

현행헌법은 수평적, 수직적, 시간적 권력분립의 요소들을 갖추고 있다.

가장 기본이 되는 **수평적 권력분립**은 국가기능을 입법, 집행, 사법으로 나누고 이를 각기 국회, 대통령을 수반으로 하는 정부, 그리고 사법부에 부여하는 삼권분립의 구조를 취하고 있으며, **수직적 권력분립**은 지방자치를 통해 구체화되고 있다. 비록 연방국가적 구조에 기초한 연방과 주 사이의 권력분립은 채택되지 않고 있지만, 지방자치를 통한 중앙정부와 지방자치단체 사이의 권력분립은 지방자치가 발달되면서 점차 의미와 비중이 확대되고 있다. 그리고 **시간적 권력분립**은 임기제를 통해 구체화된다. 아무리 강력한 권력이라 할지라도 무기한 인정되는 권력이 아니라 한정된 시간 이후에는 선거 등에 의하여 다시금 정당성을 부여받아야 한다는 사실은 권력의 남용을 억제하는 중요한 요소가 될 수 있으며, 특히 이를 통한 여야의 정권교체는 권력분립의 측면에서 결정적인 역할을 할 수 있다.

(2) 국가권력의 균형을 고려한 권한의 정서

이와 관련한 예로서 헌법재판소와 중앙선거관리위원회의 독특한 구성방식을 들 수 있다. 각기 9인으로 구성되는 양 기관이 어느 특정한 국가기관의 일방적인 영향력 하에 놓이지 않도록 하기 위하여 국회, 대통령, 대법원이 각기 3인씩을 임명할 수 있도록 하고 있는 것이다(헌법 제111조 제2항, 제3항, 제114조 제2항).

그밖에 대통령이 중요한 헌법기관(대법원장, 헌법재판소장, 대법관, 국무총리, 감사원장 등)을 임명함에 있어서 국회의 동의를 받도록 한 것, 행정각부의 설치・조직과 직무범위는 법률로 정하도록 하고 있는 것(헌법 제96조)이나, 대법원과 각급법원의 조직을 법률로 정하도록 하고 있는 것(헌법 제102조 제3항)도 특정 국가기관의 일방적 영향력 하에서 국가기관의 구성이 결정되지 않도록 균형을 고려한 것으로 볼 수 있다.

또한 국가권력의 행사에 있어서의 균형도 다양한 형태로 실현되고 있다. ① 정부가 예산안의 편성권을 갖는 반면에 국회가 예산안에 대한 심의・의결권(헌법 제54조)을 갖는 것, ② 정부의 국채발행 또는 예산 외에 국가의 부담이 될 계약의 체결에 대하여 사전에 국회의 의결을 얻도록 하는 것(헌법 제58조), ③ 국회가 입법권을 가지고 있지만, 대통령이 그에 대하여 거부권을 행사함으로써 재의를 요구하는 것(헌법 제53조), ④ 국회가 국무총리・국무위원에 대하여 국회출석 및 답변을 요구할 수 있는 권리(헌법 제62조 제2항)와 대통령, 국무총리 등의 국회 출석・발언권(헌법 제81조, 제62조 제1항) 등, ⑤ 대통령의 사면, 감형, 복권에 관한 권한(헌법 제79조 제1항) 등을 예로 들 수 있을 것이다.

그밖에 직업공무원제를 통하여 공무원의 정치적 중립성을 확보하는 것(헌법 제7조), 국군의 정치적 중립성을 선언한 것(헌법 제5조 제2항)도 정치적 영향력을 제한함으로써 국가권력의 균형을 확보하는 데 도움이 된다. 그밖에 지방자치제(헌법 제117조, 제118조), 중립적인 선거관리(헌법 제114조-제116조), 복수정당제(헌법 제8조 제1항) 등도 국가권력의 균형에 도움이 되는 헌법상의 제도라고 할 수 있다.

(3) 국가권력의 상호통제

국가권력의 상호통제 가운데 가장 큰 비중을 차지하는 것은 국회에 의한 정부의 통제라고 할 수 있다. ① 국정감사・조사권(헌법 제61조), ② 선전포고 등 외교행위에 관한 동의권(헌법 제60조), ③ 대통령 기타 고위직 공무원에 대한 탄핵소추권(헌법 제65조), ④ 국무총리, 국무위원의 해임건의권(헌법 제63조), ⑤ 국가긴급권의 행사에 대한 통제권(헌법 제76조 제3항, 제77조 제5항), ⑥ 대통령의 일반사면에 대한 동의권(헌법 제79조 제2항), ⑦ 대통령이 제안한 헌법개정안에 대한 의결권(헌법 제130조 제1항) 등이 이에 해당된다.

국회의 사법부에 대한 통제로는 ① 법관 및 헌법재판소 재판관에 대한 탄핵소추권(헌법 제65조), ② 사법부와 관련된 사안에 대한 국정조사권(헌법 제61조) 등이 있다.

반면에 대통령에 의한 타 국가기관의 통제는 폭넓게 인정되고 있지 않다. 오늘날 집행부는 다른 어떤 국가기관보다도 광범위한 권한을 부여받고 있으며, 인적·물적 조직 및 전문성의 측면에서 다른 국가기관을 압도하고 있는 상황이다. 그렇기 때문에 집행부는 주로 통제의 대상이 되며, 통제의 주체가 되는 경우는 많지 않다. 예외적으로 집행부의 수반인 대통령이 다른 국가기관의 활동을 통제하는 경우로는 대통령의 법률안거부권(헌법 제53조 제2항), 대통령의 사면권(헌법 제79조)을 들 수 있다.

법원에 의한 타 국가기관의 통제로는 행정소송을 통해 행정작용에 대하여 통제하는 것이나, 명령·규칙·처분의 위헌·위법심사권(헌법 제107조 제2항)을 통하여 국회규칙이나 행정입법 등에 대해서 통제하는 것을 들 수 있다.

그리고 헌법재판소에 의한 타 국가기관의 통제로는 위헌법률심판(헌법 제111조 제1항 제1호)을 통해 국회의 입법작용을 통제하는 것, 탄핵심판(헌법 제111조 제1항 제2호)을 통한 고위공직자의 통제, 권한쟁의심판(헌법 제111조 제1항 제4호)을 통한 국가기관 또는 지방자치단체의 권한남용의 통제, 헌법소원심판(헌법 제111조 제1항 제5호)에 의한 공권력의 오·남용에 대한 통제가 인정되고 있다.

제 5 절 국가의 과제와 국가조직의 구조

개 요

현대적 권력분립에서도 국가의 기능을 입법, 집행, 사법으로 나누는 것이 일반화되어 있다. 그러나 단순히 이러한 현실을 당연한 것으로 받아들이고 입법기능, 집행기능, 사법기능에 대한 구체적이고 개별적인 검토로 들어가는 것보다는 도대체 왜 국가기능을 입법, 집행, 사법으로 나누는지를 정확하게 파악하면서 그 의의와 한계를 정리하는 것이 필요하다.

이를 위해서는 국가의 기본적 과제가 무엇이며, 국가는 이러한 과제를 어떤 방식으로 수행해야 하는지에 대한 정리가 필요하다. 본 절에서는 이런 문제에 대한 기본적인 정리를 담고 있다. 비록 그 내용의 일부는 헌법 총론 및 기본권론의 고찰과 중복되는 부분이 있을 것이지만, 그 의미와 중요성은 아무리 강조해도 지나치지 않을 것이다. 이러한 고찰을 통해서 국가조직의 전체적 구조와 성격에 대한 거시적 이해의 깊이를 더할 수 있을 뿐만 아니라, 국가기능 및 국가기관에 관한 개별적 문제를 정확하게 이해하는 것도 훨씬 수월해질 수 있을 것이기 때문이다.

Ⅰ. 국가조직의 논리구조와 국가기능

1. 민주적 헌법의 기본과제

(1) 헌법의 대상으로서의 국가(공동체)

입헌주의의 발전과 더불어 국가와 헌법은 불가분의 관계 속에 결합되고 있다. 공동체로서의 국가는 역사적·문화적 동질성을 가진 집단이 일정한 지역 내에서 같은 정치적·법적 제도 안에서 생활하는 **공동체**(사실로서의 국가)이고, 헌법은 국가의 내부적 질서와 활동방식 및 발전방향을 규율하는 **최고규범**인 것이다.

(2) 근대이래의 국가발달과 입헌주의

근대국가는 절대군주제에서 제한군주제(입헌군주제)로의 발전하면서 많은 변화를 겪었다. 근대초에는 주권이론에 기초한 절대적 군주주권 국가가 일반적이었지만, 군주의 절대적 권력이 안고 있는 위험성이 점차 경계의 대상이 되면서 군주의 권한을 억제하려는 노력을 통하여 국가는 새로운 형태로 발전하게 된 것이다.

이렇게 형성된 제한군주제(입헌군주제)의 특징은 무엇보다 종래의 절대군주제와는 달리 군주도 시민세력과의 합의에 의해 만들어진 헌법적 규범을 준수할 의무를 진다는 점에서 찾을 수 있다. 입헌주의의 기원은 영국에서 법의 지배가 발달함에 따라 형성되었던, 국왕도 "신법, 자연법 및 보통법의 지배를 받아야 한다"는 사상에서 찾을 수 있으며, 영국에서 의회의 지위와 권한이 확대·강화되는 과정에서 의회의 제정법을 통해 국왕의 권한을 억제하는 형태로 진행되었고, 이러한 입헌주의는 민주주의의 보편화와 더불어 전세계로 전파되었다.

(3) 현대헌법의 기본과제

현대헌법은 다양한 과제를 지고 있지만, 그 중에서도 가장 중요한 기본적 과제로 두 가지를 들 수 있다. 하나는 민주적인 의견수렴을 통해 국민의 의사가 최대한 반영되는 국가질서를 형성하는 것이고, 다른 하나는 국민의 기본권을 최대한 실현시키는 국가질서를 형성하고 유지하는 것이다.

국가조직 형성의 방향 및 방법도 이러한 과제에 부응하여야 한다. 즉, 국민의 민주적 의사를 최대한 수렴할 수 있는 국가조직의 구성, 국민의 기본권을 최대한 보장하고 실현시킬 수 있는 국가조직이 요청된다.

2. 과제수행을 위한 수단으로서의 국가조직

(1) 민주적 헌법국가의 기본구조와 작동방식

현대민주주의는 대의제와 다수결을 통한 국민의사의 수렴과 국가의사의 형성을 본질로 한다.

모든 국민이 자신의 의사와 이해관계를 직접 관철시키려 할 경우에 발생될 혼란과 충돌을 최소화시키기 위해서 국민이 다수결에 의하여 대표자를 선출하고, 선출된 대표자가 일정한 기준을 정함으로써 가능한 한 많은 국민들의 의사를 반영시킬 수 있는, 그리고 가능한 한 많은 국민의 이해관계에 부합되는 국가질서를 만들어나간다.

그러나 대의제의 딜레마 또는 한계에 대해서 끊임 없는 문제가 제기되고 있다는 점도 간과되어서는 안 될 것이다.

(2) 국민에 의한 민주적 의사형성

민주주의의 핵심은 국민의사의 민주적 형성을 통한 국가질서의 민주성을 확보하는 것이라고 할 수 있으며, 그 전제조건으로는 다음의 몇 가지를 들 수 있다.

① **국민의 자유로운 의사결정 및 의사표현**이 가능하여야 한다. 이를 위해서 양심의 자유, 언론의 자유 등이 기본권으로 보장되고 있다.

② 자유롭고 다양하게 표현된 **국민의 의사가 수렴**될 수 있어야 한다. 국민의사의 수렴을 위해서는 집회 및 결사의 자유, 그리고 정당의 구성과 활동이 중요한 역할을 하며, 그밖에 대중매체를 통한 여론의 형성도 큰 몫을 한다.

③ 수렴된 **국민의사가 국가질서의 형성에 반영**될 수 있는 **통로**가 열려 있어

야 한다. 이러한 통로로서의 역할을 하는 것이 정당과 선거 또는 국민투표 등의 제도적 장치이며, 그밖에 다양한 민주적 통제장치들도 통로로서의 역할을 한다.

(3) 국가사무의 처리를 위한 조직으로서의 국가기관

국가기관의 역할은 국민의사를 충분히 고려하는 가운데 국민의 기본권을 최대한 보장하고 실현시키는 방향으로 국가사무를 처리하는 것이다.

국가기관의 활동과 관련해서는 기본권(국민의 현재적 의사)과 공익(다수 국민의 기본권을 실질적으로 보장)의 충돌 문제를 해결하기 위하여 자유위임의 원칙이 인정된다.

그러나 자유위임의 원칙이 인정된다고 해서 국민의 대표자들이 국민의사를 무시할 수 있다는 것은 결코 아니다. 만일 국민의사를 무시하는 대표자가 있다면, 그는 대표자로서의 자격을 상실한 것이라고 말할 수 있을 것이다. 다만 국민 다수의 의사가 - 국민이 가지고 있는 전문적인 지식이나 정보의 부족, 순간적인 감정적 판단 등으로 인하여 - 오히려 국민 자신의 이익과 충돌할 경우에 예외적으로만 국민의 의사에서 벗어나는 것이 가능할 뿐이며, 이 경우에도 국민의사를 벗어나는 이유를 국민에게 충분히 해명해야만 한다.

3. 국가과제와 국가기능의 대응관계

(1) 국가과제로서의 공공복리

공공복리는 국민의 일반적 의사 내지 일반적 이익의 확인을 통해 구체화될 수 있다. 즉, 특정인이나 특정집단의 의사와 이익이 아닌 국민 전체의 의사와 이익에 부합되는 것을 공공복리로 볼 수 있다.

국민의사를 대표하는 것으로 인정되는 법률은 원칙적으로 공공복리의 표현으로 인정된다. 나아가 집행작용과 사법작용도 공공복리의 실현을 과제로 하기 때문에 이러한 법률이 정한 구체적 기준에 따라 수행되어야 한다.

기본권의 보장도 공공복리라고 할 수 있다. 다만 특정인의 기본권에 대한 절대적 보장이 아니라 전체 국민의 기본권을 최대한 보장하려는 것이기 때문에, 특정인의 기본권이 제한됨으로써 다른 많은 사람들의 기본권이 보장될 수 있는 경우에는 기본권의 제한을 정당화시키는 사유가 되기도 한다.

공공복리의 실현과정에서는 객관적이고 중립적인 업무수행이 요청된다.

(2) 국가활동의 목표와 이를 달성하기 위한 전제 및 한계

국가활동의 궁극적인 목표는 기본권의 보장과 실현 내지 이를 집합적으로 표현하고 있는 공공복리라고 할 수 있다.

모든 국가활동에 대해서는 - 그 개별적인 차이점에도 불구하고 - 공통으로 인정될 수 있는 전제와 한계가 있다. 그것은 민주적 정당성을 확보하여야 할 뿐만 아니라, 법치국가적 형식을 갖추어야 한다는 점, 궁극적인 목표인 기본권보장을 위한 효율성을 확보하여야 한다는 점, 그리고 권력분립의 원칙에 의해 인정되고 있는 각 국가작용의 한계를 벗어나지 말아야 한다는 점(이른바 기능적 적정성의 원칙) 등이다.

(3) 국가활동의 방식

국가활동의 방식은 담당하는 과제의 성격과 유형에 따라 매우 다양하다. 즉, 모든 국가활동이 획일적으로 똑같은 방식으로 수행되도록 요구하는 것은 결코 바람직하지 않다. 같은 이유에서 과제의 성격과 유형에 부합되는 방식을 취하도록 요구하는 것은 정당하다고 할 수 있다.[14)]

국가활동의 방식도 담당기관의 임의에만 맡겨질 수는 없다. 오히려 많은 경우에는 과제 내지 업무의 부과와 더불어 그 과제를 담당하는 국가기관의 활동방식을 미리 정하여 놓는 것이 필요하다.[15)] 다만 다양한 업무를 수행하는 국가기관의 경우에는 기관 자체의 활동방식을 일의적으로 정하는 대신에 과제의 종류별로 활동방식을 다양하게 선택할 수 있는 여지를 줄 수 있다.[16)]

Ⅱ. 국가기능의 분류기준

1. 전통적 삼권분립과 국가기능의 분류

(1) 전통적인 국가기능의 분류와 그 배경

전통적인 정치사상 내지 국가사상에서는 입법과 그밖의 기능을 구별하였다. 근대 이래의 국가론에 있어서는 아직 권력분립이 뿌리내리기 이전부터도

---

14) 예컨대 신속성과 능률성이 무엇보다 우선시되는 과제를 수행할 경우의 활동방식과 충분한 의견수렴을 통한 민주성과 신중성이 강조되는 과제수행의 방식은 다를 수밖에 없는 것이다.

15) 예컨대 사법부의 활동방식은 재판작용의 성질에 의해 규정될 수 있을 것이다.

16) 예컨대 국회의 경우, 입법작용을 수행할 경우의 활동방식과 국정감사작용을 행할 경우의 활동방식이 상이할 수밖에 없을 것이다.

입법을 통해 기본적인 원칙을 설정하는 작용과 이러한 원칙에 기초하여 구체적인 국가사무를 처리하는 작용의 구별이 보편화되고 있었던 것이다.

이는 고대 그리스 당시부터 내려온 전통에 기인하는 것이었고, 또한 혼합국가형태론의 영향 하에 권력의 남용을 막기 위한 최소한의 수단으로 인정되는 것이기도 하였다.[17] 또한 영국에서는 14세기 보통법재판소의 구성과 더불어 보통법의 발전이 진행되면서 점차 사법의 독자성이 확보되었고, 이를 통해 입법, 집행, 사법의 구별이 현실적인 것으로 발전되었다.

(2) 삼권분립의 대두와 입법, 집행, 사법의 구별

17세기 이래로 근대적 권력분립이 보편화되면서 삼권분립은 국가기능을 분류하는 하나의 보편적 기준으로 자리잡게 되었다.

입법은 법률의 제정이다. 입법권은 입법자의 개인적인 이익에 부합되도록 행사되어서는 안 되며, 사회의 공동목적 내지 통치의 목적에 부합되도록 행사되어야 한다고 주장되었다.

집행권은 국가를 구성하는 국민들에 대해서 일정한 강제력을 행사할 수 있는 힘이다. 집행권이 남용되지 않기 위해서는 집행권의 행사에 관한 여러 사항이 법률로써 사전에 규율될 필요가 있다고 인정되었다. 특히 입법권과 집행권의 분리는 매우 강조되었다.

사법에 있어서는 재판의 공정성을 확보하는 것이 가장 중요하다고 인정된다. 법관이 의존하여야 할 명확한 법이 필요하다는 것, 그리고 위정자 자신이 재판관이 되어서는 안 된다는 것이 강조되었다.

이처럼 국가기능을 입법, 집행, 사법으로 나누는 것이 보편화된 이래로는 권력분립에 대해 적극적이지 않은 정치사상가들조차도 국가기능의 분류에 있어서는 입법, 집행, 사법의 구별을 전제하는 것이 일반화되었다.[18]

---

17) 이러한 인식은 근대 정치사상가들의 공통된 생각이라고 할 수 있을 것이다. 로크는 그의 저서 「시민정부에 관한 두 논문(Two Treatises of Government, 1690)」에서 입법권이 그 법률을 집행할 수 있는 권력과 구별되어야 하는 이유를 설명하고 있으며, 몽테스큐도 그의 저서 「법의 정신」에서 동일한 인간 또는 동일한 집정관 단체의 수중에 입법권과 집행권이 결합되어 있을 때에는 자유란 없다고 강조하였다.

18) 예컨대 룻소는 권력분립에 대해 소극적인 것으로 알려져 있지만, 국가기능을 입법과 집행, 사법으로 나누는 것 자체를 부정하지는 않았다. 그는 한 걸음 더 나아가 입법의 권위와 주권이 같은 사람의 손에 집중되었을 때, 로마가 부패하게 되었다는 점을 지적하기도 하였다. 이에 관하여는 룻소(최석기 역), 사회계약론, 제2편 제7장 입법자에 대하여(196쪽) 참조.

(3) 고전적 삼권분립론에 따른 국가기능 분류의 의의와 한계

고전적 삼권분립론에 따른 권력분립에 의하면 당시의 국가기능은 현실적인 국가기관을 중심으로 구별하던 것이었다. 각 국가기능의 의의와 성격을 분명히 하는 가운데 국가기능의 성질과 기관의 성격(구성방식 및 활동방식)이 연계되기보다는 오히려 각 국가기관의 권한범위를 어떻게 인정하는지에 따라 각 기능의 범위 및 한계가 설정되는 경향이 더 컸었던 것이다.

이처럼 현실적인 국가기관의 권한을 중심으로 기능을 파악할 경우에는 국가기능의 구별이 유동적인 것이 될 뿐만 아니라, 국가기능의 분류가 국가기관의 성질 및 활동방식으로 직접 연결되어 그 기준으로 작용하는 데에도 한계가 있을 수밖에 없다.

2. 새로운 권력분립론과 국가기능의 분류

(1) 국가기능의 확대와 새로운 권력분립론의 대두

민주주의의 관철 이후 고전적 권력분립이 새로운 형태의 권력분립으로 변모하면서 국가기능에 대해서도 새로운 접근이 많이 시도되었다. 특히 현대국가에서는 행정국가화, 사회국가화 등에 의하여 국가기능 자체가 매우 광범위하게 확장되었기 때문에 국가기능에 대해서도 새로운 시각에서의 접근이 요청되었다.

이러한 시각의 변화는 새로운 권력분립론과 상당부분 맞물려 있기도 하였다. 전통적인 권력분립론과는 달리 입법, 집행, 사법의 기능분립에 한정시키지 않고 다양한 형태의 권력분립을 시도하면서 국가기능에 대한 이해의 지평도 확장되었던 것이다.

(2) 포괄적 · 다차원적 권력분립과 국가기능의 분류

캐기의 포괄적 권력분립론은 헌법의 제정 · 개정기능과 일반적인 입법기능을 구별하였으며, 입법부의 양원제를 통해 입법부의 내부적 기능분립이 가능함을 강조하였다. 집행부 내부에서의 기능분립 내지 권력분립도 중요한 의미를 갖는 것으로 보았으며, 임기의 한정을 통한 시간적 권력분립, 연방제와 지방자치를 통한 기능 및 권한의 분담을 통한 수직적 권력분립 등도 중요시하였다.

슈테른의 다차원적 권력분립론은 수직적 권력분립과 관련하여 연방과 주

사이의, 또는 중앙정부와 지방자치단체 사이의 기능분립을 강조하였을 뿐만 아니라 집행부 내부에서 정치적 지도작용과 관료제적 행정작용의 구분에 기초하여 이를 권력분립의 요소로 파악. 그밖에 국제기구 내지 초국가적 기구와 국가기관 사이의 권력분립도 새로운 형태의 수직적 권력분립으로 이해하였다.

(3) 다양한 분류의 시도와 그 의의 및 한계

캐기나 슈테른에 의하여 시도되었던 포괄적·다차원적 권력분립은 국가기능의 분립을 전통적인 수평적 권력분립에 한정시키지 않고 수직적 권력분립과 시간적 권력분립으로까지 확장시키는데 큰 기여를 하였다.

이들의 권력분립은 국가기능의 분립 및 이에 기초한 국가권력의 분립에 한정되지 않고, 사회적 권력분립, 심지어 초국가적 권력분립으로까지 확장됨으로 인하여 국가기능의 분립과 무관한 영역으로까지 넘어가게 되었다. 그로 인하여 정작 「국가」기능의 체계적 정리에는 한계를 보이게 되었다.

3. 현행헌법상의 국가기능 분류

(1) 수평적인 국가기능의 분류와 입법, 집행, 사법

권력분립의 현대적 변용 내지 포괄적·다차원적 권력분립에도 불구하고 현대적 권력분립의 기본은 여전히 입법, 집행, 사법의 수평적 권력분립일 수밖에 없다. 특히 우리가 국가기능의 분립 및 이에 기초한 국가기관의 구성 및 권한범위에 초점을 맞추어 생각할 때, 수평적 권력분립의 비중은 거의 절대적이라고 할 수 있다.

현행헌법은 이런 의미에서 입법, 집행, 사법의 구분을 국가조직의 기본틀로 정하고 있다. 헌법 제40조에서는 "입법권은 국회에 속한다"고 규정하고 있으며, 헌법 제66조 제4항은 "행정권은 대통령을 수반으로 하는 정부에 속한다"고 명시하고 있다. 그리고 헌법 제101조 제1항에서는 "사법권은 법관으로 구성된 법원에 속한다"고 정하고 있다.[19]

---

19) 이러한 헌법규정은 제헌헌법 제31조(입법권은 국회가 행한다)와 제51조(대통령은 행정권의 수반이며 외국에 대하여 국가를 대표한다), 제76조(사법권은 법관으로써 조직된 법원이 행한다) 이래로 입법권을 국회에, 집행권을 대통령을 수반으로 하는 정부에, 그리고 사법권을 법원에 담당시키는 규정체계를 따르고 있는 것이다. 그러나 현행헌법에서 헌법재판소가 새로 도입되었음을 고려할 때, 이러한 규정의 체계에 변화를 가할 필요가 있었음에도 불구하고 이를 반영하지 못한 점은 문제로 지적될 수 있다.

(2) 입법기능과 행정입법, 사법입법 및 자치입법

헌법 제40조에서 의미하는 입법권은 '추상적 법규범의 정립'이라는 강학상의 입법개념과는 구별되어야 한다. 즉 모든 형태의 추상적인 법규범 정립이 헌법 제40조에 따라 국회의 권한에 속한다고 볼 수는 없다.

현행헌법이 국회에 부여하고 있는 입법기능은 헌법을 일차적으로 구체화시킴으로써 국가질서의 기본방향을 설정하고, 집행 및 사법작용을 위한 기준과 지침을 마련하는 작용을 의미하는 것으로 이해될 수 있으며, 이러한 국회의 입법작용은 법률이라는 형식으로 정리되어 나타난다. 반면에 '추상적인 법규범의 정립'이라는 의미에서 입법으로 지칭되기는 하지만, 헌법 제40조에서 의미하는 입법은 아닌 **행정입법**, 즉 행정부에 의한 법규범(대통령령, 총리령, 부령 등)의 정립, 또는 **사법입법**, 즉 사법부에 의한 법규범(대법원규칙, 헌법재판소규칙)의 정립, 그리고 **자치입법**, 즉 지방자치단체에 의한 법규범(조례, 규칙 등)의 정립은 이와 구별되어야 한다.

(3) 집행부 내부의 기능분류

집행작용은 그 담당하는 업무영역이 가장 광범위할 뿐만 아니라, 가장 복잡하고 전문화되어 있는 국가작용이기도 하다. 그렇기 때문에 현행헌법은 입법, 사법과 집행을 구분하였을 뿐만 아니라 집행부 내부에서의 기능도 몇 가지로 구별하고 있다. 예컨대 대통령이 담당하는 기능과 행정부가 담당하는 기능을 나누어 놓고 있으며, 행정부 내에서도 국무총리, 국무회의, 행정각부, 그리고 감사원의 기능을 각기 나누어 놓고 있는 것이다.

집행부 내부에서의 기능분류는 이와 같이 헌법에 의해 명시된 것에 한정되지는 않는다. 오히려 집행기능의 실질적 담당자라고 할 수 있는 행정각부의 설치·조직과 직무범위는 법률로 정하도록 함으로써(헌법 제96조), 법률에 의한 구체화에 많은 부분을 위임하고 있다.[20] 그 결과 정부조직법을 비롯한 여러 법률에 의하여 집행부가 수행하여야 할 기능이 나누어지고, 이를 담당할 행정기관들의 구체적인 구성 및 활동범위가 정해지고 있다.

(4) 사법기능의 분장과 법원, 헌법재판소

현행헌법은 제101조 제1항에서 "사법권은 법관으로 구성된 법원에 속한

20) 그것은 현대의 정치적·사회적 환경의 변화에 탄력적으로 대응하기 위한 것으로 이해될 수 있을 것이다.

다”고 규정하고 있다. 그로 인하여 헌법재판작용의 성질 내지 헌법재판소의 성격에 대한 견해의 대립이 나타나기도 하였다.

하지만 현행헌법의 전체적 구조를 볼 때, 헌법재판작용도 사법작용으로 이해되어야 할 것이며, 헌법재판소도 사법기관으로 이해될 수밖에 없다. 그러나 현행헌법이 법원과 헌법재판소의 관계를 분명하게 설정하지 않았기 때문에 발생되는 문제들도 적지 않다.

Ⅲ. 국가기능과 국가기관의 관계

1. 국가기능과 국가기관의 대응관계

현행헌법상의 삼권분립은 국가기능을 입법, 집행, 사법으로 나누고 이를 각기 국회, 대통령을 수반으로 하는 정부, 그리고 사법부에 부여하는 것이다.

이러한 구조는 외견상 고전적인 권력분립과 유사하지만, 그 실질적 의미는 상당한 차이를 보이고 있다. 그것은 현대적 권력분립이 국가기관의 분립에 앞서 국가기능의 분립을 먼저 요구한다는 특징을 가지고 있을 뿐만 아니라, 분립된 국가기능들과 이를 담당하는 국가기관 사이의 특별한 관계를 전제하고 있기 때문이다.

즉, 입법의 특성이 입법기관의 구성방식과 내적 연관관계를 가지고 있으며, 집행의 특성은 집행부 조직의 기본방향과 직접 연결된다. 마찬가지로 사법의 특성을 도외시하고서는 사법부의 조직방식에서 나타나는 특성을 올바르게 이해할 수 없을 것이다.

2. 입법기능과 입법기관

(1) 입법기능의 특성: 국가질서 형성의 기본적 방향설정

헌법은 국가공동체의 가장 기본적인 사항에 대한 원칙적 규정을 두고 있을 뿐이기 때문에 헌법의 테두리 내에서 국가질서를 형성하는 것은 하위법에 맡겨져 있으며, 이러한 과제를 일차적으로 담당하는 것이 입법이다.

예컨대 헌법 제8조에서 정당에 관한 원칙규정을 두고 있지만, 실제 정당의 설립과 활동 및 해산에 관한 구체적인 기준을 마련하기 위해서는 정당법, 공직선거법, 정치자금법, 헌법재판소법 등의 다양한 법률에 의한 구체화가 필요한 것이다.[21] 다만 입법자가 법률로써 정할 수 있는 사항이 무엇인지, 그 범위와 한계는 어떻게 설정되어야 하는지에 대해서는 아직도 논란이 없지 않다.

(2) 입법기능의 담당자에게 요구되는 특성

입법은 헌법을 일차적으로 구체화시키는 것이며, 다른 국가작용을 위한 기준과 지침을 마련하는 것이다. 또한 법률은 그 의의와 중요성에 비추어 - 비록 헌법처럼 국민에 의해 직접 제정되는 것은 아니라 할지라도 - 국민의 대표자가 국민의 의사를 최대한 수렴하는 가운데 민주적으로 제정되어야 한다. 그렇기 때문에 입법작용에 있어서는 신중하고 주의깊은 숙고가 항상 요청된다.[22] 이에 따라 입법기능의 담당자는 신속하고 능률적인 업무처리보다도 다양한 의견을 민주적으로 수렴하여 신중하게 입법을 할 것이 요구된다.

(3) 집단적 대표에 의한 입법부의 구성

이러한 특성 때문에 입법기능을 담당하는 기관을 구성함에 있어서는 집단적 대표인 의회가 이를 맡도록 하는 것이 보편화되어 있다.

의회는 개개 의원이 아닌 전체로서의 국회가 전체 국민을 대표하는 이른바 '집단적 대표'에 해당된다.[23] 이러한 집단적 대표의 경우에는 전체로서의 국회의 의사를 결정하기 위하여 (전체국민의 경우와 마찬가지로) 다수결에 의한 의사결정과정이 필요하며, 이러한 과정을 통하여 진정한 국민의 의사를 최대한 다양하게 반영하는 것이 가능해진다.[24]

3. 집행기능과 집행기관

(1) 집행기능의 특성: 수많은 국가사무의 능률적 처리

오늘날 국가작용 가운데 - 적어도 양적인 측면에서 - 압도적인 비중을 차지하고 있는 것은 집행작용이다. 현대국가의 두드러진 특징 가운데 하나인 행정국가화로 인하여 - 국가의 다양한 과제의 증가를 배경으로 - 집행부의

---

21) 헌법의 규정들은 이처럼 법률에 의해 구체화되고 있으며, 법률을 통해 비로소 현실 속에서 실제 적용될 수 있게 되는 경우도 적지 않다.

22) 법률이 한 번 제정되면 수천 수만 개의 사안에 반복해서 적용될 수 있는 만큼, 처음부터 다양한 의견을 수렴하고 조정하는 가운데 신중하게 입법이 되어야 할 필요성이 큰 것이다.

23) 장영수, 헌법의 기본원리로서의 민주주의, 안암법학 창간호, 1993, 67-147(95)쪽 참조.

24) 하지만 이와 관련된 복잡한 과정은 기동성과 능률성을 상당히 약화시키기도 한다.

조직과 인력, 전문성 등이 다른 국가기관에 비할 수 없이 강화되고 있는 것이다. 따라서 집행기능의 수행에 있어서는 수많은 국가사무를 어떻게 효율적으로 처리할 것인지가 가장 중요한 문제가 된다.

(2) 집행기능의 성격에 부합하는 집행기관 구성의 방식

국가의 집행작용이 비대해지면 비대해질수록 그 활동의 능률성은 더욱 강조될 수밖에 없다.[25] 집행작용의 경우에는 방대한 집행작용을 담당하는 거대한 집행부의 조직체계가 일사불란하게 효율적으로 작동하도록 하는 구성방식이 요청된다.

더구나 집행작용에 있어서는 - 민주적 의사형성과정을 거쳐 정당성을 확보하는 것이 무엇보다 중요한 입법작용과는 달리 - 신속하고 능률적인 업무처리가 무엇보다 강조되는 만큼 상명하복의 피라밋형 조직체계가 보편화되어 있다. 다만 집행부 조직의 정점에는 국민에 의해 직접 정당성을 부여받은 대통령이 자리함으로써 집행부의 민주성을 담보하고 있다.

(3) 개인적 대표에 의한 집행부의 조직과 활동

이와 같은 집행기능의 특성으로 인하여 집행부의 조직에 있어서는 개인적 대표가 채택되고 있다. 즉 집행부의 수반인 대통령이 개인으로서 전체 국민의 대표자가 되는 것이다.

이러한 '개인적 대표'의 경우에는 국가의사결정의 신속성과 국가기능의 능률성이 '집단적 대표'의 경우보다 훨씬 잘 발휘될 수 있다는 장점을 갖는다. 반면에 국민의 다원적 의사가 다각도로 반영되는 데 있어서는 아무래도 한계가 있다는 단점이 지적될 수 있다.[26]

하지만 집행기능에 있어서는 신속성과 탄력성, 기동성과 능률성이 보다 강조되기 때문에 집단적 대표보다는 개인적 대표와 더 잘 부합된다.

4. 사법기능과 사법기관

(1) 사법기능의 특성: 객관적이고 공정한 재판을 통한 법치의 실현

사법기능은 재판을 통하여 잘잘못을 가리는 역할을 담당한다. 즉, 객관적

25) 비록 집행부의 조직과 인력이 타 국가기관에 비해 훨씬 방대하지만, 담당하는 국가사무의 양은 그 이상이기 때문이다.

26) 장영수, 헌법의 기본원리로서의 민주주의, 안암법학 창간호, 1993, 67-147(95)쪽 참조.

이고 공정한 재판을 통하여 한편으로는 당사자의 정당한 권리를 확인하고 보호해주며, 다른 한편으로는 법을 통하여 분쟁을 해결하고 사회의 갈등이 극단화되지 않도록 함으로써 질서와 평화를 유지하는 역할을 하는 것이다. 그러므로 사법의 생명은 재판의 객관성과 공정성에 있다고 할 수 있다. 재판의 공정성에 대한 신뢰가 깨뜨려질 경우에는 사법이 제 기능을 할 수 없는 것은 물론이고, 사법의 존립 기초조차 위태로워질 수 있기 때문이다.

(2) 공정한 사법을 위한 전제로서의 사법부 독립

재판의 객관성과 공정성을 확보하기 위한 기본적인 전제는 사법부의 독립이다. 재판을 담당하는 사법부가 독립적이지 못할 경우에는 재판과정에 외부의 압력이 개입될 소지가 크며, 그것은 곧 재판의 공정성을 침해하게 될 것이기 때문이다.[27]

따라서 사법기능을 담당하는 사법부를 구성함에 있어서는 무엇보다 어느 누구에게도 종속되지 않은 독립된 기구로 구성하여야 한다는 것이 대원칙으로 인정된다. 즉 사법부의 독립은 사법기능의 성격과 불가분의 관계에 있는 것이다.

(3) 법관의 전문성과 독립성: 합리적이고 공정한 법적 판단의 전제

사법기능의 성격과 관련하여 강조되는 점의 하나는 사법부의 구성원인 법관들의 전문성과 독립성이다. 중립적인 위치에서 법적 분쟁에 대한 공정하고 합리적인 판단을 함으로써 당사자의 정당한 권리를 구제하고 법적 평화를 확보한다는 사법기능의 의의에 비추어 볼 때 분쟁에 대한 판단자의 자격문제는 매우 핵심적인 것일 수밖에 없다.

그러므로 법관이 ① 합리적인 법적 판단을 할 수 있는 전문적 지식과 훈련을 받은 자이고, ② 법관이 중립적 위치에서 공정한 재판을 할 수 있도록 독립성이 보장될 때, 즉 법관의 독립이 보장될 때에만 정상적인 사법기능을 기대할 수 있는 것이다.

---

27) 설사 재판에 대한 외부의 압력이나 간섭이 없다 할지라도 그 통로가 열려 있게 되면, 재판의 공정성에 대한 신뢰를 확보하는 것이 어려워질 것이다.

제 2 장 국가기능

제 1 절 입법기능

개 요

수평적 권력분립에 의해 나누어지는 입법, 집행, 사법의 국가기능 가운데서 가장 먼저 정리되어야 할 것은 입법기능이다. 입법기능은 헌법의 일차적 구체화로서 다른 국가기능을 위한 전제를 마련하는 의미를 가질 뿐만 아니라, 효력상의 우위(법률의 우위)까지 인정될 정도로 특별한 의미와 비중을 갖기 때문이다.

그러나 입법기능의 이해와 관련해서는 적지 않은 혼란이 있다. 그것은 이중적 법률개념으로 인하여 야기된 측면도 없지 않지만, 현행헌법 제40조의 해석과 관련하여 권력분립상의 입법개념과 강학상의 입법개념을 혼동함으로 인하여 발생된 것이기도 하다. 이러한 입법개념의 혼란을 정리하여 입법에 대하여 정확한 이해를 하였을 때 비로소 국가기능 전체의 유기적 관련에 대해서도 올바르게 파악할 수 있을 것이다.

본 절에서는 권력분립의 틀 안에서 입법이 어떻게 발달되었는지에 대한 역사적 고찰을 전제로 현행헌법 제40조의 해석을 통한 입법개념의 정확한 이해, 그리고 입법작용의 범위와 한계, 입법절차의 순서로 입법기능을 정리한다.

Ⅰ. 입헌주의의 발달과 입법의 의의

1. 근대적 권력분립과 근대적 법률개념의 탄생

근대적 권력분립은 기능의 분립보다는 기관의 분립을 중심으로 이해되었다. 이러한 고전적 권력분립은 군주세력과 귀족세력, 시민세력이 대립하던 당시의 현실적 상황 속에서는 적절한 것이기도 했다. 각각의 세력이 담당하는 기관을 분리·독립시켜서 각기 견제와 균형을 취하는 것, 즉 (군주세력이 지배하는) 정부의 집행권과 분리·독립된 (시민세력이 지배하는) 의회의 입법권(입법기관)이 필요하다는 것이 당시로서는 무엇보다 현실적인 요청이었다.

따라서 고전적 권력분립 하에서의 법률이란 추상적 법규범의 정립이라는 개념만으로 설명될 수 있는 것이 아니었다. 오히려 법률은 정부와 의회(즉 군주세력과 시민세력)의 권한범위가 구체적으로 어떻게 설정되어 있는지를 반영하는 것이었으며, 그렇기 때문에 법률로 정하는 사항의 범위는 그때 그때의 세력관계에 따라 매우 유동적이기도 했다.

2. 입헌주의의 발달과 고전적 법률개념의 징표: 권한(개념)으로서의 법률

독일의 초기입헌주의 시대에 법률(Gesetz)은 세습에 의해 그 신분을 획득한 군주와 새로이 구성된 등족회의(=Ständeversammlung; 근대의회의 전신)가 합의함으로써만 내릴 수 있는 결정을 의미하였다.

이러한 결정들의 대상 내지 내용들은 한편으로 초기 헌법들에서 「자유와 재산」이라는 형식으로 정리되었으며, 다른 한편으로는 그때 그때 내려진 결정들의 개별적 열거를 통해 정리되었다. 그리고 그밖에도 특히 중요한 사항은 일반적으로 군주와 등족회의의 공동결정에 의하여 입법의 형식으로 처리되었다.

따라서 초기입헌주의 시대의 법률개념은 동시에 권한개념이기도 하였다. 즉 법률로 정해져야 할 사항의 많고 적음은 곧 군주와 등족회의의 세력관계에 따라 결정되었던 것이다. 그러나 군주와 등족회의의 정치현실 측면에서의 대립은 헌법의 형태로 정리되어 무엇이 법률사항인지는 헌법에 의해 대강적으로 정해져 있었고, 따라서 법률개념은 그때 그때의 헌법에 종속되어 있었다.

3. 후기입헌주의 시대의 법률개념: 법규로서의 법률

후기입헌주의 시대의 헌법학에 이르러서 법률의 개념은 자유와 재산을 침해(제한)하는 법규정으로 정의되었다. 이러한 후기입헌주의의 법률개념은 나름으로 그 시대에 있어 헌법적 의의와 효력을 갖고 있었다. 하지만 그것이 오늘날의 민주적 법치국가에 받아들여지는 데에는 문제가 있다.

19세기에 있어서 법률을 법규개념과 동일시하여 자유와 재산을 침해(제한)하는 법규정으로 축소시킨 것은 결과적으로 이러한 법규사항에 속하지 않는 광범위한 국가활동을 법의 영역밖에 있는 것으로, 즉 법규(=법률)가 아닌 행정명령으로 규율할 수 있는 것으로 취급하게 만들었다. 이것은 특히 입헌군주제의 시대에 있어서 군주세력과 시민세력이 각기 독립된 독자적인 영역을 갖고 있는 것으로 보고, 이에 따라 국가의 영역과 사회의 영역을 나누어 생각하는 입장으로 연결되었다.

Ⅱ. 현행헌법 제40조와 입법의 개념

1. 입법에 대한 개념의 혼란과 그 원인

(1) 문제의 소재

현행헌법 제40조는 "입법권은 국회에 속한다"는 명문규정을 두고 있다. 이 규정은 헌법 제66조 제4항 및 제101조 제1항의 규정과 함께 권력분립의 기초를 이루고 있다.

그러나 정작 국회에 속하는 입법권의 구체적 내용이 무엇인지에 대해서는 입법의 개념에 대한 논란과 더불어 많은 견해의 대립이 존재하고 있다. 그것은 무엇보다 우리가 사용하는 입법의 개념이 다의적(多義的)이기 때문이다.

특히 헌법 제40조의 입법개념은 한편으로는 국회가 법률의 형식으로 규범을 제정하는 권한을 의미하는 것으로 이해될 수 있는가 하면, 다른 한편으로는 추상적 법규범의 정립이라는 의미로도 이해될 수 있기 때문에 이를 둘러싼 입법개념의 혼란이 더욱 큰 것이다.

(2) 강학상의 입법개념과 권력분립상의 입법개념

전통적으로 입법이라는 용어는 법학에서 추상적 법규범의 정립이라는 의미로 사용되었다. 이러한 **강학상의 입법개념**에 따를 때 법률의 제정·개정뿐만 아니라 헌법의 제정과 개정, 그리고 각종 명령이나 규칙, 조례 등의 제정과 개정 또한 입법에 속하는 것으로 이해된다.[1)]

그러나 우리가 권력분립의 원리를 전제로 국가권력을 입법, 집행, 사법으로 나누었을 때의 입법은 이와 일치할 수 없다. 즉 **헌법 제40조의 입법개념**을 이와 같은 의미로 이해할 수는 없는 것이다. 다른 것은 접어 두더라도 헌법의 제정과 개정까지도 권력분립의 틀 안에서 국회의 입법권에 포함되는 것으로 볼 수는 없기 때문이다.

(3) 현행헌법 제40조와 해석의 혼란: 형식설, 실질설, 양립설

이처럼 현행헌법 제40조의 입법개념을 강학상의 입법개념으로 이해할 수는 없다는 점 때문에 헌법 제40조의 해석과 관련하여 적지 않은 혼란이 발생되었다. 그 결과 형식설, 실질설, 절충설 등의 견해대립이 나타난 바 있다.

형식설은 입법의 의미를 국회가 형식적 의미의 법률을 제정하는 작용이라고 보는 반면에, **실질설**은 강학상의 입법개념에 기초하여 국가기관이 일반적·추상적인 성문법규범을 정립하는 작용이라고 이해하고 있다.[2)] 그리고 **절충설(양립설)**은 입법은 원칙적으로 형식적 의미의 법률제정권으로 이해될 수 있지만, 그 안에 실질적 의미의 입법이 내포되어 있다는 점을 강조한다.

하지만 형식설은 국회가 입법권의 행사를 통해 제정한 것이 법률이고, 또 그 법률을 제정하는 국회의 권한이 입법이라는 식의 순환논법에 빠지게 된다. 그리고 실질설의 경우에는 추상적 법규범의 정립 가운데서 국회에 속하는 것과 그렇지 않은 것을 구별하는 기준을 분명하게 밝히지 못하고 있다는 문제점이 있다.

2. 법률의 일반성(Allgemeinheit des Gesetzes)

(1) 국민의사의 표현으로서의 법률과 그 일반성

법률은 최고법인 헌법을 일차적으로 구체화시키는 것이다. 비록 국민에

---

1) 우리가 대통령령이나 총리령, 부령 등을 **행정입법**, 대법원규칙이나 헌법재판소규칙을 **사법입법**, 지방자치단체의 조례를 **자치입법**이라고 부르는 것은 이와 같은 강학상의 입법개념을 전제한 것이다.

2) 다만 모든 추상적 법규범의 정립을 의미하는 것은 아니기 때문에 헌법이 특별한 규정을 두지 않고 있는 경우에는 의회가 추상적 법규범의 정립을 담당한다는 「국회입법의 원칙」을 정한 것으로 설명한다.

의해 직접 제정된 헌법에 비교할 수는 없지만, 법률은 국민의 일차적 대표자인 의회에서 국민의사를 최대한 수렴하여 제정하는 것이기 때문에 국민의사의 표현으로 인정되고 있다.

이러한 법률의 특성은 법률의 일반성을 통해 나타난다. 즉, 법률은 특정인이나 특정집단의 이익을 대변하는, 그래서 특정한 사안에 대해서만 적용되는 것이 아니라 모든 국민에게 똑같이 적용되는 것을 원칙으로 하는 것이다.

(2) 평등의 요청과 법률의 일반성

법률의 일반성은 결과적으로 평등의 요청과 결합하게 된다. 모든 국민이 법 앞에 평등해야 한다는 요청은 법률이 모든 국민에게 똑같이 적용되어야 한다는 법률의 일반성을 통해 구체화되는 것이다.

물론 헌법상의 평등이 무조건적인 기계적 평등은 아니기 때문에 대상에 따른 차별이 인정된다. 같은 것을 같게, 다른 것을 다르게 취급하라는 상대적 평등의 요청에 비추어 볼 때, 모든 국민을 획일적으로 같게 취급하는 것은 오히려 불합리한 결과를 가져오기 때문이다.

(3) 법률의 일반성과 처분적 법률의 문제

법률의 일반성과 관련하여 많이 논란되는 것의 하나가 **처분적 법률**(Maßnahmegesetz)이다. 법률에 대해서는 행정처분과는 달리 일반성이 요청되고 있음에도 불구하고, 최근에는 구체적인 사안에 대해서 결정을 내리는, 이른바 처분적 성격을 가진 법률이 적지 않게 등장하고 있을 뿐만 아니라, 그 현실적 필요성도 부정하기 어렵다.

이러한 문제는 입법기능의 확대 및 이와 결부되어 있는 법률유보에 대한 이해의 변화로 인하여 종래 법률로 정하지 않던 사항들에 대해서도 그것이 국가적 중요성을 가진 사안이나 국민적 요청이 있을 경우에는 법률로 정하는 것이 필요하다고 인정함으로써 대두된 것이다. 즉, 법률은 일반적 기준만을 정립하고 구체적인 처분행위는 행정청에 의해 내려지던 것과는 달리 법률 자체에서 처분적 성격을 내포하는 예가 적지 않게 된 것이다.

그러나 처분적 법률의 개념 및 인정여부에 대해서는 아직도 명확한 합의가 없는 상태이다. 대체로 처분적 법률은 법률내용이 일정한 처분적 성격을 가지고 있어서 **추상적·일반적 법률과 구체적 행정처분의 중간영역**에 위치하고 있는 것으로 인식되고 있다. 하지만 이를 특정사건에 대해서만 적용되는 법률인 이른바 **개별사건법률**(Einzelfallgesetz)과 구별할 것인지의 여부 및 그 합헌성 판단의 기준에 대해서도 아직 논란이 끊이지 않고 있는 것이다.

개별사건법률의 합헌성 여부

개별사건법률은 원칙적으로 평등원칙에 위배되는 자의적 규정이라는 강한 의심을 불러 일으키는 것이지만, 개별법률금지의 원칙이 법률제정에 있어서 입법자가 평등원칙을 준수할 것을 요구하는 것이기 때문에 특정규범이 개별사건법률에 해당한다 하여 곧바로 위헌을 뜻하는 것은 아니며, 이러한 차별적 규율이 합리적인 이유로 정당화될 수 있는 경우에는 합헌적일 수 있다.

이른바 12·12 및 5·18 사건의 경우 그 이전에 있었던 다른 헌정질서파괴범과 비교해 보면, 공소시효의 완성 여부에 관한 논의가 아직 진행중이고, 집권과정에서의 불법적 요소나 올바른 헌정사의 정립을 위한 과거청산의 요청에 미루어 볼 때 비록 특별법이 개별사건법률이라고 하더라도 입법을 정당화할 수 있는 공익이 인정될 수 있으므로 위 법률조항은 헌법에 위반되지 않는다(헌재 1996.2.16. 96헌가2등 결정).

보안관찰법 제6조 제1항 전문 후단이 보안관찰처분대상자에게 출소 후 신고의무를 법 집행기관의 구체적 처분(예컨대 신고의무부과처분)이 아닌 법률로 직접 부과하고 있기는 하나 위 조항은 보안관찰처분대상자 중에서 일부 특정 대상자에게만 적용되는 것이 아니라 위 대상자 모두에게 적용되는 일반적이고 추상적인 법률규정이므로 법률이 직접 출소 후 신고의무를 부과하고 있다고 하더라도 처분적 법률 내지 개인적 법률에 해당된다고 볼 수 없으므로 권력분립원칙에 위반되지 아니한다(헌재 2003.6.26. 2001헌가17등 결정).

헌법은 처분적 법률로서 개인대상법률 또는 개별사건법률의 정의를 따로 두고 있지 않음은 물론, 처분적 법률의 제정을 금하는 명문의 규정도 두고 있지 않은바, 특정규범이 개인대상 또는 개별사건 법률에 해당한다고 하여 그것만으로 바로 헌법에 위반되는 것은 아니다. 따라서 연합뉴스사를 위한 심판대상조항의 차별적 규율이 합리적인 이유로 정당화되는 경우에는 이러한 처분적 법률도 허용된다(헌재 2000.6.29. 99헌마289 결정).

3. 현대적 의미의 입법과 법률개념

오늘날 국가작용의 체계 속에서 입법이 차지하는 의미와 비중은 매우 특별한 것이다. 비록 행정국가화로 인하여 입법기능 내지 입법부의 비중이 감소된 측면이 없지 않지만, 의회의 입법작용 및 그 결과로서의 법률이 국가질서의 형성과정에서 차지하는 역할은 변화되지 않았고, 또 변화될 수 없기 때문이다.

현대 민주국가에서 입법은 헌법을 일차적으로 구체화시키는 작용이며, 법률은 이러한 입법작용의 결과가 규범적인 형태로 나타난 것이다. 따라서 다른 모든 국가작용은 헌법과 법률이 정한 바에 따라서 구체화되어야 하며, 헌법과 법률의 테두리를 벗어나지 못한다. 즉, 법률은 다른 국가작용에 대한 우월성을 인정받는 것이다.

그러나 법률의 우위가 인정된다고 해서 법률로써 다른 국가작용의 영역을 침해하는 것까지 무제한적으로 허용되는 것은 아니다. 예컨대 법률로써 사법부의 독립을 침해하거나 법관의 재판에 관여하는 것이 허용되지 않을 뿐만 아니라, 법률로 장관의 임명을 결정하는 등 집행부의 권한을 침해하는 것도 헌법상의 권력분립에 위배되는 것이다.

Ⅲ. 입법작용의 범위와 한계

1. 현행헌법상 국회가 담당하는 입법작용의 범위

(1) 헌법 제40조의 해석과 국회입법원칙의 의미

헌법 제40조의 해석과 관련한 형식설, 실질설 등의 견해대립은 법률의 개념에 대한 실질적 의미의 법률, 형식적 의미의 법률을 전제한 것이라고 할 수 있다. 그러나 이중적 법률개념이 더 이상 존재의의를 갖지 못할 뿐만 아니라, 입법개념과 법률개념을 혼동하고 있다는 점에서 형식설과 실질설의 대립은 출발부터 잘못된 것이다.

입법개념은 어디까지나 국가권력의 분립에 따른 '국가기능'의 하나로서 문제되는 것이며, 법률은 입법기능의 산물이다. 따라서 권력분립의 전체적 체계를 전제하지 않은 채 입법의 의미를 명확하게 이해할 수는 없다. 권력분립 안에서 입법은 헌법에 의해 정해진 원칙들을 지키는 가운데서 국가질서의 형성에 관한 중요문제들에 대한 기본방향을 정하는 것이다.

이것은 - 처분적 법률, 개별사건법률 등의 예외가 없지 않지만 - 아직도 대부분 추상적인 법규범의 정립이라는 형태로 나타난다. 따라서 헌법 제40조가 의미하는 바는 국회가 이와 같은 기능을 담당한다는 것, 즉 **국가질서형성 내지 정책결정의 중요문제들을 법률의 형식으로 결정할 권한을 부여받는다는**

의미로 이해되어야 한다.

(2) 법률유보의 이론과 국회가 법률로써 정할 수 있는 사항

이와 같은 헌법 제40조의 해석은 전통적인 법률개념을 벗어난 새로운 법률개념을 요청한다. 즉 법률의 개념을 법규성 등 어떤 실질적 기준에 따라 정의하는 것은 더 이상 가능하지 않게 되었으며, 그렇다고 추상적 법규범이라는 표지만으로 정의하는 것도 곤란하다.

이와 관련하여 법률유보이론의 새로운 발전은 많은 시사점을 보여준다. 모든 국가작용을 기본권의 구체화로 이해할 때, 전통적인 법률유보이론들, 즉 침해유보설, 사회적 유보설, 전부유보설 등은 그 의미를 상실하게 된다. 이에 따라 현대의 법률유보이론은 어떤 사항에 대하여, 어느 정도까지 상세하게 법률로 정해야 하느냐에 관한 새로운 기준을 필요로 한다.

현재 지배적 견해로 인정되는 **의회유보이론은** – 실질적 기준을 명확하게 제시하는 것이 사실상 불가능하다는 인식 하에 – 의회 스스로가 중요하다고 인정한 것에 대해서 법률로 규율할 수 있다는 것으로 법률유보의 문제를 정리하고 있다. 결국 의회가 법률로 정할 필요가 있다고 인정하여 법률의 형식으로 규정하는 것이 곧 법률이라는 것이다.

그 결과 무엇이 법률에 의해 규율되어야 할 것인지의 문제는 결국 광범하게 입법자의 재량에 맡겨지게 되었다. 현대헌법에 있어서 법률의 본질적 기준이 상실되었다는 문제는 법률에 대한 광범위한 사법적 통제에 의해 보완되고 있다.

(3) 국회가 법률로 정해야 하는 사항

의회유보론에 기초하여 법률의 개념을 이해할 경우에는 무엇을 법률로 정할 것인지가 의회의 판단에 맡겨진다. 하지만 모든 사항이 의회의 판단에 맡겨져 있는 것은 아니다.

① **헌법이 법률로 정하도록, 또는 법률로 정하지 못하도록 명시한 사항**에 대해서는 국회의 판단이 배제된다.

② 헌법이 직접 국회의 입법을 요구하고 있지는 않더라도 **일정한 법률에서 다른 법률에 의한 규율을 전제하고 있는 경우**에는 법률로 정해야 할 것이다.

③ 국회가 법률로써 정할 사항의 일부를 행정입법에 위임하는 경우에도, 구체적 범위를 정하여 위임해야 하며, **포괄적 위임입법은 금지된다**(헌법 제75조).

2. 입법작용(입법권)의 한계

(1) 헌법과 법률(입법)의 관계에서 나타나는 한계

입법은 국가질서의 형성이라는 측면에서 검토될 수 있다. 즉 국가질서의 형성은 헌법의 제정과 개정에 의해 그 기본틀이 만들어지고, 이러한 실정헌법의 테두리 내에서 - 헌법해석을 통하여 - 입법에 의해 구체적인 국가질서의 방향과 내용이 정해지는 것이다.

따라서 헌법 자체가 입법의 한계가 된다는 말의 의미는 ① 헌법제정(권력)의 한계 및 헌법개정(권력)의 한계로 인정되는 헌법의 이념이나 원리들은 당연히 입법의 한계로도 인정된다는 것과 ② 헌법해석의 한계로 인정되는 실정헌법의 조문도 입법의 한계로 인정되어야 한다는 것으로 이해될 수 있다.

(2) 권력분립으로부터 나오는 입법작용의 한계

헌법이 정하고 있는 권력분립의 체계 속에서 입법작용의 절차와 방식, 그 권한의 범위와 한계 등이 구체화되고 있다는 점도 입법의 한계와 관련된다.

입법작용은 국가질서를 위한 중요한 기능임에는 틀림없으나 그것은 국민의 기본권보장을 위해 필요한 것이며, 이러한 입법작용은 권력분립의 체계 속에서 한정·제한되고, 견제·통제되는 가운데 구체적인 형태를 갖추게 된다. 그러므로 다른 헌법기관에 의한 입법에 대한 통제도 입법의 올바른 기능의 보장을 위한 것으로 이해된다. 따라서 입법에 의하여 집행권의 독자적 활동영역을 침해하거나 사법의 영역인 재판에 직접 관여하는 것은 허용되지 않으며, 이를 넘어서는 입법작용에 대해서는 헌법재판소의 위헌법률심판, 헌법소원심판, 권한쟁의심판 또는 대통령의 법률안거부권행사 등에 의한 통제가 가해질 수 있다.

Ⅳ. 입법의 절차

1. 법률안의 제안

(1) 국회의원의 법률안 제안절차

① 국회의원 10인 이상의 찬성이 있어야 의안의 형식으로 법률안을 발의할

수 있다(국회법 제79조 제1항). 이와 같이 국회의원 10인 이상의 찬성을 요구하는 것은 법률안(또는 다른 의안) 발의의 신중성을 요구하는 것이다.

② 예산 또는 기금상의 조치가 수반되어야 하는 법률안의 경우에는 그 법률안의 시행에 수반될 것으로 예상되는 **비용에 대한 추계서를 함께 제출**하여야 한다(국회법 제79조의2 제1항). 이러한 조건을 요구하는 것은 재정적인 조건을 고려하지 않고 법률안을 발의하여 통과시킬 경우에 발생할 문제를 예방하기 위해서 꼭 필요한 것이다.

③ 의원이 법률안을 발의하는 때에는 발의의원과 찬성의원을 구분하되, 당해법률안에 대하여 그 제명의 부제로 **발의의원의 성명을 기재**한다. 다만, 발의의원이 2인 이상인 경우에는 대표발의의원 1인을 명시하여야 한다(국회법 제79조 제3항). 이는 법안실명제를 수용한 것으로서 법률안에 대한 국회의원들의 책임성을 강화시키기 위한 것으로 이해될 수 있다.

(2) 정부의 법률안 제안절차

현행헌법은 국회의 입법과정에 정부가 관여할 수 있는 방법의 하나로서 법률안제출권을 인정하고 있다(헌법 제52조). 다만 정부의 법률안제출을 위해서는 국무회의의 심의를 거쳐야 한다(헌법 제89조 제3호). 또한 정부는 부득이한 경우를 제외하고는 매년 3월 31일까지 당해연도에 제출할 법률안에 관한 계획을 국회에 통지하여야 한다. 그 계획을 변경한 때에는 분기별로 주요사항을 국회에 통지하여야 한다(국회법 제5조의3).[3]

2. 법률안의 심의와 의결

(1) 소관상임위원회의 심의

국회의원에 의해 법률안이 발의되면, 국회의장은 이를 인쇄하여 국회의원에게 배부하고 본회의에 보고하며, 소관상임위원회에 회부한다(국회법 제81조 제1항 전단).

---

3) 이러한 정부의 법률안제출권에 대한 평가는 엇갈리고 있다. 고도의 경험과 지식을 필요로 하는 경제입법과 사회입법 등의 수요가 증대되고 있는 오늘날에는 대통령제국가에서도 집행부에 법률안제출권을 인정하는 것이 합목적적이라고 보는 견해가 있는가 하면, 권력분립에 반하며, 의원들의 입법에 대한 책임을 감소시키기 때문에 바람직하지 못하다는 견해도 있다. 결국 이 문제는 정부의 법률안제출권을 인정함으로써 얻을 수 있는 합목적성 내지 정부활동의 능률성의 요청과 입법기능에 대한 국회의 우월성 내지 책임성 가운데 어느 쪽에 더 무게를 두느냐에 따라서 달리 평가될 수 있을 것이다.

소관상임위원회에 회부된 법률안에 대해서는 원칙적으로 위원회에 회부된 후 일부개정법률안의 경우에는 15일, 제정법률안 및 전부개정법률안의 경우에는 20일(법제사법위원회의 체계 · 자구심사의 경우에는 5일)이 경과하기 전에 이를 위원회 의사일정에 상정하지 못하도록 함으로써(국회법 제59조 본문) 철저한 사전준비를 갖추고 심사를 하도록 하고 있다.

위원회는 법률안을 심사함에 있어서 먼저 그 취지의 설명과 **전문위원의 검토보고**를 듣고 대체토론(안건 전체에 대한 문제점과 당부에 관한 일반적 토론을 말하며 제안자와의 질의 · 답변을 포함한다)과 **축조심사** 및 찬반토론을 거쳐 표결한다(국회법 제58조 제1항).

위원회의 법률안 심사과정에서도 다른 안건들과 마찬가지로 대체토론 이후 **소위원회의 심사 · 보고**를 거치도록 되어 있으며(국회법 제58조 제2항, 제3항), 소위원회의 의안심사에서는 축조심사가 생략되어서는 안 된다(국회법 제57조 제7항 단서).

또한 위원회는 제정법률안 및 전부개정법률안에 대하여는 **공청회 또는 청문회**를 개최하여야 한다. 다만, 위원회의 의결로 이를 생략할 수 있다(국회법 제58조 제6항). 그리고 법률안이 **예산상의 조치를 수반하는 경우**에는 정부의 의견을 들어야 하며(국회법 제58조 제7항), 심사대상인 법률안에 대하여 그 입법취지 · 주요내용 등을 국회공보 등에 게재하여 **입법예고** 할 수 있다(국회법 제82조의2 제1항).

(2) 법제사법위원회의 검토

소관상임위원회에서 법률안의 심사를 마치거나 입안한 때에는 법제사법위원회에 회부하여 **체계와 자구에 대한 심사**를 거쳐야 한다. 이 경우 법제사법위원장은 간사와 협의하여 그 심사에 있어서 제안자의 취지설명과 토론을 생략할 수 있다(국회법 제86조 제1항).

법제사법위원회 내에서의 체계와 자구에 대한 심사도 원칙적으로 소관상임위원회의 경우과 같은 절차를 거치도록 되어 있지만, 제정법률안 및 전부개정법률안에 대해서도 축조심사를 생략할 수 있으며, 공청회 또는 청문회를 개최할 필요가 없다(국회법 제58조 제9항).

법제사법위원회의 심사에 대하여 국회의장은 각 교섭단체대표의원과의 협의를 거쳐 심사기간을 정할 수 있으며 이유 없이 그 기간 내에 심사를 마치지 아니한 때에는 바로 본회의에 부의할 수 있다(국회법 제86조 제2항).

(3) 국회 본회의의 심의 · 의결

소관상임위원회 및 법제사법위원회의 심의를 마친 법률안은 본회의에 부의된다(국회법 제81조 제1항).

본회의는 안건을 심의함에 있어서 그 안건을 심사한 위원장의 심사보고를 듣고 질의 · 토론을 거쳐 표결한다. 다만, 위원회의 심사를 거치지 아니한 안건에 대하여는 제안자가 그 취지를 설명하여야 하고, 위원회의 심사를 거친 안건에 대하여는 의결로 질의와 토론 또는 그중의 하나를 생략할 수 있다(국회법 제93조).

국회는 위원회의 심사를 거치거나 위원회가 제안한 의안 중 정부조직에 관한 법률안, 조세 또는 국민에게 부담을 주는 법률안 등 주요의안의 본회의 상정 전이나 본회의 상정 후에 재적의원 4분의 1 이상의 요구가 있는 때에는 그 심사를 위하여 의원전원으로 구성되는 전원위원회를 개회할 수 있다. 다만, 의장은 주요의안의 심의 등 필요하다고 인정하는 경우 각 교섭단체대표의원의 동의를 얻어 전원위원회를 개회하지 아니할 수 있다(국회법 제63조의2 제1항). 전원위원회는 재적위원 5분의 1 이상의 출석으로 개회하고, 재적위원 4분의 1 이상의 출석과 출석위원 과반수의 찬성으로 의결한다(국회법 제63조의2 제4항).

법률안에 대한 수정동의는 국회의원 30인 이상의 찬성으로 가능하다(국회법 제95조 제1항 본문). 다만 전원위원회의 수정안제출의 경우에는 전원위원장이 제출자가 된다(국회법 제63조의2 제2항). 원안과 수정안(들)이 함께 본회의에 제출된 경우에는 최후에 제출된 수정안을 먼저 표결하며, 의원의 수정안을 위원회의 수정안에 앞서 표결하며, 원안과 차이가 많은 것부터 먼저 표결한다(국회법 제96조 제1항). 그리고 수정안이 모두 부결되었을 때, 원안에 대해 표결한다(국회법 제96조 제2항).

본회의에 상정된 법률안의 의결은 재적의원 과반수의 출석과 출석의원 과반수의 찬성으로 한다(국회법 제109조).

ⅰ. 교섭단체 대표의원과의 협의 없는 의사일정 순서 변경의 정당성 문제

국회법상 '협의'의 개념은 의견을 교환하고 수렴하는 절차라는 성질상 다양한 방식으로 이루어질 수 있고, 그에 대한 판단과 결정은 종국적으로 국회의장에게 맡겨져 있다. 피청구인 국회의장은 장내소란으로 국회법에 따른 정상적인 의사진행을 기대하기 어려운 상황에서 효율적인 회의 진행을 위하여 의사일정 제5항이던 사립학교법 중 개정법률안을 제일 먼저 상정하여 심의할 필요가 있다고 판단한 점, 사립학교법 중 개정법률안의 상정 자체에 반대하던 한나라당 대표의원과의 협의는 실질적인 의미가 없는 상황이었던 점, 당시 회의록에 의하면 한나라당 의원들을 포함하여 274명의 의원들이 본회의장에 출석하고 있는 것으로 기재되어 있으므로 의사일정을 변경하더라도 그 자체로 국회의원들의 심의·표결에 지장이 있었다고 보기 어려운 점 등을 고려해 볼 때, 피청구인이 한나라당 대표의원과 직접 협의 없이 의사일정순서를 변경하였다고 하여 국회법 제77조 위반으로 보기 어렵다(헌재 2008.4.24. 2006헌라2 결정).

ⅱ. 위원회의 심사를 거치지 않은 의안에 대하여 제안자의 취지설명, 질의, 토론절차를 거치지 않은 채 표결절차를 진행한 국회의장의 행위와 국회의원의 심의·표결권

국회법 제93조는 '위원회의 심의를 거치지 아니한 안건에 대해서는 제안자가 그 취지를 설명하도록' 정하고 있으나, 그러한 취지설명의 방식에는 제한이 없고 제안자가 발언대에서 구두설명을 하지 않더라도 서면이나 컴퓨터 단말기에 의한 설명 등으로 이를 대체할 수 있으므로, 발언대의 마이크를 사용하기 어려울 만큼 소란스러운 상황에서 피청구인이 제안자의 취지설명을 컴퓨터 단말기로 대체하도록 한 것이 국회법 제93조를 위반하였다고 할 수 없다. 또한, 의사진행 방해로 의안상정·제안설명 등 의사진행이 정상적으로 이루어지지 못하고 질의신청을 하는 의원도 없는 상황에서 피청구인이 '질의신청 유무'에 대한 언급 없이 단지 '토론신청이 없으므로 바로 표결하겠다'라고 한 행위가 위원회 심의를 거치지 않은 안건에 대하여 질의, 토론을 거치도록 정한 국회법 제93조에 위반하여 청구인 국회의원들의 심의·표결권을 침해할 정도에 이르렀다고는 보기 어렵다(헌재 2008.4.24. 2006헌라2 결정).

㉮ 재판관 이강국, 재판관 조대현, 재판관 김희옥, 재판관 송두환의 의견

신문법 수정안의 경우 위원회의 심사를 거치지 않고 본회의에 상정된 법안이므로, 국회법 제93조 단서에 의하여 본회의의 의결에 의하여도 질의와 토론절차를 생략할 수 없는 의안이었다. 다만, 질의·토론절차의 운영에 있어서 의장인 피청구인은 의원들이 질의 및 토론신청을 할 수 있는 기회가 부여 되었음에도 이를 하지 아니한 경우에는 질의·토론절차를 생략하고 다음 단계로 넘어갈 수

는 있다고 할 것인바(헌재 2008. 4. 24. 2006헌라2, 판례집 20-1상, 438, 447 참조), (…저자에 의한 중략…), 심의과정에서 질의·토론의 기회를 주지 아니한 채 이루어진 표결결과에 따라 신문법안의 가결을 선포한 피청구인의 행위는 질의·토론에 관한 국회법 제93조를 위배하여 청구인들의 심의·표결권을 침해한 것으로 봄이 상당하다.

㉯ **재판관 김종대, 재판관 이동흡의 의견**

국회법 제93조는 (…저자에 의한 중략…) 위원회 심사를 거치지 아니한 안건의 경우 질의·토론할 의원이 없어 하지 않는 것 이외에는 그에 대한 질의와 토론을 생략할 수 없다고 해석된다. (…저자에 의한 중략…) 따라서 국회의장으로서는 위원회 심사를 거치지 아니한 안건에 있어서는 질의·토론신청이 없었던 경우라면 (…저자에 의한 중략…) "질의·토론신청이 없으므로 질의·토론을 생략하겠다."고 말하고 표결절차에 나아갈 수는 있다 할 것이지만, 질의·토론신청이 있었는지 여부를 확인하거나 이를 언급도 하지 아니한 채 질의·토론을 생략하고 곧바로 표결처리에 나아가는 의사진행은 국회의원에게 부여된 질의·토론의 기회를 원천적으로 봉쇄하는 것과 다름없어 정당화될 수 없다고 할 것이다.

이 사건의 경우에도 피청구인은 위원회의 심사를 거치지 아니한 신문법안에 대하여 질의·토론 신청 여부에 대해서는 아무런 확인이나 언급도 없이 "질의와 토론도 실시하지 않도록 하겠습니다." 라고 발언한 후 곧바로 신문법 수정안 등에 대한 표결처리에 나아간 것인바, (…저자에 의한 중략…) 질의·토론의 기회를 주지 않고 이루어진 신문법안에 대한 피청구인의 가결선포행위는 청구인들의 심의·표결권을 침해하는 것이다(헌재 2009.10.29. 2009헌라8등 결정).[4)]

iii. 입법과정에서 표결절차의 헌법적 의의

국회가 국회의원 전원으로 구성된 회의체에서 심의와 표결을 거쳐 다수결로 국회의 입법권을 행사하면 그 법률은 모든 국가작용의 근거와 기준이 되고, 국민의 법적 지위를 직접 규율하게 되는 점에서, 국회의 입법과정에는 구성원인 국회의원의 자유로운 참여, 토론, 숙의 등이 활발하게 이루어질 수 있도록 합리적인 심의 과정이 보장되어야 한다.

입법과정 중 심의절차(상이한 의견의 교환과 토론 절차)의 헌법적 의미가 중요하게 강조되어야 하는 이유가 국가 전체이익에 부합하는 최선의 국회의사를 형성하는 것 자체 못지않게 그러한 국회 의사결정 절차의 합리성에 대한 국민의 신뢰를 얻기 위한 것이라면, 심의절차에 기초하여 이루어지는 표결 절차는 국회

4) 이 사건에서는 위원회의 심사를 거치지 않은 의안에 대하여 제안자의 취지설명, 질의, 토론절차를 거치지 않은 채 표결절차를 진행한 것이 국회의원의 심의·표결권을 침해하였다는 의견의 재판관이 6인이었는데 그 논거는 달리하였다.

입법권 실현의 사실상 최종 과정이라는 점에서 더욱 중대한 헌법적 의미를 갖는다고 보아야 할 것이다. 따라서 국회의 법률안 표결절차는 국회의원의 자유로운 개별적 의사가 객관적으로 적법하게 표시되어 결집되고 확인됨으로써 그것이 국회의 최종 의사로 정당하게 추인될 수 있도록 합리적 공정성을 스스로 갖추지 않으면 아니 된다.

이러한 사정 및 적법절차의 원칙을 강조한 헌법 제12조의 규정 취지를 아울러 고려하면, 우리 헌법 제49조가 천명한 다수결의 원칙은 바로 위와 같은 국회의 의사결정 과정의 합리성 내지 정당성이 확보될 것을 전제로 한 것이고, 이와 무관하게 동일한 정치적 의사를 가진 국회의원의 숫자만으로 국회의 최종 의사형성이 정당화될 수 있다고는 볼 수 없다(헌재 2009.10.29. 2009헌라8등 결정).

iv. 법률안날치기 통과와 국회의원의 법률안 심의 · 표결권

국회의원은 국민에 의하여 직접 선출되는 국민의 대표로서 여러 가지 헌법상 · 법률상의 권한이 부여되어 있지만 그 중에서도 가장 중요하고 본질적인 것은 입법에 대한 권한임은 두 말할 나위가 없고, 이 권한에는 법률안제출권(헌법 제52조)과 법률안 심의 · 표결권이 포함된다. 국회의원의 법률안 심의 · 표결권은 비록 헌법에는 이에 관한 명문의 규정이 없지만 의회민주주의의 원리, 입법권을 국회에 귀속시키고 있는 헌법 제40조, 국민에 의하여 선출되는 국회의원으로 국회를 구성한다고 규정하고 있는 헌법 제41조 제1항으로부터 당연히 도출되는 헌법상의 권한이다. 그리고 이러한 국회의원의 법률안 심의 · 표결권은 국회의 다수파의원에게만 보장되는 것이 아니라 소수파의원과 특별한 사정이 없는 한 국회의원 개개인에게 모두 보장되는 것임도 당연하다. 따라서 새정치국민회의 및 자유민주연합 소속 국회의원인 청구인들에게 법률안 심의 · 표결의 권한이 있음은 의문의 여지가 없다.

국회법 제5조에 의하면 임시회의 집회요구가 있을 때에는 의장은 집회기일 3일전에 공고하여야 하고, 동법 제72조에 의하면 본회의는 오후 2시(토요일은 오전 10시)에 개의하되, 국회의장이 각 교섭단체대표의원과 협의하여 그 개의시를 변경할 수 있으며, 동법 제76조에 의하면 국회의장은 개의일시 · 부의안건과 그 순서를 기재한 의사일정을 작성하고 늦어도 본회의 개의 전일까지 본회의에 보고하여야 하고(제1항 본문), 의사일정의 작성에 있어서는 국회운영위원회와 협의하되 협의가 이루어지지 아니할 때에는 단독으로 이를 결정하며(제2항), 특히 긴급을 요한다고 인정할 때에는 회의의 일시만을 의원에게 통지하고 개의할 수 있다고(제3항) 규정되어 있으므로, 임시회 집회일은 소집공고에 의하여 국회의원들에게 통지되어야 하고, 임시회 집회일 이후의 본회의 개의일시는 그 전의 본회의에서 의사일정보고를 통하여 국회의원들에게 통지되어야 하며, 특히 긴급을 요하여 의사일정보고절차를 밟을 수 없다고 인정될 때에도 회의의 개의일시만은 상당한 방법으로 국회의원 개개인에게 통지하지 않으면 아니됨이 명백하다.

그러므로 피청구인이 청구인들에게 본회의 개의일시를 적법하게 통지하였는지의 점에 관하여 보건대, 피청구인은 그의 요청에 따라 신한국당의 원내수석부총무 하순봉의원이 1996. 12. 26. 05 : 30경 새정치국민회의의 원내수석부총무인 남궁진의원과 자유민주연합의 원내총무인 이정무의원에게 전화로 본회의 개의시각이 06 : 00로 변경되었음을 통지하였다고 하는 반면, 청구인들은 위 전화통지를 받은 것은 같은 날 06 : 10분경이었다고 주장하는바, 설사 피청구인이 주장하는 대로의 통지가 있었다 하더라도 그러한 통지는 야당소속 국회의원들의 본회의 출석을 도저히 기대할 수 없는 것으로서 국회법 제76조 제3항에 따른 적법한 통지라고 할 수 없다. 따라서 이 사건 본회의의 개의절차에는 위 국회법의 규정을 명백히 위반한 흠이 있다고 아니할 수 없다. 한편 피청구인이 주장하는 바와 같이 사건 법률안의 의결처리 과정에서 청구인들의 일부가 포함된 야당의원들이 위력을 행사하여 본회의 개의를 저지함으로써 국회운영의 정상적인 진행을 봉쇄하였다는 이유만으로 이 사건 피청구인의 위법행위가 정당화된다고 할 수 없다.

그렇다면 피청구인이 국회법 제76조 제3항을 위반하여 청구인들에게 본회의 개의일시를 통지하지 않음으로써 청구인들은 이 사건 본회의에 출석할 기회를 잃게 되었고 그 결과 이 사건 법률안의 심의·표결과정에도 참여하지 못하게 되었다. 따라서 나머지 국회법 규정의 위반여부를 더 나아가 살필 필요도 없이 피청구인의 그러한 행위로 인하여 청구인들이 헌법에 의하여 부여받은 권한인 법률안 심의·표결권이 침해되었음이 분명하다(헌재 1997.7.16. 96헌라2 결정).

V. 표결의 자유와 공정의 현저한 침해와 표결결과의 정당성에 영향을 미쳤을 개연성

신문법 수정안에 대한 표결 과정에서, 첫째 권한 없는 자에 의한 임의의 투표행위가 있었고(…저자에 의한 중략…), 둘째 다른 국회의원 의석의 투표단말기에 접근하거나 손을 가까이 가져가는 등 위법한 무권 또는 대리투표행위로 의심받을 만한 여러 행위가 있었으며(…저자에 의한 중략…), 셋째 다수의 민주당 의원들이 한나라당 의원들의 투표행위를 저지하기 위하여 실랑이를 벌이거나 한나라당 의원석에 앉아 있었고, 나아가 적극적으로 반대투표행위를 한 것으로 보이고(…저자에 의한 중략…), 넷째 정상적인 표결 절차에서 국회의원 각자가 자신에게 부여된 고유한 표결권을 직접 행사하였더라면 결코 나타날 수 없는, 극히 이례적인 경위의 투표가 다수 확인되었다(…저자에 의한 중략…)

요컨대, 피청구인은 이 사건 신문법 수정안의 표결을 진행함에 있어 다수의 위법한 투표행위가 발생할 가능성이 예견되었고, 실제 그와 같은 사례가 발생하였음에도 이를 바로잡을 자신의 권한을 전혀 행사하지 않은 채(질서유지권 등의 행사조차 어려운 경우라고 한다면 회의를 산회하고, 질서를 확보한 상태에서 새로운 회의를 개최할 여지도 있다), 이를 방치하였다.

신문법 수정안에 대한 표결절차가 과연 국회의원의 자유로운 개별적 의사가 객관적으로 적법하게 표시되어 결집되고 확인됨으로써 그것이 국회의 최종 의사로 정당하게 추인될 수 있을 정도로 합리적 공정성을 갖춘 것이라고는 도저히 볼 수 없다. 표결과정에서의 자유와 공정이 현저히 저해되었다고 보지 않을 수 없다.

신문법 수정안에 대한 표결 과정의 전후 상황, 위법 내지 위법의 의심이 있는 투표행위의 횟수 및 정도 등을 종합하여 살펴보면, (…저자에 의한 중략…) 마치 하나의 투표함에 정당한 투표와 그렇지 않고 정당성 여부를 객관적으로 확정하기 어려운 투표가 혼재되어 있어 신뢰할 수 있는 방법으로는 더 이상 양자를 구분하기 힘들게 되어 투표함 자체가 오염된 상황과 유사하게 되었다.

요컨대, 신문법 수정안 표결과정의 현저한 무질서와 불합리 내지 불공정은 그 표결결과의 정당성에 영향을 미쳤을 개연성이 있다고 판단된다. 결국, 피청구인의 신문법 수정안의 가결선포행위는 헌법 제49조 및 국회법 제109조의 다수결 원칙에 위배되어 청구인들의 표결권을 침해한 것이다(헌재 1997.7.16. 96헌라2 결정).

3. 법률안의 서명과 공포

(1) 법률안의 정부로의 이송

국회에서 의결된 법률안은 국회의장에 의하여 정부에 이송된다(헌법 제53조 제1항, 국회법 제98조 제1항).

정부가 그 법률안에 대하여 이의를 갖지 않을 경우에는 국무회의의 심의(헌법 제89조 제3호)를 거쳐서 대통령이 서명하고, 국무총리와 관계국무위원이 부서한다(헌법 제82조). 이러한 절차를 통하여 법률안은 법률이 된다.

(2) 대통령의 거부권행사와 국회의 재의

법률안에 대해서 이의가 있을 때에는 대통령이 정부에 법률안이 이송된지 15일 이내에 이의서를 붙여서 국회로 환부하고, 그 재의를 요구할 수 있으며, 이는 국회의 폐회 중이라 하더라도 마찬가지이다(헌법 제53조 제2항). 다만 대통령은 법률안의 일부에 대해서 재의를 요구하거나 법률안을 수정하여 재의를 요구할 수는 없다(헌법 제53조 제3항).

대통령의 재의요구가 있을 경우, 국회는 법률안을 재의에 붙이게 되며, 재적의원 과반수의 출석과 출석의원 3분의 2 이상의 찬성으로 재의결할 때에만 법률안이 법률로 확정될 수 있다(헌법 제53조 제4항).

(3) 법률의 공포

대통령은 법률안이 정부에 이송된 날로부터 15일 이내에 공포하는 것이 원칙이다(헌법 제53조 제1항). 대통령이 15일 이내에 거부권을 행사하지도 않고, 공포도 하지 않았을 경우에도 그 법률안은 법률로서 확정된다(헌법 제53조 제5항).

국회의 재의결에 의하여 확정된 법률, 또는 대통령이 거부권을 행사하지 않고 15일을 경과하여 확정된 법률은 대통령이 **지체없이 공포**하여야 한다. 법률안의 정부이송 후 15일이 경과되어 법률로 확정된 지 5일이 경과되었거나, 국회에서 재의결되어 정부에 송부된 후 5일 이내에 대통령이 공포하지 않을 경우에는 국회의장이 이를 공포한다(헌법 제53조 제6항, 국회법 제98조 제3항).

법률의 공포는 **법률의 효력발생요건**으로 인정되며, 공포의 방식은 관보에 기재하는 것이다.[5] 현행법상 공포의 시기는 관보에 게재된 것으로 인정되는 시기이다.[6]

ⅰ. 확정되었으나 공포되지 않은 법률의 효력

원래 법률의 효력은 헌법 제40조 제5항에 의하여 공포일로부터 20일후 기타 법률의 정한 일에 비로소 발생되는 것이오 기 전에 동조 제2,3항 소정의 사유와 절차로 인하여 법률안이 법률로서 확정되었다 하더라도 그의 확정만으로서는 당연히 그의 효력이 발생하는 것은 아니라고 해석함이 동 법조의 해석상 분명하다 할 것이다. 그런데 소론 비상사태하의 범죄처벌에관한특별조치령폐지법이 법률로서 확정된 사실은 논지와 같으나 동법이 현재 미공포중에 있음은 공지의 사실이오 타에 동법실시에 관한 특별법 있음을 발견할 수 없으니 동법의 효력 즉 우 특별조치령폐지의 효력은 아직 발생되였다 볼 수 없음은 우 설시이유에 비추어 명백함으로 동 조치령의 효력은 그대로 존속중이라 않을 수 없으니…(대법원 1954.10.5. 4287형상18).

5) 「법령 등 공포에 관한 법률」 제11조 제1항. 그러나 헌법 제53조 제6항과 국회법 제98조 제3항에 의하여 국회의장이 법률을 공포할 경우에는, 서울특별시에서 발행되는 일간신문 2 이상에 게재함으로써 한다(같은법 제11조 제2항).

6) 「법령 등 공포에 관한 법률」 제12조: "제11조의 법령등의 공포 또는 공고일은 그 법령등을 게재한 관보 또는 신문이 발행된 날로 한다."

ii. 관보발행일과 법령 공포의 시기

원판결이유에 의하면 원심은 1969.6.19자로 개정되어 공포한 날로부터 시행하기로 되어 있는 대통령령 제3938호 (관세법 제28조 제1항 제10호의 규정에 의한 물품지정의 건 중 개정의 건)이 1969.5.19자의 관보에 수록되어 있기는 하나 원판결이 채택한 그 증거들을 종합하여 위의 대통령령 제3938호를 게재한 관보가 실제에 있어서 발행된 일시는 1969.5.21 오후인 사실을 인정한 다음, 위 법령의 공포 및 시행일시는 법령 등 공포에 관한 법률 제12조의 규정에 의하여 위 관보의 발행일이라 할 것이므로…(대법원 1970.10.23. 선고 70누126 판결).

iii. 법률공포의 지연과 법률시행기일의 효력

법률의 효력발생 시기에 관하여 헌법 제40조 제5항은 「법률은 특별한 규정이 없는 한 공포일부터 20일을 경과함으로서 효력을 발생한다」라고 규정하였고 동조항의 법의는 법률의 공포와 동시에 그 효력을 발생케함은 특별이유에 의할 예외에 속한 것이오 동상의 효력발생은 법률공포후 신법시행에 관한 준비 및 주지에 필요한 20일기간을 부여함을 원칙으로 할 것이라고 이해하여야 할 것이다 그런데 신 형사소송법 부칙 제9조에 의하면 동조시행기일은 서기 1954년 5월 30일로 규정을 하였으나 동법의 공포일이 서기 1954년 9월 23일임은 공지의 사실인바 여사한 공포일의 지연은 본법 제정 당시 예상 외에 속한 것으로 동법 부칙의 규정이 그 시행기일을 소급하거나 공포 즉일 시행할시 특수예외적 필요에 의한 것이 아님을 알 수 있는 것이다.

그러므로 전시 동 법칙 제9조의 소정 시행기일에 관한 규정은 동법의 공포일의 지연으로 인하여 실효되고 전시헌법 제40조 제5항의 규정에 의하여 본법 시행기일은 본법 공포후 20일을 경과한 서기 1954년 10월 14일이라고 해석함이 타당하다 아니할 수 없다(대법원 1955.6.21. 4288형상95).

iv. 국방경비법의 공포 여부

성립절차상의 중대한 하자로 효력을 인정할 수 없는 처벌규정을 근거로 한 범죄경력을 보안관찰처분의 기초로 삼는다면 헌법 제12조 제1항 후단에서 말하는 "법률과 적법한 절차"에 의하여 이루어지는 보안처분이라 할 수 없으므로, 구 국방경비법 제32조, 제33조의 유효한 성립여부는 이를 위반하여 처벌받은 경력이 있는 자를 보안관찰처분대상자로 하도록 규정한 보안관찰법 부칙 제2조 제2호의 심판대상조항이 적법절차원칙에 위배되는지 여부와 바로 관련된다.

> 미군정기 법령의 체계와 제정·공포방식 및 관련자료에 비추어 볼 때 구 국방경비법은 군정장관이 직권에 의하여 "법령"으로 제정한 것이거나, "조선경비청에 대한 규정"을 개정하는 "기타 법규"로서 군정청관보에의 게재가 아닌 다른 방법에 의하여 공포한 것이라고 볼 수 있고, 특히 구 국방경비법 제32조, 제33조는 1948. 7. 5. 전부터 이미 존재하고 있었다고 볼 수 있는 점, 같은 법은 정부수립 후 1962. 1. 20. 폐지될 때까지 유효한 법률로 취급받고 유효한 법률이었음을 전제로 입법이 되는 등 국민들과 법제정당국 및 법집행당국 등에 의하여 실질적으로 규범력을 갖춘 법률로 승인된 점 등을 종합하여 볼 때 구 국방경비법의 유효한 성립을 인정함이 합리적이므로, 구 국방경비법 제32조와 제33조의 성립절차상 하자로 인하여 심판대상조항이 헌법 제12조 제1항 후문의 적법절차원칙에 위배된다고 볼 수는 없다(헌재 2001.4.26. 98헌바79 결정).

4. 법률로서의 효력 발생

법률은 특별한 규정이 없는 한 공포된 날로부터 20일을 경과함으로써 효력을 발생한다(헌법 제53조 제7항). 그러나 국민의 권리제한 또는 의무부과와 직접 관련되는 법률은 긴급히 시행하여야 할 특별한 사유가 있는 경우를 제외하고는 공포일로부터 적어도 30일이 경과한 날로부터 시행되도록 하여야 한다(법령 등 공포에 관한 법률 제13조의2).

법률의 효력발생에 대하여 일정한 유예기간을 두도록 하는 것은 법적용의 변화를 준비할 수 있도록 함으로써 법적 혼란을 최소화시키려는 것이다. 그러나 최근의 법률은 대부분 부칙규정을 통해 시행일을 명시하므로 실제 20일의 경과규정이 적용되는 예는 많지 않다. 법률이 공포된 후 일정기간이 경과하여 법률로서의 효력을 발생하게 되면, 그 법률의 효력은 대한민국의 국가권력이 미치는 범위 내에서 존중되며, 집행권과 사법권을 구속한다.

제 2 절 집행기능

개 요

종래 입법, 행정, 사법으로 분류하던 국가기능을 오늘날에는 입법, 집행, 사법으로 분류하는 것이 보편화되어 있다. 현행헌법 제66조 제4항에서 행정권이라고 명시되어 있음에도 불구하고 과거와는 달리 '행정' 대신에 '집행'이라는 용어가 널리 이용되고 있는 것이다.

이러한 새로운 구별은 종래의 '행정'(이른바 협의의 행정)이라는 개념 속에 포섭되기 어려운 특수한 집행기능, 이른바 '정치적 지도작용'(또는 통치작용)이 있다는 것을 그 이유로 한다. 즉 집행기능 안에는 행정작용 외에 정치적 지도작용이 포함된다는 것이다. 따라서 집행기능은 행정작용과 정치적 지도작용을 포괄하는 상위개념이 된다.

본 절에서는 행정의 개념범위를 어떻게 파악할 것인지, 행정작용과 정치적 지도작용의 구별은 어떤 기준에 따라야 하며, 양자의 관계는 어떻게 이해되어야 할 것인지에 대한 논란을 중심으로 집행기능을 정리한다.

Ⅰ. 행정의 개념과 특성

1. 행정의 개념에 대한 접근

(1) 헌법상의 행정

현행헌법은 제66조 제4항에서 "행정권은 대통령을 수반으로 하는 정부에 속한다"고 규정하고 있으며, 그밖의 조항에서 행정을 언급하고 있다.

하지만 제3장 '국회'에서 입법에 관한 다수의 규정을 통해 국회의 입법권 내지 입법사항과 입법절차에 대해 규정하고 있는 것과는 달리, 제4장 제2절 '행정부'에서는 대통령의 지휘·통솔 하에 있는 행정부조직의 기본적 구조에 대해서 규정하고 있을 뿐이고 구체적인 행정작용의 내용이나 절차에 대해서는 규정하고 있지 않다.

이러한 차이는 무엇보다 행정작용의 포괄성에 기인하는 것으로 이해될 수 있다. 행정의 영역이 매우 방대할 뿐만 아니라, 계속 변화·확대되는 현상이 나타나고 있기 때문에 행정에 대한 전체적인 성격규정도 어렵고, 개별적인 열거 또한 곤란하다. 이런 점들로 인하여 행정에 대한 개념정의뿐만 아니라 외연의 설정조차 쉽지 않은 것이다.

(2) 학설상의 (적극적 · 소극적) 개념규정의 시도

학설상의 행정개념은 크게 소극설과 적극설로 분류될 수 있다. 소극설은 행정의 영역이 방대할 뿐만 아니라, 행정에 속하는 사항들의 성질 또한 다양하기 때문에 이를 일의적으로 규정하기 어렵다는 전제 하에 입법과 사법을 제외한 국가작용을 행정으로 정의한다.

적극설은 다시금 목적설, 결과실현설, 기관양태설 등으로 나누어진다. **목적설**은 행정의 특성을 "국가목적 내지 공익목적을 추구하는 국가작용"이라는 점에서 찾고 있으며, **결과실현설**은 행정을 "공익상 필요한 결과의 실현을 목적으로 하는 기술적·정신적·법률적 사무의 전체"라고 정의한다. 또한 **기관양태설**은 행정을 "상하복종관계에 있는 기관에 의한 법집행작용"이라고 본다.

그러나 행정의 특성은 입법 및 사법과의 비교를 통해서 보다 분명하게 밝혀질 수 있다. 입법은 법률의 형식으로 국가질서의 기본방향을 정하는 것이고, 행정은 그와 같은 방향설정을 전제로 이를 구체화시키고 실현시키는 작용으로 나타난다. 그리고 사법은 행정작용을 비롯한 모든 국가 내의 활동에 대한 법적 분쟁을 법에 따라 판단하여 분쟁당사자의 정당한 권리를 보호하고 법적 평화를 실현시키는 작용이다.[7)]

2. 행정의 헌법적 위치: 입법과 사법 사이

(1) 입법과 행정

입법은 헌법을 일차적으로 구체화하는 작용이며, 국가활동을 위한 기준과 지침을 마련하는 작용이다. 그렇기 때문에 입법은 국가활동이 지향해야 할 목표를 설정하고 정책을 결정하는 등의 **방향설정적인 역할**을 한다고 할 수 있다.

반면에 행정은 독자적으로 목표를 설정하거나 정책을 결정하는 것이 아니라, 이미 설정되어 있는 목표를 달성하기 위한, 이미 **결정된 정책을 집행하기 위한 기술적이고 기계적인 작용**이라고 할 수 있다. 즉, 권력분립의 체계 속에서 볼 때, 입법에 의해 결정된 사항을 구체적으로 수행해 나가는 작용이 행정이라고 할 수 있는 것이다. 이런 맥락에서 입법은 행정에 대하여 우위에 서게 되며(법률의 우위), 행정은 법률로 정해진 사항의 테두리 내에서 활동하게 된다(법률유보).

---

7) 이처럼 행정의 개념을 입법 및 사법과의 비교를 통해 구체화하려는 시도가 필요한 이유는 그만큼 행정작용의 명확한 개념규정이 어렵기 때문이다. 그로 인하여 행정작용의 성질 자체를 규명하는 대신에 행정기관이 담당하는 모든 국가작용을 행정작용으로 정의하는, 이른바 형식적 의미로 행정을 이해하는 경우도 있다. 그러나 이러한 형식적 의미로 행정을 이해하는 것은 국가기능의 성질과 이를 담당하는 기관의 성질 내지 구성방식을 연계시키는 현대적 권력분립의 관점에서 볼 때, 아무런 문제도 해결하지 못하는 순환논법에 빠지게 될 뿐이다.

(2) 행정과 사법

입법과의 관계에서 볼 때, 행정과 사법은 모두 법적용이라고 할 수 있다. 즉 입법이 법률을 제정하는 작용이라면, 행정과 사법은 제정된 법률을 적용하는 작용인 것이다.

하지만 행정작용과 사법작용은 입법에 의해 제정된 법을 받아들이는 방식이 다르다. 행정작용에 있어서는 법률이 구체적인 정책목표를 달성하기 위한 기준으로 작용한다. 이런 의미에서 행정작용에 있어서 법률은 **행위규범**이 된다고 할 수 있다.

반면에 사법작용은 법률의 내용에 따라 구체적인 목표달성을 위한 작용을 하는 것이 아니라 법적 분쟁이 발생된 경우에 법률의 내용을 기준으로 하여 옳고 그름을 판단하는 작용을 한다. 이런 의미에서 사법작용에 있어서 법률은 **판단규범**이 된다고 할 수 있다.

3. 행정과 정치적 지도

(1) 행정작용과 정치적 지도작용(통치작용)의 구별

종래 입법, 행정, 사법으로 국가작용을 구별하였지만, 오늘날에는 입법, 사법과 구별되는 집행기능 가운데 행정작용과 구별되는 국가작용, 즉 정치적 지도작용(통치작용)의 영역이 있다는 점이 일반적으로 인정되고 있다.

행정은 입법과의 관계에서 설명되었던 것처럼, 주어진 목표와 목적을 실현시키는 작용이고 따라서 보다 많은 구속을 받는 반면, 정치적 지도작용은 - 입법과 유사하게 - 목표설정적 작용이라고 양자를 구분하는 것이 일반적이다. 그러나 구체적으로 무엇이 행정작용이고 무엇이 정치적 지도작용인지에 대해서는 아직도 해명되지 않은 부분이 적지 않다.

결국 오늘날 행정작용과 정치적 지도작용이 구별되고 있다는 점은 담당하는 업무의 성질 내지 직업공무원제의 적용 여부 등에 의하여 간접적으로 확인될 수 있다.

(2) 집행부 내에서 행정의 위치

집행부 내에서 행정은 결국 국가의 기본적 정책방향을 정하는 정치적 판단·결정을 전제로 이를 구체화시키고 실현시키는 작용, 또는 그러한 결정을 위한 전문적인 판단자료의 준비작용 등으로 나타난다. 따라서 행정은 주도적 역할보다는 보조적·도구적 역할을 주로 하게 된다.

그러나 행정이 정치적 결정의 연장선상에서만 이루어지는 것은 아니다. 행정은 그 자체의 독자성을 여러 헌법적 장치를 통해 보장받고 있다(직업공무원제, 지방자치제 등). 그 결과 행정의 안정성과 중립성, 계속성과 능률성이 보장될 수 있는 것이다.

4. 행정과 공직

행정과 불가분의 관계에 있는 것이 '공직(öffentlicher Dienst)'이다. 원칙적으로 공직은 행정부 내에서 뿐만 아니라 입법부와 사법부 내에도 존재한다. 하지만 오늘날 조직과 활동의 규모에 있어서 행정부가 입법부와 사법부를 압도하는 까닭에 특히 공직은 행정부 내의 공직을 중심으로 이야기된다.

그에 따라 공직제도와 관련된 공직취임의 문제, 공직에서의 활동에 대한 정치적 중립성과 신분보장(직업공무원제)의 문제 및 이와 직접 관련되어 있는 각종 공무원법상의 문제들은 행정작용의 특징들과 결부되어 있는 것이라고 할 수 있다. 특히 직업공무원제도의 적용여부는 행정직 공무원과 정치직 공무원을 구별하는 기준이 됨과 동시에 행정작용과 정치적 지도작용을 구별하는 기준으로서도 중요한 의미를 갖는다.

Ⅱ. 정치적 지도작용(통치작용)

1. 정치적 지도작용(통치작용)의 개념과 문제점

행정작용과 구별되는 또 하나의 집행기능이 이른바 정치적 지도작용(통치작용)이다. 헌법 자체에서는 정치적 지도작용에 대한 명문의 규정을 찾을 수 없으나, 집행기능의 영역 내에 행정작용과 구별되는 정치적 지도작용의 영역이 있다는 것은 - 이미 설정된 목표를 달성하기 위한 기술적·기계적 활동인 행정과는 구별되는 - 목표설정적 작용, 즉 정책형성적 활동이 집행부 내에서도 이루어지고 있다는 점에서 현실적으로 인정될 수밖에 없다.

그러나 행정작용과 정치적 지도작용의 경계는 아직도 분명하게 밝혀져 있지 않다. 이같은 문제는 결국 입법을 포함한 정치적·정책적 방향의 지도와 이에 기초한 행정이라는 구별이 현실적으로는 매우 불분명하게 나타나는 경우가 많다는 사실에 기인한다. 양자의 구별은 정치적 지도작용이 성질상 행정작용과 다르며, 그에 따라 정치적 지도작용에 대해 요구되는 것들이 행정작용의 경우와는 다르다는 점 때문에 매우 커다란 현실적 의미를 갖는다. 즉, 정치적 지도작용에 속하는지의 여부에 따라 한편으로는 폭넓은 정책적 판단의 여지가 주어질 수 있지만, 다른 한편으로는 그에 대한 정치적 책임의 추궁 가능성도 높아지는 것이다.

2. 정치적 지도작용(통치작용)과 통치행위

(1) '통치' 개념의 연원과 사용상의 문제성

종래 통치라는 개념은 (절대군주에 의해 행해지는) 모든 국가작용을 포괄하는 개념으로 사용되었다. 그리고 그러한 통치개념은 민주주의, 법치주의에 따른 통제를 전제하는 것이 아니라 모든 통제로부터 벗어나 있는 군주의 절대적 권위의 상징이었다.

이후 근대적 권력분립이 관철되면서 통치라는 개념은 입법, 행정, 사법의 개별 국가기능으로 분리되었으며, 이러한 국가기능들에 대하여는 엄격한 민주적, 법치국가적 통제가 인정되었다. 이러한 과정을 통하여 군주의 절대권을 상징하는 고전적인 통치개념은 소멸되었으나, 오늘날에는 통치라는 것이 집행부의 특수한 행위를 지칭하는 의미로 사용되고 있다.

(2) 이른바 '통치행위'의 개념과 정당성근거

통치행위란 「고도의 정치성을 띤 집행부의 행위로서 사법심사의 대상으로 하기에 부적합할 뿐 아니라, 비록 그에 관한 판결이 있는 경우에도 그 집행이 곤란한 성질의 행위」로 이해된다. 그러나 구체적으로 어떠한 행위가 **고도의 정치성**으로 인하여 **사법적 판단**에 **부적합**한지에 대하여는 많은 논란이 있다.

통치행위의 정당성근거에 관하여는 정당성이 없다고 보는 **통치행위부정설**, 즉 모든 국가활동에 대한 전면적 사법심사를 인정하는 학설도 있다. 하지만 대부분의 국가에서는 고도의 정치성을 띤 일정한 국가작용을 통치행위로 인정하여 사법심사에서 배제하는 것을 인정하고 있으며, 그 근거에 관하여는 **내재적 한계설**, **재량행위설**, **권력분립설**, **사법자제설** 등이 대립되고 있다. 그러나 이들 가운데 어느 이론을 따르는가는 실질적으로 중요하지 않으며, 특히 판례의 입장은 어느 하나의 학설로만 설명하기 어려우며, 여러 학설의 입장이 고려되는 가운데 통치행위를 인정하는 판례도 나오고 있다.8)

ⅰ. 통치행위에 대한 사법심사 - 대통령의 긴급재정경제명령

대통령의 긴급재정경제명령은 국가긴급권의 일종으로서 고도의 정치적 결단에 의하여 발동되는 행위이고 그 결단을 존중하여야 할 필요성이 있는 행위라는 의미에서 이른바 통치행위에 속한다고 할 수 있으나, 통치행위를 포함하여 모든 국가작용은 국민의 기본권적 가치를 실현하기 위한 수단이라는 한계를 반드시 지켜야 하는 것이고, 헌법재판소는 헌법의 수호와 국민의 기본권 보장을 사명으로 하는 국가기관이므로 비록 고도의 정치적 결단에 의하여 행해지는 국가작용이라고 할지라도 그것이 국민의 기본권 침해와 직접 관련되는 경우에는 당연히 헌법재판소의 심판대상이 된다(헌재 1996.2.29. 93헌마186 결정).

ⅱ. 통치행위에 대한 사법심사 - 외국에의 국군 파견결정

1. 외국에의 국군의 파견결정은 파견군인의 생명과 신체의 안전뿐만 아니라 국제사회에서의 우리나라의 지위와 역할, 동맹국과의 관계, 국가안보문제 등 궁극적으로 국민 내지 국익에 영향을 미치는 복잡하고도 중요한 문제로서 국내 및 국제정치관계 등 제반상황을 고려하여 미래를 예측하고 목표를 설정하는 등 고도의 정치적 결단이 요구되는 사안이다. 따라서 그와 같은 결정은 그 문제에 대해 정치적 책임을 질 수 있는 국민의 대의기관이 관계분야의 전문가들과 광범위하고 심도 있는 논의를 거쳐 신중히 결정하는 것이 바람직하며 우리 헌법도 그 권한을 국민으로부터 직접 선출되고 국민에게 직접 책임을 지는 대통령에게 부여하고 그 권한행사에 신중을 기하도록 하기 위해 국회로 하여금 파병에 대한 동의여부를 결정할 수 있도록 하고 있는바, 현행 헌법이 채택하고 있는 대의민주제 통치구조 하에서 대의기관인 대통령과 국회의 그와 같은 고도의 정치적 결단은 가급적 존중되어야 한다.

2. 이 사건 파견결정이 헌법에 위반되는지의 여부 즉 국가안보에 보탬이 됨으로써 궁극적으로는 국민과 국익에 이로운 것이 될 것인지 여부 및 이른바 이라크전쟁이 국제규범에 어긋나는 침략전쟁인지 여부 등에 대한 판단은 대의기관인 대통령과 국회의 몫이고, 성질상 한정된 자료만을 가지고 있는 우리 재판소가 판단하는 것은 바람직하지 않다고 할 것이며, 우리 재판소의 판단이 대통령과 국회의 그것보다 더 옳다거나 정확하다고 단정짓기 어려움은 물론 재판결과에 대하여 국민들의 신뢰를 확보하기도 어렵다고 하지 않을 수 없다.

8) 예컨대 대법원 1979.12.7. 선고 79초70 판결 참조.

3. 이 사건 파병결정은 대통령이 파병의 정당성뿐만 아니라 북한 핵 사태의 원만한 해결을 위한 동맹국과의 관계, 우리나라의 안보문제, 국·내외 정치관계 등 국익과 관련한 여러 가지 사정을 고려하여 파병부대의 성격과 규모, 파병기간을 국가안전보장회의의 자문을 거쳐 결정한 것으로, 그 후 국무회의 심의·의결을 거쳐 국회의 동의를 얻음으로써 헌법과 법률에 따른 절차적 정당성을 확보했음을 알 수 있다. 그렇다면 이 사건 파견결정은 그 성격상 국방 및 외교에 관련된 고도의 정치적 결단을 요하는 문제로서, 헌법과 법률이 정한 절차를 지켜 이루어진 것임이 명백하므로, 대통령과 국회의 판단은 존중되어야 하고 헌법재판소가 사법적 기준만으로 이를 심판하는 것은 자제되어야 한다. 이에 대하여는 설혹 사법적 심사의 회피로 자의적 결정이 방치될 수도 있다는 우려가 있을 수 있으나 그러한 대통령과 국회의 판단은 궁극적으로는 선거를 통해 국민에 의한 평가와 심판을 받게 될 것이다(헌재 1996.2. 29. 93헌마186 결정).

(3) 통치작용과 통치행위의 구별

이렇게 볼 때, 통치작용이 집행기능의 일부이며, 또 행정작용과는 구별되는 특성을 갖고 있다고 할지라도, 모든 통치작용이 곧 사법심사의 대상에서 배제되는 통치행위라는 잘못된 등식은 쉽게 깨뜨려질 수 있다.

광의의 통치행위라고도 불리우는 '통치작용'은 결국 행정작용과 구별되는 정치적 지도작용 내지 국가지도적 작용을 의미하는 것이며, 이에 비하여 **협의의 통치행위**로 불리우는 '통치행위'는 법적 효과를 수반하여 법률적 판단이 가능함에도 불구하고 고도의 정치성을 가짐으로 인해 사법적 심사의 대상에서 제외되는 행위를 의미하는 것이다.

3. 정치적 지도작용에 대한 법적 구속

정치적 지도작용에 대해서는 행정작용과는 달리 법률의 구속이 구체적이고 세부적으로 정해지기 어렵다. 정책결정적 작용의 일반적 특성은 상황의 변화에 따른 폭넓은 형성의 자유에 있으며, 단순히 기술적·기계적 집행만을 내용으로 하는 행정작용처럼 구체적인 사항에 대해서까지 세세하게 법적으로 구속하기는 어렵기 때문이다.

그러나 정치적 지도작용이 법적 구속을 벗어날 수 있다는 것은 결코 아니다. 고도의 정치성으로 인하여 사법심사의 대상에서 배제되는 통치행위가 아닌 한, 정치적 지도작용도 행정작용과 마찬가지로 헌법과 법률의 구속 하에 있으며, 이를 벗어난 경우에는 사법적 통제의 대상이 된다.

다만 정치적 지도작용에 대한 사법적 통제에는 현실적인 어려움이 적지 않다. 정책결정의 내용이나 절차에서 명백한 위헌성 내지 위법성이 나타날 경우에는 사법적 통제가 가능할 것이지만, 다양한 정책적 대안의 가능성이 열려 있는 경우에는 정책의 실패를 이유로 법적 책임을 묻기는 어려울 것이기 때문이다.[9)]

Ⅲ. 행정과 정치적 지도의 상호관계

1. 행정작용과 정치적 지도작용(통치작용)의 역할 분담

권력분립의 구조에 따라 입법은 국가질서의 기본방향의 설정으로, 집행은 입법에 의해 정해진 바를 국가질서 속에서 실행하는 것으로, 사법은 집행작용이 헌법과 법률에 따라 올바르게 행해진 것인지에 대한 확인과 판단으로 이해될 수 있다.

집행은 다시 정치적 지도작용과 행정작용으로 나누어지는데, 전자는 헌법과 법률의 테두리 내에서 현실상황의 변화를 고려하는 가운데 정책적 판단과 결정을 내림으로써 행정작용의 목표와 방향을 설정하는 것이고, 후자는 입법작용 및 정치적 지도작용에 의해서 설정된 정책목표들을 실현시키기 위하여 활동하는 것이다. 이런 맥락에서 정치적 지도작용은 법률의 일차적 구체화 내지 법률의 위임 하에 행해지는 실질적인 정책결정작용으로, 행정작용은 법률 및 정치적 지도작용의 현실화로 표현될 수 있을 것이다.[10)]

2. 정치직과 행정직간의 신분법적 '권력분립'

집행부 내에서 어떠한 작용을 담당하느냐에 따라 정치직과 행정직이 구별된다.

---

9) 이와 관련하여 오늘날의 민주적 헌법국가에서 일반화되어 있는 제도적·법적 구속 이외에 특히 통치작용과 같은 미묘한 영역에 있어서는 도덕적·정치적 덕성이 많이 요구된다는 지적이 있다.

10) 결국 집행부 내에서 행정은 국가의 기본적 정책방향을 정하는 - 입법 또는 통치작용의 형태로 나타나는 - 정치적 판단·결정을 전제로 이를 구체화시키고 실현시키는 작용, 또는 그러한 결정을 위한 전문적인 판단자료의 준비작용 등으로 나타난다. 따라서 행정은 주도적 역할보다는 보조적·도구적 역할을 주로 하게 된다.

정치직의 경우에는 ① 직업공무원제에 의한 신분보장이 없고 언제라도 해임될 수 있으며, ② 전문적 지식보다 정치적 지도력이 요청되고, ③ 법적 구속에 있어서 개별적이고 세세한 구속보다 헌법에 의한 일반적 구속이 문제된다는 특성을 갖는다.

반면에 행정직의 경우에는 ① 직무의 계속성과 안정성을 확보하기 위한 직업공무원제가 인정되며, 이에 따라 ② 신분보장과 엄격한 정치적 중립성이 요청되는 것이다.

이러한 정치직과 행정직의 구별은 집행부 내부에서 (통치작용과 행정작용 사이의) 일종의 권력분립적 기능을 수행할 수 있다.

Ⅳ. 행정국가화에 따른 집행작용의 확대 및 집행작용에 대한 통제의 강화

1. 행정국가화의 개념과 필요성

근대적 권력분립은 어느 한 권력이 다른 권력에 비하여 불균형하게 팽창하는 것을 바람직하지 않다고 생각하였다. 그러나 오늘날에는 행정작용의 비중이 입법, 사법 등의 다른 국가작용에 비하여 현저하게 증대되고, 그로 인하여 국가기능들 간에 - 적어도 양적인 면에서 - 심각한 불균형이 드러나고 있는 것이다.

이러한 행정국가화 현상은 고전적인 권력분립론의 관점에서는 정당화되기 어려운 것이지만 현대 민주주의국가는 거의 예외 없이 행정국가화를 당연한 것으로 받아들이고 있다. 그것은 한편으로는 오늘날의 국제적 경쟁 속에서 생존하기 위해서는 국가의 행정기능을 강화해야 할 필요가 있기 때문이지만, 더욱 근본적인 이유는 국민이 이와 같은 행정국가화를 통한 행정서비스의 강화를 필요로 한다는 데 있다.

2. 행정국가화의 구체적 전개

오늘날의 행정국가화 경향은 다른 국가기관의 활동과 비교했을 때 집행부의 행정업무가 양적·질적으로 증대하는 현상으로 나타나고 있으며, 이는 또한 집행부 조직의 확대와 전문성의 제고로 나타나기도 한다.

그리고 이같이 집행부의 행정기능이 확대되면서 종래 타국가기관이 담당해오던 영역에까지 행정작용이 확대 내지 침투되는 경우가 있다. 특히 입법부가 아닌 행정기관에 의한 입법(법규범의 정립)작용을 의미하는 행정입법은 오늘날 행정업무의 증대에 따라 불가피한 현실로 다가오고 있다.[11]

이러한 행정입법의 증대로 말미암아 오늘날 행정작용의 대부분은 법률보다 행정입법에 그 직접적인 근거를 두고 있다. 비록 행정입법 자체가 법률에 근거를 두는 것을 원칙으로 하고 있기 때문에 행정작용도 간접적으로는 법률에 근거를 두고 있는 것이라고 할 수 있지만, 현실적으로 법률과 행정작용의 관계가 그만큼 멀어진 측면은 부인할 수 없다.

3. 집행작용에 대한 통제의 강화

행정입법의 증대를 비롯한 행정국가화 현상은 국민이 이를 필요로 한다는 점에서 민주적 정당성을 갖는다. 그러나 집행부가 비대해질수록 행정권 남용의 문제도 크게 나타나고, 따라서 그에 대한 통제도 더욱 강력하게 요청되고 있다. 그러므로 행정활동이 법률에 따라 수행되어야 한다는 법치행정의 원칙 내지 행정의 합법률성의 원칙은 여전히 법치주의의 중심적 요청에 속한다.[12]

그러나 오늘날 행정국가화 경향과 더불어 법치행정의 실현에 있어서도 많은 새로운 변화가 일어나고 있다. 국가의 행정과제가 증대됨에 따라 필연적으로 나타나게 되는 행정기능의 전문성, 복잡성, 기동성 그리고 불가역성 등으로 말미암아 행정에 대한 입법적 사전구속 내지 사법적 사후통제가 어려워지는 것이다. 이런 맥락에서 행정국가화 경향은 오늘날 법치주의의 실현과 관련하여 진지한 검토를 필요로 한다.

집행권의 확대와 강화가 권한의 남용으로 이어지지 않도록 오늘날 집행작용에 대한 법치국가적 통제를 더욱 강조하고 있는 것도 이러한 맥락에서 이해될 수 있을 것이다. 법치주의의 원리에 따라 집행작용은 **헌법과 법률에 기속**되며, 그 행사에 대하여 **사법적인 사후심사**가 포괄적으로 가능하게 함으로

11) 행정작용의 방대한 영역 모두를 의회가 제정한 법률에 구속되도록 하고, 현실의 변화에 대응하는 행정작용의 변화에 항상 법률의 개정을 전제하도록 할 경우에는 **행정작용의 신속성과 탄력성**이 상실될 것이며, 결국은 **행정작용 전체의 효율성**이 심각하게 저해될 것이기 때문이다.

12) 법치행정의 기본적 요청은 행정이 법률에 따라 행해져야 하며, 행정의 결과로 국민의 기본권을 침해하게 되면, 그에 대하여는 상응하는 배상 또는 보상(공법상의 손해배상, 손실보상)이 있어야 한다는 것으로 요약될 수 있다.

써(행정소송의 개괄주의!), 집행권의 남용에 의한 국민의 기본권침해를 방지하고 있는 것이다.

행정입법부작위에 대한 헌법소원의 허용여부

우리 헌법은 국가권력의 남용으로부터 국민의 자유와 권리를 보호하려는 법치국가의 실현을 기본이념으로 하고 있고, 자유민주주의 헌법의 원리에 따라 국가의 기능을 입법·행정·사법으로 분립하여 견제와 균형을 이루게 하는 권력분립제도를 채택하고 있어, 행정과 사법은 법률에 기속되므로, 국회가 특정한 사항에 대하여 행정부에 위임하였음에도 불구하고 행정부가 정당한 이유 없이 이를 이행하지 않는다면 권력분립의 원칙과 법치국가의 원칙에 위배되는 것이다(헌재 2004.2.26. 2001헌마718 결정).

제 3 절 사법기능

개 요

입법과 집행에 비하면, 사법개념에 대한 논란은 비교적 적은 편이다. 사법개념에 대한 형식설과 실질설의 논란이 없는 것은 아니지만 이중적 법률개념 내지 입법개념을 둘러싼 논쟁처럼 복잡하지 않으며, 행정작용과 정치적 지도작용으로 나누어져서 그 구별의 기준 및 양자의 관계를 둘러싸고 많은 논란을 벌이고 있는 집행기능처럼 혼란스럽지도 않다.

그러나 사법기능의 이해에 있어서도 유의해야 할 점이 몇 가지 있다. 입법이나 집행의 경우와 마찬가지로 국가기능에 대한 이해는 그 기능을 담당하는 기관의 성격 및 활동과 연결되는 것이며, 좀 더 정확하게는 그 전제가 된다. 따라서 사법기능의 올바른 이해는 사법기관의 구성방식과 권한범위 및 활동을 이해하는 중요한 지침이 되는 것이다.

그리고 이와 관련하여 사법작용의 본질로부터 도출되는 사법의 기본적 특성, 헌법재판작용의 법적 성격에 대한 사법작용설과 제4의 국가작용설의 대립, 사법절차와 관련하여 국민의 재판청구권과의 연결, 절차의 공정성을 확보하기 위하여 사법절차상 요구되는 원칙 등에 주목할 필요가 있을 것이다.

Ⅰ. 사법의 개념과 사법작용으로서의 헌법재판

1. 사법의 개념

(1) 문제의 소재

현행헌법 제101조 제1항은 "사법권은 법관으로 구성된 법원에 속한다"고 명시하고 있다. 이 규정은 입법권에 관한 헌법 제40조 및 행정권에 관한 헌법 제66조 제4항과 더불어 삼권분립에 관한 기본규정으로 이해되고 있다.

이 규정은 헌법 제40조나 제66조 제4항과 마찬가지로 무엇이 사법인지를 구체적으로 설명하지 않고 있을 뿐만 아니라, 과거 헌법의 규정을 그대로 답습한 것이어서 현행헌법에 의해 새로 도입된 헌법재판소 제도와의 충돌 내지 혼란이 문제된다.

(2) 형식적 사법개념과 실질적 사법개념

형식적 의미의 사법은 국가기관 중에서 입법부와 행정부가 아닌 사법부의 권한범위에 속하는 사항을 의미하는 것으로 이해된다. 즉, 성질이나 내용이 무엇인가에 상관없이 사법부가 담당하는 사항을 사법이라고 이해하는 것이다.

반면에 실질적 의미의 사법은 담당기관이 아니라 작용의 성질 또는 국가기관의 성질을 기준으로 사법개념을 정의하는 것인데, 성질설과 기관설 등이 주장된다. 전자는 사법작용을 「법을 판단하고 선언함으로써 법질서를 유지하기 위한 작용」이라고 이해하는 것이고, 후자는 「독립적 지위를 가진 기관이 쟁송절차에 따라서 행하는 국가작용」이라고 이해한다.

(3) 사법의 역할과 사법의 개념정의

헌법상의 사법개념은 입법개념 및 집행개념과의 구별을 전제한다. 즉, 권력분립의 틀 안에서 입법 및 집행과는 구별되며, 그러한 구별을 통하여 법치주의의 실현에 기여하는 독자적인 작용을 사법이라고 부르는 것이다. 그런 의미에서 사법을 법정립으로서의 입법, 법집행으로서의 집행과는 구별되는 법판단작용으로 이해하는 것은 오늘날 널리 인정되고 있다.

이런 맥락에서 사법개념은 오늘날 「구체적인 법적 분쟁이 발생한 경우에,

당사자로부터의 쟁송의 제기를 기다려, 독립적 지위를 가진 기관이 제3자적 입장에서, 무엇이 법인가를 판단하고 선언함으로써, 법질서를 유지하기 위한 작용」으로 이해되는 것이 일반적이다. 즉, 사법작용은 법적인 분쟁해결작용으로서의 성질을 중심으로 이해되고 있는 것이다.

2. 사법작용으로서의 헌법재판작용

(1) 문제의 소재

현행헌법이 헌법재판소제도를 도입하면서 헌법재판작용의 법적 성격에 관한 논의가 국내에서도 활발하게 전개되었다.

일차적으로 주목되는 것은 현행헌법이 헌법재판소를 독립된 장에서 규정함으로써 국회, 대통령과 정부 및 법원과 대등한 위치로 규정하고 있다는 것이다. 또한 헌법재판소의 헌법재판작용은 헌법규정상의 위치나 그 권한범위 등에 비추어 고전적인 사법작용과는 구별되는 징표들을 다수 가지고 있다는 점도 지적될 수 있다.

그러나 다른 한편 헌법재판소의 조직과 구성 및 활동에 있어서 '헌법재판소 재판관에 대한 엄격한 법관자격의 요청', '외부로부터의 인적·물적 독립의 확보', '사법적 절차를 통한 공정한 재판의 보장' 등 전통적인 사법기관인 법원과 매우 유사한 점도 많이 있다.

(2) 사법작용설과 제4의 국가작용설

이러한 사정 때문에 헌법재판소에게 부여되어 있는 헌법재판작용의 법적 성격이 사법기능에 해당되는지 아니면 다른 어떤 기능으로 이해되어야 하는지에 대하여 견해가 대립되고 있다. 종래 독일에서는 이에 관하여 정치작용설, 입법작용설 등의 입장도 있었으나, 오늘날 국내에서 주로 주장되고 있는 견해는 사법작용설과 제4의 국가작용설이다.

사법작용설에 따르면 헌법재판은 중립적 기관에 의해 사법적 절차에 따라 심판하는 것이기 때문에 사법작용으로 이해되어야 한다. 그러나 전통적 의미의 순수한 사법작용이 아니라 정치적 성격을 아울러 가지고 있는 '정치적 사법작용'이라고 설명되기도 한다.

반면에 **제4의 국가작용설**에 입장에 따르면, 헌법재판은 국가의 통치권행사가 언제나 헌법정신에 따라 행해질 수 있도록 입법·집행·사법 등의 국가작용을 통제하는 기능이기 때문에 사법작용일 수도 없고, 입법작용일 수도 없을 뿐 아니라 그렇다고 행정작용일 수도 없는 독특한 성격을 갖는 제4의 국가작용이라고 한다.

(3) 판단의 기준과 결론

국가기능을 기본적으로 입법 · 집행 · 사법으로 나누어 검토하는 것은 이러한 국가의 기본기능들이 각기 구별되는 특성을 갖고 있으며, 이러한 특성에 부합되도록 국가기관들을 상이하게 구성하여야 한다는 데 그 실질적 의의가 있다. 따라서 헌법재판이 사법작용이냐 아니면 제4의 국가작용이냐를 따지는 것도 결국 헌법재판소의 구성방식 및 권한부여 등과 불가분의 관계에 있다.

그러나 제4의 국가작용설은 사법작용과 구별되는 헌법재판작용의 특성 및 그로부터 도출될 수 있는 실질적인 차이를 설명하지 못하고 있다. 오히려 헌법재판소의 조직과 절차 등은 법원과 유사한 점이 많다. 무엇보다 독립성의 확보 및 법관자격의 요구에 있어서 그러하며, 실제 재판절차도 사법절차적 성격을 갖는 것으로 볼 수밖에 없다. 비록 재판관의 선출, 결정의 정치적 파급효 및 그에 따른 결과에 대한 고려 등이 일반 사법작용과 구별되는 특징으로 지적되기도 하지만, 그것이 헌법재판의 사법적 성격을 부정하는 정도로는 보기 어렵다.

또한 헌법 제101조 제1항에서 사법권을 법원에 인정하고 있다는 것이 헌법재판작용의 사법적 성격을 부인하는 논거로 주장될 수도 없다. 기능분립으로서의 권력분립은 입법 · 집행 · 사법의 중심적 기능들을 각기 국회 · 정부 · 법원에 맡기고 있지만, 그것은 입법 · 집행 · 사법의 기능을 국회 · 정부 · 법원이 각기 독점함을 의미하는 것도 아니고, 또 국회 · 정부 · 법원이 순수하게 입법 · 집행 · 사법의 기능만을 수행함을 의미하는 것도 아니기 때문이다.[13)]

Ⅱ. 사법작용의 본질과 대상

1. 입법과 사법의 관계

입법과 사법의 관계는 기준의 설정과 설정된 기준에 따른 판단으로 이해

13) 예컨대 양원제의회를 두고 있는 국가에서 두 개의 의회가 입법권을 분장하는 것처럼, 법원과 헌법재판소가 사법권을 각기 분장하는 것도 논리적으로 전혀 문제되지 않을 것이기 때문이다.

될 수 있다. 그러나 입법과 사법의 관계가 이를 벗어나는 경우도 있다. 그것은 두 가지 경우로 나타난다.

첫째, 사법부에 의한 법적 판단이 입법에 의해 정해진 기준을 따르는 것이 아니라 입법에 의해 명확하게 규정되지 않은 것을 스스로 보충하여 법적 기준을 만들어가는 형태로 나타나는 경우가 있다. 즉 **판결에 의한 법의 창조적인 계속형성**이 이루어질 수 있는 것이다.

둘째, 입법작용 자체가 사법적 판단의 대상이 되는 경우가 있다. 즉, 법률의 위헌성이 문제되는 경우에는 위헌법률심판 등에 의하여 법률이 법적 판단의 기준이 아닌 대상이 되는 것이다. 그러나 이러한 경우에도 법률에 대한 사법적 판단을 법률의 폐지와 동일시하여 소극적 의미의 입법으로 이해하는 것은 곤란하다.

2. 집행, 특히 행정과 사법의 관계

법치국가에 있어서 집행과 사법은 모두 법에 구속된다. 즉 양자는 모두 넓은 의미의 법집행작용에 속하는 것이다. 그러나 두 가지 점에서 양자는 본질적인 차이를 보인다.

① 행정에 있어서 법은 **행위규범**, 즉 행정이 수행해야 할 과제로 나타나는 반면, 사법에 있어서의 법은 **판단규범**이라는 점에서 행정과 사법은 원칙적으로 구별될 수 있다. 즉 행정관청은 법의 집행을 위해 법률관계의 당사자가 되어 활동하는 반면에 법원은 어느 편도 들지 않는 제3자의 입장에서 사건에 대한 결정을 내리는 것이다.

② 법관의 판결이 「무엇이 옳은지, 무엇이 법인지를 확인하고 결정하는 작용」이라는 성격을 갖는다면, 행정행위도 또한 그런 측면이 있다. 그러나 양자는 확인·결정의 담당자에 있어서 차이를 보이고 있을 뿐만 아니라 양자의 효력에 있어서도 차이가 있다. 행정관청에 의한 확인·결정은 법원에 의해 통제되고 교정될 수 있는 반면에 법원에 의한 확인·결정은 행정기관에 의해 존중되어야 하는 것이다.

3. 사법의 본질로서의 공정성과 그로부터 도출되는 요청들

사법의 역할은 법적 분쟁의 해결을 통해 당사자의 정당한 권리를 보장하고 법적 평화를 확보하는 것이다. 이를 위해서는 **재판의 공정성**을 확보하는 것이 핵심이다.

사법이 공정하게 법적 판단을 할 수 있기 위해서는 **중립성**의 확보가 필수적인 전제조건이 된다. 사법은 분쟁 당사자의 어느 편도 들지 않는 제3자적 위치에서 판단을 내릴 때에만 공정성을 담보할 수 있기 때문이다. 이러한 중립성은 또한 사법의 **독립성**을 요청한다. 법원과 법관은 사건의 당사자로부터 영향을 받지 않아야 할 뿐만 아니라 법원의 판결에 의하여 영향을 받는 국가로부터도 독립되어 있어야 한다.

법원과 법관의 중립성은 또한 **수동성(소극성)**이라는 결과를 가져온다. 사법은 직권으로 활동하는 것이 아니라 당사자의 신청, 제소에 의해 비로소 활동을 시작하는 것이다. 이러한 점에서도 사법은 행정과 구별된다.

Ⅲ. 사법의 절차

1. 법치국가와 사법절차의 보장

현대의 다원화된 사회에서는 생활관계가 점차 복잡화·전문화됨에 따라서 법적 분쟁들 및 이를 다루는 사법절차도 더욱 복잡해지고 전문화되고 있다.

기본권의 보장이나 법질서의 통일성 확보가 단순히 사법절차에 의해서만 담보될 수 있는 것은 아니다. 이를 위해서는 법치국가의 전체 구성요소들이 조화롭게 작용하는 것이 필요하다. 즉, 국민의 의사를 올바르게 반영하는 민주적 입법이 필요하고, 헌법과 법률에 따른 집행작용도 중요하다. 하지만 공정한 사법절차는 이러한 입법과 집행의 객관성과 공정성을 담보하는 역할을 하는 것이기 때문에 법치국가실현의 최후 보루로 지칭되는 것이다.

2. 사법절차적 근본규범: 국민의 재판청구권

사법절차는 결국 법치국가의 실현이라는 헌법적 요청 안에서 이해되어야 하며, 이러한 법치국가의 목표는 국민의 기본권을 올바르게 실현하고 보장하는 것이다. 특히 사법절차는 국민의 재판청구권이라는 기본권의 실현과 불가분의 관계에 있다.

재판청구권은 자신의 정당한 권리가 침해당할 경우 사법부의 재판을 통하여 권리 구제를 청구할 수 있는 기본권이다. 재판청구권의 실질적 보장을 위해서는 공정한 재판을 받을 수 있도록 법원조직과 사법절차가 구성되어야 하며, 재판의 신속성 또한 확보되어야 한다.

이런 의미에서 국민의 재판청구권은 사법제도 및 절차의 형성을 위한 가장 기본적인 기준 내지 지침이 되는 규범이라고 할 수 있다.

사실심의 배제와 재판을 받을 권리의 침해

1. 법관에 의한 재판을 받을 권리를 보장한다고 함은 법관이 사실을 확정하고 법률을 해석·적용하는 재판을 받을 권리를 보장한다는 뜻이고, 그와 같은 법관에 의한 사실확정과 법률의 해석적용의 기회에 접근하기 어렵도록 제약이나 장벽을 쌓아서는 아니되며, 만일 그러한 보장이 제대로 이루어지지 아니한다면 헌법상 보장된 재판을 받을 권리의 본질적 내용을 침해하는 것으로서 우리 헌법상 허용되지 아니한다.

2. 대한변호사협회변호사징계위원회나 법무부변호사징계위원회의 징계에 관한 결정은 비록 그 징계위원 중 일부로 법관이 참여한다고 하더라도 이를 헌법과 법률이 정한 법관에 의한 재판이라고 볼 수 없으므로, 법무부변호사징계위원회의 결정이 법률에 위반된 것을 이유로 하는 경우에 한하여 법률심인 대법원에 즉시항고할 수 있도록 한 변호사법 제100조 제4항 내지 제6항은, 법관에 의한 사실확정 및 법률적용의 기회를 박탈한 것으로서 헌법상 국민에게 보장된 "법관에 의한" 재판을 받을 권리를 침해하는 위헌규정이다.

3. 변호사법 제100조 제4항 내지 제6항은 행정심판에 불과한 법무부변호사징계위원회의 결정에 대하여 법원의 사실적 측면과 법률적 측면에 대한 심사를 배제하고 대법원으로 하여금 변호사징계사건의 최종심 및 법률심으로서 단지 법률적 측면의 심사만을 할 수 있도록 하고 재판의 전심절차로서만 기능해야 할 법무부변호사징계위원회를 사실확정에 관한 한 사실상 최종심으로 기능하게 하고 있으므로, 일체의 법률적 쟁송에 대한 재판기능을 대법원을 최고법원으로 하는 법원에 속하도록 규정하고 있는 헌법 제101조 제1항 및 재판의 전심절차로서 행정심판을 두도록 하는 헌법 제107조 제3항에 위반된다.

4. 변호사법 제100조 제4항 내지 제6항은 변호사징계사건에 대하여는 법원에 의한 사실심리의 기회를 배제함으로써, 징계처분을 다투는 의사·공인회계사·세무사·건축사 등 다른 전문자격종사자에 비교하여 변호사를 차별대우하고 있는데, 변호사의 자유성·공공성·단체자치성·자율성 등 두드러진 직업적 특성들을 감안하더라도 이러한 차별을 합리화할 정당한 목적이 있다고 할 수 없다 (헌재 2002.2.28. 2001헌가18 결정).

3. 사법절차의 기본원칙: 절차의 공정, 무기의 평등, 자의의 금지

(1) 절차의 공정

절차의 공정성이 확보되기 위해서는 절차의 진행자인 법관의 공정성이 확보되어야 하며, 사법절차의 진행을 규율하는 법규범의 내용적 공정성이 전제되어야 한다. 하지만 그에 못지 않게 중요한 것은 법관이 절차의 진행에 있어서 양 당사자를 대등하게, 존엄한 인간으로 대우하는 것이다.[14)]

(2) 무기의 평등

무기의 평등이란 소송절차에 있어서 당사자의 대등성을 확보해야 한다는 것이며, 원고와 피고 사이에 특별한 유·불리가 존재하지 않도록 소송절차가 진행되어야 한다는 것이다. 이러한 의미에서 무기평등의 원칙은 소송의 당사자가 (소송 외적인 관계와 상관없이) 동일한 법적 지위를 가지며, 소송상의 권리를 행사할 기회 및 가능성을 동일하게 인정받아야 한다는 것으로 이해된다.

(3) 자의의 금지와 재판의 공개

사법절차에 있어서는 자의의 금지가 특히 강조된다. 사법절차의 구성(조직화)과 진행의 전체 과정에서 자의성이 없는 공정성이 지배할 때 비로소 올바른 사법절차가 될 수 있다.

헌법 제27조 제3항 제2문은 "형사피고인은 상당한 이유가 없는 한 지체없이 공개재판을 받을 권리를 가진다"고 명시하고 있다. 재판의 투명성을 확보함으로써 자의적인 재판절차를 배제하고자 하는 것이다. 그러나 공개재판의 필요성은 형사재판뿐만 아니라 모든 유형의 재판에서 요구되는 것이기 때문에 헌법 제109조 제1문에서 "재판의 심리와 판결은 공개한다"고 규정함으로써 모든 재판은 공개된다.[15)]

---

14) 법관이 무죄추정의 원칙(헌법 제27조 제4항)에도 불구하고 형사절차의 피고인을 유죄인 것처럼 취급한다거나 소송절차상 당사자를 불평등하게 취급한 경우에는 절차의 공정성이 문제될 것이다.

15) 다만 헌법 제109조 제2문에서 "심리는 국가의 안전보장 또는 안녕질서를 방해하거나 선량한 풍속을 해할 염려가 있을 때에는 법원의 결정으로 공개하지 아니할 수 있다"고 규정함으로써 공개재판에 대한 예외를 인정하고 있으나, 그것이 자의적인 사법절차를 허용하는 것으로는 이해될 수 없을 것이다.

4. 사법(절차)의 기능과 특성

사법(절차)의 기능은 앞서 설명된 바와 같이 당사자의 정당한 권리보호와 법질서(또는 법적 평화)의 유지라는 두 가지로 압축될 수 있다.

이와 관련하여 국내 헌법학자들이 사법의 기능을 상이하게 정리하고 있는데, 이렇게 다양하게 이해되고 있는 기능들도 결국 **당사자의 정당한 권리의 보호**(즉, 정의의 실현)와 **법질서의 유지**(즉, 법적 안정성 내지 법적 평화의 확보)라는 법의 기본적 기능을 벗어나는 것은 아니다. 다만 이를 나름으로 세분화시킨 것에 지나지 않는 것이다.

또한 사법절차의 특성(또는 특질)으로 이야기되는 것들도 사법의 개념에서 도출되는 것들을 정리한 것으로 이해될 수 있다. 예컨대 소극성과 수동성은 공정성이라는 사법의 본질로부터 당연히 도출되는 것이고, 독립성 내지 독자성도 마찬가지이다. 이렇게 볼 때, 이러한 사법절차의 특성은 사법의 개념 내지 본질과 별도로 거론되어야 할 실익이 별로 없다.

Ⅳ. 사법작용의 범위와 한계

1. 현행헌법상 사법작용의 범위

(1) 민사소송

민사소송은 사인(私人)의 생활관계에서 일어나는 분쟁을 국가의 재판권에 의하여 법률적·강제적으로 해결하는 소송을 말한다.

사법(私法)은 사인 상호간의 생활관계를 규율하는 법적 기준이 되며, 사적 생활관계에서 발생되는 법적 지위나 권리에 대한 국가의 보장을 담보하는 것이기도 하다. 만일 사인 상호간의 생활관계에서 법적 분쟁이 발생하여 권리의 존부나 내용 등에 관하여 확인이 필요할 경우에는 권리를 주장하는 사람이 원고(原告)가 되어 법원에 민사소송을 제기할 수 있다.

(2) 형사소송

형사소송은 범죄의 성립 및 그에 대한 형벌의 부과를 결정하는 소송을 말한다. 즉, 검사의 공소제기를 전제로 하여 피고인의 행위가 형법상의 범죄에 해당되는지, 이를 인정할 경우 어떠한 형벌을 부과하여야 할 것인지를 결정하는 소송인 것이다.

형사소송을 넓은 의미로 이해할 때에는 국가형벌권 행사에 관한 일체의 절차를 가리키며, 여기에는 공판절차 외에 공판절차의 사전적·준비적 절차인 수사절차·증거보전절차, 그리고 공판절차의 사후적·종결적 절차인 재판의 집행절차가 포함된다. 하지만 사법작용의 한 유형으로서의 형사소송을 이야기할 때에는 좁은 의미의 형사소송을 가리키며, 이는 공소제기로부터 재판확정에 이르기까지의 심판절차, 즉 공판절차만을 의미한다.

(3) 행정소송

행정소송은 행정법상의 법률관계에 관한 분쟁에 대하여 제3자적 지위에 있는 법원의 재판절차에 따라 판단하는 소송이다.

영미법계 국가의 행정소송제도는 일반법원에서 행정사건에 대하여 재판권을 행사하는 반면에, 독일이나 프랑스와 같은 대륙법계 국가의 행정소송제도는 일반법원과는 구별되는 행정재판소가 행정사건에 대한 재판권을 담당한다는 차이를 보이고 있다. 우리나라의 행정소송제도는 영미법계의 예를 따라 일반법원이 행정소송을 관할하도록 하고 있으며, 현행 행정소송법상 항고소송, 당사자소송, 민중소송, 기관소송이 인정되고 있다.

(4) 헌법소송

헌법소송은 헌법적 분쟁에 관한 소송이라고 할 수 있다. 즉, 헌법의 해석과 적용에 관한 중요한 사항에 대하여 법적 분쟁이 발생한 경우에 이를 해결하기 위한 소송이 헌법소송인 것이다.

헌법소송의 유형에 있어서도 영미법계 국가를 중심으로 발전되어 온 일반법원형과 대륙법계 국가, 특히 독일과 오스트리아를 중심으로 발전되어 온 헌법재판소형이 나누어진다. 현행헌법은 헌법재판소제도를 도입함으로써 헌법재판소형을 채택하였으며, 그에 따라 일반법원형을 채택한 경우보다 훨씬 광범하고 다양한 헌법소송이 현행법상 인정되고 있다.

2. 사법작용의 한계

(1) 사법작용의 한계와 사법권의 한계: 양자의 구별과 상호 연관성

사법작용과 사법권은 구별되어야 하는 별개의 개념이다.[16] 이렇게 볼 때,

16) 그러나 양자가 내적인 연관성을 가지고 있다는 점도 간과되어서는 안 된다. 사법작용을 전

개념상 사법작용의 한계가 먼저 설정되며, 사법권의 한계는 이로부터 도출되는 것이다.

사법작용의 한계는 일차적으로 사법의 본질에서 찾을 수 있다. 사법의 본질에 부합되지 않은 사안까지도 사법작용의 대상으로 삼을 수는 없기 때문이다. 그리고 사법작용 자체가 권력분립원리에 기초하여 설정된 개념인 만큼, 권력분립원칙상 사법과 입법, 사법과 집행의 관계로부터 일정한 한계를 긋는 것도 가능할 것이다.

나아가 실정헌법상 또는 국제법에 의하여 사법작용에 일정한 한계가 그어지는 경우도 있다. 하지만 이 경우는 사법작용의 성질로부터 나오는 한계라기보다는 사법작용을 담당하는 사법부의 권한행사에 대하여 외부로부터 부과된 제약이라고 할 수 있을 것이다.

(2) 사법본질상의 한계

구체적 사건성이란 법적 권리 또는 의무의 존부 및 범위 등에 관한 분쟁, 즉 법적 분쟁의 존재를 의미한다. 법적 분쟁이 아닌 학설상의 논쟁 등에 대해서까지 사법적으로 판단을 내릴 필요는 없기 때문에 사법작용은 법적 분쟁만을 대상으로 하는 것이다.

당사자적격(當事者適格)이란 재판을 청구할 수 있는 자격을 의미한다. 법적 분쟁이 존재한다 하더라도 그 분쟁에 관하여 법적 이해관계를 가진 자가 아니면 소송을 제기할 수 없으며, 제3자에 의한 소송의 제기는 원칙적으로 배제되는 것이다.

소(訴)의 이익(利益)은 사법적 판단을 통해 당사자가 얻을 수 있는 이익을 의미한다. 법적 분쟁이 존재하더라도 그 분쟁에 대한 사법적 판단을 통해 당사자의 권리보호에 실질적으로 도움이 되는 바가 없다면 사법적 판단 자체가 불필요하다고 할 수 있기 때문에, 소의 이익도 사법작용의 한계요소로 인정된다.

사건의 성숙성이란 법적 분쟁이 현재 해결이 가능하고 필요한 문제로 성숙되어 있어야 한다는 것을 가리킨다. 다만 권리침해의 위험 자체를 보호법익으로 인정하는 경우에는 사법적 판단의 대상이 될 수 있다.

제로 사법부가 구성되고, 사법부의 권한으로서 사법권이 인정되는 것이지만, 사법권의 내용은 다시금 사법작용에 관한 것을 담고 있기 때문이다.

ⅰ. 헌법소원에서 주관적 권리보호이익의 결여와 예외적 심판이익의 인정

심판청구가 主觀的인 權利保護의 利益을 결여하고 있다 하더라도 憲法訴願은 개인의 주관적 권리구제의 기능뿐만 아니라 객관적인 헌법질서의 보장기능도 수행하는 것이므로, 基本權 침해행위가 이미 종료되어서 이를 취소할 여지가 없기 때문에 헌법소원이 주관적 권리구제에 별 도움이 되지 않는 경우에도 그러한 침해행위가 앞으로도 반복될 위험이 있거나 당해분쟁의 해결이 헌법질서의 수호·유지를 위하여 긴요한 사항이어서 그 해명이 헌법적으로 중대한 의미를 지니고 있는 경우에는 憲法訴願의 利益을 인정하여야 할 것인바, 特例法 제4조 제1항이 정작 위헌인 경우에도 그로 인한 불기소처분이 어차피 취소될 수 없다는 이유로 이에 대한 憲法的 解明을 하지 아니한다면, 향후 교통사고 피해자는 憲法訴願을 제기할 수 없고, 교통사고 가해자는 그에게 유리한 위 법률조항에 대한 憲法訴願이나 위헌여부확인심판의 제청신청도 할 리 없으며, 法院이 직권으로 위헌법률심판제청을 하는 경우도 기대하기 어려워져 결국 앞으로는 위헌적인 위 법률조항에 의한 위헌적 불기소처분을 방지할 수 있는 길은 영영 없게 되어, 불기소처분으로 인한 교통사고 피해자들의 平等權과 형사피해자의 裁判節次상의 陳述權 등의 基本權이 침해될 것이 예상되므로, 이에 대한 憲法的 解明이 필요하다고 할 것이다(헌재 1997.1.16. 90헌마110 결정).

청구인들에 대한 침해행위는 이미 종료되어 이 사건 신체수색에 대하여 위헌확인을 하더라도 청구인들에 대한 권리구제는 불가능한 상태여서 주관적 권리보호의 이익은 이미 소멸되었다 할 것이나, 이 사건 이후에 이 사건 신체수색의 근거가 된 구 피의자유치및호송규칙이 개정되었지만 현재에도 전국의 일선 경찰서에서 유치장에 수용되는 피의자들에 대한 신체검사가 빈번하게 이루어지고 있고, 개정된 규칙에 의하더라도 정밀신체검사의 요건을 자의적으로 해석하여 청구인들에 대한 이 사건 신체수색과 동일 또는 유사한 조치로 인한 기본권 침해행위가 여러 사람에 대하여, 그리고 반복하여 일어날 위험이 여전히 있다고 보여지므로 심판청구의 이익이 인정된다(헌재 2002.7.18 2000헌마327 결정).

ⅱ. 확인소송과 소의 이익

[다수의견] "구 사립학교법(1990.4.7. 법률 제4226호로 개정되기 전의 것) 제53조의2 제2항의 규정에 의하여 기간을 정하여 임용된 사립학교 교원이 임용기간 만료 이전에 해임·면직·파면 등의 불이익 처분을 받은 후 그 임용기간이 만료된 때에는 그 불이익 처분이 무효라고 하더라도 학교법인의 정관이나 대학교원의 인사규정상 임용기간이 만료되는 교원에 대한 재임용의무를 부여하는 근거규정이 임용기간임용기간의 만료로 당연히 교원의 신분을 상실한다고 할 것이고,

> 따라서 임용기간 만료 전에 행해진 직위해제 또는 면직 처분이 무효라고 하더라도 교원의 신분을 회복할 수 없는 것으로서 그 무효확인청구는 과거의 법률관계의 확인청구에 지나지 않는다고 할 것이며, 한편 과거의 법률관계라 할지라도 현재의 권리 또는 법률상 지위에 영향을 미치고 있고 현재의 권리 또는 법률상 지위에 대한 위험이나 불안을 제거하기 위하여 그 법률관계에 관한 확인판결을 받는 것이 유효 적절한 수단이라고 인정될 때에는 그 법률관계의 확인소송은 즉시확정의 이익이 있다고 보아야 할 것이고, 또 이렇게 보는 것이 확인소송의 분쟁해결 기능과 분쟁예방 기능에도 합치하는 것이라 할 것이지만, 직위해제 또는 면직된 경우에는 징계에 의하여 파면 또는 해임된 경우와는 달리 공직이나 교원으로 임용되는 데에 있어서 법령상의 아무런 제약이 없을 뿐만 아니라, 현행 사립학교법과 같이 교원의 임기 만료시에 교원인사위원회의 심의를 거쳐 당해 교원에 대한 재임용 여부를 결정하도록 하는 의무규정도 없었던 구 사립학교법 관계하에서 임기가 만료된 사립학교 교원에 대하여는 위와 같은 전력이 있으면 공직 또는 교원으로 임용되는 데에 있어서 그러한 전력이 없는 사람보다 사실상 불이익한 장애사유로 작용한다 할지라도 그것만으로는 법률상의 이익이 침해되었다고는 볼 수 없으므로 그 무효확인을 구할 이익이 없다(대법원 1200.5.18 선고 95재다199 전원합의체 판결).

(3) 사법작용의 권력분립상의 한계

통치행위란 고도의 정치성을 띤 행위로서 사법심사의 대상에서 배제되는 국가작용을 의미한다.

국회의 자율권 또는 **행정청의 자유재량행위**는 권력분립적 관점에서 사법심사의 대상에서 배제되어야 한다는 견해가 다수이다. 그러나 절차상의 하자 등이 문제될 경우, 재량권의 일탈, 남용이 문제될 경우에는 사법적 심사의 대상으로 인정하는 견해가 일반적이다.

특별권력관계에서의 처분은 오늘날 특별권력관계 자체를 부정하는 견해가 점차 강력해지면서 그 의미가 축소되고 있다.

의무이행판결(=형성판결)은 행정청의 부작위와 관련하여 행정청의 특별한 처분을 구하는 행정소송이 제기된 경우에 이를 인용하여 행정청의 작위를 명하는 판결을 말한다.

의무이행소송의 허용여부

의무이행소송의 성격은 취소소송이나 확인의 소인 부작위위법확인소송과는 본질적으로 다르고, 소송요건, 본안 요건, 판결의 효력, 집행 방법 등에 있어서도 본질적으로 구별되는 별도의 소송유형이라는 점, 행정청의 1차적 판단권이 존중되어야 한다는 권력분립적 요청, 법치행정의 요청 및 국민의 효율적인 권리구제의 요청, 사법권의 정치화·행정화를 막고 부담을 경감하여야 한다는 사법자제적 요청, 국가 주도의 발전과정과 행정권의 역할에 대한 고려, 행정기관과 법원의 수용태세 등을 고려하여 현행 행정소송법에 도입되지 않은 입법경위 등을 종합하면, 행정소송법 제4조가 의무이행소송을 항고소송의 하나로 규정하지 아니한 것은 의무이행소송에 대한 입법행위가 없는 경우(입법권의 불행사)에 해당하는 것이지, 항고소송의 유형을 불완전·불충분하게 규율하여 입법행위에 결함이 있는 경우(입법권 행사의 결함)라고 보기 어렵다. 따라서 이 사건 헌법소원심판청구 중 행정소송법 제4조에 대한 청구 부분은 실질적으로 입법이 전혀 존재하지 않는 의무이행소송이라는 새로운 유형의 항고소송을 창설하여 달라는 것으로 헌법재판소법 제68조 제2항에 의한 헌법소원에서 허용되지 않는 진정입법부작위에 대한 헌법소원심판청구이므로 부적법하다(헌재 2008.10.30. 2006헌바80 결정).

(4) 사법작용의 실정헌법상의 한계

- **현행헌법 제64조 제4항은 국회의원의 자격심사와 징계, 제명에 대해서는 법원에 제소할 수 없다는 규정을 두고 있다.**
- **현행헌법 제110조 제4항은 비상계엄 하의 군사재판에 관하여 사법작용의 배제를 가능하게 하는 예외규정을 두고 있다.**

(5) 사법작용의 국제법상의 한계

외교특권은 체재국의 법에 의한 구속을 받지 않고 본국의 법에 따르게 하는 국제법상의 특권을 말한다. 이러한 외교특권을 누리는 예로는 외교사절과 그 수행원 이외에도 국제기구의 직원, 군함의 승무원 등이 있다.[17)]

조약에 대한 사법심사가 가능한지에 관하여는 긍정설과 부정설이 대립되고 있지만, 조약이 법률과 같은 효력을 갖는다는 전제 하에서 조약에 대한 위헌심사는 가능한 것으로 보는 것이 국내 헌법학계의 지배적 견해이다.

---

17) 그밖에 조약에 의해 외국군대에 대한 사법권이 배제되는 경우도 있다. 예컨대 한미행정협정으로 일컬어지는 「주한미군의 지위에 관한 협정(SOFA)」은 주한미군의 범죄 등에 대한 한국의 재판권행사를 제한하고 있다.

제 4 절 정부형태: 국가기능의 결합유형

개 요

정부형태의 문제는 유형론이라는 점에서 국가형태의 문제와 유사한 측면이 있다. 즉 정부형태를 여러 유형으로 분류해 놓고 이를 비교하는 가운데 한편으로는 각각의 특징과 장단점을 비교하고, 다른 한편으로는 우리나라의 정부형태가 어떤 것에 속하는지, 그리고 그에 따라 어떤 장단점을 갖는지를 검토해 보는 것이다.

물론 오늘날 군주국가나 귀족국가가 더 이상 존재하지 않기 때문에 전통적인 국가형태론의 의미가 퇴색했다는 점을 고려할 때, 정부형태론의 의미와 비중은 국가형태론보다 오히려 더 크다고 할 수 있다. 각국의 정부형태, 또는 역대 헌법의 정부형태를 비교하면서 현행헌법상의 정부형태를 분석하고, 그 장단점 내지 개선의 방향을 논의하는 것은 현재에도 매우 큰 실천적 의미를 갖기 때문이다.

정부형태란 실질적으로는 국가기능들의 결합형태를 기준으로 유형을 분류한 것이라고 할 수 있다. 즉, 입법과 집행의 관계를 중심으로 의원내각제, 대통령제, 이원정부제 등이 분류되는 것이다. 이러한 정부형태론을 통해 전체 권력분립체계의 현실적 모습에 접근하게 되는 것이다. 그러나 정부형태론이라는 - 상당 부분 추상적인 - 유형론만으로 모든 구체적 문제가 해결될 수 있다는 기대는 갖지 말아야 할 것이다.

또한 최근의 헌법개정논의와 관련한 정부형태의 문제에 있어서도 각 정부형태의 추상적 장단점보다는 우리의 현실을 고려한 성공조건에 더욱 관심을 기울일 필요가 있다.

Ⅰ. 정부형태의 분류와 그 의의

1. 정부형태의 개념

정부형태란 국가기관들의 구성과 활동방식 등에 관한 전체적 틀을 몇 가지 유형으로 나누어서 정리한 것이다. 그러나 현실적으로 사법부의 독립이 요구됨으로 인하여 사법부는 일정한 부동성(不動性)을 보이기 때문에 정부형태에 따라 변화를 보이는 것은 입법부와 집행부의 관계라고 할 수 있다.

결국 정부형태란 국가기관들, 특히 입법부와 집행부 사이에 국가기능 내지 국가권력을 배분하는 유형이라고 할 수 있으며, 이는 권력분립의 구체적 형태가 어떻게 이루어지고 있는지의 문제라고 할 수 있다.

2. 전통적인 정부형태의 분류와 그 의의

전통적인 정부형태의 분류는 의원내각제와 대통령제, 그리고 양자의 혼합형으로서의 이원정부제를 기본적 유형으로 한다. 그리고 각국의 정부형태는 이를 각국의 역사적·정치적 상황에 맞춰서 일정 부분 변형시키는 형태로 나타난다.

3. 정부형태의 새로운 분류와 그 한계

칼 뢰벤슈타인(K. Loewenstein)은 전제주의적 정부형태와 입헌주의적 정부형태로 구분하였다. 전제주의적 정부형태는 국가권력이 특정한 개인이나 집단에 집중되어 있고, 권력행사에 대한 통제가 없는 통치방식을 지칭하는 것이다. 이러한 정부형태는 개인에 대한 전체의 우월성을 강조하는 「전체주의적 정부형태」와 그보다는 완화된 형태이지만 국민적 정당성의 근거 없이 집권하는 「권위주의적 정부형태」로 다시금 나누어진다고 하였다. 반면에 입헌주의적 정부형태는 기본권의 보장과 권력의 분립이라는 입헌주의적 요소를 갖춘 정부형태로서 이는 다시금 「직접민주제」, 「의회정부제」, 「의원내각제」, 「대통령제」, 「집정부제」 등으로 분류된다고 하였다.

또한 파이너(*S.E. Finer*)의 경우에는 「자유민주주의국가의 정부형태」, 「전체주의국가의 정부형태」, 「제3세계국가의 정부형태」 등으로 분류하기도 한다. 이러한 다양한 분류의 시도는 나름의 의미를 가지고 있다. 그러나 정치학적(비교정치론적)인 관점에서의 분류는 헌법학적 관점에서 볼 때, 그 의미가 크지 않다고 할 수 있다. 헌법학의 관심은 현행헌법의 해석에 모아지는데, 현행헌법과는 전혀 기초가 다른 전제주의적 정부형태를 논하는 실익도 크지 않다. 또한 입헌주의적 정부형태 중에서도 현행헌법상의 정부형태를 이해하는 데 별 도움이 되지 않거나, 현행헌법상의 정부형태에 대한 대안으로서의 가치를 가지지 못하는 것에 대해서는 관심이 낮아질 수밖에 없는 것이다.

Ⅱ. 의원내각제

1. 의원내각제의 역사적 발전

(1) 로크(J. Locke)의 이권분립론과 영국에서의 의원내각제의 발전

영국의 정치적 발전을 배경으로 탄생된 로크의 이권분립론은 국왕과 의회를 중심으로 권력을 분립시키는 이론으로서 국왕의 권력을 제한하는 근거가 되었고, 결과적으로 의회의 국왕에 대한 우위를 기반으로 의회주권론을 확립하는 계기가 되었다. 또한 의회가 내각의 구성에 대해서도 직접 관여하는 의원내각제의 형태로 발전하는데 이론적 기초를 제공한 것으로 인정된다.

이러한 영국의 의원내각제는 의회제도의 발달과 더불어 적지 않은 변화를 겪었다. 초기에는 선거권의 제한으로 인하여 소수 귀족들과 신흥자본가들을 중심으로 운영되던 의회가 선거권의 확대를 통해 더욱 민주화되면서 의회의 구성이 민의에 의존하는 바가 이전에 비할 수 없을 정도로 뚜렷해졌을 뿐만 아니라, 대중민주주의의 시대가 열리면서 정당정치가 활성화됨으로써 의회의 구성 및 내각구성의 방식 또한 달라질 수밖에 없었던 것이다.

현재 영국의 의원내각제는 수상이 각료들에 대하여 우월한 지위를 가지고 있으며, 내각이 의회에 대하여 상대적으로 우월한 지위에 있는 것으로 평가된다.

(2) 유럽에서의 의원내각제의 보급: 프랑스, 독일

프랑스의 정부형태는 제3공화국 및 제4공화국 의원내각제에 대한 반작용이라고 할 수 있다. 당시에는 국민에 의하여 직접 선출된 의회의 민주적 정당성이 높이 평가되었던 반면에, 의회에 의해 구성된 내각은 의회의 권위에 억눌려 있던 상황이었다. 그 결과 의회는 내각불신임권을 자주 행사했지만, 내각은 그에 대응하는 의회해산권을 행사할 엄두조차 내기 어려운 형편이었고, 결과적으로 정국의 불안정이 초래되었다.

이러한 의원내각제 하에서의 강한 의회와 약한 정부의 구조로 인한 문제점을 극복하기 위하여 제5공화국 헌법이 탄생되었는데, 이는 집행부를 이원화시킴으로써 의회에 책임을 지는 내각 이외에 의회의 통제로부터 벗어나 있는 대통령을 통해 강력한 집행부를 구성하는 것이었다. 프랑스 제5공화국 헌법은 이를 위해 의원내각제와 대통령제를 혼합함으로써 이원정부제(二元政府制) 또는 반대통령제(半大統領制) 등으로 지칭되고 있다.

독일의 경우에는 바이마르 공화국 당시의 변형된 의원내각제의 실패를 거울삼아 의원내각제의 기본구조를 분명히 하는 대신에 정치적 안정을 확보하기 위하여 몇 가지 새로운 요소를 도입하였다. 무엇보다 바이마르 헌법의 실패를 거울삼아 연방대통령에게 강력한 권한을 부여하는 것을 피하고 형식적 국가원수로서의 지위를 인정하는 것으로 방향이 바뀌었다. 이를 위하여 연방대통령을 국민이 직접 선출하는 대신에 의회를 통한 간접 선거의 방식이 선택되었고, 연방대통령의 수상임명도 연방의회에서 지명된 후보자를 임명하는 형식적 행위로 변화되었다.

그밖에 연방의회의 연방수상에 대한 불신임권과 연방수상의 연방의회 해산권이 인정되고 있다는 점에서는 전통적인 의원내각제의 기본구조를 유지하고 있으나, 연방의회의 불신임 방법을 "연방의회가 그 의원의 과반수로써 후임자를 선출하고 연방대통령에게 연방수상의 해임을 건의하는 방식으로써만" 가능하도록 한정시키는 이른바 **건설적 불신임제도**를 창출함으로써 바이마르 공화국 당시와 같은 의회의 내각불신임권 남용으로 인한 정국의 불안정을 예방하고 있다.

2. 의원내각제의 기본구조

(1) 입법부와 집행부의 공화관계

① **출발점**: 의원내각제는 의회주권에 기초한 의회중심적 정부형태이며, 의회가 국정운영의 실질적인 중심에 서는 정부형태라고 할 수 있다.

② **책임정치**: 의원내각제는 민주적 정당성을 갖는 의회에서 내각을 구성함으로써 의회와 내각은 각기 분리·독립되지만 내적인 상호연관성을 갖는 체제로 발전되었다. 선거에 의해 부여된 정당성을 기초로 의회 내의 다수파가 정권을 획득하며, 그 다수파가 내각을 구성하여 정부를 운영하게 된다는 점에서 의회 내의 다수파와 정부가 필연적 연관성을 갖는 구조로 형성된 것이다.

③ **입법부와 집행부의 공화관계**: 의원내각제는 의회와 정부의 공화·협력에 비중을 두며, 국민에 의해 부여된 민주적 정당성이 의회를 매개로 해서 정부로 연결된다는 점을 강조한다.

(2) 집행부의 이원적 구조

의원내각제의 특징 가운데 하나가 집행부의 이원적 구조이다. 즉, 의회의 다수당이 내각을 구성함으로써 상호협력적 관계의 기초가 마련되는 의원내각제의 경우에는 - 대통령이 국가원수의 역할까지 담당하는 것이 일반적인 대통령제와는 달리 - 내각의 수반인 수상과 형식적 국가원수(왕 또는 대통령)로 집행부가 이원화되는 경향을 보이는 것이다.

(3) 입법부와 집행부의 평등과 균형

① 입법부와 집행부의 활동: 의원내각제는 입법부가 집행부의 구성과 활동에 대하여 폭넓은 관여를 할 수 있는 반면에, 정부의 각료도 의원의 자격을 가지고 의회의 활동에 직·간접의 영향을 미칠 수 있는 구조를 가지고 있다. 이러한 구조는 의회와 내각의 광범위한 상호관여를 허용함으로써 협조를 통한 국정수행이 가능하도록 하고 있다는 특징을 보이는 것이다.

② 입법부와 집행부의 존속: 의원내각제에서는 「의회의 내각불신임권」과 「내각의 의회해산권」이 동시에 인정되고 있음으로 인하여, 한편으로는 입법부와 집행부가 상대의 존속에 직접적인 영향을 미칠 수 있지만, 다른 한편으로는 그러한 강력한 권한이 어느 한쪽으로 치우치지 않도록 하고 있다.

3. 의원내각제의 장·단점과 현실적 성공조건

의원내각제에 대하여는 ① 입법부와 집행부의 협조에 의한 신속한 국정처리, ② 능률적·적극적인 국정수행, ③ 책임정치의 실현 등이 장점으로 이야기되는 반면에 ① 정당정치에 치우칠 우려 및 견제장치의 부재, ② 군소정당 난립의 경우 정국의 불안정, ③ 정쟁이 격화될 우려 등이 단점으로 지적된다.

의원내각제는 정치적 타협과 조정의 정치문화가 뿌리를 내리고, 정당정치 내지 의회정치의 기초가 마련되어 있을 것을 성공조건으로 한다고 할 수 있다. 이러한 조건들이 갖추어지지 않은 상황에서는 의원내각제가 제대로 실현될 수 없으며, 그 장점 또한 발현되기 어렵다. 하지만 그런 조건이 갖춰진 경우에는 국민의 다원적 의사를 국가의사로 반영시키는 훌륭한 정치제도로 기능할 수 있다.

Ⅲ. 대통령제

1. 대통령제의 역사적 발전

(1) 몽테스큐(Montesquieu)의 3권분립론과 미국에서의 대통령제의 발전

대통령제는 몽테스큐의 삼권분립론에 가장 충실한 정부형태로 알려지고 있다. 국민이 선출한 대통령이 군주에 대신하여 집행권을 담당하도록 하며, 의회의 구성이 국민의 보통선거에 맡겨져 있는 대신에, 연방대법원은 종신직인 대법관들로 구성되도록 함으로써 이들이 의회와 대통령의 영향을 벗어나는 독자적인 세력이 될 수 있도록 한 것이 이러한 평가를 내리게 한 것이다.

이런 측면에서 대통령제는 권력의 분리와 독립을 통한 견제와 균형의 이념에 가장 충실한 정부형태로 평가되고 있다.

(2) 신생독립국들에서의 대통령제의 보급

식민지배의 기간이 비교적 짧거나 식민통치가 체계적인 정치과정 없이 억압을 통해 이루어진 경우에는, 식민지였던 당시의 정치체제와 무관하게 정부형태를 선택하였는데, 이러한 경우 대통령제를 선택하는 경향이 강했다. 그 원인으로는 세계적 강대국인 미국의 정치적·경제적·문화적 영향력이 큰 역할을 하였던 점, 그리고 식민지배 이전의 정치체제인 왕정에 비교적 유사하다는 점을 들 수 있다.

이처럼 신생독립국들에 대통령제가 광범위하게 보급되었지만, 그 결과는 만족스럽지 못한 것이었다. 민주주의와 법치주의의 이념이 뿌리내리지 못하고, 현실정치의 측면에서도 권력분립적 기초가 확보되지 못한 상태에서 대통령제의 외적 형태만을 답습한 결과 대통령의 독재로 귀결된 경우가 대부분이었기 때문이다.

2. 대통령제의 기본구조

(1) 입법부와 집행부의 상호독립

① 입법부와 집행부의 구성: 대통령제는 의원내각제와 달리 입법부와 집행부가 각기 국민의 선거에 의하여 별도로 구성된다.

② **입법부와 집행부의 활동:** 대통령제는 입법부와 집행부가 원칙적으로 구성원의 겸직을 금지함으로써 양 기관의 독립적인 활동을 가능하게 할 뿐만 아니라, 각 기관에 부여된 정당성에 근거하여 각자 입법활동과 집행활동에 전념하도록 요구하는 것이 원칙이다.

③ **입법부와 집행부의 존속:** 대통령제는 의원내각제와는 달리 내각불신임권이나 의회해산권이 인정되지 않음으로 인하여 각자 국민에 대해서만 책임을 지면서 임기 동안 독립적으로 활동할 수 있도록 한다.

(2) 집행부의 일원적 구성

대통령제 하에서는 - 의회가 내각의 구성에 관여함으로써 내각의 수반인 수상과 형식적인 국가원수(왕 또는 대통령)가 이원화되는 의원내각제와는 달리 - 대통령이 집행부의 수반일 뿐만 아니라 국가원수를 겸직하는 것이 일반적이다.

(3) 입법부와 집행부의 상호 견제와 균형

대통령제의 특징인 입법부와 집행부의 상호독립은 그 구성과 활동에 있어서의 독자성을 의미한다. 대통령제에서는 의회와 대통령이 각기 국민에 의해 선출된다. 뿐만 아니라 입법기능은 의회가, 그리고 집행기능은 정부가 각기 독자적으로 행사할 수 있는 것이다.

그러나 이러한 활동의 독자성이 입법 및 집행에 관한 절대적인 권한 내지 무제한적 권한으로 이해될 수는 없으며, 오히려 입법부와 집행부가 상호 견제와 균형의 체계를 갖추는 것이 권력분립의 기본적 요청이라고 할 수 있다. 다만, 내부적 과정과 절차에 대해서는 원칙적으로 간섭할 수 없으며, 그 결과에 대한 통제를 가능하게 하도록 함으로써 활동의 독자성과 상호통제라는 두 가지 요청을 조화시키는 것이다.

3. 대통령제의 장단점과 성공조건

대통령제는 ① 집행부의 안정, ② 의회 다수파에 의한 횡포의 방지 및 졸속입법의 방지 등과 같은 장점을 갖는 반면에 ① 대통령의 독재화 경향, ② 국정의 통일적 수행의 어려움, ③ 의회와 집행부가 대립할 경우 조정의 어려움 등의 단점을 갖는다고 이야기된다.

우리의 현실에 비추어 볼 때 대통령제가 갖는 장점은 무엇보다 국민들에게 익숙하며, - 적어도 아직까지는 - 그 왜곡의 경험 때문에 배척되기보다는 개선을 통해 바로잡아질 수 있는 정치제도로 인식되고 있다는 점, 그리고 그 문제점들을 정치인들이나 학자들만이 아니라 일반국민들까지 잘 알게 되었을 뿐만 아니라 그에 대한 대응방법, 즉 대통령의 권력남용에 대한 통제의 필요성과 가능성에 대해서도 상당히 잘 알게 되었다는 점이다. 그것이야말로 지난 50여년간 대통령제를 중심으로 한 정치적 소용돌이 가운데서 피와 땀으로 얻은 훌륭한 교훈이라고 할 수 있을 것이다.

반면에 대통령제의 단점으로는 우리의 정치문화는 아직까지도 정치적 노선이나 신념체계, 그리고 이를 반영하고 있는 정당조직을 통해 대변되기보다는 오히려 개인의 카리스마나 정치적 지도력을 중심으로 이합집산을 거듭하는 단계를 벗어나지 못하고 있다는 점을 들 수 있다. 이러한 현실은 대통령에의 권한집중이 - 실정헌법의 조문과 상관없이 - 언제라도 다시금 강화될 수 있다는 가능성을 보여주고 있으며, 대통령제의 잠재적 위험성을 보여주는 것이기도 하다. 따라서 우리의 정치문화 속에서 대통령제가 성공적으로 발전·정착될 수 있는지의 문제는 대통령에 대한 충분한 통제장치를 마련하여 권력의 남용을 억제할 수 있는지에 달려 있다고 할 수 있다.

Ⅳ. 의원내각제와 대통령제의 혼합형

1. 의원내각제와 대통령제의 변형과 혼합형

어떤 정부형태도 현실적 조건에 자유로울 수는 없다. 원형 그대로의 의원내각제와 대통령제는 영국이나 미국에도 존재하지 않으며, 현실의 변화에 따른 제도의 변화는 불가피한 것이다. 세계 각국이 도입되고 있는 의원내각제나 대통령제 정부형태도 영국이나 미국과는 다른 특징들을 가지고 있는 경우가 많다. 즉, 나름의 변형을 거쳐서 수용하는 것이다.

이러한 변형의 원인은 양 제도의 장점을 결합시키려는 시도에서 찾을 수 있다. 예컨대 대통령제를 기본으로 한 정부형태를 취하면서 의원내각제적 요소를 가미함으로써 대통령의 독주를 막는 등의 방법이 다각도로 시도된 것이다. 그리고 양자의 요소를 거의 대등하게 결합시킴으로써 단순한 변형을 넘어서는 혼합형으로 지칭되는 정부형태도 등장하게 된 것이다.

2. 이원정부제

(1) 이원정부제의 개념과 구조

이원정부제란 의원내각제와 대통령제의 요소가 거의 대등하게 결합되어 있는 정부형태라고 할 수 있다. 단순히 변형된 형태의 의원내각제 또는 대통령제로 부르기 힘들 정도로 원형으로부터 많이 벗어나 있을 뿐만 아니라, 의원내각제와 대통령제의 어느 한쪽으로 환원시키기 어려울 정도로 다른 쪽의 요소를 많이 가지고 있는 정부형태를 이원정부제라 부르는 것이다.

이러한 이원정부제는 집행부의 이원성을 특징으로 한다. 즉, 집행부를 대통령과 내각이라는 두 개의 국가기관이 나누어서 담당하고 있는 것이다. 대통령은 국민에 의해 직접 선출된다는 점에서 대통령제와 유사한 반면에, 내각의 수상은 의회 다수파에 의하여 선임된다는 점에서 의원내각제와 유사한 측면을 보이는 것이다.

프랑스의 예를 볼 때, 국민에 의해 선출된 대통령은 국가원수로서의 지위와 더불어 집행권의 일부를 담당하며, 특히 외교·국방·안보 등에 관한 사항을 관장하고, 의회에 대하여 책임을 지지 않는다. 이를 통해 집행부가 의회로부터 독립하여 안정성을 확보할 수 있다는 대통령제의 장점을 살리는 것이다. 반면에 수상은 국내정치 및 그밖의 행정에 관한 사항을 담당하며, 의회에 대하여 책임을 짐으로써 의원내각제의 장점인 책임정치의 측면을 유지하고 있다.

(2) 이원정부제의 유형

이원정부제의 유형은 다양하지만 대표적으로 두 가지를 들 수 있다. 그 하나는 바이마르 공화국이 취했던 이원정부제이고, 다른 하나는 프랑스식의 이원정부제이다.

① **바이마르 공화국의 이원정부제**: 평상시에는 의원내각제의 구조를 가지고 내각의 수반인 수상이 집행권을 행사하며 의회에 대하여 책임을 지지만, 비상시에는 대통령이 집행권을 전적으로 행사할 수 있는 정부형태이다.

② **프랑스 제5공화국의 이원정부제**: 평상시부터 대통령과 내각의 권한이 분장되는 정부형태이다. 의회의 강력한 영향력으로 인한 내각의 불안정이 정국 전반의 불안정으로 연결되지 않도록 하기 위하여 대통령에게 의회에 대한

책임으로부터 벗어나서 강력한 리더십을 발휘할 수 있는 권한을 부여하는 정부형태이다.

(3) 이원정부제의 장단점

이원정부제의 장점으로는 ① 의원내각제적 운영을 통해 입법부와 집행부의 유기적인 협조 및 공화관계를 형성하고 책임정치를 실현할 수 있다, ② 정치적 불안정이 문제되는 상황에서는 대통령의 강력한 리더십으로 안정된 국정의 운용이 가능하다는 점을 들 수 있다.

반면에 단점으로는 ① 대통령의 권한행사에 대한 내각과 의회의 통제가 약하고, 대통령의 독재화에 대한 견제장치가 별로 없다, ② 대통령의 리더십이 약화될 경우에는 정국의 불안정이 야기될 수 있다는 점이 지적된다.

이렇게 볼 때, 이원정부제는 의원내각제와 대통령제의 장점을 고루 갖추고 있는 반면에 단점도 모두 가지고 있는 것이다. 따라서 현실적으로 중요한 것은 장점을 발현시킬 수 있는 조건을 갖추는 것이며, 그렇지 않은 상황에서는 이 제도의 도입이 오히려 위험할 수 있다. 바이마르 공화국이 그러했듯이 의원내각제와 대통령제의 장점을 결합시키려고 만든 제도가 결과적으로는 단점의 결합으로 나타날 수도 있기 때문이다.

V. 한국의 정부형태의 변천

1. 제1공화국의 정부형태

1948년 제헌헌법상의 정부형태는 대통령제를 기본으로 한 것이지만 의원내각제적 요소들이 상당부분 가미되어 있는 - 일종의 변형된 대통령제로 평가된다.

2. 제2공화국의 정부형태 (1960년 헌법상의 정부형태)

제2공화국 헌법상의 정부형태는 대통령제의 독재화경향을 벗어나고자 의원내각제로 구성되었으며, 고전적인 형태에 충실한 의원내각제로 평가된다.

3. 5·16군사정부의 정부형태

5·16군사정부를 정상적인 정부형태의 틀 안에서 설명하는 데에는 적지

않은 어려움이 있다. 당시에는 제2공화국 헌법이 개정되거나 폐지되지 않은 상황이었음에도 불구하고 무력과 국가재건비상조치법을 앞세워서 헌법의 효력을 대부분 정지시킨 가운데 국가재건최고회의에 권력을 집중시킨 것이었기 때문이다. 그런 의미에서 군사정부는 정상적인 민주적 정부형태의 틀을 벗어나는 독재체재라고 평가될 수 있을 것이다.

4. 제3공화국의 정부형태

제3공화국의 정부형태는 제1공화국과 유사하게 대통령제를 기본으로 하여 의원내각제적 요소를 일부 가미한 것이라 할 수 있다.

5. 제4공화국의 정부형태(1972년 헌법상의 정부형태)

1972년의 유신헌법은 정상적인 권력분립을 갖추지 않은 독재적 헌법으로 분류된다.

6. 제5공화국의 정부형태(1980년 헌법상의 정부형태)

외견상 유신헌법의 제도적 독재를 벗어나 대통령제로 복귀하였다. 그러나 대통령에게 강력한 권한이 부여되고 있었음에도 불구하고 대통령을 간선으로 선출하도록 함으로써 국민적 정당성의 요청을 외면하였고, 실제 운용상으로도 독재적인 측면을 많이 드러내었다. 그 결과 제5공화국의 정부형태는 신대통령제 내지는 반대통령제에 가까운 것으로 평가된다.

7. 현행헌법상의 정부형태

대통령제를 기본으로 하였지만, 의원내각제적 요소가 가미된, 이른바 변형된 대통령제라고 할 수 있다.

제 3 장 국 회

개 요

국가기관들 중에서 가장 먼저 검토되어야 할 것은 입법부인 국회이다. 그것은 국회가 입법-집행-사법의 국가기능 가운데 가장 먼저 검토되어야 할 입법기능의 담당자인 입법부이기 때문이기도 하지만, 다른 한편으로는 국민의 일차적 대표자로서의 중요성을 가지고 있기 때문이기도 하다.

국회를 정확하게 파악하기 위해서는 현행헌법상 국회에 관한 규정들을 분석하고 이를 통해 국회의 구성과 권한 및 활동에 대한 개별적인 사항들에 들어가기에 앞서 국회의 의의와 기능을 먼저 이해할 필요가 있다. 즉, 의회주의 내지 의회제도에 대한 정리를 통해서 국회의 이념사적 기초를 이해하고, 이를 통해 외국의 의회와 우리나라의 국회가 함께 전제하고 있는 공통의 기초를 확인하여야 한다.

이러한 전제 위에서 국회의 헌법상 지위를 정리함으로써 전체 권력분립의 체계 내에서 국회가 어떤 위치에 있는지를 확인하고, 나아가 국회의원의 헌법상 지위를 정리함으로써 국회의원들이 국회의 구성과 활동에서, 그리고 전체 국가활동에서 어떤 역할을 하며, 이를 위하여 어떤 권리와 의무를 가지고 있는지, 국회의원에게 인정되는 특권은 무엇을 위한 것인지를 확인할 수 있을 것이다.

국회에 관한 헌법 및 법률상의 구체적인 규정들은 그 다음 단계에서부터 본격적으로 검토하게 된다. 헌법 및 법률규정들의 분석을 통해 국회의 구성과 내부조직에 관한 기본구조를 확인할 수 있고, 그 바탕 위에서 국회의 구체적인 권한을 몇 가지 유형으로 나누어서 검토하는 것이 가능해진다. 그리고 국회와 다른 헌법기관과의 관계를 정리함으로써 국회에 관한 전체적 고찰이 완결될 것이다.

사례 1

국회의원의 특권제한과 국회의원의 장관직 겸직금지의 국회법 개정

최근 몇 년 동안 국회의원들의 특권 오·남용에 대한 비판의 목소리가 높아지면서 국회의원들에 대한 국민소환제 도입을 주장하는 시민단체들이 많아졌다. 점차 국민소환제 도입 여론이 높아지는 것을 부담스럽게 생각한 국회에서는 국민소환제를 도입하는 대신에 국회의원의 특권을 남용한 경우에는 국회 내의 특별징계위원회에서 이들의 의원활동을 일정기간 제재할 수 있도록 하는 국회법 개정안을 통과시켰다.

이러한 국회법 개정안에 대하여 징계의 비효율성을 지적하는 목소리가 높아지자 국회에서는 다시금 국회법을 개정하여 국회의원의 특권 남용을 제재하기 위한 특별징계위원회는 국회의원들은 물론 정치인들이 참여하지 못하도록 하면서 9인의 위원 중 3인은 법조인, 3인은 시민단체 출신, 3인은 학계 인사로 구성하도록 명시하였다.

이와 더불어 국회의원의 장관직 겸직이 국회의 정부에 대한 영향력 보다는 정부의 국회에 대한 영향력 확대에 기여한다는 지적에 따라 국회의원의 장관직 겸직도 국회법 개정을 통하여 전면금지시켰다.

과연 이러한 국회법 개정은 헌법적으로 아무 문제를 야기하지 않는 것으로 볼 수 있는가?

사례 2

입법절차상 하자와 법률의 효력

최근 정치권에서 신문법, 방송법 등을 포함한 소위 미디어법을 둘러싼 견해의 대립이 첨예하다. 원내 다수를 차지하고 있는 여당인 A당은 정부와의 협의 하에 미디어 융합의 세계적 추세에 따라 신문과 방송의 겸영을 허용하는 내용으로 현행 신문법 등을 개정하고자 한다. 이러한 A당의 움직임에 대하여 야당인 B당은 그러한 개정이 사실상 언론의 독과점과 같은 커다란 폐해를 야기할 수 있다는 이유로 강력하게 반대하고 있다.

이러한 상황 하에서 A당 소속 국회의원들에 의해 제출된 신문법, 방송법 등의 개정안('미디어법 개정안')은 2012년 9월 6일 목요일 오후 2시에 개의된 본회의에서 심의되었다. 그러나 양당은 미디어법 개정안에 대한 서로의 입장 차이를 좁히지 못하였고, 같은 날 오후 5시가 되도록 이를 둘러싼 공방이 계속되었다. 그러자 양당은 각 당 내부에서 타협안을 모색할 필요성을 느끼게 되어, 같은 날 오후 9시에 속개하기로 하고 일단 본회의를 휴회하게 되었다.

그런데 매스컴의 집중 조명을 받고 있는 상황에서 시간을 끌면 여론이 악화될 수 있다고 판단한 A당의 원내대표는 국회의장에게 본회의 속개를 같은 날 오후 9시에서 한 시간 앞당긴 오후 8시로 변경할 것을 제안하였다. 이에 따라 국회의장은 같은 날 오후 7시에 B당 원내대표의 비서에게 전화로 변경된 시간을 통지하였다. 그러나 B당 원내대표의 비서가 태만하여 적시에 원내대표에게 변경된 시간을 알려주지 않는 바람에 B당 소속의 다른 국회의원들에게도 변경된 시간이 적절한 시간 내에 통지되지 못하였다. 그 결과 오후 8시에 속개된 본회의에서는 B당 소속 국회의원들이 대다수 불참한 가운데 미디어법 개정안이 통과되었다.

뒤늦게 이 사실을 알게 된 B당 소속 국회의원인 甲 등은 미디어법 개정안의 국회통과는 날치기입법으로서 무효일 뿐만 아니라, 신문과 방송의 겸영을 허용하는 것은 언론의 독과점을 초래하는 것으로서 위헌이라고 주장하고 있다.

甲 등의 주장에 대하여 헌법적으로 판단하고, 甲 등이 취할 수 있는 헌법적 구제수단에 대하여 논하시오.

[참고판례] 법률안날치기 통과와 국회의원의 심의·표결권 문제 → 헌재 1997.7.16. 96헌라2 결정; 헌재 2009.10.29. 2009헌라8 결정

[참고판례] 신문과 방송 겸영금지의 합헌성 문제 → 헌재 2006.6.29. 2005헌마165등 결정

사례 3 예결위의 상임위원회화와 예산지출내역의 보고 및 승인제도의 도입

최근 국회가 여야 간의 정쟁으로 민생법률안의 처리를 소홀히 하고 있을 뿐만 아니라, 정부에 대한 통제기능도 활성화되지 못하고 있다는 비판이 많아졌다. 이에 국회에서는 국회 제도 개선을 위한 특별위원회를 구성하여 검토한 결과, 국회의 예산결산특별위원회를 상임위원회로 만들고 예산결산위원회에서 분기별로 정부의 예산지출내역을 보고받고 이에 대하여 승인을 하는 제도를 도입하는 국회법 개정이 필요하다는 결론에 이르렀다.

그러나 국회에서 이러한 국회법 개정안이 발의되자 정부에서는 전문성이 부족한 국회에서 정부의 예산지출내역을 매월 승인하는 방식은 실효성이 낮을 뿐만 아니라, 권력분립에 반하여 정부의 활동을 과도하게 규제하는 것이라는 반대의견을 내 놓았다.

과연 본 사안의 국회법 개정안은 어떤 헌법적 문제를 안고 있는가? 또 이러한 문제를 해결하는 방안은 무엇인가?

사례 4 감사원의 국회이관과 국정감사의 분기별 실시 등

헌법개정을 통하여 감사원을 국회로 이관하고 국회의 국정감사를 매 분기별로 나누어서 시행하며, 국회의 국정감사에는 감사원의 감사대상기관에 대한 재정지출 검토보고서를 반드시 첨부하도록 하는 방안의 가능성 여부 및 문제점에 대하여 논하시오.

제 1 절 의회제도

Ⅰ. 의회의 연혁

민주국가에서 의회(議會)란 국민에 의해 선출된 다수의 대표로 구성되는 국가기관으로서 주로 입법권과 정부(집행부)의 활동에 대한 통제권을 가지고 있다. 현대 민주국가는 예외 없이 권력분립을 채택하고 있기 때문에 입법기능을 주로 담당하는 의회와 집행기능을 주로 담당하는 정부가 분리되고 있으며, 각국의 헌법에 따라 명칭은 상이하지만[1] 의회를 두고 있는 것은 일반적이다.

의회의 기원을 어디에서 찾을 수 있는가에 대해서는 견해의 대립이 있으나, 의회의 뿌리를 중세의 등족회의(等族會議 = 신분제의회)에서 찾는 것이 일반적이다. 영국의 모범의회(Model Parliament)나 프랑스 대혁명 전의 삼부회에서 보듯이 근대적 의회의 전신으로서 실질적인 역할을 하였을 뿐만 아니라, 실제로 초기의 의회는 중세 등족회의의 부분적인 변형으로 이해될 수 있는 측면을 가지고 있었기 때문이다.

중세 당시 여러 신분계층을 대변하는 대표자들이 모여서 국가의 중요문제들에 관하여 의견을 모으는 전통은 여러 나라에서 발견된다. 그러나 근대에 들어와 중앙집권적 군주국가의 발전과 더불어 중세의 신분제의회도 쇠퇴하였다. 다만 영국의 경우에는 1295년의 모범의회 이래로 의회가 일정한 역할을 계속하였고, 14~15세기경에는 의회의 동의 없이 국왕이 조세를 부과할 수 없다고 주장할 수 있을 정도로 의회의 지위가 확고해졌다.

영국은 청교도혁명과 명예혁명을 통하여 의회가 국왕을 능가하는 권위를 얻게 되어 의회중심의 근대적 정치제도를 발전시킴으로써 근대적인 의회제도를 탄생시켰고, 이렇게 형성된 의회제도는 민주주의의 보편화와 더불어 유럽대륙으로, 나아가 전세계로 전파되었다.

---

1) 의회라는 용어는 의회제도를 가장 먼저 발달시켰던 영국의 Parliament에서 유래된 것으로 보는 것이 일반적이며, Parliament는 보통명사화되었다. 그러나 미국에서는 Congress라는 단어를 사용하고 있고, 독일의 경우에도 의회(Parlament)라는 용어가 있음에도 불구하고 기본법에서 Bundestag, Bundesrat로 표현되고 있다.

Ⅱ. 의회제도의 탄생과 발달

중세의 신분제의회와 구별되는 근대적 의회제도의 특징은 무엇보다 국민주권을 전제한 국민대표성이라고 할 수 있다.[2] 그러나 국민다수에 의해 선출된 대표로 구성된 합의체기관이라는 형식만으로, 즉 국민대표기관인 의회가 형식상 존재한다는 것만으로 의회제도 내지 의회주의를 채택하고 있는 것으로 볼 수는 없을 것이다.[3] 서구적 의미의 의회제도, 의회주의를 인정할 수 있기 위해서는 민주적 선거를 통한 대의기관의 구성과 정부에 대한 대의기관(의회)의 효과적인 통제수단이 전제되어야 한다. 또한 다원적인 대안을 형성할 수 있는 가능성 및 이들 대안 가운데서 자유로이 선택할 수 있는 가능성의 보장, 즉 야당의 존재를 통해 나타나는 정치적 대안에 대한 개방성이 필요하다.

Ⅲ. 의회제도의 현대적 문제상황

1. 의회제도의 본질적 징표

의회주의 내지 의회제도는 국정의 주요사항을 의회라고 하는 공개된 장소에서 토의해서 다수결로써 결정하도록 하는 것 내지 이를 제도화한 것이라고 할 수 있다. 의회제도는 지난 수 세기 동안 커다란 변화를 겪어왔을 뿐만 아니라, 각국의 정치적 조건에 따라 다양한 형태로 나타나고 있다.[4] 그러나 이

---

2) 영국을 비롯한 유럽 국가에서 의회와 유사한 형태를 갖춘 것은 비교적 오래전으로 거슬러 올라갈 수 있으나, 민주적 의회의 탄생을 명예혁명 이후로 보는 것도 국민대표성이라는 맥락에서 이해될 수 있다. 그러나 영국에서 근대적 의회가 형성·발전된 이래 의회제도는 많은 변화를 겪어야 했다. 사실 오늘날의 의회제도를 1800년 또는 1850년 당시 영국의 의회제도와 비교한다면 그 동일성을 인식하기가 곤란할 정도의 상이성을 확인할 수 있을 것이다.
영국에서 탄생·발전된 의회제도는 애당초 어떤 특정한 원리나 이념을 중심으로 발전되어 온 것이 아니라 그때그때의 정치적 상황에 따라 무수한 관습들과 경험적 규칙들의 조화를 통해, 그리고 전통 속에서의 끊임없는 변형과 구체화를 통하여 형성되고 발전되어온 것이다. 따라서 의회제도에서 나타나는 – 때로는 상호 모순적인 – 유동성과 유연성이 곧 의회제도의 강점이자 동시에 약점이기도 한 것이다.

3) 과거의 동유럽 공산권국가나 현재의 중국, 북한 등의 예에서 볼 수 있는 것처럼 형식적으로는 의회의 입법권이나 정부의 의회에 대한 책임을 인정하고 있지만, 실질적으로 의회주의의 이념에 따라 구성되고 활동하는 것이 아닌 경우에 이를 민주적 의회제도로 인정하기는 어렵다.

러한 모든 차이에도 불구하고 의회를 의회로 인식할 수 있도록 하는 본질적인 개념징표들은 다음과 같다.

① **국민대표성**: 민주적 정당성을 확보하지 못한 의회는 진정한 의회라고 할 수 없다.

② **공개와 토론의 원리**: 의회는 공개와 토론의 원리에 기초하여 합리적인 대화와 타협을 통한 문제해결을 추구한다. 의회는 공개적인 대화와 토론의 장(場)이며, 이를 통해 옳은 결론을 추구한다.

③ **다수결**: 의회에서는 다수파가 우선적 지위를 가지며, 최종적인 결정에 있어서는 다수결이 지배한다. 즉, 합의도출에 실패한 경우에는 결국 다수결로써 결정을 내릴 수밖에 없다.

의회주의의 의의와 본질

심의와 표결을 통한 국회 의사결정의 원리인 의회주의 이념의 핵심은 국민을 대표하는 의원들이 국정에 관하여 자유로이 의견을 개진하는 심의(제안·질의·토론) 과정을 거친 후 표결에 따라 국정에 관한 의사결정을 한다는 데 있다. 그런데 의회주의 이념이 제대로 실현되기 되기 위해서는 자유로운 질의와 토론, 소수의견의 존중과 반대의견에 대한 설득이 전제되어야 한다. 따라서 질의·토론 과정에서 소수파의 토론 기회를 박탈하거나 또는 아예 토론절차를 열지 아니한 채 표결을 진행하여 결론을 내리게 된다면, 다양한 견해에 입각한 의안의 심의 및 타협은 불가능하고, 결과적으로 의회주의 이념에 입각한 국회의 기능은 형해화될 수밖에 없다.

따라서 국회가 법률을 제정함에 있어서도 전체 국회의원을 구성원으로 하는 회의에서 심의절차를 거친 이후의 표결에 의하여 다수결로 결정해야 하는 것이고, 이러한 의사결정과정은 국회의 의사를 국민의 의사로 간주하는 대의효과(代議效果)의 실질적인 요건이라 할 것이다. 그러므로 국회의 심의절차는 표결절차와 마찬가지로 국회에 의한 의사결정절차에서 생략할 수 없는 핵심절차이며, 의회주의 이념을 기초로 하는 국회 입법절차의 본질적인 부분이라 할 것이다(헌재 2009.10.29. 2009헌라8 결정).

2. 의회제도에 대한 비판의 유형

그러나 20세기 이후에는 행정국가화, 정당국가화의 대두와 더불어 의회의

4) 예컨대 의원내각제 국가에서의 의회의 위상 내지 권한과 대통령제 국가에서의 의회의 지위 내지 권한은 상당한 차이를 보일 수밖에 없다.

지위가 상대적으로 약화되는 현상이 나타났을 뿐만 아니라, 의회제도 자체가 일정한 한계를 안고 있다는 비판이 대두되기 시작하였으며, 심지어 의회제도의 위기라는 주장도 적지 않다.

의회제도에 대한 비판은 크게 다음의 두가지로 나누어 볼 수 있다.

① 오늘날의 현실 속에서 의회가 국민대표기관으로서 '(입법기능을 통한) 국가정책방향의 결정', '국정통제' 등의 본질적 기능수행에 문제가 있음을 비판하는 것이다.

② 극도로 이상화시킨 의회의 모델을 상정해 놓고 이를 진정한 - 역사적으로도 실재하였던 - 의회제로 이야기하면서 오늘날 의회제도의 현실을 타락한 정치쇼에 불과한 것으로 비판하는 것이다.

특히 후자의 경우에 대하여는 유의할 필요가 있다. 이러한 태도는 특히 의회제를 고전적인 자유주의적·시민적 법치국가와 불가분의 관계에 있는 것으로 보면서 현대의 정당국가적 대중민주주의와는 가교될 수 없는 대립의 관계에 있는 것으로 본다.

이러한 주장들은 민주주의를 (극단적인 경우에는 모든 개인적 차이를 무시하는 정도에 이르기까지의) 평등에 기초하는 것으로, 그리고 시민적·법치국가적 의회주의를 (극단적인 경우에는 국가를 부정하는 무정부주의적 무구속에 이르기까지, 또는 국가파괴적인 실증주의적 합법성의 사고에 이르기까지의) 자유의 원리에 속하는 것으로 이원화시키려는 사고를 바탕에 깔고 있다. 이런 관점에서 볼 때 자유의 원칙과 평등의 원칙은 정치적 구조원리 내지 정당화원리로서 도입된 대표와 동일성(Repräsentation und Identität)이라는 개념과 마찬가지로 배타적인 대립관계에 놓이게 된다.

그러나 이러한 주장은 지나치게 일방적이다. 우파적 입장에서 자유와 평등을 대립적인 관계에 있는 것으로 보면서 양자택일을 강요하는 것도 민주주의의 본질에 대한 몰이해라고 할 것이며, 반대로 좌파적 입장에서 참여 내지 민주화를 주장하면서 반의회적인 방향으로 나아가려는 것도 모순이라고 할 수 있다.

3. 의회제도 위기론의 본질과 문제해결의 방향

여기서 분명하게 구별해야 할 것은 정치현실에서 항상 제기되고 있는 일상정책에 대한 비판과 체제자체에 대한 근원적인 비판이다. 따라서 먼저 해결되어야 할 것은 자유-민주주의라는 결합형식이 과연 가능한지의 여부이다. 만일 이것이 자유주의와 민주주의의 배타적 대립관계로 인해 진정 불가능하다면 그것은 의회주의에 대한, 나아가 우리헌법의 기본구조에 대한 근본적인 재검토를 필요로 하게 만들 것이다.

현행헌법을 비롯한 민주국가의 헌법은 자유-민주주의가 시민의 자유와 평등이라는 양 가치를 동시에 추구하고 있다는 전제 위에 서 있다. 때로는 자유와 평등이 긴장관계를 보이기도 하지만, 이들을 동시에 점차 실현시켜 나가고 도달될 수 있는 최고의 경지까지 고양시키는 것이 가능하다고 믿는 것이다.

반면에 양자의 양립이 불가능하다고 생각하는 입장에서는 민주주의적 지배의 목표를 모든 국민의 평등에서 구하며, 이것은 치자와 피치자의 동일성에 의하여 완성된다. 그러나 이러한 정치적 평등을 칼 슈미트(C. Schmitt)처럼 특정 민족의 실체적 동질성으로 생각하게 되면, 이렇게 이해된 민주주의는 소수자에 대해 적대적인 (즉 소수의 자유, 반대와 비판의 자유에 대해 적대적인) 전체주의적인 경향을 나타내게 된다.

이렇게 되면 민주주의의 내용으로서는 일차적으로 동질성이 주장되게 되며, 나아가 - 필요할 경우 - 이질적 분자의 제거까지도 민주주의의 내용으로 주장된다. 그 결과 의회 내에서 반대파를 설득하는 것은 더 이상 문제되지 않으며 오로지 이들을 정치적으로, 그리고 종국에는 물리적으로 박멸시키는 것이 문제될 뿐이다. 이런 과정을 통하여 이들이 믿는 정치적 확신은 다수의 가능한 견해 중에서 주관적으로 우선시하는 하나의 의견으로서 존재하는 것이 아니라 불가침의 진리로서 성립하게 된다.

하지만 평등을 국민의 동질성에서 찾지 않고, 법공동체구성원들 사이에 현존하는 이질성과 의견의 대립을 인정하는 가운데서 이들에 대한 원칙적인 동등 취급의 의미로 이해하게 되면 결론은 달라진다. 이것은 이성적 존재로서 서로를 인정하는 정신적 기본태도, 즉 인식론적 관점에서 절대적 진리라는 것의 확인에 대한 회의적 입장을 전제로 하며, 이것은 또한 모든 다원적 민주주의의 정치적 기초, 즉 관용의 문제로 연결된다.즉, 이러한 문제는 민주적 결정방식으로 이야기되는 다수결원칙의 정당성 근거 내지 그 전제 및 한계와 연결시켜서 생각해야 할 문제라는 것이다.

4. 의회제도 개혁론과 의회의 기능제고방안

의회제도의 문제는 대의제라는 보다 큰 울타리 안에서 이해되고 정리되어야 한다. 그렇게 볼 때, 의회제도 개혁론이 갖는 의미와 비중 및 한계에 대해서도 정확한 이해가 가능할 것이다. 한편으로는 대의제 자체를 부정하는 반의회적 주장의 한계가 분명해질 것이고, 다른 한편으로는 의회의 현실적 기능을 제고하는 방법이 적극적으로 모색될 수 있을 것이기 때문이다.

의회의 기능을 제고하기 위해서는 다음의 두 가지 방향에서의 접근이 필요하다.

① **대의기관의 정당성을 강화**해야 한다. 의회가 진정한 국민의 대표로서 정당성을 확보·강화함으로써 강력한 국민적 지지기반을 가질 수 있을 때 비로소 의회의 기능을 제고하는 것도 가능하다. 이를 위해서는 정확한 대표관계를 형성하고 유지하는 것이 중요하기 때문에, 선거제도의 정비를 통하여 선거의 공정성과 정확성을 확보하고, 선거의 실질적 주체가 되는 정당의 민주성을 확보하는 것이 필요할 것이다.

② **의회의 전문성을 강화**함으로써 능률성을 확보하는 것이 필요하다. 이미 본회의 중심에서 위원회 중심으로 의회의 운영방식이 바뀐 것이라든가, 전문위원제도의 도입, 국회예산정책처(국회법 제22조의2), 국회입법조사처(국회법 제22조의3)의 설치 등을 통해 의회의 전문성을 강화하려는 노력은 많은 진전을 보이고 있다. 그러나 아직도 구체적인 운용에 있어서는 전문성을 충분히 살리지 못하는 예가 적지 않다.

그러나 이러한 제도개혁을 통해서도 의회의 기능에는 일정한 한계가 있을 수밖에 없다. 예컨대 의회의 민주성을 아무리 강화해도 국민의 의사와 의회의 의사 사이에는 일정한 거리가 항상 존재할 수밖에 없는 것이다. 그것은 대의제 자체가 안고 있는 한계라고도 할 수 있을 것이다. 이런 문제에 대해서는 **직접민주제적 요소의 도입을 통해 대의제를 보완**하는 방안이 적극적으로 고려되어야 할 것이다. 굳이 국민투표 또는 국민발안이나 국민소환과 같은 거창한 제도가 아니더라도 국민의 직접적인 참여와 통제를 좀 더 활성화시키는 다양한 대안들이 개발될 수 있고, 또 되어야 할 것이다.

생각해 보기

과연 정당국가적 대중민주주의는 의회민주주의 내지 의회제도와 대립의 관계에 있는 것인가?

제 2 절 현행헌법상의 국회와 국회의원의 지위

생각해 보기

국가기관의 헌법상 지위를 논하는 실익은 무엇인가?

→ 국가기관의 헌법상 지위를 논하는 것은 헌법의 전체적 체계 내에서 어떤 위치에 있는가를 묻는 것이고, 이를 확인함으로써 전체적인 윤곽 내지는 그 위치에서 어떤 역할, 어떤 기능을 담당하며, 그와 결부되어 어떠한 권한이 부여되는지를 일목요연하게 정리하는 데 헌법상 지위를 논하는 실익이 있다. 국가기관의 헌법상 지위는 무엇보다 권력분립체계 내에서 권력분립의 전체적 구조를 염두에 두고 어떠한 위치에 있는지를 말하는 것이며, 이를 통하여 그 국가기관의 다른 국가기관과의 관계, 그 국가기관의 전체 국가기능체계 내에서의 역할, 그와 결부되어 헌법상 어떤 권한이 부여되는지 등이 전체적으로 조망될 수 있다.

Ⅰ. 국회의 헌법상지위

1. 국민대표기관

국회는 국민에 의해 직접 선출된 국민의 대표기관이다. 비록 국회가 유일한 대표기관은 아니지만, 국회는 국민의 일차적 대표기관으로서 다른 어떤 국가기관보다도 국민과 밀접한 관계에 있다.

국민의 **일차적 대표기관**으로 부르는 것은 국회는 국민에 의해 직접 선출된 집단적 대표로서 다른 국가기관과는 달리 국민의 다양한 의사를 직접 수렴하는 위치에 있으며, 그로 인하여 국회의 의사가 국민의 의사에 가장 근접한 것으로 취급되기 때문이다.

물론 국회가 국민의 의사를 수렴한다고 해서, 국민의 의사에 구속되는 것은 아니다. 대표관계의 본질로부터 나오는 **자유위임의 원칙**에 따라 국회는 (다른 모든 국가기관과 마찬가지로) 국민의 의사에 직접 기속되지는 않는 것이다. 하지만 자유위임의 원칙에도 불구하고 국회가 국민에 의해 직접 선출되었을 뿐만 아니라, 국민의 의사를 가장 직접적으로 대변한다는 점은 널리 인정된다. 그것은 다른 국가기관과 비교할 때, 그래도 구성과 활동에서 국민의 의사가 가장 많이 반영되고 있는 (또는 반영될 가능성이 높은) 국가기관이 국회이기 때문이다.

국회의 권한을 포함한 모든 국가권력은 국민으로부터 나온다. 하지만 국회의 권한이 국민의 개별적 기속을 받는 것은 아니기 때문에 국민과 국회의 관계를 사법상의 대리관계 또는 위임관계에 준하여 생각하기는 곤란하다. 그 때문에 국내 헌법학계에서는 국민과 국회의 관계를 어떻게 이해할 것인지와 관련하여 **대표관계의 성질**에 관하여는 법적 위임관계설(위임대표설), 법정대표관계설(법적 효과설), 대표적 위임설, 헌법적 대표설, 정치적 대표설 등의 학설 대립이 있다.

하지만 이러한 학설 대립이 갖는 실익은 별로 없다고 할 수 있다. 국민과 대표자의 관계는 국민의 선거에 의하여 대통령이나 국회의원을 선출하는 경우에도 국민은 선거를 통해 대표자를 확정할 뿐이지, 그들의 권한을 직접 정하거나 부여하는 것은 아니다. 국민은 헌법과 법률에 의해 그들에게 부여되는 권한을 담당할 수 있는 정당성을 선거를 통해 부여할 뿐이다. 이와 같이 헌법과 법률에 의하여 정해진 권한이 여러 대표자들의 담당기능에 따라 부여되는 것이기 때문에 대표관계의 성질에 대한 견해의 차이가 실제 대표자의 지위나 권한 등에 아무런 차이를 가져오지 않는다.

오히려 국회의 국민대표기관으로서의 지위와 관련하여 현실적 의미를 갖는 것은 **국회의 대표성 약화의 문제**라고 할 수 있을 것이다. 국회의 기능이 상대적으로 저하될 뿐만 아니라 국회의 활동이 국민의사로부터 멀어지는 경향이 나타나면서 국회의 민주적 정당성 자체가 약화되고 있는 것이다.

이러한 문제를 해결하기 위해서는 국회의 구성과 활동의 민주성이 강화되어야 할 것이다. 즉, 한편으로는 선거제도의 개혁을 통해서 국민의 의사에 부합하는 선거결과가 담보될 수 있도록 하여야 하며, 다른 한편으로는 국회 스스로가 국민의 의사를 최대한 수렴하여 반영하려는 보다 적극적인 노력이 기울여져야 할 것이다.

국회의 헌법상 지위

헌법 제1조 제2항에서 국민주권주의를 선언하고 있는 우리 헌법은 국민주권주의의 실현수단으로서 대의민주주의의 원리를 채택하여, 국민의 선거와 위임에 의하여 국가기관을 구성하고, 그와 같이 구성된 국가기관에 국가권력을 배분하고 있다. 그리하여 헌법은 국민에 의하여 선출된 대표들로서 구성되는 국회에는 국민의 대표기관·입법기관·국정통제기관으로서의 지위와 권한을 부여하고 있다.

국회에 이와 같은 국정의 중요한 권한을 부여하는 것은 국회가 국민에 의하여 선출된 대표로 구성된 기관이라는 점, 의회주의 이념에 따른 심의(審議)를 본질로 하는 기관이라고 하는 점에 기초하고 있다. 그리하여 국회를 구성하는 국회의원들 역시 각자 국민의 대표라고 할 수 있지만, 국회에서의 심의와 표결을 통하여 국회의 의사결정에 참여하게 되는 것이고, 이와 같이 국회의원들의 심의와 표결을 거쳐 이루어진 국회의 의사결정은 국가작용의 근거와 기준이 된다(헌재 2009.10.29. 2009헌라8 결정).

생각해 보기

대통령에게는 국민대표기관으로서의 지위를 특별히 강조하지 않는 반면 국회에 대해서는 이를 가장 먼저 내세우고 있는데, 그 이유는 무엇인가?

2. 입법기관으로서의 지위

국회는 흔히 입법부로 지칭된다. 국회가 헌법상 담당하는 역할은 매우 다양하지만, 그 중에서도 가장 본질적인 것은 입법기관으로서의 역할이기 때문이다.

국회가 입법기능을 담당하게 된 것은 **입법기능의 성질과 국회의 성질 내지 구성 및 활동의 방식**이 서로 잘 부합하기 때문이다. 즉, 헌법을 일차적으로 구체화시켜서 법률을 제정하고, 이를 통하여 국가질서형성의 기본방향을 설정함에 있어서는 신속하고 능률적인 입법활동보다는 다양한 의견을 민주적으로 수렴하여 신중하게 입법을 하는 것이 더 바람직할 것이므로 집단적 대표인 국회가 입법작용을 담당하기에 적합한 것이다.

그러나 현대에는 입법부가 법률의 제정에서 주도적인 역할을 하지 못하고, 오히려 **정부가 입법과정에서 주도적 역할을 하게 되는 경우**가 드물지 않다.[5] 이러한 현상의 원인은 크게 두 가지로 나누어 볼 수 있다. 첫째, 정당국가화로 인하여 정부와 여당이 함께 움직이는 현상이 두드러지고 있다. 둘째, 행정국가화에 따른 행정입법의 양적 및 질적 증대로 인하여 법질서 내에서 법률이 차지하는 비중 자체가 감소하였다.

하지만 보다 본질적인 문제는 **국회의 전문성 약화**라고 할 수 있다. 헌법상 입법권은 국회에 부여되어 있다. 즉, 입법기관은 국회이며, 비록 현행헌법상 정부의 법률안제출권이 인정되고 있다 하더라도 국회가 입법에 관한 주도적 지위에 있다는 것은 명백하다. 그럼에도 불구하고 국회의 입법기능이 위축되는 것은 정부가 제출한 법률안의 내용에 대하여 검토·비판할 수 있는 전문성이 부족한 경우가 많기 때문이라고 보아야 할 것이다.

이러한 문제를 해결하기 위해서는 국회의 전문성을 강화하는 것이 중요할 뿐만 아니라, 의회의 입법기능을 실질적으로 강화하기 위한 적극적인 조치들이 필요할 것이다. 예컨대 국회 내의 전문위원제도를 활성화하고, 국회와 국회 밖의 전문가집단의 유기적 연계를 강화함으로써 국회 활동의 전문성을 강화하는 것이 하나의 방법이 될 수 있을 것이다. 또한 국회의 입법과정에 다양한 전문가 및 관련시민단체 등의 적극적 참여를 유도하는 것도 국회의 입법기관으로서의 역할에 도움이 될 수 있으며, 행정입법에 대한 국회의 통제를 강화하는 것도 같은 맥락에서 긍정적으로 검토될 수 있다.

3. 국정통제기관으로서의 지위

국회가 국정통제기관으로서 중요한 역할을 하게 된 것은 현행헌법이 **대통령제 정부형태**를 채택하고 있는 것과 무관하지 않다. 의원내각제 하에서와는 달리 대통령제 하에서는 정부와 의회가 구성의 단계에서 각기 독립되어 있을 뿐만 아니라[6] 활동에 있어서도 원칙적으로 독립성을 갖는다.[7] 그 결과 집행

5) 집행부가 주요입법의 대부분을 제안하고 또 입법과정을 실질적으로 주도함으로 인하여 국회가 통법부로 전락하였다는 지적이 드물지 않으며, 국회가 제정하는 법률의 성격도 그 대강만을 정하고 세부적인 것은 행정입법인 명령·규칙에 위임하는 경향이 강해지고 있다.

6) 의원내각제 국가에서와는 달리 대통령선거와 국회의원선거가 각기 실시됨으로써 대통령과 국회가 모두 국민으로부터 직접 정당성을 부여받고 있으며, 그 결과 정부와 국회는 - 의회의 다수파에 의하여 내각이 구성되는 의원내각제와는 달리 - 그 구성에서부터 각기 독립적이다. 이러한 독립성의 측면은 의회의 내각불신임권과 내각의 의회해산권이 인정되어 그 존속에 있어서도 의회와 내각이 상호의존적인 의원내각제와는 달리 대통령제 하에서는 의회와 정부가 원칙적으로 서로의 존속 자체에 직접 영향을 미칠 수 없다는 점으로 연결된다.

7) 그 때문에 대통령제 하에서는 정부의 법률안거부권은 상호견제의 측면에서 인정되더라도 정부의 법률안제출권은 인정되지 않는 것이 일반적이다. 현행헌법 제52조에 의해 인정되고 있는 정부의 법률안제출권이 이질적인 제도로 지칭되는 것은 그 때문이다.

영역에 있어서 정부는 국회의 의사와 무관하게 정책을 형성하고 집행할 수 있기 때문에 국회가 이를 통제할 필요성도 더욱 커지는 것이다.

물론 국가작용을 입법, 집행, 사법으로 나누어 각기 다른 국가기관이 담당하도록 하는 권력분립원칙 자체가 일정한 통제의 측면을 가지고 있다고 생각할 수 있다. 특히 군주에게 모든 국가권력이 집중되어 있던 절대군주제로부터 입법권과 사법권이 분리·독립되어 입헌군주제 내지 제한군주제로 발전하는 과정은 이러한 측면을 잘 보여주고 있다.

하지만 권력분립에 의해 나누어진 국가권력들은 단순히 분리되어 독자적으로 활동하는 것이 아니라 일정한 경우에는 공화·협동을 통하여 공동의 목적달성을 꾀하고, 때로는 견제·균형을 통하여 권력의 오·남용을 방지한다. 국회의 정부에 대한 통제는 이런 맥락에서 볼 때, 국가권력 상호간의 견제를 대표하는 것이라 할 수 있다.[8]

더구나 오늘날에는 행정국가화 경향에 따라 집행부가 비대해지는 현상이 일반화되고 있다. 집행부의 인적·물적 조직과 전문성이 입법부와 사법부를 압도하는 현상이 나타나고 있는 것이다. 이에 대한 효율적인 대응을 위해서도 정부에 대한 통제의 필요성은 더욱 강조될 수밖에 없으며, 국회의 국정통제는 - 사법부에 의한 행정통제와 더불어 - 행정국가화에 대한 균형추로서도 중요한 의미를 갖는 것이다.

물론 국회가 정부에 대한 통제기능만을 담당하는 것은 아니며, 사법부에 대한 통제기능도 수행한다. 예컨대 법관 및 헌법재판소 재판관에 대하여 국회가 탄핵소추를 의결할 수 있는가 하면, 국정감사권 및 국정조사권을 통하여 사법행정에 대하여 통제하는 것도 가능하다. 하지만 국회의 국정통제의 핵심은 역시 정부에 대한 통제기능이라고 보아야 할 것이다.

4. 국가최고기관으로서의 지위

국가최고기관은 권력분립상 독립된 기능이 부여되고 있는 입법부, 집행부, 사법부의 최고기관을 말한다.

현행헌법상 국가최고기관으로는 입법부로서의 국회, 집행부의 최고기관으

8) 이와 같은 국회의 정부통제는 대통령제 정부형태에서 - 그것도 대통령의 다른 국가기관에 대한 상대적 우위가 인정되고 있는 현행헌법 하에서 - 대통령을 수반으로 하는 집행부에 대한 통제의 필요성이 다른 어떤 국가기관에 대한 통제보다도 절실하다는 점 때문에 특별한 의미를 갖는 것이다.

로서의 대통령, 사법부의 최고기관으로서 대법원과 헌법재판소가 있다.

국가최고기관은 헌법상 기관과 구별된다. 헌법상 기관은 헌법상 그 구성이 예정되어 있는 기관을 말한다. 예컨대 중앙선거관리위원회, 국무총리, 감사원은 헌법상 기관이기는 하나 독립된 기능을 담당하는 국가최고기관이라고 볼 수는 없다,

Ⅱ. 국회의원의 헌법상 지위

1. 국회의 헌법상의 지위와 국회의원의 헌법상의 지위

국회의 헌법상 지위와 국회의원의 헌법상 지위는 구별되어야 한다. 전체 국회의원이 모여서 구성된 국회는 국민 전체를 대표하며, 국가최고기관의 하나로서 입법기능의 주체이지만, 국회의원 개개인은 국회의 구성원으로서 국회의 의사결정과정을 통하여 입법기능에 참여할 뿐이고 그 자신이 입법기관이 되는 것은 아니기 때문이다.

이러한 차이는 국회의 국민대표기능과 국회의원의 국민대표기능 사이의 차이로부터 비롯된다. 국회는 각 지역구 선거 또는 전국구 비례대표 선거를 통해 선출된 국회의원들이 모여서 전체 국민을 대표할 수 있는 조직이 되지만, 국회의원 개개인은 (대통령과는 달리) 전체 국민으로부터 직접 정당성을 부여받았다고 할 수 없기 때문이다.

그렇다고 국회의원이 국민 전체의 대표자가 아니라 자신을 선출한 지역주민만을 대표한다는 것은 아니다. 국회의원은 ① **국회의 구성원**이며, ② **국민의 대표자**이고, ③ **소속 정당의 대표자**이기도 하다.[9] 특히 국민의 대표자로서의 지위와 정당의 대표자로서의 지위가 충돌할 경우에는 원칙적으로 국민의 대표자로서 활동해야 한다고 요청된다.

하지만 현실적으로 국회의원이 정당에 기속되어 있다는 점은 부정할 수 없으므로 국민의 의사 또는 이익과 무관하게 정당의 의사에 따라 활동하는 것이 법적으로 금지되는 것은 아니다. 예컨대 국회의원 스스로가 정당의 내

9) 국회의원이 자신을 선출한 지역주민의 의사에 더 많이 신경쓰게 되는 것은 현실적으로 불가피한 일이며, 이를 부정적으로 평가할 필요도 없다. 하지만 그러한 사실적 관계와는 별도로 국회의원 개개인에 대해서는 국민의 대표자로서 국민 전체의 이익을 위해 활동해야 할 의무가 부과되는 것이다.

부지침에 따라 행동하는 것을 법으로써 막고 있지는 않다. 하지만 거꾸로 국회의원이 정당의 지시에 반하여 행동하는 것도 역시 허용되어야 하며, 정당의 소속의원에 대한 지배력을 법적으로 담보해주는 것은 자유위임의 현대적 의의[10]에 반하는 것이 된다.

국회의원의 국민의 대표자로서의 지위와 정당의 대표자로서의 지위의 충돌(자유위임의 현대적 의의와 정당기속의 한계)

현대의 민주주의가 종래의 순수한 대의제 민주주의에서 정당국가적 민주주의의 경향으로 변화하고 있음은 주지하는 바와 같다. 다만, 국회의원의 국민대표성보다는 오늘날 복수정당제하에서 실제적으로 정당에 의하여 국회가 운영되고 있는 점을 강조하려는 견해와, 반대로 대의제 민주주의 원리를 중시하고 정당국가적 현실은 기본적으로 국회의원의 전체국민대표성을 침해하지 않는 범위내에서 인정하려는 입장이 서로 맞서고 있다. 국회의원의 원내활동을 기본적으로 각자에 맡기는 자유위임은 자유로운 토론과 의사형성을 가능하게 함으로써 당내민주주의를 구현하고 정당의 독재화 또는 과두화를 막아주는 순기능을 갖는다. 그러나 자유위임은 의회내에서의 정치의사형성에 정당의 협력을 배척하는 것이 아니며, 의원이 정당과 교섭단체의 지시에 기속되는 것을 배제하는 근거가 되는 것도 아니다. 또한 국회의원의 국민대표성을 중시하는 입장에서도 특정 정당에 소속된 국회의원이 정당기속 내지는 교섭단체의 결정(소위 '당론')에 위반하는 정치활동을 한 이유로 제재를 받는 경우, 국회의원 신분을 상실하게 할 수는 없으나 "정당내부의 사실상의 강제" 또는 소속 "정당으로부터의 제명"은 가능하다고 보고 있다. 그렇다면, 당론과 다른 견해를 가진 소속 국회의원을 당해 교섭단체의 필요에 따라 다른 상임위원회로 전임(사·보임)하는 조치는 특별한 사정이 없는 한 헌법상 용인될 수 있는 "정당내부의 사실상 강제"의 범위내에 해당한다고 할 것이다(헌재 2003.10.30. 2002헌라1 결정).

2. 의원자격의 발생과 소멸

(1) 의원자격의 발생

국회의원의 자격은 선거에 당선됨을 조건으로 한다. 그러나 실제 국회의원으로서의 자격이 인정되어 권리와 의무를 발생시키는 시점은 임기가 시작될 때라고 할 수 있다.[11]

10) 자유위임의 현대적 의의에 관하여는 *K. Hesse*(계희열 역), 독일헌법원론, 2001, 364쪽 이하 참조.

11) 만일 그렇지 않을 경우에는 아직 임기가 남아 있어서 국회의원으로서의 자격을 가지고 활

현행 공직선거법 제14조 제2항은 국회의원의 임기는 "총선거에 의한 전임의원의 임기만료일의 다음날로부터 개시된다"고 규정하여 이러한 문제의 발생을 차단하고 있다.

(2) 의원자격의 소멸

국회의원의 자격이 소멸되는 경우는 크게 네 가지 유형으로 나누어진다.

① 정상적인 임기의 만료, 즉 국회의원의 임기개시 후 4년의 경과[12]

② 의원자격의 취득과 관련하여 선거소송에 의한 선거무효 또는 당선무효의 결정이 있은 때[13]

③ 국회의원의 퇴직, 사직, 제명, 자격심사에 의한 무자격판정[14]

④ 소속 정당의 위헌정당해산이 있을 경우, 또는 전국구 비례대표 국회의원의 당적변경이 있을 경우[15]

(3) 국회의원의 임기

국회의원의 임기는 4년이며, 대통령과는 달리 중임 및 연임의 제한이 없다. 국회의원의 임기는 총선거에 의한 전임의원의 임기만료일의 다음 날부터 개시된다. 다만, 의원의 임기가 개시된 후에 실시하는 선거에 의한 국회의원의 임기는 당선이 결정된 때부터 개시되며 그 임기는 전임자 또는 같은 종류의 의원의 잔임기간이다(공직선거법 제14조 제2항).

임기제도의 의미는 정당성의 갱신에 있다. 즉, 일정한 기간이 지난 후에 선거를 다시 함으로써 임기 동안의 활동에 대해서 평가를 하고, 계속 대표자로서 활동하게 할 것인지의 여부를 판단함으로써 정당성을 갱신하거나 회수하는 것이다.

동하는 사람들과 새로이 국회의원선거에 당선되어 국회의원 자격을 갖게 된 사람들의 권리·의무관계가 혼란스럽게 될 것이기 때문이다.

12) 국회의원의 임기를 4년으로 규정하고 있는 헌법 제42조의 규정에 따라 국회의원은 임기개시 후 4년이 경과하면 자격을 상실한다. 다만, 차기 국회의원에 당선될 경우에는 계속 국회의원의 자격을 유지할 수 있을 것이다.

13) 공직선거법 제222조 이하 참조.

14) 국회의원의 사직에 대해서는 국회법 제135조가, 퇴직에 대해서는 국회법 제136조가 규정하고 있다. 제명은 징계의 한 형태로 국회법 제163조 제1항 제4호에 규정되어 있으며, 자격심사에 관하여는 국회법 제138조가 규정하고 있다.

15) 비례대표 국회의원의 당적변동이 있을 경우에 의원직을 상실하는 것에 관하여는 공직선거법 제192조 제4항이 규정하고 있다. 그러나 위헌정당해산의 경우에 대해서는 명문의 규정이 없기 때문에 해석상 다툼이 있다.

(4) 국회의원의 겸직금지

헌법 제43조 국회의원은 법률이 정하는 직을 겸할 수 없다.[16)]

헌법 제43조에 따라 국회의원은 국민대표로서 양립하기 어려운 공·사의 직은 겸직하지 못한다. 이러한 겸직금지는 국회의원이 직무에 충실하도록 요구하는 것이다. 국회의원이 다른 국가기관의 직과 겸직하지 못하도록 하는 경우는 의회의 정상적인 기능을 확보하기 위한 것이라고 할 수 있으며, 영리직업과의 겸직금지는 직무의 공정성을 확보하기 위한 것으로 이해될 수 있을 것이다.

국회의원이 당선 전부터 국회법 제29조 제1항에 의해 겸직이 금지된 직을 가진 경우에는 임기개시일에 그 직에서 해직되며, 정당법 제22조 제1항의 규정에 의하여 정당의 당원이 될 수 있는 교원이 국회의원으로 당선된 때에는 임기 중 그 교원의 직은 휴직된다. 또한 국회의원이 당선 전부터 다른 직을 가진 경우에는 임기개시 후 1월 이내에, 임기 중에 다른 직에 취임한 경우에는 취임 후 15일 이내에 의장에게 서면으로 신고하여야 하며, 국회의장은 국회의원이 다른 직을 겸하는 것이 국회법 제25조의 규정(품위유지의 의무)에 위반된다고 인정될 때에는 그 겸한 직을 사임할 것을 권고할 수 있다(국회법 제29조 제2항-제5항).

국회의원이 당선 전부터 국회법 제29조 제1항에 의해 겸직이 금지된 직을 가진 경우에는 임기개시일에 그 직에서 해직되며(국회법 제29조 제2항), 정당법 제6조의 규정에 의하여 정당의 당원이 될 수 있는 교원이 국회의원으로 당선된 때에는 임기 중 그 교원의 직은 휴직된다(국회법 제29조 제3항). 또한 국회의원이 당선 전부터 다른 직을 가진 경우에는 임기개시 후 1월 이내에, 임기 중에 다른 직에 취임한 경우에는 취임 후 15일 이내에 의장에게 서면으로 신고하여야 하며(국회법 제29조 제4항), 국회의장은 국회의원이 다른 직을 겸하는

---

16) 현행 국회법 제29조 제1항에서는 국회의원이 다음의 직을 겸할 수 없도록 명시하고 있다: ① 국가공무원법 제2조에 규정된 국가공무원과 지방공무원법 제2조에 규정된 지방공무원. 다만, 국가공무원법 제3조 제3항의 규정에 의하여 정치운동이 허용되는 공무원은 제외한다. ② 대통령·헌법재판소재판관·각급선거관리위원회위원·지방의회의원, ③ 다른 법령의 규정에 의하여 공무원의 신분을 가지는 직, ④ 정부투자기관관리기본법 제2조에 규정된 정부투자기관(한국은행을 포함한다)의 임·직원, ⑤ 농업협동조합·수산업협동조합법에 의한 조합과 중앙회의 임·직원, ⑥ 정당법 제22조 제1항 단서의 규정에 의하여 정당의 당원이 될 수 없는 교원.

것이 국회법 제25조의 규정(품위유지의 의무)에 위반된다고 인정될 때에는 그 겸한 직을 사임할 것을 권고할 수 있다(국회법 제29조 제5항).

3. 국회의원의 특권과 헌법상 의무

(1) 국회의원에 대한 특권 인정의 역사적 배경

국회가 제 기능을 다할 수 있기 위해서는 여러 가지 전제조건이 충족되어야 한다. 특히 국화와 정부의 대립관계를 전제할 때, 국회의원들을 정부의 억압으로부터 보호하는 것은 국회의 정상적 기능을 위해서 가장 중요한 전제의 하나라고 할 수 있다.

영국에서 의회가 발달되던 초기에는 의원들이 정부를 통제하기가 매우 어려웠다. 정부에 대한 비판은 자칫 국왕에 대한 모독이나 각료들에 대한 명예훼손이 되기 쉬웠고, 또 정부는 엉뚱한 혐의를 가지고 의원들을 체포·구금함으로써 국회의 소집 및 의사의 진행을 방해하는 예가 드물지 않았기 때문이다. 이런 문제들을 막기 위하여 의원들에 대한 면책특권과 불체포특권이 도입되었던 것이다.

이후 국회의원의 면책특권과 불체포특권은 의회의 기능을 활성화시키기 위한 중요한 조건으로 인식되어 각국의 헌법이 이를 도입하였으며, 오늘날에는 대부분의 국가들이 이를 인정하고 있다.

(2) 국회의원의 면책특권

헌법 제45조: 국회의원은 국회에서 직무상 행한 발언과 표결에 관하여 국회 외에서 책임을 지지 아니한다.

① 의의와 기능

국회의원의 면책특권을 인정함으로써 「국회의원」이 「국회 내」에서 「직무상」 행한 「발언과 표결」에 대하여 민·형사상의 책임을 면제하는 것이다. 면책특권을 보장하는 것은 특히 국회의 대정부통제활동과 관련하여 국회의원이 정부각료에 대하여 - 면책특권이 아니라면 명예훼손이 될 수도 있는 - 강력한 비판을 가능하게 만드는 역할을 한다.

② 법적 성격

면책특권은 국회의원의 특권이지만 궁극적으로 국회의 기능을 활성화시키기 위한 것이기 때문에 국회의 특권이기도 하다. 면책특권이 위법성조각사유인지 아니면 형벌조각사유(인적 처벌조각사유)인지에 대한 논란도 있었으나, 오늘날에는 형벌조각사유로 보는 것이 일반적이다.[17)]

③ 인정요건

㉮ **면책특권의 주체** 「국회의원」으로 한정된다. 국회의원이 아닌 국무총리, 국무위원, 증인, 참고인 등의 발언자들에 대해서는 면책특권이 인정되지 않는다. 의원직을 겸직한 국무총리나 국무위원의 경우에 대해서는 논란이 있지만, 의원 자격으로 행한 국회 내의 발언과 표결에 대해서는 면책특권을 인정해야 한다는 견해가 지배적이다.

㉯ 「**국회 내**」에서 「국회 내」는 국회의사당만을 의미하는 것이 아니라 국회의 공식 업무가 수행되고 있는 장소를 의미하는 것으로 해석된다.

㉰ 「**직무관련성**」 직무관련성은 국회의 활동에 관한 것뿐만 아니라 이에 부수하는 행위도 포함된다.

직무관련성의 의미

㉮ 헌법 제45조(구헌법 제81조)는 국회의원은 국회에서 직무상 행한 발언과 표결에 관하여 국회 외에서 책임을 지지 아니한다고 규정하여 국회의원의 면책특권을 인정하고 있는바, 이는 국회의원이 국민의 대표자로서 자유롭게 그 직무를 수행할 수 있도록 보장하기 위하여 마련한 장치인 것이므로 면책특권의 대상이 되는 행위는 직무상의 발언과 표결이라는 의사표현행위 자체에 국한되지 아니하고 이에 통상적으로 부수하여 행하여지는 행위까지 포함한다고 할 것이고, 그와 같은 부수행위인지 여부는 결국 구체적인 행위의 목적, 장소, 태양 등을 종합하여 개별적으로 판단할 수밖에 없다고 할 것이다.

원심판결의 이유에 의하면, 원심은 피고인이 신한민주당 소속 제12대 국회의원으로서 1986.7.경 제131회 정기국회 본회의에서의 정치분야 대정부 질문자로 내정되어 그 질문 원고를 작성함에 있어 우리 나라의 통일정책과 관련하여 '이 나라의 국시는 반공이 아니라 통일이어야 한다' '통일이나 민족이라는 용어는 공산주의나 자본주의보다 그 위에 있어야 한다'는 등 통일을 위해서라면 공산화통일도 용인하여야 한다는 취지 등을 담은 원고를 완성하고 비서인 공소외 양순석으로 하여금 50부를 복사하게 한 다음, 같은 해 10.13. 13:30 국회의사당 내 기자실에서 위 양순석을 통하여 그 중 30부를 국회 출입기자들에게 배포함으로써 반

17) 면책특권이 실체법상의 권리인지, 아니면 절차법상의 권리인지에 관한 논란도 있으나 실제 판결에 영향을 주는 것은 아니기 때문에 논의의 실익은 별로 크지 않다.

국가단체인 북괴의 활동에 동조하여 이를 이롭게 한 것이다라는 공소사실에 대하여, 피고인이 배포한 원고의 내용이 공개회의에서 행할 발언내용이고(회의의 공개성), 원고의 배포시기가 당초 발언하기로 예정된 회의시작 30분 전으로 근접되어 있으며(시간적 근접성), 원고배포의 장소 및 대상이 국회의사당 내에 위치한 기자실에서 국회출입기자들만을 상대로 한정적으로 이루어졌고(장소 및 대상의 한정성), 원고배포의 목적이 보도의 편의를 위한 것이라는(목적의 정당성) 등의 사실을 인정한 후 이와 같은 사실을 종합하여 피고인이 국회 본회의에서 질문한 원고를 위와 같이 사전에 배포한 행위는 국회의원의 면책특권의 대상이 되는 직무부수행위에 해당한다고 판시하고 있는바, 기록에 비추어 원심의 판단은 옳게 수긍이 되고 거기에 국회의원의 면책특권에 관한 법리를 오해하였거나 채증법칙을 어긴 위법이 없다(대법원 1992.9.22. 선고 91도3317 판결).

㉯ 면책특권의 대상이 되는 행위는 국회의 직무수행에 필수적인 국회의원의 국회 내에서의 직무상 발언과 표결이라는 의사표현행위 자체에만 국한되지 않고 이에 통상적으로 부수하여 행하여지는 행위까지 포함되므로, 국회의원이 국회의 위원회나 국정감사장에서 국무위원·정부위원 등에 대하여 하는 질문이나 질의는 국회의 입법활동에 필요한 정보를 수집하고 국정통제기능을 수행하기 위한 것이므로 면책특권의 대상이 되는 발언에 해당함은 당연하고, 또한 국회의원이 국회 내에서 하는 정부·행정기관에 대한 자료제출의 요구는 국회의원이 입법 및 국정통제 활동을 수행하기 위하여 필요로 하는 것이므로 그것이 직무상 질문이나 질의를 준비하기 위한 것인 경우에는 직무상 발언에 부수하여 행하여진 것으로서 면책특권이 인정되어야 한다.

원심이 인용한 제1심판결 이유에 의하면 그 판시 범죄사실 제2항, 제3항, 제4항, 제6항 기재의 각 공갈죄를 인정함에 있어서 국회의원인 피고인이 국회의 재무위원회, 재정경제위원회 또는 국정감사장 등에서 국무위원 등에게 소관 국정사항과 관련하여 해당 기업체의 비리 의혹 등에 대하여 질의하거나 그 질의를 준비하기 위하여 정부기관 등에 대하여 자료제출을 요구한 사실을 적시한 다음에, 피고인이 국회 외에서 해당 기업체의 경영주나 임직원 등에게 위 질의 또는 자료제출요구의 내용과 관련하여 겁을 주고 금원을 교부받은 사실을 일부 적시하고 있음을 알 수 있으나, 이는 원심이 국회의원인 피고인의 직무상 발언에 해당하는 질의나 이에 부수하여 행하여진 자료제출요구가 위 각 공갈의 실행행위 내지 수단에 해당하는지 여부를 심리하여 이를 인정한 것으로 보이지는 아니하고, 표현방법에 있어서 다소 적절치 못한 면이 없지는 아니하지만 원심은 피고인의 질의나 자료제출요구를 단지 피고인이 국회 외에서 이 사건 각 공갈행위를 개시하거나 실행하게 되기까지의 경위로 참고로 적시한 것에 불과한 것으로 보이며, 피고인의 위 질의 및 자료제출요구를 제외한 나머지 행위만으로도 위 판시 각 항의 공갈죄를 인정하기에 충분하다(대법원 1996.11.8. 선고 96도1742 판결).

㉱ 「**발언과 표결**」 발언과 표결에만 한정되고 물리적 폭력에까지 미치는 것이 아니다. 다만 「발언과 표결」은 국회 내에서의 의제에 관한 발의나 질문, 토론 등의 모든 의사표시를 포함하는 것으로 넓게 이해된다.

④ 법적 효과

면책특권에 해당될 경우에는 국회 밖에서 일체의 법적 책임을 지지 않는다.

㉮ 명예훼손죄 등 **형사상의 책임**과 손해배상 등 **민사상의 책임**이 모두 면제된다. 물론 국민에 의한 정치적 책임의 추궁은 가능하며, 소속 정당에 의한 정치적 책임추궁(예컨대 정당의 공천대상에서 배제하는 등의 불이익을 주거나 제명 등 징계를 하는 것)도 면책특권에 의해 금지되지 않는다.

㉯ 국회의원 **재직 중**에만 책임이 유예되는 것이 아니라 **퇴직 후**에도 면책의 효과는 유지된다.

㉰ 다만 헌법 제45조의 면책특권은 **국회 밖에서의 책임을 면제**시키고 있을 뿐이기 때문에, 국회 내에서 징계를 하는 것은 가능하다.

⑤ 한계

면책특권의 인정범위는 국회 내에서 직무상 행한 발언과 표결로 한정되기 때문에 같은 내용을 다시 국회 밖에서 발언 또는 출판하는 경우는 면책특권에 의해 보호되지 않는다고 보는 견해가 있다.[18] 그러나 현실적으로 면책특권을 이용하여 발언한 내용이 언론보도 등을 통해 공개되어 많은 국민들이 알게 된 상황에서 발언내용을 다시 반복하는 것을 법적으로 문제삼기는 어려울 것이다.

오히려 면책특권의 한계와 관련해서는 "중상적 모욕(Verleumderische Beleidigung)"의 경우는 면책특권을 배제하도록 하고 있는 독일기본법 제46조 제1항의 경우처럼 헌법 스스로가 일정한 한계를 설정하는 것이 필요한지를 검토해야 할 것이다. 그러나 독일의 경우에도 중상적 모욕에 해당되어 실제로 국회의원의 면책특권이 제한된 예는 찾기 어려우며, 이를 폭넓게 인정할 경우에는 면책특권의 위축이 문제될 수 있을 것이다.

(3) 국회의원의 불체포특권

헌법 제44조 ① 국회의원은 현행범인인 경우를 제외하고는 회기중 국회의 동의없이 체포 또는 구금되지 아니한다.

18) 권영성, 헌법학원론, 2009. 943쪽.

② 국회의원이 회기 전에 체포 또는 구금된 때에는 현행범인이 아닌 한 국회의 요구가 있으면 회기중 석방된다.

① 의의와 기능

국회의원이 사소한 이유 또는 조작된 이유 등으로 체포됨으로써 국회의 활동 자체에 지장을 받는 것을 막기 위한 것이다. 즉, 국회의원 개인의 보호를 위해서라기보다는 국회의원을 체포·구금함으로써 국회의 기능을 무력화시키는 것을 막기 위해서 불체포특권이 인정되는 것이다.

② 법적 성격

불체포특권도 - 면책특권과 마찬가지로 - 국회의원의 특권이면서 동시에 국회의 기능을 활성화시키기 위한 것이기 때문에 국회의 특권이기도 하다는 점에서 면책특권과 공통점을 갖는다.

면책특권은 국회 내에서의 직무상 발언과 표결에 대한 특별한 보호를 통해 의원의 의회활동을 활성화시키는 것으로서 형벌 자체를 면제시키는 효과를 가져온다.

반면에 불체포특권은 범죄행위의 유형을 불문하고 국회의원의 회기중 체포·구금을 제한하는 것이기 때문에 (원칙적으로) 회기중에 한하여 체포·구금을 일시적으로 연기시키는 효과만을 가져오며 형벌 자체는 면제되지 않는다.

③ 인정요건

㉮ **회기중일 것** 회기중은 국회의 정기회 또는 임시회의 개회일부터 폐회일까지를 의미하며, 휴회중인 기간도 포함한다. 회기 중이 아닌 경우에는 국회의원을 체포·구금하더라도 국회의 활동에 영향을 미치지 않기 때문에 회기 중에만 불체포특권이 인정되는 것이다.

계엄이 선포된 때에는 계엄법 제13조에 의해 현행범이 아닌 한 국회의원의 면책특권이 회기 중인 경우와 아닌 경우를 가리지 않고 인정되고 있다. 이처럼 계엄 하에서 불체포특권을 강화시키고 있는 것은 계엄에 대한 국회의 통제권(헌법 제76조 제4항, 제5항)을 실질적으로 확보하기 위한 것으로 볼 수 있다. 즉, 첫째, 국회가 계엄해제요구권 등 계엄에 대한 통제권을 가지고 있기 때문에 계엄당국이 국회를 무력화시키려는 시도를 감행할 가능성에 대응해야 할 필요성이 있다. 둘째, 계엄이라는 비상상황 속에서 회기중이 아니라고 해서 다수의 국회의원을 체포·구금할 수 있도록 할 경우에는 자칫 국회의 개회 자체가 어려워질 수도 있는 것이다.

회기 전에 체포·구금된 경우에도 -현행범이 아닌 한- 회기중에 국회의 요구가 있으면 석방하여야 한다(헌법 제44조 제2항). 국회의원이 체포 또는 구금된 의원의 석방요구를 발의할 때에는 재적의원 4분의 1 이상의 연서로 그 이유를 첨부한 요구서를 국회의장에게 제출하여야 하며(국회법 제28조), 이에 관한 국회의 의결은 일반의결정족수에 따라 재적의원 과반수의 출석과 출석의원 과반수의 찬성을 요하는 것(헌법 제49조, 국회법 제109조)으로 보는 견해가 일반적이다.

㉯ **현행범이 아닐 것** 현행범의 경우에는 국회의 활동을 무력화시키기 위한 의도를 가지고 의원을 체포·구금한 것으로 볼 수 없기 때문이다.

㉰ **체포·구금에 대한 국회의 동의가 없을 것** 국회 스스로가 국회의원의 체포·구금에 대해서 동의한 경우에는 당해 국회의원의 체포가 국회의 활동을 무력화시키는 것으로 볼 수 없을 것이기 때문이다.

④ 법적 효과

불체포특권이 인정됨으로 인하여 국회의원은 회기중 체포·구금되지 않는다. 하지만 면책특권과는 달리 법적 책임 자체를 면제시키는 것이 아니기 때문에, 국회의 회기가 끝난 후에 국회의원을 체포·구금하는 것은 헌법상 문제되지 않는다.

⑤ 한계

불체포특권이 인정되기 위한 소극적 요건, 즉 ① 현행범이 아닐 것과 ② 체포·구금에 대한 국회의 동의가 없을 것이라는 요건은 불체포특권의 한계로 지칭되기도 한다.

그러나 지난 제15-17대 국회의 경우 국회에서 체포동의안이 가결된 경우는 단 한 건도 없었다. 나아가 국회의원에 대한 체포를 막고자 하는 의도로 임시국회를 소집하거나 회기를 계속 연장하는 경우가 생겨 '방탄국회'라는 오명까지 쓰게 되었다. 이에 대하여 헌법개정을 통해 일본헌법 제50조[19]처럼 법률유보를 통한 불체포특권의 제한을 가능하도록 하자는 주장도 있다.[20]

19) 일본헌법 제50조: "양의원의 의원은 법률이 정하는 경우를 제외하고는 국회의 회기중에 체포되지 않고, 회기중에 체포된 의원은 그 의원의 요구가 있으면 회기중 이를 석방하지 않으면 안 된다.".

20) 김형성·정순원, 국회의원의 면책특권과 불체포특권, 성균관법학 제16권 제2호(2005), 321-348 (340)쪽.

(4) 국회의원의 특권 남용과 그에 대한 개선방향

국회의원들은 국민을 대표하는 공인(公人)이다. 단순한 공무원이라는 개념으로 설명될 수 없는, 국민에 의해 직접 선출되어서 국민에 대해 가장 큰 책임을 지는 사람인 것이다. 국회의원에게 인정되는 많은 권한과 특권은 이러한 책임을 수행하기 위해서 필요하다고 인정된 것이지, 국회의원들의 수고에 대한 반대급부는 절대로 아니다.

특히 국회의원의 면책특권과 불체포특권은 국회의 기능이 원활하게 수행되기 위한 조건으로 인정된 것이지, 국회의원들의 개인적 잘못이나 비리를 감싸주기 위한 것은 결코 아니다. 하지만 일부 국회의원들은 자신들에게 인정된 권한, 특권 등을 국회의 기능활성화라는 측면에서 이해하지 않고 국회의원의 지위에 수반되는 사적 권리로 생각하는 경우가 있고, 그것이 문제되는 것이다.

그 결과 아무런 근거도 없이 정부각료나 반대정당의 구성원에 대해 의혹을 제기함으로써 면책특권을 남용하는 예가 적지 않게 문제된 바 있으며, 이로 인하여 면책특권을 제한하여야 한다는 주장도 일각에서 나오고 있다. 그러나 면책특권의 제한은 자칫 면책특권의 부인과 같은 효과를 가져올 수 있기 때문에 조심스러운 접근이 필요하다. 면책특권의 본질 자체가 국회의원의 자유로운 발언과 표결을 보장함으로써 원활한 국정통제활동을 수행할 수 있도록 하는 것인데, 발언과 표결에 대한 제한을 가할 경우에는 사실상 면책특권의 부인과 다를 바 없는 것이 될 것이기 때문이다.

또한 면책특권과 마찬가지로 불체포특권에 대해서도 제한의 필요성이 대두되고 있으며, 2004년 4월 15일의 국회의원선거를 앞두고 각 정당들은 불체포특권의 포기 또는 축소를 공약으로 내세운 바 있었으나, 제17대 국회에서도 실제 달라진 점은 없었다.

그러나 이러한 문제들 때문에 국회의원의 특권 자체를 없애는 것은 곤란할 것이다. 아직도 국회의 정상적인 활동을 위해 국회의원을 보호할 필요성이 있기 때문이다. 따라서 문제의 해결은 적정한 개선을 통해 추구되어야 할 것이며, 제도 자체의 폐기는 아니라고 할 수 있다.

면책특권의 대상이 되는 발언에 대해서는 민·형사상의 책임이 면제되지만, 그로 인하여 국회 내에서의 징계조차 불가능해지는 것은 아니다. 그럼에도 불구하고 국회의원들이 면책특권이라는 제도의 문제점만 이야기하면서 제한의 필요성을 주장할 뿐이고, 현행법 하에서도 충분히 가능한 대안의 마련, 즉 국회 내에서 일정한 규범을 만들어 이를 어길 경우에 징계함으로써 면책특권의 남용을 막는 노력을 기울인 바가 없다는 점은 시사하는 바가 크다.

4. 국회의원의 권한과 의무

(1) 국회의원의 권한

국회의원은 국회의 구성원으로서 특권을 가질 뿐만 아니라 국회의 구체적 활동과 관련하여 각종 권한을 가지며, 의무를 지고 있다.

국회의원은 국회의 운영 내지 활동과 관련하여 국회의 ① 임시회 소집요구권(헌법 제47조 제1항), ② 의안발의권(헌법 제52조, 국회법 제79조, 제79조의2), ③ 정부에 대한 질문권(헌법 제62조 제2항, 국회법 제121조 이하, ④ 토론권(국회법 제93조), ⑤ 표결권(헌법 제49조, 국회법 제109조 이하 등) 등을 갖는다. 이러한 국회의원의 권한은 개인으로서의 국회의원의 권한이기 때문에 국회의 권한과 구별되어야 하며, 개인자격으로 행사될 수 있는 것이 대부분이다. 다만 그 중에서 임시회 소집요구권은 재적의원 4분의 1 이상의 찬성을 요하며(헌법 제47조 제1항), 의안의 발의에는 국회의원 10인 이상의 찬성을 필요로 한다(국회법 제79조 제1항).

그밖에 국회법 제30조와 「국회의원 수당 등에 관한 법률」에 따라 국회의원들은 일정액의 수당, 입법활동비, 특별활동비, 입법 및 정책개발비, 여비 등을 지급받으며, 국회법 제31조에 따라 국회의원들은 국유의 철도·선박과 항공기에 무료로 승용할 수 있다. 다만, 폐회 중에는 공무의 경우에 한한다.

ⅰ. 국회의원의 법률안 심의·표결 권한의 헌법적 근거

국회의원의 법률안 심의·표결권은 의회민주주의의 원리, 입법권을 국회에 귀속시키고 있는 헌법 제40조, 국민에 의하여 선출되는 국회의원으로 국회를 구성한다고 규정하고 있는 헌법 제41조 제1항 및 국회의결에 관하여 규정한 헌법 제49조로부터 당연히 도출되는 헌법상의 권한이다. 그리고 이러한 국회의원의 법률안 심의·표결권은 헌법기관으로서의 국회의원 각자에게 모두 보장되는 것 또한 의문의 여지가 없다(헌재 1997. 7. 16. 96헌라2, 판례집 9-2, 154, 169-170 ; 헌재 2000. 2. 24. 99헌라1, 판례집 12-1, 115, 125-126 참조)(헌재 2009.10.29. 2009헌라8 결정).

ii. 국회의원의 (법률안) 표결권의 헌법적 의의와 성질

국회의원의 법률안 표결권은, 국회의원이 표결 과정에서 자신의 개별적 정치적 의사를 자유롭게 형성하고 이를 실현할 권한임은 물론이지만, 국회의 구성원으로서 자신과 다른 국회의원의 표결권이 모두 정당하게 행사되고 확인되는 과정을 거쳐 국회의 최종 의사로 확정되는 국회입법권의 근본적인 구성 요소이기도 하다. 따라서 만일 법률안에 대한 표결절차의 자유와 공정이 현저히 저해되어 이로 인하여 표결 결과의 정당성에 영향을 미칠 개연성이 인정되는 경우라면, 그러한 표결절차는 헌법 제49조 및 국회법 제109조가 규정한 다수결 원칙의 대전제에 반하는 것으로서 국회의원의 법률안 표결권을 침해한다고 보아야 할 것이다.

국회의원의 표결권은 개별 국회의원의 고유한 권리로서 일신 전속적이므로 이를 타인에게 위임하거나, 양도할 수 없다(국회법 제24조, 제111조 제1항, 제114조의2 등 참조). 따라서 국회의원이 다른 국회의원으로부터 표결권을 위임받아 행사하는 행위 및 권한을 위임받지 아니한 채 다른 국회의원의 표결권을 행사하는 행위는 모두 허용되지 않는다. 전자투표시스템에 의한 표결방식의 경우에도, 개별 의원들의 투표단말기는 표결절차 내에서는 투표함과 같은 역할을 하는 것이기 때문에 이를 직접 조작하여 교정하는 행위는 오로지 해당 국회의원의 전속적인 권한에 속하므로, 자신에게 사용권한이 없는 투표단말기를 사용하여 투표하는 행위는 그 동기나 경위가 무엇이든 국회법에 위배되어 다른 국회의원의 헌법상 권한인 법률안 표결권을 침해하는 것이다(헌재 2009.10.29. 2009헌라8 결정).

iii. 국회의원의 심의·표결 권한이 국회의장이나 다른 국회의원이 아닌 국회 외부의 국가기관에 의하여 침해될 수 있는지 여부

국회의 동의권이 침해되었다고 하여 동시에 국회의원의 심의·표결권이 침해된다고 할 수 없고, 또 국회의원의 심의·표결권은 국회의 대내적인 관계에서 행사되고 침해될 수 있을 뿐 다른 국가기관과의 대외적인 관계에서는 침해될 수 없는 것이므로, 국회의원들 상호간 또는 국회의원과 국회의장 사이와 같이 국회 내부적으로만 직접적인 법적 연관성을 발생시킬 수 있을 뿐이고 대통령 등 국회 이외의 국가기관과 사이에서는 권한침해의 직접적인 법적 효과를 발생시키지 아니한다. 그렇다면 정부가 국회의 동의 없이 예산 외에 국가의 부담이 될 계약을 체결하였다 하더라도 국회의 동의권이 침해될 수는 있어도 국회의원인 청구인들 자신의 심의·표결권이 침해될 가능성은 없다(헌재 2008.1.17. 2005헌라10 결정).

(2) 국회의원의 의무

국회의원은 직무의 공정한 수행과 관련하여 헌법과 국회법에 의하여 일정한 의무를 지고 있다. 헌법 제46조 제1항은 국회의원에게 청렴의 의무, 제2항은 국가이익우선의 의무, 제3항은 이권개입금지의무를 각기 규정하고 있다. 그밖에 헌법 제43조에 의한 겸직금지를 국회의원의 의무로 보는 견해도 있다.

국회법에 규정된 국회의원의 의무로는 품위유지의 의무(국회법 제25조), 회의 질서의 유지의무(국회법 제145조, 제148조), 모욕적 발언의 금지의무(헌법 제146조), 발언에 대한 방해의 금지의무(국회법 제147조) 등이 있다. 그밖에 국가공무원법 및 공직자윤리법상의 의무가 국회의원에게도 부과된다.

제 3 절 국회의 구성과 내부조직

Ⅰ. 국회의 구성

1. 의회구성의 기본유형: 양원제와 단원제

의회를 구성하는 방식은 다양하지만, 양원제와 단원제의 구별은 의회의 구성방식 가운데 가장 기본적인 것이라고 할 수 있다.

양원제는 의회를 두 개의 각기 독립적으로 구성된 합의체로 조직하여 이들이 의회의 권한을 나누어서 담당하도록 하는 제도를 말한다. 영국에서 의회제도가 처음 시작될 때, 상원(귀족원)과 하원(평민원)을 구별하였던 것에서 비롯되었으며, 현재 영국, 미국, 독일, 캐나다, 스위스, 일본 등에서 채택되고 있다. 특히 영국과 일본 같은 몇몇 국가를 제외하고는 양원제를 채택한 나라들이 대부분 연방제국가라는 점에 주목할 필요가 있다.

단원제는 국민에 의해 선출된 단일한 합의체조직으로 의회를 구성하는 제도이다. 단원제는 의회의 모든 권한을 단일한 의회에 집중시킴으로써 양원제에서 발생될 수 있는 상·하원 사이의 갈등을 방지하고 의회의 권한 및 활동력을 강화시킬 수 있는 제도이기 때문에 연방제국가가 아닌 많은 나라들이 단원제를 채택하고 있다.

양원제의 장점으로는 일반적으로 ① 의안처리의 신중(하원의 급진 또는 경솔의 방지), ② 의회의 권력분립적 구성, ③ 상원이 하원과 정부 사이에서 완충역할, ④ 연방국가적 구조를 의회에 반영, ⑤ 지역대표와 직능대표제의 활용 등을 들고 있다.

양원제의 단점으로는 ① 의안처리의 지연, ② 국가예산의 낭비, ③ 의회의 책임소재불명, ④ 의회의 권한분장으로 인한 대정부통제력의 약화, ⑤ 상원의 보수화로 인한 국민의사의 굴절반영 등이 거론된다.

양원제의 장점은 단원제가 갖추지 못하고 있는 것이라는 점에서 단원제의 단점으로 지적되며, 양원제의 단점은 단원제에서 나타나지 않기 때문에 단원제의 장점으로 설명될 수 있다.

그러나 **양원제 도입의 전제조건**으로서 현실적으로 중요한 것은 의회의 권한이 정말로 강력하기 때문에 하나의 국가기관에 전담시키는 것보다는 두 개의 국가기관으로 나누어 놓는 것이 필요한지, 그리고 그렇게 두 개의 의회에서 입법권 및 대정부통제권을 분장할 경우에 이를 정치적으로 잘 조정하여 행사할 수 있는 정치문화가 성숙해 있는지의 여부라고 할 수 있을 것이다.

2. 현행헌법상 국회의 구성

현행헌법은 국회를 단원제로 구성하고 있다. 1948년 제헌헌법 당시부터 단원제 국회로 시작되었고, 1952년의 헌법개정으로 양원제가 도입되었으나 실제 양원제로 국회가 구성되었던 것은 1960년 제2공화국 당시였고, 1962년 헌법에서 단원제로 복귀한 이래 현행헌법에 이르기까지 단원제를 유지하고 있다.

현행헌법상 국회는 국민의 보통·평등·직접·비밀선거에 의해 선출된 200인 이상의 국회의원들로 구성되도록 하고 있다(헌법 제41조 제1항, 제2항). 따라서 국회의원의 선거가 곧 국회의 구성이라고 할 수 있으며, 국회의원선거에 관한 구체적인 사항은 헌법의 위임 하에(헌법 제41조 제3항) 공직선거법이 정하고 있다. 즉, 국회의원선거의 선거권과 피선거권, 선거구, 의원정수, 선거제도의 유형(지역구에서의 소선거구 다수대표제와 전국구에서의 비례대표제의 혼용), 선거의 절차 및 선거운동, 투표와 개표, 당선인 결정, 재선거와 보궐선거, 선거소송 등이 모두 공직선거법에 의해 규율되고 있다.

국회의원선거에 의하여 국회가 구성될 경우, 새로운 국회는 국회의원들의 임기개시와 더불어 시작된다. 현행법상 국회의원선거는 4월 9일에서 4월 15

일 사이의 수요일에 실시하며(공직선거법 제34조),[21] 국회의원의 임기는 5월 30일 시작하여 4년 후의 5월 29일 만료된다.[22]

Ⅱ. 국회의 내부조직

국회의원의 선출로써 국회가 구성된 이후에도 국회가 실제 활동가능한 상태로 되기 위해서는 먼저 내부조직을 구성하여야 한다. 국회는 299명의 국회의원들(공직선거법 제21조 제1항)이 모여서 구성된 합의체기관이기 때문에 단순히 대화와 토론만으로 국회의원의 의견을 수렴하여 구속력 있는 국회의 의사를 형성하기가 매우 어렵다. 그렇기 때문에 국회의 실질적인 활동을 위해서는 국회의원들이 각자의 역할을 분담하면서 내부조직을 구성하고, 그 조직을 통하여 활동해야 하는 것이다.

1. 의장과 부의장

국회가 활동하기 위해서는 내부적으로 의사운영에 대한 일차적인 책임을 지면서, 대외적으로 국회를 대표할 수 있는 인물이 필요하다. 이를 위하여 국회법은 국회에 1명의 의장과 2명의 부의장을 선출하도록 하였다.

의장과 부의장은 국회에서 무기명투표에 의하여 재적의원 과반수의 득표로 선출된다(국회법 제15조 제1항). 임기는 2년이다(국회법 제9조 제1항). 그러나 국회의원총선거 후 처음 선출된 의장과 부의장의 임기는 그 선출된 날부터 개시하여 의원의 임기개시 후 2년이 되는 날까지로 하며(국회법 제9조 제1항 단서), 보궐선거에 의하여 당선된 의장 또는 부의장의 임기는 전임자의 잔임기간으로 한다(국회법 제9조 제2항).

의장은 재임기간 동안 당적을 갖지 못한다(국회법 제20조의2). 그러나 선거의 공천을 받기 위하여 임기만료일 전 90일부터 당적보유가 가능하며, 임기

21) 공직선거법 제34조 제1항 제2호에 따라 국회의원선거는 그 임기만료일 전 50일 이후의 첫 번째 수요일에 선거를 하도록 되어 있다. 다만 선거일이 민속명절 또는 공휴일인 때와 선거일 전날이나 다음날이 공휴일인 경우에는 그 다음주의 수요일로 한다(공직선거법 제34조 제2항).

22) 현행헌법 부칙 제3조 제1항에 따라 현행헌법에 의하여 선출된 최초의 국회의원의 임기는 국회의원선거후 현행헌법에 의하여 구성된 국회의 최초 집회일에 개시하도록 되었으며, 1988년 4월 26일 실시한 제13대 국회의원선거에 의해 구성된 국회의 최초의 집회가 1988년 5월 30일에 소집되었기 때문에 국회의원의 임기는 이 날짜를 기준으로 4년으로 결정된 것이다.

만료 후에는 원래의 소속정당으로 복귀하는 점을 고려할 때, 의장의 당적이탈이 과연 얼마나 실효성을 가질 것인지에 대해서는 논란의 여지가 있다.

그밖에 의장과 부의장은 국회의 동의를 얻어서만 그 직에서 사임할 수 있으며(국회법 제19조), 법률로 특별히 정한 경우를 제외하고는 의원 외의 직을 겸할 수 없다(국회법 제20조 제1항).

2. 위원회

국회의 규모가 커지면서 전체 국회의원들이 모여서 의안 하나하나를 심도 있게 검토하는 것은 현실적으로 불가능에 가까워졌으며, 심각한 비능률을 야기하게 되었다. 그 결과 오늘날 국회는 본회의 중심이 아니라 위원회 중심으로 활동하게 되었고, 이에 따라 국회의 활동에서 위원회의 역할과 비중은 매우 높다.

위원회 중심주의

상임위원회(Standing Committee)를 포함한 위원회는 의원 가운데서 소수의 위원을 선임하여 구성되는 국회의 내부기관인 동시에 본회의의 심의 전에 회부된 안건을 심사하거나 그 소관에 속하는 의안을 입안하는 국회의 합의제기관이다. 위원회의 역할은 국회의 예비적 심사기관으로서 회부된 안건을 심사하고 그 결과를 본회의에 보고하여 본회의의 판단자료를 제공하는 데 있다. 우리나라 국회의 법률안 심의는 본회의 중심주의가 아닌 소관 상임위원회 중심으로 이루어진다. 소관 상임위원회에서 심사·의결된 내용을 본회의에서는 거의 그대로 통과시키는 이른바 "위원회 중심주의"를 채택하고 있는 것이다(헌재 2000. 2. 24. 99헌라1, 판례집 12-1, 115, 127). 오늘날 의회의 기능에는 국민대표기능, 입법기능, 정부감독기능, 재정에 관한 기능 등이 포함된다. 의회가 이러한 본연의 기능을 수행함에 있어서는 국민대표로 구성된 의원 전원에 의하여 운영되는 것이 이상적일 것이나, 의원 전원이 장기간의 회기동안 고도의 기술적이고 복잡다양한 내용의 방대한 안건을 다루기에는 능력과 시간상의 제약이 따른다. 이러한 한계를 극복하기 위한 방안으로 위원회제도가 창설된 것이다. 그리하여 상임위원회의 구성과 활동은 의회의 업적과 성패를 실질적으로 결정짓는 변수가 되고 있다고 평가되고 있다(헌재 2003.10.30. 2002헌라1 결정).

현행 국회법상 위원회의 종류로는 상임위원회와 특별위원회(국회법 제35조)가 있다. 상임위원회로는 국회운영위원회를 비롯한 16개 위원회가 있으며

(국회법 제37조), 특별위원회로는 예산결산특별위원회(국회법 제45조), 윤리특별위원회(국회법 제46조), 인사청문특별위원회(국회법 제46조의3) 등이 필요에 따라 구성된다. 또한 필요에 따라 여러 위원회가 협의하여 연석회의를 열고 의견을 교환하는 것도 가능하다. 다만 이 경우 표결은 할 수 없다(국회법 제63조 제1항).

특수한 형태의 위원회로 전원위원회가 있다. 전원위원회는 위원회중심주의가 보편화됨에 따라 본회의에서의 안건심사가 형식화되는 문제점을 최소화시키기 위하여 도입된 것이다. 전원위원회는 전체 국회의원이 그 구성원이 된다는 점에서 본회의와 유사한 점도 있으나 의사진행방식의 효율성을 위해 의사정족수를 완화시키는 등의 특징을 가지고 있다는 점에서 본회의와 구별된다(국회법 제63조의2).

오늘날의 국회운영은 위원회중심주의를 넘어서 소위원회중심주의로 나아가는 경향을 보이고 있다(국회법 제57조). 그러나 소위원회의 경우에는 위원회와 달리 비공개로 의사가 진행되는 예가 많고, 속기록 작성이 의무화되지 않고 있는 등의 문제점으로 인하여 개선의 필요성이 지적되고 있다.[23)]

3. 교섭단체

교섭단체란 20인 이상의 국회의원으로 구성된 국회 내의 단체를 말한다. 교섭단체는 정치적 이념과 성향을 공유하는 국회의원들이 의안의 발의 및 심의 등에서 협조체제를 형성함으로써 의회 내 활동의 효율성을 높이기 위한 것이다.[24)]

현행 국회법상 20인 이상의 소속의원을 가진 정당은 하나의 교섭단체를 구성하게 된다. 하지만 다른 교섭단체에 속하지 않는 20인 이상의 의원으로 따로 교섭단체를 구성하는 것도 가능하다(국회법 제33조 제1항).

결국 교섭단체란 사실상 정당중심의 국회운용을 기정사실로 받아들이는 것이며, 정당국가의 표현이라고 할 수 있을 것이다. 그러나 교섭단체 대표에

23) 이에 대하여 자세한 것은 차진아, 입법의 의의와 기능에 부합하는 입법절차형성의 방향, 인권과 정의 2008.6, 101-122(117)쪽 참조.

24) 수백명의 국회의원들이 개별적으로 활동할 경우에는 이들의 개별적 의사를 수렴하여 국회 전체의 의사로 정리하는 데 상당한 시간과 노력이 필요하다. 하지만 의원들이 각기 정치적 성향에 따라 교섭단체에 가입해 있는 경우에는 교섭단체의 대표들을 중심으로 국회운용에 관한 기본적인 사항을 논의하고 합의하는 것이 훨씬 간편해질 수 있으므로 이를 적극적으로 인정하고 있는 것이다.

게 지나치게 강력한 권한을 부여하는 것은 당내민주주의와 갈등을 빚게 될 우려도 적지 않다.[25)]

ⅰ. 교섭단체의 개념과 기능

교섭단체(Negotiation Group)는 원칙적으로 국회에 일정수 이상의 의석을 가진 정당에 소속된 의원들로 구성되는 원내의 정당 또는 정파를 말한다. 정당은 국민의 정치적 의사형성을 목적으로 하는 국민의 자발적 조직이다. 따라서, 원내에 의석을 확보한 정당은 정당의 정강정책을 소속의원을 통하여 최대한 국정에 반영하고 소속의원으로 하여금 의정활동을 효율적으로 할 수 있도록 권고·통제할 필요가 있다. 법은 국회에 20인 이상의 소속의원을 가진 정당은 하나의 교섭단체가 되며, 국회내 상임위원회의 구성은 교섭단체 소속의원수의 비율에 의하여 각 교섭단체대표의원의 요청으로 의장이 선임 및 개선한다고 규정하고 있어(제33조 제1항, 제48조 제1항), 국회운영에 있어 교섭단체의 역할을 제도적으로 보장하고 있다. 교섭단체는 정당국가에서 의원의 정당기속을 강화하는 하나의 수단으로 기능할 뿐만 아니라 정당소속 의원들의 원내 행동통일을 기함으로써 정당의 정책을 의안심의에서 최대한으로 반영하기 위한 기능도 갖는다(헌재 2003.10.30. 2002헌라1 결정).

ⅱ. 교섭단체 내 정책연구위원 배정과 소수정당의 평등권

국회법은 정당과 원내교섭단체간의 일체성을 인정하여, 국회에 20인 이상의 소속의원을 가진 정당은 하나의 교섭단체로 보고, 국회의원은 둘 이상의 교섭단체에 소속될 수 없으며, 국회의원의 소속 정당이 변경된 경우에는 지체 없이 의장에게 보고하도록 하고 있다. 따라서 교섭단체에 정책연구위원을 둔다는 국회법 제34조 제1항 규정은 교섭단체를 구성한 정당에게 정책연구위원을 배정한다는 것과 실질적으로 다를 바 없다고 할 것인바, 이 규정은 교섭단체 소속의원과 그렇지 못한 의원을 차별하는 것인 동시에, 교섭단체를 구성한 정당과 그렇지 못한 정당도 차별하고 있다고 할 것이다. 그렇다면 국회의원 20인 이상을 확보하지 못하여 교섭단체를 구성하지 못한 청구인은 이 사건 규정으로 인하여 자신의 기본권을 침해받을 가능성이 있다.

국회의 역할 중 가장 중요한 것은 국민의 요구와 기대를 수렴하여 입법화하는

25) 현행법상 상임위원회 위원의 선임 및 개선에 관한 권한을 교섭단체 대표의원이 가지고 있기 때문에 국회의원 본인의 의사와 무관하게 소관상임위를 변경하는 사건이 발생해서 문제된 바 있다. 이에 대하여 헌법재판소는 합헌성을 인정했지만(헌재 2003.10.30. 2002헌라1 결정) 당내민주주의의 관점에서 볼 때, 문제의 소지가 있다.

일이다. 그런데 국민의 의사를 수렴하여 정책을 수립하고 이를 법률안으로 구체화하는 일은 국회의원 개개인보다 그들의 결사체인 정당 등 교섭단체가 하는 것이 더 적절하고 효율적일 것이다. 나아가 원내에서도 법률안을 발의하는 데에는 의원 10인 이상의 찬성이 있어야 하는 점, 이를 심의하기 위한 의사일정에 관하여 교섭단체 간의 타협과 조정이 필요한 점, 법률안 심의는 주로 본회의가 아닌 소관 상임위원회 중심으로 이루어지는데 상임위원회 수가 17개에 달하는 점, 법안이 의결되기 위하여는 재적의원 과반수의 출석과 출석의원 과반수의 찬성을 필요로 하는 점 등을 고려하여 볼 때, 일정수 이상의 소속의원을 가진 교섭단체가 입법활동을 주도할 가능성이 높다. 이러한 상황에서 국회 입법활동의 활성화와 효율화를 이루기 위하여는 우선적으로 교섭단체의 전문성을 제고시켜야 하며, 교섭단체가 필요로 하는 전문인력을 공무원 신분인 정책연구위원으로 임용하여 그 소속의원들의 입법활동을 보좌하도록 할 필요성이 발생하므로 교섭단체에 한하여 정책연구위원을 배정하는 것은 입법재량의 범위 내로서 그 차별에 합리적인 이유가 있다 할 것이다(헌재 2008.3.27. 2004헌마654 결정).

iii. 교섭단체 구성여부에 따른 정당보조금 배분의 차등과 소수정당의 평등권

입법자는 정당에 대한 보조금의 배분기준을 정함에 있어 입법정책적인 재량권을 가지므로, 그 내용이 현재의 각 정당들 사이의 경쟁상태를 현저하게 변경시킬 정도가 아니면 합리성을 인정할 수 있다. 정당의 공적기능의 수행에 있어 교섭단체의 구성 여부에 따라 차이가 나타날 수밖에 없고, 이 사건 법률조항이 교섭단체의 구성 여부만을 보조금 배분의 유일한 기준으로 삼은 것이 아니라 정당의 의석수비율과 득표수비율도 함께 고려함으로써 현행의 보조금 배분비율이 정당이 선거에서 얻은 결과를 반영한 득표수비율과 큰 차이를 보이지 않고 있는 점 등을 고려하면, 교섭단체를 구성할 정도의 다수 정당과 그에 미치지 못하는 소수 정당 사이에 나타나는 차등지급의 정도는 정당 간의 경쟁상태를 현저하게 변경시킬 정도로 합리성을 결여한 차별이라고 보기 어렵다(헌재 2006.7.27. 2004헌마655 결정).

제 4 절 국회의 운영과 의사원칙

Ⅰ. 국회의 운영

1. 입법기와 회기제

입법기(=의회기)는 국민의 선거에 의해 구성된 국회가 동일한 의원들로 활동하는 전체기간을 말한다. 원칙적으로 임기와 일치하지만, 의회가 해산되는 등의 예외적인 경우에는 불일치가 발생될 수 있다.

회기는 국회가 의안처리를 위해 집회한 날로부터 폐회일까지의 의회활동기간, 그 기간은 정기회의 경우와 임시회의 경우가 각기 다르다. 현행헌법은 "정기회의 회기는 100일을, 임시회의 회기는 30일을 초과할 수 없다"고 규정하고 있으며(제47조 제2항), 구체적인 기간은 국회가 집회한 후 즉시 결정하여야 한다(국회법 제7조 제2항).

국회는 회기중이라도 기간을 정하여 휴회(休會)할 수 있다. 다만 휴회중이라도 대통령의 요구가 있을 때, 의장이 긴급한 필요가 있다고 인정할 때 또는 재적의원 4분의 1이상의 요구가 있을 때에는 회의를 재개한다(국회법 제8조).

2. 정기회와 임시회

국회의 정기회(=정기국회)는 매년 정기적으로 국회가 소집되는 것을 말한다. 헌법 제47조 제1항에 따라 정기회는 매년 1회 열리며, 그 날짜는 국회법 제4조에 따라 매년 9월 1일로 정해져 있다.[26]

정기회의 가장 중요한 업무는 예산안의 심의·확정이라고 할 수 있다. 헌법 제54조 제2항에 따라 정부는 회계년도마다 예산안을 편성하여 회계년도 개시 90일 전까지 국회에 제출하고, 국회는 회계년도 개시 30일 전까지 이를 의결하여야 한다. 즉, 정기회가 열리기 전까지 예산안이 국회에 제출되고, 국회는 이를 정기회 기간중에 심의·확정하여야 하는 것이다.

물론 정기회 기간 중에도 법률안의 제안이나 기타 대정부질문 등이 가능

26) 그러나 그 날이 공휴일인 경우에는 그 다음날에 집회한다(국회법 제4조 단서).

하다. 하지만 국회법 제93조의2 제2항에서는 "정기회 기간중에 위원회 또는 본회의에 상정하는 법률안은 다음 연도의 예산안처리에 부수하는 법률안에 한한다. 다만, 긴급하고 불가피한 사유로 위원회 또는 본회의 의결이 있는 경우에는 그러하지 아니하다" 라고 규정함으로써 예산과 무관한 법률에 대한 공방으로 인하여 예산안의 처리가 지연되는 것을 막고자 노력하고 있다.

국회의 임시회(=임시국회)는 정기회의 기간 이외의 시점에 국회의 활동이 필요할 때 국회가 소집되는 것. 2월, 4월, 6월의 1일에는 임시회가 소집되는 것이 원칙이며(국회법 제5조의2 제2항 제1호 본문), 그밖에 대통령 또는 국회의 재적의원 4분의 1 이상의 요구로 임시회가 소집될 수 있다(헌법 제47조 제1항).

국회의원총선거 후 최초의 임시회는 의원의 임기개시 후 7일에 집회하며, 처음 선출된 의장의 임기가 만료되는 때가 폐회중인 경우에는 늦어도 임기만료일전 5일까지 집회한다. 그러나 그 날이 공휴일인 때에는 그 다음 날에 집회한다(국회법 제5조 제3항). 대통령이 임시회의 집회를 요구할 때에는 기간과 집회요구의 이유를 명시하여야 한다(헌법 제47조 제3항).

3. 회계년도

회계년도란 예산의 편성과 집행 및 결산의 기준이 되는 기간을 말한다. 국가의 회계년도는 매년 1월 1일에 시작하여 12월 31일 종료한다(국가재정법 제2조).[27)]

기업의 경우에는 기업의 창립과 해산이 일정하지 않기 때문에 회계년도도 일정하지 않다. 기업은 상법상 1년에 한 번 이상 결산을 하도록 요구되고 있을 뿐이고 그 날짜는 정해놓지 않았기 때문에 각 기업이 스스로 정한 기간에 따라 회계년도를 정할 수 있다. 기업의 경우와는 달리 국가의 경우에는 재정활동의 계속성을 확보하는 데에는 문제가 없다. 하지만 예산·결산제도를 통하여 재정에 대한 적정한 통제를 가할 수 있기 위해서는 일정한 기간을 단위로 회계를 정리하도록 하는 것이 필요하므로 회계년도를 정하게

27) 국가가 아닌 다른 기관의 회계년도는 국가의 회계년도와 일치하지 않을 수 있다. 예컨대 초·중등교육법 제30조의3 제1항에서는 "학교회계의 회계년도는 매년 3월 1일에 시작하여 다음해 2월 말일에 종료한다"고 명시하고 있고, 고등교육법 제20조 제1항에서는 "학교의 학년도는 3월 1일부터 다음해 2월 말일까지로 한다"고 규정하고 있으며, 사립학교법 제30조는 "학교법인의 회계년도는 그가 설치·경영하는 사립학교의 학년도에 따른다"고 명시하고 있다. 결국 초·중·고등학교와 사립대학의 회계년도는 국가의 회계년도와는 달리 3월 1일부터 2월 말일까지인 것이다. 이에 관하여는 대법원 1991.6.28. 선고 90다카25277 판결 참조.

되는 것이다.

회계년도가 실질적인 의미를 갖기 위해서는 예산을 1년 단위로 편성하고, 각 회계년도에 지출되는 경비는 그 회계년도의 세입에서 지출되어야 한다는 회계년도 독립의 원칙(예산회계법 제3조)이 전제되어야 한다. 그러므로 회계년도는 예산 및 결산을 심의하는 국회의 활동과 중요한 연관을 가지고 있을 뿐만 아니라, 국회의 정기회에서 예산을 적기에 심의·확정하는 것도 회계년도 제도의 실효성 확보를 위해 매우 중요하다.

Ⅱ. 국회의 의사원칙

1. 의사공개의 원칙

헌법 제50조 ① 국회의 회의는 공개한다. 다만, 출석의원 과반수의 찬성이 있거나 의장이 국가의 안전보장을 위하여 필요하다고 인정할 때에는 공개하지 아니할 수 있다.
② 공개하지 아니한 회의내용의 공표에 관하여는 법률이 정하는 바에 의한다.

국회는 국민의 일차적 대표기관으로서 국민을 대변하는 역할을 한다. 국민의 의사를 수렴하여 입법을 하며, 국민을 대신하여 정부의 활동을 통제하는 것이 국회의 주된 역할인 것이다. 그러므로 국회의 의사과정을 공개함으로써 국민의 의사가 제대로 반영되고 있는지를 확인할 수 있도록 하는 것은 민주주의의 기본적 요청이며, 책임정치를 위한 전제조건이라고 할 수 있을 것이다.

국회의 의사과정에 대한 공개의 원칙은 다양한 형태로 구체화되는데, 본회의뿐만 아니라 위원회의 의사과정에 대해서도 공개의 원칙이 적용되어야 한다는 요청이 이미 국회법상 반영되고 있다. 현행 국회법상 본회의의 공개(제75조), 위원회에서의 방청(제55조), 소위원회 회의의 공개(제57조 제5항) 등에 관한 명문규정이 존재할 뿐만 아니라, 신문이나 방송 등에 의하여 국회의 의사과정을 보도 내지 중계방송할 수 있도록 하는 것(제149조, 제149조의2), 국회의 회의록을 공개하여 열람 및 공표가 가능하게 하는 것(제118조) 등이 모두 의사공개의 원칙에 의하여 정당화된다.

그러나 모든 의사과정을 예외 없이 공개할 경우에는 국가기밀 등과 관련하여 커다란 문제가 발생될 수 있기 때문에 현행헌법은 한편으로 의사공개의 원칙을 선언하면서도 그에 대한 예외를 인정하고 있으며(헌법 제50조 제1항 단서), 국회법도 이를 구체화하여 의사공개의 원칙에 대한 예외인정의 가능성을 명문화하고 있다.[28)]

ⅰ. 의사공개의 원칙의 의미

헌법 제50조 제1항은 "국회의 회의는 공개한다"라고 하여 의사공개의 원칙을 규정하고 있는바, 이는 단순한 행정적 회의를 제외하고 국회의 헌법적 기능과 관련된 모든 회의는 원칙적으로 국민에게 공개되어야 함을 천명한 것으로서, 의사공개원칙의 헌법적 의미, 오늘날 국회기능의 중점이 본회의에서 위원회로 옮겨져 위원회중심주의로 운영되고 있는 점, 국회법 제75조 제1항 및 제71조의 규정내용에 비추어 본회의든 위원회의 회의든 국회의 회의는 원칙적으로 공개되어야 하고, 원하는 모든 국민은 원칙적으로 그 회의를 방청할 수 있다(헌재 2000.6.29. 98헌마443등 결정).

ⅱ. 국회법 제55조 제1항의 위헌 여부

국회법 제55조 제1항은 위원회의 공개원칙을 전제로 한 것이지, 비공개를 원칙으로 하여 위원장의 자의에 따라 공개여부를 결정케 한 것이 아닌바, 위원장이라고 하여 아무런 제한없이 임의로 방청불허 결정을 할 수 있는 것이 아니라, 회의장의 장소적 제약으로 불가피한 경우, 회의의 원활한 진행을 위하여 필요한 경우 등 결국 회의의 질서유지를 위하여 필요한 경우에 한하여 방청을 불허할 수 있는 것으로 제한적으로 풀이되며, 이와 같이 이해하는 한, 위 조항은 헌법에 규정된 의사공개의 원칙에 저촉되지 않으면서도 국민의 방청의 자유와 위원회의 원활한 운영간에 적절한 조화를 꾀하고 있다고 할 것이므로 국민의 기본권을 침해하는 위헌조항이라 할 수 없다(헌재 2000.6.29. 98헌마443등 결정).

28) 국회법 제75조 제1항 단서(본회의의 비공개), 제54조의2 제1항(정보위원회 회의의 비공개), 제55조 제1항(위원회 방청조건으로서의 위원장의 허가), 제57조 제5항 단서(소위원회 회의의 비공개) 등 참조.

iii. 국회예산결산특별위원회 계수조정소위원회 방청허가불허 위헌확인, 국회상임위원회 방청불허행위의 위헌 여부

예산결산특별위원회의 계수조정소위원회는 예산의 각 장·관·항의 조정과 예산액 등의 수치를 종합적으로 조정·정리하는 소위원회로서, 예산심의에 관하여 이해관계를 가질 수 밖에 없는 많은 국가기관과 당사자들에게 계수조정 과정을 공개하기는 곤란하다는 점과, 계수조정소위원회를 비공개로 진행하는 것이 국회의 확립된 관행이라는 점을 들어 방청을 불허한 것이고, 한편 절차적으로도 계수조정소위원회를 비공개로 함에 관하여는 예산결산특별위원회 위원들의 실질적인 합의 내지 찬성이 있었다고 볼 수 있으므로, 이 사건 소위원회 방청불허행위를 헌법이 설정한 국회 의사자율권의 범위를 벗어난 위헌적인 공권력의 행사라고 할 수 없다.

피청구인들은 의원들의 국정감사활동에 대한 시민연대의 평가기준의 공정성에 대한 검증절차가 없었고, 모니터 요원들의 전문성이 부족하며, 평가의 언론공표로 의원들의 정치적 평판 내지 명예에 대한 심각한 훼손의 우려가 있어 청구인들의 방청을 허용할 경우 원활한 국정감사의 실현이 불가능하다고 보아 전면적으로 또는 조건부로 방청을 불허하였는바, 원만한 회의진행 등 회의의 질서유지를 위하여 방청을 금지할 필요성이 있었는지에 관하여는 국회의 자율적 판단을 존중하여야 하는 것인즉, 피청구인들이 위와 같은 사유를 들어 방청을 불허한 것이 헌법재판소가 관여하여야 할 정도로 명백히 이유없는 자의적인 것이라 보기 어렵다(헌재 2000.6.29. 98헌마443등 결정).[29]

2. 회기계속의 원칙

헌법 제51조 국회에 제출된 법률안 기타의 의안은 회기중에 의결되지 못한 이유로 폐기되지 아니한다. 다만, 국회의원의 임기가 만료된 때에는 그러하지 아니하다.

회기계속의 원칙은 회기중에 의결되지 않은 의안이 그 회기의 만료와 함께 폐기되지 않고 다음 회기에서 계속 심의될 수 있도록 하는 의안심사원칙을 말한다.

회기계속의 원칙의 장점은 회기중에 모든 의안을 심사하여 처리하지 못한

29) 헌재 2000.6.29. 98헌마443등 결정에서 국회 예산결산특별위원회 계수조정소위원회의 회의에 대한 시민단체 방청불허, 그리고 국정감사에 대한 시민단체 방청불허에 대한 심사의 결과 국회가 의사과정을 비공개로 결정한 것이 합헌이라는 결정을 내린 것에 대해서는 의사공개 원칙의 의미와 비중을 지나치게 가볍게 평가했다는 비판이 적지 않다. 이에 관하여는 장영수, 알권리와 의사공개의 원칙, 헌법실무연구 제4권(2003.12), 204-225쪽 참조.

경우에도 다음 회기에 새로이 안건을 제출하여 처음부터 심의해야 하는 번거로움을 피하고 의안심사의 신속성과 능률성을 확보할 수 있다는 점에 있다. 다만 입법기의 변화(국회의원의 임기만료)로 인하여 국회의 구성이 새롭게 된 경우에는 회기계속의 원칙을 유지하기 어렵기 때문에 예외적으로 회기불계속을 채택하는 경우가 많다.

반면에 회기불계속의 원칙은 회기중에 의결되지 않은 의안은 그 회기의 만료와 더불어 폐기되는 의안심사원칙을 가리킨다.

회기불계속의 원칙은 의원들이 불요불급한 안건들을 제출하는 것을 방지하는 효과를 가져올 수 있다는 장점을 갖고 있으나, 자칫 의사진행이 원활하지 않은 경우에는 동일한 안건을 회기마다 계속 새롭게 제출하고 심사해야 하는 번거로움이 야기될 수 있다.

현행헌법 제51조는 입법기가 변화되는 경우를 제외하고는 회기계속의 원칙을 인정하고 있다.

3. 일사부재의의 원칙

> **국회법 제92조 (일사불재의)　부결된 안건은 같은 회기중에 다시 발의 또는 제출하지 못한다.**

일사부재의(一事不再議)의 원칙은 국회에서 일단 부결된 의안을 같은 회기중에 다시 제출하여 심의하지는 못하도록 하는 원칙이다(국회법 제92조).

일사부재의는 의사진행의 능률성을 높이고, 동일의안을 반복적으로 제출함으로써 소수파가 국회의 의사진행을 방해하는 것을 방지하고자 하는데 그 의미가 있다. 같은 의안을 동일 회기중에 여러 차례 반복해서 제출할 경우에는 이미 확정된 국회의 결정을 번복하려는 것이기 때문에 무리가 발생될 수 있으며, 원활한 의사진행에 어려움이 생길 수도 있기 때문이다.

그러나 일사부재의 원칙을 경직되게 운영할 경우에는 오히려 문제가 발생될 수도 있다. 회기의 초반에 부결되었던 의안이 회기의 중・후반에 들어가서는 사정의 변경에 따라 매우 절박하게 요청되는 의안으로 평가될 수도 있기 때문이다. 그러므로 의안제출 이후의 사정변경에 의해 다시금 의안을 제출하는 경우에는 일사부재의의 적용대상이 아니라고 보는 것이 합리적일 것이다.30)

ⅰ. 일사부재의 원칙의 의의

국회법 제92조는 "부결된 안건은 같은 회기 중에 다시 발의 또는 제출하지 못한다."고 규정하여 일사부재의 원칙을 선언하고 있다. 만일 같은 회기 중에 동일 안건을 몇 번이고 회의에 부의하게 된다면 특정 사안에 대한 국회의 의사가 확정되지 못한 채 표류하게 되므로, 일사부재의 원칙은 국회의 의사의 단일화, 회의의 능률적인 운영 및 소수파에 의한 의사방해방지 등을 위하여 중요한 의의를 가진다. 그런데 일사부재의 원칙을 경직되게 적용하는 경우에는 국정운영이 왜곡되고 다수에 의해 악용되어 다수의 횡포를 합리화하는 수단으로 전락할 수도 있으므로, 일사부재의 원칙은 신중한 적용이 요청된다고 할 것이다(헌재 2009. 10.29. 2009헌라8 결정).

ⅱ. 재적의원 과반수 출석수에 미달한 전자투표의 효력과 일사부재의 원칙

헌법 제49조 및 국회법 제109조에서는 의결정족수에 관하여 (…저자에 의한 중략…) 의결을 위한 출석정족수와 찬성정족수를 병렬적으로 규정하고 있다. 나아가 '재적의원 과반수의 출석'과 '출석의원의 과반수의 찬성'이라는 규정의 성격이나 흠결의 효력을 별도로 구분하여 규정하고 있지도 아니한다. 따라서 표결이 종료되어 '재적의원 과반수의 출석'에 미달하였다는 결과가 확인된 이상, '출석의원 과반수의 찬성'에 미달한 경우와 마찬가지로 국회의 의사는 부결로 확정되었다고 보아야 한다.

(…저자에 의한 중략…) 전자투표에 의한 표결의 경우에는 국회의장의 투표종료선언에 의하여 투표결과가 집계됨으로써 안건에 대한 표결절차는 실질적으로 종료되는 것이므로, 투표의 집계결과 출석의원 과반수의 찬성에 미달한 경우는 물론 재적의원 과반수의 출석에 미달한 경우에도 국회의 의사는 부결로 확정되었다고 볼 수밖에 없다.

한편 우리 헌법은 헌법개정안에 투표한 유권자의 수가 유권자 총수의 과반수에 미달한 경우 헌법개정안에 대한 국민투표는 부결된 것으로 보고(제130조 제2항), 주민소환에 관한 법률은 단체장이나 지방의원에 대한 주민소환투표의 경우에 소환요건 충족인원인 3분의 1 이상의 투표수에 미달한 경우 주민소환이 부결된 것으로 보는바(제22조 제1항), 이러한 규정과의 균형상으로도 국회에서의 의결에 있어서 표결절차가 종료될 때 재적의원 과반수의 출석에 미달한 경우에도 부결된 것으로 보아야 한다고 해석하여야 한다.

이와는 달리 투표가 종료되었다고 하더라도 재적의원 과반수의 출석에 미달한 이상, 국회의 의사가 유효하게 성립되지 않았다고 보는 견해에 의하면, 재적의원

30) 권영성, 헌법학원론, 2009, 884-885쪽 참조

> 과반수 출석요건을 충족할 때까지는 몇 번이고 재표결을 할 수 있다는 결론에 이르게 된다. 그러나 이는 국회의사의 단일화 및 회의의 능률성·효율성 보장이라는 국회법 제92조(일사부재의)의 입법취지에 정면으로 배치되는 것이라고 하지 않을 수 없다.
>
> 또한 국회법은 재투표 사유로서 '투표의 수가 명패의 수보다 많을 때'에 한정하여 규정하고 있으므로(국회법 제114조 제3항 참조), 투표가 종료되었으나 재적의원 과반수의 출석에 미달한 경우까지 표결불성립의 개념을 인정하여 무제한적으로 재표결을 허용하는 것은 재투표의 사유를 제한하려는 국회법의 취지에도 맞지 않는다.
>
> 결국 이 사건에서 방송법안에 대한 투표가 종료되어 재적의원 과반수의 출석에 미달되었음이 확인된 이상, 방송법안에 대한 국회의 의사는 부결로 확정되었다고 보아야 할 것이다. 그렇다면 피청구인이 이미 존재하는 국회의 방송법안에 대한 확정된 부결의사를 무시하고 재표결을 실시하여 그 표결결과에 따라 방송법안의 가결을 선포한 것은 일사부재의 원칙에 위배하여 청구인들의 표결권을 침해하였다고 봄이 상당하다(헌재 2009.10.29. 2009헌라8 결정).[31]

4. 다수결원칙과 정족수

오늘날 다수결원칙이 민주적 의사결정방식으로 널리 뿌리내리고 있지만, 구체적인 다수결의 형식과 유형 및 그 장단점에 대해서는 보다 깊이 있는 논의가 필요하다. 특히 현재까지 국회 내의 다수결은 이른바 단순다수결 이외에 다양한 형태의 가중다수결이 혼용되고 있는 상태이기 때문에 조심스러운 접근이 요청된다.

국회 내에서의 다수결은 의안에 대한 찬반을 다수의 결정에 맡기는 형태로 이루어지며, 합의체기관인 국회의 성격상 다수결은 국회의 중요한 결정들 대부분에 적용될 수밖에 없다. 그러나 다수에 의한 결정으로서의 국회의결에 앞서 국회가 결정을 내릴 수 있는 상태에 있는지를 판단하는 의사정족수가 먼저 확보되어야 한다.

의사정족수란 의안을 심의하기 위하여 요구되는 국회의원의 수(국회의원들이 몇 명 이상 출석해야 하는지에 관한 숫자)를 말한다.

의결정족수란 의안에 대한 의결을 하는 데 필요한 숫자 내지 의안에 찬성

31) 이 결정에서는 재적의원 과반수 출석수는 국회 의결의 성립요건이므로 이에 미달한 전자투표는 부결이 아니라 불성립으로 보아야 한다는 취지의 반대의견(재판관 이강국, 재판관 이공현, 재판관 김희옥, 재판관 이동흡의 의견)이 있었다.

하는 국회의원의 수를 말한다.

일반정족수에 대해서는 헌법 제49조가 "국회는 헌법 또는 법률에 특별한 규정이 없는 한 재적의원 과반수의 출석과 출석의원 과반수의 찬성으로 의결한다. 가부동수인 때에는 부결된 것으로 본다."라고 규정하고 있다. 국회법 제73조 제1항은 국회 본회의의 의사정족수와 관련하여 "본회의는 재적의원 5분의 1이상의 출석으로 개의한다."고 명시하고 있다.

현행헌법상 국회의 의결에 관하여 특별정족수가 정해져 있는 경우는 다음과 같다.

① 헌법개정안의 의결(제130조 제1항: 재적의원 3분의 2 이상의 찬성)

② 국회의원의 제명처분(제64조 제3항: 재적의원 3분의 2 이상의 찬성)

③ 탄핵소추의결(헌법 제65조 제2항: 대통령 – 재적의원 과반수의 발의와 재적의원 3분의 2 이상의 소추의결 / 기타 – 재적의원 3분의 1 이상의 발의와 재적의원 과반수의 소추의결)

④ 국무총리·국무위원해임건의(제63조 제2항: 재적의원 3분의 1 이상의 발의와 재적의원 과반수의 찬성)

⑤ 계엄의 해제요구(제77조 제5항: 재적의원 과반수의 찬성)

⑥ 거부된 법률안의 재의결(제53조 제4항: 재적의원 과반수 출석과 출석의원 3분의 2 이상의 찬성) 등.

ⅰ. 야당의원들에게 개의일시를 통지하지 않음으로써 출석의 기회를 박탈한 채 행해진 본회의에서의 표결과 다수결 원칙

헌재 1997.7.16. 96헌라2 결정에서 재판관 3인은 각하 의견, 법률안 가결선포행위에 대해 각각 3인은 합헌의견, 3인은 위헌의견이었다.

㉮ 재판관 김용준, 재판관 김문희, 재판관 이영모의 의견

이 사건 법률안은 재적의원의 과반수인 국회의원 155인이 출석한 가운데 개의된 본회의에서 출석의원 전원의 찬성으로 의결처리되었고, 그 본회의에 관하여 일반국민의 방청이나 언론의 취재를 금지하는 조치가 취하여지지도 않았음이 분명한바, 그렇다면 이 사건 법률안의 가결선포행위는 입법절차에 관한 헌법의 규정을 명백히 위반한 흠이 있다고 볼 수 없으므로 이를 무효라고 할 수 없다.

㉯ 재판관 이재화, 재판관 조승형, 재판관 고중석의 의견

의회민주주의와 다수결원리의 헌법적 의미를 고려할 때, 헌법 제49조는 단순히 재적의원 과반수의 출석과 출석의원 과반수에 의한 찬성을 형식적으로 요구하는 것에 그치지 않고, 국회의 의결은 통지가 가능한 국회의원 모두에게 회의에 출석할 기회가 부여된 바탕위에 재적의원 과반수의 출석과 출석의원 과반수의 찬성으로 이루어져야 함을 뜻하는 것으로 해석하여야 하는바, 헌법 제49조를 구체화하는 국회법규정에 위배하여 야당의원들에게 본회의 개의일시를 알리지 않음으로써 출석가능성을 배제한 가운데 본회의를 개의하여, 여당의원들만 출석한 가운데 그들만의 표결로 법률안을 가결선포한 행위는 야당의원들의 헌법상의 권한을 침해한 것임과 아울러 헌법 제49조에 명백히 위배되는 것이다(헌재 1997.7.16. 96헌라2 결정).

ii. 위법한 무권 또는 대리투표 등과 다수결 원칙

신문법 수정안 표결과정의 현저한 무질서와 불합리 내지 불공정은 그 표결결과의 정당성에 영향을 미쳤을 개연성이 있다고 판단된다. 결국, 피청구인의 신문법 수정안의 가결선포행위는 헌법 제49조 및 국회법 제109조의 다수결 원칙에 위배되어 청구인들의 표결권을 침해한 것이다(헌재 2009.10.29. 2009헌라8 결정).

제 5 절 국회의 권한

I. 국회의 권한분류의 상대성

현행헌법상 국회의 권한으로 인정되고 있는 것들은 매우 다양하다. 국회는 입법부로서 입법에 관한 권한을 가질 뿐만 아니라, 국정통제기관으로서 각종의 대정부통제권을 가지고 있으며, 나아가 국민의 일차적 대표기관으로서 헌법상 기관의 구성에 관한 권한 및 각종 재정에 관한 권한 등을 부여받고 있는 것이다.

이처럼 국회의 헌법상 권한은 양적으로 많을 뿐만 아니라 그 성질도 다양하기 때문에 이들을 일정한 유형으로 분류하여 정리하는 것이 일반적이다. 그러나 현실적으로 국회의 권한에 대한 분류방법도 매우 다양하기 때문에 어떤 특정한 분류방법만이 절대적으로 타당하다고 말하기 어려운 상황이다.

예컨대 분류방식 자체를 형식적 분류와 실질적 분류로 나누기도 하거니와, 실질적 분류에 들어가서도 국회의 권한을 입법에 관한 권한, 재정에 관한 권한, 국정통제에 관한 권한, 국회내부사항에 관한 권한으로 분류하는 학자들[32]이 있는가 하면, 이를 국회의 기능이라는 측면에서 입법기능, 재정기능, 통제기능, 인사기능, 자율기능으로 나누는 예[33]도 있다.

다만 국회의 헌법상 지위에 대응하여 입법에 관한 권한, 국정통제에 관한 권한을 하나의 분류기준으로 설정하고 그밖의 권한들을 다시 헌법기관의 구성에 관한 권한 등으로 묶는 것이 일반적인 분류방법이라고 할 수 있다.

이하에서는 국회의 권한을 ① 입법에 관한 권한, ② 헌법개정 및 헌법상 기관의 구성에 관한 권한, ③ 재정에 관한 권한, ④ 국정통제에 관한 권한, ⑤ 자율권으로 나누어 검토한다. 그러나 이러한 분류 역시 상대적이며, 예컨대 헌법상 기관의 구성이나 재정에 관한 권한도 국정통제의 기능을 수행할 수 있다는 점에 주목할 필요가 있을 것이다.

Ⅱ. 국회의 입법에 관한 권한

입법의 개념은 크게 두 가지로 나누어진다. 하나는 추상적 법규범의 정립이라는 강학상의 입법개념이고, 다른 하나는 국회의 입법작용과 관련한 헌법 제40조의 입법개념이다. 이러한 구별을 전제할 때, 현행헌법상 국회의 입법권은 추상적 법규범의 정립 전반에 관한 것이라기보다는 법률의 제정에 관한 것으로 이해되어야 할 것이다. 즉, 국가질서에 관한 중요사항을 법률로 정할 수 있는 권한이 국회의 입법권인 것이다.

이와 관련하여 헌법 제40조를 국회입법의 원칙으로 이해하는 견해가 있다.[34] 그러나 입법-집행-사법의 국가기능이 권력분립의 원칙에 따라 분립되

32) 권영성, 헌법학원론, 2009, 886쪽; 김철수, 헌법학개론, 2006, 1134쪽; 성낙인, 헌법학, 2006, 815쪽 이하; 홍성방, 헌법학, 2003, 760쪽 이하. 그러나 구체적인 내용서술에 들어가서는 이를 다시 상이한 기준으로 구체화하기도 한다. 성낙인교수가 입법권, 재정권, 국정통제권, 국회내부사항에 관한 자율적 권한의 분류를 유지하는 반면, 권영성교수와 홍성방교수는 입법에 관한 권한, 재정에 관한 권한, 헌법기관구성에 관한 권한, 국정통제에 관한 권한, 국회의 자율권으로 나누어 검토하고 있고(권영성, 헌법학원론, 2006, 886쪽 이하; 홍성방, 헌법학, 2003, 761쪽 이하), 김철수교수는 입법권, 헌법개정에 관한 권한, 중요조약체결·비준에 대한 동의권, 재정에 관한 권한, 대정부견제권, 탄핵소추권, 국정감사권과 국정조사권, 중요공무원선임권과 임명동의권, 자율권으로 나누어 검토하고 있다(김철수, 헌법학개론, 2006, 1135쪽 이하).

33) 허영, 한국헌법론, 2009, 88쪽 이하.

34) 예컨대 권영성, 헌법학원론, 2009, 790쪽 이하에서는 이중적 법률개념을 전제로 헌법 제40조가 "실질적 의미의 입법에 관한 권한은 헌법에 특별한 규정이 없는 한 원칙적으로 「국회의 권한에 속한다」는 국회(중심)입법의 원칙을 규정한 것"이라고 보고 있다.

는 가운데 국회는 집행 및 사법과 구별되는 입법기능의 담당자로 구성되었음을 생각할 때, 입법부가 헌법의 제정이나 개정까지 포함한 모든 추상적 법규범의 정립에 관한 권한을 원칙적으로 보유하며, 단지 헌법규정이 달리 정한 경우만을 예외로 취급하는 데에는 무리가 있다고 할 수 있을 것이다.

그러므로 국회의 입법권이 미치는 범위는 법률로써 정할 수 있는 사항의 범위를 중심으로 논의되어야 한다. 예컨대 헌법개정에 관한 권한이나 조약의 체결·비준에 관한 동의권, 국회규칙의 제정에 관한 권한 등을 국회의 입법에 관한 권한의 한 유형으로 취급하는 것은 적절하지 않다고 할 수 있다.

헌법의 개정에 관한 국회의 권한은 국회가 국민의 대표기관으로서 헌법질서의 근본적 변화에 대하여 직접 관여할 수 있는 것으로 인정되어야 할 것이며, 입법사항에 관한 정부의 결정에 대한 국회의 동의권[35]도 입법에 관한 권한이라기보다는 정부의 활동에 대한 통제권으로 이해되는 것이 체계상 맞을 것이다.

Ⅲ. 헌법의 개정 및 헌법상 기관의 구성에 관한 권한

1. 헌법개정 발의권 및 심의·의결권

국회는 재적의원 과반수로 헌법개정안을 발의할 수 있다(헌법 제128조 제1항). 국회가 대통령과 더불어 헌법개정안에 대한 발의권을 부여받고 있는 것은 국민의 대표자로서 국민의 의사를 수렴하여 헌법질서의 근본적 변화를 제안할 수 있는 위치에 있기 때문이라고 할 수 있다.

발의된 헌법개정안은 대통령이 20일 이상 공고한 후(헌법 제129조), 공고된 날로부터 60일 이내에 국회의 재적의원 3분의 2 이상의 찬성을 얻어서 통과되어야 한다(헌법 제130조 제1항).[36]

현행헌법이 국민투표에 의한 헌법개정안의 확정이라는 절차를 두고 있으면서도 헌법개정안에 대하여 국회의 의결을 먼저 거치도록 하고 있으며, 그것도 재적의원 3분의 2 이상이라는 가중다수결을 요구하고 있는 것은 국회

---

35) 이에 속하는 것으로는 조약의 체결·비준에 관한 동의권 이외에도 일반사면에 대한 동의권, 긴급명령권 등에 대한 승인권 등이 있다.

36) 이러한 국회의 헌법개정안에 대한 의결권은 대통령이 발의한 헌법개정에 대한 통제가 될 수 있다. 즉 국회 재적의원 3분의 2 이상의 찬성을 받지 못하면 대통령이 제안한 헌법개정안이 부결되는 것이다.

내 소수파의 보호를 위한 것으로 이해될 수 있다. 소수파는 재적과반수에 이르지 못하기 때문에 헌법개정안을 발의할 수는 없지만, 재적 3분의 1 이상의 의원수를 확보하기만 하면 - 이른바 저지소수로서 - 헌법개정을 저지할 수 있도록 하고 있는 것이다. 따라서 국회의 다수파라 할지라도 소수파가 반대하는 헌법개정을 강행하기는 매우 어렵게 되어 있다.[37)]

2. 대통령에 대한 결선투표권

현행헌법 제67조 제1항은 대통령의 선출방식을 국민에 의한 직선으로 규정하고 있다. 그러나 제67조 제2항은 대통령선거에서 최고득표자가 2인 이상일 경우에는 국회의 재적의원 과반수가 출석한 공개회의에서 다수표를 얻은 자를 당선자로 하도록 규정하고 있다.

이와 같은 대통령의 예외적 간선제는 대통령의 민주적 정당성과 관련하여 많은 문제를 낳는다. 수천만의 선거인들이 투표하는 과정에서 동일한 득표자가 2인 이상 나올 가능성은 현실적으로 거의 없다고 할 수 있지만, 이러한 경우에 대해서 간선제를 규정한 것은 정당하다고 보기 어려우며, 국민이 결선투표를 하도록 하는 것이 타당할 것이다.[38)]

3. 헌법상 기관 구성원의 선임권

국회는 대통령, 대법원과 함께 헌법재판소 재판관(헌법 제111조 제3항)과 중앙선거관리위원회 위원(헌법 제114조 제2항)을 각기 3인씩 선임함으로써 헌법상 기관의 구성에 참여하고 있다. 이처럼 국회가 헌법기관의 구성에 참여함으로써 대통령, 대법원과 공동결정권을 행사하는 권한은 일반적으로 헌법기관구성에 관한 권한,[39)] 중요공무원선임권과 임명동의권,[40)] 인사기능[41)] 등으로 분류되고 있다.

그러나 입법권의 적절한 행사를 통해서도 집행부에 대하여 일정한 통제를

37) 민주주의가 다수결에 의존하는 바가 크기는 하지만, 다수의 독선과 횡포가 문제되는 경우도 적지 않다. 그러한 다수의 독선이 적어도 국가질서의 기초인 헌법에는 함부로 작용하지 못하도록 하는 제도적 장치로서 한편으로는 국회에서 재적의원 3분의 2 이상의 찬성이라는 가중다수결이 요구되고 있으며, 다른 한편으로는 국회를 통과한 헌법개정안에 대해서도 다시금 국민투표에 의해 최종적으로 확정하도록 요구하고 있는 것이다.

38) 이에 관하여는 장영수, 헌법학, 2009, 303쪽 참조.

39) 권영성, 헌법학원론, 2009, 904쪽; 홍성방, 헌법학, 2003, 779쪽.

40) 김철수, 헌법학개론, 2006, 1169쪽.

41) 허영, 한국헌법론, 2009, 914쪽.

가할 수 있는 것처럼, 국회가 헌법기관의 구성에 참여하여 공동결정함으로써 대통령의 일방적 의사에 의해 헌법재판소의 재판관이나 중앙선거관리위원회의 위원이 선임되는 것을 막는 것도 통제적 측면을 가지고 있다고 평가할 수 있을 것이다.

다만, 국회가 대통령, 대법원과 함께 헌법기관의 구성에 참여하는 것은 헌법재판소나 중앙선거관리위원회가 어느 쪽으로도 치우치지 않고 중립적으로 구성되도록 하기 위한 것인데, 국회와 대통령, 대법원이 각기 3인씩 선임하도록 하는 것이 중립적 구성을 현실적으로 담보할 수 있는지에 대해서는 의문의 여지가 있다. 무엇보다도 대통령과 국회가 정당을 매개로 연결되는 정당국가적 현실을 고려할 때, 외견상의 황금분할이 실질적으로는 전혀 다르게 작용할 수 있기 때문이다.[42)]

4. 헌법상 기관의 임명에 관한 동의권

집행부의 구성원인 **국무총리**의 임명에 대한 국회의 동의권(헌법 제86조 제1항)은 의원내각제적 요소로 평가된다. 즉, 국무총리가 대통령에 의하여 일방적으로 선임되는 것이 아니라 국회가 국무총리의 임명에 관여함으로써 한편으로는 국무총리의 민주적 정당성을 일정 정도 확보하고, 다른 한편으로는 국무총리가 독자적인 헌법상의 권한을 행사할 수 있는 조건을 마련하는 것이다.

감사원장의 임명에 대한 국회의 동의권(헌법 제98조 제2항)도 감사원이 대통령에 의해 일방적으로 구성됨으로 인하여 업무상의 중립성을 잃게 될 우려를 막기 위한 것이며, 비록 감사원이 집행부 소속의 국가기관이지만 업무의 성질상 정치적 영향력을 최소화시켜서 중립적인 업무수행을 담보할 필요가 있기 때문이라고 할 수 있다.

반면에 대통령의 **대법원장 및 대법관**의 임명에 대한 동의권(헌법 제104조 제1항, 제2항)과 **헌법재판소장** 임명에 대한 동의권(헌법 제111조 제4항)은 집행부 구성원이 아닌 사법부의 수장에 대한 대통령의 임명권을 견제하는 의미를 갖는다. 비록 대통령이 국가원수로서 대법원장이나 헌법재판소장에 대한 임명권을 헌법상 부여받고 있지만, 이는 권력분립의 원칙과 관련하여 중대한

42) 특히 헌법재판소 재판관의 임명방식에 대해서는 그동안 적지 않은 비판이 가해졌다. 이에 관하여는 장영수, 현행헌법체계상 헌법재판소의 헌법상의 지위, (고려대학교 법학연구소) 법학논집 제30집(1994), 31-67(53 이하)쪽 참조.

문제를 야기할 수 있다. 그러므로 대통령이 자의적으로 임명권을 행사하여 사법부에 과도한 영향력을 행사하는 것을 국회의 관여를 통해 막고자 하는 것이다.

그러나 역시 정당국가화 경향으로 인하여 대통령의 임명권을 국회가 실질적으로 통제하는 데에는 일정한 한계가 있다고 할 수 있다.

Ⅳ. 국회의 재정에 관한 권한

1. 재정에 관한 헌법원칙: 조세법률주의와 조세평등주의

(1) 국가재정의 기초로서의 조세 – 조세국가의 발달

국가재정의 기초가 되는 것은 국민이 부담하는 조세이다. 즉, 국민의 필요에 의하여 국가조직이 구성되고 활동하는 만큼, 국가조직의 구성과 활동에 들어가는 비용은 국민 스스로가 부담하여야 한다는 것이 현대 민주국가의 재정운용의 기초가 되고 있는 것이다. 이러한 의미에서 현대국가는 조세국가로 지칭되기도 한다.

중세 유럽에서는 봉건영주가 영지의 운영을 위해 필요한 재원을 영지 내에서의 각종 경제적 활동을 통해 스스로 해결하는 것이 원칙이었으며, 조세는 (예컨대 전쟁이 발생한 경우 그 경비의 충당 등과 같이) 특별한 재정수요가 발생될 경우에 등족회의의 동의를 얻어서 징수하는 예외적인 재정수입원일 뿐이었다.

그러나 현대국가에서는 국민이 납세의 의무를 일반적으로 지고 있다. 이러한 의무는 국민에 대한 강제적인 경제적 부담을 수반하게 되지만, 그렇다고 조세를 부담한 국민이 직접적으로 이에 상응하는 반대급부를 받는 것도 아니다. 그렇기 때문에 납세의무는 헌법상의 규정에 기초하여 직접 국민에게 부과될 수 없으며, 국민을 대표하는 의회에서 조심스럽게 그 기준과 내용 및 징수절차 등을 정한 후에 비로소 구체적·개별적으로 국민에게 부과될 수 있다. 이러한 전제 위에서 강제적 징수가 정당화되는 것이다.

(2) 조세법률주의의 의의와 내용

헌법 제59조: 조세의 종목과 세율은 법률로 정한다.

현행헌법은 제38조에서 납세의 의무를 모든 국민의 기본의무로 규정하고 있으며, 제59조에서 조세법률주의를 규정하고 있다.

조세가 국가재정의 주된 수입원으로서 중요한 의미를 갖고 있기 때문에 이를 뒷받침하기 위하여 헌법이 납세의 의무를 명시하고 있지만, 조세의 부과와 징수를 정부의 임의에 맡길 경우에는 그로 인하여 국민의 재산권에 대한 심각한 침해가 발생될 우려가 있기 때문에 조세에 관한 중요사항을 국회가 법률로써 정하도록 하고 있는 것이다.

비록 헌법규정상으로는 조세의 종목과 세율만을 법률로 정하도록 명시하고 있지만, 해석상으로는 그밖에도 납세의무의 구체화를 위해 필요한 기본적인 사항들인 납세의무자, 과세대상(물건), 과세표준, 과세절차 등도 법률로 정해야 하는 것으로 이해된다.

나아가 조세에 관한 법률은 - 조세가 특히 재산권이나 직업의 자유와 같은 국민의 기본권에 대한 제한을 수반하게 되는 것이 일반적이기 때문에 - 기본권제한의 일반적 요건과 기준에 따라 일반성과 명확성의 요건을 충족시켜야 한다. 또한 조세에 관한 법률규정들은 그 내용이 비례성원칙에 비추어서 정당한 것으로 평가될 수 있어야 한다. 이런 맥락에서 볼 때, 조세법률주의는 정부의 조세고권을 통제하는 중요한 역할을 하고 있음이 명백하다.

ⅰ. 조세법률주의의 의미

조세행정에 있어서의 법치주의의 적용은 조세징수로부터 국민의 재산권을 보호하고 법적 생활의 안전을 도모하려는데 그 목적이 있는 것으로서, 과세요건법정주의와 과세요건명확주의를 그 핵심적 내용으로 하는 것이지만 오늘날의 법치주의는 국민의 권리·의무에 관한 사항은 법률로써 정해야 한다는 형식적 법치주의에 그치는 것이 아니라 그 법률의 목적과 내용 또한 기본권 보장의 헌법이념에 부합되어야 한다는 실질적 법치주의를 의미하며 헌법 제38조, 제59조가 선언하는 조세법률주의도 이러한 실질적 법치주의를 뜻하는 것이므로 비록 과세요건이 법률로 명확히 정해진 것일지라도 그것만으로는 충분한 것이 아니고 조세법의 목적이나 내용이 기본권 보장의 헌법이념과 이를 뒷받침하는 헌법상의 제원칙에 합치되지 아니하면 아니된다(헌재 1992.2.25. 90헌가69등 결정).

ⅱ. 과세요건법정주의와 과세요건명확주의

조세법률주의는 이른바 과세요건 법정주의와 과세요건 명확주의를 그 핵심적 내용으로 삼고 있는 바, 먼저 조세는 국민의 재산권 보장을 침해하는 것이 되기 때문에 납세의무를 성립시키는 납세의무자·과세물건·과세표준·과세기간·세율 등의 과세요건과 조세의 부과·징수절차를 모두 국민의 대표기관인 국회가 제정한 법률로 규정하여야 한다는 것이 과세요건 법정주의이고, 또한 과세요건을 법률로 규정하였다고 하더라도 그 규정내용이 지나치게 추상적이고 불명확하면 과세관청의 자의적인 해석과 집행을 초래할 염려가 있으므로 그 규정 내용이 명확하고, 일의적(一義的)이어야 한다는 것이 과세요건 명확주의라고 할 수 있다. 그렇다면 위 헌법규정들에 근거한 조세법률주의의 이념은 과세요건을 법률로 규정하여 국민의 재산권을 보장하고, 과세요건을 명확하게 규정하여 국민생활의 법적 안정성과 예측가능성을 보장하겠다는 것이라고 이해된다(헌재 1989.7.21. 89헌마38 결정).

ⅲ. 유추해석의 금지

조세법규의 해석에 있어 유추해석이나 확장해석은 허용되지 아니하고 엄격히 해석하여야 하는 것은 조세법률주의에 비추어 당연한 것이지만 조세법규에 있어서도 법규 상호간의 해석을 통하여 그 의미를 명백히 할 필요가 있는 것은 다른 법률의 경우와 마찬가지이고, 그와 같은 조세법규의 해석에 의하여 조세의 부과, 면제 여부를 확정하는 것은 유추해석 또는 확장해석에 의하여 조세의 부과나 면제범위를 확장, 감축하는 것과는 전혀 다른 문제이다(헌재 1996.8.29. 95헌바41 결정).

(3) 공평과세의 요청과 조세평등주의

조세평등주의(조세평등의 원칙, 공평과세의 원칙)는 조세법률주의와 밀접한 연관을 갖고 있다. 법률의 일반성은 평등의 요청을 과세대상에 대하여 적용시키는 것이라고 할 수 있기 때문이다. 조세법률의 일반성을 통하여 과세기준이 특정인이나 특정집단, 특정사안에 대해서만 선별적으로 적용되지 않고 불특정다수인 내지 불특정다수의 사안에 대해 (적어도 동일한 요건을 충족시키는 한) 똑같이 적용되어야 한다는 것이다.

이처럼 조세에 있어서 평등의 요청이 특별히 강조되는 것은 그것이 조세의 정당성을 인정하는 데 결정적인 의미를 갖기 때문이다. 모든 국민에게 공평한 부담으로 부과된 조세에 대해서는 그 정당성을 쉽게 인정할 수 있지만,

특정인이나 특정집단에게 유리하게 부과된 조세, 또는 그 반대로 특정인이나 특정계층에 대해 불합리하게 중과세를 하는 것은 조세정의에 반하는 것이라고 할 수밖에 없다.

조세의 평등을 주장할 경우에는, 그것이 형식적 평등이 아니라 실질적 평등을 지향하고 있다는 점도 아울러 강조되어야 한다. 조세는 모든 사람에게 무조건 똑같이 부과될 수 없으며, 납세자의 경제적 능력에 따라 차등을 두어 부과되는 것이 오히려 실질적 평등에 부합되기 때문이다. 따라서 조세평등의 원칙은 납세자들의 실질적인 담세능력을 고려하는 응능과세의 원칙(das Prinzip der Besteuerung nach der Leistungsfähigkeit)을 내포한다.[43)]

또한 조세평등을 더욱 적극적으로 생각할 경우에는, 과세에 있어서의 평등뿐만 아니라 조세를 통한 평등의 실현을 강조하기도 한다. 예컨대 조세를 통해 부를 재분배하려는 시도가 이런 맥락에서 이해될 수 있다. 상속세와 증여세의 세율을 높게 책정함으로써 부의 세습을 막고자 하는 것이나, 재산세와 소득세를 누진과세함으로써 시장에 의한 분배결과를 교정하여 부의 집중을 최소화하고자 하는 노력이 이러한 사상에 기초한 것이다.

그러나 이와 같이 조세를 통해 부를 재분배하려는 시도에 대해서도 일정한 헌법적 한계는 그어져야 한다. 일차적으로 지적될 수 있는 것은, 그러한 시도도 민주적·법치국가적 절차에 기초한 것이어야 하며, 이를 철저하게 준수하여야 할 필요가 있다는 점이다. 또한 아무리 의도가 실질적 평등을 통해 사회적·경제적 약자를 배려하기 위한 것이라 할지라도 그것이 경제활동에 대한 지나친 부담이 되어서는 안 될 것이다. 예컨대 고소득자 및 기업에 대한 지나친 누진과세는 자칫 이들이 외국으로 도피하게끔 만들 우려조차 있는 것이다.

i. 조세평등주의의 의미

우리 헌법은 제11조 제1항에서 "모든 국민은 법 앞에 평등하다. 누구든지 성별·종교 또는 사회적 신분에 의하여 정치적·경제적·사회적·문화적 생활의 모든 영역에 있어서 차별을 받지 아니한다"라고 규정하고 있다. 조세평등주의는 위 헌법규정에 의한 평등의 원칙 또는 차별금지의 원칙의 조세법적 표현이라고 할 수 있다. 따라서 국가는 조세입법(租稅立法)을 함에 있어서 조세의 부담이 공

43) 즉 담세능력의 차이에 따라 조세부담도 상응하게 차별화되어서 「담세능력이 같은 사람들 사이에서는 같게, 다른 사람들 사이에서는 다르게」 부과되어야 한다는 것이다.

평하게 국민들 사이에 배분되도록 법을 제정하여야 할 뿐만 아니라, 조세법의 해석·적용에 있어서도 모든 국민을 평등하게 취급하여야 할 의무를 진다. 이러한 조세평등주의의 이념을 실현하기 위한 법 제도의 하나가 바로 국세기본법 제14조에 규정한 실질과세의 원칙이라고 할 수 있다. 또한 이러한 조세평등주의는 정의의 이념에 따라 "평등한 것은 평등하게", 그리고 "불평등한 것은 불평등하게" 취급함으로써 조세법의 입법과정이나 집행과정에서 조세정의(租稅正義)를 실현하려는 원칙이라고 할 수 있다.(헌재 1989.7.21. 89헌마38 결정).

ii. 담세능력에 따른 과세의 원칙(응능부담의 원칙)

헌법 제38조에 규정된 국민의 납세의무는 조세공평주의에 따라 개인의 재력에 상응한 공정하고 평등한 과세를 내용으로 하는 것이어야 한다. 조세공평주의는 헌법 제11조 제1항이 규정하고 있는 법앞에 평등의 원칙을 세법의 영역에서 구현한 것으로서 정의의 이념에 따라 '평등한 것을 평등하게, 불평등한 것을 불평등하게' 취급함으로써 조세의 부과와 징수과정에서 조세정의를 실현하려는 원칙이다. 이러한 조세공평주의의 원칙에 따라 과세는 개인의 경제적 급부능력을 고려한 것이어야 하고, 동일한 담세능력자에 대하여는 원칙적으로 평등한 과세가 있어야 한다(담세능력 존중의 원칙). 또 나아가 특정의 납세의무자를 불리하게 차별하는 것이 금지될 뿐 아니라 합리적 이유 없이 특별한 이익을 주는 것도 허용되지 아니한다. 조세란 공공경비를 국민에게 강제적으로 배분하는 것으로서 납세의무자 상호간에는 조세의 전가관계가 있으므로 특정인이나 특정계층에 대하여 정당한 이유 없이 면세·감세 등의 조세우대조치를 하는 것은 다른 납세자에게 그만큼 과중과세를 하는 결과가 되기 때문이다(헌재 1995.6.29. 94헌바39 결정).

iii. 수평적 조세정의와 수직적 조세정의

조세평등주의라 함은 헌법 제11조 제1항에 규정된 평등원칙의 세법적 구현으로서, 조세의 부과와 징수를 납세자의 담세능력에 상응하여 공정하고 평등하게 할 것을 요구하며 합리적인 이유없이 특정의 납세의무자를 불리하게 차별하거나 우대하는 것을 허용하지 아니한다." "조세평등주의가 요구하는 담세능력에 따른 과세의 원칙(또는 응능부담의 원칙)은 한편으로 동일한 소득은 원칙적으로 동일하게 과세될 것을 요청하며(이른바 '수평적 조세정의'), 다른 한편으로 소득이 다른 사람들간의 공평한 조세부담의 배분을 요청한다(이른바 '수직적 조세정의')(헌재 1999.11.25. 98헌마55 결정).

iv. 조세의 유도·조정적 기능과 조세평등주의

오늘날 조세는 국가의 재정수요를 충족시킨다고 하는 본래의 기능 외에도 소득의 재분배, 자원의 적정배분, 경기의 조정 등 여러 가지 기능을 가지고 있으므로, 국민의 조세부담을 정함에 있어서 재정·경제·사회정책 등 국정전반에 걸친 종합적인 정책판단을 필요로 할 뿐만 아니라, 과세요건을 정함에 있어서 극히 전문기술적인 판단을 필요로 한다. 조세법규를 어떠한 내용으로 규정할 것인지에 관하여는 입법자가 국가재정, 사회경제, 국민소득, 국민생활 등의 실태에 관하여 정확한 자료를 기초로 하여 정책적, 기술적인 판단에 의하여 정하여야 하는 문제이므로, 이는 입법자의 입법형성적 재량에 기초한 정책적, 기술적 판단에 맡겨져 있다고 할 수 있다. 따라서 조세법 분야에 있어서 소득의 성질의 차이 등을 이유로 하여 그 취급을 달리하는 것은 그 입법목적 등에 비추어 자의적이거나 임의적이 아닌 한 그 합리성을 부정할 수 없고 조세평등주의에 위반하는 것이라고 볼 수 없다(헌재 2001.12.20. 2000헌바54 결정).

구체적인 조세관계에서 납세자들을 동일하게 대우할 것인지 혹은 달리 대우할 것인지의 문제는 입법자가 우선적으로 결정하게 된다. 그런데 이러한 결정을 함에 있어서 입법자는 그 조세관계에서 고려하여야 할 제반 요소들을 교량하여 이에 적합한 합리적 조치를 하여야만 평등의 원칙에 부합할 수 있다. 입법자는 조세법의 분야에서도 광범위한 형성의 자유를 가지며 예컨대 재정정책적, 국민경제적, 사회정책적, 조세기술적 제반 요소들에 대한 교량을 할 수 있는 것이나, 다만 납세의무자들간에 차별 혹은 동등대우를 함에 있어서 합리적인 이유가 없고 정의의 관념에 합치할 수 없는 조치를 하였다고 인정될 때에는 조세공평주의에 반하여 위헌이 된다고 할 것이다(헌재 1995.6.29. 94헌바39 결정).

2. 예산안의 심의·확정권

(1) 예산의 개념과 성질

예산(Budget)은 회계년도를 기준으로 작성된 정부재정의 운용을 위한 세입 및 세출의 계획안을 말한다.

예산은 특히 재정수입의 계획이라는 측면에서 국민에 대한 과세와 직결되므로 정부의 일방적인 과세를 통제하기 위한 수단으로서 예산에 대하여 국회가 관여하는 것은 매우 중요한 의미를 가지고 있다.[44] 국회의 예산·결산에

44) 종래 군주국가 시절의 예산제도는 국왕에 의한 과세권의 남용을 막기 위한 효과적인 수단으로 기능하였으며, 오늘날의 민주국가에서도 정부가 작성한 예산안에 대한 국회의 심의·확정권은 입법권에 버금가는 국회의 핵심적 권한의 하나로 자리잡고 있다. 특히 현대의 사회국가적 요청에 따라 국가의 예산규모는 점차 방대해져서 정부의 재정운용이 민간경제에 미치는 영향도 커졌다. 그로 인하여 국회의 예산통제권이 갖는 의미도 아울러 증대되었다고 평가할

대한 통제권은 ① 정부의 재정운용이 자의적으로 행해지는 것을 막고 ② 재정운용의 효율성 및 건전성 확보를 위한 통제의 역할을 한다.

예산의 형식과 관련하여서는 영국, 미국, 독일, 프랑스 등과 같이 **예산법률주의**를 채택하는 입법례가 많으나, 현행헌법은 제54조에서 제53조의 입법절차와는 별도의 절차에 의하여 예산을 의결하도록 함으로써 일본, 스위스 등의 예에 따라 예산에 대하여 **특수형식**을 취하도록 하고 있다.[45]

예산의 법적 성질에 관하여 이를 일종의 법규범으로 이해하는 견해가 다수이다.[46] 예산이 법률이나 조약, 명령, 규칙, 조례 등과 같은 일반적인 규범의 형식을 취하고 있지는 않지만, 국회의 심의와 의결을 통하여 세입, 세출과 관련된 정부의 재정작용을 구속력 있게 통제하는 준칙으로 확정되는 것이다. 그렇기 때문에 예산은 특수한 형태의 법규범으로 이해되는 것이다.

예산특수의결주의(예산특별형식주의)를 취할 때 예산은 예산법률과는 달리 ① 공포가 아닌 공고의 대상이며, ② 법적 구속력의 측면에서 예산집행기관에 대한 구속력은 있으나 대외적 구속력이 없는 점에서 차이가 있다. 최근 논의가 되고 있는 예산결산특별위원회를 상임위원회로 하고 지출승인제도를 도입하기 위해서는 예산법률주의로 전환될 필요가 있다.

예산의 법적 성질

예산은 일종의 법규범이고 법률과 마찬가지로 국회의 의결을 거쳐 제정되지만 법률과 달리 국가기관만을 구속할 뿐 일반국민을 구속하지 않는다. 국회가 의결한 예산 또는 국회의 예산안 의결은 헌법재판소법 제68조 제1항 소정의 '공권력의 행사'에 해당하지 않고 따라서 헌법소원의 대상이 되지 아니한다(헌재 2006. 4.25. 2006헌마409 결정).

(2) 예산안의 심의 · 확정의 절차

예산에 대해서는 예산 편성권은 정부에, 예산안 심의·확정권(헌법 제57조)은 국회에 분장되어 있다. 정부는 매년 회계년도 개시 90일 전까지(즉 10월초까지) 예산안을 편성하여 국회에 제출하여야 하며(헌법 제54조 제2항 전단), 국

수 있다.

45) 그러나 입법론적으로는 예산법률주의를 채택하는 것이 바람직하다는 주장이 적지 않다. 그것은 예산이 법률과 불일치함으로 인하여 발생되는 여러 가지 복잡한 문제를 피할 수 있기 때문이다. 예산과 법률의 관계에 대하여는 김철수, 헌법학개론, 2006, 1187쪽 이하 참조.

46) 권영성, 헌법학원론, 2006, 897쪽 이하; 김철수, 헌법학개론, 2006, 1186쪽 이하 참조.

회는 9월 1일 시작된 정기회의 기간 중에 예산안에 대한 심의를 하게 된다.[47] 또한 국회는 회계년도의 개시 30일 전까지 예산안을 확정하여야 한다(헌법 제54조 제2항 후단).

예산안의 심의·확정절차는 ① 국회 본회의에서 정부의 시정연설을 통한 예산안 편성의 배경설명, → ② 소관상임위원회의 예비심사 → ③ 예산결산특별위원회의 심사 → ④ 국회 본회의에서의 의결을 통한 확정(국회법 제84조, 제45조-예산결산특별위원회, 제84조의3-예산결산특별위원회의 예산안 및 기금운영안에 대한 공청회, 제66조-심사보고서의 제출, 제67조-위원회의 보고, 제93조-안건심의)의 순서로 진행된다.

국회가 예산안을 심의·확정하는 과정에서 예산안의 소극적 수정(일정 영역에 대한 예산의 삭제 또는 감액)은 가능하지만, 예산의 증액 또는 새로운 비목(費目)의 신설을 위해서는 정부의 동의를 받아야 한다(헌법 제57조). 이는 국가의 재정에 관해서도 정부의 편성권과 국회의 심의·확정권이 균형을 이룸으로써 어느 한쪽에 의하여 예산이 자의적으로 확정되는 것을 막기 위한 것으로 이해될 수 있을 것이다.

그밖에 조약이나 법률로써 확정된 지출항목은 국회가 예산심의과정에서 삭감할 수 없다고 보는 것이 일반적이다.[48]

예산은 국회의 의결로 성립되며, 법률과는 달리 공고(「법령 등 공포에 관한 법률」 제8조, 제11조 제1항)되나, 공고가 효력발생요건이 아니다.

(3) 임시예산 (준예산)과 추가경정예산

회계년도가 개시될 때까지도 국회가 예산안을 의결하지 못할 경우에는 국가의 재정운용에 중대한 문제가 발생될 수 있다. 그러나 헌법은 예산안이 확정되지 않은 경우에도 다음의 목적을 위한 경비는 전년도 예산에 준하여 집행하도록 함으로써 이러한 문제를 최소화시키고 있다(임시예산 또는 준예산: 헌법 제54조 제3항).

첫째, 헌법이나 법률에 의하여 설치된 기관 또는 시설의 유지·운영

47) 예산안의 편성에 있어서는 일년예산주의가 원칙으로 되어 있지만, 일정한 경우에는 예외가 인정되고 있다. 즉, 수년에 걸친 사업에 소요되는 경비에 관하여는 **계속비**로서 국회의 의결을 미리 얻음으로써 사업의 진행 도중에 국회의 예산배정 배제로 인하여 사업이 중단되는 일이 없도록 한 것이다(헌법 제55조 제1항). 계속비에 관하여는 또한 예산회계법 제22조 제1항에서 그 연한을 5년으로 한정하고, 연장이 필요한 경우에는 국회의 의결을 얻도록 함으로써 계속비의 방만한 운영을 억제하고 있다.

48) 권영성, 헌법학원론, 2009, 900쪽; 김철수, 헌법학개론, 2006, 1192쪽.

둘째, 법률상 지출의무의 이행

셋째, 이미 예산으로 승인된 사업의 계속

예산안이 국회의 의결을 얻은 이후에 발생된 사유로 인하여 예산에 변경을 가할 필요가 있을 경우에는 정부가 **추가경정예산**을 편성하여 국회에 제출할 수 있다(헌법 제56조). 이러한 추가경정예산은 예비비[49]로써 대응하기 어려운 경우에 예산상의 필요에 따라 편성되는 것이며, 본예산과 같은 절차를 거쳐서 심의·의결되어야 한다.

(4) 예산의 효력

현행헌법상 예산은 법률과는 다른 형식(예산특수의결주의)을 취하고 있으므로 법률과는 다른 효력을 갖는다.

예산의 시간적 효력과 관련하여 예산은 **예산일년주의**에 따라 (계속비의 경우를 제외하고) 당해 회계년도 내에서만 효력을 갖는다.

예산의 대인적 효력과 관련하여 예산은 관계국가기관을 구속하나, 일반국민에 대한 직접적인 구속력은 갖지 않는다. 예산의 실질적 효력은 국가기관의 재정적 행위에 대한 구속력이라고 할 수 있다.

그러나 우리나라처럼 영구세주의를 채택한 경우에는 **세입예산**의 의미가 크지 않다. 세입예산만으로 세입이 확보되는 것이 아니라 세입의 근거가 되는 세법 등이 있어야 하기 때문이다. 다만 세입예산에 미리 계상되지 않은 수입은 세법 등에 근거하여 징수되었다 하더라도 당해 연도의 세출에 충당할 수 없다는 점에서 법적 효력이 있다고 할 수 있을 것이다. 반면에 **세출예산**의 구속력은 분명하게 인정된다. 지출의 항목과 시기 및 액수에 대한 구속력이 인정될 뿐만 아니라 지출목적 이외의 용도로 예산을 사용하지 못하며, 예산이 정한 각 기관간, 각 장·관·항간에 상호 이용(移用)할 수 없다. 다만, 예산집행상 필요에 의하여 미리 예산으로써 국회의 의결을 얻었을 때에는 기획예산처장관의 승인을 얻어 이용(移用)할 수 있다(국가재정법 제47조 제1항).

---

49) 예비비는 예측할 수 없는 예산 외의 지출, 또는 예산을 초과하는 지출에 충당하기 위하여 설치되는 비용을 말한다. 예비비는 총액으로 국회의 의결을 얻어야 하며, 예비비의 지출은 차기 국회의 승인을 얻어야 한다(헌법 제55조 제2항).

생각해 보기

예산과 법률을 비교하시오.

3. 결산심사권

국가의 재정운용은 ①「정부의 예산안 편성」→ ②「국회의 예산안 심의·확정」→ ③「관계 국가기관의 예산집행」→ ④「예산집행에 대한 결산」의 순서로 진행된다.

국회는 정부가 편성한 예산안을 심의·확정할 뿐만 아니라, 확정된 예산안에서 정한 바대로 예산이 집행되었는지를 결산할 권한도 가지고 있다. 그것은 예산과 결산이 밀접한 관련성을 가지고 있기 때문이라고 할 수 있다. 그러나 예산안에 대한 심의·확정이 국가재정에 대한 사전적 통제로서 강력한 실효성을 가지고 있는 반면에, 결산심사권은 형식적으로 운용되는 경향이 있다.

국회는 감사원의 검사를 거친 결산을 회계년도마다 다음 회계년도 5월 31일까지 제출하도록 정부에 대하여 요구하고, 결산에 대한 심의·의결을 정기회 개회 전까지 완료하여야 한다(국회법 제128조의2).

국회에 제출된 결산보고서는 예산안의 경우와 유사하게 소관상임위원회의 예비심사와 예산결산특별위원회의 종합심사를 거쳐 본회의에서 심의·의결되며, 국회가 그 결과를 정부에 통지함으로써 결산심사가 종료된다.

4. 정부의 중요 재정행위에 관한 동의권·승인권

국회는 국민의 일차적 대표기관으로서 국민의 재산권에 직접적 영향을 미치는 중요한 사항에 대하여 국민을 대신하여 결정권, 심사권 또는 동의권을 행사하고 있다. 입법권에 기초한 조세법률주의가 그러하고, 예산안에 대한 심의·확정권 및 결산심사권도 같은 맥락에서 이해될 수 있을 것이다. 그리고 그밖에도 정부의 재정행위 중에서 국민에게 직접적인 부담이 될 수 있는 중요한 사항에 대해서는 국회의 동의권 또는 승인권이 인정되고 있다.

먼저 ① 국가긴급권의 일종으로 인정되는 긴급재정·경제처분 및 그에 관한 명령이 발해진 경우에는 지체없이 국회에 보고하여 승인을 얻어야 한다(헌법 제76조 제3항). ② 예비비의 지출에 대해서도 차기 국회의 승인을 얻어야 하며(헌법 제55조 제2항), ③ 정부가 국채를 모집하거나 예산 외에 국가의 부담이 될 계약을 체결할 경우에도 국회의 사전동의를 받아야 한다(헌법 제58조). 마찬가지로 ④ 국가나 국민에게 중대한 재정적 부담을 지우는 조약의 체결・비준에 대해서도 국회는 동의권을 갖는다(헌법 제60조 제1항).

V. 국회의 국정통제에 관한 권한

1. 국정통제권의 의의와 성질

앞서 설명된 바와 같이 국회의 권한을 분류하는 기준 내지 방식은 매우 다양하기 때문에 어떤 기준도 절대적인 것으로 보기는 어렵다. 이처럼 분류기준이 상이해지면서 국회의 국정통제권에 속하는 권한이 무엇인지에 대한 견해 또한 적지 않은 차이를 보이고 있다.[50]

이와 같은 현상은 무엇이 국정통제권인지에 대한 엄격한 기준을 세우기 어렵기 때문이기도 하지만, 다른 한편으로는 엄격한 기준의 필요성이 크지 않기 때문이기도 하다. 왜냐하면 어떤 의미에서는 국회의 모든 권한이 국정통제적 기능을 담당하고 있다고 볼 수 있기 때문이다. 예컨대 대부분의 학자들이 국정통제권과 구별하는 입법권조차도 국정통제적 기능을 할 수 있다는 점은 명백하다. 중요한 사항을 정부가 독자적으로 행하지 못하고 법률에 근거해서만 하도록 하는 것이 이미 정부에 대한 통제적 의미를 담고 있는 것이다. 이런 넓은 의미에서 볼 때, 국회의 권한은 대부분 국정통제의 기능을 수행한다고 보아도 지나치지 않을 것이다.

그러나 **좁은 의미의 국정통제권**(즉 국정통제를 목적으로 창설된 권한)과 **넓은 의미의 국정통제권**(즉 권한의 본질은 다른 기능에 있으나 부수적으로 국정통제적 기능도 수행할 수 있는 권한)은 구별될 수 있을 것이다.

좁은 의미의 국정통제권에 속하는 것을 유형화하면,

① **국정감사・조사권**은 정부의 활동에서 나타나는 문제점들을 조사・감사함으로써 통제하는 것이다.

② **정부의 활동에 대한 각종 동의권, 승인권**을 통해 국정을 통제하는 것으로서 긴급명령과 긴급재정경제처분 및 그 명령에 대한 승인권, 계엄해제요

50) 이에 대하여 자세한 것은 장영수, 헌법학, 2009, 1145-1146쪽 참조.

구권, 일반사면에 대한 동의권, 국방 및 외교정책에 관한 동의권이 이에 속한다.

③ 집행부 구성원에 대한 직접적인 인적 통제에 해당되는 것[51]들로 분류하는 것이 가능하다.[52]

2. 국정감사 · 조사권

(1) 국회의 대정부통제에서 국정감사조사가 갖는 의미

국정감사와 국정조사는 그 자체로서 정부의 활동을 직접 통제하는 수단이라기보다는 통제를 위해 필요한 자료를 조사하고 수집하는 것이라고 할 수 있다. 말하자면 국정감사 · 조사가 정부의 권한행사를 중지시키거나 담당자를 문책하는 등의 실질적 통제를 가하는 것은 아니지만, 과연 이러한 통제가 가해져야 할 것인지의 여부를 판단하는데 필요한 자료의 수집을 가능케 함으로써 국회에 의한 정부통제의 전제를 마련하는 역할을 하는 것이다.

현행 「국정감사 및 조사에 관한 법률」에 따르면 국정감사 또는 국정조사를 담당한 위원회는 직접 조치를 취하는 것이 아니라 그 조사결과를 의장에게 보고하고(동법 제15조 제1항), 그에 대한 처리는 본회의 의결로 하도록 되어 있다(동법 제16조 제1항).

국정감사권 및 국정조사권의 성질에 대해서는 보조적 권한설, 국정감사권은 독립적 권능이고 국정조사권은 보조적 권능이라는 설 등이 대립하여 왔지만, 보조적 권한설이 다수 학자들의 지지를 받고 있는 상황이다.

그러나 이러한 국정감사와 국정조사가 단순히 국회가 다른 권한을 효율적으로 행사하기 위한 수단에 그치지 않고 그 자체로서 정부의 활동에 대한 중요한 통제기능을 담당하고 있다는 점에 대해서는 이론의 여지가 없다. 그 때문에 국정감사권 및 국정조사권의 성질을 어느 하나로 규정짓는 것에 반대하는 견해(독립된 권한, 보조적 권한, 알권리실현)도 강력하게 제기되고 있다.[53]

---

51) 예컨대 국무총리 · 감사원장 등에 대한 임명동의와 검찰총장 등에 대한 인준절차, 국무총리 · 국무위원 등에 대한 해임건의, 대통령 · 국무총리 · 행정각부의 장 등에 대한 탄핵소추 등이 이에 해당된다.

52) 그밖에 예산 · 결산에 대한 심의 · 의결권 등과 같은 재정에 관한 권한도 국회의 대정부통제에 활용될 수 있을 것이다. 하지만 재정에 관한 권한은 정부에 대한 통제 이외에 국가경제 및 국가기관들의 재정적 수요와 지출 등 다양한 문제에 대한 종합적인 고려 하에 행사되어야 할 것이므로 역시 넓은 의미의 국정통제권에는 속하지만, 좁은 의미의 국정통제권에는 포함되지 않는 것으로 보아야 할 것이다.

53) 예컨대 이관희, 국정감사제도의 문제점과 개선방향, 공법연구 제27집 제3호(1999.6),

(2) 국정감사의 의의와 기능

현행법상 국정감사는 국회가 국정전반에 관하여 소관 상임위원회별로 매년 실시하는 감사활동으로서 매년 9월 10일부터 20일간 행하되, 본회의 의결에 의하여 그 시기를 변경할 수 있도록 되어 있다(「국정감사 및 조사에 관한 법률」 제2조).

이러한 국정감사에 대해서는 국정전반에 대한 광범위한 감사를 시행함으로 인하여 집행부에 상당히 큰 부담을 주며, 심한 경우 정상적인 업무에 지장이 될 정도라는 비판이 적지 않다.

① 감사기간에 비해서 과다한 감사대상기관을 선정함으로써 대부분의 감사가 형식적인 것에 머무른다거나 ② 중복감사의 문제, ③ 폭로성감사의 문제, ④ 과도한 서류제출요구의 문제, ⑤ 감사의 전문성결여 문제 등 현재의 국정감사제도가 안고 있는 문제는 결코 작지 않다고 볼 수 있을 것이다.

그러나 국정감사를 통해 정부의 잘못된 집행작용이 확인되는 예가 적지 않기 때문에 아직은 그 효과가 크다고 보는 견해도 강력하며, 더욱이 유신헌법 당시에 국정감사가 폐지되었다가 현행헌법에 의해 부활된 이후로는 국정감사의 의미가 더욱 강조되고 있는 상황이다.

(3) 국정조사의 의의와 기능

국정감사와는 달리 국정조사는 조사가 필요한 사안이 있을 때마다 실시할 수 있으며, 국회의 재적의원 4분의 1 이상의 요구가 있을 때 국정조사가 행해지게 된다(국정감사 및 조사에 관한 법률 제3조).

이처럼 국정조사는 - 국정전반을 대상으로 하는 국정감사와는 달리 - 의혹이 제기되는 부분만을 조사의 대상으로 하기 때문에 조사의 효율성이 높다는 것이 장점이며, 선진국의 경우 대부분 국정감사권 없이 국정조사권만을 인정하고 있다.[54]

그러나 우리나라의 경우 유신헌법에서 폐지되었던 국정감사권을 대신하여 제5공화국헌법에서 국정조사권이 최초로 도입되었으나 실제 발동된 예는 없었고, 사실상 사문화되었다. 현행헌법에 들어와서는 국정감사권과 국정조사권이 병존하고 있지만, 정치권 내부의 갈등으로 인하여 국정조사권의 발동이

139-174(143)쪽; 허영, 한국헌법론, 2009, 906-907쪽; 홍성방, 헌법학, 2003, 784쪽.

54) 국정조사권에 관한 외국의 입법례에 관하여는 전원배, 의회조사권에 관한 비교헌법적 연구, 서울대 박사학위논문, 1995, 10쪽 이하 참조.

무산되는 예가 많기 때문에 국정조사권의 실효성이 떨어지고 있는 상황이다.

(4) 양 제도의 병존에 따른 문제와 개선의 방향

현행헌법상 국정감사제도와 국정조사제도가 동시에 인정되고 있는 것은 비효율적이기 때문에, 그 중 하나의 제도만을 존치시켜야 한다는 주장이 있다. 사실 제도의 효율성만을 생각하면 국정감사제도를 폐지하고 국정조사제도가 손쉽게 활용될 수 있도록 만드는 것이 바람직할 것이다.

하지만 그 전제는 국정조사권이 쉽게 발동되지 못하는 우리의 정치상황이 바뀌는 것이다. 이미 국정조사권의 발동요건이 3분의 1에서 4분의 1로 완화되었지만, 실제로 국정조사권이 쉽게 발동될 수 있는 분위기는 아직 아닌 것으로 보인다. 이러한 상황이 바뀌어 국정조사권이 활성화되기 전에 국정감사권을 먼저 폐지할 경우에는 국회의 대정부통제기능의 약화만을 가져오게 될 것이다.[55)]

3. 정부의 활동에 대한 각종 동의권 · 승인권

(1) 대통령의 권한행사와 그에 대한 동의권 등의 역할

현행헌법상 대통령은 집행부의 수반이면서 동시에 국가원수로서 매우 강력한 권한을 보유하고 있다. 더구나 국가원수로서의 권한에 외교사절의 신임접수(헌법 제73조)를 비롯하여 대외적으로 국가를 대표하는 형식적·의전적 권한뿐만 아니라 헌법개정안발의권(헌법 제128조 제1항), 국민투표부의권(헌법 제72조), 임시국회소집요구권(헌법 제47조 제1항), 법률안제출권(헌법 제52조), 사면권(헌법 제79조) 등 실질적 권한이 다수 포함되어 있기 때문에 현행헌법상 대통령은 다른 국가기관에 대하여 상대적으로 우월한 지위에 있는 것으로 평가되고 있다.

따라서 대통령의 권한행사가 독단적으로 행해질 경우에는 적지 않은 문제가 발생될 것이기 때문에 대통령의 권한행사에 대해서는 사후적 통제뿐만 아니라 권한행사의 방식과 관련한 절차적 통제도 중요한 의미를 갖는다. 그 중에서도 국회가 행사하는 각종 동의권, 승인권 등은 집행부 내부에서의 절차적 통제(예컨대 국무총리 및 관계 국무위원의 부서 등)와는 달리 실질적인 구속력이 있기 때문에 통제의 효과가 매우 높은 편이다.

---

55) 이에 관하여는 이관희, 국정감사제도의 문제점과 개선방향, 공법연구 제27집 제3호(1999.6), 139-174(168 이하)쪽 참조.

(2) 국가긴급권에 대한 승인권, 해제요구권

대통령의 권한 가운데 과거 군사독재시절에 가장 많이 남용되었던 것이 국가긴급권이었기 때문에 현행헌법은 이에 대한 통제에 특별히 배려하고 있다. 하지만 국가긴급권의 필요성을 부정할 수 없을 뿐만 아니라, 긴급한 경우에 신속한 대응을 내용으로 하는 국가긴급권의 성격상 사전적 통제는 사실상 불가능하다. 그로 인하여 대통령의 국가긴급권에 대한 국회의 통제도 사후적인 형태로 나타날 수밖에 없다.

헌법 제76조 제1항에 따른 긴급재정·경제처분 및 명령, 동조 제2항에 따른 긴급명령에 대해서는 지체없이 국회에 보고하여 승인을 받도록 하고 있으며(헌법 제76조 제3항), 승인을 얻지 못한 경우에는 그 처분 또는 명령의 효력이 상실되도록 하고 있다(헌법 제76조 제4항). 또한 대통령이 헌법 제77조 제1항 및 제2항에 기초하여 계엄을 선포한 경우에도 국회에 지체없이 통고하도록 하고 있으며(헌법 제77조 제4항), 국회는 재적의원 과반수의 찬성으로 계엄의 해제를 요구할 수 있다(헌법 제77조 제5항).

이처럼 대통령의 국가긴급권행사를 국회가 통제할 수 있도록 하는 등 국가긴급권의 남용을 막는 제도적 장치로 인하여 현행헌법 하에서는 국가긴급권의 남용이 크게 문제되지 않고 있다.

(3) 일반사면에 대한 동의권

대통령은 국가원수로서 사면권을 갖는다(헌법 제79조 제1항). 하지만 사면권 중에서도 일반사면은 특정한 범죄유형에 속하는 사람 모두를 사면하는 것이기 때문에 사실상 국회가 입법으로 법률의 적용에 대하여 「일반적 효력을 갖는」 예외를 인정한 것과 마찬가지가 된다. 따라서 대통령이 일반사면을 자의적으로 행사할 경우에는 사실상 입법권을 침해하는 결과가 될 수 있다.

헌법은 이러한 문제점을 막고, 대통령의 자의적 사면권행사를 통제하기 위하여 일반사면에는 국회의 동의를 요하는 것으로 명시하고 있다(헌법 제79조 제2항). 그러나 일반사면과는 달리 특별사면에 대해서는 이러한 제약이 없기 때문에 실질적으로 일반사면에 해당되는 사항에 대해서도 특별사면의 형식을 빌어서 국회의 동의 없이 사면권을 행사한 경우가 존재한다.

(4) 기타 국방 및 외교정책에 대한 국회 동의권 · 승인권

그밖에 국회는 입법사항 및 그에 준하는 사항에 대하여 정부가 결정할 경우에 이에 대한 동의권을 부여받고 있다.

예컨대 국회는 상호원조 또는 안전보장에 관한 조약, 중요한 국제조직에 관한 조약, 우호통상항해조약, 주권의 제약에 관한 조약, 강화조약, 국가나 국민에게 중대한 재정적 부담을 지우는 조약 또는 입법사항에 관한 조약의 체결 · 비준(헌법 제60조 제1항), 선전포고, 국군의 외국에의 파견 또는 외국군대의 대한민국 영역 안에서의 주류(헌법 제60조 제2항)에 대한 동의권을 헌법상 인정받고 있다.

이러한 동의권은 정부의 활동에 대한 통제의 기능을 할 뿐만 아니라, 국회의 입법기관으로서의 역할을 실질적으로 보장하는 기능도 한다. 입법사항 및 이에 준하는 사항을 결정함에 있어서 국회를 배제할 경우에는 사실상 국회의 입법권을 우회적으로 침해하는 결과가 될 수 있기 때문이다.

대통령이 외교통상부장관에게 위임하여 워싱턴에서 미합중국 국무장관과 발표한 '동맹 동반자 관계를 위한 전략대화 출범에 관한 공동성명'이 조약에 해당하는지 여부

조약은 '국가 · 국제기구 등 국제법 주체 사이에 권리의무관계를 창출하기 위하여 서면형식으로 체결되고 국제법에 의하여 규율되는 합의'인데, 이러한 조약의 체결 · 비준에 관하여 헌법은 대통령에게 전속적인 권한을 부여하면서(헌법 제73조), 조약을 체결 · 비준함에 앞서 국무회의의 심의를 거쳐야 하고(헌법 제89조 제3호), 특히 중요한 사항에 관한 조약의 체결 · 비준은 사전에 국회의 동의를 얻도록 하는 한편(헌법 제60조 제1항), 국회는 헌법 제60조 제1항에 규정된 일정한 조약에 대해서만 체결 · 비준에 대한 동의권을 가진다.

이 사건 공동성명은 한국과 미합중국이 상대방의 입장을 존중한다는 내용만 담고 있을 뿐, 구체적인 법적 권리 · 의무를 창설하는 내용을 전혀 포함하고 있지 아니하므로, 조약에 해당된다고 볼 수 없으므로 그 내용이 헌법 제60조 제1항의 조약에 해당되는지 여부를 따질 필요도 없이 이 사건 공동성명에 대하여 국회가 동의권을 가진다거나 국회의원인 청구인이 심의표결권을 가진다고 볼 수 없다(헌재 2008.3.27. 2006헌라4 결정).

4. 집행부의 구성원에 대한 인적 통제

(1) 집행부의 구성에 관한 국회관여의 의의와 한계

현행헌법은 대통령제 정부형태를 채택하고 있기 때문에 국회와 정부는 각기 국민의 선거를 통해 독립적으로 구성되며, 그 활동도 원칙적으로 독립적이다.

물론 상호통제의 측면에서 정부에 대한 국회의 각종 통제권이 인정되고 있으며, 또 국회의 입법에 대해서 대통령의 법률안거부권이 인정되고 있다는 점은 간과될 수 없다. 하지만 집행부에 대한 국회의 통제는 어디까지나 상호독립성을 전제한 가운데서 행해지는 통제에 머물러야 하며, 의원내각제의 경우처럼 구성 자체에 깊숙이 관여하는 것은 대통령제의 본질에 반하는 것이라 평가될 수 있을 것이다.

사실 집행부의 구성과 관련한 국회의 인적 통제는 활용 여하에 따라서는 매우 강력한 통제수단이 될 수 있다. 그러나 현행헌법상 집행부의 구성에 관여할 수 있도록 국회에 부여된 권한들 중에는 일반적인 대통령제의 예를 벗어난 것이 적지 않다. 특히 대통령선거에서 최고득표자가 2인 이상인 경우에 국회에서 결선투표를 하도록 한 것은 상당한 문제를 야기하고 있으며, 그밖에 국무총리, 국무위원 등에 대한 해임건의권 등에 대해서도 논란의 여지가 적지 않다.

(2) 국무총리 · 국무위원 등의 국회출석요구 및 질문권

국회나 그 위원회의 요구가 있을 때에는 국무총리 · 국무위원 또는 정부위원은 출석 · 답변하여야 하며, 국무총리 또는 국무위원이 출석요구를 받은 때에는 국무위원 또는 정부위원으로 하여금 출석 · 답변하게 할 수 있다(헌법 제62조 제2항).

의원내각제가 아닌 대통령제 정부형태 하에서는 이처럼 국회의 정부 각료들의 출석요구 및 질문권을 인정하는 것이 예외적인 현상이기 때문에 이러한 국회의 권한은 의원내각제적 요소로 평가되기도 한다. 하지만 현행헌법상 대통령의 강력한 권한에 대응하여 국회의 정부에 대한 통제권도 강화시킨 것으로 이해될 수 있다.

(3) 국무총리 · 국무위원의 해임건의권

현행헌법은 국무총리 또는 국무위원의 해임을 대통령에게 건의할 수 있는 권한을 국회에 부여하였다(헌법 제63조 제1항).

그러나 이러한 국회의 해임건의권은 대통령제 정부형태에서는 예외적인 제도일 뿐만 아니라 해임건의의 의결정족수(국회 재적의원 3분의 1의 발의와 재적과반수의 찬성)가 국무총리 및 국무위원에 대한 탄핵소추의 의결정족수와 같기 때문에, 이 제도를 별도로 존치시킬 실익은 크지 않다.

다만 해임건의권의 경우에는 탄핵소추와는 달리 '직무상의 위헌 · 위법한 행위'를 요건으로 하지 않기 때문에 정치적 사유로 인한 해임건의가 활용될 여지는 있다. 하지만 국회의 해임건의는 헌법재판소의 탄핵결정을 통해서 피소추자의 파면이라는 법적 효과를 가져오는 탄핵소추와는 달리 대통령에 대한 「건의」에 그칠 뿐이기 때문에 - 해임건의가 갖는 정치적 의미 내지 압력은 접어두고 생각할 때 - 그 법적 효력의 측면에서도 약점을 가지고 있다.

(4) 대통령, 국무총리, 행정각부의 장 등에 대한 탄핵소추권

탄핵제도는 고위직공무원에 대한 가장 강력한 통제수단의 하나이다. 헌법재판소의 탄핵결정이 내려질 경우에는 공직에서 파면되는 것은 물론이고, 국회의 탄핵소추만으로도 피소추자의 권한행사가 정지되는 등 강력한 효과가 인정된다.

현행헌법상의 탄핵제도는 영국의 형사재판적 탄핵제도와 구별되는 징계적 탄핵제도이며, 사법기관인 헌법재판소에 의한 탄핵심판을 전제로 「직무상의 위헌 · 위법한 행위」를 요건으로 한다는 점에서 정치기관인 상원에서 탄핵결정을 내리는 미국(정치적 탄핵심판)과는 구별되는 사법적 탄핵제도(사법적 탄핵심판)라고 할 수 있을 것이다.

국회의 탄핵소추권은 대통령을 비롯한 고위공직자의 위법행위를 통제하는 효과적인 수단이 될 수 있으며, 특히 대통령을 비롯한 집행부의 독재화에 대응하기 위한 수단으로 활용될 수 있다. 그러나 2004년 3월 12일의 대통령에 대한 국회의 탄핵소추에 대해서는 탄핵소추권의 남용이라는 비판도 적지 않았다.

(5) 국회의 인사청문회를 통한 통제

국무총리 및 감사원장에 대해서는 국회가 대통령의 임명에 직접 관여할 수 있는 임명동의권이 헌법상 보장되고 있다. 하지만 국회법 제65조의2 및 인사청문회법에 따라 인정되고 있는 국무위원, 국가정보원장, 국세청장, 검찰총장, 경찰청장 등에 대한 인사청문회의 효력은 이와 구별된다.

국무총리나 감사원장에 대한 임명동의의 경우에는 국회가 임명동의를 거부함으로써 대통령의 인사권 자체를 통제할 수 있다. 반면에 국무위원, 국가정보원장, 국세청장, 검찰총장, 경찰청장에 대해서는 국회가 인사청문회를 열되 임명동의안 표결은 하지 않고 있다. 헌법상 임명동의권이 국회에 부여된 경우와 같이 취급하기 곤란하기 때문이다.

Ⅵ. 국회의 자율권

헌법 제64조 ① 국회는 법률에 저촉되지 아니하는 범위 안에서 의사와 내부규율에 관한 규칙을 제정할 수 있다.
② 국회는 의원의 자격을 심사하며, 의원을 징계할 수 있다.
③ 의원을 제명하려면 국회재적의원 3분의 2 이상의 찬성이 있어야 한다.
④ 제2항과 제3항의 처분에 대하여는 법원에 제소할 수 없다.

1. 자율권의 의의

국회의 자율권이란 국회가 다른 국가기관의 간섭을 받지 않으면서 헌법과 법률의 테두리 안에서 국회 내부의 조직 및 의사에 관한 사항을 결정할 수 있는 권한을 의미한다.

국회의 자율권은 ① 권력분립적 요청에 따라 국회의 내부적 사항에 대해서는 집행부나 사법부의 관여를 배제하는 것이 필요하며, ② 국회의 원활한 기능수행을 위해서는 내부적 문제를 자율적으로 처리하는 것이 필요하기 때문에 인정된다.

2. 자율권의 구체적 내용

국회의 자율권은 크게 네 가지 영역으로 나누어 고찰할 수 있다.

① 집회 및 의사에 관한 자율권: 국회는 헌법과 국회법이 정하는 바에 따라 집회, 휴회, 폐회, 회기, 의사일정, 의사진행 및 질서유지 등을 자율적으로 결정할 수 있다. 이는 국회의 정상적인 활동을 위한 기본전제라고 할 수 있다.

② 내부조직의 구성에 관한 자율권: 국회는 국회의장 및 부의장의 선출, 위

원회의 구성, 사무총장과 국회사무처 직원의 임면 등에 관하여 다른 국가기관의 관여 없이 자율적으로 결정할 수 있다.

③ 국회규칙의 자율적 제정권: 헌법 제64조 제1항에 따른 국회규칙제정권은 다른 자율권과 중복되는 경우가 많다. 그러나 국회규칙의 의미와 비중이 크기 때문에 이를 국회의 자율권을 상징하는 것으로 평가하는 경우도 적지 않다.

④ 의원의 신분에 관한 자율권: 국회의원의 신분에 관한 사항을 다른 국가기관의 관여 없이 자율적으로 결정하도록 함으로써 국회의 활동에 다른 국가기관이 영향을 미치는 것을 막고자 하는 것이다. 이에 속하는 것으로는 헌법 제64조 제2항 및 제3항에 따른 의원의 자격심사와 징계, 제명 등이 있으며, 이에 관한 국회의 자율적 결정에 대해서는 법원에 제소할 수 없다(헌법 제64조 제4항).

생각해 보기

헌법 제64조 제4항은 사법부에 대한 제소가 아니라 법원에 대한 제소만을 금지하고 있는데, 헌법재판소에 대하여 헌법소원 등의 방법으로 제소하는 것도 금지되는가?

3. 자율권의 한계

국회의 자율권은 헌법상 보장되는 것으로서, 국회가 헌법에 의해 부여받은 기능을 원활하게 수행하기 위해 필요한 것이다. 그러나 그러한 자율권도 헌법과 법률의 테두리 내에서만 보장되는 것이기 때문에 무제한적으로 보장되는 것은 아니다.

예컨대 헌법 제64조 제4항에 의해 국회의원의 자격심사 및 징계처분에 대해서는 법원에 제소할 수 없지만, 국회의 의사절차가 명백하고 중대한 하자를 보일 경우에는 의사절차가 적법하게 이루어졌는지를 사법심사의 대상으로 삼는 것이 가능하다.

국회의 입법절차상의 하자와 국회의 자율권

"국회는 국민의 대표기관, 입법기관으로서 폭넓은 자율권을 가지고 있고, 그 자율권은 권력분립의 원칙이나 국회의 지위, 기능에 비추어 존중되어야 하는 것이지만, 한편 법치주의의 원리상 모든 국가기관은 헌법과 법률에 의하여 기속을 받는 것이므로 국회의 자율권도 헌법이나 법률을 위반하지 않는 범위내에서 허용되어야 하고 따라서 국회의 의사절차나 입법절차에 헌법이나 법률의 규정을 명백히 위반한 흠이 있는 경우에도 국회가 자율권을 가진다고는 할 수 없다. 헌법 제64조도 국회의 자율권에 관하여 국회는 법률에 저촉되지 아니하는 범위 안에서 의사와 내부규율에 관한 규칙을 제정할 수 있고, 의원의 자격심사·징계·제명에 관하여 자율적 결정을 할 수 있다"고 규정하고 있다. 이 사건은 국회의장이 국회의원의 헌법상 권한을 침해하였다는 이유로 국회의원인 청구인들이 국회의장을 상대로 권한쟁의심판을 청구한 사건이므로 이 사건 심판대상은 국회의 자율권이 허용되는 사항이라고 볼 수 없고, 따라서 헌법재판소가 심사할 수 없는 국회내부의 자율에 관한 문제라고 할 수는 없다(헌재 1997.7.16. 96헌라2 결정).[56]

제 6 절 국회와 다른 헌법기관과의 관계

Ⅰ. 국회와 정부의 관계

국회와 정부의 관계는 정부형태에 따라, 즉 대통령제이냐 아니면 의원내각제이냐에 따라 기본적인 차이를 보인다. 현행헌법은 대통령제 정부형태를 채택하고 있기 때문에 기본적으로 상호독립의 관계를 가지고 있다.

국회와 정부(대통령)는 각기 국민의 선거에 의하여 독립적으로 구성되며, 그 활동 및 존속에 있어서도 의원내각제와 같은 상호의존성(국회의 내각불신임권과 내각의 국회해산권)이 인정되지 않고 독립성에 기초하고 있다. 현행헌법상으로도 국회와 정부는 각기 독립적으로 구성되며, 국회는 입법기능을, 정부는 집행기능을 담당한다.

그러나 현행헌법상 국회와 정부의 관계는 두 가지 요소에 의하여 전형적인 대통령제로부터 적지 않게 벗어나 있다. 하나는 대통령에게 강력한 권한이 집중됨으로 인하여 국회와 정부의 관계에 있어서 정부(대통령)의 상대적 우월성이 나타나고 있다는 점이고, 다른 하나는 의원내각제적 요소가 부분적으로 가미되어 정부의 활동에 대한 국회의 관여가 - 비록 의원내각제와 비교할 수 있을 정도는 아니지만 일반적인 대통령제와 비교할 때 - 넓게 인정되고 있다는 점이다.

예컨대 국회의원이 정부의 각료를 겸할 수 있도록 되어 있는 점이나, 국

56) 이 결정에서 헌법재판소는 국회의원의 권한침해는 인정하였지만, 법률안의 가결선포행위의 효력에 대해서는 결정정족수 미달로 기각결정을 내렸다.

회에서 국무총리 등에 대한 임명동의권을 가지고 있는 점, 국회가 국무총리나 국무위원 등의 국회출석을 요구하고 질문할 수 있는 권한을 가지고 있는 점 등이 그러하다.

그러나 국회와 정부의 관계를 나타내는 가장 중요한 요소는 역시 입법과 집행의 분담, 그리고 행정국가화 등에 기인한 집행부의 비중 증대라는 현상에 대응하여 국회의 대정부통제권을 강화하는 경향이라고 할 수 있을 것이다.

Ⅱ. 국회와 법원의 관계

국회와 법원의 관계는 - 사법부의 독립으로 인하여 - 국회와 정부의 관계와는 많이 다른 모습을 보인다. 국회와 법원이 권력분립원칙에 따른 상호통제의 메커니즘을 벗어난 것은 아니지만, 국회가 정부에 대하여 강력한 통제권을 갖는 것과는 달리 법원에 대해서는 강력한 통제권을 가지고 있지 않은 것도 그 때문이다.

현행헌법상 국회와 법원의 관계는 두 가지 측면에서 검토될 수 있다. 하나는 헌법재판소, 중앙선거관리위원회의 구성에 공동으로 참여함으로써 공화관계 내지 협조관계를 보이는 것이고, 다른 한편으로는 제한된 범위 내에서 국회가 법원을 통제하고, 또 법원이 국회를 통제하는 것이다.

국회가 법원을 통제하는 것은 대부분 입법권과 예산심의권을 통한 간접적인 통제로 나타난다. 즉, 입법권의 행사를 통해 법원에 대해 판결의 기준을 제시할 수 있으며, 경우에 따라서는 법원조직법의 개정을 통해 보다 직접적인 영향력의 행사도 가능하다. 또한 법원의 예산에 대한 심의를 통해서도 법원에 일정한 영향력을 행사하는 것이 가능하다. 그러나 이러한 영향력의 행사가 법원의 재판에 영향을 미치는 것이 되어서는 안 된다.

또한 법원이 국회의 활동을 통제하는 것은 국회가 제정한 법률에 대하여 헌법재판소에 위헌법률심판을 제청함으로써, 국회규칙에 대한 위헌·위법심사권을 행사함으로써, 그리고 국회의원에 대한 선거소송을 통해서 가능하다. 그러나 사법적 판단의 본질상 국회에 대한 통제라는 결과는 부수적으로 나타날 뿐이고, 통제 자체를 위하여 사법적 판단이 내려질 수는 없다.

Ⅲ. 국회와 헌법재판소의 관계

헌법재판소도 사법기능을 담당하는 사법기관이기 때문에 국회와 헌법재판소의 관계도 국회와 법원의 관계에 유사한 측면이 있다. 그러나 법원과 헌법재판소의 구성방식의 차이 및 담당하고 있는 권한의 차이에 따라 국회와 법원의 관계와는 다른 측면도 적지 않다.

국회와 헌법재판소의 협조관계는 헌법재판소의 구성에 국회가 관여하는 것이나, 국회의 탄핵소추에 대하여 헌법재판소가 탄핵심판을 하는 것으로 나타난다.

물론 국회의 탄핵소추를 헌법재판소의 탄핵심판에서 기각할 경우에는 협조의 측면보다는 통제의 측면이 부각될 수 있을 것이다.

그리고 국회가 헌법재판소의 활동에 대해 통제하는 것은 법원의 경우와 마찬가지로 - 사법부의 독립에 대한 존중 때문에 - 입법권과 예산심의권을 통해서 간접적으로 통제하는 것만 가능하다. 반면에 헌법재판소는 위헌법률심판권, 법률에 대한 헌법소원, 권한쟁의심판권을 통해서 국회의 활동에 대한 보다 직접적인 통제를 가할 수 있다.

그 결과 헌법재판소가 국회의 가장 기본적인 권능을 통제할 수 있으므로 외견상 헌법재판소가 국회보다 우월한 것으로 여겨지는 경우도 있다. 그러나 국회와 헌법재판소의 관계도 권력분립의 원칙에 따른 역할의 분담이며, 그 전제는 상호대등성이다. 즉, 국회와 헌법재판소는 각기 헌법에 의해 부여된 권한을 행사할 뿐이고, 그 헌법상 지위의 우열관계는 존재하지 않는 것이다.

특히 국회와 헌법재판소 사이에서 기능적 적정성의 원칙이 강조되는 것도 이러한 맥락에서 이해될 수 있다. 즉, 국회와 헌법재판소는 각기 헌법에 의해 부여된 기능을 헌법이념 내지 권력분립의 요청에 부합되게 행사하여야 한다. 예컨대 헌법재판소가 위헌법률심판을 통해 국회의 입법권행사를 통제할 수 있다 하더라도, 위헌으로 결정된 법률에 대한 대체입법의 마련은 다시금 국회의 권한에 속하는 것이다.

사례의 해결절차

사례 1 국회의원의 특권제한과 국회의원의 장관직 겸직금지의 국회법 개정

Ⅰ. 서: 사안의 분석과 쟁점의 정리 (5점)

Ⅱ. 국회의원의 헌법상 지위와 특권 및 겸직의 문제 (7점)

1. 현행 헌법상 국회의원의 지위
2. 국회의원의 특권과 그 오·남용 제한의 필요성
3. 국회의원의 장관직 겸직과 그 파급효

Ⅲ. 국회의원의 특권남용과 특별징계위원회 구성의 합헌성 여부 (10점)

1. 국회의원의 특권남용사례
2. 국회의원의 특권 자체를 제한하는 법개정의 곤란성
3. 특별징계위원회 구성과 헌법상 특권과의 충돌 여부
4. 본 사안에 대한 판단

Ⅳ. 현행 헌법상의 정부형태와 국회의원의 장관직 겸직 문제 (10점)

1. 현행 헌법상 정부형태: 의원내각제적 요소가 가미된 대통령제
2. 현행 헌법상의 의원내각제적 요소
3. 국회법개정에 의한 겸직금지의 합헌성 여부

Ⅴ. 국회법 개정에 대한 구제수단 (13점)

1. 입법에 의한 (권한 내지 기본권) 침해와 그에 대한 구제수단
2. 위헌법률심판 내지 위헌소원
3. 헌법소원심판
   → 특히 기본권침해의 직접성
4. 기타의 구제수단
   → 청원, 국가인권위원회의 권고, 언론의 자유, 집회·결사의 자유, 정당활동의 자유를 통한 통제, 추상적 규범통제의 도입문제 등

Ⅵ. 결 (5점)

사례 2 입법절차상 하자와 법률의 효력

Ⅰ. 서: 사안의 분석과 쟁점의 정리 (5점)

Ⅱ. 신문-방송 겸영의 의의와 장단점 (7점)

1. 대중매체의 발전방향과 신문기업의 장래에 대한 우려
2. 신문-방송 겸영의 장점: 미디어 융합과 대중매체의 활로 모색
3. 신문-방송 겸영의 단점: 언론의 독과점에 따른 정보의 왜곡 우려

Ⅲ. 헌법재판소의 결정과 미디어법 개정에 의한 겸영 허용의 문제점 (9점)

1. 신문법에 대한 헌법재판소 결정과 그 취지

→ 헌재 2006.6.29 2005헌마165등 결정
2. 헌법재판소의 합헌결정 부분의 기속력
3. 미디어법 개정에 의한 겸영 허용의 법적 가능성과 그에 따른 정치적 부담

Ⅳ. 입법절차의 의의와 절차를 위반한 법률안 의결의 효력 (10점)
1. 입법 및 입법절차의 의의
2. 절차를 위반한 법률안 의결의 효력
3. 본 사안에서 문제되는 절차위반행위들
4. 본 사안에서 미디어법 개정안의 효력
→ 국회의원의 법률안 심의·표결권의 침해, 다수결원리 및 의사공개의 원리의 위반여부
→ 입법절차상 하자의 중대성과 법률안의결의 효력

Ⅴ. 甲 등이 취할 수 있는 헌법적 구제수단 (14점)
1. 본 사안의 성격과 헌법적 구제의 문제
→ 국회의 자율권과 헌법재판소의 심사 문제 간략하게 검토 (헌재 1997.7.16. 96헌라2 결정)
2. 권한쟁의심판
3. 헌법소원심판
4. 위헌법률심판
5. 기타의 구제수단
→ 대통령의 법률안거부권, 청원권 등

Ⅵ. 결 (5점)

사례 3 예결위의 상임위원회화와 예산지출내역의 보고 및 승인제도의 도입

Ⅰ. 서: 사안의 분석과 쟁점의 정리 (5점)

Ⅱ. 국회의 헌법상 지위와 재정에 관한 권한 (7점)
1. 국회의 국민대표기관으로서의 지위
2. 국가재정의 의의와 이에 대한 통제의 중요성
3. 국회의 재정에 관한 권한

Ⅲ. 국회의 예산·결산에 관한 통제권과 예결위의 역할 (10점)
1. 예산·결산의 의의와 중요성
2. 예산결산위원회의 역할과 현행 국회법상 조직형태
3. 예결위의 상임위원회화와 그 의미
→ 전문성 강화의 의미

Ⅳ. 정부의 예산지출 내역보고 및 이에 대한 국회승인의 의미 (10점)
1. 헌법상 국회의 결산 승인권과 그 의미
→ 헌법상 결산 승인권은 국회에 있음: 1년에 1회? 아니면 분

기별 승인도 가능한가?
→ 헌법 제99조는 매년 1회 결산에 대한 승인권을 전제한 것인가?
2. 국회법 개정에 의한 분기별 결산 보고의 합헌성 여부
3. 국회법 개정에 의한 분기별 결산 승인의 합헌성 여부
→ 헌법 제99조의 해석 문제, 두 가지 가능성 모두 다 있음.

Ⅴ. 권력분립원칙에 대한 침해여부와 대응수단 (13점)

1. 위헌적인 입법에 의한 권한 침해와 대응수단
2. 사전적 통제수단
→ 법률안거부권, 추상적 규범통제 도입문제 등
3. 사후적 통제수단
→ 권한쟁의심판, 위헌법률심판 내지 위헌소원 등

Ⅵ. 결 (5점)

사례 4 감사원의 국회이관과 국정감사의 분기별 실시 등

Ⅰ. 서: 쟁점의 정리 (5점)

Ⅱ. 헌법개정의 의의와 기능 및 한계 (10점)

1. 헌법개정의 의의
2. 감사원의 국회이관과 헌법개정의 필요성
3. 국정감사의 분기별 실시와 헌법개정의 필요성
4. 헌법개정의 한계와 본사안에 대한 판단

Ⅲ. 헌법개정에 의한 감사원 국회이관의 정당성 판단 (10점)

1. 감사활동의 본질과 감사원의 소속문제
→ 감사활동의 본질: 국가작용에 대한 통제
2. 감사기관의 소속에 관한 입법례
3. 감사원 국회이관의 장·단점 및 성공조건에 대한 판단
→ 장점: 국회의 국정통제기능 강화
→ 단점: 국회의 정치적 영향력에 의한 감사활동의 중립성 훼손 우려
→ 성공조건: 감사원이 국회의 정치적 영향력에서 벗어날 수 있는 정치문화 및 제도적 장치의 마련

Ⅳ. 헌법개정에 의한 국정감사의 분기별 실시의 정당성 판단 (10점)

1. 국정감사의 의의와 기능
2. 현행법상의 국정감사에 대한 비판과 분기별 실시의 장·단점
→ 현행법상 국정감사에 대한 비판: 감사와 조사의 중첩, 국정감사의 비효율성 - 짧은 시간 내에 과도한 대상기관, 전문성 부족

→ 분기별 실시의 장점: 시간의 확보, 대상기관 수의 합리적 조정

→ 분기별 실시의 단점: 대상기관에 미치는 영향(국정마비), 국회의 원활한 운영에 미치는 영향

3. 국정감사의 분기별 실시는 헌법에서 규정할 사항인가?

Ⅴ. 감사원의 감사대상기관에 대한 재정지출 검토보고 의무화의 헌법적 쟁점 (10점)

1. 국회로 이관된 감사원의 역할

→ 회계검사기능만, 직무감찰기능배제, 국회의 국정감사 및 조사권과 연계하여 보조적 기능 담당

2. 감사원의 피감기관에 대한 재정지출 검토보고의 의의와 기능
3. 감사원의 피감기관에 대한 재정지출 검토보고 의무화는 헌법에서 규정할 사항인가?

Ⅵ. 결 (5점)

제 4 장 정 부

개 요

대통령제 정부형태를 채택하고 있는 현행헌법 하에서 가장 비중이 큰 국가기관은 역시 집행기능을 담당하는 정부(=집행부)라고 할 수 있다. 더구나 현대국가에서는 집행기능의 확대라는 현상이 두드러지면서 정부의 역할이 차지하는 비중은 더욱 커졌고, 집행부의 권한 또한 확대되었다.

그러므로 정부의 조직과 권한범위 및 활동방식을 헌법의 틀 안에서 올바르게 분석하고 비판하기 위해서는 다음과 같은 몇 가지 관점에 주목할 필요가 있다.

첫째, 대통령제 정부형태를 전제하였을 때, 대통령의 헌법상 지위를 어떻게 파악할 것인지에 관심을 기울일 필요가 있다.

둘째, 대통령의 헌법상 지위와 대통령에게 부여된 헌법상의 권한이 어떻게 연결되는지에 대하여 비판적인 검토가 필요하다.

셋째, 대통령에 의해 구성되는 - 그러나 국회 등 다른 국가기관의 영향도 크게 받고 있는 - 행정부조직, 특히 국무총리와 국무회의의 성격 및 활동에 주목해야 한다.

넷째, 감사원, 국정원 등 대통령 직속기관들의 조직과 활동에 대해서도 관심을 가져볼 필요가 있을 것이다.

이런 여러 관점들을 중심으로 정부에 대한 전체적인 상(像)을 그려나가는 것이 작게는 정부의, 크게는 권력분립 전체의 올바른 이해를 위한 중요한 기초가 될 것이다.

사례 1 대통령임기조항 개정의 절차흠결과 한계 및 헌법개정이 헌법 제72조 정책국민투표의 대상이 될 수 있는가 여부[1)]

현직 국회의원 甲은 현행헌법에 있어서 대통령의 임기를 5년 단임으로 한 결과 국민에 의한 선거를 통한 심판의 기회를 박탈하는 결과를 가져와 책임정치구현에도 맞지 않는다는 점 등을 큰 문제점이라고 인식하고 있다. 이러한 인식하에 甲은 대통령의 임기조항을 4년에 1차 중임을 허용하는 방향으로 바꾸어야 한다는 생각을 현직 대통령인 乙에게 건의한 결과 乙도 공감을 표시하였으나, 문제는 대통령이 헌법개정안을 제안할 경우 국무회의에서 국무위원들의 반대와 국회의 의결을 통과하기 어렵다는 인식을 같이 하였다. 그러자 甲은 국무회의에서의 반대는 아무런 법적 구속력이 없으며, 국가의 중요정책에 대한 문제로 직접 헌법개정안을 국민투표에 부쳐 통과시키면 된다는 의견을 제시하면서 대통령에게 이러한 방법으로 헌법개정을 추진하고 출마하여 통일대통령의 위업을 이룰 것을 촉구하였다. 甲의원의 생각과 주장을 헌법적으로 평가하라.

[참고판례] 헌재 2003.11.27. 2003헌마694 결정; 헌재 2004.10.21. 2004헌마554등 결정; 헌재 2005.11.24. 2005헌마579등 결정; 헌재 2004.5.14. 2004헌나1 결정

사례 2 신임투표의 효력과 부서를 결여한 대통령의 국법상 행위의 효력

북한 핵문제와 관련한 6자회담이 교착상태에 빠지면서 북한에 대한 전방위 압박정책을 쓰고자 하는 미국과 유화정책을 쓰고자 하는 대한민국 정부 사이에 외교적 마찰이 점차 가시화되었다.

이런 상황에서 국내 일각에서는 정부의 대북유화정책이 북한을 이롭게 할 뿐만 아니라, 오히려 북한의 핵무장을 방조하는 것이 되어, 한반도의 군사적 긴장을 고조시키는 결과를 가져오게 될 것이라고 하면서, 정부가 대북유화정책을 포기해야 한다고 강력하게 주장하였다. 반면에 일부 시민단체들에서는 정부가 미국에 동조하여 대북압박정책을 쓸 경우에는 북한이 극단적인 선택을 하게 될 우려가 크므로, 전쟁의 위험이 더 커질 뿐만 아니라 유사시 북한이 중국에 귀속하게 될 가능성마저 배제할 수 없다면서 대북압박정책에 대해 강력하게 반대하고 있다.

이처럼 국내에서 대북유화정책에 대한 찬반양론이 점점 더 첨예한 갈등과 대립으로 치닫게 되자, 정부에서는 이 문제를 해결하기 위한 국민투표의 실시를 고려하게 되었다. 즉, 대북정책의 문제는 국가안위와도 직결되는 중요

1) 이 사례는 김수갑, "헌법개정과 관련한 주장의 헌법적 평가", 고시연구, 2002.5, 111-124쪽을 수록한 것이다.

한 정책이므로 헌법 제72조에 따라 대통령이 국민투표를 실시할 수 있는 사항이라는 것이다.

결국 2009. 6. 18. 대통령은 기자회견을 통해 정부의 대북유화정책에 대한 찬반을 묻는 국민투표를 1개월 후에 실시하겠다고 선언하면서, 만일 국민투표에서 반대의견이 다수로 확인된다면 대통령직을 사임하겠다고 공언하였다.

이러한 대통령의 결정에 대해 국무총리와 법무부장관은 헌법 제72조에 따른 국민투표의 실시는 찬성하지만, 이를 대통령의 신임과 연계시켜서 반대표가 다수일 경우 대통령직을 사임하겠다는 것은 헌법적으로 문제의 소지가 있다며 대통령에게 재고할 것을 요청하였으나, 대통령이 이를 받아들이지 않아 부서를 거부하였다. 그러나 대통령은 국무총리와 법무부장관의 부서없이 국민투표의 실시를 강행하겠다는 입장이다.

이 경우 대통령이 국무총리와 법무부장관의 부서없이 국민투표의 실시를 강행한다면 헌법적으로 어떤 문제가 발생하는가? 또한 대통령이 국무총리와 법무장관을 경질한 후 국민투표를 실시할 경우에는 어떠한가?

[참고판례] 국민투표의 요건, 신임투표의 위헌성 여부 → 헌재 2003.11.27. 2003헌마694 결정; 헌재 2004.10.21. 2004헌마554등 결정; 헌재 2005.11.24. 2005헌마579등; 헌재 2004.5.14. 2004헌나1 결정

사례 3

대통령의 사면권행사의 범위와 한계[2)]

최근 A게이트와 관련하여 여당과 야당 사이에 심각한 정치적 대립이 진행되는 가운데 현직 장관으로서 여당의 유력한 대통령후보의 한사람인 甲이 A게이트와의 관련이 문제되어 야당에 의해 탄핵소추의 대상으로 거론되기 시작하였다. 마침 여당내의 국회의원들도 대선후보의 경선과 관련하여 분열되어 있는 상태였기 때문에 예상과는 달리 甲에 대한 탄핵소추는 국회의원재적과반수의 찬성을 얻어 국회에서 의결되었으며, 또한 헌법재판소에 의한 탄핵심판에서도 甲을 장관직에서 파면하는 결정을 내렸다.

이에 대통령은 여당 내의 분열을 경계하는 입장을 표명하면서 당내 화합을 강조하는 한편 甲에 대하여 사면권의 행사를 통하여 甲의 공직임용자격을 회복시키고, 甲이 대통령선거후보로 나설 수 있도록 하였다. 그러나 이러한 대통령의 사면권행사에 대해서는 탄핵제도의 본질에 반하는 권한남용이라는 비판이 있다.

과연 이러한 비판은 정당한가? 헌법적 관점에서 검토하라.

[참고판례] 탄핵심판의 성격 → 헌재 2004.5.14. 2004헌나1 결정

2) 이 사례는 장영수, 헌법사례연습, 제3판, 2002, 478-486쪽, [사례 43] 대통령의 사면권행사의 범위와 한계를 수록한 것이다.

제1절 대통령제 정부형태와 대통령의 헌법상 지위

Ⅰ. 현행헌법상의 정부형태와 대통령의 헌법상의 지위

현행헌법은 대통령제 정부형태를 취하고 있다. 그에 따라 대통령이 국가원수로서 형식적·의전적 권한만을 갖는 의원내각제 국가(예컨대 독일)의 경우와는 달리, 우리나라의 대통령은 집행부의 수반으로서 실질적인 권한도 함께 가지고 있다.

그러나 현행헌법상의 대통령제는 미국식 대통령제의 모델에 충실한 것이라기보다는 상당 부분 변형된 대통령제라고 할 수 있다. 이러한 변형의 뿌리는 제헌헌법 당시에 의원내각제로 마련되었던 헌법초안을 순식간에 대통령제로 바꾸면서 전체적인 재구성이 이루어지지 못한 데 있다. 하지만 대통령제 정부형태를 수십년간 유지하면서 이러한 요소들이 제거되지 않고 변형된 대통령제가 계속된 배경에는 대통령직을 둘러싼 장기집권 및 권력집중의 욕구가 있었다.

실제로 우리 헌법의 의원내각제적 요소들을 분석해 보면, 대통령의 권한을 통제하는 국회의 기능이 강화된 것보다는 오히려 대통령이 국회의 활동에 관여할 수 있게 함으로써 정부의 권한이 강화된 측면이 더 많다. 전체적으로 볼 때, 국회가 정부의 활동에 관여 내지 통제할 수 있도록 하는 제도적 장치는 미약하다는 점을 확인할 수 있다.3)

이러한 현상은 결과적으로 대통령에의 권한집중을 통해 다른 국가기관에 대하여 대통령이 상대적으로 우월한 지위에 있음을 밝혀주는 것이며, 그로 인하여 현행헌법상의 대통령제는 엄격한 삼권분립에 기초한 미국식 대통령제에서 벗어나 대통령이 상대적으로 우월적 지위에 있는 변형된 대통령제로 분류되는 것이다.

다른 국가기관에 대한 대통령의 우월성은 현행헌법상 대통령에게 부여되고 있는 권한의 분석을 통해 확인될 수 있다. 즉, 대통령은 권력분립의 틀 안

3) 의원내각제적 요소로 지칭되는 정부의 법률안제출권으로 인하여 국회의 핵심적 권한인 입법권이 상당한 영향을 받고 있다는 것이 대표적인 예라고 할 수 있다. 반면에 의회가 정부를 통제할 수 있는 의원내각제적 요소는 대부분 국무총리나 국무위원들에 대한 것일 뿐이고, 대통령에 대한 직접적인 통제수단을 찾기 어렵다는 점은 시사하는 바가 크다.

에서 집행부의 수반으로서 실질적인 권한을 가지고 있을 뿐만 아니라, 국가원수로서도 (형식적·의전적인 권한만이 아니라) 입법부와 사법부에 대한 상대적 우월성을 가져오게 하는 실질적인 권한을 갖고 있는 것이다.

그러므로 현행헌법상의 대통령 내지 집행부를 정확하게 이해하기 위해서는 대통령이 헌법상 어떤 위치에 있으며, 어떤 권한들을 부여받고 있는지, 그리고 그러한 권한들이 인정되는 이유가 무엇인지에 대하여 권력분립의 틀을 염두에 두고 비판적으로 검토하는 것이 필요하다. 이를 위하여 대통령의 헌법상 지위를 집행부 수반으로서의 지위와 국가원수로서의 지위로 나누어 검토하는 것이 필요하다.

즉, 한편으로는 대통령이 집행부의 수반으로서 권력분립의 틀 안에서 입법부, 사법부와 대등한 위치에서 인정받고 있는 지위 내지 권한이 무엇인지를 살펴보고, 다른 한편으로는 대통령이 권력분립의 틀을 벗어나 국가원수로서 어떤 지위에 있으며, 어떤 권한(특히 형식적·의전적 권한이 아닌 실질적 권한)을 행사할 수 있는지를 검토함으로써 현행헌법상 대통령에의 권한집중이 어떠한지, 그리고 그 문제점이 무엇인지를 확인할 수 있을 것이다.

Ⅱ. 집행부 수반으로서의 지위

1. 권력분립의 틀과 집행부 수반의 권한범위

현대적 권력분립원칙은 입법, 집행, 사법의 기능을 분립시키는 것뿐만 아니라, 이러한 국가기능들이 각기 독립된 국가기관에 의해 담당될 것도 요청한다. 그것은 법정립과 법집행, 법판단을 구분함으로써 법치를 실현시키기 위한 것이며, 궁극적으로는 국가권력의 행사를 객관화함으로써 국민의 기본권을 보장하기 위한 것이다.

집행기능을 담당하는 집행부는 입법, 사법과 구분되는 집행작용의 담당자이며, 집행부의 수반으로서 대통령에게 부여된 권한 또한 일차적으로 집행작용에 관한 권한이라고 할 수 있을 것이다. 즉 대통령은 헌법 제66조 제4항에 따라 정부(즉 집행부)의 수반이며, 정부가 담당하는 집행작용에 관한 권한을 국민과 헌법에 의해 부여받고 있는 것이다.

이러한 대통령의 집행작용에 관한 권한은 ① 집행부의 조직에 관한 권한과 ② 집행부의 활동에 관한 권한으로 나누어질 수 있으며, 그에 상응하여 대통령의 집행부 수반으로서의 지위도 집행부의 조직권자로서의 지위와 집행부의 최고책임자로서의 지위로 구분될 수 있다.

권력분립은 그밖에도 국가기관 상호간의 통제를 통한 권력남용의 억제를 요청하고 있기 때문에, 국회가 정부에 대한 국정통제기능을 수행하듯이 정부도 다른 국가기관의 활동에 대한 통제기능을 일부 수행한다. 예컨대 대통령의 법률안거부권도 집행부의 수반으로서 갖는 입법작용에 대한 통제권으로 이해될 수 있다. 그러나 행정국가화 경향에 따른 집행부의 비대화로 인하여 집행부는 주로 통제의 대상이 되며, 통제의 주체가 되는 경우는 많지 않다.

2. 집행부의 조직권자로서의 지위

국민의 선거를 통해 집행권에 대한 민주적 정당성을 직접 부여받은 국민의 대표자가 대통령이다. 이러한 민주적 정당성에 기초하여 대통령은 집행부를 구성할 권한을 갖는다.

대통령은 국회의 동의를 얻어 국무총리를 임명할 권한(헌법 제86조 제1항), 국무총리의 제청으로 국무위원을 임명할 권한,(헌법 제87조 제1항) 또한 대통령은 헌법과 법률이 정하는 바에 따라 공무원을 임면할 권한(헌법 제78조)을 갖는다.

이러한 대통령의 집행부 조직권은 집행부에 대한 대통령의 권한임과 동시에 책임이라고 할 수 있다. 다만, 대통령의 집행부 조직권의 의미는 집행부 구성원의 임면에 관한 것일 뿐이고, 집행부 조직체계 자체의 변경에 대한 것은 아니다.[4)]

3. 집행부의 최고책임자로서의 지위

대통령은 집행부의 수반으로서 집행작용에 대한 최고책임자이다. 즉, 집행부의 활동에 대한 최종적인 결정권자이며, 집행부 구성원들의 활동에 대한 최고의 지휘·감독권을 갖는다. 이런 의미에서 대통령은 집행부의 활동에 대한 최종적인 권한을 가지며, 그에 대한 책임을 진다고 할 수 있다.

대통령이 집행부의 활동에 대한 최고책임자로서의 권한을 가지고 있다고 하더라도 이를 자의적으로 행사해서는 안 된다. 대통령의 권한은 헌법과 법

---

4) 집행부의 조직체계를 바꾸기 위해서는 정부조직법 등 관련법률의 개정이 필요하므로, 이는 국회의 권한에 속한다.

률이 정한 절차에 따라 행사되어야 하며, 국무회의의 심의나 국가안전보장회의 등의 자문, 국무총리나 관계국무위원의 부서 등이 요구되는 경우가 많다.

또한 대통령은 집행부의 활동에 대한 권한을 보유함과 아울러 책임을 진다는 점에도 유의하여야 한다. 대통령이 직접 불법적인 권한행사를 한 경우뿐만 아니라, 집행부의 활동 전반에서 나타나는 불법적인 활동 내지 부적절한 활동에 대하여 최고책임자 내지 최고지휘·감독자로서의 책임을 져야 하는 것이다. 다만, 정치적 책임이 문제되는 경우와 법적 책임을 져야 할 경우는 그때 그때 구분되어야 할 것이다.

Ⅲ. 국가원수로서의 지위

1. 권력분립의 틀과 국가원수의 지위

권력분립의 기본적 틀은 입법(부)-집행(부)-사법(부)의 분립과 상호통제라고 할 수 있다. 국회와 정부, 사법부(법원, 헌법재판소)가 각기 독자적으로 구성되고 활동하는 것은 그러한 요청에 기초한 것이다.

그런데 국가원수(國家元首)라는 것은 입법과 집행, 사법의 어느 쪽으로도 분류하기 어렵다. 국가원수란 말 그대로 전체로서의 국가를 상징 내지 대표하는 인물이다. 그렇기 때문에 국가원수를 입법부나 집행부 또는 사법부의 어느 한 쪽에 소속한 인물로 보기 어려운 것이다.

결국 국가원수는 권력분립의 틀 안에서 설명되기 어려운, 권력분립에 대해서 이질적인 존재로 평가될 수밖에 없다.[5] 그러나 현대 민주국가의 경우에도 국가원수의 존재를 부정해 버릴 수는 없다. 국내적으로 국가 전체를 대표·상징하는 인물이 필요할 뿐만 아니라, 대외적으로도 국가를 대표하여 의전적 활동을 하는 인물이 꼭 필요하기 때문이다.

만일 국가원수가 실질적인 권한을 보유하지 않고 형식적·의전적인 권한만을 가지고 있을 경우에는 국가원수의 존재와 활동이 권력분립에 미치는 영향은 거의 없다고 볼 수 있을 것이다. 의원내각제 국가의 국가원수가 대체로

5) 권력분립 이전의 절대군주제 국가의 경우 군주는 입법, 집행, 사법에 관한 모든 권력을 장악하고 있던 실질적인 국가원수였으며, 현재의 영국 등과 같은 형식적 군주제 국가의 경우 군주는 국가를 대표하는 상징적인 국가원수이다. 하지만 어느 경우라 하더라도 군주는 권력분립의 틀 안에서 설명되기 어려운 이질적 존재이다.

그러하다.

하지만 국가원수가 입법부 또는 집행부, 사법부의 활동에 직접 관여할 수 있는 **실질적 권한**을 가질 경우에는 권력분립에 중대한 문제가 발생될 수밖에 없다. 특히 우리나라의 경우처럼 대통령이 국가원수라는 것을 근거로 권력분립을 초월하는 권한을 다수 보유하고 있는 경우에는 이러한 문제가 매우 심각할 수밖에 없다.

2. 대외적으로 국가를 대표하는 지위

현행헌법 제66조 제1항은 "대통령은 국가의 원수이며, 외국에 대하여 국가를 대표한다"고 명시하고 있다. 이 규정은 대통령이 국가원수라는 것을 밝힘과 동시에 국가원수의 가장 주된 의미가 대외적으로 국가를 대표하는 것임을 확인하고 있다.

이처럼 국가원수로서의 대통령은 외국에 대하여 대한민국을 대표하는 위치에 있으며, 이에 기초하여 조약을 체결·비준하고 외교사절을 신임·접수 또는 파견하며, 선전포고와 강화를 할 권한을 갖는다(헌법 제73조).

이러한 권한은 순수하게 의전적인 것이 아니라 실질적인 것으로 이해될 수도 있다. 하지만 조약의 체결과 비준에 관한 실질적인 작업은 집행부에서 담당하고, 또 일정한 내용의 조약에 대해서는 국회의 동의를 받아야 한다. 즉, 국가원수로서 대통령이 조약에 대해 체결·비준하는 것은 (집행부의 수반으로서 실질적인 작업을 지휘·감독하는 것을 배제하면) 형식적이고 의전적인 것이라고 볼 수 있다.[6)]

또한 대통령은 대외적으로 국가를 대표하는 인물이기 때문에 외국으로부터 외교상의 특권을 누리기도 한다.

3. 헌법상 기관의 구성권자로서의 지위

현행헌법상 대통령은 헌법상 기관의 구성에 관한 권한을 많이 가지고 있다. 그 가운데서 집행부의 구성원에 대한 임면권, 예컨대 국무총리(헌법 제86조 제1항)나 감사원장(헌법 제98조 제2항)의 임명은 - 비록 국회의 동의를 얻어야 하지만 - 대통령이 집행부의 수반으로서 행사하는 권한으로 볼 수 있으

6) 외교사절의 신임·접수 또는 파견, 선전포고와 강화 등에 대해서도 같은 맥락으로 이해할 수 있다.

므로 큰 문제가 되지 않는다.

그러나 집행부의 구성원이 아닌 헌법상 기관의 구성에 대통령이 임명권을 갖는 것은 국가원수로서의 지위에 의해서만 설명될 수 있다. 예컨대 대통령이 대법원장(헌법 제104조 제1항)이나 대법관(헌법 제104조 제2항), 또는 헌법재판소장(헌법 제111조 제4항)을 임명하는 권한을 보유하고 있는 것은 집행부의 수반으로서의 지위로는 설명될 수 없는 것이다.[7)]

만일 이러한 헌법상 기관 구성에 관한 대통령의 권한이 실질적인 권한, 즉 대통령이 임의로 행사할 수 있는 권한으로 이해된다면, 이는 권력분립의 심각한 훼손을 의미할 수밖에 없다. 논리적으로는 대통령의 국가원수로서의 지위와 집행부 수반으로서의 지위가 구별되지만, 이를 실제 행사하는 대통령은 한 사람이기 때문에 대통령이 다른 국가기관을 실질적으로 구성할 수 있도록 하는 것은 집행부가 다른 국가기관을 지배하는 결과를 낳게 될 것이기 때문이다.

그러므로 대법원장, 대법관 또는 헌법재판소장에 대한 대통령의 임명권은 형식적 권한으로 이해되어야 하며, 그렇게 될 수 있도록 하는 관행이 확립될 필요가 있다.

4. 국정의 통합 · 조정자로서의 지위

대통령의 헌법상 지위와 관련하여 가장 많은 논란이 있는 것은 이른바 국정의 통합 · 조정자로서의 지위에 관한 것이다.

현행헌법상 대통령의 권한에 속하는 것 가운데서는 집행부의 수반으로서의 대통령에게 인정된 것으로 보기는 어려운 (즉, 권력분립의 틀 안에서는 설명되기 어려운) 권한들이 적지 않다. 이러한 권한들은 결국 국가원수로서의 대통령에게 인정된 권한으로 보아야 할 것이다.

대통령이 국가원수로서 갖는 권한들 중에서 일정 부분은 대외적으로 국가를 대표하는 지위에 나오는 형식적 · 의전적 권한이므로 큰 문제를 야기하지 않으며, 헌법상 기관의 구성에 관여하는 권한도 형식적 권한으로 해석될 수 있는 여지가 남아 있다.

---

7) 반면에 헌법재판소 재판관 중의 3인을 실질적으로 지명하는 권한이나, 중앙선거관리위원회의 위원 중 3인을 대통령이 임명하는 것은 집행부의 수반으로서의 지위에서 나오는 것으로 이해될 수 있다. 그것은 국회, 대법원과 함께 각기 3분의 1의 구성원을 선임함으로써 권력분립적 요구를 수용하고 있기 때문이다.

그러나 일부 권한은 국가원수로서 가지는 권한이되, 실질적 권한으로 볼 수밖에 없는 것이어서 권력분립과 관련하여 많은 문제를 야기시키는 것이다.

이에 속하는 것으로는 ① 대통령의 헌법개정발의권(헌법 제128조 제1항), ② 국민투표부의권(헌법 제72조), ③ 임시국회소집요구권(헌법 제47조 제1항), ④ 국회출석·발언 및 서한에 의한 의사표시의 권한(헌법 제81조), ⑤ 법률안제출권(헌법 제52조), ⑥ 사면·감형·복권에 관한 권한(헌법 제79조) 등이 있다.

이러한 권한들로 인하여 대통령의 다른 **국가기관에 대한 상대적 우월성**이 나타나게 되는 것이며, 또한 많은 경우 이러한 권한의 남용이 문제되기도 한다.

이러한 맥락에서 대통령의 ① 헌법개정발의권, ② 임시국회소집요구권, ③ 법률안제출권은 헌법개정을 통하여 폐지할 필요가 있다. 또한 대통령의 다른 권한들도 그 남용의 금지를 위하여 엄격한 요건과 절차를 통해서만 행사가 가능하도록 하는 것이 필요하다. 예컨대 사면권을 폐지하는 데에는 문제가 있지만, 사면권(특히 특별사면)의 남용을 막기 위하여 요건과 절차를 강화하는 것은 필요할 것이다.

생각해 보기

대통령의 이른바 국가와 헌법의 수호자로서의 지위?

대통령의 국가원수로서의 지위와 관련하여 「국가와 헌법의 수호자」로서의 지위를 이야기하는 경우도 있으나 이는 적절치 않다고 생각된다. 비록 헌법 제66조 제2항과 제69조에서 대통령이 국가와 헌법을 수호해야 할 의무를 규정하고 있으나, 이는 대통령만의 의무라고 볼 수 없으며, 모든 국가기관의 의무이기 때문이다.

국가와 헌법의 수호자로서 대통령에게 부여된 국가긴급권(헌법 제76조의 긴급재정·경제처분 및 그 명령권, 긴급명령권, 헌법 제77조의 계엄선포권)이나 위헌정당해산제소권(헌법 제8조 제4항)은 대통령이 집행부의 수반으로서 가지는 권한일 뿐이고, 권력분립의 틀을 벗어나서 국가원수로서 가지는 권한으로 이해되어야 할 이유가 없다. 그것은 다른 국가원수로서의 지위에서 파생되는 권한과는 달리 국가긴급권의 행사에 대해서는 국회의 통제가 가해진다는 점, 그리고 위헌정당해산제소에 대해서는 헌법재판소의 판단에 의하여 최종적인 결정이 내려진다는 점에서 분명하다.

제 2 절 대통령의 선출과 그 신분상의 지위

Ⅰ. 대통령의 선거

현행헌법은 대통령제 정부형태를 취하고 있으며, 더욱이 대통령에게 권한이 집중된 이른바 변형된 대통령제를 채택하고 있다. 그에 따라 대통령은 집행부의 수반으로서 뿐만 아니라 국가원수로서 강력한 권한들을 가지고 있다.

이러한 대통령의 강력한 권한은 그에 상응하는 강력한 민주적 정당성을 요청한다. 의원내각제 국가의 대통령이 대부분 간선으로 선출되는 것과는 달리 대통령제 국가의 대통령은 직선으로 선출되는 것이 원칙인 것도 이러한 민주적 정당성의 요청 때문이다. 대통령이 강력한 권한을 보유하면 보유할수록 그 권한에 대한 (국민에 의한) 보다 직접적인 정당성부여를 필요로 하는 것이다.

이와 관련하여 미국의 경우에는 대통령선거에서 간선을 채택하고 있으나 실질적으로는 직선에 가깝게 운용하고 있다는 점을 참고할 수 있으며, 한 걸음 더 나아가 프랑스의 경우에는 대통령선거에 있어서 상대적 다수대표제가 아닌 절대적 다수대표제를 채택함으로써 민주적 정당성의 강화에 더욱 노력하고 있다는 점에도 주목할 필요가 있다.

현행헌법상 대통령은 국민의 보통·평등·직접·비밀 선거에 의한 상대적 다수대표제 선거로 선출된다. 다만 최고득표자가 2인 이상인 경우에는 국회에서 결선투표를 하며, 대통령후보자가 1인일 경우에는 그 득표수가 선거권자 총수의 3분의 1 이상이 되어야 한다(헌법 제67조 제1항-제3항).

Ⅱ. 대통령의 취임·임기

1. 대통령의 취임

대통령선거에서 당선된 후보자는 대통령직에 취임함으로써 대통령으로서의 신분을 취득한다. 대통령은 취임에 즈음하여 “나는 헌법을 준수하고 국가를 보위하며 조국의 평화적 통일과 국민의 자유와 복리의 증진 및 민족문화의 창달에 노력하여 대통령으로서의 직책을 성실히 수행할 것을 국민 앞에 엄숙히 선서합니다"라는 선서를 한다(헌법 제69조).

2. 현행헌법상 대통령의 임기

현행헌법상 대통령의 임기는 5년이며, 중임할 수 없다(헌법 제70조). 이처럼 대통령의 임기를 한정하고, 중임을 금지한 것은 장기집권의 방지에 그 의미가 있다.

해방 후 60여년의 헌법사를 돌아볼 때, 제헌과정에서부터 현행헌법에 이르기까지 늘 대통령의 선출방식 및 임기, 중임제한이 논란의 핵심이었던 것을 확인할 수 있으므로 5년 단임제의 역사적 필요성은 인정될 수 있다.

다만 최근에는 4년 중임제로의 개헌이 필요하다는 논의가 시작되고 있어서 새로운 검토가 필요하다.

3. 임기제도의 의미

임기제도가 갖는 의의는 정당성의 한정에 있다. 임기의 한정 없이 무제한의 정당성을 부여하는 경우에는 그만큼 통제의 가능성이 약화되며, 그 결과 직무담당자가 타성에 젖고 보수화되는 경향이 나타나게 된다.

임기제도는 이를 막기 위하여 일정한 기간을 임기로 정하고, 임기가 만료된 후에는 새로운 절차를 통하여 정당성을 회수 또는 갱신함으로써 공직의 수행이 계속 국민의 의사와 이익에 부합되도록 하는 기능을 담당한다.

그러나 임기제도는 잘못 이용되면 오히려 공직의 적정한 수행에 대한 장애요인이 될 수도 있다. 임기로 인하여 공직수행의 능률성이 저해되는 측면도 있을 수 있고, 임기제도가 정당한 통제가 아닌 부당한 압력의 수단으로 이용되는 경우도 있을 수 있다.

따라서 임기제도를 통한 정당성의 확보·갱신과 공직수행의 능률성·적정성의 긴장관계에 대한 적절한 배려가 필요하다.

4. 대통령 임기의 4년 중임제 개헌의 필요성

1987년의 6월혁명에 의하여 헌법이 개정되던 당시에는 대통령의 장기집권을 막는 것보다 더 중요한 것은 없다고 할 수 있는 상황이었기에 5년 단임제가 꼭 필요하였고, 실제로 5년 단임제는 기대했던 역할을 충실히 했다고 볼 수 있다. 하지만 현재의 시점에서는 5년 단임제의 순기능이 더 크게 나타나는지, 아니면 역기능이 더 큰 상황인지를 재검토해 볼 필요가 있다.

5년 단임제의 순기능은 무엇보다 장기집권에 따른 독재화의 가능성 방지에 있다. 사실 지금이라고 장기집권의 위험이 전혀 없는 것은 아니다. 하지만 적어도 1987년 당시와 비교할 때, 특정인이나 특정집단에 의한 장기집권 및 그에 의한 독재화의 위험성은 매우 낮은 상황이다. 그에 따라 5년 단임제의 역기능이 오히려 더 부각되고 있다는 점도 간과할 수 없다. 연임의 가능성이 없다 보니 임기말이 되면 이른바 레임덕 현상, 대통령 자신의 국정에 대한 책임감이 약해지는 문제를 낳게 되었던 것이다.

물론 「장기집권의 위험성 방지」와 「대통령의 책임 있는 국정수행」 가운데 어느 쪽에 더 큰 비중을 두느냐에 따라 결론은 달라질 수 있다. 하지만 이제는 적어도 이 문제를 진지하게 검토할 시점은 되었다. 헌법개정에 관한 논의 자체를 덮어두기보다는 과연 지금의 상황에서 개정이 필요한 것인지에 대한 논의가 이제 신중하게 시작되어야 한다. 헌법개정이 정말로 필요한지에 대한 판단은 그 논의의 결과가 말해줄 것이다.

Ⅲ. 대통령의 권한대행

1. 대통령의 유고와 권한대행자

현행헌법은 대통령제를 채택하고 있지만, 부통령을 두지 않고 있다. 그로 인하여 대통령이 직무를 수행하기 곤란한 경우에 누가 어떻게 그 권한을 대행할 것인지가 문제된다.

이에 대하여 헌법 제71조에서는 "대통령이 궐위되거나 사고로 인하여 직무를 수행할 수 없을 때에는 국무총리, 법률이 정한 국무위원의 순서로 그 권한을 대행한다"고 명시하고 있다. 이 때 국무위원의 순서는 정부조직법 제12조 제2항에 따른다.

하지만 대통령이 가지고 있는 강력한 권한 및 이와 결부되어 있는 국민에 의한 직접적인 정당성의 부여 등을 고려할 때, 국민에 의해 선출되지 않은 국무총리나 국무위원이 권한을 대행하는 데에는 문제가 적지 않다.

2. 대통령 궐위시의 권한대행

대통령의 궐위란 대통령직의 담당자가 더 이상 존재하지 않게 된 경우를 말한다. 즉 대통령의 사망, 탄핵결정에 의한 파면, 선거소송 등에 의한 자격 상실의 경우 등 대통령직이 공석이 되었을 때를 가리키는 것이다.

대통령이 궐위된 경우에는 일단 권한대행이 필요하겠지만, 빠른 시간 내에 후임자를 선출하는 것이 필요하다. 국민에 의해 직접 선출되지 않은 국무총리 등이 대통령직을 대행하는 데에는 한계가 있을 수밖에 없기 때문이다. 헌법 제68조 제2항에서 대통령의 궐위시 60일 이내에 후임자를 선출하도록 요구하는 것도 이러한 맥락에서 이해될 수 있다.

권한대행의 직무범위와 관련하여 궐위의 경우에는 권한대행이 현상유지적인 것에 한정되어야 할 이유가 없다는 견해[8]와 그 원인이 무엇이든 권한대행자의 직무범위는 대통령의 직무범위와 같을 수 없다는 견해[9]가 대립하고 있다.

이러한 견해의 대립은 대통령의 사고시와 달리 궐위시의 경우에는 대통령의 복귀를 전제하는 것이 아니기 때문에 현상유지적 직무에 한정할 필요가 없지 않은가에 대한 판단의 차이에서 기인한다. 그러나 궐위시의 경우에도 권한대행자의 민주적 정당성이 취약한 만큼, 권한대행자의 직무범위는 위기관리를 위하여 필요한 최소한에 한정되어야 할 것이다.

3. 대통령 사고시의 권한대행

대통령의 사고란 대통령직이 공석이 된 것은 아니지만, 일정한 사유로 인하여 대통령의 직무수행이 불가능한 경우를 말한다. 예컨대 대통령이 신병으로 인하여 직무수행이 일시 불가능한 경우나 국회의 탄핵소추로 인하여 직무집행이 정지된 경우 등이 이에 해당된다.

대통령의 사고시에는 대통령이 업무에 복귀할 때까지 (또는 헌법재판소의 탄핵결정으로 인하여 대통령의 궐위가 확정될 경우에는 후임자의 선출시까지) 권한대행의 순서에 따라 국무총리 또는 국무위원이 대통령의 권한을 대행한다.

대통령의 궐위는 명백하기 때문에 문제가 되지 않으나, 대통령이 사고인

8) 권영성, 헌법학원론, 2009, 966쪽.
9) 김철수, 헌법학개론, 2006, 1221쪽; 허영, 한국헌법론, 2009, 939쪽.

경우는 대통령권한대행의 사유가 있는가를 누가 판단할 것인가가 문제된다. 탄핵소추가 의결된 경우처럼 사고가 명백한 경우를 제외하고는 권한대행의 필요여부와 기간은 제1차적으로 대통령이 결정한다는데 이론이 없다. 그러나 대통령이 의식불명 등으로 그것을 결정하지 못할 때에는 누가 결정할 것인가에 대해서는 현재 명문규정이 없다. 이러한 상황에 대비하여 미리 법으로 규정할 필요성이 있다. 현행법 하에서 사유의 존부와 기간을 어느 기관이 결정할 것인가와 관련해서는 프랑스 헌법의 예처럼 헌법재판소가 정하는 것이 바람직하다는 견해,[10] 헌법 제89조 제1호, 제5호, 제7호, 제17호를 근거로 국무회의의 심의를 거쳐 그 권한대행기간을 정할 수밖에 없다는 견해,[11] 대통령은 국민이 직선하되 예외적인 경우에는 국회에서 선출하는 규정을 들어(헌법 제67조 제2항) 국회에서 권한대행사유의 존재여부와 대행기간을 정하는 것이 바람직하다는 견해[12] 등이 대립한다.

대통령의 사고시 권한대행의 직무범위에 대해서는 성질상 잠정적인 현상유지에 국한되는 것으로 보는 견해가 일반적이다. 대통령의 업무복귀가 가능한 상황에서 기본적인 정책의 변화나 내각의 개편 등과 같은 국정의 기본방향을 바꾸는 행동은 정당화될 수 없기 때문이다.[13]

Ⅳ. 대통령의 (형사상) 특권과 헌법상 의무

1. 대통령의 형사상 특권

▌헌법 제84조: 대통령은 내란 또는 외환의 죄를 범한 경우를 제외하고는 재직중 형사상의 소추를 받지 아니한다.

현행헌법 제84조에 의한 대통령의 형사상특권은 대통령이 국가원수로서 품위를 유지하고, 직무집행을 원활히 할 수 있도록 하는 데 그 의미가 있다. 다만 재직중에 소추를 금지하고 있는 것에 지나지 않기 때문에 퇴직후에 형

10) 권영성, 헌법학원론, 2009, 910쪽.
11) 허영, 한국헌법론, 2009, 908쪽
12) 홍성방, 헌법학, 2009, 857쪽
13) 2004년 노무현 전 대통령에 대한 국회의 탄핵소추로 인하여 대통령의 권한이 정지되었을 때, 고건 전 국무총리가 대통령의 권한을 대행한 바 있으며, 당시에 대통령 권한대행의 직무범위를 어떻게 보아야 할 것인지가 논란의 대상이 된 바 있다. 하지만 대부분의 헌법학자들은 현상유지적 권한에 한정되는 것으로 보아야 한다는 견해를 밝힌 바 있다.

사소추를 받을 수는 있으며 또한 재직 중에도 민사상의 소추나 탄핵소추는 가능하다.

대통령의 형사상 특권에 대한 예외로서 내란 또는 외환의 죄를 명시하고 있는데, 이는 국가의 존립과 관련되는 범죄이기 때문에 대통령의 임기가 끝나고 퇴직한 후까지 공소제기를 미룰 수 있는 상황이 아니기 때문이다.

대통령의 재직중의 범죄행위와 관련해서 헌법 제84조에 따라 형사소추가 불가능한 기간 동안에는 공소시효가 정지되는 것으로 보는 것이 타당할 것이다.

i. 대통령의 불소추특권과 공소시효정지 사유

우리 헌법이 채택하고 있는 국민주권주의(제1조 제2항)와 법 앞의 평등(제11조 제1항), 특수계급제도의 부인(제11조 제2항), 영전에 따른 특권의 부인(제11조 제3항) 등의 기본적 이념에 비추어 볼 때, 대통령의 불소추특권에 관한 헌법의 규정(헌법 제84조)이 대통령이라는 특수한 신분에 따라 일반국민과는 달리 대통령 개인에게 특권을 부여한 것으로 볼 것이 아니라, 단지 국가의 원수로서 외국에 대하여 국가를 대표하는 지위에 있는 대통령이라는 특수한 직책의 원활한 수행을 보장하고, 그 권위를 확보하여 국가의 체면과 권위를 유지하여야 할 실제상의 필요 때문에 대통령으로 재직중인 동안만 형사상 특권을 부여하고 있음에 지나지 않는 것으로 보아야 할 것이다. 위와 같은 헌법 제84조의 규정취지와 함께 공소시효제도나 공소시효정지제도의 본질에 비추어 보면, 비록 헌법 제84조에는 "대통령은 내란 또는 외환의 죄를 범한 경우를 제외하고는 재직중 형사상의 소추를 받지 아니한다"고만 규정되어 있을 뿐 헌법이나 형사소송법 등의 법률에 대통령의 재직중 공소시효의 진행이 정지된다고 명백히 규정되어 있지는 않다고 하더라도, 위 헌법규정은 바로 공소시효진행의 소극적 사유가 되는 국가의 소추권행사의 법률상 장애사유에 해당하므로, 대통령의 재직중에는 공소시효의 진행이 당연히 정지되는 것으로 보아야 한다(헌재 1995.1.20. 94헌마246 결정).

ii. 소급입법에 의한 공소시효정지와 형벌불소급의 원칙(헌재 1996.2.16. 96헌가2 등 결정)

㉮ 특별법 제2조가 소급입법에 해당하는지 여부

재판관 김용준, 재판관 정경식, 재판관 고중석, 재판관 신창언의 의견

공소시효제도는 헌법이 마련하고 있는 제도가 아니라 법률이 규정하고 있는 제도이므로, 그 제도의 구체적인 적용은 사실의 인정과 법률의 해석에 관련된 문제로서 기본적으로 법원의 전속적인 권한에 속하는 사항이며, 헌법재판소가

관여할 사항이 아니다. 따라서 헌법재판소로서는 위 법률조항이 확인적 법률인지의 여부에 관하여는 법원의 판단에 맡기고, 만일 법원이 이 점에 관하여 소극적 견해를 취할 경우 제기될 수 있는 헌법적 문제에 대하여 판단하면 된다.

재판관 김진우, 재판관 이재화, 재판관 조승형의 의견

(1) 특별법 제2조는 법 및 법집행의 왜곡에 따르는 소추의 장애사유가 존재하여 헌정질서파괴 행위자들에 대한 검찰의 소추권행사가 불가능하였으므로 당연히 공소시효의 진행이 정지된 것으로 보아야 한다는 법리를 확인하여 입법한 데 불과하므로 소급입법에 해당하지 않는다.

(2) 공소시효는 소추기관이 유효하게 공소권을 행사할 수 있었음에도 불구하고 이를 행사하지 아니한 채 그 기간이 경과되었을 것을 요건으로 하여 완성하며, 소추기관이 유효하게 공소권을 행사하는 데 법적·제도적 장애가 없을 때에만 진행할 수 있다.

(3) 형사법의 집행을 담당하는 국가의 소추기관이 법제도상 군사반란 내지 내란행위자들에 의해 장악되거나 억압당함으로써 이들의 의사나 이익에 반하는 소추권행사가 더 이상 가능하지 않게 되는 등 반란행위나 내란행위를 처벌하여야 할 법률의 기능이 마비되어, 적어도 위 행위자들에 관한 한 법치국가적 원칙이 완전히 무시되고 법률의 집행이 왜곡되는 법질서상의 중대한 장애사유가 있는 경우에는, 비록 헌법이나 법률에 명문의 규정은 없다 하여도 단순한 사실상의 장애를 넘어 법규범 내지 법치국가적 제도 자체에 장애가 있다고 보아야 하고, 이러한 장애로 군사반란행위자와 내란행위자가 불처벌로 남아있을 수 밖에 없는 상태로 있는 기간 동안에는 공소시효가 정지된다고 보아야 하며, 또 이것이 공소시효제도의 본질에도 부합하는 해석으로 성공한 내란도 처벌되어야 한다는 당위성에 합치되고 정의의 관념과 형평의 원칙에도 합치한다.

재판관 김문희, 재판관 황도연의 의견

공소시효는 법률로써 명문규정을 둔 경우에 한하여 정지되는 것이고, 헌법 제84조의 규정도 공소시효의 정지에 관한 명문규정으로 볼 수 없으므로, 위 법률조항에서 공소시효가 정지되는 것으로 규정한 전기간, 모든 피의자에 대하여 이 법률조항으로 말미암아 비로소 공소시효의 진행이 정지되는 것으로 보아야 한다. 따라서 이 법률조항은 소급적 효력을 가진 형성적 법률이다.

㉯ 위 법률조항이 형벌불소급의 원칙에 위반되는지 여부(소극)

형벌불소급의 원칙은 "행위의 가벌성" 즉 형사소추가 "언제부터 어떠한 조건하에서" 가능한가의 문제에 관한 것이고, "얼마동안" 가능한가의 문제에 관한 것은 아니므로, 과거에 이미 행한 범죄에 대하여 공소시효를 정지시키는 법률이라 하더라도 그 사유만으로 헌법 제12조 제1항 및 제13조 제1항에 규정한 죄형법정주의의 파생원칙인 형벌불소급의 원칙에 언제나 위배되는 것으로 단정할 수는 없다.

㉰ 위 법률조항이 부진정소급효를 갖는 경우 법적 안정성과 신뢰보호의 원칙을 포함하는 법치주의 정신에 위반되는지 여부(소극)

공소시효가 아직 완성되지 않은 경우 위 법률조항은 단지 진행중인 공소시효를 연장하는 법률로서 이른바 부진정소급효를 갖게 되나, 공소시효제도에 근거한 개인의 신뢰와 공시시효의 연장을 통하여 달성하려는 공익을 비교형량하여 공익이 개인의 신뢰보호이익에 우선하는 경우에는 소급효를 갖는 법률도 헌법상 정당화될 수 있다.

위 법률조항의 경우에는 왜곡된 한국 반세기 헌정사의 흐름을 바로 잡아야 하는 시대적 당위성과 아울러 집권과정에서의 헌정질서파괴범죄를 범한 자들을 응징하여 정의를 회복하여야 한다는 중대한 공익이 있는 반면, 공소시효는 행위자의 의사와 관계없이 정지될 수도 있는 것이어서 아직 공소시효가 완성되지 않은 이상 예상된 시기에 이르러 반드시 시효가 완성되리라는 것에 대한 보장이 없는 불확실한 기대일 뿐이므로 공소시효에 대하여 보호될 수 있는 신뢰보호이익은 상대적으로 미약하여 위 법률조항은 헌법에 위반되지 아니한다.

㉱ 위 법률조항이 진정소급효를 갖는 경우 법적 안정성과 신뢰보호의 원칙을 포함하는 법치주의 정신에 위반되거나 평등의 원칙에 위반되는지 여부

재판관 김진우, 재판관 이재화, 재판관 조승형, 재판관 정경식의 합헌의견

(1) 진정소급입법이라 하더라도 기존의 법을 변경하여야 할 공익적 필요는 심히 중대한 반면에 그 법적 지위에 대한 개인의 신뢰를 보호하여야 할 필요가 상대적으로 적어 개인의 신뢰이익을 관철하는 것이 객관적으로 정당화될 수 없는 경우에는 예외적으로 허용될 수 있다.

(2) 진정소급입법이 허용되는 예외적인 경우로는 일반적으로, 국민이 소급입법을 예상할 수 있었거나, 법적 상태가 불확실하고 혼란스러웠거나 하여 보호할 만한 신뢰의 이익이 적은 경우와 소급입법에 의한 당사자의 손실이 없거나 아주 경미한 경우, 그리고 신뢰보호의 요청에 우선하는 심히 중대한 공익상의 사유가 소급입법을 정당화하는 경우를 들 수 있다.

(3) 이 사건 반란행위 및 내란행위자들은 우리 헌법질서의 근간을 이루고 있는 자유민주적 기본질서를 파괴하였고, 그로 인하여 우리의 민주주의가 장기간 후퇴한 것은 말할 것도 없고, 많은 국민의 그 생명과 신체가 침해되었으며, 전국민의 자유가 장기간 억압되는 등 국민에게 끼친 고통과 해악이 너무도 심대하여 공소시효의 완성으로 인한 이익은 단순한 법률적 차원의 이익이고, 헌법상 보장된 기본권적 법익에 속하지 않는 반면, 집권과정에서 헌정질서파괴범죄를 범한 자들을 응징하여 정의를 회복하여 왜곡된 우리 헌정사의 흐름을 바로 잡아야 할 뿐만 아니라, 앞으로는 우리 헌정사에 다시는 그와 같은 불행한 사태가 반복되지 않도록 자유민주적 기본질서의 확립을 위한 헌정사적 이정표를 마련하여야 할 공익적 필요는 매우 중대한 반면, 이 사건 반란행위자들 및 내란행위자들의

군사반란죄나 내란죄의 공소시효완성으로 인한 법적 지위에 대한 신뢰이익이 보호받을 가치가 별로 크지 않다는 점에서, 이 법률조항은 위 행위자들의 신뢰이익이나 법적 안정성을 물리치고도 남을 만큼 월등히 중대한 공익을 추구하고 있다고 평가할 수 있어, 이 법률조항이 위 행위자들의 공소시효완성에 따르는 법적 지위를 소급적으로 박탈하고, 그들에 대한 형사소추를 가능하게 하는 결과를 초래하여 그 합헌성 인정에 있어서 엄격한 심사기준이 적용되어야 한다고 하더라도, 이 법률조항은 헌법적으로 정당화된다고 할 것이다.

(4) 위 법률조항은 헌정질서파괴범죄자들에 대하여 국가가 실효적으로 소추권을 행사할 수 있는 기간을 다른 일반국민들에 대한 시효기간과 동일하게 맞춤으로써, 그 범죄행위로 인하여 초래되었던 불평등을 제거하겠다는 것에 불과하여, 위 범죄행위자들을 자의적으로 차별하는 것이 아닐 뿐만 아니라, 오히려 실질적 정의와 공평의 이념에 부합시키는 조치라고 할 수 있다.

재판관 김용준, 재판관 김문희, 재판관 황도연, 재판관 고중석, 재판관 신창언의 한정위헌의견

형사실체법의 영역에서 형벌은 바로 신체의 자유와 직결되기 때문에 적어도 범죄구성요건과 형벌에 관한 한, 어떠한 공익상의 이유도, 국가적인 이익도 개인의 신뢰보호의 요청과 법적 안정성에 우선할 수 없고, 공소시효가 이미 완성되어 소추할 수 없는 상태에 이른 뒤에 뒤늦게 소추가 가능하도록 하는 새로운 법률을 제정하는 것은 결과적으로 형벌에 미치는 사실적 영향에서는 형벌을 사후적으로 가능하게 하는 새로운 범죄구성요건의 제정과 실질에 있어서는 마찬가지이므로, 공소시효가 이미 완성된 경우에 그 뒤 다시 소추할 수 있도록 법률로써 규정하는 것은 헌법 제12조 제1항 후단의 적법절차의 원칙과 제13조 제1항의 형벌불소급의 원칙 정신에 비추어 헌법적으로 받아들일 수 없는 위헌적인 것이다.

생각해 보기

대통령의 형사상 특권과 국회의원의 면책특권을 비교하시오.

2. 성실한 직무수행의 의무

대통령은 국가의 원수로서, 그리고 집행부의 수반으로서 대통령의 직무를 성실하게 수행하여야 할 헌법상의 의무를 진다.

헌법 제69조는 이와 관련하여 헌법의 준수의무, 국가보위의 의무, 조국의 평화적 통일에 노력할 의무, 국민의 자유와 복리의 증진에 노력할 의무, 민족문화의 창달에 노력할 의무를 취임선서를 통해 확인하도록 요구하고 있다. 또한 헌법 제66조 제2항에 의하여 국가의 독립·영토의 보전·국가의 계속성과 헌법을 수호할 의무가 부과되고 있다.

이와 같은 대통령의 헌법상 의무는, 대통령만의 의무라기보다는 모든 국가기관의 의무라고 이해될 수 있는 것이다. 다만 대통령은 국가원수로서 모든 국가기관을 대표하는 위치에 있으므로 취임선서 등을 통해 국민 앞에서 이와 같은 의무를 선언하는 것이다.

대통령의 성실한 직책수행의무의 성격과 탄핵심판의 판단대상

헌법 제69조는 대통령의 취임선서의무를 규정하면서, 대통령으로서 '직책을 성실히 수행할 의무'를 언급하고 있다. 비록 대통령의 '성실한 직책수행의무'는 헌법적 의무에 해당하나, '헌법을 수호해야 할 의무'와는 달리, 규범적으로 그 이행이 관철될 수 있는 성격의 의무가 아니므로, 원칙적으로 사법적 판단의 대상이 될 수 없다고 할 것이다.

헌법 제65조 제1항은 탄핵사유를 '헌법이나 법률에 위배한 때'로 제한하고 있고, 헌법재판소의 탄핵심판절차는 법적인 관점에서 단지 탄핵사유의 존부만을 판단하는 것이므로, 이 사건에서 청구인이 주장하는 바와 같은 정치적 무능력이나 정책결정상의 잘못 등 직책수행의 성실성여부는 그 자체로서 소추사유가 될 수 없어, 탄핵심판절차의 판단대상이 되지 아니한다(헌재 2004.5.14. 2004헌나1 결정).

3. 겸직금지의 의무

현행헌법 제83조는 대통령이 "국무총리·국무위원·행정각부의 장 기타 법률이 정하는 공사의 직"을 겸할 수 없다고 명시하고 있다.

대통령이 대통령직 이외의 국무총리, 국무위원 등의 공직을 겸하지 못하도록 하는 것은 - 국가원수로서의 품위를 유지하도록 하는 목적 이외에도 - 대통령이 정부관직을 겸함으로써 국정을 자의적으로 전단하는 것을 방지하려는 목적을 가지고 있다. 결국 수평적 권력분립의 관점에서 대통령이 입법부나 사법부의 공직을 겸하는 것이 금지됨은 물론이고, 집행부 내부의 권력분립을 위해서도 대통령이 집행부의 다른 공직을 겸하지 못하도록 요구하고 있는 것이다.

또한 대통령이 사적으로 일정한 직위를 갖는 것도 - 그것이 비영리의 명예직일 경우를 제외하면 - 허용되기 곤란하다. 대통령의 권한이 막강한 만큼, 그 권한행사의 객관성과 공정성을 확보하기 위하여 겸직이 금지되는 것이다.

Ⅴ. 전직 대통령에 대한 예우

현행헌법 제85조는 전직 대통령의 신분과 예우에 관하여 법률로 정하도록 규정하고 있다. 국가원수로서 국민 전체를 대표하였던 전직 대통령에 대한 예우의 필요성은 긍정될 수 있지만, 이를 헌법에서 명시할 필요까지 있는지는 의심스럽다.

현재 「전직 대통령 예우에 관한 법률」이 제정되어 본인과 일정 범위의 유족에 대한 연금, 기념사업의 지원, 비서관 및 경호·경비, 교통·통신의 편의와 사무실 등에 대한 지원 등이 인정되고 있다(동법 제4조-제6조). 그러나 전직 대통령이 공무원에 취임한 경우에는 그 기간 동안 연금의 지급이 정지되며, 탄핵결정으로 퇴임하거나 국적을 상실한 경우 등에는 전직 대통령으로서의 예우를 받지 못한다(동법 제7조).

또한 전직 대통령의 예우와 관련하여 전직 대통령에게 국회에서 증언하도록 요구하는 것이 전직 대통령에 대한 예우에 어긋나는 것인지의 여부가 문제된 바 있다.

예컨대 1979년의 10·26 및 12·12 사태와 관련하여 국회에서 증언을 요청받았을 때, 당시 국무총리로서 대통령 권한대행을 하다가 통일주체국민회의에 의하여 제10대 대통령으로 선출되었던 최규하 대통령은 전직 대통령의 예우를 이유로 이를 거부한 바 있다.

그러나 전직 대통령에 대한 예우가 주권자인 국민의 요구에 우선할 수 없음은 명백하며, 국회가 국민의 의사를 수렴하여 전직 대통령에게 역사적 사실에 대한 증언을 요구할 경우에는 전직 대통령도 이를 받아들이는 것이 옳다고 본다.

제 3 절 대통령의 권한

Ⅰ. 대통령의 권한의 분류

대통령의 권한은 매우 방대하고 다양하며, 이에 대한 분류도 역시 다양하다. 이러한 다양한 구별은 각기 나름의 의미와 문제점을 함께 가지고 있다. 예컨대 대통령의 권한을 국가원수로서의 권한과 집행부 수반으로서의 권한으로 나눌 경우에는 권력분립의 틀 안에서 설명될 수 있는 권한과 그렇지 않은 권한을 구별하는 데 의미를 가질 수 있지만, 수많은 권한들을 단지 두 개의 유형으로 나누는 데서 나타나는 문제점이 있다. 또한 국가원수로서의 권한과 집행부 수반으로서의 권한을 전제로 이를 각기 몇 개로 나누어 놓는 것도 문제가 있다. 이 경우에는 대통령의 국가기관 구성에 관한 권한이 헌법상 다양하게 나타나고 있는데, 그중에서 국가원수로서 행사하는 것과 집행부 수반으로서 행사하는 것을 어떻게 정리할 것인지가 문제될 수 있기 때문이다.

그러므로 대통령의 권한을 분류함에 있어서는 일단 대통령이 국가원수로서 가지는 권한 중에서 **대외적 활동에 관한 권한과 국정의 통합·조정에 관한 권한**을 각기 하나의 유형으로 설정하고, **국가기관의 구성**에 관한 권한 안에서는 국가원수로서의 권한과 집행부 수반으로서의 권한을 나누어 검토하는 편이 이해의 편의에 도움이 될 것으로 생각된다. 그리고 **집행작용에 관한 권한**을 하나의 유형으로 설정할 수 있을 것이며, 그밖에 **다른 국가기관의 활동에 대한 관여 및 통제권**을 하나의 유형으로 설정하여 입법부 및 사법부의 활동에 대한 대통령의 권한을 정리하는 것이 무난할 것으로 생각된다.

Ⅱ. 대외적 활동에 관한 권한

대통령은 국가원수로서 대외적으로 국가를 대표하는 지위에 있다. 이로부터 파생되는 권한이 대외적 활동에 관한 권한이라고 할 수 있다.

이에 속하는 것으로는 헌법 제73조에 따른 조약의 체결·비준, 외교사절의 신임·접수 또는 파견, 선전포고 및 강화 등이 있으며, 그밖에 헌법 제60조 제2항에 따른 국군의 해외파병과 외국군대의 국내주둔도 이에 해당되는 것으로 해석된다.

대외적 활동에 대한 대통령의 권한은 국가원수로서 행사하는 형식적·의전적인 권한과 집행부의 수반으로서 행사하는 실질적 권한이 중첩되어 있는 것이라고 볼 수 있다. 따라서 집행부 내에서 대외적 활동을 위한 실질적인 작업을 하는 과정에서는 국회의 동의(헌법 제60조)를 얻어야 하는 등 권력분립적 통제과정이 전제되어 있다. 하지만 실질적 작업이 완료된 후에는 대통령이 국가를 대표하여 형식적·의전적 절차를 주관하는 것이다.

Ⅲ. 국정의 통합·조정권한

국정의 통합·조정권한은 대통령의 국가원수로서의 지위로부터 파생되는 실질적인 권한을 가리키는 것이다. 이들 권한은 권력분립의 틀 안에서 설명되기 어려운 권한이기 때문에 별도로 취급될 필요가 있다.

1. 헌법개정안의 발의권

현행헌법 제128조 제1항에 따라 대통령은 헌법개정안의 발의권을 가진다. 동조항이 국회의원 재적과반수에 헌법개정안 발의권을 인정함과 동시에 대통령에게도 헌법개정안의 발의권을 인정하고 있는 것은 헌법의 개정을 포함한 국가질서의 변경에 대해 대통령이 주도적으로 국정을 이끌어 갈 수 있도록 한 것으로 이해될 수 있다.

그러나 대통령에게 헌법개정안의 발의권이 꼭 인정되어야 할 것인지에 대해서는 의문의 여지가 많다. 적어도 세 가지 점에서 대통령의 헌법개정안 발의권은 문제를 안고 있는 것이다.

① 권력분립의 틀 안에서 입법에 구속되어야 하는 집행부의 수반인 대통령이 - 비록 그가 동시에 삼권분립의 틀을 넘어서는 국가원수로서의 지위를 갖는다고는 하더라도 - 헌법의 개정을 요구할 수 있는 권한을 갖는다는 것은 정상적이라고 평가하기 어렵다.

② 정당국가화에 따라서 대통령이 소속 정당의 국회의원들의 협조를 얻어서 헌법개정안을 발의할 수 있다는 점을 고려할 때 대통령의 헌법개정안 발의권이 꼭 인정될 필요가 있는지 의문스럽다.

③ 발의된 헌법개정안은 국회의 재적의원 3분의 2 이상의 찬성을 얻어야 하므로, 국회의원 재적과반수의 발의를 거치지 않고 대통령이 단독으로 발의하도록 하는 것이 별로 실효성을 갖기 어렵다.

이런 문제점들을 고려할 때, 대통령의 헌법개정안 발의권은 입법론적으로 재검토될 필요가 있다.

2. 국가안위에 관한 중요정책에 대한 국민투표부의권

(1) 국민투표의 제도적 의의와 기능

국민투표는 특정한 국정사안에 대하여 국민이 직접 투표를 통하여 참여함으로써 최종적인 의사결정을 내리는 제도를 말한다.

국민투표는 국민주권 내지 국민의 의사를 가장 잘 드러내는 의사결정방식이라고 할 수 있기 때문에 민주주의를 상징하는 제도의 하나로 널리 인식되고 있으며, 대의제를 기본으로 하고 있는 현대의 민주국가에서도 헌법개정이나 영토의 변경 등 가장 중요한 국가적 결정은 국민투표에 맡기는 예가 많다.

국민투표의 기능은 무엇보다 대의제의 보완이라는 점에서 찾을 수 있다. 대의제 하에서 나타나는 **국민과 대표자의 의사가 불일치하는 문제**를 해소하기 위하여 일정한 경우 국민의 의사를 직접 물어서 최종적인 결정을 내리는 것이 바로 국민투표이며, 가장 강력한 민주적 정당성을 갖고 있는 국민이 직접 결정하도록 함으로써 더 이상의 시비가 존재할 수 없게 만드는 것이다.

그러나 시간과 비용의 문제, 그리고 전문성을 갖는 사안에 대해서는 부적합하다는 문제 등으로 인하여 국민투표를 광범위하게 실시하는 것은 곤란하다. 그렇기 때문에 현행헌법은 국민투표의 실시를 헌법개정에 대한 최종확정(헌법 제130조 제2항)과 더불어 대통령이 부의한 국가안위에 관한 중요정책(헌법 제72조)이라는 두 가지 경우에만 인정하고 있다.

(2) 국민투표의 유형과 중요정책에 대한 국민투표의 성격

국민투표는 크게 정책투표(Referendum)와 신임투표(Plebiszit)로 나누어질 수 있다. **정책투표**는 중요한 제도의 도입이나 변경 등과 같은 정책의 결정을 국민투표에 의해 확정하도록 하는 것이고, **신임투표**는 정치권력에 대한 국민의 신임여부 및 그에 따른 정치권력자의 진퇴를 국민투표로 결정하는 것이다.

두 가지 모두 국민주권이라는 측면에서만 볼 때에는 많은 장점을 가지고 있다고 할 수 있다. 그러나 현대 민주국가들은 국민투표에 대해 상당히 소극적이다. 예컨대 나치의 뼈아픈 경험을 안고 있는 독일처럼 연방영역의 변경이라는 특수한 사안(독일기본법 제29조) 이외에는 헌법상 국민투표제도를 두지 않고 있는 경우도 있다. 더구나 신임투표제도에 대해서는 대부분의 국가들이 부정적이다. 그것은 신임투표가 안고 있는 문제점 때문이라고 할 수 있다.

대통령에 대한 신임투표가 인정될 경우에는 그것이 대통령의 독선 내지 독재를 정당화하는 역할을 하게 될 수 있다.[14] 또한 신임투표는 야당에 의해 남용될 소지도 있다. 대통령제는 의회의 내각불신임권과 내각의 의회해산권이 인정되는 의원내각제 정부형태와는 달리 대통령의 임기중 국정의 안정적 수행이 보장되는 정부형태이다. 그런데 신임투표제도를 도입할 경우에는 야당이 대통령에 대한 정치공세의 수단으로 신임투표의 실시를 수시로 요구하게 될 수 있다. 그로 인하여 국정의 안정적 수행에 방해를 받게 되면, 대통령제의 중요한 장점 하나가 유명무실해질 수도 있는 것이다.

바로 이와 같은 문제점 때문에 현대의 민주국가들은 신임투표제도에 대해 부정적이며, 우리 헌법 제72조도 국가안위에 관한 중요「정책」에 대해서만 국민투표를 시행할 수 있도록 함으로써 정책투표임을 분명히 하고 있다.[15]

(3) 중요정책에 대한 국민투표의 의무성 여부와 신임투표의 문제

결국 헌법 제72조에 의한 국민투표는 정책투표이며, 신임투표가 아니다. 또한 국가안위에 관한 중요정책이라 하더라도 이를 국민투표에 붙일 것인지의 여부는 대통령의 판단에 맡겨진 것이며, 의무적으로 국민투표에 붙여야 하는 것은 아니다.

---

14) 만일 대통령이 신임투표에서 다수의 지지를 획득한 후에 대중적 지지에 기대어 긴급입법 등의 방법으로 국회를 무력화시키고 독재화된다면 어떻게 할 것인가? 대통령의 권한남용이나 불법행위가 문제되는 상황에서 신임투표가 대통령에게 면죄부를 주는 것이 되어도, 다수의 지지만 확보된다면 상관없다고 할 수 있을까? 만일 그렇게 생각할 경우에는 나치도 다수의 지지에 의해 집권했고, 독재화되었다는 점을 상기할 필요가 있을 것이다.

15) 그 배경에는 1975년 2월 12일 시행되었던 박정희 대통령과 유신헌법에 대한 신임투표의 부정적 경험이 자리하고 있다. 당시 집권자에 의해 분명한 헌법적 근거 없이 시행되었던 신임투표의 결과, 당시 정권은 98.3%의 지지를 획득함으로써 독재를 정당화시켰던 것이다. 이러한 문제의식에 기초하여 1972년 헌법(유신헌법) 제49조에서 "대통령은 필요하다고 인정할 때에는 국가의 중요한 정책을 국민투표에 붙일 수 있다."고 규정하던 것을 1980년 헌법 제47조와 현행헌법 제72조에서는 "대통령은 필요하다고 인정할 때에는 외교·국방·통일 기타 국가안위에 관한 중요정책을 국민투표에 붙일 수 있다."고 개정함으로써 신임투표를 위해 이용될 가능성을 축소시킨 것이다.

i. 대통령의 헌법 제72조에 의한 국민투표부의권의 성격

헌법 제72조는 "대통령은 필요하다고 인정할 때에는 외교·국방·통일 기타 국가안위에 관한 중요정책을 국민투표에 붙일 수 있다."고 규정하여 국민투표에 부쳐질 중요정책인지 여부를 대통령이 재량에 의하여 결정하도록 명문으로 규정하고 있다. 특히 우리 헌법은 국민에 의하여 직접 선출된 국민의 대표자가 국민을 대신하여 국가의사를 결정하는 대의민주주의를 기본으로 하고 있어, 중요 정책에 관한 사항이라 하더라도 반드시 국민의 직접적인 의사를 확인하여 결정해야 한다고 보는 것은 전체적인 헌법체계와 조화를 이룰 수 없다. 헌법재판소 역시 헌법 제72조가 대통령에게 국민투표의 실시 여부, 시기, 구체적 부의사항, 설문내용 등을 결정할 수 있는 임의적인 국민투표발의권을 독점적으로 부여하였다고 하여 이를 확인하고 있다(헌재 2004. 5. 14. 2004헌나1, 판례집 16-1, 609, 649). 따라서 특정의 국가정책에 대하여 다수의 국민들이 국민투표를 원하고 있음에도 불구하고 대통령이 이러한 희망과는 달리 국민투표에 회부하지 아니한다고 하여도 이를 헌법에 위반된다고 할 수 없고, 국민에게 특정의 국가정책에 관하여 국민투표에 회부할 것을 요구할 권리가 인정된다고 할 수도 없다. 이 사건 법률이 신행정수도법 위헌결정의 후속법률로서 그 대체입법성 여부를 놓고 적지 않게 논란이 빚어지고 있는 만큼 대통령이 전체 국민의 의사를 물음으로써 이를 종식시키는 것이 국론통합의 측면에서 보다 바람직스럽지 않느냐 하는 것은 이와는 별개의 문제이다. 결국 헌법 제72조의 국민투표권은 대통령이 어떠한 정책을 국민투표에 부의한 경우에 비로소 행사가 가능한 기본권이라 할 수 있다. 따라서 이 사건 법률이 설사 수도를 분할하는 국가정책을 집행하는 내용을 가지고 있고 대통령이 이를 추진하고 집행하기 이전에 그에 관한 국민투표를 실시하지 아니하였다고 하더라도 국민투표권이 행사될 수 있는 계기인 대통령의 중요정책 국민투표 부의가 행해지지 않은 이상 청구인들의 국민투표권이 행사될 수 있을 정도로 구체화되었다고 할 수 없으므로 그 침해의 가능성은 인정되지 않는다(헌재 2005.11.24. 2005헌마579등 결정[신행정수도 후속대책을 위한 연기·공주지역 행정중심복합도시 건설을 위한 특별법 위헌확인]).

ii. 대통령의 재신임 국민투표 제안행위와 탄핵사유

헌법 제72조는 대통령에게 국민투표의 실시 여부, 시기, 구체적 부의사항, 설문내용 등을 결정할 수 있는 임의적인 국민투표발의권을 독점적으로 부여함으로써, 대통령이 단순히 특정 정책에 대한 국민의 의사를 확인하는 것을 넘어서 자신의 정책에 대한 추가적인 정당성을 확보하거나 정치적 입지를 강화하는 등, 국민투표를 정치적 무기화하고 정치적으로 남용할 수 있는 위험성을 안고 있다. 이러한 점을 고려할 때, 대통령의 부의권을 부여하는 헌법 제72조는 가능하면 대통령에 의한 국민투표의 정치적 남용을 방지할 수 있도록 엄격하고 축소적으로 해석되어야 한다.

이러한 관점에서 볼 때, 헌법 제72조의 국민투표의 대상인 '중요정책'에는 대통령에 대한 '국민의 신임'이 포함되지 않는다.

선거는 '인물에 대한 결정' 즉, 대의제를 가능하게 하기 위한 전제조건으로서 국민의 대표자에 관한 결정이며, 이에 대하여 국민투표는 직접민주주의를 실현하기 위한 수단으로서 '사안에 대한 결정' 즉, 특정한 국가정책이나 법안을 그 대상으로 한다. 따라서 국민투표의 본질상 '대표자에 대한 신임'은 국민투표의 대상이 될 수 없으며, 우리 헌법에서 대표자의 선출과 그에 대한 신임은 단지 선거의 형태로써 이루어져야 한다. 대통령이 이미 지난 선거를 통하여 획득한 자신에 대한 신임을 국민투표의 형식으로 재확인하고자 하는 것은, 헌법 제72조의 국민투표제를 헌법이 허용하지 않는 방법으로 위헌적으로 사용하는 것이다.

대통령은 헌법상 국민에게 자신에 대한 신임을 국민투표의 형식으로 물을 수 없을 뿐만 아니라, 특정 정책을 국민투표에 붙이면서 이에 자신의 신임을 결부시키는 대통령의 행위도 위헌적인 행위로서 헌법적으로 허용되지 않는다. 물론, 대통령이 특정 정책을 국민투표에 붙인 결과 그 정책의 실시가 국민의 동의를 얻지 못한 경우, 이를 자신에 대한 불신임으로 간주하여 스스로 물러나는 것은 어쩔 수 없는 일이나, 정책을 국민투표에 붙이면서 "이를 신임투표로 간주하고자 한다."는 선언은 국민의 결정행위에 부당한 압력을 가하고 국민투표를 통하여 간접적으로 자신에 대한 신임을 묻는 행위로서, 대통령의 헌법상 권한을 넘어서는 것이다. 헌법은 대통령에게 국민투표를 통하여 직접적이든 간접적이든 자신의 신임여부를 확인할 수 있는 권한을 부여하지 않는다.

뿐만 아니라, 헌법은 명시적으로 규정된 국민투표 외에 다른 형태의 재신임 국민투표를 허용하지 않는다. 이는 주권자인 국민이 원하거나 또는 국민의 이름으로 실시하더라도 마찬가지이다. 국민은 선거와 국민투표를 통하여 국가권력을 직접 행사하게 되며, 국민투표는 국민에 의한 국가권력의 행사방법의 하나로서 명시적인 헌법적 근거를 필요로 한다. 따라서 국민투표의 가능성은 국민주권주의나 민주주의원칙과 같은 일반적인 헌법원칙에 근거하여 인정될 수 없으며, 헌법에 명문으로 규정되지 않는 한 허용되지 않는다.

결론적으로, 대통령이 자신에 대한 재신임을 국민투표의 형태로 묻고자 하는 것은 헌법 제72조에 의하여 부여받은 국민투표부의권을 위헌적으로 행사하는 경우에 해당하는 것으로, 국민투표제도를 자신의 정치적 입지를 강화하기 위한 정치적 도구로 남용해서는 안 된다는 헌법적 의무를 위반한 것이다. 물론, 대통령이 위헌적인 재신임 국민투표를 단지 제안만 하였을 뿐 강행하지는 않았으나, 헌법상 허용되지 않는 재신임 국민투표를 국민들에게 제안한 것은 그 자체로서 헌법 제72조에 반하는 것으로 헌법을 실현하고 수호해야 할 대통령의 의무를 위반한 것이다(헌재 2004.5.14. 2004헌나1 결정).

iii. 대통령의 신임투표제안행위에 대한 헌법소원청구의 적법성 여부

헌법재판소법 제68조 제1항은 "공권력의 행사 또는 불행사"로 인하여 헌법상 보장된 기본권을 침해받은 자가 헌법소원을 청구할 수 있다고 규정하고 있으므로, 헌법소원의 대상이 되려면 "공권력의 행사 또는 불행사"에 해당하여야 하는 바, 피청구인인 대통령의 발언내용 및 이를 전후한 여러 사정들을 종합하여 볼 때, 피청구인의 발언의 본의는 재신임의 방법과 시기에 관한 자신의 구상을 밝힌 것에 불과하며, 정치권에서 어떤 합의된 방법을 제시하여 주면 그에 따라 절차를 밟아 국민투표를 실시하겠다는 것이어서 이는 법적인 절차를 진행시키기 위한 정치적인 사전 준비행위 또는 정치적 계획의 표명일 뿐이다.

국민투표라는 것은 대통령이 그 대상이 되는 사항을 구체적으로 정하여 국민투표안을 공고함으로써 비로소 법적인 절차가 개시되므로, 공고와 같이 국민투표에 관한 절차의 법적 개시로 볼 수 있는 행위가 있을 때에 비로소 법적인 효력을 지닌 공권력의 행사가 있게 되고, 그러한 법적 행위 이전에 국민투표의 실시에 관한 정치적 제안을 하거나 내부적으로 계획을 수립하여 검토하는 등의 조치는 일종의 준비행위에 불과하여 언제든지 변경·폐기될 수 있다. 이 사건 심판의 대상이 된 피청구인의 발언만으로는 국민투표의 실시에 관하여 법적인 구속력 있는 결정이나 조치가 취해진 것이라 할 수 없으며, 그로 인하여 국민들의 법적 지위에 어떠한 영향을 미친다고 볼 수 없다.

그렇다면 비록 피청구인이 대통령으로서 국회 본회의의 시정연설에서 자신에 대한 신임국민투표를 실시하고자 한다고 밝혔다 하더라도, 그것이 공고와 같이 법적인 효력이 있는 행위가 아니라 단순한 정치적 제안의 피력에 불과하다고 인정되는 이상 이를 두고 헌법소원의 대상이 되는 "공권력의 행사"라고 할 수는 없으므로, 이에 대한 취소 또는 위헌확인을 구하는 청구인들의 심판청구는 모두 부적법하다(헌재 2003.11.27. 2003헌마694 결정).

3. 임시국회 소집 요구권

현행헌법 제47조 제1항은 대통령도 국회의 임시회를 집회하도록 요구할 수 있음을 명시하고 있다. 의원내각제적 요소의 하나로 꼽히고 있는 대통령의 임시국회 소집 요구권은 현재 그 존재이유가 분명치 않은 권한 가운데 하나이다.

과거 의원내각제적 요소로 꼽히던 대통령의 권한 가운데 상당부분은 헌법개정에 의한 대통령의 권한 조정을 통하여 삭제되었다. 대표적인 예로서 1972년 헌법 제59조와 1980년 헌법 제57조에 따른 대통령의 국회해산권을 들 수 있다. 의원내각제적 요소의 가미라는 미명 하에 대통령의 권한강화에만 기여하던 제도들은 합리적 이유가 없는 한 제거되어야 할 것이다.

대통령의 임시국회 소집 요구권도 과거의 권위주의적 대통령체제 하에서 국회의 위상을 약화시키면서 대통령의 지위를 강화시키는 데 기여하던 것이었고, 국회의 자율성 존중을 위해서는 삭제되는 것이 입법론적으로는 타당할 것이다.

Ⅳ. 국가기관의 구성에 관한 권한

1. 대통령의 헌법상 지위와 국가기관의 구성에 관한 권한의 유형

현행헌법상 대통령이 국가기관의 구성에 관여하는 것은 크게 두 가지 유형으로 나누어질 수 있다. 하나는 집행부의 수반으로서 집행부의 구성을 비롯한 국가기관의 구성에 관여하는 것이고, 다른 하나는 국가원수로서 집행부에 속하지 않는 국가기관의 구성에 관여하는 것이다.

① 대통령이 집행부의 수반으로서 집행부를 구성하는 권한에 속하는 것으로는 국무총리와 국무위원의 임명권, 감사원장과 감사위원의 임명권이 있다. 그리고 헌법재판소 재판관 및 중앙선거관리위원회 위원 중의 각 3분의 1을 국회 및 대법원과 함께 선임하는 것은 비록 집행부의 구성에 관한 권한은 아니지만, 대통령이 집행부의 수반으로서 국회, 대법원과 대등한 위치에서 (즉, 권력분립의 틀 안에서) 행사하는 권한으로 이해될 수 있을 것이다.

② 국가원수로서 집행부에 속하지 않는 국가기관의 구성에 관여하는 권한으로는 대법원장 및 대법관의 임명권, 헌법재판소장의 임명권을 들 수 있다.

2. 국무총리와 국무위원의 임명권

대통령은 국회의 동의를 얻어서 국무총리를 임명하며(헌법 제86조 제1항), 국무총리의 제청으로 국무위원을 임명한다(헌법 제87조 제1항). 이처럼 대통령제 정부형태를 취하면서도 부통령을 두지 않고 국무총리를 두고 있을 뿐만 아니라 국무총리의 임명에 대하여 국회의 동의를 얻도록 한 것은 대통령제와는 잘 맞지 않는 이질적인 제도라고 할 수 있다.

제헌헌법 당시에 국무총리 제도를 두었던 것은 의원내각제로 만들었던 헌법초안을 급하게 대통령제로 바꾸는 과정에서 나타났던 부작용의 산물이라고 볼 수 있을 것이다. 그러나 그 이후 국무총리제도가 계속 유지된 이유, 그리고 국무총리의 임명에 대해 국회의 동의를 얻도록 한 이유는 다른 맥락에서 찾을 수 있다.

그것은 한편으로는 (부통령을 두지 않음으로써) 집행부의 권력을 대통령에게 집중시키기 위한 방법이었으며, 다른 한편으로는 국무총리의 임명에 국회가 관여하도록 함으로써 대통령의 강력한 권한을 완화시키는 듯한 외관을 만드는 효과를 가져오기도 하였다.[16)]

그러나 실질적으로 대통령의 국무총리 및 국무위원 임명권은 사실상의 집행부 구성권으로서 큰 제약 없이 행사될 수 있다고 볼 수 있으며, 국회의 국무총리 임명동의권과 국무위원에 대한 인사청문회도 미국의 인사청문회를 통한 검토 이상으로 대통령의 임명권을 강력하게 제약하는 것은 아니라고 할 수 있다.[17)]

3. 감사원장과 감사위원의 임명권

대통령이 감사원장과 감사위원을 임명하는 방식도 국무총리 및 국무위원의 임명방식과 유사하다. 감사원장은 대통령이 국회의 동의를 얻어서 임명하며(헌법 제98조 제2항), 감사위원은 감사원장의 제청으로 대통령이 임명하는 것이다(헌법 제98조 제3항).

감사원의 구성에 대하여 이와 같은 특별한 규정을 헌법에 두고 있는 이유는 감사원의 중립성과 공정성을 확보하기 위한 것으로 이해된다. 그러나 업무수행의 중립성과 공정성이 필요하다는 점을 놓고 볼 때, 감사원 이외에 검찰이나 경찰, 국가정보원 등의 구성에도 유사한 요건을 도입할 수 있었음에도 불구하고 감사원에 대해서만 이와 같은 특별규정을 두고 있는 것은 감사원이 권력의 행사를 직접 뒷받침하는 기관이 아니기 때문이라고 볼 수 있다.

하지만 입법론적으로는 감사원의 구성에 국회의 관여가 인정되는 것과 같

16) 현실적으로 국회의 동의권이 있다고 하더라도 국무총리는 결국 대통령이 원하는 사람들 가운데서 임명될 수밖에 없다는 것은 명백하다. 그럼에도 불구하고 국무총리가 국회의 동의에 의해서 임명되고, 또 국무총리가 국무위원의 제청권이나 부서권 등을 통해서 대통령을 통제할 수 있는 듯한 외관을 보임으로써 대통령의 권력이 많이 억제되는 듯한 인상을 보이는 것이다.

17) 우리나라의 경우 헌법상 국회의 임명동의권이 인정되는 경우에는 국회의 결정이 대통령에 대한 구속력을 갖지만, 국회법과 인사청문회법에 기초하여 국무위원 등에 대해서 인사청문회를 개최한 결과는 대통령의 임명권을 구속하지 못한다고 보는 것이 일반적이다. 그러나 미국의 경우에는 의회에 의한 인사청문회의 결과가 대통령의 임명권을 사실상 구속하고 있다.

은 방식으로 다른 중요 국가기관에 대해서도 국회에 의한 통제를 인정하는 것이 필요할 것이다.

이와 관련하여 현행 국회법 및 인사청문회법에 따른 검찰총장, 경찰청장, 국가정보원장 및 국세청장에 대한 인사청문회의 실질화가 필요하다고 할 수 있다. 예컨대 이들에 대하여 헌법에서 직접 정하고 있는 국무총리나 감사원장의 경우와 마찬가지로 임명에 대한 사전동의를 도입하는 것이 곤란하다면, 임명 후 국회의 사후승인을 받도록 요구하는 것도 한 방법이 될 수 있을 것이다.

4. 대법원장과 대법관의 임명권

현행헌법상 인정되고 있는 대통령의 여러 권한들 가운데 가장 문제가 많은 것의 하나로 꼽힐 수 있는 것이 대법원장 및 대법관의 임명권이다.

현행헌법 제104조 제1항은 대통령이 국회의 동의를 얻어 대법원장을 임명하도록 하고 있으며, 제2항은 대통령이 대법원장의 제청으로 국회의 동의를 얻어 대법관을 임명하도록 하고 있다. 비록 국회의 동의를 얻도록 함으로써 대통령의 자의적인 인사권행사는 방지하고 있지만, 국무총리의 예에서 보듯이 대통령이 임명권을 실질적으로 행사할 경우에는 대통령의 의사가 대법원의 구성에 결정적인 역할을 할 수도 있다.

이처럼 대통령이 사법부의 구성에 깊이 관여하도록 하는 것은 사법부의 독립을 위해서 결코 바람직하지 않다. 그러므로 대통령이 국가원수로서 대법원장 및 대법관을 임명한다 하더라도 그러한 임명권은 실질적 임명권이 아닌 형식적 임명권으로 이해되는 것이 바람직하며, 대통령은 단지 임명제청을 받아서 의전상 임명장을 수여하는 것으로 보아야 할 것이다.

입법론적으로는 대법원장 및 대법관에 대한 대통령의 임명권 자체를 삭제, 사법부의 독립을 위해서는 사법부 내부에서 대법원장 및 대법관을 선임하도록 하며, 단지 국회의 청문절차를 거치게 함으로써 자의적 인사에 대한 통제를 가하는 것이 합리적이라고 할 수 있다.

5. 헌법재판소장과 헌법재판소 재판관의 임명권

현행헌법 제111조 제4항에서 규정되고 있는 헌법재판소장의 임명방식도 대법원장의 경우와 유사하다. 즉, 대통령이 국회의 동의를 얻어서 헌법재판소

재판관 중에서 헌법재판소의 장을 임명하는 것이다.

이러한 헌법재판소장의 임명방식이 안고 있는 문제점도 대법원장의 경우와 다르지 않으며, 현행헌법의 해석상으로는 대통령의 임명권을 형식적인 권한으로 보는 것이 합리적인 문제해결의 방법이 될 수 있다. 하지만 역시 문제의 근본적인 해결을 위해서는 헌법개정을 통하여 대통령의 임명권 자체를 삭제하고 헌법재판소 내부에서 헌법재판소의 장을 선임하도록 하는 것이 더 바람직할 것이다.

헌법재판소의 장과는 조금 다른 방식으로 선임되고 있는 것이 헌법재판소의 재판관이다. 현행헌법 제111조 제2항, 제3항에 의해 대통령이 지명한 3인, 국회가 선출한 3인, 대법원장이 지명한 3인의 총 9인으로 헌법재판소가 구성되는 것이다. 이 경우에는 대통령의 지명권을 통해 헌법재판소의 구성이 좌우되지는 않는다고 볼 수도 있으나, 현실적으로 헌법재판소 재판관의 선임방법으로서는 많은 문제를 안고 있다는 비판이 적지 않다.

6. 중앙선거관리위원회 위원의 임명권

중앙선거관리위원회는 1960년 4·19 혁명을 촉발시켰던 3·15 부정선거의 경험에 대한 반성에 기초하여 선거의 공정한 관리를 위한 중립적인 기구로 만들어진 것이다.

따라서 중앙선거관리위원회 위원의 임명에 있어서는 대통령도 9인의 위원 중 3인을 임명하는 자격을 가질 뿐이다. 그밖에 국회가 3인의 위원을 선출하고, 대법원장이 3인을 지명하도록 하고 있다(헌법 제114조 제2항 제1문). 이러한 구성방식은 외견상 매우 중립적이고 공정한 것으로 보이지만, 실제로는 적지 않은 문제를 안고 있다.

중앙선거관리위원회의 위원장은 위원들 중에서 호선한다(헌법 제114조 제2항 제2문).

V. 집행부의 활동에 관한 권한

1. 집행부의 활동에 관한 대통령의 권한의 유형

대통령은 집행부의 수반으로서 집행부의 활동에 관한 최고책임자이며,

최고지휘·감독자이다. 특히 현대국가에서 집행부의 활동영역이 확대되는 만큼 집행부의 활동에 관한 대통령의 권한이 갖는 의미와 비중도 역시 커지고 있다.

현행헌법상 집행작용에 관한 대통령의 권한으로 분류될 수 있는 것으로는 공무원임면권, 국군통수권, 재정에 관한 권한, 영전수여권, 행정입법권과 국가긴급권(긴급재정·경제명령권 및 그 처분권, 긴급명령권, 계엄선포권)을 들 수 있다.

그 중에서도 대통령의 행정입법권에 대해서는 이를 입법에 관한 권한으로 분류하는 학자들이 많지만,[18] 앞서 검토한 바와 같이 국가기능으로서의 입법을 강학상의 입법개념인 추상적 법규범의 정립과 구별하여 이해할 경우 행정입법은 - 비록 추상적인 법규범의 정립에 속한다 할지라도 - 집행작용의 일부로 이해되어야 할 것이다

2. 공무원임면권

대통령은 헌법과 법률이 정하는 바에 의하여 공무원을 임면한다(헌법 제78조). 즉, 대통령은 공무원을 임명하고, 또 면직시킬 권한을 가지고 있는 것이다.

대통령의 공무원임면권을 넓게 이해할 경우에는 모든 공무원에 대한 임면을 포괄하며, 따라서 집행부의 공무원뿐만 아니라 입법부나 사법부에 속하는 공무원에 대한 임면권까지 모두 포함하는 것으로 볼 수 있다. 하지만 국회의 경우 선거에 의해 국회의원이 임명되며, 국회사무처의 직원에 대한 임명도 국회의 자율권에 속하는 것으로 인정된다. 사법부의 경우에도 대법원장이나 대법관, 헌법재판소장과 헌법재판소 재판관 등 헌법이 정한 경우를 제외하고는 사법부의 독립이라는 원칙에 따라 대통령의 관여가 배제되는 것으로 이해되어야 한다.

따라서 대통령의 공무원임면권은 집행부의 소속공무원에 대한 임면권을 의미한다고 보는 것이 일반적이며, 이 경우에도 임면권의 자의적 행사를 막기 위하여 헌법과 법률에서 일정한 제약이 가해지고 있는 경우가 많다.

임명권의 제약과 관련하여서는 ① 국무총리와 감사원장의 경우에는 국회

18) 권영성, 헌법학원론, 2009, 1002쪽 이하; 김철수, 헌법학개론, 2006, 1229쪽; 허영, 한국헌법론, 2009, 957쪽 이하.

의 동의를 얻어야 임명할 수 있으며(헌법 제86조 제1항, 제98조 제2항), ② 국무위원의 임명에는 국무총리의 제청이, 감사위원의 임명에는 감사원장의 제청이 필요하다(헌법 제87조 제1항, 제98조 제3항). ③ 또한 검찰총장·합동참모의장·각군참모총장·국립대학교총장·대사 기타 법률이 정한 공무원과 국영기업체관리자의 임명에는 국무회의의 심의를 거쳐야 하며(헌법 제89조 제16호), ④ 국가정보원장·검찰총장·경찰청장·국세청장은 국회의 인사청문회를 거친 후에 임명하여야 한다(국회법 제65조의2). ⑤ 교육위원·교육감 등과 같이 선거를 통해 선출되는 공무원에 대해서는 임명권을 행사할 수 없으며(지방교육자치에 관한 법률 제51조-제139조), ⑥ 시험을 통한 선발과 같이 일정한 자격이 요구되는 공무원은 그러한 자격이 구비되어야 임명할 수 있다.

면직의 제약과 관련하여서도 ① 임기제가 보장되는 공무원에 대해서는 위법행위 등을 이유로 한 해임이나 파면이 아니라면 면직할 수 없으며, ② 직업공무원제에 의하여 신분보장이 되는 공무원의 경우에도 일정한 면직사유(탄핵, 형벌, 징계처분 등)가 존재할 경우에만 면직이 가능하다.

3. 국군통수권

헌법 제74조 제1항에 따라 대통령은 헌법과 법률이 정하는 바에 의하여 국군을 통수한다. 현행법상 군대는 행정조직의 일부이며, 군대의 조직과 활동에 관한 사항은 군사행정의 분야로 분류된다. 따라서 대통령의 국군통수권은 대통령이 집행부의 수반으로서 군사행정에 관한 최고책임자이기도 함을 확인한 것으로 이해될 수 있다.[19)]

또한 대통령이 국군의 통수권을 갖는 것은 국가 내의 가장 강력한 무력집단인 군대를 문민적으로 지휘·통제한다는 데 큰 의미가 있다.

현행헌법은 과거 군대의 정치개입에 대한 부정적 경험에 기초하여 군의 정치적 중립을 명문으로 규정하고 있다(헌법 제5조 제2항). 또한 군인은 현역을 면한 후가 아니면 국무위원으로 임명될 수 없다고 규정하여(헌법 제87조

---

19) 이와 관련하여 권영성, 헌법학원론, 2009, 992쪽 이하에서는 대통령의 국군통수권을 군정(軍政)에 관한 것과 군령(軍令)에 관한 것으로 나누어서 전자는 집행부 수반의 지위에서 보유하고 행사하는 것으로 볼 수 있지만, 후자는 국가원수로서의 대통령이 보유하는 것으로 보아야 하며, 결국 전체로서의 국군통수권은 국가원수로서의 대통령에게 있다는 입장을 취하고 있다. 그러나 이러한 견해는 대통령의 헌법수호에 관한 권한이 집행부의 수반이 아닌 국가원수로서의 권한이라는 전제에서 출발한 것이기 때문에, 그 전제 자체가 부정될 경우에는 성립되기 어렵다.

제4항) 현역군인이 국방부장관이 되지 않도록 함으로써 문민적 통제를 강조하고 있다.

나아가 군대에 대한 문민적 통제의 확립을 위하여 국군의 조직과 편성에 관한 군정(軍政)과 국군을 동원하여 작전을 수행하는 군령(軍令)의 일원화를 의미하는 병정통합주의(兵政統合主義)가 채택됨으로써 대통령이 군의 최고사령관으로서 군대 전반에 대한 직접적이고 포괄적인 지휘·통제권을 가지며, 군대의 군국주의화를 경계하는 것이다.

또한 대통령의 국군통수권이 남용되지 않도록 국군통수권의 행사에 관한 통제도 강조되고 있다. 국군통수권의 행사가 헌법과 법률에 따라야 함은 물론이고(헌법 제74조 제1항), 침략적 전쟁을 위한 군사력의 이용이 금지되고(헌법 제5조 제1항), 일정한 군사활동에 대해서는 국회의 동의를 얻거나(헌법 제60조) 국무회의의 심의(헌법 제89조 제2호, 제5호, 제6호, 제16호)를 거쳐야 하는 등 다양한 통제를 받고 있는 것이다.

4. 재정에 관한 권한

정부의 광범위한 집행작용에는 이에 상응하는 재정적 수요가 따르기 마련이다. 그렇기 때문에 집행부의 활동에 관한 대통령의 권한 가운데서도 특별한 의미와 비중을 가지고 있는 것의 하나가 재정에 관한 권한이다.

대통령의 재정에 관한 권한은 크게 두 가지로 분류될 수 있다. 하나는 재정수요에 따라서 예산을 편성하고 그에 기초하여 국가의 재정적 수입을 확보하는 권한이며, 다른 하나는 편성된 예산에 따라 재정을 지출하면서 집행활동을 전개하는 권한이다. 그러나 대통령의 재정에 관한 권한은 국민의 재정적 부담을 전제하는 것이기 때문에 국민의 대표기관인 국회의 통제를 받게 된다.

대통령의 재정에 관한 권한에 속하는 것으로는 예산안의 편성 및 제출권(헌법 제54조 제2항), 추가경정예산안의 편성 및 제출권(헌법 제56조), 준예산의 집행권(헌법 제54조 제3항), 예비비의 지출권(헌법 제55조 제2항), 국채모집권(헌법 제58조), 긴급재정·경제처분권 및 그 명령권(헌법 제76조 제1항) 등이 있다.

5. 영전수여권

대통령은 법률이 정하는 바에 의하여 훈장 기타의 영전을 수여하는 권한을 갖는다(헌법 제80조). 이러한 영전수여권의 성격도 영전의 성격에 따라 국가를 대표하여 대통령이 행사하는 경우와 집행부 수반으로서의 자격에서 행사하는 경우가 나누어질 수 있을 것이다.

훈장 기타 영전을 수여하는 것은 대한민국 국민 또는 외국인으로서 대한민국에 공적을 세운 사람에 대하여 그 공로를 기리는 상훈으로 수여하는 것이다. 국가의 이름으로 상훈을 수여하는 것에는 신중한 검토가 필요하므로, 국무회의의 심의를 거쳐야 한다(헌법 제89조 제8호).[20] 영전의 수여는 이를 받은 당사자에게만 효력이 있고, 어떠한 특권도 이에 따르지 않는다(헌법 제11조 제3항).

6. 행정입법권

(1) 행정입법의 의의와 기능

행정입법이란 입법부가 아닌 행정기관에 의한 입법(법규범의 정립)작용을 지칭하는 개념으로 널리 사용되고 있다. 비록 행정입법의 범위를 어떻게 설정할 것인지에 관하여는 행정법학자들 사이에서 논란이 있으나,[21] 오늘날 행정입법의 증대가 - 집행작용의 확대 및 이와 결부되어 있는 행정국가화 현상을 대표하는 것으로서 - 불가피한 현상이라는 점에 대해서는 이론의 여지가 없다.

전통적인 자유주의적 법치국가 사상에 따를 때, 행정을 의회가 제정한 법률에 구속시킴으로써 시민의 자유와 재산을 국가권력, 특히 집행권의 침해로부터 보호하는 것이야말로 법치주의의 핵심이기 때문에 행정작용의 규범적 근거를 법률이 아닌 행정입법에서 찾는 것은 매우 위험한 것으로 인식될 수 있다. 하지만 오늘날의 행정국가화는 행정입법이 법률을 상당부분 대체하는 것을 불가피하게 만들고 있는 것이다.[22]

행정입법을 부정할 수 없는 이유는 행정입법이 담당하는 기능에 있다. 행정입법은 행정작용의 신속성과 탄력성을 확보하는 데 결정적인 역할을 하며, 이를 통하여 행정작용의 효율성을 확보하는 데 중요한 역할을 하는 것이다.[23] 그러므로 행정입법의 증대를 비롯한 행정국가화 현상은 국민이 이를

20) 영전의 수여에 관한 상세한 내용은 상훈법에서 정하고 있다.
21) 이에 관하여는 김남진, 행정입법의 현황과 문제점, 고시계 1996.12, 15-25쪽 참조.
22) 행정입법의 의의와 필요성 및 한계에 대하여는 장영수, 국회입법권의 약화와 행정입법의 증가에 대한 비판적 고찰, 안암법학 제8호(1999.2), 25-66(27 이하)쪽 참조.

필요로 한다는 점에서 민주적 정당성을 갖는다고 말할 수 있다.[24)]

이러한 행정입법의 증대로 말미암아 오늘날 행정작용의 상당 부분은 법률보다 행정입법에 그 직접적인 근거를 두고 있다. 비록 행정입법 자체가 법률에 근거를 두는 것을 원칙으로 하고 있기 때문에 행정작용도 간접적으로는 법률에 근거를 두고 있는 것이라고 할 수 있지만, 현실적으로 법률과 행정작용의 관계가 그만큼 멀어진 측면은 부인할 수 없다.

(2) 행정입법의 유형과 포괄적 위임입법의 금지

헌법 제75조 대통령은 법률에서 구체적으로 범위를 정하여 위임받은 사항과 법률을 집행하기 위하여 필요한 사항에 관하여 대통령령을 발할 수 있다.

행정입법은 그 제정주체, 제정절차, 성질, 내용, 효력 등을 기준으로 다양하게 분류된다.[25)] 그러나 대통령의 행정입법권과 관련하여 중요한 의미를 갖는 분류는 위임명령과 집행명령의 구별이다.

위임명령은 헌법 제75조에 따라 「법률에서 위임받은 사항」에 관하여 규율하는 명령을 의미한다. 그러므로 위임명령의 존재와 내용 및 효력은 모법의 위임에 의존한다. 따라서 모법이 폐지된 경우, 또는 모법이 개정되어 위임의 내용이 바뀌거나 폐지된 경우에는 위임명령도 개정 또는 폐지된다. 다만 위임명령은 법률에 의해 위임을 받은 범위 내에서 법률이 직접 정하지 않은 사항에 관하여도 규율할 수 있다는 점에서 집행명령과 구별된다.

---

23) 행정작용의 방대한 영역 모두를 의회가 제정한 법률에 구속되도록 하고, 현실의 변화에 대응하는 행정작용의 변화에 항상 법률의 개정을 전제하도록 할 경우에는 행정작용의 신속성과 탄력성이 상실될 것이며, 결국은 행정작용 전체의 효율성이 심각하게 저해될 것이기 때문이다.

24) 그러나 이러한 민주적 정당성이 비대해진 행정작용에 대한 통제를 강화할 필요성까지 부인하는 것은 아니다. 오히려 집행부가 비대해질수록 행정권 남용의 문제도 크게 나타나고, 따라서 그에 대한 통제도 더욱 강력하게 요청되고 있다. 비록 오늘날의 현실 속에서 행정국가화가 불가피한 측면은 있지만, 그로 인하여 행정국가화 현상이 권력분립적 관점에서 많은 문제를 야기한다는 사실이 바뀌는 것은 아니다. 고전적 권력분립론이 목표로 삼던 국가작용간의 세력균형은 궁극적 목표도 아니고 또 현실적으로 실현가능한 것도 아니지만, 권력간의 불균형은 결국 권력의 남용으로 이어질 가능성이 높다. 뿐만 아니라 행정작용에 대한 실효적인 통제가 결여될 경우에는 그로 인한 국민의 기본권침해 또한 심각한 문제가 될 수밖에 없기 때문이다.

25) 행정입법은 크게 법규명령과 행정규칙으로 나누는 것이 일반적이다. 하지만 법규명령의 종류 및 행정규칙의 종류는 매우 다양하게 분류되고 있다. 이에 관하여는 김남진/김연태, 행정법Ⅰ, 2004, 145쪽 이하, 162쪽 이하 참조.

집행명령은 헌법 제75조에 따라 「법률을 집행하는 데 필요한 사항」에 관하여 규율하는 명령을 말한다. 집행명령은 법률의 위임 없이도 법률의 실제 집행과 관련하여 필요한 사항을 규율하기 위하여 제정될 수 있지만, 그 내용은 역시 법률에 종속된다. 또한 법률에서 정하지 않고 있는 입법사항을 집행명령에서 새로이 정할 수 없다.

이러한 위임명령과 집행명령은 모두 대통령령이라는 형식으로 제정되며, 모법에 종속된다는 공통점을 갖는다.

행정입법과 관련하여 특히 문제되는 것은 행정입법의 남용이다. 행정입법이 국회입법을 대체하고, 국회가 통법부로 변해가는 현상이 심화되면서 법치주의의 근간이 훼손된다는 우려조차 나오고 있는 것이다. 이러한 문제를 막기 위하여 헌법 제75조는 포괄적 위임입법의 금지를 명시하고 있다. 포괄적인 위임을 통하여 법률은 단지 행정입법에 대한 형식적 근거만을 제공하고 실제 중요한 사항은 모두 행정입법에 위임하는 경우를 금지하고 있는 것이다. 이러한 포괄적 위임입법의 금지와 관련하여 헌법재판소는 몇 가지 기준을 제시한 바 있다:

① **사안이 법률로써 정해야 할 사항인지의 여부**에 대한 검토가 필요하다. 예컨대 조세법률주의의 원칙에 따라 조세의 종목과 세율 및 납세의무의 구체화를 위해 필요한 기본적인 사항은 법률로 정해야 하며, 시행령이나 조례 등에 위임될 수 없기 때문에 법률이 이러한 사항을 위임입법에 맡겼을 경우에는 그 자체만으로도 위헌으로 인정될 것이다. 마찬가지로 기본권의 제한에 관한 사항은 법률에 그 근거를 두어야 한다. 비록 세세한 부분까지 법률에서 직접 다 규정하지는 않는다 하더라도 기본권제한의 중요부분에 관한 것은 법률에서 직접 규정해야만 한다고 인정되는 것이다.[26)]

---

26) 다만 법률에 근거하지 않은 행정처분에 의한 기본권의 침해가 발생할 경우 행정소송의 대상이 되며, 그 결과 - 재판소원을 배제하고 있는 현행법상 - 헌법재판소의 직접적 관할대상에서 벗어나게 되므로 이 문제를 헌법재판소가 직접 다룬 예는 찾기 어렵다. 예컨대 예비판사임용거부처분의 취소를 구하는 헌법소원에 대해서 헌법재판소는 그것이 법원의 재판관할하에 있는 사건으로서 헌법소원의 대상이 아니라고 판단하여 부적법 각하한 바 있다(헌재 2001.12.20. 2001헌마245 결정).

ⅰ. 변호사개업지 제한과 법률유보

물론 직업선택의 자유도 헌법 제37조 제2항에 의하여 제한될 수 있다. 그러나 위와 같은 직업선택의 자유는 삶의 보람이요 생활의 터전인 직업을 개인의 창의와 자유로운 의사에 따라 선택케 함으로써 자유로운 인격의 발전에 이바지하게 하는 한편 자유주의적 경제·사회질서의 요소가 되는 기본적 인권이라 아니할 수 없다. 따라서 그 제한은 반드시 법률로써 하여야 할 뿐 아니라 국가안전보장, 질서유지 또는 공공복리 등 정당하고 중요한 공공의 목적을 달성하기 위하여 필요하고 적정한 수단·방법에 의하여서만 가능한 것이다(헌재 1989.11.20. 89헌가102 결정).

ⅱ. 의회유보원칙과 텔레비전방송수신료 금액의 결정

오늘날 법률유보원칙은 단순히 행정작용이 법률에 근거를 두기만 하면 충분한 것이 아니라, 국가공동체와 그 구성원에게 기본적이고도 중요한 의미를 갖는 영역, 특히 국민의 기본권실현과 관련된 영역에 있어서는 국민의 대표자인 입법자가 그 본질적 사항에 대해서 스스로 결정하여야 한다는 요구까지 내포하고 있다(의회유보원칙). 그런데 텔레비전방송수신료는 대다수 국민의 재산권 보장의 측면이나 한국방송공사에게 보장된 방송자유의 측면에서 국민의 기본권실현에 관련된 영역에 속하고, 수신료금액의 결정은 납부의무자의 범위 등과 함께 수신료에 관한 본질적인 중요한 사항이므로 국회가 스스로 행하여야 하는 사항에 속하는 것임에도 불구하고 한국방송공사법 제36조 제1항에서 국회의 결정이나 관여를 배제한 채 한국방송공사로 하여금 수신료금액을 결정해서 문화관광부장관의 승인을 얻도록 한 것은 법률유보원칙에 위반된다(헌재 1999.5.27 98헌바70 결정).

② **법률의 전체적 맥락** 속에서 규정의 문구를 해석하여야 한다. 법률에서 일정한 사항에 대한 구체적 규율을 하위법규에 위임하고 있는 경우에, 그 문구만을 놓고 볼 때에는 포괄적 위임으로 생각될 수 있지만, 법률의 전체적 맥락을 통해서 위임의 구체적 범위 및 판단의 기준이 밝혀질 수 있는 경우에는 굳이 포괄적 위임으로 보아서 위헌으로 판단하지 않겠다는 태도를 보이고 있는 것이다(헌재 1991.7.8. 91헌가4 결정). 이러한 헌법재판소의 태도는 합헌적 법률해석의 정신에 기초한 것으로 이해될 수 있으며, 입법기술상의 흠결을 해석을 통해 보완하는 것으로 평가될 수 있을 것이다.

i. 위임입법에 대한 예측가능성의 요구

그러나 법률의 위임은 반드시 구체적이고 개별적으로 한정된 사항에 대하여 행해져야 한다. 그렇지 아니하고 일반적이고 포괄적인 위임을 한다면 이는 사실상 입법권을 백지위임하는 것이나 다름없어 의회입법의 원칙이나 법치주의를 부인하는 것이 되고 행정권의 부당한 자의와 기본권 행사에 대한 무제한적 침해를 초래할 위험이 있기 때문이다. 우리 헌법 제75조도 "대통령은 법률에서 구체적으로 범위를 정하여 위임받은 사항……에 관하여 대통령령을 발할 수 있다."라고 규정하여 위임입법의 근거와 아울러 그 범위와 한계를 제시하고 있는데 "법률에서 구체적으로 범위를 정하여 위임받은 사항"이라 함은 법률에 이미 대통령령으로 규정될 내용 및 범위의 기본사항이 구체적으로 규정되어 있어서 누구라도 당해 법률로부터 대통령령에 규정될 내용의 대강을 예측할 수 있어야 함을 의미한다. 그리고 위임입법에 관한 헌법 제75조는 처벌법규에도 적용되는 것이지만 법률에 의한 처벌법규의 위임은, 헌법이 특히 인권을 최대한으로 보장하기 위하여 죄형법정주의와 적법절차를 규정하고, 법률(형식적 의미의)에 의한 처벌을 특별히 강조하고 있는 기본권보장 우위사상에 비추어 바람직스럽지 못한 일이므로, 그 요건과 범위가 보다 엄격하게 제한적으로 적용되어야 한다. 따라서 처벌법규의 위임은 특히 긴급한 필요가 있거나 미리 법률로써 자세히 정할 수 없는 부득이한 사정이 있는 경우에 한정되어야 하고 이러한 경우일지라도 법률에서 범죄의 구성요건은 처벌대상인 행위가 어떠한 것일 것이라고 이를 예측할 수 있을 정도로 구체적으로 정하고 형벌의 종류 및 그 상한과 폭을 명백히 규정하여야 한다(헌재 1991.7.8. 91헌가4 결정).

ii. 예측가능성의 유무에 대한 판단: 관련 법조항 전체를 유기적 · 체계적으로 종합판단

이러한 예측가능성의 유무는 당해 특정조항 하나만을 가지고 판단할 것은 아니고 관련 법조항 전체를 유기적 · 체계적으로 종합판단하여야 하며, 각 대상 법률의 성질에 따라 구체적 · 개별적으로 검토하여야 한다. 따라서 법률조항과 법률의 입법취지를 종합적으로 고찰할 때 합리적으로 그 대강이 예측될 수 있는 것이라면 위임의 한계를 일탈하지 아니한 것으로 판단되어야 할 것이다(헌재 1994.6.30. 93헌가15등 결정).

③ 규율대상이 요구하는 유동성 내지 탄력성이 어느 정도이며, 위임의 범위가 그러한 요구 이상으로 폭넓게 인정되고 있는지의 여부도 이에 대한 판단기준이 될 수 있다. 이는 위임입법을 인정해야 할 경우에 발생되는 법치국

가적 문제점과 위임입법의 현실적 필요성을 비교·형량하는 비례성 판단의 관점으로 이해될 수 있을 것이다.

iii. 규율대상의 탄력성·유동성과 위임입법에 대해 요구되는 구체성, 명확성의 정도

㉮ 위임입법에 대해 요구되는 구체성, 명확성의 정도는 그 규율대상의 종류와 성격에 따라 달라질 것이지만, 특히 처벌법규나 조세법규 등 국민의 기본권을 직접적으로 제한하거나 침해할 소지가 있는 법규에서는 구체성, 명확성의 요구가 강화되어 그 위임의 요건과 범위가 일반적인 급부행정법규의 경우보다 더 엄격하게 제한적으로 규정되어야 하는 반면에, 규율대상이 지극히 다양하거나 수시로 변화하는 성질의 것일 때에는 위임의 구체성, 명확성의 요건이 완화되어야 한다는 것이다(헌재 1991.2.11. 90헌가27 결정).

㉯ 그러나 위임의 명확성의 요건이 완화될 수 있는 경우에도 국민의 헌법상 기본권 및 기본의무와 관련된 중요한 사항 내지 본질적인 내용에 관한 사항에 대한 정책형성기능은 원칙적으로 주권자인 국민에 의하여 선출된 대표자들로 구성되는 입법부가 담당하여 법률의 형식으로써 이를 수행하여야 하고, 이와 같이 입법화된 정책을 집행하거나 적용함을 임무로 하는 행정부나 사법부에 그 기능이 넘겨져서는 안된다고 해석되므로, 이와 같은 사항을 대통령령 등 하위법규에 위임하는 데에는 일정한 한계가 있다(헌재 1998.3.26. 96헌바57 결정).

이러한 여러 기준들을 통해 위임의 범위에 대한 대강의 기준이 도출될 수 있으면, 문구가 추상적·포괄적인 것으로 보일지라도 그것을 포괄적 위임이기 때문에 위헌이라고 판단할 필요는 없다. 하지만 이러한 구체화의 기준이 제시되기 곤란한 상황이라면 포괄적 위임입법으로서 위헌으로 판단될 수밖에 없을 것이다.

(3) 행정입법에 대한 통제

행정입법의 남용을 통제하기 위하여 현행헌법은 포괄적 위임입법의 금지라는 사전적 통제 이외에도 다양한 통제수단을 마련하고 있다.

먼저 집행부 자체 내의 통제수단으로는 대통령령의 발포에 앞서 거쳐야 하는 국무회의의 심의(헌법 제89조 제3호), 그리고 국무총리와 관계국무위원의 부서(헌법 제82조)가 있다. 그밖에 입법예고(행정절차법 제41조-제44조)와 공청회(행정절차법 제45조) 등의 절차를 거침으로써 행정입법에 대한 절차적 통제를 확보하는 것도 행정입법의 남용을 방지하는 데 의미 있는 역할을 한다.

그리고 국회는 모법의 개정 및 폐지를 통하여, 국정감사·조사권의 행사를 통하여, 또는 탄핵소추 등을 통하여 행정입법을 통제할 수 있을 뿐만 아니라 행정입법에 대한 국회의 직접적인 검토와 통제도 강화되는 경향을 보이고 있다(국회법 제98조의2).[27] 법원은 헌법 제107조 제2항에 따른 명령·규칙의 위헌·위법심사권을 행사함으로써 행정입법을 통제할 수 있으며, 헌법재판소도 행정입법에 대한 헌법소원심판을 통하여 통제권을 행사하고 있다.

7. 국가긴급권

(1) 국가긴급권의 의의와 성격

국가긴급권은 헌법에 규정된 정상적인 수단이 아니라 예외적인 수단을 통해서만 제거될 수 있는 국가의 존립 또는 공공의 안녕질서에 대한 심각한 위협, 즉 국가긴급사태에 대응하기 위하여 특별히 인정되고 있는 권한을 말한다.

현행헌법상 대통령의 국가긴급권으로는 긴급재정·경제처분 및 명령권(헌법 제76조 제1항), 긴급명령권(헌법 제76조 제2항), 계엄선포권(헌법 제77조)이 있다.

국가긴급권을 대통령의 국가원수로서의 지위(「국가와 헌법의 수호자」로서의 지위)에서 나오는 권한으로 이해하는 견해도 있으나, 이는 적절하지 않다. 헌법상 국가긴급권이 대통령에게 부여되고 있는 것은 국가긴급사태의 성질상 입법부나 사법부가 아닌 집행부에서 국가긴급권을 발동하여 위기상황을 해결하는 것이 적절하기 때문이며, 국가긴급권이 입법부와 집행부 또는 집행부와 사법부 사이의 권력분립적 통제구조를 벗어난 것은 아니기 때문이다. 대통령의 국가긴급권 행사에 대해서는 - 국가원수로서의 지위로부터 나오는 권한들과는 달리 - 국회의 통제 내지 사법적 통제가 인정되고 있다

따라서 국가긴급권은 대통령이 집행부 수반으로서 행사하는 권한이며, 국가긴급사태의 경우에 예외적으로 대통령이 직접 법률적 효력을 갖는 집행작용을 수행할 수 있도록 혹은 법률적 근거가 없어도 집행작용을 수행할 수 있도록 허용하고 있는 것이다.

27) 이에 관하여는 장영수, 국회입법권의 약화와 행정입법의 증가에 대한 비판적 고찰, 안암법학 제8호(1999.2), 25-66쪽 참조.

(2) 긴급재정 · 경제처분과 그에 관한 명령권

현행헌법 제76조 제1항은 "내우 · 외환 · 천재 · 지변 또는 중대한 재정 · 경제상의 위기에 있어서 국가의 안전보장 또는 공공의 안녕질서를 유지하기 위하여 긴급한 조치가 필요하고 국회의 집회를 기다릴 여유가 없을 때에 한하여" 긴급재정 · 경제처분과 그에 관하여 법률의 효력을 갖는 명령을 발할 수 있도록 하고 있다.

또한 대통령의 긴급재정 · 경제처분 및 이에 관한 명령은 지체 없이 국회에 보고하여 그 승인을 얻어야 한다(헌법 제76조 제3항). 만일 승인을 얻지 못한 경우에는 대통령의 처분 및 명령의 효력이 상실되며, 그 명령에 의해 개정 또는 폐지되었던 법률은 당연히 효력을 회복한다(헌법 제76조 제4항).

이러한 입법적 통제 이외에도 대통령의 긴급재정 · 경제처분 및 이에 관한 명령은 사법심사의 대상이 된다고 보는 것이 일반적이다.

대통령의 긴급재정경제명령에 대한 헌법소원

대통령의 긴급재정경제명령은 국가긴급권의 일종으로서 고도의 정치적 결단에 의하여 발동되는 행위이고 그 결단을 존중하여야 할 필요성이 있는 행위라는 의미에서 이른바 통치행위에 속한다고 할 수 있으나, 통치행위를 포함하여 모든 국가작용은 국민의 기본권적 가치를 실현하기 위한 수단이라는 한계를 반드시 지켜야 하는 것이고, 헌법재판소는 헌법의 수호와 국민의 기본권 보장을 사명으로 하는 국가기관이므로 비록 고도의 정치적 결단에 의하여 행해지는 국가작용이라고 할지라도 그것이 국민의 기본권 침해와 직접 관련되는 경우에는 당연히 헌법재판소의 심판대상이 된다(헌재 1996.2.29. 93헌마186 결정).

(3) 긴급명령권

현행헌법 제76조 제2항은 "국가의 안위에 관계되는 중대한 교전상태에 있어서 국가를 보위하기 위하여 긴급한 조치가 필요하고 국회의 집회가 불가능한 때에 한하여" 긴급명령권이 발동될 수 있도록 정하고 있다.

긴급명령권도 긴급재정 · 경제처분에 관한 명령권과 마찬가지로 법률적 효력을 갖는다. 그러나 긴급명령권은 요건이 긴급재정 · 경제처분 및 이에 관한 명령권의 경우보다 까다로운 대신에 재정 · 경제상의 사항에 한정되지 않는다는 점에서 더 포괄적인 권한으로 활용될 수도 있다.

긴급명령권은 지체 없이 국회에 보고하여 그 승인을 받아야 한다는 점,

그리고 승인을 얻지 못한 경우에는 명령의 효력이 상실될 뿐만 아니라 그 명령에 의해 개정 또는 폐지되었던 법률이 당연히 효력을 회복한다는 점에서도 긴급재정·경제처분 및 그에 관한 명령권과 같다.

(4) 계엄선포권

현행헌법 제77조에서 대통령의 권한으로 인정되는 계엄선포권은 과거 군사독재 정권에 의하여 오·남용되던 것을 통제하는데 초점을 맞춰서 입법화한 것으로 이해될 수 있다.

대통령은 "전시·사변 또는 이에 준하는 국가비상사태에 있어서 병력으로써 군사상의 필요에 응하거나 공공의 안녕질서를 유지할 필요가 있을 때"에는 법률이 정하는 바에 의하여 계엄을 선포할 수 있다.

계엄은 비상계엄과 경비계엄으로 나뉘며(헌법 제77조 제2항), 특히 비상계엄의 경우에는 "법률이 정하는 바에 의하여 영장제도, 언론·출판·집회·결사의 자유, 정부나 법원의 권한에 관하여 특별한 조치"를 할 수 있다(헌법 제77조 제3항).

계엄을 선포한 때에는 대통령은 지체 없이 국회에 통고하여야 한다(헌법 제77조 제4항). 국회가 재적의원 과반수의 찬성으로 계엄의 해제를 요구한 때에는 대통령은 이를 해제하여야 한다(헌법 제77조 제5항).

Ⅵ. 국회 및 사법부의 활동에 대한 관여·통제권

1. 국회 및 사법부의 활동에 관한 대통령의 관여·통제권의 유형

대통령은 집행부의 수반으로서 집행부의 조직과 활동에 관한 폭넓은 권한을 가지고 있을 뿐만 아니라 국회 및 사법부의 활동에 관여 또는 통제하는 권한도 가지고 있다.

이러한 권한들 중의 일부는 권력분립의 틀 안에서 이루어지는 상호통제의 메커니즘을 구체화한 것으로 이해될 수 있다. 예컨대 국회의 입법권 남용을 견제하기 위한 대통령의 법률안거부권이나 법률안공포권이 그러하고, 헌법재판소에 위헌정당의 해산을 제소할 수 있는 권한도 그러하다.

그러나 정상적인 권력분립의 틀 안에서는 설명되기 어려운 권한도 있다. 예컨대 법률안제출권이나 사면·감형·복권에 관한 권한이 그러하다. 이러한 권한은 대통령이 집행부 수반으로서 행사할 수 있는 것은 아니며, 국가원수로서 특별히 부여받은 권한이라고 보아야 할 것이다. 그러나 이러한 권한을 남용할 경우 실질적인 통제가 거의 불가능하다는 것이 또한 현실적인 문제이기도 하다.

2. 법률안제출권

대통령은 국회에 법률안을 제출할 수 있는 권한을 가진다(헌법 제52조).

이러한 법률안제출권은 행정입법만으로는 충족되기 어려운 집행활동에 대한 법률적 근거를 보다 쉽게 마련할 수 있도록 함으로써 집행작용의 능률성을 강화시키는 측면이 있는가 하면, 권력분립에 반하며 의원들의 입법에 대한 책임을 감소시키기 때문에 바람직하지 못한 측면이 있다.

그로 인하여 대통령의 법률안제출권에 대해서는 찬반의견이 대립되고 있는데, 입법론적으로는 국회의 위상강화를 위하여 삭제되는 것이 바람직할 것으로 본다.

3. 법률안거부권

국회에서 의결된 법률안이 정부에 이송되었을 때, 대통령은 15일 이내에 이의서를 첨부하여 국회로 환부하면서 재의를 요구할 수 있다(헌법 제53조 제2항). 다만 대통령은 법률안의 일부에 대해서 재의를 요구하거나 법률안을 수정하여 재의를 요구할 수는 없다(헌법 제53조 제3항).

이러한 대통령의 법률안거부권은 권력분립의 틀 안에서 이루어지는 상호통제의 메커니즘에 따른 것이며, 국회의 입법권에 대한 가장 효과적인 통제수단의 하나이다. 헌법재판소의 위헌법률심판권 등과 달리 법률의 내용적 위헌성을 전제하지 않고 정치적 판단에 의하여 거부권을 행사할 수 있기 때문이다. 그러나 대통령이 거부권을 남용하는 문제가 발생될 수 있으므로, 대통령의 거부권행사의 남용을 견제하기 위하여 국회에서 재적의원 과반수의 출석과 출석의원 3분의 2 이상의 찬성으로 재의결할 수 있도록 하고 있다(헌법 제53조 제4항).

4. 법률안공포권

대통령은 법률안이 정부에 이송된 날로부터 15일 이내에 공포하여야 한다

(헌법 제53조 제1항). 대통령이 15일 이내에 거부권을 행사하지도 않고, 공포도 하지 않았을 경우에도 그 법률안은 법률로서 확정된다(헌법 제53조 제5항).

국회에서 제정한 법률안에 대하여 대통령이 공포하도록 하는 것은, 역시 국회의 자의적 입법권행사를 방지하는 데 그 의미가 있다고 할 수 있다. 또한 대통령이 공포에 앞서 거부권을 행사할 것인지의 여부를 판단할 수 있도록 하는 기능도 한다.

국회의 재의결에 의하여 확정된 법률, 또는 대통령이 거부권을 행사하지 않고 15일을 경과하여 확정된 법률은 대통령이 지체없이 공포하여야 한다. 법률안의 정부이송 후 15일이 경과되어 법률로 확정된지 5일이 경과되었거나, 국회에서 재의결되어 정부에 송부된 후 5일 이내에 대통령이 공포하지 않을 경우에는 국회의장이 이를 공포한다(헌법 제53조 제6항, 국회법 제98조 제3항).

5. 위헌정당해산제소권

현행헌법 제8조 제4항에 따라 위헌정당의 해산을 위해서는 정부의 제소가 선행되어야 한다. 즉, 대통령이 국무회의의 심의를 거치고(헌법 제89조 제14호), 국무총리 및 관계 국무위원의 부서를 받아서(헌법 제82조) 위헌정당의 해산을 제소할 수 있는 것이다.

이러한 위헌정당해산제소권은 헌법재판소의 위헌정당해산심판권을 발동시키는 조건이지만, 정부가 위헌으로 의심되는 정당에 대하여 헌법재판소에 제소할 의무를 지는 것은 아니라고 보는 견해가 일반적이다. 상황에 따라서는 민주적 정치과정 속에서 위헌정당을 도태시키는 것이 더욱 현명한 대응방법일 수도 있기 때문이다.

6. 사면 · 감형 · 복권에 관한 권한

(1) 사면권의 의의와 유형

대통령은 법률이 정하는 바에 의하여 사면·감형 또는 복권을 명할 수 있는 권한을 갖는다(헌법 제79조 제1항).

사면은 범죄인에 대한 소추권이나 재판권의 효력을 제한하는 것을 의미한다. 사면의 종류로는 일반사면과 특별사면이 있는데, 일반사면은 특정한 범죄로 인하여 처벌되는 모든 사람을 사면하는 것이고, 특별사면은 형의 선고를 받은 특정인을 사면하는 것이다. 일반사면을 명하려면 국회의 동의를 얻어야 한다(헌법 제79조 제2항).

감형은 형의 선고를 받은 사람을 대상으로 형량 또는 형의 집행을 감경시켜주는 것이며, 복권은 형의 선고로 인하여 상실 또는 정지된 법률상의 자격을 회복시켜주는 것이다. 일반사면의 경우와는 달리 일반감형이나 일반복권의 경우에는 국회의 동의를 요하지 않는다.

대통령의 사면권의 성격과 사면에 관한 정보 공개

구 공공기관의 정보공개에 관한 법률(2004. 1. 29. 법률 제7127호로 전문 개정되기 전의 것, 이하 '구 정보공개법'이라 한다) 제7조 제1항 제6호는 비공개대상정보의 하나로 '당해 정보에 포함되어 있는 이름·주민등록번호 등에 의하여 특정인을 식별할 수 있는 개인에 관한 정보'(이하 '개인식별정보'라 한다)를 규정하면서, 같은 호 단서 (다)목으로 '공공기관이 작성하거나 취득한 정보로서 공개하는 것이 공익 또는 개인의 권리구제를 위하여 필요하다고 인정되는 정보'는 제외된다고 규정하고 있는데, 여기에서 '공개하는 것이 공익을 위하여 필요하다고 인정되는 정보'에 해당하는지 여부는 비공개에 의하여 보호되는 개인의 사생활 보호 등의 이익과 공개에 의하여 보호되는 국정운영의 투명성 확보 등의 공익을 비교·교량하여 구체적 사안에 따라 신중히 판단하여야 할 것이다(대법원 2003. 3. 11. 선고 2001두6425 판결, 2003. 12. 12. 선고 2003두8050 판결 등 참조).

원심은 그 채택 증거를 종합하여 그 판시와 같은 사실을 인정한 다음, 원고가 공개를 청구한 사면대상자들의 사면실시건의서와 그와 관련된 국무회의 안건자료를 공개할 경우 비록 당사자들의 사생활의 비밀 등이 침해될 염려가 있다고 하더라도, 사면실시 당시 법무부가 발표한 사면발표문 및 보도자료에 이미 이 사건 정보의 당사자들 상당수의 명단이 포함되어 있는 점, 대통령이 행하는 사면권 행사가 고도의 정치적 행위라고 하더라도, 위 정보의 공개가 정치적 행위로서의 사면권 자체를 부정하려는 것이 아니라 오히려 사면권 행사의 실체적 요건이 설정되어 있지 아니하여 생길 수 있는 사면권의 남용을 견제할 국민의 자유로운 정치적 의사 등이 형성되도록 위 정보에의 접근을 허용할 필요성이 있는 점, 이 사건 정보의 당사자들이 저지른 범죄의 중대성과 반사회성에 비추어 볼 때 이 사건 정보를 공개하는 것은 사면권 행사의 형평성이나 자의적 행사 등을 지적하고 있는 일부 비판적 여론과 관련하여 향후 특별사면행위가 보다 더 국가이익과 국민화합에 기여하는 방향으로 이루어질 수 있게 하는 계기가 될 수 있다는 점 등에 견주어 보면, 이 사건 정보의 공개로 얻는 이익이 이로 인하여 침해되는 당사자들의 사생활의 비밀에 관한 이익보다 더욱 크다고 할 것이므로 정보공개법 제7조 제1항 제6호 소정의 비공개사유에 해당되지 않는다고 판단하였다. 위 법리와 기록에 비추어 보면, 이러한 원심의 판단은 수긍이 가고, 거기에 상고이유와 같은 구 정보공개법 제7조 제1항 제6호에 관한 법리오해 등의 위법이 없다(대법원 2006.12.7. 선고 2005두241 판결).

(2) 사면권의 법치국가적 문제점과 해결방향

이러한 대통령의 사면·감형 및 복권에 관한 권한은 사법부의 작용에 대한 가장 본질적인 관여 내지 침해라고 볼 수 있다. 그것은 이미 행해진 사법적 판단을 완전히 뒤집는 행위이기 때문이다. 사면은 단순히 법치국가적 절차에 따라 내려진 각종 형벌과 제재, 즉 법치국가적 절차의 결과만을 백지화하는 것이 아니라 그 절차 자체의 의미를 손상시킨다는 데 문제의 심각성이 있다.[28]

전제군주의 대권에서 유래된 사면권은 법을 초월하는 군주의 권위를 상징하는 것이었다. 어떠한 사법적 절차에 따라 어떤 처벌이 예정되어 있거나 또는 집행중에 있더라도 군주는 이를 무효화하는 특별한 권위를 보유하고 있었던 것이다. 이러한 전근대적인 사면권이 현대의 법치국가에서도 여전히 인정되고 있는 이유는 법치국가적 절차도 완벽하지는 못하다는 인식에서 찾을 수 있다.

아무리 법치국가적 절차가 치밀하게 구성되어도 불합리한 결과가 나올 수 있기 때문에 이를 교정할 수 있는 구제수단을 하나쯤 남겨두려는 생각, 그리고 고도의 정치적 고려에 따라 – 법적 판단과는 별도로 – 국가이익을 위해 법치국가적 절차의 효과를 배제시킬 필요가 있을 수 있다는 생각이 사면권을 현대의 법치국가에서도 존치되도록 만든 것이다.

그러나 근대 이래 통치행위의 인정범위가 계속 축소되어 온 것처럼, 사면권의 행사도 억제되어야 하며, 말 그대로 예외가 되어야 한다. 법치국가적 절차를 통해서 나온 결과가 – 사법제도 자체의 문제나 사법적 판단과정의 문제로 인하여 – 명백히 정의와 형평에 반하며 별도의 구제수단이 없는 경우에, 법적 판단은 정당한 것임에도 불구하고 국가이익을 위하여 법적 판단의 효과를 그야말로 예외적으로 배제하는 경우[29]에만 사면권을 인정하는 것이

28) 사면의 반복으로 인하여 법치국가적 절차에 따른 각종 제재가 유명무실하게 된다면 누가 그 절차를 존중하겠는가?

29) KAL기 폭파범으로 사형선고를 받았다가 사면된 김현희씨의 경우가 이에 해당된다고 볼 수 있을 것이다.

현대의 법치국가적 요청과 사면권을 양립시킬 수 있는 것이다.

연례행사처럼 반복되는 대규모사면을 당연한 것처럼 받아들이는 것도 큰 문제라고 할 수 있다. 이러한 문제는 결국 사법절차의 신뢰회복, 나아가 전체 법치국가적 과정의 체계화에 따른 법치의 확립을 통하여 해결되어야 한다. 왜냐하면 사면권을 통한 개별적이고 불충분한, 경우에 따라 자의적일 수도 있는 구제보다는 법치국가적 절차 자체의 개선을 통한 구제가 보다 근본적이고 실효적인 해결이 될 것이기 때문이다.

(3) 사면권의 한계

사면권의 본질상 - 사면제도 자체를 부정하는 경우를 별론으로 하면 - 대통령의 사면권행사를 다시금 사법심사의 대상으로 삼는 것은 곤란할 것이다. 이미 법치국가를 벗어난 사면권행사를 법치국가적 틀 안에서 평가하려는 것 자체에 문제가 있기 때문이다.

다만 사면권의 행사에 있어서도 자기 자신을 사면할 수는 없다는 것과, 탄핵결정에 의하여 파면된 사람을 사면할 수는 없다는 한계는 인정되어야 할 것이다.

Ⅶ. 대통령의 권한행사의 절차와 방법

1. 대통령의 권한행사 방식의 의의

현행헌법은 대통령제 정부형태를 채택하고 있으며, 현행헌법상의 대통령제는 특히 대통령의 권한이 보다 강화된, 이른바 변형된 대통령제(신대통령제)에 속하는 것으로 분류될 수 있다. 이에 따라 대통령은 집행부 수반으로서뿐만 아니라 국가원수로서도 - 형식적·의전적 권한을 넘어서는 - 실질적 권한을 보유함으로써, 이른바 삼권을 통합·조정하는 지위에서 강력한 권한을 보유·행사할 수 있게 되어 있다.

이처럼 대통령에게 강력한 권한이 부여되고 있기 때문에 한편으로는 그 권한에 대한 정당성의 확보가 더욱 중요한 문제로 제기되고 있으며, 다른 한편에서는 대통령의 권한에 대한 통제의 필요성도 더욱 중요한 문제로 부각된다. 그러나 현실적으로 탄핵을 제외하고는 대통령에 대한 직접적인 통제수단은 별로 없으며, 탄핵제도 또한 쉽게 이용될 수 있는 제도가 아니기 때문에 대통령의 권한행사 「방식」에 대한 헌법상의 요청이 특별한 의미를 갖는 것으로 주목받고 있다.

대통령의 권한행사방식에 대한 현행헌법상의 통제수단으로는 헌법 제89조에 의한 국무회의의 심의, 헌법 제82조에 의한 문서주의 및 부서제도를 비롯하여 각종 자문기관의 자문(제90조, 제91조, 제92조, 제93조 등)과 국회의 동의 또는 승인(제76조 등) 등이 명문으로 규정되고 있다. 이러한 제도들은 대통령의 권한행사방식을 통제함으로써 대통령의 권한남용을 억제할 수 있다는 기대에 기초하고 있는 것이다.30)

2. 국무회의의 심의

현행헌법 제89조는 일정한 사항에 대하여 국무회의의 심의를 거치도록 요구하고 있다. 이미 헌법 제89조에 명시된 사항들도 상당히 광범위할 뿐만 아니라, 동조 제17호는 "기타 대통령·국무총리 또는 국무위원이 제출한 사항"도 국무회의의 심의를 거치도록 하고 있으므로, 사실상 집행부의 활동 중에서 중요한 사항은 거의 모두 국무회의의 심의를 거치는 것으로 이해될 수 있을 것이다.

이처럼 중요한 활동에 대해서 국무회의의 심의를 거치도록 하는 것은 크게 두 가지 의미를 갖는다. 한편으로는 집행부의 중요 구성원들이 모여서 국무회의를 하는 가운데 사안에 대한 기본적 상황을 함께 알고, 이에 대하여 통일적이고 일관성 있는 대책을 수립·추진할 수 있도록 하는 데 그 의미가 있으며, 다른 한편으로는 대통령이 자의적으로 결정하지 않고 국무총리 및 여러 국무위원들의 의견을 충분히 수렴하여 최종적인 결정을 내리도록 하는 것이다.

그러나 대통령이 국무회의의 심의에 구속되는 것은 아니기 때문에, 국무회의의 심의가 대통령에 대한 실질적인 통제기능을 발휘하는 데에는 한계가 있다.

3. 문서주의와 국무총리 및 관계 국무위원의 부서

대통령의 국법상 행위는 문서로써 하여야 하며, 이 문서에는 국무총리와

30) 그러나 국회의 동의와 승인의 경우를 제외한 다른 통제수단은 대통령의 지휘 하에 있는 집행부 내부의 통제절차이기 때문에 그 실효성에 대하여 많은 문제가 제기되고 있다.

관계 국무위원이 부서하여야 한다(헌법 제82조).

대통령의 국법상 행위란 대통령의 공식적인 권한행사를 의미하며, 이를 문서로써 하도록 하는 것은 대통령의 권한행사를 객관화시키고, 권한행사의 신중성을 확보하는 데 그 의미가 있다고 할 수 있다. 또한 대통령의 국법상 행위에 대하여 국무총리와 관계 국무위원의 부서(대통령의 서명에 이어서 서명하는 것)를 요구하는 것은 대통령의 독단을 방지하고, 국무총리와 관계 국무위원의 책임소재를 분명히 하는 의미를 갖는다.

그러나 부서제도 역시 국무총리와 국무위원들이 현실적으로 대통령의 의사를 거부하기 어려운 점을 고려할 때, 대통령의 권한행사에 대한 실효성 있는 통제수단이 되기는 어렵다.

4. 각종 자문기관의 자문

국가안전보장에 관련되는 대외정책·군사정책과 국내정책의 수립에 관하여 국무회의의 심의에 앞서 대통령의 자문에 응하기 위하여 국가안전보장회의를 둔다(헌법 제91조 제1항). 그러나 대통령은 그 자문의 결과에 구속되지 않는다.

국가안전보장회의 이외에도 현행헌법은 국가원로자문회의(헌법 제90조), 민주평화통일자문회의(헌법 제92조), 국민경제자문회의(헌법 제93조), 국가과학기술자문회의(헌법 제127조 제3항) 등에 관한 규정을 두고 있으나, 이들은 임의적 자문기관이므로 실제 대통령의 권한행사를 통제하는 역할은 기대하기 어렵다.

5. 국회의 동의, 승인 및 의결

대통령의 권한행사를 실제로 통제할 수 있는 절차는 국회의 동의 및 승인 등의 절차라고 할 수 있다. 국회의 동의, 승인 및 의결의 절차는 국회가 대통령을 통제하는 실질적인 제도적 장치로 기능할 수 있으며, 이를 거치지 않은 대통령의 권한행사는 그 효력이 인정될 수 없다.

현행헌법상 국회의 동의 또는 의결을 얻어야 하는 경우로는 예산안의 확정(헌법 제54조), 계속비 및 예비비의 설치(헌법 제55조 제1항, 제2항 전단), 추가경정예산안의 확정(헌법 제56조), 국채의 모집 또는 예산 외에 국가에 부담이 될 계약의 체결(헌법 제58조), 상호원조 또는 안전보장에 관한 조약, 중요한 국제조직에 관한 조약, 우호통상항해조약, 주권의 제약에 관한 조약, 강화조약, 국가나 국민에게 중대한 재정적 부담을 지우는 조약 또는 입법사항에 관한 조약의 체결·비준(헌법 제60조 제1항), 선전포고, 국군의 외국에의 파견 또는 외국군대의 대한민국 영역안에서의 주류(헌법 제60조 제2항), 일반사면(헌법 제79조 제2항), 국무총리의 임명(헌법 제86조 제1항), 감사원장의 임명(헌법 제98조 제2항), 대법원장 및 대법관의 임명(헌법 제104조 제1항 및 제2항), 헌법재판소장의 임명(헌법 제111조 제4항)이 있다.

현행헌법상 국회의 승인을 얻어야 할 경우로는 예비비의 지출(헌법 제55조 제2항 후단), 긴급재정·경제처분 및 그에 관한 명령, 긴급명령권의 발동(헌법 제76조 제3항)이 있다.

6. 대통령의 권한행사 방식의 위반에 대한 통제

대통령이 헌법상 요구되는 권한행사의 방식을 위반한 경우에는 그 위반의 유형 및 위헌성의 정도에 따라 통제의 방법을 고려하여야 할 것이다.

예컨대 대통령의 권한행사가 국무회의의 심의를 거치지 않았거나 국무총리 및 관계 국무위원의 부서를 결여한 경우에는 그 위헌성은 명백하다. 하지만 국무회의의 심의나 국무총리 및 관계 국무위원의 부서가 대통령에 대한 실질적 통제력이 크지 않은 점을 고려할 때, 과연 대통령의 권한행사 자체를 무효로 할 것인지, 아니면 효력 자체는 유효로 인정하되 그러한 행위의 위헌성을 근거로 한 탄핵소추 등의 통제가 가능하다고 볼 것인지에 대한 견해의 대립이 존재한다. 반면에 문서주의에 위반한 경우이거나 국회의 동의, 승인 또는 의결을 결여한 경우에는 효력 자체를 부인하는 것이 일반적이다.

현행법상 대통령이 권한행사 방식을 위반한 경우에는 그 위헌성에 대한 통제방법이 활용될 수 있다. 그러나 현행헌법상 대통령의 책임을 직접 물을 수 있는 유일한 통제수단은 헌법 제65조 및 헌법재판소법 제48조 이하의 규정에 따른 탄핵제도이다. 즉 헌법상 요구되는 절차규정의 위반은 헌법 제65조 제1항의 "직무집행에 있어서 헌법이나 법률을 위배한 때"에 해당된다. 그러나 헌법 제65조 제2항 단서에 규정된 대통령의 탄핵소추를 위하여는 국회재적의원 과반수의 발의와 국회재적의원 3분의 2이상의 찬성이 있어야 하므로 현실적인 관철가능성은 높지 않다.

그밖에 대통령에 대한 통제수단으로 생각될 수 있는 것으로는 선거에 의한 통제, 여론에 의한 통제가 있다. 하지만 현행헌법상 대통령은 단임제로 선출되므로(헌법 제70조), 선거에 의한 대통령의 직접적인 통제는 기대하기 어려우며, 대통령이 소속된 정당에 대한 선거를 통한 간접적 통제만이 가능할 것이다. 또한 국민의 여론을 통한 정치적 통제도 생각할 수 있으나 그 실효성이 불확실하다는 문제점이 있다.

제 4 절 정부의 조직과 각 기관의 권한

Ⅰ. 정부의 개념과 구조

「정부」라는 말은 다양한 의미로 사용된다. 넓은 의미의 정부는 입법부, 집행부, 사법부를 모두 포괄하는 국가기관 전체를 의미하며, 좁은 의미의 정부는 집행부만을 가리킨다. 또한 경우에 따라서는 집행부 내부에서도 대통령을 제외한 내각을 지칭하여 정부라고 부르기도 한다.

그러나 현행헌법은 제4장의 표제를 정부로 하고, 그 안에서 대통령과 행정부에 관한 것을 다루고 있으며, 헌법 제66조 제4항에서는 "행정권은 대통령을 수반으로 하는 정부에 속한다"고 규정하고 있다. 이를 통해 현행헌법은 정부를 입법부, 사법부와 구별되는 집행부의 의미로 사용하고 있음을 확인할 수 있다.

또한 현행헌법상 정부의 구조는 대통령과 행정부로 구분되며, 행정부 내부에는 국무총리와 국무위원, 행정각부, 감사원 등이 설치된다. 이러한 국가기관들은 헌법상 설치가 요구되는 필수적 헌법상 기관이지만, 그 역할은 대통령에 대한 보좌에 지나지 않는다. 집행작용에 관하여 국민으로부터 직접 정당성을 부여받은 것은 대통령이고, 정부(즉 집행부)는 대통령의 지휘·감독하에서 집행작용을 수행하는 하부조직인 것이다.

결국 정부의 구조는 개인적 대표로서의 대통령을 정점으로 만들어진 피라밋형 업무처리 시스템으로 이해될 수 있을 것이다.

《현행헌법상의 국가기관의 구성》

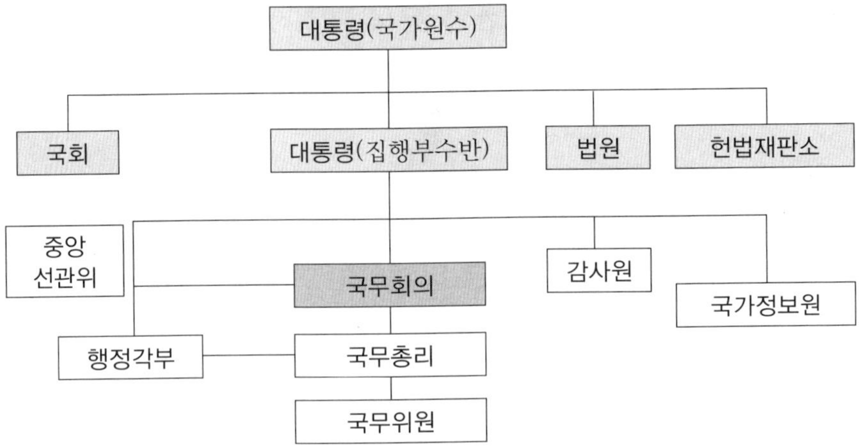

Ⅱ. 국무총리와 국무위원

1. 국무총리제의 제도적 의의

현행헌법상의 정부형태는 일종의 변형된 대통령제로 이해되고 있다. 즉 미국식 대통령제를 기본모델로 하고 있으나 의원내각제적 요소가 상당부분 가미되어 있을 뿐 아니라, 대통령과 국회의 권한범위와 상호관계 등에 있어서 대통령으로의 권한집중이 강화되고 있는 형태인 것이다.

이러한 현행헌법상의 정부형태에서 가장 특징적인 것의 하나가 국무총리이다. 미국식 대통령제에서는 찾기 어려운 제도이고 의원내각제의 수상과도 구별되기 때문에, 현행헌법상의 국무총리가 과연 어떠한 제도적 의의와 기능을 갖고 있는지에 대하여 논란이 많은 것이다.

국무총리의 제도적 의의에 관하여 국내 헌법학계에서는 ① 의원내각제의 수상, ② 대통령제의 부통령, 또는 대통령제의 국무장관에 유사한 기관으로 보는 주장들이 있는가 하면, ③ 그러한 여러 기관들의 성격을 복합적으로 갖는 것으로 보는 견해, ④ 대통령제에 있어서는 이례적인 특수한 제도로 보는 견해, 그리고 ⑤ 대통령의 정치적 방탄벽으로 이해하는 견해도 있다.

현행헌법의 권력분립체계에 비추어 볼 때 국무총리는 의원내각제의 수상, 대통령제의 부통령이나 국무장관과는 다른 위치에 있는 보좌기관이다. 그 실제운용에 따라 달라질 소지는 있으나 국무총리제의 현재까지의 운용에 비추어 볼 때 그 존재의의에 많은 회의가 있을 수밖에 없다.

2. 국무총리의 헌법상 지위와 임명방식

(1) 국무총리의 헌법상 지위

현행헌법상 국무총리의 헌법상 지위는 일반적으로 ① 대통령의 권한대행자, ② 대통령의 보좌기관, ③ 집행부의 제2인자 내지 국무회의의 부의장 등으로 설명된다.

① 국무총리는 **대통령의 일차적 권한대행자**가 된다. 이는 현행헌법상 부통령제도가 인정되지 않고 있음으로 인하여 발생되는 결과이며, 권한대행의 민주적 정당성과 관련하여 적지 않은 문제를 야기시키고 있다.

② 국무총리는 **대통령의 보좌기관**이다. 집행작용에 대한 최고책임자이자 최고의 지휘·감독자는 대통령이며, 국무총리는 이를 보좌하는 역할을 한다. 즉, 국무총리는 대통령과 집행작용의 영역을 분장하는 것이 아니라, 대통령이 집행작용을 전체적으로 책임지고 통할하는 것을 보좌하는 데 그친다는 점에서 이원정부제의 총리와 구별된다.

③ 국무총리는 **집행부의 제2인자**이다. 국무총리는 대통령의 유고시 그 직무를 대행할 수 있는 위치에 있을 뿐만 아니라, 평상시에도 대통령의 명을 받아 행정각부를 통할한다(헌법 제86조 제2항). 이러한 국무총리의 지위는 국무회의의 부의장이 된다(헌법 제88조 제3항)는 점에서도 나타난다.

④ 국무총리는 **대통령 다음의 상급행정기관**이다. 국무총리는 정부조직 내에서 대통령 다음에 위치하는 상급행정기관으로서 하급행정기관을 지휘·감독한다. 따라서 국무총리는 중앙행정기관의 장의 명령이나 처분이 위법 또는 부당하다고 인정한 경우에 대통령의 승인을 받아 중지 또는 취소할 수 있다(정부조직법 제16조 제2항). 또한 국무총리의 업무수행과 관련하여 국무총리 소속으로 규정된 기관으로는 법제처, 국가보훈처, 공정거래위원회, 금융위원회, 국민권익위원회가 있다.

이러한 국무총리의 헌법상 지위를 통하여 나타나고 있는 것은 국무총리가 집행부의 수반인 대통령을 보좌할 뿐 현행헌법의 권력구조상 대통령을 통제할만한 독자적 권한을 부여받고 있지는 못하다는 것이다.

국무총리의 헌법상 지위

우리 나라의 정부형태는 약간의 의원내각제적 요소도 있기는 하나 기본적으로는 대통령제(또는 대통령중심제)로서 행정권 행사에 관한 최고·최후의 결정권자는 대통령이라고 해석되는 점, 국무총리의 권한 중에는 국무위원 및 행정각부의 장 임명제청권(헌법 제87조 제1항, 제94조), 대통령의 국법상 행위에 관한 문서에의 부서권(헌법 제82조) 등 대통령의 권한행사에 대하여 다소의 견제적 기능을 할 수 있다고 보여지는 것이 있기는 하나, 우리 헌법이 대통령제 정부형태를 취하면서도 국무총리제도를 둔 주된 이유가 부통령제를 두지 않았기 때문에 대통령 유고시의 그 권한 대행자가 필요하고 또 대통령제의 기능과 능률을 높이기 위하여 대통령을 보좌하고 그 의견을 받들어 정부를 통할·조정하는 보좌기관이 필요하다는 데 있었던 점과 대통령에게 법적 제한 없는 국무총리해임권이 있는 점(헌법 제78조, 제86조 제1항 참조) 등을 고려하여 총체적으로 보면, 우리 헌법상 국무총리의 지위의 바탕은 그가 대통령의 첫째 가는 보좌기관인 점에 있다고 보여진다(헌재 1994.4.28. 89헌마86 결정).

(2) 국무총리의 임명방식과 국무총리서리의 헌법적 문제점

국무총리는 현역군인이 아닌 자 가운데서(헌법 제86조 제3항)(문민적 정부구성의 원칙) 대통령이 국회의 동의를 얻어 임명한다(헌법 제86조 제1항). 이때 국회의 동의는 임명 이전에 행해져야 하는 사전적 동의라는 데 이견이 없다.

그러나 문제는 지금까지 대통령이 국무총리를 임명함에 있어서 기존의 국무총리를 먼저 해임하고 새로운 총리후보자를 일단 국무총리서리로 임명한 상태에서 국회에 국무총리에 대한 임명동의를 요청하는 경우가 일반적이었다는 점에서 발생한다. 그동안 국회의 임명동의를 아직 받지 못한 상태에서 국무총리서리의 자격으로 이미 국정에 관여하는 예가 드물지 않았던 것이다.[31] 이와 관련하여 1998년 헌법재판소는 국무총리서리의 임명에 대한 권한쟁의심판에서 각하결정을 내린 바 있다(헌재 1998.7.14. 98헌라1 결정). 비록 재판관들 사이에 견해의 대립은 있었지만, 다수의견은 국무총리서리를 두는 것 자체가 무조건 위헌이 된다고 보지는 않았던 것이다. 사실 헌법과 법률(특히 정부조직법)에 총리서리에 관한 명문의 규정이 없다는 것만을 이유로 국무총리서리의 임명을 위헌으로 보는 데에는 문제가 있다. 과거 몇 차례 이용되었던 대통령의 특사 같은 경우도 헌법 및 법률상의 근거가 뚜렷하지는 않다. 하지

31) 심경수, "국무총리서리에 대한 헌법적 고찰", 법학연구, 제14권 제1호, 2003, 충남대학교 법학연구소, 108-109쪽의 표 참조.

만 대통령이 자신의 권한 가운데 일부를 위임하여 특사를 파견하는 것이 위헌이라고 보기는 어려운 것과 마찬가지로, 행정각부를 직접 통할할 권한을 갖고 있는 대통령이 국무총리서리에게 자신의 권한을 위임하여 국무총리서리로서의 직무를 수행하도록 하는 것이 무조건 위헌이라고 보기는 어려운 것이다.[32]

하지만 이 경우에도 총리서리의 권한은 어디까지나 대통령에게서 위임받은 권한에 한정되는 것이지, 헌법상 국무총리에게 부여되는 권한, 특히 대통령에 대한 일정한 견제 내지 통제의 의미를 담고 있는 권한을 포함하지는 못한다. 즉 대통령의 국법상 행위에 대한 국무총리의 부서권(헌법 제82조), 국무위원의 임명에 관한 국무총리의 제청권(헌법 제87조 제1항) 및 국무위원에 대한 해임건의권(헌법 제87조 제3항) 등은 총리서리가 행사할 수 없는 것이다.

이처럼 헌법상 국무총리의 권한에 속하는 것을 총리서리가 행사하지 못하도록 하는 것은 국무총리의 임명에 대해 국회의 동의를 얻도록 하는 것과 같은 맥락이다. 즉 국무총리는 집행부의 구성원으로서 대통령을 보좌하며, 대통령의 명을 받아 행정각부를 통할하는 위치에 있지만(헌법 제86조 제2항), 대통령의 권한남용을 통제하는 역할도 부분적으로 수행하기 때문에 대통령이 일방적으로 임명하지 않고 국회의 동의를 얻어 임명하도록 하고 있는 것이다. 따라서 국회의 동의를 아직 얻지 못한 총리서리가 헌법상 총리에게 인정되고 있는 권한들까지 행사하는 것은 위헌이라고 보아야 한다.[33]

32) 하지만 이런 헌법이론적 문제를 떠나서 생각해 볼 때, 과연 국회의 동의를 얻기도 전에 현직 총리를 해임하고 서둘러서 총리서리를 임명할 시급한 이유가 있는지는 의문스럽다. 정권의 교체와 같은 특별한 사정이 있는 경우가 아니라면 오히려 국회의 임명동의절차가 끝난 이후에 공식적으로 총리의 교체를 거쳐 집무를 시작하도록 하는 것이 더 바람직할 것이기 때문이다.

33) 현실적으로 국무총리가 대통령에 대한 통제자로서의 역할을 얼마나 수행할 수 있는지, 혹은 그동안 수행해 왔는지에 대한 평가의 문제와 국무총리가 그러한 역할을 수행하도록 요구하는 헌법의 규범적 요청은 구별되어야 할 것이다. 따라서 국무총리의 통제기능이 유명무실함을 이유로 이러한 통제적 권한의 규범적 의미를 무시해서는 안 된다.

국무총리서리제도의 합헌성 여부 (헌재 1998.7.14. 98헌라1 결정)[34)]

㉮ 재판관 조승형, 재판관 고중석의 의견

대통령이 헌법에 정한 바에 따라 국회에 국무총리 임명동의요청을 한 다음 국회가 그 사정으로 임명동의안을 처리해 주지 아니한 특별한 사정이 있는 경우에 국무총리서리를 임명한 것은, 대통령이 국회에 국무총리 임명동의안을 제출하지 않거나 그 동의안이 부결된 상태에서 국무총리서리를 임명한 경우와는 달리, 실질적으로 국회의 동의를 얻어야 할 국무총리를 임명한 것이 아니라 그 명칭이나 형식에 관계없이 행정부 구성권자인 대통령이 헌법 제87조 제1항, 정부조직법 제23조에 따라 국무총리가 사고로 인하여 직무를 수행할 수 없을 때에 국무위원을 임명하여 국무총리 직무대행자를 지명할 수 있는 것에 준하여 국회가 임명동의안을 의결할 때까지 한시적으로 국무총리 직무대행자를 임명한 것에 불과하다고 할 것이므로 그 임명절차에 하자가 있다고 하더라도 이 사건 국무총리서리 임명행위가 직접적으로 헌법 제86조 제1항에 의한 국회의 국무총리 임명동의권이나 그 임명동의안에 관한 청구인들의 심의·표결권을 침해하였거나 침해할 현저한 위험이 있는 경우에 해당한다고 볼 수 없다.

㉯ 재판관 김문희, 재판관 이재화, 재판관 한대현의 반대의견

(1) 헌법 제86조 제1항은 “국무총리는 국회의 동의를 얻어 대통령이 임명한다.”고 명시하여 대통령이 국무총리를 임명함에 있어서는 “반드시 사전에” 국회의 동의를 얻어야 함을 분명히 밝히고 있다. 이는 법문상 다른 해석의 여지없이 분명하고, 이에 더하여 헌법이 국무총리의 임명에 관하여 규정하고 있는 국회동의제도의 취지를 고려하여 보면 국무총리 임명은 대통령의 단독행위에 국회가 단순히 부수적으로 협력하는 것에 그치지 아니하고 국회가 대통령과 공동으로 임명에 관여하는 것이라고 보아야 한다. 그러므로 국회의 동의는 국무총리 임명에 있어 불가결한 본질적 요건으로서 대통령이 국회의 동의 없이 국무총리를 임명하였다면 그 임명행위는 명백히 헌법에 위배되고, 이러한 법리는 국무총리 대신 국무총리“서리”라는 이름으로 임명하였다고 하여 달라지는 것이 아니다.

(2) 정부조직법 제23조는 국무총리가 “사고”로 인하여 직무를 수행할 수 없을 때 직무대행자가 국무총리의 직무를 대행하도록 하고 있는데, 여기서의 “사고”는 국무총리가 직무를 행할 수 없는 일반적인 경우 즉, “사고”와 “궐위”를 포괄하는 넓은 개념으로 해석하는 것이 타당하다. 이 사건의 경우 국무총리의 사퇴로 인하여 국무총리의 직무를 수행할 사람이 없어 국정공백이 우려되었다면 정부조직법에 따라 국무총리 직무대행자를 지명함으로써 이 사건 임명동의안의 처

34) 이 사건은 ① 재판관 김용준의 각하의견, ② 재판관 조승형, 재판관 고중석의 각하의견, ③ 재판관 정경식, 재판관 신창언의 각하의견, ④ 재판관 김문희, 재판관 이재화, 재판관 한대현의 인용의견, ⑤ 재판관 이영모의 기각의견으로 나뉘었으며, 재판관 과반수인 5인의 각하의견이어서 심판청구가 각하되었다.

리시까지 국정공백을 방지할 수도 있었다. 이와 같이 국무총리 직무대행체제가 법적으로 완비되어 있어 헌법에 위반함이 없이도 국정공백을 방지할 수 있음에도 불구하고 헌법상, 법률상의 근거가 전혀 없는 국무총리서리를 임명하였으므로 이를 국정공백의 방지라는 명분으로 정당화할 수 없다.

㈐ 재판관 이영모의 반대의견

(1) 국무총리의 궐위는 대통령으로 하여금 새 행정부 구성을 할 수 없게 하고 있는데도 헌법은 궐위된 국무총리의 직무를 누가, 어떤 방법으로 수행하는지에 관하여 아무런 규정을 하지 않고 있다. 헌법제정자는 이와 같은 특수한 경우를 예상하지 못하였고, 이러한 헌법규정의 흠때문에 대통령의 국무총리서리 임명이 헌법에 합치되는지 여부는 해석에 의하여 가려볼 수 밖에 없다. 그런데 이 사건의 경우와 같은 조건을 갖춘 특수한 경우에 한하여 대통령은 국무총리 임명동의안을 국회가 표결할 때까지 예외적으로 서리를 임명하여 총리직을 수행하게 할 수 있고, 대통령의 이 국무총리서리 임명행위는 헌법 제86조 제1항의 흠을 보충하는 합리적인 해석범위내의 행위이므로 헌법상의 정당성이 있다.

(2) 정부조직법 제23조에는 국무총리가 '사고'로 직무를 수행할 수 없는 경우에 직무대행을 하는 규정을 두고 있을 뿐, '궐위'된 경우에 관한 규정은 없다. '사고'와 '궐위'의 개념은 대통령(헌법 제71조), 국회의장(국회법 제12조, 제16조), 대법원장(법원조직법 제13조 제3항), 헌법재판소장(헌법재판소법 제12조 제4항)의 경우에 이를 구분하여 규정하고 있으므로 사고의 개념에 궐위를 포함시키는 해석론은 옳다고 볼 수 없다. 신임 대통령의 취임으로 국무총리와 국무위원은 모두 사직서를 제출한 상태이고 국회는 국무총리 임명동의안을 처리하지 못하고 있는 경우에 사직서를 제출한 종전의 국무총리가 총리의 직무를 수행하거나 국무위원이 그 직무를 대행하여야만 헌법과 정부조직법의 관계조항에 부합한다는 견해는, 현실과 실질적인 면을 도외시한 것이다.

3. 국무총리의 권한과 책임

(1) 국무총리의 권한

현행헌법상 국무총리는 대통령을 보좌하며 국정을 통할하는 위치에서 다양한 권한을 부여받고 있다.

① 국무총리는 **대통령의 권한을 대행할 권한**을 갖는다. 대통령이 궐위되거나 사고로 인하여 직무를 수행할 수 없을 때에는 국무총리가 일차적인 권한대행권을 갖는 것이다(헌법 제71조).

② 국무총리는 **국무위원 및 행정각부 장의 임명에 대한 제청권**을 가지며 국무위원의 **해임을 대통령에게 건의**할 수 있다(헌법 제87조 제1항, 제3항, 제94조).

이러한 국무총리의 임면관여권은 국무총리가 국무위원들에 대한 지도력을 발휘할 수 있게 함과 동시에 대통령의 자의적 인사권 행사를 억제하는 의미를 갖는다.

③ 국무총리는 국무회의의 부의장으로서 **국무회의에 참여**하며, 국무회의에서 검토되는 국가의 중요한 사항들에 대한 심의에 참여할 수 있다(헌법 第88조, 第89조).

④ 국무총리는 **대통령의 국법상 행위에 대하여 부서**할 권한이 있다(헌법 제82조). 이러한 부서권은 대통령의 자의적 권한행사에 대한 통제의 의미를 가지나, 실효성은 그다지 높지 않은 것으로 평가된다.

⑤ 국무총리는 대통령의 명을 받아 **행정각부를 통할하는 권한**을 갖는다(헌법 제86조 제2항). 그러나 국무총리의 행정각부에 대한 통할권은 대통령의 권한에서 파생되는 것이기 때문에 대통령의 직접적인 통할권에 대립할 수 없다.

국무총리의 행정각부 통할권과 대통령직속의 국가안전기획부 설치의 합헌성

헌법 제86조 제2항은 그 위치와 내용으로 보아 국무총리의 헌법상 주된 지위가 대통령의 보좌기관이라는 것과 그 보좌기관인 지위에서 행정에 관하여 대통령의 명을 받아 행정각부를 통할할 수 있다는 것을 규정한 것일 뿐, 국가의 공권력을 집행하는 행정부의 조직은 헌법상 예외적으로 열거되어 있거나 그 성질상 대통령의 직속기관으로 설치할 수 있는 것을 제외하고는 모두 국무총리의 통할을 받아야 하며, 그 통할을 받지 않은 행정기관은 법률에 의하더라도 이를 설치할 수 없음을 의미한다고는 볼 수 없을 뿐만 아니라, 헌법 제94조, 제95조 등의 규정취지에 비추어 정부의 구성단위로서 그 권한에 속하는 사항을 집행하는 모든 중앙정부기관이 곧 헌법 제86조 제2항 소정의 “행정각부”라고 볼 수도 없다. 국가가 정보기관을 대통령직속으로 하느냐 여부는 기본적으로 입법정책의 영역에 속하는 것으로서 당해 국가의 헌법이념에 위배되지 않는 한 위헌이라 할 수 없는 것인데, 국가안전기획부법은 그 목적, 직무범위, 통제방법 등의 관점에서 헌법이 요구하는 최소한의 요건을 갖추고 있다고 보아야 할 것이므로, 국무총리의 관할을 받지 않는 대통령직속기관인 국가안전기획부의 설치근거와 직무범위 등을 정한 행정조직법 제14조와 국가안전기획부법 제4조 및 제6조의 규정은 헌법에 위배된다 할 수 없다(헌재 1994.4.28. 89헌마221 결정).

⑥ 국무총리는 총리령을 발할 수 있는 권한을 갖는다. 헌법 제95조는 국무총리가 법률 또는 대통령령의 위임에 따라, 또는 직권으로 총리령을 발할 수 있도록 규정하고 있으며, 이에 따라 총리령은 - 대통령령과 유사하게 - 위임명령 또는 집행명령으로 구분될 수 있다.[35)]

(2) 국무총리의 책임

현행헌법상 국무총리는 대통령에 대한 보좌기관이다. 따라서 국무총리는 대통령을 보좌할 포괄적인 의무를 지며, 국무총리의 헌법상 권한은 동시에 대통령에 대한 보좌의 의무와도 연결된다.

구체적으로 국무총리에 대해서는 ① 국무위원 및 행정각부 장관의 임명제청 및 해임건의를 통한 보좌, ② 국무회의의 부의장으로서 국무회의의 구성과 활동에 대한 보좌, ③ 대통령의 국법상 행위에 대한 부서를 통한 보좌, ④ 행정각부의 통할을 통한 보좌의 의무가 헌법상 인정되고 있다.

또한 국무총리는 집행부의 활동에 대해 국민 앞에 책임을 질 뿐만 아니라, 국민의 일차적 대표기관인 의회에 대해서도 책임을 진다. 국회는 임명동의권을 통해 국무총리의 임명에 직접 관여(헌법 제86조 제1항)할 뿐만 아니라, 국회와 그 위원회는 국무총리의 출석 및 질문에 대한 답변을 요구할 수 있다(헌법 제62조 제2항). 나아가 국회는 헌법 제63조에 따른 해임건의권, 또는 헌법 제65조에 따른 탄핵소추권의 행사를 통하여 국무총리에게 정치적 또는 법적 책임을 물을 수 있다.[36)]

4. 국무위원의 헌법상의 지위와 권한

국무위원은 국무회의의 구성원으로서 집행부의 핵심적 위치에 있는 헌법상의 기관이다. 현행헌법은 국무위원에 대하여 그 임명방법, 역할 및 해임 등

35) 다만 총리령은 대통령령의 하위에 있다. 반면에 총리령과 부령의 관계에 대하여는 총리령이 우위라는 견해(김철수, 헌법학개론, 2006, 1263쪽 이하)와 총리령과 부령이 동등하다는 견해(권영성, 헌법학원론, 2006, 1031-1032쪽)가 대립되고 있다. 총리령과 부령의 우열관계를 논하는 의미는 양자의 내용이 충돌할 경우의 효력과 관련된 것이기 때문에, 이러한 문제를 해결하기 위해서는 총리령이 부령에 우선하는 것으로 보는 견해가 합리적일 것이다.

36) 헌법 제63조에 따른 해임건의권과 헌법 제65조에 따른 탄핵소추권은 그 의결정족수가 똑같지만 요건에 차이가 있다는 점에 주목할 필요가 있다. 즉, 해임건의권은 그 발동요건에 특별한 제한이 없기 때문에 정치적 책임을 묻기 위하여 해임건의를 하는 것이 가능한 대신에 대통령은 그러한 해임건의에 구속되지 않는다. 반면에 탄핵소추는 직무집행의 위헌·위법성을 요건으로 하는 것으로서 법적 책임을 묻는 것이며, 헌법재판소의 사법적 판단을 통해 최종적 결정이 내려지는 것이다.

에 관한 규정을 두고 있으나, 국무회의의 구성원으로서의 역할 이외에는 개개의 국무위원들에 대한 특별한 권한을 명시하고 있지는 않다.[37]

현행헌법상 국무위원은 국무회의의 구성원이며(헌법 제87조 제2항 후단, 제88조 제2항), 국정에 관하여 대통령을 보좌하는 역할을 한다(헌법 제87조 제2항 전단). 집행부의 민주적 정당성은 대통령의 선거를 통해 부여된 것이기 때문에 국무총리와 마찬가지로 국무위원들도 독자적인 정당성을 갖지 못하므로 대통령에 대한 보좌역할에 한정되고 있는 것이다.

국무위원의 선임은 국무총리의 제청을 받아 대통령이 임명하는 방식으로 행해지며(헌법 제87조 제1항), 그 수는 15인 이상 30인 이하이다(헌법 제88조 제2항). 또한 군인은 현역을 면한 후에 국무위원이 될 수 있으며(헌법 제87조 제4항), 현행법상 국무위원(또는 국무총리)과 국회의원의 겸직은 가능하다. 대통령은 국무위원의 해임여부에 대한 재량권을 가지고 있으며, 국회의 해임건의(헌법 제63조)가 있는 경우에도 그 건의에 법적으로 구속되지는 않는다.

헌법 및 정부조직법에 따라 국무위원의 권한으로 인정되는 것으로는 대통령의 권한대행권(헌법 제71조), 국무회의의 소집요구권(정부조직법 제12조 제3항) 및 국무회의에서의 심의 · 의결권(헌법 제88조 및 제89조), 부서권(헌법 제82조), 국회에의 출석 · 발언권(헌법 제62조 제1항) 등이 있다. 또한 대통령과 국회에 대하여 책임을 지는 점에서는 국무총리와 유사하다.

Ⅲ. 국무회의

1. 국무회의의 의의와 성격(헌법상의 지위)

현행헌법상의 국무회의는 대통령과 국무총리 및 15인 이상 30인 이내의 국무위원으로 구성된다(헌법 제88조 제2항). 대통령은 국무회의의 의장이 되고, 국무총리는 부의장이 된다(헌법 제88조 제3항).

이러한 국무회의는 국무총리가 그러하듯이 매우 독특한 성격을 가지고 있다. 의원내각제의 내각과 다르고, 그렇다고 미국식 대통령제의 각료회의와도 구별되는 점들을 가지고 있는 것이다.

37) 실제 집행부의 활동과 관련하여 중요한 것은 국무위원들 가운데서 행정각부의 장이 선임된다는 점이며, 결국 행정각부의 장이 아닌 국무위원의 경우에는 그 역할 내지 권한이 매우 한정되어 있다.

의원내각제의 내각은 의회의 다수파에 의해 구성되며, 집행에 관한 사항을 의결할 권한을 갖는 실질적인 집행권의 주체이다. 수상을 비롯한 내각의 구성원은 의회의 구성원으로서 국민에 의해 직접 선출된 인물들이기 때문에 직접적인 민주적 정당성을 함께 가지고 있으며, 의회에 대하여 연대책임을 진다.

반면에 미국식 대통령제의 각료회의는 국민의 선거에 의해 민주적 정당성을 부여받은 대통령이 자신의 활동에 대한 보좌를 위해 구성한 기관으로서 헌법상 그 존재 및 권한범위가 요구되고 있는 필수적 기관은 아니다. 즉, 헌법상의 필수기관이 아닌 임의적 기관이며, 대통령을 보좌할 뿐, 대통령을 통제할 수 있는 권한은 없다.

이렇게 비교할 때, 현행헌법상의 국무회의는 대통령에 대한 보좌기관일 뿐 집행활동에 대한 실질적인 결정권을 갖는 의결기관이 아니라는 점에서 의원내각제의 내각보다는 미국식 대통령제의 각료회의와 유사하다. 반면에 임의기관이 아니라 헌법상의 필수기관이라는 점에서는 의원내각제의 내각에 유사한 점도 가지고 있다.

이런 점들을 고려할 때, 국무회의는 헌법상의 필수기관이고, 집행부 내의 최고정책심의기관이며, 독립된 합의제기관이라는 특성을 갖는 것으로 보는 견해가 지배적이다.

① 국무회의는 헌법상의 필수기관이다. 즉, 대통령이 필요에 따라 구성할 수도 있고, 구성하지 않을 수도 있는 것이 아니라 헌법에 의해 반드시 구성해야만 하는 국가기관인 것이다. 또한 이를 폐지하기 위해서는 헌법의 개정이 있어야 한다.

② 국무회의는 집행부 내의 최고정책심의기관이다. 국무회의는 헌법 제89조에 따라 집행부의 중요한 정책들을 심의하는 기관이며, 집행부 내에서는 최고의 위치에 있는 심의기관이라고 할 수 있다.

③ 국무회의는 독립된 합의제기관이다. 즉, 국무회의를 진행함에 있어서는 – 비록 대통령과 국무총리가 국무회의의 의장과 부의장이 되지만(헌법 제88조 제3항) – 모든 구성원이 대등한 위치에서 발언하고 토의할 수 있다는 것이다.[38)]

---

38) 하지만 대통령이 집행부의 수반으로서 최고의 지휘·감독권을 갖고 있기 때문에 국무회의가 대통령의 의사를 벗어나는 것은 현실적으로 기대하기 어렵다.

2. 국무회의의 심의와 그 효과

국무회의는 의장인 대통령의 소집에 의해 개회되며(정부조직법 제12조 제1항), 정부의 권한에 속하는 중요정책을 심의사항으로 한다. 현행헌법 제89조는 국무회의의 심의사항을 명시하고 있다. 특히 헌법 제89조 제17호는 기타 대통령・국무총리 또는 국무위원이 제출한 사항도 국무회의의 심의를 거치도록 하고 있으므로, 집행부의 활동에 관한 중요사항은 거의 예외 없이 국무회의의 심의대상이 된다고 할 수 있다.

국무회의의 운영 및 심의절차에 대해서는 대통령령인 국무회의규정이 규율하고 있다. 국무회의는 국가의 중요정책이 정부 전체의 차원에서 충분히 심의될 수 있도록 운영되어야 하며, 정례국무회의는 매주 1회 소집하고, 임시국무회의는 필요에 따라 그때그때 소집한다(국무회의규정 제2조).

대통령・국무총리 또는 국무위원은 헌법 제89조 및 법령에 규정된 국무회의의 심의사항을 의안으로 제출하며(국무회의규정 제3조 제1항), 국무회의에 상정할 의안으로서 2개 이상의 부・처에 관련되는 의안은 사전에 관계 부・처 간에 합의를 얻어서 제출하여야 한다. 다만, 합의를 얻지 못한 때에는 그 사유를 명시하여 국무회의에 상정할 수 있다(국무회의규정 제4조).

국무회의는 구성원 과반수의 출석으로 개의하고, 출석구성원 3분의 2 이상의 찬성으로 의결한다. 다만 원격영상회의의 방식으로 회의를 진행하는 것이 가능하며, 이 경우 국무회의의 구성원은 동일한 회의장에 출석한 것으로 본다(국무회의규정 제6조).

국무회의의 심의를 헌법이 명시적으로 요구하고 있는 경우에는 이를 거치지 않은 대통령의 권한행사는 위헌이 된다. 하지만 국무회의의 심의를 거친 후에도 심의의 결과가 대통령을 구속하지는 못한다고 보는 것이 지배적 견해이다. 국무회의 자체도 결국은 독자적인 정당성에 기초하여 집행활동을 주도적으로 전개해 나가는 의결기관이라기보다는 대통령에 대한 보좌기관의 성격이 강하기 때문이다.

Ⅳ. 대통령의 자문기관

현행헌법은 대통령의 자문기관으로서 국가안전보장회의(헌법 제91조), 국가원로자문회의(헌법 제90조 제1항), 민주평화통일자문회의(헌법 제92조), 국민경제자문회의(헌법 제93조), 국가교육과학기술자문회의(헌법은 제127조 제1항, 제3항)39)에 관한 규정을 두고 있다.

그러나 이러한 자문기관 중에서 헌법상 반드시 설치되어야 하는 것은 국가안전보장회의뿐이며, 그밖의 자문기관은 대통령이 설치 여부를 결정할 수 있는 임의적 자문기관이다.

V. 행정각부

1. 행정각부의 개념과 성격

행정각부는 집행부의 구성단위로서 대통령의 하위에서 대통령이 결정한 정책과 그밖의 집행부의 권한에 속하는 사항을 집행하는 중앙행정기관이다. 행정각부는 단순한 보좌기관이 아니라 실질적인 집행을 담당하고 있는 하위 행정관청이며, 집행작용의 각 영역별로 나뉘어서 집행부의 정책을 구체화시키고 실현시키는 역할을 담당한다.

2. 행정각부의 설치 · 조직과 직무범위

행정각부의 설치·조직과 직무범위는 법률로 정한다(헌법 제96조). 행정각부의 설치는 집행작용을 어떻게 구분하여 독립된 행정관청들이 담당하도록 할 것인지를 (예컨대 외교부와 통상부를 각기 독립시킬 것인지, 아니면 통합시킬 것인지를) 결정하는 것이며, 행정각부의 조직은 내부조직을 의미하는 것으로 이해될 수 있다.

현재 행정각부의 설치 및 조직에 관한 기본법률은 정부조직법이다. 2009년 11월 현재 행정각부는 기획재정부, 교육과학기술부, 외교통상부, 통일부, 법무부, 국방부, 행정안전부, 문화체육관광부, 농림수산식품부, 지식경제부, 보건복지가족부, 환경부, 노동부, 여성부, 국토해양부의 15개로 축소되었다(정부조직법 제22조 제1항). 그리고 개정된 정부조직법은 행정각부 이외에 특

39) 국가교육과학기술자문회의는 1991년 국가과학기술자문회의법이 제정되면서 상설 자문기관이 되었고, 2008년 동법이 국가교육과학기술자문회의법으로 개정됨에 따라 국가교육과학기술자문회의로 명칭이 변경되었으며, 과학기술정책의 발전방향과 과학기술개발을 촉진하기 위한 제도의 발전방향 등에 대한 자문 이외에도 교육·인재정책에 관한 자문을 주된 업무로 하고 있다.

임장관을 두도록 정하고 있다(정부조직법 제17조). 행정각부에 장관 1명과 차관 1명을 두되, 장관은 국무위원으로 보하고, 차관은 정무직으로 한다. 다만, 기획재정부·교육과학기술부·외교통상부·행정안전부·문화체육관광부·농림수산식품부·지식경제부·국토해양부에는 차관 2명을 둔다(정부조직법 제22조 제2항).

현재 행정각부의 설치 및 조직에 관한 기본법률은 정부조직법이다. 정부조직법 제22조 제1항에 따라 2009년 11월 현재 행정각부는 기획재정부, 교육과학기술부, 외교통상부, 통일부, 법무부, 국방부, 행정안전부, 문화체육관광부, 농림수산식품부, 지식경제부, 보건복지가족부, 환경부, 노동부, 여성부, 국토해양부로 나누어진다.

행정각부에 장관 1인과 차관 1인을 두되, 장관은 국무위원으로 보하고, 차관은 정무직으로 한다(정부조직법 제22조 제2항 본문). 다만 기획재정부·교육과학기술부·외교통상부·행정안전부·문화체육관광부·농림수산식품부·지식경제부·국토해양부에는 차관 2인을 둔다(정부조직법 제22조 제2항 단서).

3. 행정각부의 장

행정각부의 장은 국무위원 중에서 국무총리의 제청으로 대통령이 임명한다(헌법 제94조). 따라서 행정각부의 장은 국무위원의 지위를 가지고 있어야 하므로, 국무회의의 구성원이면서 동시에 특정 행정영역의 장이 되는 것이다. 하지만 행정각부의 장으로서의 지위와 국무위원으로서의 지위는 구분되어야 한다.[40]

행정각부의 장은 현실적으로 행정업무와 관련하여 권한과 책임을 가지게 된다. 소속 직원들을 지휘·감독할 뿐만 아니라, 소관 사무에 대하여 지방행정기관의 장을 지휘·감독할 수 있는 권한도 가지고 있다(정부조직법 제22조 제3항).

또한 행정각부의 장은 부령을 발할 수 있으며(헌법 제95조), 소속공무원에 대한 임용제청권(5급 이상의 공무원)과 임용권(6급 이하의 공무원 및 대통령령에 의해 임용권이 위임된 경우)을 갖는다(국가공무원법 제32조 제1항-제3항).

---

40) 행정각부의 장은 국무위원으로서 국무회의에서는 대통령이나 국무총리와 적어도 형식적으로는 동일한 지위를 갖지만, 행정기관으로서 상급행정기관인 대통령이나 국무총리의 지휘·감독을 받기 때문이다.

Ⅵ. 감사원

1. 감사원의 헌법상의 지위

감사원은 국가의 세입·세출의 결산, 국가 및 법률이 정한 단체의 회계검사와 행정기관 및 공무원의 직무에 관한 감찰을 하기 위하여 대통령 소속 하에 설치되는 헌법상의 기관이다(헌법 제97조).

감사원의 역할은 회계검사와 직무감찰이 주된 것이니만큼, 감사원이 기능을 올바르게 수행할 수 있기 위해서는 무엇보다 독립성과 중립성이 강조된다. 그렇기 때문에 감사원의 헌법상 지위와 관련해서는 비록 대통령의 소속 하에 있지만, 헌법상의 필수적 기관이며, 독립된 기관이라는 점이 강조된다.

① 감사원은 대통령 소속 하에 있는 기관이다. 감사원은 조직상으로 볼 때 행정부에 속하며, 따라서 대통령의 소속 하에 있는 것이다. 그러나 대통령의 직속 하에 있기 때문에 - 비록 대통령의 영향력 행사를 완전히 피하기는 어렵겠지만 - 국무총리나 행정각부 장관을 비롯한 다른 집행부 내의 고위공직자들의 영향력으로부터는 어느 정도 벗어날 수 있다.

② 감사원은 헌법이 예정하고 있는 필수적 기관이다. 물론 감사원이 회계검사 및 직무감찰에 관한 권한을 독점하는 것은 아니다. 국회의 국정감사권 및 국정조사권이 유사한 목적을 위해 행사될 수 있으며, 집행부 내의 다른 국가기관들도 내부감찰권을 행사할 수 있다. 하지만 그로 인하여 감사원의 역할이 퇴색되는 것은 아니며, 감사원의 감사기능이 효율성을 확보함으로써 국가작용 전반의 객관성과 공정성의 향상에 기여할 수 있기 때문에 헌법이 감사원을 헌법상의 필수적 기관으로 정하고 있는 것이다.

③ 감사원은 외부의 압력을 벗어나 독립적으로 업무를 수행하는 독립기관이다. 감사원법이 제2조 제1항에서 "감사원은 대통령에 소속하되 직무에 관하여는 독립의 지위를 가진다." 라고 규정하고 있으며, 제2조 제2항에서 "감사원 소속 공무원의 임면, 조직 및 예산의 편성에 있어서는 감사원의 독립성이 최대한 존중되어야 한다."고 규정하고 있는 것도 이러한 맥락에서 이해될 수 있다.

그밖에 감사원의 경우 업무처리의 신속성과 능률성보다는 신중성과 공정

성이 더 요구된다는 점을 들면서 합의제기관으로서의 성격을 강조하기도 한다.[41)]

감사원의 헌법상 지위

먼저 감사원의 헌법상 지위에 관하여 보면, 감사원은 국가의 세입세출의 결산, 국가 및 법률이 정한 단체의 회계검사와 행정기관 및 공무원의 직무에 관한 감찰을 하기 위하여 대통령 소속하에 설치되는 헌법기관으로서, 그 직무의 성격상 고도의 독립성과 정치적 중립성이 보장되어야 한다. 감사원법이 '감사원은 대통령에 소속하되 직무에 관하여는 독립의 지위를 가진다.'(제2조 제1항)고 천명하면서 감사원의 인사・조직 및 예산편성상의 독립성 존중(제2조 제2항), 감사위원의 임기보장, 신분보장, 겸직 및 정치운동의 금지(제6조, 제8조, 제9조, 제10조) 등을 규정하고 있는 것은 바로 감사원의 직무상, 기능상의 독립성과 중립성을 보장하기 위한 제도적 장치라고 헌법재판소도 판시한 바 있다(헌재 1998. 7. 14. 98헌라2, 판례집 10-2, 39, 63-64 참조)(헌재 2008.5.29. 2005헌라3 결정).

2. 감사원의 구성

감사원은 원장을 포함한 5인 이상 11인 이하의 감사위원으로 구성된다(헌법 제98조 제1항). 감사원장은 국회의 동의를 얻어 대통령이 임명하고, 그 임기는 4년으로 하며, 1차에 한하여 중임할 수 있다. 감사위원은 원장의 제청으로 대통령이 임명하고, 그 임기는 4년으로 하며, 1차에 한하여 중임할 수 있다(헌법 제98조 제2항, 제3항).

감사원장의 임명에 국회의 동의를 요구하고 있는 것은 대통령의 자의적 인사권 행사를 통제함으로써 감사원이 일정한 정치적 중립성을 확보할 수 있도록 하는데 그 의미가 있다고 할 수 있다. 그리고 감사위원의 임명에 있어서도 감사원장의 제청을 받아서 임명하도록 함으로써 역시 대통령의 자의적 인사권을 통제할 수 있는 최소한의 장치가 마련되고 있는 것이다. 그밖에 감사원장의 직무대행, 감사위원의 자격 및 신분보장 등에 관하여는 감사원법에서 상세한 내용을 규정하고 있다.

41) 이에 관하여는 권영성, 헌법학원론, 2009, 1049쪽 참조.

3. 감사원의 권한

(1) 결산 및 회계검사에 관한 권한

결산 및 회계검사에 관한 권한으로는 국가의 결산검사권과 회계검사권, 법률이 정한 단체의 회계검사권이 있다. 감사원은 세입·세출의 결산을 매년 검사하여 대통령과 차년도국회에 그 결과를 보고하여야 한다(헌법 제99조, 감사원법 제21조). 감사원의 회계검사의 대상범위에 관하여는 감사원법 제22조와 제23조가 상세하게 규정하고 있다.

(2) 직무감찰에 관한 권한

직무감찰에 관한 권한은 감사원법 제24조에서 규정하고 있는데, 입법부와 사법부에 소속된 공무원을 제외한 집행부 소속 공무원만을 대상으로 하며, 공무원의 비위에 대한 감찰뿐만 아니라, 행정활동의 적정성에 대한 평가를 의미하는 행정감찰까지 포함한다.

감사원의 지방자치단체의 자치사무에 대한 합목적성의 감사

청구인들은 지방자치권의 헌법상 보장이라는 취지에 비추어 볼 때 국가기관인 감사원에 의한 지방자치단체의 자치사무에 대한 감사는 지방자치법 제171조나 '국정감사 및 조사에 관한 법률' 제7조 제2호에 준하여 합법성 감사에 한정되어야 한다고 주장하나, 위와 같이 헌법이 감사원을 독립된 외부감사기관으로 정하고 있는 취지, 국가기능의 총체적 극대화를 위하여 중앙정부와 지방자치단체는 서로 행정기능과 행정책임을 분담하면서 중앙행정의 효율성과 지방행정의 자주성을 조화시켜 국민과 주민의 복리증진이라는 공동목표를 추구하는 협력관계에 있다는 점에 비추어 보면, 감사원에 의한 지방자치단체의 자치사무에 대한 감사를 합법성 감사에 한정하고 있지 아니한 이 사건 관련규정은 그 목적의 정당성과 합리성을 인정할 수 있다.

또한 감사원법은 감사원이 지방자치단체의 자체감사가 적정하게 수행되고 있다고 인정할 때에는 감사를 생략할 수 있고(제28조) 자체감사사무의 발전 효율적인 감사업무의 수행을 위하여 필요한 지원을 할 수 있으며(제30조의2) 일정한 경우 지방자치단체로 하여금 감사사무를 대행하게 할 수 있도록 정하고(제50조의2) 있는 등 지방자치단체의 자치권을 존중할 수 있는 장치를 마련해두고 있는 점, 이에 더하여 국가재정지원에 상당부분 의존하고 있는 우리 지방재정의 현실, 독립성이나 전문성이 보장되지 않은 지방자치단체 자체감사의 한계 등으로 인한

> 외부감사의 필요성까지 감안하면, 이 사건 관련규정으로 인하여 지방자치단체의 인사권이나 자치행정의 자기책임적 판단이 말살될 정도로 지방자치권의 본질이 훼손되었다고 보기는 어렵다.
> 따라서 이 사건 관련규정이 지방자치단체의 고유한 권한을 유명무실하게 할 정도로 지나친 제한을 함으로써 지방자치권의 본질적 내용을 침해하였다고는 볼 수 없다(헌재 2008.5.29. 2005헌라3 결정).

(3) 감사결과의 처리에 관한 권한

감사원은 감사결과의 처리에 관한 권한으로서 변상책임의 판정, 징계요구, 시정 등의 요구, 법령·제도·행정의 개선요구 및 이에 관한 권고를 할 수 있으며, 그밖에 감사원에 대하여 재심의(再審議) 청구가 있을 경우에는 이를 처리한다(감사원법 제31조-제40조).

(4) 감사원규칙제정권

감사원규칙제정권은 감사원의 업무상의 자율성을 확보하기 위하여 인정되는 것으로서, 감사원은 감사에 관한 절차, 감사원의 내부규율과 감사사무처리에 관한 규칙을 제정할 수 있다(감사원법 제52조).

4. 감사원의 발전방향: 국회 소속으로 이관하는 문제에 대하여

2003년 당시에 정치권에서 감사원의 회계검사기능을 국회로 이관하는 문제가 제기된 바 있었고, 이 문제를 둘러싼 논란이 헌법학계에서 상당한 반향을 불러일으킨 바 있었다.

회계검사기능의 국회이관이 바람직한 것인지에 대해 당시 헌법학계 내에서 명확한 결론이 내려졌다거나 합의가 도출된 것은 아니었지만, 무엇보다 헌법개정 없이 감사원의 헌법상 기능을 국회로 이관하거나 감사원 자체를 국회 소속으로 이관하는 것이 불가능하다는 논리 때문에 이 문제를 둘러싼 논란은 '찻잔 속의 태풍'으로 끝나고 말았다. 그러나 헌법개정을 전제할 때, 감사원의 국회이관 문제는 매우 중요한 현안의 하나가 될 수 있으며, 이를 둘러싼 논란 또한 적지 않다.

비교법적으로 볼 때, 감사기관을 독립기관으로 구성하거나 국회 소속으로 하는 예가 집행부 소속으로 하는 국가들보다 압도적으로 많은 것은 분명하다. 또한 독립기관형이나 국회 소속형 감사기관의 장점들도 많다. 그러나 우리나라의 정치문화와 행정현실을 고려하지 않고 각 제도의 추상적인 장단점을 비교하는 것은 큰 의미가 없다. 오히려 외국의 제도들과 현행 감사원제도의 장단점을 입체적으로 비교하는 가운데 – 즉, 추상적인 장단점의 비교가 아니라 현실적인 조건을 고려하여 장점과 단점 중에서 어느 쪽이 더 크게 나타날 것인지를 비교하는 가운데 – 감사원의 구조개혁을 시도해야 할 것이다.[42)]

제 5 절 선거관리위원회

Ⅰ. 제도적 의의

선거의 관리는 그 성질상 행정업무에 해당된다. 그렇기 때문에 외국의 경우에는 선거관리를 일반 행정기관이 담당하는 것이 일반적이며, 우리나라의 경우에도 제1공화국 당시에는 내무부(현재의 행정안전부)에서 선거관리를 담당하였다.

그러나 1960년 4·19 혁명을 촉발시키는 계기가 되었던 3·15 부정선거의 경험 등에 비추어서 1960년헌법부터는 (부정선거에 대한 반작용으로) 선거관리위원회를 독립된 헌법상의 필수기관으로 구성한 것이다.

따라서 선거관리위원회는 독립된 헌법상의 기관이기는 하지만, 입법부로서의 국회와 집행부로서의 정부, 그리고 사법부로서의 법원과 헌법재판소와 같은 국가최고기관이라고 평가하기는 곤란하다. 국회 등의 헌법기관은 각기 입법, 집행, 사법이라는 국가기능을 담당하는 대표적인 국가기관이지만, 선거관리위원회는 기술적인 이유로 제도적 독립을 확보한 것에 지나지 않기 때문이다.

Ⅱ. 선거관리위원회의 헌법상 지위

선거관리위원회는 선거와 국민투표의 공정한 관리 및 정당에 관한 사무를 처리하기 위하여 설치된 헌법상의 독립된 합의제기관이다(헌법 제114조 제1항).

선거관리위원회의 역할은 선거의 공정한 관리를 중심으로 이와 관련된 업

42) 이에 대하여 자세한 것은 차진아, 감사원의 독립기관화에 대한 헌법적 검토, 고려법학 제54호(2009.9), 87-132쪽 참조.

무들을 객관적이고 공정하게 처리하는 데 있다. 그렇기 때문에 선거관리위원회의 헌법상 지위와 관련하여서는 중립성과 공정성이 무엇보다 강조된다.

① 선거관리위원회는 독립된 헌법상의 기관이다. 부정선거의 경험에 기초하여 공정한 선거관리를 위하여 만들어진 국가기관이기 때문에, 공정성의 전제로서 국회나 대통령 등 어느 국가기관에도 종속되지 않는 독립성이 가장 중요하게 여겨진 것이다.

② 선거관리위원회는 헌법상의 필수적 기관이다. 따라서 국회가 입법을 통해 선거관리위원회를 폐지하는 것은 가능하지 않으며, 선거관리위원회의 폐지를 위해서는 헌법의 개정이 있어야만 한다.

③ 선거관리위원회는 합의제기관이므로 직무에 관한 의결과정에서 위원장과 위원들은 법적으로 동등한 위치에서 토의하고 결정하는 것이 원칙이다.

Ⅲ. 선거관리위원회의 조직과 구성

중앙선거관리위원회는 대통령이 임명하는 3인, 국회에서 선출하는 3인과 대법원장이 지명하는 3인의 위원으로 구성하며, 위원장은 위원 중에서 호선한다(헌법 제114조 제2항).

그러나 대통령이 3인, 국회에서 3인, 대법원장이 3인씩 각기 선출하는 방식은 구성의 객관성과 공정성을 담보하기에는 부적절한 제도이다. 이러한 구성방식은 외견상 입법부와 집행부, 사법부가 적절한 균형을 이루고 있는 것처럼 보이지만, 정당국가의 현실을 고려할 때, 그와 같은 외견상의 황금분할은 허구로 드러나기 때문이다.

중앙선거관리위원회 위원의 임기는 6년이며, 정당에 가입하거나 정치에 관여할 수 없다. 또한 중앙선거관리위원회 위원은 탄핵 또는 금고 이상의 형의 선고에 의하지 아니하고는 파면되지 아니한다(헌법 제114조 제3항-제5항).

Ⅳ. 선거관리위원회의 권한과 의무

1. 선거와 국민투표의 관리

선거관리위원회의 가장 본질적인 임무는 선거와 국민투표의 관리이다. 즉,

선거관리위원회는 선거 및 국민투표에 있어서 선거운동(또는 국민투표운동) 및 투표와 개표, 당선자의 확정(또는 국민투표 결과의 확인)에 이르는 전체적 과정을 객관적이고 공정하게 관리하여야 할 권한과 책임을 가지고 있는 것이다.

각급 선거관리위원회는 선거인명부의 작성 등 선거사무와 국민투표사무에 관하여 관계 행정기관에 필요한 지시를 할 수 있으며(헌법 제115조 제1항, 선거관리위원회법 제16조 제1항), 선거사무를 위하여 인원·장비의 지원 등이 필요한 경우에 행정기관에 대하여는 지시 또는 협조요구를, 공공단체 및 은행법 제2조의 규정에 의한 금융기관(개표사무 종사원을 위촉하는 경우에 한한다)에 대하여는 협조요구를 할 수 있다(선거관리위원회법 제16조 제2항). 이러한 지시를 받거나 협조요구를 받은 행정기관·공공단체 등은 우선적으로 이에 응하여야 한다(헌법 제115조 제2항, 선거관리위원회법 제16조 제3항).

ⅰ. 지방선거관리사무의 법적 성격: 국가사무인가?, 지방사무인가?

지방의회의원과 지방자치단체장을 선출하는 지방선거는 지방자치단체의 기관을 구성하고 그 기관의 각종 행위에 정당성을 부여하는 행위라 할 것이므로 지방선거사무는 지방자치단체의 존립을 위한 자치사무에 해당하고, 따라서 법률을 통하여 예외적으로 다른 행정주체에게 위임되지 않는 한, 원칙적으로 지방자치단체가 처리하고 그에 따른 비용도 지방자치단체가 부담하여야 한다. 다만 국가적 통일성을 유지하기 위하여 국가의 관여가 필요하거나 특정 사안이 해당 지방자치단체의 문제에 그치지 않고 국가 전체의 문제와 직결되는 등의 경우에는 지방자치단체의 독자성을 보장하는 범위 내에서 필요에 따라 국가가 관여할 수 있다.

그런데 지방선거사무는 지방자치단체의 자치사무에 해당하지만, 지방선거는 주민의 대의기관을 구성하는 민주적 방법인 동시에 대표기관으로 하여금 민주적 정당성을 확보케 함으로써 대의민주주의를 실현하기 위한 불가결한 수단이라 할 것인 바, 선거와 투표에 대한 관리가 공정하게 이루어지도록 하기 위해서는 선거와 투표관리 등의 집행업무 담당기관을 일반행정기관과는 별도의 독립기관으로 구성하여 지방선거를 관리하도록 할 필요가 있고, 이에 이 사건 지방선거사무도 국가기관인 구·시·군 선거관리위원회가 담당하고 있다. 한편, 구 지방자치법이나 지방재정법에 비추어 보면, 지방자치단체의 사무를 다른 기관이 맡아하고 있는 경우에도 그 비용은 원칙적으로 당해 지방자치단체가 부담하여야 할 것이므로 이 사건의 경우와 같이 지방선거의 선거사무를 구·시·군 선거관리위원회가 담당하는 경우에도 그 비용은 지방자치단체가 부담하여야 하고, 이에 피청구인 대한민국국회가 지방선거의 선거비용을 지방자치단체가 부담하도록 공직선거법을 개정한 것은 지방자치단체의 자치권한을 침해한 것이라고 볼 수 없다(헌재 2008.6.26. 2005헌라7 결정).

ii. 중앙선거관리위원회 위원장이 대통령에게 한 '대통령의 선거중립의무 준수요청 조치'와 '대통령의 선거중립의무 준수 재촉구 조치'의 법적 근거와 성격

㉮ 법적 근거

헌법 제115조와 공직선거법 제5조, 공직선거법 제272조의2 제5항의 내용을 살펴볼 때 이들 규정은 이 사건 조치의 근거조항이라고 할 수 없으며, 이 사건 조치는 선거관리위원회법 제14조의2에 근거한 것이라고 볼 수밖에 없고, 청구인의 과거 발언이 공직선거법을 위반하였다고 확인한 후 재발방지를 촉구하는 내용이 주를 이루고 있으므로 위 조항에 열거된 행위유형 중 '경고'에 해당한다고 봄이 상당하다.

㉯ 공권력의 행사인가 여부

선거관리위원회법 제14조의2의 '경고'는 선거법 위반행위에 대한 제재적 조치의 하나로서 법률에 규정된 것이므로 피경고자는 이러한 경고를 준수하여야 할 의무가 있고, 피경고자가 경고를 불이행하는 경우 선거관리위원회 위원·직원에 의하여 관할 수사기관에 수사의뢰 또는 고발될 수 있으므로(위 조항 후문), 위 '경고'가 청구인의 법적 지위에 영향을 주지 않는다고는 할 수 없다. 중앙선거관리위원회 위원장이 중앙선거관리위원회 전체회의의 심의를 거쳐 대통령의 위법사실을 확인한 후 그 재발방지를 촉구하는 내용의 이 사건 조치를 청구인인 대통령에 대하여 직접 발령한 것이 단순한 권고적·비권력적 행위라든가 대통령인 청구인의 법적 지위에 불리한 효과를 주지 않았다고 보기는 어렵다(탄핵소추사유는 근본적으로 청구인의 행위가 이 사건 법률조항에 위반되었다는 점이 되지만, 이 사건 조치에 의하여 청구인의 위법사실이 유권적으로 확인됨으로써 탄핵발의의 계기가 부여된다). 청구인이 이 사건 조치를 따르지 않음으로써 형사적으로 처벌될 가능성은 없다고 하더라도, 이 사건 조치가 그 자체로 청구인에게 그러한 위축효과를 줄 수 있음은 명백하다고 볼 것이고, 나아가 이 사건 조치에 대하여 법원에서 소송으로 구제받기는 어렵다는 점에서 헌법기관인 피청구인이 청구인의 위 발언내용이 위법이라고 판단한 이 사건 조치는 최종적·유권적인 판단으로서 기본권 제한의 효과를 발생시킬 가능성이 높다고 할 것이다.

㉰ 권고적·비권력적 행위인 공명선거 협조요청과의 구별

2002헌마106 사건에서의 서울특별시 선거관리위원회 위원장의 중지촉구는 장래에 개최될 예정인 대담·토론회에 관하여 서울특별시 선거관리위원회가 사전에 공직선거법 위반에 해당될 것이라는 법적 평가를 한 후 그러한 의견을 오마이뉴스에 표명하면서 만일 그 위반행위를 하는 경우 위 선거관리위원회가 취할 수 있는 조치를 통고한 것인 데 반하여, 이 사건 조치는 청구인의 과거의 행위가 위법임을 유권적으로 확인하고 이를 청구인에게 통지하면서 그 재발방지를 촉구한 것이다. 결국 선례상의 중지촉구는 권고적·비권력적 행위인 공명선거

협조요청에 불과하여 피통고자에 대하여 직접적인 법률효과를 발생시키지 않는 것이지만, 이 사건 조치는 위법행위에 대한 유권적인 판단 및 그에 대한 경고를 함으로써 청구인의 기본권을 실질적으로 제한하고 있으므로, 위 선례의 판시가 이 사건에 적용된다고 볼 수 없다(헌재 2008.1.17. 2007헌마700 결정).

2. 정당사무의 관리

선거관리와 직결되어 있으며, 선거관리에 못지않은 정치적 중립성과 공정성이 요구되는 영역이 정당사무의 관리에 관한 사항이라고 할 수 있다. 그렇기 때문에 현행법상 정당사무의 관리에 관한 사항도 선거관리위원회의 권한과 책임에 맡겨 놓고 있는 것이다.

정당법은 정당의 설립과 관련한 사항을 선거관리위원회에서 관리하도록 규정(정당법 제7조, 제11조, 제16조)하고 있을 뿐만 아니라, 선거관리위원회가 정당에 대하여 보고 또는 자료제출 등을 요구(정당법 제36조)할 수 있고, 정당으로부터 정기보고를 받으며(정당법 제35조), 등록취소 등에 관한 사항을 담당(정당법 제44조-제47조)하는 등 정당사무에 대한 광범위한 권한과 책임을 부여하고 있다.

또한 정치자금법에 따른 정치자금의 배분과 관련하여서도 정치자금의 기탁(정치자금법 제22조), 기탁된 정치자금의 배분(정치자금법 제23조), 정당에 대한 국고보조금의 지급(정치자금법 제25조 제3항, 제27조 제5항) 등을 선거관리위원회에 맡기고 있다.

3. 선거에 관한 계도

선거관리위원회는 소극적인 선거관리에 그치지 않고, 적극적으로 올바른 선거의 시행을 위한 계도활동을 담당한다.

이와 관련하여 선거관리위원회법 제14조는 "각급선거관리위원회는 선거권자의 주권의지의 앙양을 위하여 상시계도를 실시하여야" 하며, "선거 또는 국민투표가 있을 때에는 각급선거관리위원회는 그 주관 하에 문서·도화·시설물·신문·방송 등의 방법으로 투표방법·기권방지 기타 선거 또는 국민투표에 관하여 필요한 계도를 실시하여야 한다." 라고 규정하고 있다.

4. 규칙제정

중앙선거관리위원회는 법령의 범위 안에서 선거관리·국민투표관리 또는 정당사무에 관한 규칙을 제정할 수 있으며, 법률에 저촉되지 아니하는 범위 안에서 내부규율에 관한 규칙을 제정할 수 있다(헌법 제114조 제6항).

선거관리위원회의 규칙제정권은 선거관리위원회의 활동을 효율적으로 전개하기 위한 중요한 조건의 하나이며, 선거관리위원회의 자율성을 확보하기 위한 전제이기도 하다. 그러나 헌법에서 선거관리위원회의 규칙에 대해 「법령」의 범위 안에서 선거관리·국민투표관리 또는 정당사무에 관한 규칙을 제정할 수 있다고 규정한 것에는 입법론적 문제가 있다. 현행헌법상 선거관리위원회가 독자적인 헌법상 기관으로 구성되어 있음에도 불구하고 법률이 아니라 명령에까지 구속되도록 한 것은 규범체계상의 문제를 야기할 수 있기 때문이다.

V. 선거관리위원회의 활동방향: 선거운동의 보장과 규제의 조화

지난 40여년간 선거관리위원회는 공정한 선거를 위하여 나름으로 많은 기여를 해 왔다. 그러나 최근 민주화의 진전에 따라 관권선거의 문제가 적어지면서 오히려 선거관리위원회는 규제의 강화에 더욱 초점을 맞추는 경향을 보이고 있어서 많은 비판을 받고 있다.

공정한 선거의 관리는 선거운동에 대한 규제의 일방적 강화를 통해 확보되는 것은 아니다. 선거운동의 자유를 최대한 보장하는 가운데 공정한 선거를 해치는 각종 행위(불법선거운동)를 규제함으로써 민주적 선거를 실현시키는 것이 최선의 선거관리인 것이다. 따라서 선거의 공정성 확보를 명분으로 내세우며 선거운동의 자유, 나아가 국민의 일반적인 행동의 자유까지 지나치게 규제하려는 태도는 지양되어야 할 것이다.

예컨대 선거관리위원회는 선거에 인접한 기간 동안 동창회 등의 모임을 금지하려는 시도를 한 바 있다. 이는 선거의 공정성을 확보하기 위한 것이라고는 하지만, 비례성원칙에 도저히 합치되기 어려운 과도한 규제라고 할 수 있을 것이다.

제 6 절 집행부의 활동에 대한 통제

Ⅰ. 국민에 의한 통제

집행부에 대한 통제 가운데서 가장 먼저 생각될 수 있는 것은 국민에 의한 통제이다. 이는 크게 전체로서의 국민이 집행부를 통제하는 것과 개인으로서의 국민이 기본권의 행사를 통해 집행권에 대한 통제적 작용을 하는 것으로 나누어질 수 있다.

전자에 속하는 것으로는 ① 선거를 통한 통제, ② 국민의 여론형성을 통한 통제, 그리고 ③ 최후의 수단으로 저항권의 행사를 통한 통제가 있다.

① 청원권의 행사를 통한 통제, ② 손해배상의 청구를 통한 통제, ③ 행정소송을 통한 통제 및 ④ 헌법소원의 제기를 통한 통제가 있다.

Ⅱ. 국회에 의한 통제

국회는 국정통제기관으로서 다양한 대정부통제권을 가지고 집행부에 대한 통제를 가하고 있다. 이는 다시금 각종 동의권, 의결권 및 승인권에 의한 통제, 예산·결산심의권의 활용을 통한 통제, 국회출석요구·질문권 및 국정감사·조사권을 통한 통제, 그리고 해임건의권과 탄핵소추권을 통한 통제 등으로 분류될 수 있다.

Ⅲ. 법원에 의한 통제

법원에 의한 집행부의 통제는 크게 두 가지 유형으로 집약될 수 있다. 하나는 행정소송을 통한 통제이며, 다른 하나는 행정입법에 대한 위헌·위법심사를 통해 통제하는 것이다.

현실적으로 법치주의의 확립에 따라 사법적 권리보장의 의미와 비중이 확대되면서 법원에 의한 사법적 통제의 의미와 비중은 더욱 커지고 있다.

Ⅳ. 헌법재판소에 의한 통제

오늘날 헌법재판소는 법치주의를 강화하며, 정당국가화 및 행정국가화에 의하여 비대해진 집행부의 권력남용을 통제하는 가장 중요한 국가기관으로 점차 자리잡고 있다.

현행법상 헌법재판소는 다양한 헌법소송을 통해 집행부를 통제할 수 있다. 가장 직접적이고 강력한 통제수단의 하나인 탄핵심판권이 헌법재판소에 있으며, 그밖에 권한쟁의심판, 헌법소원심판 등을 통하여 집행작용을 통제하는 것이 가능하다.

Ⅴ. 집행부 자체에 의한 통제

집행부에 대한 통제 가운데서 가장 쉽게 이용될 수 있지만, 그 실효성은 아직 미약하다고 할 수 있는 것이 집행부 자체 내의 통제수단들이다.

이에 속하는 것으로는 대통령의 권한행사와 관련하여 국무회의의 심의, 국무총리와 관계 국무위원의 부서제도 등이 있으며, 그밖에 행정심판제도, 상급관청의 지휘·감독, 직업공무원제의 확립, 행정절차의 민주화 등도 집행부의 내부적 통제수단이라고 할 수 있다.

사례의 해결절차

사례 1 대통령임기조항 개정의 절차흠결과 한계 및 헌법개정이 헌법 제72조 정책국민투표의 대상이 될 수 있는가 여부

Ⅰ. 서: 사안의 분석과 쟁점의 정리 (5점)

Ⅱ. 대통령의 임기조항과 중임변경 및 임기연장에 관한 헌법개정의 특례조항 (15점)

1. 현행헌법 규정
2. 단임제채택의 의의와 문제점
3. 임기연장이나 중임변경에 관한 특례조항(제128조 제2항)의 해석
4. 본 사안에의 적용

Ⅲ. 국무회의 심의의 효력 (10점)

1. 심의자체를 결한 행위의 효력

2. 심의결과의 구속력
3. 본 사안에의 적용

Ⅳ. 헌법 제72조 국민투표에 의한 헌법개정의 타당성여부 (15점)
1. 현행헌법의 개정절차와 그 의의
2. 헌법 제72조 국민투표의 의의·법적 성격 및 대상
3. 본 사안에의 적용

Ⅴ. 결론 (5점)

사례 2 신임투표의 효력과 부서를 결여한 대통령의 국법상 행위의 효력

Ⅰ. 서: 사안의 분석과 쟁점의 정리 (5점)

Ⅱ. 국민투표의 의의 및 정책과 결부된 신임투표의 정당성 (10점)
1. 대의제의 기본구조와 직접민주제에 의한 보완 필요성
2. 정책투표와 신임투표의 구별
3. 헌법 제72조의 요건과 본 사안에 대한 판단

Ⅲ. 대통령의 국법상 행위와 부서제도의 의의 (10점)
1. 대통령의 권한행사방식에 대한 절차적 통제의 의의와 유형
2. 부서제도의 의의와 기능
3. 부서를 결여한 대통령의 국법상 행위의 효력

Ⅳ. 부서를 결여한 상태의 국민투표의 헌법적 문제 (10점)
1. 국민투표의 유효성 문제
2. 대통령의 법적 책임 문제
3. 대통령의 정치적 책임 문제

Ⅴ. 국무총리 및 법무부장관 경질 후 국민투표의 헌법적 문제 (10점)
1. 새 국무총리 임명동의안의 국회처리 여부와 국민투표의 헌법적 문제
2. 새 국무총리 및 법무부장관의 부서여부와 국민투표의 헌법적 문제
3. 부서를 갖춘 국민투표의 합헌성 여부에 대한 판단

Ⅵ. 결론 (5점)

사례 3 대통령의 사면권행사의 범위와 한계

Ⅰ. 서: 사안의 분석과 쟁점의 정리 (5점)
1. 본사안의 기본문제와 논점들
2. 고찰의 방법

Ⅱ. 사면권의 의의, 기능과 법치국가적 문제점 (8점)
1. 사면권의 개념과 유형

2. 사면권의 연혁과 현대적 기능
3. 사면권의 법치국가적 문제점

Ⅲ. 현행법상 대통령의 사면권: 그 의의와 내용 (10점)

1. 대통령의 헌법상 지위와 사면권
2. 대통령의 사면권행사의 요건과 절차
3. 사면권의 성질과 사법기능 → 권한남용의 문제와 통제의 필요성

Ⅳ. 탄핵제도의 의의, 본질과 특수성 (12점)

1. 탄핵제도의 의의와 유형
2. 탄핵제도의 본질과 특수한 절차
3. 본 사례의 문제점: 탄핵의 특수성과 그에 대한 사면권행사의 정당성문제

Ⅴ. 사면권의 현대적 의의와 탄핵결정에 대한 사면권행사 (10점)

1. 사면권의 현대적 의의에 대한 반성
2. 사면권의 남용과 탄핵에 대한 사면의 현실적 문제
3. 사면권행사에 대한 사법적 통제의 어려움과 정치적 통제수단

Ⅵ. 결론 (5점)

제 5 장 법 원

개 요

법원은 전통적인 사법기능의 담당자이다. 비록 오늘날에는 법원 이외에도 헌법재판소가 사법기관으로서 광범위하게 활동하고 있지만, 법원에 의한 사법작용의 의미와 비중은 결코 감소되었다고 할 수 없다.

법원이 담당하는 사법기능은 고전적인 권력분립의 체계를 전제한 것이다. 즉, 국회에서 법률을 제정하고, 정부에서 이를 시행할 때, 법원에서는 정부 또는 사인(私人)의 활동이 헌법과 법률에 부합되는지의 여부를 판단하는 역할을 담당하는 것이다. 그런 의미에서 법원의 활동은 전통적인 의미의 합법성 심사라고 할 수 있다.

이런 맥락에서 법원이 담당하는 사법기능은 헌법재판소가 담당하는 사법기능과 구별된다. 법원은 (적어도 대륙법의 판덱텐법학의 체계에서는) 전통적인 사법의 영역에서 엄격한 정치적 중립성을 전제로 법적 문제를 - 법관의 자의를 최대한 배제하면서 - 법률규정에 따라 해결하려고 노력하는 반면에, 헌법재판소는 법률의 내용적 정당성에 대한 심사를 비롯한 헌법적 쟁송에 대한 합헌성 판단을 임무로 하며, 그 과정에서는 합법성의 심사를 넘어서는 정당성의 판단까지 포함되어 있는 것이다.

법원이 담당하는 사법기능의 특성은 법원의 구성방식 및 활동방식과도 무관하지 않다. 법원과 헌법재판소는 같은 사법기관이기 때문에 공유하는 점이 적지 않은 반면에, 담당하는 역할의 상이함으로 인한 차이점도 적지 않은 것이다.

사 례

고법상고부의 설치와 대법원의 재판을 받을 권리

2010년 9월 정기국회에서 사법개혁의 일환으로 고법 상고부의 설치가 입법화되어 2011년 1월부터 시행되었다. 사법개혁위원회에 의하여 장기간 연구되고 추진되어 온 고법 상고부는 대법원의 사건부담을 경감시킴으로써 대법원이 정책법원으로 발전할 수 있도록 한다는 점에서 중요한 변화로 평가되고 있다. 그러나 대법원이 아닌 고법 상고부에서 대부분의 재판에 대한 최종심을 맡도록 하는 것은 국민의 재판청구권에 대한 과도한 제한이라는 비판도 적지 않다.

2009년 3월 친구와 사소한 말다툼 끝에 폭력을 행사하여 친구를 크게 다치게 한 사건으로 제1심과 제2심에서 유죄판결을 받았던 甲은 2010년 12월 15일 상고하였으나 법원 내에서의 상고절차가 지연되면서 결국 2011년 1월 15일에 대법원이 아닌 고법 상고부에서 최종심 재판을 받게 되었다.

이렇게 되자 甲은 자신이 대법원에서 재판을 받지 못하게 된 것은 부당하다고 생각하면서 이를 법적으로 다툴 방법을 찾게 되었다. 과연 甲의 생각은 정당한가? 甲이 이용할 수 있는 법적 수단은 어떠한 것이 있으며, 예상되는 결과는 어떠한가?

[참고판례] 신속한 재판을 받을 권리 → 헌재 1999.9.16. 98헌마75 결정
[참고판례] 상고심제한의 합헌성 여부 → 헌재 1992.6.26. 90헌바25 결정; 헌재 1995.10.26. 94헌바28 결정; 헌재 1997.10.30. 97헌바37 결정

제 1 절 권력분립과 사법부로서의 법원

Ⅰ. 기능의 분립과 사법기능, 기관의 분립과 사법부

1. 법치주의적 국가질서와 사법의 의의

법치주의는 헌법 전체를 지배하는 기본원리의 하나이다. 그렇기 때문에 국가조직의 기본구조 또한 법치주의의 영향 하에 있다. 입법, 집행, 사법으로 국가기능을 나누고 국회, 정부, 법원이 이를 각기 담당하도록 하는 권력분립 원리도 법치주의에서 파생된 것이라고 할 수 있으며, 개별적인 국가기능이나 국가기관들 모두가 법치의 실현을 지향한다.

그럼에도 불구하고 사법기능은 입법이나 집행에 비하여 법치주의의 실현과 보다 밀접한 관련에 있는 것으로 평가된다. 그것은 입법이 법치주의의 실현 이외에도 국민의 의사를 수렴하는 민주성에 관심을 갖고,[1] 집행은 법치 이외에 집행작용의 능률성 내지 합목적성을 고려(기능의 성질상 능률성 및 합목적성을 강조)하는 반면에 사법은 법치의 실현에 초점을 맞추고 있기 때문이다.

사법기능은 법적 분쟁을 공정하게 해결함으로써 한편으로는 당사자의 정당한 권리의 보호 내지 정의의 실현을 목표로 하며, 다른 한편으로는 법적 평화의 확보 내지 법질서의 안정성에 기여한다. 따라서 사법의 생명은 공정성이며, 이를 위해서는 사법에 대한 신뢰의 확보가 무엇보다 중요하다. 즉, 사법이 제 기능을 할 수 있기 위해서는 국민이 사법부의 결정을, 나아가 사법부 자체를 신뢰할 수 있어야 하는 것이다.

더욱이 현대의 다원화된 산업사회에서는 생활관계의 복잡화·전문화·다양화와 더불어 보다 많은 복잡하고 다양한 법적 분쟁들이 나타나고 있다. 이런 상황에서 국민의 권리를 안정적으로 보호하고 국가법질서의 안정성과 통일성을 유지하기 위해서는 - 정치적 이해관계 등을 배제하는 법의 객관적이고 중립적인 판단자로서 - 사법부의 적정한 활동이 꼭 필요하다. 법원은 이러한 사법기능을 담당하는 국가기관이다.

2. 권력분립의 의의변천과 법원

근대적 권력분립의 체계 하에서 입법기능을 담당하는 의회 및 집행기능을 담당하는 정부와 더불어 법원은 사법기능의 담당자로서 권력분립의 중심기관이었다.

근대적 권력분립은 세력균형의 이론이라고 일컬어진다. 즉 의회는 시민세력을 대변하고 있었고, 정부는 군주세력에 의해 담당되었다. 반면에 법원은 - 비록 귀족세력의 이해관계를 대변한다고 말하기 어려운 경우가 많았지만 - 대체로 귀족에 의해 담당되었다.

그런 가운데 법원은 법치주의의 발달과 더불어 법의 객관성과 공정성을 담보하는 법의 수호자로서 점차 자리잡게 되었고, 특히 군주의 막강한 권력조차도 법에 구속되어야 한다는 주장이 관철되면서 법원의 위상은 매우 높아

---

1) 입법작용을 (국민의 일차적 대표이자 집단적 대표인) 의회가 담당하도록 하는 것은 바로 이러한 민주성의 요청 때문이라고 할 수 있다.

지게 되었다.

근대 유럽에서 법원이 군주의 권력을 제한할 수 있을 정도의 힘과 권위를 갖게 된 것은 무엇보다 국민의 법원에 대한 신뢰에 기초한 바가 크다. 법원의 사법적 판단을 신뢰하였던 국민들은 법원이 군주의 자의적 권력행사를 통제하기 바랐던 것이다.

그러나 역설적으로 민주주의가 관철되면서 상황이 달라지게 되었다. 보통선거가 확립되면서 의회의 민주성이 높아졌고, 정부도 이제는 - 세습에 의한 군주가 담당하는 것이 아니라 - 민주적으로 구성되면서, 오히려 법원만이 민주적 정당성에서 상대적으로 멀어지게 된 것이다. 이처럼 권력분립의 의의변천에 따라 특히 입법부와 집행부의 권한범위 및 상호관계는 종래와는 많이 다르게 발전되었다. 반면에 사법의 경우에 있어서는 올바른 사법기능을 위한 대전제, 즉 '사법부의 독립' 때문에 입법, 집행과는 다른 "부동성(不動性)"이 지배하고 있음에 주목할 필요가 있다

결과적으로 법원은 현재 가장 비민주적이고 보수적인 국가기관이 되었다. 그것은 근대적 권력분립에서 현대적 권력분립으로 바뀌는 과정에서 의회나 정부가 겪은 것과 같은 커다란 변화를 법원은 겪지 않았다는 것을 의미한다.

법원의 구성이 의회나 정부와는 달리 국민의 선거를 통한 민주적 정당성과 거리를 두게 된 것은 사법기능의 성격과도 무관하지 않다. 한편으로는 사법기능이 요구하는 전문적 지식의 요청 때문에, 다른 한편으로는 사법적 판단의 공정성을 위한 전제로서의 정치적 중립성에 대한 요청 때문에 사법부의 구성은 민주적 정당성과 (상대적으로) 친하지 않은 것이다.

Ⅱ. 사법기능의 담당자로서의 법원

1. 헌법 제101조 제1항에 따른 사법권의 주체로서의 법원

헌법 제101조 ① 사법권은 법관으로 구성된 법원에 속한다.

현행헌법 제101조 제1항은 입법권을 국회에게 부여한 헌법 제40조, 행정권을 정부에게 부여한 헌법 제66조 제4항과 더불어 삼권분립을 선언한 규정으로 일컬어진다.

그러나 이러한 헌법규정들은 고전적인 권력분립에 따른 분류를 그대로 유

지한 것이어서 다음과 같은 문제가 있다:

① 헌법 제40조는 이중적 법률개념과 관련한 입법개념의 혼란을 야기하는 측면이 있으며, ② 헌법 제66조 제4항은 「행정권」이라는 표현을 사용함으로써 행정과 집행의 차이를 반영하지 못하고 있다. ③ 헌법 제101조 제1항은 헌법재판소를 염두에 두지 않고 만들어진 조항을 헌법재판소 제도를 도입한 현행헌법에서도 그대로 답습하고 있어서 헌법이론적 문제를 낳고 있는 것이다.

헌법재판작용의 성질 또한 사법작용으로 이해되어야 한다면, 헌법재판소도 역시 사법기관으로 인정되어야 할 것이다. 따라서 현행헌법 제101조 제1항은 법원이 사법권의 주체임을 선언한 것으로 해석될 수밖에 없지만, 그 의미는 한정적으로 이해되어야 한다. 즉, 법원은 - 법원만이 사법권의 주체라고 할 수는 없으므로 - 사법권의 배타적 주체는 아니며, 헌법재판소도 법원과 함께 사법권의 주체로 인정되어야 하는 것이다.

다만, 법원이 담당하는 사법작용과 헌법재판소가 담당하는 사법작용의 범위는 현행법상 비교적 명확하게 구분되고 있다. 법원은 민사재판과 형사재판, 행정재판 등의 전통적인 사법작용을 담당하며, 헌법재판소는 위헌법률심판, 탄핵심판, 정당해산심판, 권한쟁의심판, 헌법소원심판과 같은 헌법적 분쟁에 대한 심판을 담당하는 것이다.

2. 법원에게 맡겨진 사법기능의 범위

① 헌법이 법원의 판결 또는 결정에 따르도록 규정하고 있는 사항에 대해서는 법원의 사법작용이 미친다. 예컨대 헌법 제12조 제3항과 제16조에 따른 영장발부권, 제12조 제6항에 따른 구속적부심사권, 제107조 제1항에 따른 위헌법률심판제청권, 제107조 제2항에 따른 명령·규칙의 위헌·위법심사권, 제108조에 따른 대법원규칙제정권 등이 이에 해당된다.[2] 반면에 헌법 제64조 제4항의 경우처럼 법원의 사법기능이 미치지 못함을 명시하는 경우도 있다.

② 국가형벌권의 행사를 위해서는 법원의 판결을 거쳐야 한다. 즉, 형사적인 불법판단은 법원의 본질적인 사법작용의 영역에 속한다. 다만 사형 또는

2) 영장의 발부나 대법원규칙제정권 등은 좁은 의미의 사법작용(즉 재판작용)이 아니라고 볼 수 있다. 그러나 헌법이 영장의 발부 등을 법원에서 담당하도록 한 것은 법원이 사법기능의 담당자이기 때문이다. 즉, 영장의 발부 등에 관한 헌법규정은 사법기능의 담당자인 법원에게 사법기능의 수행과 연계하여 담당하여야 할 사항을 규정한 것으로 이해될 수 있을 것이다.

자유형과는 달리 벌금이나 자격정지 등의 형벌의 경우에는 행정벌과의 구별이 문제되는 경우가 발생된다. 행정관청에 의하여 과태료를 부과하는 경우, 또는 징계위원회 등에 의한 징계처분 등이 내려지는 경우에는 법원의 판결이 요구되지 않지만, 구체적으로 어떤 경우는 형벌로, 어떤 경우는 행정벌로 대응할 것인지에 대해서는 아직도 논란이 계속되고 있다.[3)]

③ 그밖의 구체적인 사항에 대해서는 국회가 법률로써 법원의 사법작용이 미치는 범위를 확정한다. 예컨대 법원조직법, 민사소송법, 형사소송법, 행정소송법, 가사소송법, 증권 관련 집단소송법, 소송촉진 등에 관한 특례법 등에서 법원의 사법작용에 관한 구체적 규정들을 두고 있다.

ⅰ. 영장주의의 의미

형사절차에 있어서의 영장주의란 체포·구속·압수 등의 강제처분을 함에 있어서는 사법권 독립에 의하여 그 신분이 보장되는 법관이 발부한 영장에 의하지 않으면 아니된다는 원칙이고, 따라서 영장주의의 본질은 신체의 자유를 침해하는 강제처분을 함에 있어서는 중립적인 법관이 구체적 판단을 거쳐 발부한 영장에 의하여야만 한다는 데에 있다(헌재 1997.3.27. 96헌바28등 결정).

ⅱ. 도로교통법상의 통고처분과 사법권

통고처분은 처분을 받은 당사자의 임의의 승복을 발효요건으로 하고 있으며, 행정공무원에 의하여 발하여지는 것이지만, 통고처분에 따르지 않고자 하는 당사자에게는 정식재판의 절차가 보장되어 있다. 통고처분 제도는 경미한 교통법규 위반자로 하여금 형사처벌절차에 수반되는 심리적 불안, 시간과 비용의 소모, 명예와 신용의 훼손 등의 여러 불이익을 당하지 않고 범칙금 납부로써 위반행위에 대한 제재를 신속·간편하게 종결할 수 있게 하여 주며, 교통법규 위반행위가 홍수를 이루고 있는 현실에서 행정공무원에 의한 전문적이고 신속한 사건처리를 가능하게 하고, 검찰 및 법원의 과중한 업무부담을 덜어 준다. 또한 통고처분제도는 형벌의 비범죄화 정신에 접근하는 제도이다. 이러한 점들을 종합할 때, 통고처분 제도의 근거규정인 도로교통법 제118조 본문이 적법절차원칙이나 사법권을 법원에 둔 권력분립원칙에 위배된다거나, 재판청구권을 침해하는 것이라 할 수 없다(헌재 2003.10.30. 2002헌마275 결정).

3) 이 문제는 결국 행정벌에 대하여 당사자가 불복할 경우에는 법원에 의한 사법적 쟁송절차를 거칠 수 있도록 함으로써 해결하여야 할 것이다.

3. 법원에 의한 법정립작용과 행정작용

(1) 사법입법

법원은 사법기관이므로 법원의 주된 기능은 사법기능이다. 그러나 국회가 입법기능만을 담당하는 것이 아닌 것과 마찬가지로, 법원도 사법기능만을 담당하는 것은 아니다.

오늘날 사법기능 및 사법권, 그리고 이를 담당하는 사법부의 의의와 비중, 권한범위 등은 현대적인 권력분립의 체계 내에서 이해되어야 하기 때문에, 법원의 활동영역 또한 법적 분쟁해결작용, 즉 사법적 판단작용에만 그치는 것은 아니다. 전체적인 국가권력의 유기적인 관련 속에서 - 사법부로서 법원의 기본기능은 물론 사법기능이지만 - 법원은 사법기능의 능률적인 수행을 위해 필요한 법정립작용과 행정작용도 할 수 있다.

이러한 맥락에서 현행헌법 제108조는 대법원의 규칙제정권을 인정하고 있다. 사법입법(司法立法)이라고도 일컬어지는 대법원규칙의 제정은 성질상 추상적 법규범의 정립으로서 강학상의 입법개념에 해당된다. 하지만 대법원규칙의 자율적 제정은 법원의 주된 기능인 사법기능을 원활하게 수행하기 위한 보조적 기능으로 이해되어야 한다.

사법기능의 수행과 관련된 기본적 사항들은 역시 법률로 정해야 하겠지만, 법원 내의 각종 업무처리에 관한 기준과 지침 등에 대해서도 모두 국회가 법률로 정하도록 할 경우에는 자칫 사법부에 대한 국회의 영향력이 지나치게 커질 수 있다. 그것은 사법부의 독립을 위태롭게 할 우려가 있을 뿐만 아니라, 사법기능의 원활한 수행에도 상당히 장애가 될 수 있기 때문에 자율적 규칙제정권을 인정하고 있는 것이다.[4]

또한 법원은 일정한 범위에서 사법기능의 수행과 관련되는 행정기능을 자율적으로 수행한다. 즉, 법원 내부의 인사나 예산의 집행, 기타 재판의 진행에 부수하는 각종 행정작용은 집행부가 아닌 법원 자체에서 담당하는 것이 원칙이다. 사법행정작용(司法行政作用)이라고 지칭되는 법원의 행정적 활동 역

---

4) 이렇게 볼 때, 이른바 사법입법은 행정입법과 유사한 측면이 있다고 할 수 있다. 하지만 행정입법이 매우 방대한 영역에서 법률을 대체하는 현상까지 보이고 있는 반면에 사법입법이 인정되는 범위는 제한적이라는 점, 그리고 행정입법을 부인할 경우에는 행정의 능률성이 위협받게 되지만, 사법입법을 부정할 경우에는 사법작용의 능률성뿐만 아니라 사법부의 독립까지 위협받을 수 있다는 점에서 차이점을 발견할 수 있다.

시 사법입법과 유사하게 한편으로는 사법부의 독립을 위하여, 다른 한편으로는 사법기능의 능률성을 위하여 인정되는 것이다.

(2) 사법행정

또한 법원은 일정한 범위에서 사법기능의 수행과 관련되는 행정기능을 자율적으로 수행한다. 즉, 법원 내부의 인사나 예산의 집행, 기타 재판의 진행에 부수하는 각종 행정작용은 집행부가 아닌 법원 자체에서 담당하는 것이 원칙이다. 사법행정작용(司法行政作用)이라고 지칭되는 법원의 행정적 활동 역시 사법입법과 유사하게 사법부의 독립을 위하여, 다른 한편으로는 법기능의 능률성을 위하여 인정되는 것이다.

Ⅲ. 국가에 의한 재판권의 독점

사법기능을 담당하고, 그에 따라 국가의 권위를 가지고 법적 분쟁에 대한 구속력 있는 판단을 내리는 것은 - 헌법재판 등 헌법 스스로가 인정한 예외를 제외하면 - 헌법 제101조 제1항에 의해 법원의 전속적 권한이 되었다.

따라서 법원의 관할에 속하는 사항에 대해서는 법원 이외의 다른 공권력 주체나 사인에 의한 사법권의 행사가 허용될 수 없다. 이는 법질서의 안정성과 통일성을 위해 꼭 필요한 것으로 인정되며, 오늘날 자력구제의 금지는 법치주의의 기본적 요청의 하나로 인정되는 것이다.

그러나 이처럼 국가, 즉 법원이 재판권을 독점하는 것이 정당화되기 위해서는 재판의 객관성과 공정성에 대한 국민의 신뢰가 전제되어야 한다. 그렇지 않을 경우에는 법원의 권위가 실추될 뿐만 아니라 국가에 대한 국민의 불만과 불신이 커지고, 이러한 불만과 불신이 누적될 경우에는 국가질서의 근간이 흔들릴 수도 있을 것이다.

제 2 절 사법부조직의 기본원리: 사법부의 독립

Ⅰ. 사법부 독립의 연혁과 의의

1. 사법부 독립의 개념

사법부의 독립은 사법기능을 담당하는 사법기관(법원, 헌법재판소)이 다른 국가기관 및 사회적 세력이나 사건의 당사자 등으로부터 독립되어 있어야 한다는 것을 의미한다.

사법부의 독립은 올바른 사법기능의 논리적 전제조건이라는 차원에서 생각할 수 있으며, 법치주의와 권력분립의 발전에 따라 비로소 현실적으로 가능하게 되었다는 측면을 고려하여야 한다. 즉, 헌법상 독립된 기관으로 구성되어 있는 사법부가 사법기능을 담당하였을 때에만 중립적이고 공정한 재판을 통한 국민의 권리구제와 법치국가성의 확보를 기대할 수 있기 때문에, 사법부의 독립이 요청되는 것이다.

이런 맥락에서 사법부의 독립은 법원조직의 제1원칙이며, 동시에 헌법재판소 구성의 제1원칙이기도 하다. 그러나 또한 중립적이고 공정한 재판을 통한 국민의 권리구제와 법치국가성의 확보에 기여하지 못하는 경우에는 사법부의 독립이 무의미하다는 것을 의미하기도 한다.

오늘날 사법부의 독립은 사법기관의 구성과 활동에 관한 제1원칙으로 인정되고 있다. 사법부의 독립은 단순히 국가기관으로서의 사법부를 권력분립 체계상 다른 국가기관의 종속 하에 두지 않는다는 요청에서 그치는 것이 아니라, 법관의 재판이 외부의 영향을 받지 않고 공정하게 내려질 수 있기 위한 조건의 창출에까지 미치는 것이다. 그렇기 때문에 사법부의 독립은 조직상의 독립(법원의 독립)뿐만 아니라 기능상의 독립(법관의 독립)까지 포함하는 것으로 이해된다.

2. 사법부 독립의 연혁

절대군주제 국가에서는 모든 국가권력이 군주의 수중에 집중되어 있었고, 사법권까지도 국왕의 권한에 속했다. 그 결과 당시의 재판은 - 군주 자신에 의한 것이건 아니면 군주의 위임을 받은 신하에 의한 것이건 - 판결의 객관성과 공정성을 담보할 수 없었으며, 실제로 자의적 재판에 의한 가혹한 형벌의 예는 수없이 많았다.

절대왕권의 약화를 통해 비로소 사법부의 독립이 확보될 수 있었고, 이는 역사적으로 영국에서 법의 지배 사상이 뿌리내리게 된 것과 같은 맥락이었다. 또한 프랑스에서 몽테스큐가 삼권분립론을 주장하는 과정에서 사법권이 입법권, 집행권과 구분되어야 한다는 점을 명시적으로 강조하기도 하였다.

근대 시민혁명의 과정에서 권력분립과 기본권의 보장이 입헌주의의 핵심요소로 강조되면서 사법부의 독립은 근대적 헌법의 핵심요소로 인정되기 시작했으며, 이후 사법부의 독립은 법치주의 및 권력분립의 핵심적 요소로서, 나아가 자유민주적 기본질서의 본질적 징표의 하나로 널리 인정되고 있다.

3. 사법부 독립의 현대적 의의와 구조

사법부의 독립이 근대적 권력분립에서든 현대적 권력분립에서든 똑같이 강조되고 있는 것은, 사법부의 독립이야말로 정상적인 사법기능을 위한 필수적인 전제이기 때문이다. 「어느 누구도 자기 자신에 관한 사건의 재판관이 되어서는 안 된다」는 법언이 시사하는 바와 같이 재판관은 사건에 대하여 일정한 거리를 두고 중립적 위치에서 판단할 수 있어야 한다. 이를 위한 가장 기본적인 조건이 사법부의 독립인 것이다.

그러나 사법부의 독립이 무조건적이고 절대적인 요청으로 이해될 수는 없다. 사법기능도 결국은 국민의 기본권보장과 국가법질서의 안정성이라는 목적에 봉사하는 수단이고, 사법부의 독립은 그러한 사법기능을 위해 인정되는 것이다. 그러므로 사법부의 독립도 고전적인 도식으로만 생각될 것이 아니라 현대의 민주적 법치국가의 현실 속에서 그 실질적 의의와 기능에 비추어 항상 새롭게 검토되어야 할 것이다.

따라서 사법기능은 사법부의 판단에 절대적으로 맡겨야 한다는 식의 주장은 곤란하다. 오히려 사법부의 활동에 대한 간섭을 무조건 배제하기보다는 사법작용의 객관성과 공정성을 위태롭게 하지 않는 범위 내에서 다른 국가기관이 법원의 활동에 영향을 미치는 것도 허용될 수 있으며, 때로는 사법부가 국민의 여론에 따라 개혁을 위해 노력할 필요도 인정되는 것이다.

사법작용은 오로지 법에 따르기만 하면 된다는 생각은 버려야 한다. 그

법이 어떻게 만들어졌는지, 내용적으로 정당한지도 아울러 고려하는 가운데 비로소 올바른 재판이 가능하며, 이를 위해서는 법의 형식만이 아니라 법의 이념, 법의 지향점까지 함께 생각해야 한다. 결국 법은 인권실현의 도구라는 점이 고려되어야 하며, 이러한 맥락에서 사법의 민주성도 중요한 화두로 제시되는 것이다.

Ⅱ. 조직상의 독립(법원의 독립)

1. 입법부(국회)로부터의 독립

권력분립의 체계상 법원은 국회와 마찬가지로 독립된 헌법기관이다. 국회와 법원은 입법기능과 사법기능을 각기 분담하며, 조직과 구성에 있어서도 분리·독립되어 있다.

국회는 법원의 재판에 관여할 수 없다. 국회가 개별적 사건에 대하여 재판에 갈음하는 법률을 제정함으로써 특정인을 처벌하는 것도 권력분립에 위배되며, 사법부의 독립을 침해하는 것으로 인정된다. 이러한 맥락에서 국회의원의 법관 겸직이 금지되며(국회법 제29조 제1항 제1호), 법관의 국회의원직 겸직도 금지되고 있다(법원조직법 제49조 제1호).

그러나 법치주의와 권력분립의 기본구조 속에서 입법부와 사법부는 공동의 목적을 위해 협력하는 관계이기도 하다. 국회는 법원조직법 및 각종 소송절차에 관한 법률의 제정 및 개정을 통하여 법원의 조직과 권한 및 소송절차의 진행 등에 관한 중요한 지침을 정하며, 법원은 국회에서 제정한 법률에 따라 재판을 하는 것이다.

그러므로 법원의 국회로부터의 독립은 권력분립의 체계 내에서 나타나는 조직의 독립성과 역할의 분담을 의미하는 것이지, 절대적인 분리 및 상호불간섭의 의미로는 이해될 수 없다.

2. 집행부로부터의 독립

법원의 독립이 가장 문제되는 영역은 집행부와의 관계이다. 법원의 진정한 독립을 위해서는 – 과거 군주제 시절의 경우 군주의 영향력으로부터의 독립이 가장 절실했던 것처럼 – 집행부로부터의 독립이 가장 중요한 의미를 갖는다. 그것은 또한 현재에도 집행부가 법원에 미치는 사실상의 영향력이 그만큼 위협적이라는 것을 의미하기도 한다.

정부와 법원은 집행기능과 사법기능의 담당자로서 조직과 구성이 각기 분리·독립되어 있다. 정부의 구성원이 법관을 겸직할 수 없으며,[5] 정부가 법원의 재판에 간섭하거나 영향력을 행사하는 것도 금지된다. 정부가 법원의 조직과 구성, 권한행사 및 절차 등에 있어서 일체의 간섭을 하지 못하도록 요청받고 있는 것이다.

그러나 현실적으로 이러한 엄격한 독립이 이루어지고 있는지에 대해서는 의문의 여지가 있으며, 특히 대통령이 대법원장 및 대법관에 대한 임명권(헌법 제104조 제1항, 제2항)을 가지고 있음으로 인하여 사법부의 독립이 위협받고 있다는 주장이 적지 않다. 물론 미국 등의 경우에도 의회의 동의를 전제로 국가원수로서의 대통령이 대법원장이나 대법관을 임명하는 예는 드물지 않다. 그러나 그들과는 다른 정치문화, 사법적 전통을 가지고 있는 우리의 경우 대통령의 임명권이 남용될 우려가 더 큰 것도 부정하기 어려운 것이다.[6]

3. 법원의 자율권

법원의 독립이 실질적으로 뒷받침되기 위해서는 법원의 사법작용이 국회의 입법작용과 정부의 집행작용에 전적으로 의존하지 않고, 일정한 범위의 자율적 입법권과 자율적 행정권이 사법부에 부여될 필요가 있다.

이를 위하여 현행헌법은 제108조에서 대법원규칙제정권을 인정하고 있으며, 법원의 사법행정권도 같은 맥락에서 인정되고 있다.

Ⅲ. 기능상의 독립(법관의 독립)

사법부의 독립을 확보하는 의미는 재판의 공정성을 확보하는 데 있다. 그러므로 법원의 조직상 독립을 확보하는 것은 재판의 공정성을 확보하기 위한 필요조건일 뿐이고, 충분조건은 결코 아니다. 재판의 공정성을 확보하기 위해서는 실제 재판을 담당하는 법관의 독립이 확보되어야 하는 것이다.

---

5) 법관이 행정부서의 공무원으로 겸직하는 것도 금지된다(법원조직법 제49조 제2호).

6) 이에 관하여는 임지봉, 우리나라 사법권 독립의 문제점에 관한 비교법적 연구, 사법행정 제41권 제2호 (2000.2), 11-22(16 이하)쪽 참조.

이러한 법관의 독립(사법부의 기능상의 독립)은 다시금 신분상의 독립과 직무상의 독립(재판상의 독립)으로 나누어진다. 신분상의 독립을 통해 조직으로서의 법원과 더불어 개인으로서의 법관이 외부의 영향으로부터 보호될 수 있도록 하며, 직무상의 독립을 통해 법관의 재판이 외부의 영향 없이 헌법과 법률에 따라 공정하게 진행될 수 있도록 담보하는 것이다.

1. 법관의 신분상의 독립

법관이 공정한 재판을 할 수 있기 위해서는 재판의 결과가 법관의 신분에 영향을 미치지 않아야 한다. 자신이 내리는 재판의 결과에 따라 법관에게 불이익한 처우가 가해지거나, 혹은 승진 등에 영향을 미칠 경우에는 재판의 공정성을 담보할 수 없기 때문이다.

현행법상 법관의 신분상 독립을 확보하기 위한 제도로서는 법관의 자격제, 법관인사의 독립, 법관의 임기제·연임제 및 정년제, 법관의 정치적 중립성 보장, 법관의 신분보장 등이 있다.

① 법관의 자격제(헌법 제101조 제3항)는 외부의 영향에 좌우되지 않고 공정한 재판을 담당할 자격이 있는 사람만이 법관이 되도록 함으로써 사법부의 독립 내지 재판의 공정성을 확보하기 위한 가장 기본적인 전제가 된다. 구체적인 법관의 자격은 법원조직법에서 정하고 있다(법원조직법 제42조, 제43조). 그러나 현행법상의 법관자격은 지나치게 전문지식의 평가에 치우치고 있으며, 법관으로서의 품성과 소양의 평가가 반영되지 못하고 있다는 비판이 적지 않다.

② 법관인사의 독립은 법원조직의 독립과도 직결되는 중요한 요소로서 외부의 영향력으로 인하여 법관의 신분이 좌우되는 것을 막는 역할을 한다. 현행법상 대법원장과 대법관을 제외한 법관의 인사는 대법원장 및 대법관회의에 맡겨져 있다.(헌법 제104조 제3항, 법원조직법 제44조) 하지만 법관인사의 객관성과 공정성에 대한 비판은 그동안 적지 않았으며, 최근 사법개혁논의 가운데서도 개선에 대한 다양한 대안이 제시되고 있다.

③ 법관의 임기제·연임제 및 정년제는 법관으로서의 지위를 확보하는 역할을 한다. 현행헌법 제105조, 법원조직법 제45조에 따라 대법원장 및 대법관의 임기는 6년이고, 일반법관의 임기는 10년이다. 다만 대법원장을 제외한 대법관과 일반법관은 연임할 수 있지만, 대법원장은 중임할 수 없다. 종신제를

취하고 있는 미국의 경우와는 달리 임기제를 취하고 있는 것은 법관의 보수화를 방지할 수 있다는 장점을 갖지만, 과거 법관의 재임용탈락이 문제되었던 경우처럼 법관의 독립을 위협할 수 있는 우려도 있다.

④ 법관의 정치적 중립성은 법관의 신분상 독립은 물론, 재판의 객관성과 공정성을 담보하기 위해서도 중요한 전제조건이다. 법관의 경우에는 일반공무원과는 다른 엄격한 독립성과 중립성이 요구되기 때문에 - 설령 직업공무원제의 적용을 받는 행정공무원들에게 정당가입 및 직무 외의 정치활동이 허용된다 하더라도 - 엄격한 정치적 중립성이 요청된다.[7)]

⑤ 법관의 신분보장은 법관의 신분에 직접 영향을 미치는 불이익한 처분을 제한하는 것이다. 이와 관련하여 현행헌법 제106조 제1항, 법원조직법 제46조는 "법관은 탄핵 또는 금고 이상의 형의 선고에 의하지 아니하고는 파면되지 아니하며, 징계처분에 의하지 아니하고는 정직·감봉 기타 불리한 처분을 받지 아니한다"고 명시하고 있다.[8)]

2. 법관의 직무상의 독립

헌법 제103조　법관은 헌법과 법률에 의하여 그 양심에 따라 독립하여 심판한다.

법원조직의 독립 및 법관신분의 독립은 결국 법관의 재판이 독립적으로 공정하게 이루어지기 위한 기본적 전제조건이다. 따라서 법관의 직무상의 독립(=재판상의 독립)은 사법부 독립의 핵심이라고 할 수 있다.

그러나 법관이 외부의 영향을 벗어나 독립적으로 재판한다는 것이 법관의 자의에 따른 재판이 되거나, 객관적 기준을 상실한 재판이 되어서 어떤 법관이 재판을 담당하는지에 따라 재판의 결과가 달라지는 것은 곤란할 것이다. 그렇기 때문에 법관의 직무상의 독립은 어디까지나 외부의 부당한 영향력으로부터의 독립을 의미할 뿐이지, 헌법과 법률이라는 객관적 기준에 구속되어야 한다는 점은 달라지지 않는다.

법관이 헌법과 법률에 따른 재판을 하여야 한다(헌법 제103조)는 것은 일차적으로 재판의 공정성과 일관성을 확보하기 위한 것이다. 하지만 법률에

7) 법원조직법 제49조 제3호는 법관이 정치운동에 관여하는 것을 금지하고 있다.
8) 법원조직법 제46조도 같은 내용을 규정하고 있다. 그밖에 법원조직법 제48조는 징계에 관한 규정을 두고 있으며, 이 규정에 기초하여 법관징계법이 제정되었다.

따른 재판의 요청은 권력분립의 틀 안에서 입법과 사법의 역할분담을 전제하는 것이며, 헌법에 따른 재판은 헌법의 우위를 전제하고 있는 것이기도 하다.

법관의 판단기준이 되는 헌법은 성문헌법과 불문헌법을 모두 포함한다. 반면에 법률의 경우에는 죄형법정주의가 적용되는 형사재판에 있어서는 형식적 의미의 법률로 한정되지만, 민사재판이나 행정재판에 있어서는 불문법도 재판의 기준이 될 수 있다. 또한 적용대상인 법률의 합헌성에 대한 의문이 있을 경우에는 헌법재판소에 위헌법률심판을 제청하여야 한다(헌법 제107조 제1항).

현행헌법 제103조는 또한 양심에 따른 재판을 요구하고 있다. 그러나 헌법 제103조의 양심은 헌법 제19조의 양심의 자유에서 의미하는 것과는 달리 해석된다. 일반적으로 양심은 "선악(善惡)에 대한 개인의 주관적 판단"으로 이해되지만, 헌법 제103조의 양심은 법관의 개인적 양심이 아니라 법관으로서의 직업적 양심 내지 법리적 양심으로 이해되는 것이다. 만일 그렇지 않을 경우에는 양심에 따른 재판이 헌법과 법률에 따른 재판과 충돌할 수 있을 것이다.

법관의 재판은 또한 독립적인 것이기 때문에 헌법과 법률 및 법관의 직업적 양심 이외에는 다른 국가기관이나 사회적 세력 또는 소송당사자의 영향을 받지 않고, 재판의 결과에 대해서도 형사상의 책임을 지지 않으며, 징계 등에 의한 불이익을 받지 않는다. 또한 법관의 재판에 대해서 외부적 강제가 없기 때문에 이를 책임질 수 있는 사람이 법관이 되도록 하는 것이 더욱 중요한 것이다.

Ⅳ. 현행헌법상 사법부 독립의 문제점

현대 민주국가의 권력분립체계에 있어서 사법부의 독립은 당연한 전제가 되고 있다. 그러나 현행헌법상의 사법부 독립은 적지 않은 문제를 안고 있다. 이러한 문제들은 세 가지로 나누어질 수 있다.

① 사법부의 구성에 있어서 대통령이 대법원장과 대법관을 임명하도록 하는 것(헌법 제104조 제1항, 제2항)은 사법부의 독립을 약화시킬 우려가 크다. 이 문제를 해결하기 위해서는 대법원장 및 대법관의 임명방식을 실질적으로 개선하여 대통령의 임명권을 배제하거나, 적어도 형식적인 임명권만이 행사되

도록 하여야 한다. 한 걸음 더 나아가 대법원장이 대법관을 임명제청하는 것(헌법 제104조 제2항)에 대해서도 비판이 있다. 대법원장과 대법관의 위계형성을 통해 독립성을 침해한다는 것이다.

② 사법부의 내부적 인사가 법관의 독립을 침해한다는 주장이 적지 않았다. 비록 형벌이나 징계는 아니라 할지라도 인사상의 불이익이 결과적으로 재판에 영향을 줄 수 있다는 것이다. 법관의 인사제도를 개선함으로써 보직이나 근무지 등을 이용한 인사상의 유·불리한 처분이 최소화되도록 하여야 할 것이다.

③ 사법부의 보수성 내지 사법부의 관료화가 사법부 독립의 의미를 왜곡시키는 경우도 있다. 사법부의 독립성을 보장하는 것은 재판의 중립성과 공정성을 확보하기 위한 것이다. 이를 무시하고 제도상으로 나타나는 형식적 독립에만 치중할 경우에는, 제도의 외형상 독립이 보장된 듯 하더라도 재판의 중립성과 공정성에 대한 신뢰를 받지 못할 수 있으며, 이는 결국 사법부의 독립이 제 기능을 하지 못하는 것으로 평가될 수밖에 없다.

제 3 절 법원의 조직

Ⅰ. 법치주의원리와 법원조직의 기본방향

법치주의의 목표는 법의 객관성과 공정성을 확보하고, 그럼으로써 한편으로는 법을 통해 국민의 자유와 권리를 법적으로 보장하고, 다른 한편으로는 법적 분쟁을 국가가 나서서 해결함으로써 법적 평화를 유지하는 것이다. 하지만 법치주의의 보다 궁극적인 목표는 국가권력의 구성과 행사가 법에 따라 객관성과 공정성을 확보하도록 함으로써 모든 국민의 기본권을 최대한 보장하고 실현시키는 것이라고 할 수 있다.

권력분립의 현대적 체계 내에서 법치주의의 실현은 국민의 대표기관인 의회가 제정한 법률에 의해 일차적으로 구체적 형태를 갖추게 된다. 그러나 이를 통한 기본권보장의 최후의 보루 내지 최종적 담보는 재판을 통한 사법적 보장이다. 법원은 헌법과 법률에 따라 양심에 기초하여 공정하게 재판하여야 하며, 모든 소송당사자를 불편부당하게 대우함으로써 기본권의 보장과 실현에 결정적인 기여를 하는 것이다.

더욱이 법치국가에 있어서 개인의 자유와 권리가 허용되는 범위는 최종적으로 법원의 판결에 의해 구체화되는 만큼, 신속하고 공정한 판결이 가능하도록 법원의 조직이 이루어져야 한다. 법원의 조직에 있어서 한편으로는 사법의 기본적 요청인 공정성, 중립성, 독립성이 우선적으로 고려되어야 하며, 다른 한편으로는 사법작용의 신속성과 경제성도 최대한 확보할 수 있도록 배려되어야 할 것이다.

Ⅱ. 재판의 심급제와 법원조직의 기본구조

1. 사법의 기본적 요청과 심급제도

오늘날 사법절차의 보장은 가장 중요한 기본권보장수단의 하나로 인정되고 있으며, 국민의 사법절차 이용을 위하여 법원은 전국적인 조직을 갖추어서 손쉽게 재판제도를 이용할 수 있도록 하여야 한다.

이처럼 다수의 법원을 구성하여 국민의 재판을 담당하도록 할 경우에는 다수의 법원에서 내려지는 판결 사이에 결론의 불일치가 나타날 가능성이 적지 않다.[9] 판결의 불일치 내지 그 결과로 나타나는 법적용의 불일치는 법질서의 통일성을 심각하게 위협할 뿐만 아니라 법원의 판결에 대한 신뢰도 매우 약화시킬 수 있다.

그렇기 때문에 다수 법원의 판결을 통일적으로 조정할 수 있는 제도적 장치가 필요하다. 그리고 가장 확실한 조정장치는 상급법원의 통제를 통한 법적 통일성의 확보라고 할 수 있을 것이다. 즉, 하급심에서 나타나는 판결의 불일치를 상급법원의 판결을 통해 조정할 수 있도록 하는 것이다.

그러므로 재판을 여러 심급으로 나누어 놓음으로써 하급심의 판결을 상급심에서 재검토하도록 하는 심급제는 재판의 통일성 확보를 위한 가장 중요한 제도적 장치라고 할 수 있다. 또한 법원의 판결에서도 오류가 발생될 가능성은 존재하기 때문에 이를 시정할 수 있는 기회를 보장하기 위해서 상소제도를 두고 있으며, 이러한 제도 역시 심급제를 통해서만 가능한 것이다.

---

9) 비록 헌법 제103조에 따라 법원의 판결에서는 헌법과 법률이라는 동일한 기준이 적용되지만, 그 해석의 차이로 인하여 판결의 불일치가 발생될 가능성은 결코 적지 않다.

2. 법원조직의 기본구조

현행법상 법원조직의 기본구조는 심급제를 전제로 하여 대법원과 하급법원으로 나누어진다(헌법 제101조 제2항, 법원조직법 제3조). 하급법원들의 판결을 최종심이며 최고법원인 대법원을 통해 조정함으로써 통일성을 확보할 수 있도록 한 것이다.

현행법상 최고법원인 대법원을 제외한 하급법원은 고등법원, 특허법원, 지방법원, 가정법원, 행정법원의 5종류로 나누어진다. 그러나 법원조직의 기본구조는 대법원, 고등법원, 지방법원의 단계구조를 가지고 있으며, 특허법원은 특허사건을 전담하는 고등법원급의 법원이고, 가정법원과 행정법원은 각기 가사사건과 행정사건을 전담하는 지방법원급의 법원이다.

그러나 특허법원과 가정법원, 행정법원을 제외한 전문법원이 다양하게 설치되어 있지 않을 뿐만 아니라, 제1심에서 가정법원이나 행정법원이 갖는 전문성이 제2심으로 연결되지 않으며, 특허법원의 전문성 또한 대법원으로 연결되기 어렵기 때문에 재판의 전문성을 일관되게 확보하기 어려운 것이 현재의 상황이다.

독일 등 외국의 예와 비교할 때 법원의 전문성과 관련하여 적극적인 전문법원의 설치와 운용은 매우 시급한 실정이다. 법치국가에 있어서의 사법의 분쟁해결기능은 단순히 공정한 재판의 확보만을 요구하는 것이 아니라 신속하고 능률적인 재판까지를 요구하며, 이를 위해서는 법원의 전문성 확보가 필수적인 전제이기 때문이다.

오늘날의 사회의 복잡화·전문화 및 이로 인한 법적 분쟁의 전문화·복잡화를 고려할 때, 법원의 전문성은 더욱 강조될 수밖에 없다. 실제의 생활관계에 대한 정확하고 전문적인 이해에 기초하여 법적 분쟁을 해결하기 위해서는 사법의 전문화가 무엇보다 중요한 의미를 가지고 있는 것이다.[10]

---

10) 특히 오늘날의 행정국가화 경향 등에 대응하기 위해서도 상응하는 법원의 전문화는 매우 시급하다.

Ⅲ. 대법원의 구성과 관할

1. 대법원의 헌법상 지위

대법원은 국회, 대통령, 헌법재판소와 더불어 국가최고기관의 하나로 꼽히고 있다. 그에 따라 대법원의 헌법상 지위를 어떻게 이해할 것인가에 대한 관심도 크며, 헌법학자들이 이를 보는 시각도 역시 다양하다.[11)]

하지만 대법원의 경우에도 - 다른 국가기관들의 헌법상 지위를 논할 경우와 마찬가지로 - 권력분립체계 내에서 어떤 위치에 있으며, 어떤 기능을 담당하고 있는지, 또 그와 관련하여 어떤 권한을 갖게 되는지를 일목요연하게 밝히는 데 그 헌법상 지위를 논하는 의미가 있다. 이렇게 볼 때, 대법원의 헌법상 지위는 사법기관으로서의 지위, 최고법원으로서의 지위, 국가최고기관(또는 독립된 헌법기관)으로서의 지위로 나누어 살펴볼 수 있을 것이다.

① 대법원은 사법기관으로서의 지위를 갖는다. 대법원의 사법기관성을 인정하는 것은 대법원의 성격과 기능, 구성 및 활동의 방식을 이해하는 데 중요한 의미를 갖는다. 대법원은 사법기능을 담당하며, 사법부의 독립을 주장할 수 있다. 또한 대법원의 조직과 구성에 있어서도 법관의 자격이 요구되며, 대법원의 재판작용은 사법절차에 요구되는 여러 원칙과 기준에 부합되어야 한다.

② 대법원은 사법기관 중에서도 최고법원이다. 즉, 법원의 조직체계 내에서 최상위에 있는 법원인 것이다. 따라서 법원의 권한에 속하는 재판작용은 대법원을 최종심으로 하며, 대법원은 하급심의 판결에 대하여 그 법리적 타당성을 검토하여 파기·환송할 수 있는 권한을 가진다. 다만 법원의 관할에 속하는 법적 분쟁이라 하더라도 아래에서 보는 바와 같이 상고의 제한에 의하여 대법원의 심판이 배제되는 것도 가능하다.

③ 대법원은 국회, 대통령, 헌법재판소와 함께 헌법상 부여된 기능을 독립적으로 수행하는 헌법기관 내지 국가최고기관이다. 비록 법원과 헌법재판소가 사법기능을 나누어서 담당하고 있지만, 최고법원인 대법원과 헌법재판소는 각기 다른 어떤 국가기관에도 종속되지 않는 국가최고기관인 것이다.

11) 이에 대하여 자세한 것은 장영수, 헌법학, 2009, 1232쪽의 각주 32 참조.

상고의 제한과 재판청구권

㉮ 상소심에서 재판을 받을 권리를 헌법상 명문화한 규정이 없고 상고문제가 일반법률에 맡겨진 우리의 법제에서는 헌법 제27조에서 규정한 재판을 받을 권리에 모든 사건에 대해 상고법원의 구성법관에 의한, 상고심절차에 의한 재판을 받을 권리까지도 포함된다고 단정할 수 없을 것이고, 모든 사건에 대해 획일적으로 상고할 수 있게 하느냐 않느냐는 특단의 사정이 없는 한 입법정책의 문제라고 할 것이다(헌재 1992.6.26 90헌바25 결정).

㉯ "법률에 의한 재판을 받을 권리"라 함은 법관에 의한 재판을 받되 법에 정한 대로의 재판, 즉 절차법이 정한 절차에 따라 실체법이 정한 내용대로 재판을 받을 권리를 보장하는 취지로서 자의와 전단에 의한 재판을 배제한다는 것이므로 여기에서 곧바로 상고심재판을 받을 권리가 생겨난다고 보기 어렵다.

재판제도 이용의 효율화의 측면에서나, 사익에 관한 분쟁해결방식인 민사소송에 있어서 얻어질 이익과 지출하여야 할 비용·노력과의 비례균형 유지의 요청, 신속·저렴하게 처리되어야 할 소액사건절차 특유의 요청들을 함께 고려할 때 현행 소액사건 상고제한제도가 결코 합리성이 없다거나 입법자의 위헌적 차별이라고 할 수 없다(헌재 1995.10.26 94헌바28 결정).

㉰ 헌법이 대법원을 최고법원으로 규정하였다고 하여 대법원이 곧바로 모든 사건을 상고심으로서 관할하여야 한다는 결론이 당연히 도출되는 것은 아니며, "헌법과 법률이 정하는 법관에 의하여 법률에 의한 재판을 받을 권리"가 사건의 경중을 가리지 않고 모든 사건에 대하여 대법원을 구성하는 법관에 의한 균등한 재판을 받을 권리를 의미한다거나 또는 상고심 재판을 받을 권리를 의미하는 것이라고 할 수는 없다. 또한 심급제도는 사법에 의한 권리보호에 관한 한정된 법발견 자원의 합리적인 분배의 문제인 동시에 재판의 적정과 신속이라는 서로 상반되는 두가지의 요청을 어떻게 조화시키느냐의 문제로 돌아가므로 원칙적으로 입법자의 형성의 자유에 속하는 사항이다. 그러므로 상고심절차에관한특례법 제4조 제1항 및 제3항과 제5조 제1항 및 제2항은 비록 국민의 재판청구권을 제약하고 있기는 하지만 위 심급제도와 대법원의 기능에 비추어 볼 때 헌법이 요구하는 대법원의 최고법원성을 존중하면서 민사, 가사, 행정 등 소송사건에 있어서 상고심 재판을 받을 수 있는 객관적인 기준을 정함에 있어 개별적 사건에서의 권리구제보다 법령해석의 통일을 더 우위에 둔 규정으로서 그 합리성이 있다고 할 것이므로 헌법에 위반되지 아니한다(헌재 1997.10.30. 97헌바37 결정).

2. 대법원의 구성

(1) 대법원장 및 대법관의 선임

대법원장은 국회의 동의를 얻어 대통령이 임명한다(헌법 제104조 제1항).

대법관은 대법원장의 제청으로 국회의 동의를 얻어 대통령이 임명하며(헌법 제104조 제2항),[12] 대법관의 수는 대법원장을 포함하여 14인으로 한다(법원조직법 제4조). 그 밖에 대법원 내에 대법관이 아닌 판사로 재판연구관을 둔다.(헌법 제102조 제2항, 법원조직법 제24조).

(2) 대법원의 내부조직

대법원의 내부조직으로는 대법원장, 대법관, 대법관회의, 대법원전원합의체, 부 등이 있다.

대법원장은 최고법원인 대법원의 장으로서 대외적으로 법원을 대표하고, 대법관회의의 의장이 되며(법원조직법 제16조 제1항), 대법원전원합의체의 재판장으로서의 지위를 갖는다(법원조직법 제7조 제1항). 대법원장은 대법원을 비롯한 모든 법원을 대표하지만, 대법원장이 행한 처분에 대한 행정소송의 피고는 법원행정처장으로 한다(법원조직법 제70조). 대법원장은 대법관의 임명제청권을 비롯하여 법원의 인사에 폭넓게 관여할 수 있는 권한을 가지며, 법원의 조직, 인사, 운영, 재판절차, 등기, 호적 기타 법원업무에 관련된 법률의 제정 또는 개정이 필요하다고 인정하는 경우에는 국회에 서면으로 그 의견을 제출할 수 있다(법원조직법 제9조 제3항).

대법관은 대법원의 구성원으로서 대법원의 판결에 참여하며, 대법관회의의 구성원으로서 대법관회의의 소관사항에 대한 의결권을 갖는다.

대법관회의는 대법관 전원으로 구성되며, 대법원장이 그 의장이 된다. 대법관회의는 대법관 전원의 3분의 2 이상의 출석과 출석인원 과반수의 찬성으로 의결하며, 의장은 의결에 있어서 표결권을 가지고 가부동수인 경우에는 결정권을 갖는다(법원조직법 제16조). 대법관회의의 의결을 거쳐야 할 사항으로는 1. 판사의 임명 및 연임에 대한 동의, 2. 대법원규칙의 제정과 개정 등에 관한 사항, 3. 판례의 수집·간행에 관한 사항, 4. 예산요구, 예비금지출과 결산에 관한 사항, 5. 다른 법령에 의하여 대법관회의의 권한에 속하는 사항, 6. 특히 중요하다고 인정되는 사항으로서 대법원장이 부의한 사항이 있다(법원조직법 제17조).

대법원전원합의체는 대법관 전원의 3분의 2 이상의 합의체이며 대법원장

---

12) 대법관 임명방식을 둘러싼 논란에 관하여는 장영수, 대법관 선임방식의 헌법적 의미와 개선방향, 고대법대 100년의 학문적 성과와 미래(고려대학교 법학과 100주년 기념논문집 제1권), 21-39쪽.

이 그 재판장이 된다. 대법원의 심판권은 원칙적으로 대법원전원합의체에 속한다. 다만 대법관 3인 이상으로 구성된 부에서 먼저 사건을 심리하여 의견이 일치한 때에는 그 부에서 재판할 수 있다. 하지만 1. 명령 또는 규칙이 헌법에 위반함을 인정하는 경우, 2. 명령 또는 규칙이 법률에 위반함을 인정하는 경우, 3. 종전에 대법원에서 판시한 헌법·법률·명령 또는 규칙의 해석적용에 관한 의견을 변경할 필요가 있음을 인정하는 경우, 4. 부에서 재판함이 적당하지 아니함을 인정하는 경우에는 대법원전원합의체에서 심판한다(법원조직법 제7조 제1항).

부(部)는 대법관 3인 이상으로 구성되며(법원조직법 제7조 제1항), 대법원장은 필요하다고 인정하는 경우에 특정한 부로 하여금 행정·조세·노동·군사·특허 등 사건을 전담하여 심판하게 할 수 있다(법원조직법 제7조 제2항).

대법원의 부는 대법원전원합의체에 의한 재판이 신속성과 효율성을 떨어뜨린다는 점을 보완하고 재판업무의 효율성과 전문성을 제고하기 위하여 활용되는 것이라는 점에서 마치 국회에서 본회의 대신에 위원회를 활용하는 것과 유사한 측면이 있다.

(3) 대법원의 부속기관

대법원의 부속기관으로는 법원행정처, 사법연수원, 법원공무원교육원, 법원도서관, 대법원장비서실, 사법정책자문위원회, 법관인사위원회 등이 있다.

법원행정처는 사법행정사무를 관장하기 위해 설치된 기관이며, 법원의 인사·예산·회계·시설·통계·송무·등기·호적·공탁·집행관·법무사·법령조사 및 사법제도연구에 관한 사무를 관장한다(법원조직법 제19조).

사법연수원은 판사 및 예비판사의 연수와 사법연수생의 수습에 관한 사무를 관장하기 위하여 설치되며(법원조직법 제20조), 법원공무원교육원은 법원직원·집행관 등의 연수 및 양성에 관한 사무를 관장하기 위하여 설치된다(법원조직법 제21조).

법원도서관은 재판사무의 지원 및 법률문화의 창달을 위한 판례·법령·문헌·사료 등 정보를 조사·수집·편찬하고 이를 관리·제공하는 역할을 하며(법원조직법 제22조), 대법원장비서실은 대법원장의 업무를 보조하는 역할을 한다(법원조직법 제23조).

사법정책자문위원회는 대법원장이 필요하다고 인정할 경우에 사법정책에 관하여 자문을 받기 위해 구성되는 임의적 자문기관이며(법원조직법 제25조), 법관인사위원회는 법관의 인사에 관한 기본계획의 수립 및 인사운영을 위하여 설치되는 대법원장의 자문기관이다(법원조직법 제25조의2).

3. 대법원의 관할

대법원의 관할에 속하는 심판사항이 무엇인지에 대해서는 헌법과 법원조직법 및 공직선거법 등이 규정하고 있다.

대법원의 관할에 속하는 사건으로는 ① 명령·규칙의 위헌·위법심사(헌법 제107조 제2항), ② 군사법원의 상고심(헌법 제110조 제2항), ③ 법원조직법은 제14조에서 정하고 있는 "1. 고등법원 또는 항소법원·특허법원의 판결에 대한 상고사건, 2. 항고법원·고등법원 또는 항소법원·특허법원의 결정·명령에 대한 재항고사건, 3. 다른 법률에 의하여 대법원의 권한에 속하는 사건"이 있다.

그리고 법원조직법 제14조 제3호와 관련하여 공직선거법에 따른 선거소송과 지방자치법에 의한 기관소송이 대법원의 관할로 인정되고 있다.

Ⅳ. 하급법원의 조직과 관할

1. 고등법원

고등법원은 대법원의 하급법원이며, 지방법원의 상급법원이다. 서울, 부산, 대구, 광주, 대전의 5곳에 설치되어 있으며, 1. 지방법원합의부·가정법원합의부 또는 행정법원의 제1심 판결·심판·결정·명령에 대한 항소 또는 항고사건, 2. 지방법원단독판사·가정법원단독판사의 제1심 판결·심판·결정·명령에 대한 항소 또는 항고사건으로서 형사사건을 제외한 사건 중 대법원규칙으로 정하는 사건, 3. 다른 법률에 의하여 고등법원의 권한에 속하는 사건을 관할한다(법원조직법 제28조).

고등법원의 심판은 판사 3인으로 구성된 합의부에서 행하며(법원조직법 제7조 제3항), 고등법원의 판결에 불복할 경우에는 일정한 기간 내에 법률이 정하는 바에 따라 대법원에 상고할 수 있다(법원조직법 제14조 제1호).

2. 특허법원

특허법원은 고등법원급으로 구성되며, 1. 특허법 제186조 제1항, 실용신안법 제33조, 디자인보호법 제75조 및 상표법 제86조 제2항이 정하는 제1심사건, 2. 다른 법률에 의하여 특허법원의 권한에 속하는 사건을 관할한다(법원조직법 제28조의4).

특허법원의 심판은 고등법원과 마찬가지로 판사 3인으로 구성된 합의부에서 행하며(법원조직법 제7조 제3항), 특허법원의 판결에 불복할 경우에는 일정한 기간 내에 법률이 정하는 바에 따라 대법원에 상고할 수 있다(법원조직법 제14조 제1호).

3. 지방법원

지방법원은 제1심 법원으로서 고등법원의 하급법원이다. 관할구역 안에 지원, 시·군법원, 등기소를 두며, 원칙적으로 단독판사가 심판을 담당하지만, 중요한 사건에 대해서는 지방법원의 합의부가 심판을 담당한다(법원조직법 제32조 제1항). 또한 단독판사의 심판에 대한 항소심을 지방법원의 본원 또는 지원의 합의부에서 담당하기도 한다(법원조직법 제32조 제2항).

시·군법원은 지방법원의 산하 조직으로서 시·군법원의 판사는 소속 지방법원장 또는 지원장의 지휘를 받아 시·군법원의 사법행정사무를 관장하며, 그 소속직원을 지휘·감독한다. 다만, 가사사건에 관하여는 그 지역을 관할하는 가정법원장 또는 그 지원장의 지휘를 받는다(법원조직법 제33조 제2항).

또한 시·군법원은 1. 소액사건심판법의 적용을 받는 민사사건, 2. 화해·독촉 및 조정에 관한 사건, 3. 20만원 이하의 벌금 또는 구류나 과료에 처할 범죄사건, 4. 호적법 제79조의2에 의한 협의상 이혼의 확인을 관할한다. 다만 제2호 및 제3호의 사건이 불복신청으로 제1심법원에 계속하게 된 경우에는 그 지역을 관할하는 지방법원 또는 그 지원이 관할한다. 다만, 소액사건심판법의 적용을 받는 사건은 그 시·군법원에서 관할한다(법원조직법 제34조 제1항, 제2항).

4. 가정법원

가정법원은 가정이나 소년에 관한 사건을 다루는 지방법원급의 법원이다.

가정법원에는 지원을 둘 수 있으며(법원조직법 제39조), 가정법원 및 가정법원 지원의 합의부는 1. 가사소송법에서 정한 가사소송과 마류 가사비송사건 중 대법원규칙으로 정하는 사건, 2. 가정법원판사에 대한 제척·기피사건, 3. 다른 법률에 의하여 가정법원합의부의 권한에 속하는 사건에 대한 관할권을 갖는다(법원조직법 제40조 제1항).

5. 행정법원

행정법원은 행정소송사건을 전문적으로 심판하는 지방법원급의 법원이다. 행정법원의 심판은 판사 3인으로 구성된 합의부에서 행하며(법원조직법 제7조 제3항), 행정소송법에서 정한 행정사건과 다른 법률에 의하여 행정법원의 권한에 속하는 사건에 관하여 제1심으로서 관할권을 갖는다(법원조직법 제40조의4).

종래와는 달리 행정심판을 거치지 않고 바로 행정법원에 제소하는 것이 가능하며(행정소송법 제18조), 행정법원의 결정에 불복할 경우에는 고등법원에 항소할 수 있다(법원조직법 제28조 제1호).

Ⅴ. 특별법원

헌법 제27조 ① 모든 국민은 헌법과 법률이 정한 법관에 의하여 법률에 의한 재판을 받을 권리를 가진다.
② 군인 또는 군무원이 아닌 국민은 대한민국의 영역안에서는 중대한 군사상 기밀·초병·초소·유독음식물공급·포로·군용물에 관한 죄중 법률이 정한 경우와 비상계엄이 선포된 경우를 제외하고는 군사법원의 재판을 받지 아니한다.

헌법 제110조 ① 군사재판을 관할하기 위하여 특별법원으로서 군사법원을 둘 수 있다.
② 군사법원의 상고심은 대법원에서 관할한다.
③ 군사법원의 조직·권한 및 재판관의 자격은 법률로 정한다.
④ 비상계엄하의 군사재판은 군인·군무원의 범죄나 군사에 관한 간첩죄의 경우와 초병·초소·유독음식물공급·포로에 관한 죄중 법률이 정한 경우에 한하여 단심으로 할 수 있다. 다만, 사형을 선고한 경우에는 그러하지 아니하다.

1. 특별법원의 의의와 특별법원 금지의 원칙

특별법원은 정상적인 사법절차의 요건을 갖추지 못한 법원을 말한다. 예컨대 헌법과 법률이 정하는 자격을 갖추고 그 독립성이 보장되는 법관(헌법 제27조 제1항)으로 구성되지 않는 법원이나 대법원을 최종심으로 하지 않는 법원이 특별법원에 해당된다.

특별법원은 전문법원과 구별되어야 한다. 전문법원은 예컨대 특허법원, 행정법원 등과 같이 특정한 분야의 법적 분쟁을 전문적으로 처리하는 법원을 가리킨다.

법치주의의 기본적 요청에 따라 헌법 제27조는 헌법과 법률이 정한 법관에 의한 정당한 재판을 받을 권리를 보장하고 있으므로 특별법원의 설치는 원칙적으로 금지된다. 따라서 행정기관에 의한 심판처럼 기타 헌법과 법률로 정한 법관에 의하지 않은 재판은 금지되는 것이다. 다만 행정심판은 그것이 - 비록 행정사법이라고 불리는 경우도 있지만 - 사법작용이 아니므로 특별법원에 해당되지 않는다.

이처럼 특별법원을 금지하는 것은 판결의 객관성이 확보되지 못하고, 따라서 법치주의의 실현이 사실상 문제되었던 과거의 경험에 대한 반성에서 비롯되었다. 예컨대 영국의 성좌재판소, 프랑스와 독일의 (과거) 행정재판소 등은 국왕에 의해 임명된 법관이 국왕의 의사에 따라 재판함으로써 많은 문제를 낳았던 것이다.

2. 군사법원

특별법원은 금지된다. 하지만 헌법 제110조에 의하여 명문으로 인정되고 있는 군사법원은 - 비록 헌법과 법률에 의해 정해진 법관에 의한 재판을 담보하지 못하는 경우라도 - 위헌이라고 할 수 없다.

군사법원의 상고심도 대법원이기 때문에 군사법원도 역시 판결의 통일성을 벗어나지는 못하는 것이 원칙이지만, 비상계엄 하의 군사재판은 군인·군무원의 범죄나 군사에 관한 간첩죄의 경우와 초병·초소·유독음식물공급·포로에 관한 죄 중 법률이 정한 경우에 한하여 -사형을 선고한 경우를 제외하고- 단심으로 할 수 있다(헌법 제110조 제4항).

그러나 과거 군대에서 법관의 자격을 갖춘 사람을 확보하기 어려웠던 것과는 달리 충분한 인력을 확보하고 있는 현재에도 과연 법관의 자격이 없는 장교들이 재판을 하는 예외를 - 더구나 비상시가 아닌 평상시에도 - 계속 인정해야만 하는가에 대해서는 논란의 여지가 있다.

군사법원의 지위와 헌법적 한계

헌법 제110조 제1항에서 "특별법원으로서 군사법원을 둘 수 있다"는 의미는 군사법원을 일반법원과 조직·권한 및 재판관의 자격을 달리하여 특별법원으로 설치할 수 있다는 뜻으로 해석되므로 법률로 군사법원을 설치함에 있어서 군사재판의 특수성을 고려하여 그 조직, 권한 및 재판관의 자격을 일반법원과 달리 정하는 것은 헌법상 허용되고 있다.

그러나 아무리 군사법원의 조직, 권한 및 재판관의 자격을 일반법원과 달리 정할 수 있다고 하여도 그것이 아무런 한계없이 입법자의 자의에 맡겨질 수는 없는 것이고 사법권의 독립 등 헌법의 근본원리에 위반되거나 헌법 제27조 제1항의 재판청구권, 헌법 제11조 제1항의 평등권, 헌법 제12조의 신체의 자유 등 기본권의 본질적 내용을 침해하여서는 안 될 헌법적 한계가 있다고 할 것이다(헌재 1996.10.31. 93헌바25 결정).

제 4 절 법원의 권한범위와 한계

Ⅰ. 법원의 관할에 속하는 소송의 재판권

법원의 중심적인 권한은 사법권이다. 그러나 현행헌법은 사법권을 법원과 헌법재판소에 분장시키고 있기 때문에 헌법 제101조 제1항의 규정에도 불구하고 법원이 사법권 전체를 담당하는 것은 아니며, 법원의 관할에 속하는 소송에 관한 재판권으로 한정된다.

현행법상 법원의 관할에 속하는 소송으로는 민사소송, 형사소송, 행정소송, 선거소송이 있으며, 위헌법률심판이나 탄핵심판, 정당해산심판, 권한쟁의심판, 헌법소원심판과 같은 헌법소송은 헌법재판소의 관할에 속한다.

Ⅱ. 명령 · 규칙에 대한 위헌·위법 심사권

헌법 제107조 ② 명령 · 규칙 또는 처분이 헌법이나 법률에 위반되는 여부가 재판의 전제가 된 경우에는 대법원은 이를 최종적으로 심사할 권한을 가진다.

법원은 재판의 대상이 되는 사건에 적용할 명령 · 규칙이 헌법이나 법률에 위반되는지의 여부가 재판의 전제가 될 경우에는 이를 심사할 권한을 가지며, 무효라고 판단될 경우에는 그 적용을 배제할 수 있다.

법원에게 이와 같은 명령 · 규칙에 대한 위헌 · 위법 심사권을 인정한 것은 한편으로는 법질서의 통일성을 확보하기 위한 것이고, 다른 한편으로는 위헌 · 위법한 명령 · 규칙의 적용으로 인한 기본권의 침해를 막기 위한 것이라고 할 수 있다.

ⅰ. 헌법 제107조 제2항의 규칙과 조례 · 규칙

조례제정권의 범위를 벗어나 국가사무를 대상으로 한 무효인 서울특별시행정권한위임조례의 규정에 근거하여 구청장이 건설업영업정지처분을 한 경우, 그 처분은 결과적으로 적법한 위임 없이 권한 없는 자에 의하여 행하여진 것과 마찬가지가 되어 그 하자가 중대하나, 지방자치단체의 사무에 관한 조례와 규칙은 조례가 보다 상위규범이라고 할 수 있고, 또한 헌법 제107조 제2항의 "규칙"에는 지방자치단체의 조례와 규칙이 모두 포함되는 등 이른바 규칙의 개념이 경우에 따라 상이하게 해석되는 점 등에 비추어 보면 위 처분의 위임 과정의 하자가 객관적으로 명백한 것이라고 할 수 없으므로 이로 인한 하자는 결국 당연무효사유는 아니라고 봄이 상당하다(대법원 1995.7.11. 선고 94누4615 전원합의체판결).

ⅱ. 위헌 · 위법한 명령 · 규칙에 근거한 행정처분의 효력

위 규칙 중 교육감의 학교법인 임원취임의 승인취소권을 피고에게 위임한 부분은 조례로 규정하여야 할 사항을 규칙으로 규정한 것이어서 무효이고,…(중략)… 또한 헌법 제107조 제2항의 '규칙'에는 지방자치단체의 조례와 규칙이 모두 포함되는 등 이른바 규칙의 개념이 경우에 따라 상이하게 해석되는 점 등에 비추어 보면, 이 사건 임원취임의 승인취소처분에 관한 권한위임 과정의 하자가 객관적으로 명백하다고 할 수는 없으므로 이는 결국 당연무효 사유는 아니라고 봄이 상당하다 할 것이다(대법원 1997. 6. 19. 선고 95누8669 전원합의체 판결).

헌법 제107조 제2항에 따른 명령·규칙의 위헌·위법성에 대한 대법원의 「최종적」 심사권과 관련하여 명령·규칙에 대한 헌법재판소의 심사권이 배제되는지의 여부가 논란이 된 바 있다. 대법원은 헌법 제107조 제2항의 문구에 따라 헌법재판소가 위헌법률에 대한 심사권만을 가지며, 명령·규칙에 대한 심사권을 가지지 못한다고 보았다. 반면에 헌법재판소는 명령·규칙의 제정과 개정도 공권력의 행사에 해당되므로 명령·규칙에 의하여 기본권이 직접 침해된 경우에는 헌법소원의 대상이 되므로 헌법재판소가 심판권을 가진다고 보았다. 이 문제에 관한 헌법학계의 지배적 견해는 헌법 제107조 제2항이 대법원에게 명령·규칙의 위헌·위법성을 「최종적으로」 심사할 권한이 있다고 인정한 것은 각급 법원의 심사권을 전제로, 대법원이 이를 최종적으로 심사할 권한이 있음을 밝힌 것으로 이해하고 명령·규칙에 대한 헌법소원심판을 정당한 것으로 인정하고 있다.[13] 특히 법무사법시행규칙에 관한 헌재 1990.10.15. 89헌마178 결정의 경우처럼 대법원규칙에 의한 기본권침해가 문제될 때에는 헌법소원심판을 인정해야 할 필요성이 더욱 크다.

iii. 명령·규칙의 위헌·위법성에 대한 대법원의「최종적」심사권과 명령·규칙에 대한 헌법소원

헌법 제107조 제2항은 "명령·규칙 또는 처분이 헌법이나 법률에 위반되는 여부가 재판의 전제가 된 경우에는 대법원은 이를 최종적으로 심사할 권한을 가진다"라고 규정하고 있고, 법원행정처장이나 법무부장관은 이 규정을 들어 명령·규칙의 위헌여부는 대법원에 최종적으로 심사권이 있으므로 법무사법시행규칙의 위헌성 여부를 묻는 헌법소원은 위 헌법규정에 반하여 부적법하다고 주장한다. 그러나, 헌법 제107조 제2항이 규정한 명령·규칙에 대한 대법원의 최종심사권이란 구체적인 소송사건에서 명령·규칙의 위헌여부가 재판의 전제가 되었을 경우 법률의 경우와는 달리 헌법재판소에 제청할 것 없이 대법원의 최종적으로 심사할 수 있다는 의미이며, 헌법 제111조 제1항 제1호에서 법률의 위헌여부심사권을 헌법재판소에 부여한 이상 통일적인 헌법해석과 규범통제를 위하여 공권력

13) 이에 대하여 자세한 것은 차진아, 대법원의 명령·규칙심사권의 의미와 한계, 인권과 정의 2007.5(통권 제369호), 170-194(177-180)쪽.

에 의한 기본권침해를 이유로 하는 헌법소원심판청구사건에 있어서 법률의 하위 법규인 명령·규칙의 위헌여부심사권이 헌법재판소의 관할에 속함은 당연한 것으로서 헌법 제107조 제2항의 규정이 이를 배제한 것이라고는 볼 수 없다. 그러므로 법률의 경우와 마찬가지로 명령·규칙 그 자체에 의하여 직접 기본권이 침해되었음을 이유로 하여 헌법소원심판을 청구하는 것은 위 헌법 규정과는 아무런 상관이 없는 문제이다. 그리고 헌법재판소법 제68조 제1항이 규정하고 있는 헌법소원심판의 대상으로서의 "공권력"이란 입법·사법·행정 등 모든 공권력을 말하는 것이므로 입법부에서 제정한 법률, 행정부에서 제정한 시행령이나 시행규칙 및 사법부에서 제정한 규칙 등은 그것들이 별도의 집행행위를 기다리지 않고 직접 기본권을 침해하는 것일 때에는 모두 헌법소원심판의 대상이 될 수 있는 것이다(헌재 1990.10.15. 89헌마178 결정).

Ⅲ. 위헌법률심판제청권

▌헌법 제107조 ① 법률이 헌법에 위반되는 여부가 재판의 전제가 된 경우에는 법원은 헌법재판소에 제청하여 그 심판에 의하여 재판한다.
▌헌법 제111조 ① 헌법재판소는 다음 사항을 관장한다.
1. 법원의 제청에 의한 법률의 위헌여부 심판

명령·규칙의 위헌·위법성이 문제되는 경우와는 달리 법률의 위헌성 여부가 재판의 전제가 될 경우에는 법원이 직접 그에 대하여 판단을 내리지 않고 헌법재판소에 위헌법률심판을 제청하여야 한다.

헌법 제107조 제1항의 의미는 소송사건의 담당 법원이 재판의 전제가 되는 법률규정에 대한 합리적인 의심을 갖게 될 경우[14)]에는 헌법재판소의 판단을 구하여 위헌여부를 확인한 후 그에 따라서 재판을 하도록 하는 것이다.

법원의 위헌법률심판제청은 직권 또는 당사자의 신청에 의해서 행해질 수 있으며, 대법원 이외의 법원이 위헌법률심판제청을 할 경우에는 대법원을 거쳐야 한다(헌법재판소법 제41조 제5항). 그러나 대법원을 거치도록 하는 것은 형식적인 절차일 뿐이고, 대법원이 이를 일차적으로 심사하여 위헌법률심판

14) 합리적인 의심이란 문제되는 법률의 위헌성에 대한 확신이 있는 경우는 아니더라도, 위헌으로 볼 수 있는 여지가 있을 경우를 말한다. 즉, 법원이 판단하기에 위헌의 여지가 있을 경우에는 적극적으로 헌법재판소에 위헌법률심판을 제청하여야 한다. 하지만 위헌의 여지가 없음에도 불구하고 소송당사자가 위헌법률심판을 제청해 달라고 신청할 경우에는 - 소송지연 등의 우려가 있으므로 - 그에 구속되지 않는다.

제청을 막지는 못한다.

Ⅳ. 법원의 자율권

헌법 제108조 대법원은 법률에서 저촉되지 아니하는 범위안에서 소송에 관한 절차, 법원의 내부규율과 사무처리에 관한 규칙을 제정할 수 있다.

앞서 설명된 법원의 권한들은 소송절차와 직접 관련된 재판권 또는 재판의 전제가 되는 명령·규칙의 위헌·위법성이나 법률의 위헌성 여부에 관한 것이다. 하지만 법원도 사법절차에 관한 권한 이외에 이를 보조하기 위한 자율권을 인정받고 있다.

법원의 자율권에 속하는 대표적인 예로는 대법원규칙제정권(헌법 제108조)을 들 수 있다. 사법절차의 진행 및 이를 뒷받침하기 위한 법원 내부의 여러 활동에 대한 기준을 헌법과 법률의 테두리 내에서 법원 스스로 정할 수 있도록 하는 것이기 때문이다.

그밖에 법원은 법정의 질서유지와 관련한 자율권을 갖는다. 재판절차의 공정한 진행 및 이를 위한 법원의 권위를 확보하기 위해서 법정 내의 질서유지를 법원(재판장)의 권한이자 의무로 인정하고 있는 것이다. 이와 관련하여 법원조직법은 법정에 대한 출입의 통제, 녹화 등의 통제, 경찰관의 파견요구, 법정질서문란행위에 대한 통제 등을 규정하고 있다.

Ⅴ. (법원의) 사법권의 한계

법원의 사법권에 속하는 사항에 대해서도 일정한 경우에는 헌법의 명문규정에 의하여 그 한계가 인정되기도 한다. 예컨대 헌법재판소의 권한에 속하는 사항은 법원의 권한에서 배제되며, 국회의원의 자격심사, 징계, 제명에 대해서는 헌법 제64조 제4항에 의하여 법원의 재판이 배제된다. 또한 일정한 군 관련 범죄와 비상계엄 하의 군사재판에 대해서도 헌법 제27조 제2항과 제110조 제4항에서 예외규정을 두고 있다.

그밖에 사법기능 자체에 대한 한계로 인정되는 것들이 사법권의 한계로 인정될 수 있다. 사법작용의 본질상의 한계로 지적되는 것으로는 구체적 사건성, 당사자적격, 소의 이익, 사건의 성숙성이 있으며, 권력분립상의 한계로 거론되는 것으로는 통치행위, 국회의 자율권, 행정청의 자유재량행위, 의무이행판결(형성판결) 등이 있다.

제 5 절 사법절차운영의 기본원칙

Ⅰ. 재판의 심급제

1. 3심제의 원칙

법원의 재판은 심급구조에 따라 진행되며, 소송의 유형에 따라 차이가 있으나 3심제를 원칙으로 하고 있다.

법원의 재판이 심급구조를 갖게 되는 것은 다수의 법원에서 내려지는 재판의 통일성을 확보하기 위한 불가피한 선택이다. 그러나 3심제를 취할 것인지, 아니면 2심제나 4심제를 취할 것인지는 입법정책의 문제라고 할 수 있다.[15)]

현행법상의 3심제 원칙은 헌법상의 원칙이 아닌 법원조직법상의 원칙이다. 법원조직법은 사건의 경중에 따라서 제1심을 지방법원 단독판사가 관할하는 사건과 지방법원 합의부에서 관할하는 사건으로 나누고 있다(제32조 제1항).

단독판사가 관할하는 사건의 경우에는 「지방법원(지원)단독부」 → 「지방법원(본원)합의항소부」 → 「대법원」의 단계로 3심이 이루어지며, 합의부 관할사건의 경우에는 「지방법원합의부」 → 「고등법원」 → 「대법원」의 단계로 3심이 이루어진다.[16)]

2. 3심제의 예외

현행법상 법원의 심판은 3심제가 원칙이지만, 법률의 규정에 의해 2심제 또는 단심제가 적용되는 예외적인 경우도 있다.

15) 심급을 많이 둘 경우에는 보다 정밀한 심사가 가능할 수 있으나, 소송의 신속성 및 경제성을 희생시켜야 할 것이며, 심급을 적게 둘 경우에는 오판을 걸러내기가 그만큼 어려워질 것이다.

16) 행정법원은 합의부에서 심판을 담당하므로, 제2심은 고등법원이 된다.

2심제가 적용되는 경우로는 특허소송과 지방자치단체 선거의 일부를 들 수 있다. 특허소송은 특허심판원에 의한 심판을 전제로 하여 고등법원급의 특허법원이 제1심을, 대법원이 제2심을 담당한다(법원조직법 제28조의4). 그리고 지방자치단체 선거 중에서 기초자치단체장 선거와 기초의회의 의원선거, 광역의회의 지역구의원선거는 시·도 선관위에의 선거소청을 전제로 고등법원이 제1심을 담당하고 대법원이 제2심이 된다(공직선거법 제222조 제2항, 제223조 제2항).

단심제가 적용되는 경우로는 대통령선거, 국회의원선거, 시·도지사선거, 비례대표 시·도의원선거의 선거소송과 비상계엄 하의 군사재판이 있다. 대통령과 국회의원의 선거소송은 선거소청 없이 바로 대법원에 제소하여 단심으로 판결을 내리게 되며(공직선거법 제222조 제1항, 제223조 제1항), 시·도지사선거, 비례대표 시·도의원선거의 경우에는 중앙선거관리위원회에 대한 선거소청을 거쳐서 대법원이 선거소송을 담당한다(공직선거법 제222조 제2항, 제223조 제2항). 그리고 (사형선고를 제외한) 비상계엄 하의 군사재판은 군사법원에 의한 단심으로 결정된다(헌법 제110조 제4항).

Ⅱ. 공개재판의 원칙

헌법 제27조 ③ 모든 국민은 신속한 재판을 받을 권리를 가진다. 형사피고인은 상당한 이유가 없는 한 지체없이 공개재판을 받을 권리를 가진다.

헌법 제109조 재판의 심리와 판결은 공개한다. 다만, 심리는 국가의 안전보장 또는 안녕질서를 방해하거나 선량한 풍속을 해할 염려가 있을 때에는 법원의 결정으로 공개하지 아니할 수 있다.

1. 의의와 기능

재판의 객관성과 공정성을 확보하고, 이에 대한 국민의 신뢰를 얻기 위하여는 재판의 과정과 결과를 공개하는 것이 필요하다. 재판을 공개하는 것은 재판의 전체적 과정을 투명하게 함으로써 재판과정에 외부의 영향력이 침투하지 못하도록 할 수 있기 때문이다.

이와 관련하여 헌법 제27조 제3항에서는 형사피고인에게 신속한 공개재판을 받을 권리를 인정하고 있을 뿐만 아니라, 헌법 제109조는 재판의 심리와 판결을 공개하도록 요구하고 있다.

재판의 심리(審理)란 소송 사건에 관하여 법관이 판결에 필요한 사실관계 및 법률관계를 조사하는 것을 말한다. 예컨대 법정에서 원고와 피고가 질문을 받고, 증거를 제시하며, 변론을 전개하는 과정이 모두 심리에 해당되는 것이다.

판결(判決)은 심리의 결과에 따라 사건의 실체에 대하여 법관이 내리는 판단을 판결문으로 작성하고 이를 선고함으로써 사건에 대하여 법적 구속력을 갖는 결론을 내리는 것이다.

헌법이 재판의 심리와 판결을 모두 공개하도록 요구하는 것은 재판의 투명성을 위한 것이지만, 법원의 모든 활동을 공개하도록 요구하는 것은 아니다. 따라서 심리와 판결에 해당되지 않는 법원의 작용, 예컨대 소송법상의 결정이나 명령을 모두 공개하여야 하는 것은 아니다. 하지만 굳이 비밀로 하여야 할 이유가 없을 경우에는 역시 공개하는 것이 바람직할 것이다.

2. 공개재판의 예외

헌법 제109조 단서는 공개재판의 원칙에 대한 예외를 규정하고 있다. 하지만 심리만을 비공개로 할 수 있을 뿐이고, 판결은 언제나 공개되어야 한다. 판결 자체가 비공개로 될 경우에는 사법의 객관성과 공정성을 심각하게 해칠 우려가 있을 뿐만 아니라 국민의 사법에 대한 불신을 증폭시킬 수 있기 때문에 판결의 비공개는 인정하지 않고 있는 것이다.

또한 국가의 안전보장이나 안녕질서, 선량한 풍속을 위한 심리의 비공개도 재판의 공개원칙에 대한 예외의 인정이 꼭 필요할 정도의 중대성을 가지고 있는 경우에만 정당화될 수 있으며, 그 판단에는 비례성원칙이 적용되어야 할 것이다.

Ⅲ. 법정질서의 유지

공정한 재판과정을 확보하기 위해서 공개재판의 원칙이 인정되고 있으나, 이로 인하여 법정의 질서가 문란해진다면 이는 공정한 재판과정을 위하여 바람직하지 않은 일이 될 것이다. 공정한 재판절차의 진행을 위해서도 법정질서를 유지하는 것은 중요한 의미를 갖기 때문이다.

이와 관련하여 법원조직법은 재판장이 법정 내의 질서를 유지할 수 있는 권한과 책임을 가지고 있음을 확인하고 있으며, 구체적으로 법정에 대한 출입의 통제, 녹화 등의 통제, 국가경찰공무원의 파견요구, 법정질서문란행위에 대한 통제 등을 규정하고 있다.(법원조직법 제58조-제61조)

제 6 절 법원과 다른 헌법기관과의 관계

Ⅰ. 다른 국가기관에 의한 사법작용의 전제의 마련

1. 법원에 대한 입법부(국회)의 작용

국회는 입법기능을 통하여 법원의 판단기준인 법률을 제정한다. 즉 입법작용을 통한 법률의 제정은 사법작용의 전제인 것이다.

또한 국회는 법원조직법을 비롯한 각종 사법작용에 관한 법률의 제정, 개정 및 폐지를 통하여 법원의 조직, 법관의 지위와 재판의 절차 등을 정한다. 또한 국회는 재정에 관한 권한을 통하여 법원의 재정에도 영향력을 행사할 수 있다.

2. 법원에 대한 집행부(정부)의 작용

정부는 명령과 규칙의 형태로 역시 법원의 판단기준이 되는 규범을 제정할 수 있다. 또한 정부는 법원의 활동을 위한 인적·물적 조건을 갖추는데 현실적인 도움을 주며, 예산안의 편성을 통하여 법원의 재정에 영향을 미치기도 한다.

특히 우리나라의 경우에는 대통령에 의한 대법원장 및 대법관의 임명이 크게 문제될 수 있다.

Ⅱ. 법원에 의한 다른 국가기관의 통제

1. 법원에 의한 집행부통제

법원의 주된 활동은 사법작용이며, 사법작용에 의한 집행부의 통제는 행정소송을 비롯한 각종 재판권의 행사를 통해 나타난다.

사법작용의 성격상 법원에 의한 집행부의 통제는 사후적 통제가 원칙이다. 다만 영장제도의 경우처럼 기본권을 침해하는 처분을 행정청이 내리기 이전에 미리 법원의 판단을 거치도록 하는 경우에는 사전적인 통제도 예외적으로 인정된다.

또한 법원의 재판에 의한 집행부통제는 행정소송 이외에 민사소송이나 형사소송에 의해서도 가능하다는 점에 유의할 필요가 있다.

2. 법원에 의한 입법부통제

입법부, 즉 국회의 활동에 대한 사법적 통제는 주로 법원이 아닌 헌법재판소의 몫이다. 예컨대 위헌법률심판이나 헌법소원심판, 권한쟁의심판 등이 그러한 역할을 주로 담당하는 것이다.

하지만 법원이 국회를 통제하는 기능이 전혀 없는 것은 아니다. 예컨대 위헌법률심판의 제청권도 국회의 입법권에 대한 통제를 보조하는 역할을 할 수 있으며, 국회의원에 대한 선거소송도 국회에 대한 통제의 기능을 한다.

사례의 해결절차

사례 **고법상고부의 설치와 대법원의 재판을 받을 권리**

Ⅰ. 서: 사안의 분석과 쟁점의 정리 (5점)

Ⅱ. 재판청구권의 의의 및 성격과 사법제도 (8점)

1. 현행 헌법상 국회의원의 지위
2. 국회의원의 특권과 그 오·남용 제한의 필요성
3. 국회의원의 장관직 겸직과 그 파급효

Ⅲ. 상고의 제한과 재판청구권 (10점)

1. 법원의 심급구조와 상고의 의의
2. 상고 제한의 현실적 필요성과 재판청구권 제한의 문제점

3. 상고제한의 합헌성 여부에 대한 판단

Ⅳ. 고법 상고부 설치와 甲의 기본권 (10점)

1. 고법 상고부 설치의 배경
2. 고법 상고부 설치는 재판청구권의 침해인가?
3. 상고절차의 지연으로 인한 고법상고부의 재판과 재판청구권 침해 문제

Ⅴ. 구제수단 (12점)

1. 입법(고법 상고부 설치) 및 사법(재판의 지연)에 의한 기본권 침해와 그에 대한 구제수단
2. 입법에 대한 사후적 구제
   → 위헌법률심판, 헌법소원심판 등에 대한 검토
3. 사법에 대한 구제
   → 상소, 재심 외에 실질적 구제의 불비

Ⅵ. 결 (5점)

제 6 장 헌법재판소

제 1 절 헌법재판소의 구조와 특성

개 요

헌법재판소는 현행헌법에 의해 처음 설치되었지만 지난 20년의 적극적 활동과 공권력의 오남용에 대한 활발한 통제를 통하여 국민의 지지와 신뢰 및 존중을 받게 되었다. 이러한 헌법재판소의 눈부신 성과에도 불구하고 헌법재판소의 제도적 측면에서 개선의 여지는 매우 많은 것으로 지적된다. 헌법재판제도의 정확한 이해를 위해서는 먼저 헌법재판소의 구조와 특성에 대해 정리하는 것이 필요하다.

이를 위해서는 먼저 법치주의, 특히 실질적 법치주의의 발달을 통해 헌법재판제도가 탄생되고 발전하는 과정을 정리하면서 다양한 헌법재판의 유형들을 비교해 보는 것이 필요하다. 이를 통하여 우리의 헌법재판을 보다 깊이 이해할 수 있게 될 것이기 때문이다.

또한 우리 헌법상의 헌법재판제도가 어떻게 발전되어 왔는지를 고찰하면서 현행의 헌법재판제도가 갖는 장단점을 정확하게 이해하고, 그 바탕 위에서 헌법재판소의 구성과 조직 및 헌법상 지위에 대해 정리함으로써 헌법재판제도의 전체적 윤곽을 그릴 수 있게 될 것이다.

Ⅰ. 헌법재판제도의 연혁과 유형

1. 고전적인 권력분립의 사상과 사법

고전적인 삼권분립의 체계 내에서 사법은 소극적인 통제의 기능을 담당한다.

입법은 기본적으로 일시적 또는 항구적인 법률을 제정하거나 이미 제정되어 있는 법률을 개정·폐지함으로써 국가질서형성의 기본방향을 정하고 또 이를 변경하는 기능을 담당하며, 집행은 법률의 기초 위에서 구체적인 결과 실현을 위한 적극적인 작용을 담당한다.

반면에 사법은 무엇보다 이러한 집행작용이 법률의 테두리 내에서 올바르게 수행되었는지를 확인하고, 국민상호간 또는 국민과 국가간의 법적 분쟁을 법률에 비추어 해결함으로써 법적 평화와 법에 의한 정의를 실현시키는 작용이다.

고전적인 권력분립의 체계 내에서 법치주의는 일차적으로 법률의 우위를 전제로 하여 그 바탕 위에서 주장되는 법치행정 및 사법절차의 보장으로 이해되었으며, 따라서 사법은 법률을 전제로 그 실현에 봉사하는 것으로 이해되었다. 그런 가운데 입법과 집행 및 사법이 각기 다른 국가권력에 대한 견제의 수단을 가짐으로써 어느 한 권력의 권한남용을 방지하고, 전체적으로 국가권력의 올바른 행사를 담보하고자 하였다. 따라서 어느 한 국가권력이 다른 국가권력에 대한 절대적 우위를 갖는 것은 생각될 수 없었으며, 오로지 법률의 우위라는 형태로 입법의 (논리적) 상대적 우위가 주장되었을 뿐이었다.

이러한 고전적 권력분립의 체계 내에서 고대나 중세의 자연법사상 및 근본법사상은 퇴색되었고, 법률 자체를 심사대상으로 하는 사법절차는 생각될 수 없었다.

2. 법치주의의 발달과 사법기능의 강화

(1) 영국의 보통법의 전통과 법의 지배

영국법, 특히 영국의 공법에 있어서 '법의 지배'라는 관념은 중심적인 위치를 차지하고 있다. 영국에서는 13세기말 사법제도의 정비와 더불어 판례법을 중심으로 하는 보통법(Common Law)의 발전을 보이게 되었으며, 이러한 보통법이 국왕까지도 구속한다는 사상이 발달되면서 보통법의 지배라는 의미로 '법의 지배'가 주장되었던 것이다.

이러한 '보통법의 지배' 또는 '보통법의 우위'라는 사상은 제임스 1세와의 투쟁을 통해 왕도 보통법에 구속된다는 것을 주장하였던 에드워드 코크에 의해 특히 강조되었으며, 그는 Dr. Bonham사건에서 "국회의 제정법이 보편적 정의와 이성에 반하거나 보통법에 반하는 경우 또는 그 자체가 모순되거나 집행이 불가능할 경우, 보통법은 그것을 억제하고 이러한 법률을 무효라고 판단할 수 있다"고 주장하였다.

(2) 미국의 위헌법률심사제의 탄생과 발전

1787년 제정된 미국연방헌법은 무엇보다 몽테스큐의 삼권분립모델에 기초한 철저한 권력분립과 이를 통한 제한된 정부(Limited Government)의 구성을 그 특색으로 하였다. 헌법제정 당시 국민주권이 국가적 정당성의 근거로 인정되기는 하였으나, 헌법상 주권이라는 개념은 의식적으로 회피되었다. 의회주권에 기초하였던 영국과는 달리 미국연방헌법에서는 국가기관들의 분립과 상호견제, 나아가 연방과 주간의 입법권의 분장 등을 통해 구성되는 복잡한 권력분립체계가 도입되었던 것이다.

이러한 미국헌법의 기본적 특징으로 인하여 미국 연방대법원에는 특별한 기능이 부여되게 되었다. 비록 헌법상의 명문규정은 없었지만, 헌법제정당시부터 입법부와 행정부의 모든 활동이 연방대법원에 의한 사법심사의 대상이 되어야 한다는 주장이 있었으며, 1803년 Marbury vs. Madison사건에 대한 판결 이래로는 실제로 의회가 제정한 법률에 대한 위헌심사도 인정되었다.[1)]

(3) 독일의 법치주의와 헌법재판제도의 발달

독일의 법치국가(Rechtsstaat)사상은 영국이나 미국에 비해 뒤늦게 발전되었을 뿐만 아니라 독특한 성격을 보이게 되었다.

초기에는 영국의 영향 하에 이상적인 국가유형 내지 국가원리로서의 법치

1) 미국에서 위헌법률심사제도를 도입하는 과정에서는 적지 않은 정치적 논란이 있었다. 헌법제정과정에서도 찬반의 대립이 있었을 뿐만 아니라, 1803년 Marbury vs. Madison사건에 대한 연방대법원의 판결도 미묘한 정치적 상황 때문에 관철될 수 있었던 것이었다. 이에 관하여 상세한 것은 김운용, 위헌심사론, 1998, 49쪽 이하 참조.

국가를 지향하던 것이 - (외견적) 입헌군주제의 현실 속에서 - 점차 초기의 성격을 상실하여 형식화되고 축소되는 경향을 보였으며, 이후 법실증주의의 발달은 이러한 변화를 더욱 가속시켰다.

그 결과 20세기초까지 독일의 법치주의는 ① 권력분립의 원리 ② 법률의 우위와 행정의 합법률성 ③ 법원의 독립 ④ 사법적 권리보호 ⑤ 공법적 손해의 전보 등을 구성요소로 하는 형식적 법치국가로 이해하였다.

그러나 입헌군주제가 붕괴되고 민주공화국(바이마르 공화국)이 성립되면서 법치주의를 실질적인 것으로 새롭게 이해하려는 노력이 나타나게 되었다.

특히 나치의 경험으로 형식적 법치주의의 한계를 확인한 이후에 제정된 1949년 서독기본법에서는 단순히 법률의 형식만이 아니라 법률의 내용적 정당성까지 문제삼는 실질적 법치주의가 광범하게 수용되었으며, 이를 위하여 법률의 내용적 정당성까지 헌법적 가치기준에 비추어 심사하는 헌법재판제도가 확립되었다.

3. 현대적 권력분립과 헌법재판의 유형

(1) 영국: 의회주권, 위임입법통제의 문제

영국에서는 1688년 명예혁명 이후 의회주권이 철저하게 관철되었고, 그 결과 의회의 제정법에 대한 사법적 심사는 인정되지 않게 되었다. 따라서 영국에서 규범통제로서 문제되는 것은 행정부에 의해 제정된 이른바 위임입법에 대한 통제의 문제가 있을 뿐이며, 헌법재판이라고 부를 만한 것은 존재하지 않는다.

(2) 미국: 위헌법률심사제 (비집중형 사법심사)

1803년 Marbury vs. Madison사건에 대한 판결이래로 미국에서는 법률에 대한 사법심사가 인정되게 되었고, 이러한 심사의 권한은 연방대법원뿐만 아니라 모든 법원에 인정되었기 때문에 '비집중형 사법심사'라고 불리우기도 한다.[2)]

이러한 비집중형 위헌법률심사제도는 노르웨이, 덴마크, 스웨덴, 일본 등

2) 미국과 같은 비집중형 사법심사를 채택하고 있는 국가에서 모든 법관이 법의 해석·적용에 있어서 사법심사권을 가지고 있다고 인정하는 것은 - 비록 최종적인 심사권은 연방대법원에 있지만 - 모든 법관은 일반법률이 헌법에 모순될 때에는 상위법우선의 원칙에 따라 전자를 무시하고 후자를 적용하여야 한다는 생각에 기초하고 있는 것이다.

에서도 채택되었으며, 우리나라의 경우에도 제3공화국 헌법에서 이를 채택한 바 있다.

(3) 오스트리아, 독일: 헌법재판소제도 (집중형 사법심사)

미국의 경우와는 달리 오스트리아, 독일 등에서는 - 권력분립의 원칙에 따라 - 일반법원이 입법에 대한 판단을 하는 것이 배제되고, 법률의 합헌성에 관한 심사권한이 단일의 기관, 즉 헌법재판소에 집중되는 이른바 '집중형 사법심사'가 채택되고 있다.

이에 따라 헌법재판소의 구성에 있어서 - 입법에 대한 사법부의 개입을 금지하는 권력분립원칙에 따라 철저한 정치적 중립을 요구받는 - 일반법원과는 달리 민주적 정당성 등에 관해 특별한 배려를 함으로써 권력분립의 요청을 반영시키고, 동시에 헌법재판소가 특정한 정치세력이나 정당의 시녀가 되지 않도록 보장하고자 한다.

이러한 집중형 위헌심판제도는 이탈리아, 스페인, 터키, 러시아 등에서도 채택되었으며, 우리나라의 경우에는 제2공화국 헌법과 현행헌법에서 이를 채택하였다.

(4) 프랑스: 헌법평의회

프랑스에서는 전통적으로 국민주권의 관념에 따라 입법에 대한 사법적 심사를 부정적으로 평가하는 경향이 있어 왔으며, 그것은 결과적으로 법치주의 및 입법에 대한 사법심사의 발전에 부정적으로 작용하였다. 그 결과 프랑스의 법치주의는 영국, 미국, 독일 등에 비하여 발전이 늦었으며, 이러한 문제의식에 따라 헌법평의회가 설치되었다.

1958년 헌법에 의해 구성된 프랑스의 헌법평의회는 그 구성 및 운용면에서 일반적인 사법기관과 차이를 보인다. 대통령과 상하양원에서 각 3명씩 임명하는 9인의 평의원 및 전직대통령으로 구성되는 평의회의 구성원은 법관의 자격이 요구되지 않으며, 그 심사는 - 국민투표에 의해 채택된 법률을 제외한 - 국회에서 의결된 법률에 대한 합헌성의 통제[3]를 중심으로 국민투표와 선거의 통제 등에까지 미친다.

이러한 헌법평의회의 구성방식이나 활동범위로 인하여 이를 정치적 기관

3) 또한 법률 또는 명령의 제정절차에도 개입할 수 있다는 점에서 프랑스 헌법평의회의 관여범위는 미국식의 사법심사나 독일식의 헌법재판소보다 더 폭넓은 것이라고 할 수 있다.

으로 보는 견해도 있었다. 그러나 헌법평의회는 그 독립성을 강조하면서 정치적인 기관이라기보다는 재판기관으로서 활동하려고 노력하였고, 그 결과 오늘날 프랑스에서 헌법평의회는 최고의 (정치적) 사법기관으로 일컬어지고 있다.[4)]

Ⅱ. 한국헌법상의 헌법재판제도의 발전

1. 제1공화국헌법상의 헌법재판제도

제헌헌법은 헌법적 분쟁에 관한 포괄적인 재판권을 예정하고 있지는 않았지만, 위헌법률심판제도는 두고 있었다. 제헌헌법 제81조 제2항은 "법률이 헌법에 위반되는 여부가 재판의 전제가 되는 때에는 법원은 헌법위원회에 제청하여 그 결정에 의하여 재판한다"고 규정함으로써 헌법위원회라는 특별한 기관이 위헌법률심판을 담당하도록 하였다.

헌법위원회는 부통령을 위원장으로 하고, 대법관 5인과 국회의원 5인으로 구성되었으며(제헌헌법 제81조 제3항), 위원에 유고가 있는 경우에 직무를 대행할 예비위원을 두었다.[5)] 대법관인 위원과 예비위원은 대통령이 임명하고(헌법위원회법 제3조), 국회의원인 위원과 예비위원은 국회에서 선출하는데(헌법위원회법 제4조 제1항), 국회에서 위원과 예비위원을 선출할 때에는 단기무기명투표로 위원정수의 배수를 선출하고, 그 중에서 다시 단기무기명투표로 5인의 위원을 선출하고 남은 자를 예비위원으로 하였다(헌법위원회법 제4조).

위원과 예비위원의 임기는 대법관인 경우는 4년으로 하였으며, 국회의원인 경우는 임기 중으로 하였고, 임기 중 국회의원 또는 대법관의 직을 물러나게 되면 위원의 자격도 당연히 상실되었다(헌법위원회법 제6조).

법률의 위헌여부의 제청은 당해사건의 담당판사 또는 소송당사자의 신청에 의하여 판사 3인으로 구성되는 합의부의 결정으로써 당해법원이 행하며,

---

4) 이에 관하여는 성낙인, 프랑스 헌법학, 1995, 666쪽 이하 참조.

5) 1950년 헌법위원회법 제2조:
헌법위원회에 위원 이외에 국회의원 중에서 예비위원 5인, 대법관 중에서 예비위원 약간명을 둔다.
예비위원은 소속을 같이 하는 위원이 사고로 인하여 위원회에 출석할 수 없을 때에는 출석하여 위원의 직무를 대행한다.
예비위원이 위원회에 출석할 수 있는 순위는 위원회의 의결에 의한다.

이 결정에 대하여 담당판사 또는 소송당사자가 이의가 있을 때에는 항고할 수 있었다(헌법위원회법 제9조).

위헌법률심판의 제청이 있을 경우에는 당해 사건의 재판이 정지될 뿐만 아니라, 헌법위원회가 위헌법률심판의 제청을 수리하였을 때에는 대법원으로 하여금 각급 법원에 있어서 당해 법률을 적용하여야 할 사건의 심리를 중지시켜야 한다고 규정하고 있었다(헌법위원회법 제10조).

헌법위원회의 위헌결정에는 위원 3분의 2 이상의 찬성이 있어야 했다(제헌헌법 제81조 제4항). 헌법위원회의 위헌결정은 장래를 향하여 효력이 발생하지만, 형벌조항은 소급하여 그 효력을 상실하도록 하였다(헌법위원회법 제20조).

이상과 같은 제헌헌법 당시의 위헌법률심판은 - 비록 헌법위원회라는 특이한 기관에 의해 담당되기는 하였지만 - 현재의 헌법재판소에 의한 위헌법률심판과 유사한 점이 상당히 많았다.

또한 제헌헌법은 탄핵사건을 전담하는 **탄핵재판소**의 설치를 규정하고 있었다. 제헌헌법 제47조에 따르면 부통령이 탄핵재판소 재판장의 직무를 행하고[6] 대법관 5인과 국회의원 5인이 심판관이 되었다. 단 대통령과 부통령을 심판할 때에는 대법원장이 재판장의 직무를 행하도록 하였다. 탄핵판결에는 심판관 3분의 2 이상의 찬성이 있어야 했으며, 탄핵판결의 결과는 공직으로부터 파면함에 그쳤다. 단 이에 의하여 민사상이나 형사상의 책임이 면제되는 것은 아니었다.

2. 제2공화국헌법상의 헌법재판제도

제2공화국은 제1공화국 당시와는 달리 헌법재판소제도의 도입을 규정하고 있었다. 비록 헌법재판소가 실제 구성되기 이전에 제2공화국이 붕괴됨으로 인하여 헌법재판소가 활동하지는 못하였지만, 그 역사적 의미는 적지 않다.

제2공화국헌법상의 헌법재판소는 위헌법률심사, 헌법에 관한 최종적 해석, 국가기관간의 권한쟁의, 정당의 해산, 탄핵재판, 대통령 · 대법원장 · 대법관의 선거에 관한 소송 등을 관장하게 되어 있었다(제2공화국헌법 제83조의3).

헌법재판소는 9인의 심판관으로 구성되는 상설기관으로서 대통령 · 대법

6) 부통령이 탄핵재판소 재판장이 되도록 한 것은 부통령이 상원의장으로서 탄핵사건에 대한 심판을 주도하는 미국의 탄핵제도에서 영향받은 것으로 볼 수 있을 것이다.

원·참의원이 각각 3인씩의 위원을 선임하게 되어 있었고, 임기는 6년으로 2년마다 3인씩 선임하도록 하였으며, 또한 심판관은 정당에 가입하거나 정치에 관여할 수 없도록 규정되었다(제2공화국헌법 제83조의4 제1항~제4항).

헌법재판소의 심판관은 법관의 자격을 가지고 있어야 하며, 심판관의 보수와 대우는 대법관의 예에 준하도록 하였다(1961년 헌법재판소법 제2조). 헌법재판소장은 재적심판관 과반수의 투표로써 호선된 자를 대통령이 확인하였다(헌법재판소법 제5조 제2항).

헌법재판소는 심판관 5인 이상의 출석으로 심리하며, 심판관 5인 이상의 찬성으로 심판하였다. 다만 위헌법률심판과 탄핵심판의 경우에는 심판관 6인 이상의 출석으로 심리하도록 하였다(헌법재판소법 제8조 제1항).

법원에 계속중인 사건에 관하여 법원 또는 당사자가 법률의 위헌여부의 심사나 헌법에 관한 최종적 해석을 헌법재판소에 제청하였을 때에는 헌법재판소의 결정에 의하여 당해 사건에 대한 법원의 결정을 헌법재판소의 판결이 있을 때까지 정지할 수 있도록 하였고(헌법재판소법 제9조 제1항), 헌법재판소가 이와 같은 결정을 하였을 경우에는 즉시 이를 대법원에 통고하여야 하며, 대법원은 각급법원에 있어서 당해 법률 또는 헌법조항을 적용하여야 할 사건의 심리를 중지시키도록 하고 있었다(헌법재판소법 제9조 제2항).

법률의 위헌여부와 헌법해석에 관한 헌법재판소의 판결은 법원과 기타 국가기관 및 지방자치단체의 기관을 기속하며(헌법재판소법 제22조 제1항), 헌법재판소에 의하여 위헌의 판결을 받은 법률 또는 법률의 조항은 판결이 있은 날로부터 법률로서의 효력을 상실하도록 하였다. 다만 형벌에 관한 조항은 소급하여 그 효력을 상실하도록 하였다(헌법재판소법 제22조 제2항).[7]

그러나 헌법재판소법이 제정된 지 한달 후에 발생된 5.16 군사쿠데타로 말미암아 헌법재판소의 설치는 국가재건비상조치법에 의하여 유보되었다. 이후 헌법재판소는 결국 제3공화국헌법에서 폐지됨으로써 제2공화국의 헌법재판소는 실제 구성되어 활동해 보지 못한, 조문상의 국가기관으로 남게 되었다.

7) 그 밖에 국가기관 간의 권한쟁의에 관한 헌법재판소의 판결도 모든 국가 또는 지방자치단체의 기관을 기속하도록 하고 있었고, 탄핵의 소추를 받은 자는 헌법재판소의 파면의 재판의 선고에 의하여 파면되도록 규정하였다. 그리고 정당이 해산을 명하는 헌법재판소의 판결을 받은 때에는 즉시 해산되도록 하였다(헌법재판소법 제22조 제3항-제5장).

3. 제3공화국헌법상의 헌법재판제도

제3공화국헌법은 헌법재판에 관한 포괄적인 권한을 갖는 헌법재판전담기관을 두는 대신에 대법원에게 위헌법률심판권(제3공화국헌법 제102조 제1항)과 위헌정당의 해산소송에 관한 권한(제3공화국헌법 제103조)을 부여하였다.

반면 탄핵심판에 관한 권한은 대법원장을 위원장으로 하고, 대법원판사 3인과 국회의원 5인으로 구성되는 탄핵심판위원회가 관할하도록 하였다. 다만, 대법원장을 심판할 경우에는 국회의장이 위원장이 되며, 탄핵결정에서는 구성원 6인 이상의 찬성이 요구되었다. 탄핵결정의 효과는 역시 공직으로부터 파면함에 그치도록 하였지만, 이에 의하여 민사상이나 형사상의 책임이 면제되지는 않도록 하였다(제3공화국헌법 제62조 제1항-제4항).

제3공화국 당시의 헌법재판제도를 특징짓는 것은 역시 대법원이 위헌법률심판권을 담당하였던 점이다. 그러나 당시에 대법원의 위헌법률심판권이 활발하게 이용되었던 것은 아니었으며, 대법원이 국가배상법 제2조 제1항 단서(군인, 군무원 등에 대한 국가배상청구권의 제한)에 대하여 위헌판결을 내렸을 때 정부와 대법원 사이에 심각한 갈등이 빚어지기도 하였다.[8)]

4. 제4공화국 헌법상의 헌법재판제도

제4공화국헌법 하에서는 대통령·국회·대법원장이 각각 3인씩 지명하는 9인의 위원으로 헌법위원회가 구성되었으며, 이러한 헌법위원회가 위헌법률심판, 탄핵심판, 위헌정당해산심판을 담당하였다(제4공화국헌법 제109조 제1항-제3항).

유신헌법 당시의 헌법위원회는 제1공화국의 헌법위원회와 명칭은 같지만, 그 구성방식이나 권한범위, 활동의 내용 등에서 적지 않은 차이를 보이고 있었다. 위헌법률심사권만을 담당하였던 제1공화국의 헌법위원회와 비교할 때

8) 국가배상법 제2조 제1항 단서에 대한 대법원의 위헌판결(대법원 1971.6.22. 선고 70다1010 판결)에 대하여 당시 박정희 대통령은 세 가지 반응을 보였다. 첫째, 동조항에 대하여 위헌의견을 냈던 대법관 전원을 재임용에서 탈락시킴으로써 사법부의 독립을 침해하는 모습을 보였다. 둘째, 1972년 유신헌법의 제정을 계기로 대법원의 위헌법률심판권을 박탈하여 헌법위원회로 이관시켰다. 셋째, 대법원에 의하여 위헌으로 판결되었던 국가배상법 제2조 제1항 단서의 내용을 1972년 유신헌법에 삽입함으로써 더 이상 이를 위헌으로 판단하지 못하도록 만들었다. 그 결과 유신헌법 시대에는 대법원이 정부에 의해 철저히 길들여지는 태도를 보이기도 하였다.

그 권한이 확대된 것이라고 할 수 있으나, 실제 그 권한이 행사된 바는 없었고, 「휴면기관」이라는 비아냥까지 있었다.

헌법위원회는 위원 7인 이상의 출석으로 심리하도록 하였고, 법률의 위헌결정·탄핵의 결정 또는 정당해산의 결정을 할 때에는 위원 6인 이상의 찬성으로, 그 이외의 결정은 출석위원 과반수의 찬성으로 행하도록 하였다(제4공화국헌법 제111조 제1항, 헌법위원회법 제9조).

법원에서 법률의 위헌여부의 결정을 헌법위원회에 제청하였을 때에는 당해 사건의 재판이 정지되도록 하였고, 헌법재판소가 위헌법률심판의 제청을 수리하였을 때에는 대법원이 각급법원에 대하여 당해 법률을 적용하여야 할 사건의 재판을 정지하게 하도록 규정하였다(헌법위원회법 제13조 제1항, 제2항). 위헌결정이 내려진 법률은 역시 결정이 있는 날로부터 효력을 상실하도록 하였으며, 형벌에 관한 조항만을 예외적으로 소급하여 효력을 상실하도록 하였다(헌법위원회법 제18조 제1항).

5. 제5공화국헌법상의 헌법재판제도

제5공화국헌법 하에서의 헌법재판제도는 제4공화국 하에서의 헌법재판제도와 기본적으로 같았다. 헌법위원회에서 위헌법률심판, 탄핵심판, 정당해산심판을 담당하도록 하고 있었던 점도 그러하며, 헌법위원회의 구성방식이나 임기도 달라지지 않았다. 또한 헌법위원회의 결정정족수조차 달라진 점이 없었다(제5공화국헌법 제112조-제114조).

다만 법률이 정하는 바에 따라 연임이 가능하다는 명문의 규정이 첨부되었다는 점이 헌법규정상의 변화라고 할 수 있으며(제5공화국헌법 제113조 제1항 후단), 위원의 자격과 관련하여 헌법위원회법에서 15년 이상 판사, 검사, 변호사 또는 법률학조교수 이상의 직에 있던 자로 하여금 헌법위원회의 위원이 될 수 있도록 한 것도 작은 변화라고 할 수 있을 것이다(1982년 헌법위원회법 제3조 제1항).

그러나 제도의 면에서나 실제 운용의 면에서나 제5공화국 당시의 헌법위원회가 제4공화국의 헌법위원회와 다른 점은 거의 없었다고 평가될 수 있다.

6. 현행헌법상의 헌법재판제도

1987년 헌법개정을 통해 도입된 헌법재판소는 독일의 헌법재판소를 모델로 하여 위헌법률심판, 헌법소원심판, 권한쟁의심판, 탄핵심판, 위헌정당해산심판 등에 관하여 포괄적이고 강력한 권한을 갖는 기관으로 구성되었다.

그러나 현행헌법상의 헌법재판소에는 추상적 규범통제가 인정되지 않고 있으며, 헌법의 최종적 해석에 관한 권한이 배제되고 있으며, 그밖에도 헌법소원의 대상에서 법원의 판결이 빠져 있는 등 - 독일의 연방헌법재판소나 제2공화국헌법상의 헌법재판소에 비하면 - 그 권한범위가 상대적으로 약하게 나타나고 있는 측면도 있다.

하지만 지난 20여년 동안 헌법재판소가 헌법규범의 활성화에 기여한 바는 크다고 할 수 있으며, 헌법재판소의 권위가 신장되면서 헌법재판의 비중 또한 커지고 있다.

Ⅲ. 헌법재판소의 헌법상의 지위

1. 헌법재판의 의의와 한계

(1) 헌법재판의 제도적 의의와 기능

헌법재판의 의의는 종래 정치적 세력관계에 의하여 결정되던 것들을 사법적 심사의 대상으로 끌어들였다는 데 있다.

의회 내의 다수관계(즉 다수결원리)에 의하여 결정되던 사항들이 이제는 위헌법률심판의 대상이 됨으로써 사법적 판단을 통해 그 내용적 정당성을 확인받게 되었고, 국가기관들의 권한다툼도 역시 헌법재판소의 권한쟁의심판을 통해 해결될 수 있도록 하였다. 또한 헌법소원심판도 종래 사법심사의 대상밖에 있던 것들을 상당부분 사법심사의 대상으로 끌어들이는 역할을 하였다. 이처럼 헌법재판은 고전적인 사법기능의 외연을 확장시키는 역할을 하였으며, 이를 통하여 법치의 강화 내지 실질적 법치주의의 실현, 또는 비대해진 집행부에 대한 실질적 통제의 강화 등에 기여하고 있다.

헌법재판의 제도적 의의는 실질적 법치주의의 실현을 위하여 필요한 '규범의 내용적 정당성'을 확보하기 위한 수단이라는 점에, 그리고 이를 통하여 기본권보장을 강화 내지 실질화시킨다는 점에 있다고 할 수 있다.[9][10]

9) 이와 관련하여 사법적극주의와 사법소극주의가 논란된 바 있다. 개념의 정의와 관련하여 견해의 대립이 있기는 하지만 대체로 사법적극주의란 사법부가 적극적인 헌법해석 및 법률해석을 통하여 정책형성에 개입하는 것을 지칭하며, 사법소극주의는 헌법이란 법률규정을 좁게

(2) 헌법재판의 한계

헌법재판의 본질을 사법작용으로 이해할 경우에는 사법작용으로서의 한계가 문제된다. 따라서 사법작용의 한계로 인정되는 사법본질상의 한계, 권력분립적 한계, 실정헌법상의 한계 및 국제법적 한계 등은 헌법재판에 대해서도 똑같이 적용되는 것이 원칙이다.

그러나 법원이 아닌 헌법재판소가 헌법재판을 담당하도록 하는 경우에는 정치적 사건에 대하여 – 미국식 사법심사를 채택하고 있는 경우보다 – 적극적인 자세를 취하는 경향이 있다. 그것은 일반법원과 달리 헌법재판소는 헌법적 분쟁을 전담하는 기관이며, 헌법적 분쟁 자체가 상당한 정도의 정치적 파급효를 가질 수밖에 없는 것이므로 이를 고려하여 헌법재판소의 구성이나 심판절차 등이 형성되었기 때문이라고 할 수 있다.

2. 헌법재판소의 사법기관으로서의 지위

(1) 사법기능의 담당자로서의 헌법재판소

현행헌법이 헌법재판소제도를 도입하면서 헌법재판작용의 법적 성격에 관하여 사법작용설, 제4의 국가작용설 등이 대립하고 있으며,[11] 이러한 논의는 헌법재판소의 성격 내지 헌법상 지위에 대한 이해와도 밀접한 관련을 가지고 있다.

헌법재판작용을 사법작용으로 이해할 경우에는 이를 담당하는 헌법재판소는 사법기관이 되며, 사법기관으로서의 여러 가지 특성을 요구받게 된다.[12] 헌법재판기능을 일종의 사법기능으로 이해하는 전제 위에서 헌법재판소는 사법기관으로 이해된다. 그리고 그 결과 헌법재판소의 구성과 활동에 있어서는

해석함으로써 판결이 정책에 영향을 미치는 것을 가급적 회피하려는 태도를 지칭한다. 이에 관하여 상세한 것은 임지봉, 사법적극주의와 사법권독립, 2004, 20쪽 이하 참조.

10) 헌법재판의 기본적 역할은 다양한 헌법적 분쟁에 대한 사법적 판단을 통하여 (사법의 외연을 확장시키면서) 법의 이념을 실현시키는 데 있다고 할 수 있다. 학자에 따라 이를 다시금 세분하여 헌법재판의 기능을 여러 가지로 분류하기도 한다. 이에 대하여 자세한 것은 장영수, 헌법학, 2009, 1256쪽 참조.

11) 반면에 헌법재판의 본질을 사법작용이 아닌 다른 것(예컨대 제4의 국가작용)으로 이해할 경우에는 헌법재판의 한계 문제는 제도본질적인 것이라기보다는 헌법재판의 기능과 실효성을 높이기 위한 정책적 고려의 산물로 본다. 즉 사법작용의 본질로부터 나오는 한계를 헌법재판에 그대로 적용시켜야 한다는 논리는 성립될 수 없는 것이다. 그 결과 헌법재판의 대상에서 제외되어야 하는 국가작용의 분야는 있을 수 없다는 주장을 하고 있다.

12) 반면에 헌법재판작용이 사법작용이 아닌 다른 성질의 국가작용이라면, 그 국가작용의 성질에 부합하는 기관구성의 방식 및 활동방식이 헌법재판소에 요구될 것이다.

사법기관으로서 독립성 확보 및 재판의 공정성과 중립성이 무엇보다 강조된다. 즉, 헌법재판소의 독립성의 확보는 단순히 입법정책적 고려에 의해 인정될 수도, 부정될 수도 있는 것이 아니라 그 본질상 당연히 전제되어야만 하는 것이다.[13]

마찬가지로 헌법재판의 절차 및 심판기준도 사법으로서의 특성에 부합되어야 할 것이다. 심판절차의 객관성과 공정성, 당사자간의 평등의 확보 등이 강조될 뿐 아니라, 헌법재판소의 결정도 원칙적으로 정치적 고려가 아닌 법적 기준에 따라 내려져야만 하는 것이다.[14]

(2) 헌법재판소와 (대)법원의 관계

사법기능을 분장하고 있는 사법기관으로서 헌법재판소와 (대)법원은 현행 헌법상 특별한 관계에 있다.

① (대)법원과 헌법재판소는 사법기능을 나누어 담당함으로써 일정한 업무를 분담하고 있으며, 이를 통한 기능적 협력관계에 있다. 예컨대 법원이 재판에 적용되어야 할 법률을 스스로 무효화시키거나 배제하는 것은 가능하지 않기 때문에 법률의 위헌여부에 대한 판단은 헌법재판소에 의존하여야 한다. 하지만 위헌법률심판에 있어서 법원은 제청권을 가지고 있으며, 법원의 제청이 없으면 헌법재판소의 위헌법률심판 자체가 가능하지 않다.

② 현행헌법상 (대)법원과 헌법재판소는 일정한 경우에 중첩적인 권한을 가지고 있음으로 인하여 일정한 사안에 있어서는 경쟁관계에 놓이게 된다. 예컨대 현행헌법 제107조 제2항은 대법원에게 명령·규칙의 위헌·위법여부에 대한 심사권을 부여하고 있다. 하지만 헌법재판소는 위헌적인 명령·규칙에 의하여 기본권이 침해되었을 경우, 이에 대한 헌법소원심판권을 행사하고 있다.[15] 결국 명령·규칙의 위헌성에 대한 대법원과 헌법재판소의 심판권이 경합되고 있으며, 이를 통한 권한의 경합 및 경쟁관계가 나타나는 것이다.

③ (대)법원과 헌법재판소는 현행법상 권한범위가 합리적으로 규정되고 있지 않음으로 인하여 갈등관계를 보이기도 한다. 예컨대 헌법재판소의 변형결정의 구속력을 둘러싼 대법원과 헌법재판소 사이의 갈등, 또는 법원의 재

13) 물론 헌법재판소 재판관임명에 있어서 정치적 영향력이 미치고 있다는 점이 문제될 수는 있다. 그러나 그것은 헌법재판의 특성에 따른 부분적인 변화로 이해되어야 할 것이며, 역으로 그러한 영향력을 최소화시킬 수 있는 재판관의 신분보장이 그와 더불어 문제되는 것이다.

14) 물론 통치행위에 대한 사법적 판단의 자제 등은 예외가 될 수 있다.

15) 헌재 1990.10.15. 선고 89헌마178 결정 참조.

판에 대한 헌법소원의 배제로 인하여 발생되는 여러 가지 문제점 등이 이에 해당된다고 볼 수 있을 것이다.

이와 같이 여러 가지 형태로 나타나고 있는 (대)법원과 헌법재판소의 관계는 앞으로 많은 개선이 필요할 것이다. 기능적 협력관계를 유지·발전시키는 것은 필요하지만, 국가기관간의 경쟁과 갈등은 국민을 위해 바람직하지 않기 때문이다. 어떤 국가기관이 어떤 권한을 담당하느냐 하는 문제는 항상 국민을 위해 어느 쪽이 도움이 되는지를 기준으로 판단하여야 하며, 국가기관의 이해관계에 따라서 결정될 수 있는 문제가 아니라는 점에 유의하여야 할 것이다.

하지만 여기서 기본적으로 전제되어야 할 것은 대법원과 헌법재판소는 상하관계에 있는 것이 아니라 권력분립의 체계 내에서 각기 고유한 기능을 담당하고 있는 헌법기관(국가최고기관)들이라는 점이다.

3. 헌법재판소의 헌법기관성

(1) 헌법기관의 의미

헌법재판소는 입법기능의 담당자인 국회, 집행부의 수반인 대통령, 그리고 최고법원인 대법원과 함께 **국가최고기관** 또는 **헌법기관**으로 지칭된다. 이러한 국가기관들을 「국가최고기관」 또는 「헌법기관」이라고 부르는 것은, 이들이 다른 국가기관에 종속되어 있지 않고, 권력분립의 체계상 독자적인 기능과 권한을 담당하고 있기 때문이다.[16]

이런 의미에서 헌법기관은 '단순히 헌법에 의해 직접 언급되고 있을 뿐만 아니라 그 존재와 지위 및 권한이 헌법에 의해 직접 규정되며, 그 존재와 활동을 통해 국가질서형성의 핵심부분에 참여하는 기관'이라고 할 수 있을 것이다.

생각해 보기

중앙선거관리위원회는 헌법기관인가?

「헌법기관」이라는 용어를 헌법에 명시되어 있는 국가기관이라는 의미로 사용하는 경우도 있다. 이렇게 볼 때에는 국회의원이나 국무총리, 국무회의, 감사원 등도 헌법기관이라

16) 국가 내에 최고기관은 하나밖에 있을 수 없다고 생각하여 국가원수이자 집행부의 수반인 대통령만이 「국가최고기관」이라고 보는 경우도 있지만, 이러한 견해는 권력분립을 사실상 부정하는 것이 되기 때문에 곤란하다.

고 할 수 있다. 그러나 권력분립상 독자적인 기능과 권한 및 책임을 부여받고 있는 헌법기관은 입법기능의 담당자인 국회, 집행부의 수반인 대통령, 사법기능의 최고책임자인 대법원과 헌법재판소로 한정된다.

중앙선거관리위원회는 조직상 다른 국가기관으로부터 독립되어 있는 헌법상의 기관이다. 그러나 그 위치가 국회나 대통령, 법원 또는 헌법재판소와 대등한 것이라고 하기는 어렵다. 중앙선거관리위원회가 담당하고 있는 기능이 권력분립의 체계상 입법, 집행, 사법과 대등한 또 하나의 국가기능이라고 보기에는 적절치 않으며, 그 성질상 집행기능에 속하는 것을 단지 객관적이고 공정한 선거관리를 위하여 조직을 독립시켜 놓은 것에 지나지 않기 때문이다.

(2) 독립된 헌법기관으로서의 헌법재판소

이런 맥락에서 살펴볼 때 현행헌법상의 헌법재판소를 독립된 헌법기관으로 보는 데에는 아무런 문제가 없다고 말할 수 있다. 헌법재판소는 헌법에 의해 직접 구성된 기관으로서 다른 어떤 국가기관에도 제도적으로 종속되어 있지 않으며 헌법에 의하여 독자적인 기능과 권한을 직접 부여받고 있는 것이다.

(3) 헌법재판소의 헌법기관성의 실질적 의미

헌법재판소를 독립된 헌법기관으로 인정하는 것은 몇 가지 현실적 문제와 연결된다. 예컨대 1950년대에 독일에서 연방헌법재판소의 헌법상의 지위에 대하여 많은 논의가 전개되던 당시, 연방헌법재판소는 자신의 헌법기관성을 주장하면서 다음과 같은 권리들을 그로부터 도출하였다:

① 학문적 보조인력 및 법관이 아닌 공무원들의 인사권을 포함한 자율적 행정권

② 독자적인 예산편성·지출권

③ 헌법재판소 구성원의 특수한 지위를 인정함으로써 일반공무원법의 적용 배제

④ 연방대통령, 연방의회, 연방참사원 등 다른 헌법기관과의 동등성

이 문제의 해결은 헌법이 정하고 있는 권력분립의 틀 안에서 헌법재판소가 어떠한 기능을 담당하고 있으며, 그러한 기능을 올바르게 수행하기 위하여 어떠한 지위가 보장되어야 하는가에 달려 있었다. 결국 독일에서 이 문제는 입법과 연방헌법재판소의 사무규칙 등에 의하여 대부분의 요청이 명문화됨으로써 해결되었다.

또한 우리 헌법과 헌법재판소법도 유사한 규정들을 도입함으로써 헌법재

판소의 헌법기관성을 분명히 하고 있다. 즉, 헌법재판소의 규칙제정권(헌법 제113조 제2항, 헌법재판소법 제10조), 예산의 독립편성(헌법재판소법 제11조), 헌법재판소장 및 재판관들의 대우(헌법재판소법 제15조) 등을 통하여 헌법재판소의 헌법기관(국가최고기관)으로서의 지위를 간접적으로 밝히고 있는 것이다.

Ⅳ. 헌법재판소의 구성과 조직

1. 헌법재판소의 인적 구성

헌법재판소가 사법기관이며, 독립된 헌법기관이라는 것을 밝히는 것은 또한 헌법재판소의 인적 구성, 즉 헌법재판소 재판관이 어떻게 임명되어야 할 것인가의 문제와도 밀접한 관련을 갖는다.

헌법재판기능이 사법기능으로 이해될 경우 헌법재판소 재판관은 사법적 판단에 적합한 전문성과 공정성을 갖추고 있는 인물이어야 할 것이며, 헌법재판소의 헌법기관성을 인정하는 것은 곧 헌법재판소 재판관 역시 그에 상응하는 권위와 정당성을 부여받아야 함을 전제하는 것이다.[17]

(1) 헌법재판의 민주적 정당성과 재판관의 선임

헌법재판작용은 입법, 집행 등의 국가활동에 대한 강력한 통제기능을 통하여 국가질서형성의 기본방향을 결정하는 데 커다란 영향을 미치는 작용으로서, 국가의 기본법인 헌법을 모든 국가기관이 준수하도록 요청하는 것이라는 점에서 헌법보장 내지 실질적 법치주의 실현의 중요한 수단으로 인정되고 있다. 그러나 다른 한편으로는 헌법재판에 대하여 부정적으로 보는 시각도 없지 않다. 즉, 민주국가에서 국민으로부터 직접 정당성을 부여받은 의회나 정부의 행위를 어떻게 헌법재판소가 무효화하고 통제할 수 있는지가 문제되는 것이다.

이 문제는 헌법재판소가 헌법기관으로서 갖는 정당성으로 대답될 수밖에 없다. 이러한 정당성은 일차적으로 헌법재판소가 타국가기관에 대하여 행사하는 통제권한이 국민에 의해 제정된 헌법에 의해 직접 부여된 것이라는 점에서 찾을 수 있다. 그러나 그것만으로 헌법재판소의 모든 활동의 정당성을

---

17) 이러한 헌법재판소의 인적 구성에 관한 문제는 헌법재판소의 재판관을 어떠한 방식으로 선임하여야 하는가의 문제에서 시작하여 선임된 재판관들의 활동에 있어서의 객관성과 공정성을 확보하기 위한 제도적 장치, 나아가 헌법재판소의 결정이 정당성과 효율성을 가질 수 있기 위하여 헌법재판소 재판관들에게 어떤 자격이 요청되느냐의 문제를 포괄한다.

확보하는 데에는 충분치 못하다. 의회나 정부가 그 구성(즉, 국회의원선거 및 대통령선거)에 있어서 국민으로부터 정당성을 부여받듯이, 헌법재판소의 구성(즉, 재판관의 선출)에 있어서도 민주적 정당성을 확보할 수 있는 방법을 모색하게 되는 것은 바로 그 때문이다.

그러나 사법기능을 담당하는 전문법관들을 국민이 직접 선출함으로써 민주적 정당성을 부여하는 방법은 현실적으로 채택되기 어렵다. 따라서 대부분의 국가들에 있어서는 국민이 직접 선출한 대표자가 헌법재판담당기관을 구성하도록 함으로써 간접적으로 민주적 정당성을 확보하도록 하고 있다.[18]

현행헌법은 이와 관련하여 헌법재판소 재판관을 국회, 대통령, 대법원이 각각 3인씩 선임하도록 규정하고 있다(제111조 제2항, 제3항). 이러한 선임방법은 일견 타당한 것으로 보일 수 있다. 입법-집행-사법의 고전적인 권력담당기관들이 헌법재판소의 구성에 동등하게 참여함으로써 한편으로는 국회-정부-법원의 균형이 유지되고 있으며, 다른 한편으로는 헌법재판소가 어느 한 국가기관에 의해 좌우되지 않고 중립적인 위치에서 활동할 수 있도록 보장하는 것으로 생각할 수 있기 때문이다.

그러나 조금만 더 깊이 고찰해 보면 이러한 생각이 피상적인 것에 그치고 있음을 쉽게 확인할 수 있다. 오늘날 정당국가화 경향에 따라 행정부와 여당이 사실상 연결되어 있음을 생각할 때, 그리고 대법원장 및 대법관 임명권을 통해 대통령이 대법원에 대해 행사할 수 있는 사실상의 영향력을 고려해 보면, 이와 같은 국회-정부-법원 사이의 형식상의 균형은 실질적으로는 전혀 무의미하다고 지적될 수 있는 것이다.[19]

결국 기존의 국가기관들 사이의 균형을 유지하면서 헌법재판소의 재판관임명에 평등하게 관여한다는 도식적 사고는 헌법재판소의 기능 및 위상에 부합되는 해결이 될 수 없다. 헌법재판의 기능이 적정하게 수행될 수 있도록 담보하면서 헌법재판소의 최고성, 독립성, 중립성, 전문성, 그리고 민주적 정당성을 동시에 최대한 확보할 수 있는 임명방식이 추구되어야 한다.

이러한 맥락에서 현행헌법상의 선출방식 대신에 국회에서 헌법재판소 재

18) 예컨대 독일 연방헌법재판소의 경우에는 의회에서(연방의회와 연방참사원) 헌법재판소 재판관 전원을 선임하도록 하고 있으며, 미국의 연방대법관 선임의 경우에는 대통령이 지명하여 의회의 인준을 거치도록 하고 있다.

19) 더욱이 대법원에 의한 헌법재판소 재판관의 선임은 - 대법원 자신도 국민에 의하여 직접적인 민주적 정당성을 부여받지 못하고 있기 때문에 - 헌법재판소의 민주적 정당성을 매개하기에도 부적합하다고 할 수 있다.

판관 전원을 선출하도록 하는 방식,[20] 또는 국회에서 6인, 대통령이 국회의 동의를 얻어 3인을 선출하는 방식[21] 등이 대안으로 주장되고 있다.

(2) 헌법재판의 공정성 · 중립성 및 재판관의 독립성과 임기의 제한

현행헌법 제112조 제1항에서는 "헌법재판소 재판관의 임기는 6년으로 하며, 법률이 정하는 바에 의하여 연임할 수 있다"고 규정하고 있다. 이러한 임기 및 연임의 문제는 재판관의 선임방식과 더불어 헌법재판의 중립성 및 독립성을 확보하는 데 중요한 의미를 갖는다.

실제로 헌법재판소 재판관 선임의 문제는 민주적 정당성의 매개와 더불어 또 하나의 중요한 문제와 결부되어 있다. 헌법재판소 재판관의 독립성과 중립성이 바로 그것이다.[22] 헌법재판소 재판관이 어떠한 방식으로 선임되느냐에 따라 재판관의 독립성과 중립성, 나아가 헌법재판기능 자체의 중립성과 공정성이 확보될 수도, 아니면 침해될 수도 있는 것이다.

그러나 민주적 정당성을 국민에 의해 직접 선출된 국가기관(즉, 정치적 기관)을 통해 간접적으로 확보하는 방법은 재판관의 중립성 및 독립성의 확보와는 어느 정도 모순을 보일 수밖에 없다. 예컨대 미국 연방대법관의 경우처럼 대통령에 의해 지명되고 의회의 청문회를 통한 인준절차를 거치는 경우라 하더라도 그 임명이 정치적 고려에서 완전히 벗어나기는 어려운 것이다. 때문에 헌법재판소 재판관, 나아가 헌법재판기능 자체의 중립성과 독립성을 확보할 수 있기 위하여는 선임방식의 문제와 아울러 선임된 재판관들에 대한 철저한 신분보장, 그리고 임기제도의 합리적 규율이 매우 중요한 의미를 갖게 된다.

헌법재판소 재판관에 대한 신분보장은 헌법 제112조 제3항과 헌법재판소법 제8조에 따라 탄핵결정이 된 경우, 또는 금고 이상의 형의 선고를 받은

---

20) 계희열, 헌법재판의 제도적 고찰, 월간고시 1989.12, 67-82(71)쪽. 이러한 방식은 헌법재판소의 민주적 정당성을 확보하면서 대통령의 지나친 영향력을 견제하는 데 유리하다는 점이 강조될 수 있다.

21) 이욱한, 헌법재판의 성격과 재판관선출, 사법행정 1992.5, 33-43(43)쪽. 이러한 방식은 "국정수행에 있어서 주도적 역할을 담당하며 그에 상응하는 권리와 책임이 주어진 대통령을 헌법재판관을 선출하는데 전혀 배제시킨다는 것은 체제파괴로 보여질 수 있다"는 점을 고려한 것이라고 주장된다.

22) 비록 헌법재판소법 제4조가 "재판관은 헌법과 법률에 의하여 그 양심에 따라 독립하여 심판한다"고 규정하고 있으며, 헌법 제112조 제2항과 헌법재판소법 제9조가 "(헌법재판소) 재판관은 정당에 가입하거나 정치에 관여할 수 없다"고 선언하고 있지만, 이러한 규정보다 더 중요한 의미를 갖는 것은 독립성과 중립성이 가능하도록 하는 실질적인 조건의 확보이다.

경우가 아니면 파면되지 않도록 함으로써 확보되고 있다. 이러한 두터운 신분보장은 재판관의 독립성을 확보함으로써 공정하고 중립적인 헌법재판이 가능하도록 하는데 그 의의가 있다.

반면에 임기제도가 갖는 의의는 정당성의 한정에 있다. 임기의 한정 없이 무제한의 정당성을 부여하는 경우에는 그만큼 통제의 가능성이 약화되며, 그 결과 직무담당자가 타성에 젖고 보수화되는 경향이 나타나게 된다. 임기제도는 이를 막기 위하여 일정한 기간을 임기로 정함으로써 - 그리고 임기가 만료된 후에는 새로운 절차를 통하여 정당성을 회수 또는 갱신하도록 함으로서 - 공직의 수행이 계속 국민의 의사와 이익에 부합되도록 만드는 것이다.

그러나 임기제도는 잘못 이용되면 오히려 공직의 적정한 수행에 대한 장애요인이 될 수도 있다. 임기로 인하여 공직수행의 능률성이 저해되는 측면도 있을 수 있고, 임기제도가 정당한 통제가 아닌 부당한 압력의 수단으로 이용되는 경우도 있을 수 있다. 따라서 임기제도를 통한 정당성의 확보·갱신과 공직수행의 능률성·적정성의 긴장관계에 대한 적절한 배려가 필요하다.

특히 헌법재판소의 경우에는 그 특수한 지위로 인하여 임기제도 및 연임제도가 특별한 의미를 갖게 된다. 즉 임기의 한정과 연임의 인정은 - 현행헌법상 헌법재판소 재판관의 임명방식과 연결되어 기존의 재판관들이 새로운 임명절차를 거치도록 만듦으로 인하여 - 결국 기존의 재판관들이 선임기관에 종속되게 하는 사실적 효과를 가져올 가능성도 있다는 것이다.

이와 관련하여 연임제도를 포기하고 종신제나 단임제를 도입함으로써 헌법재판소의 - 선임기관으로부터의 - 독립성과 중립성을 보다 강화시킬 수 있다는 점이 지적된다.23) 예컨대 미국 연방대법원의 경우는 대법관들의 종신제를 통하여 임명권자인 대통령이 대법관들에게 미칠 수 있는 영향력을 최소화시키고 있으며, 독일 연방헌법재판소의 경우에는 임기를 늘려 12년 단임제로 함으로써 역시 헌법재판소 재판관들의 소신 있는 판결을 유도하고 있다.

물론 종신제나 단임제가 장점만 갖고 있는 것은 아니다. 종신제의 장점으로는 완전한 신분보장을 통한 독립성의 확보와 소신 있는 판결의 가능성을 들 수 있지만, 단점으로는 재판관들이 타성에 젖고 보수화될 가능성을 지적

23) 계희열, 헌법재판의 제도적 고찰, 월간고시 1989.12, 67-82(72)쪽; 이욱한, 헌법재판의 성격과 재판관선출, 사법행정 1992.5, 33-43(42)쪽.

할 수 있다. 마찬가지로 단임제의 경우에도 연임에 신경 쓰지 않고 소신 있는 판결을 내릴 수 있게 하는 반면에, 단점으로는 업무의 계속성과 전문성을 저해할 가능성이 간과될 수 없다.

결국 이 문제는 과연 우리의 현재 상황에서는 어떤 제도가 더 바람직한가? 또는 어떤 제도가 더 적은 부작용을 가져올 수 있을 것인가? 라는 관점에서 답을 찾아야 할 것이다.

그렇게 볼 때, 적어도 우리의 현재 상황에서는 아직 종신제의 도입에 현실적으로 많은 문제가 있을 것으로 보인다. 헌법재판에 대한 충분한 경험의 축적을 통해 특정인이 종신으로 그 직을 맡기에 적당한지의 여부를 판단할 수 있는 기준들이 아직 형성되지 못하고 있다는 점 때문에 더욱 그러하다. 따라서 현실적인 대안은 역시 임기를 늘려 단임으로 하는 것이라고 할 수 있을 것이다.

(3) 헌법재판의 전문성·효율성과 재판관의 자격

그동안 상대적으로 덜 강조되어 왔지만, 재판관 및 재판소의 독립성과 중립성 못지 않게 중요한 것이 헌법재판의 전문성과 효율성의 문제이다. 헌법재판소는 그의 관할에 속하는 헌법적 분쟁에 대하여 중립적인 위치에서 공정한 재판을 하여야 할 뿐 아니라, 그 분쟁을 신속하고 효율적으로 처리할 수 있는 전문적 능력을 갖추어야 하는 것이다.

이와 관련하여 헌법 및 헌법재판소법은 헌법재판소 재판관에 대하여 「법관의 자격」만을 요구함으로써(헌법 제111조 제2항, 헌법재판소법 제5조) 이 문제를 매우 단순하게 취급하고 있다. 그러나 헌법재판의 중요성 및 헌법재판의 특수성[24)]을 고려할 때, 이 문제는 좀 더 비중 있게 다루어질 필요가 있다.

앞서 살펴본 바와 같이 헌법재판작용은 법적 기준에 따라 법적 판단을 내리는 사법작용의 일종이다. 따라서 헌법재판소 재판관에게 법관의 자격을 요구하는 것은 일견 당연하다고도 할 수 있다.

그러나 문제되는 것은 오늘날 사법의 전문성을 위해 전문법원의 설치가 점차 범세계적으로 확대되어 가고 있으며, 법관들의 전문적인 능력의 배양이 강조되는 데 반하여, 현재 우리나라의 법원조직이나 법관인사 등은 전문화의

---

24) 헌법재판의 특수성은 무엇보다 일반법률과는 다른 헌법의 특성, 그리고 이에 따른 – 법률해석과는 구별되는 – 헌법해석의 특수성에서 비롯된다. 헌법해석에 관하여는 계희열(편역), 헌법의 해석, 1993 참조.

측면에서 아직도 부족함이 많다는 점이다. 더욱이 그동안 헌법재판이 활성화되지 않았던 과거의 경험으로 인하여 일반재판과는 구별되는 헌법재판의 특성이 아직도 많은 법조인들에게 생소한 상황이다.

따라서 헌법재판소 재판관의 선임에 있어서는 비단 재판관들의 독립성과 중립성뿐만 아니라 전문성과 관련하여서도 개선의 여지가 많다고 할 것이다. 이에 관하여는 그동안 몇 가지 논의가 있어왔지만, 법관 및 사법연수원생에 대한 헌법교육의 강화, 그리고 일정한 범위(2-3인) 내에서 헌법학교수를 헌법재판소 재판관으로 선임하는 방법 등이 대안으로 지적될 수 있을 것이다.[25]

2. 헌법재판소의 내부조직

(1) 헌법재판소의 장

헌법재판소의 장은 국회의 동의를 얻어 헌법재판소 재판관 중에서 대통령이 임명한다(헌법 제111조 제4항, 헌법재판소법 제12조 제2항).

헌법재판소장은 헌법재판소를 대표하고, 헌법재판소의 사무를 통리하며, 소속공무원을 지휘·감독한다(헌법재판소법 제12조 제3항). 헌법재판소장이 궐위되거나 사고로 인하여 직무를 수행할 수 없을 때에는 다른 재판관이 헌법재판소규칙이 정하는 순서에 의하여 그 권한을 대행한다(헌법재판소법 제12조 제4항).

(2) 헌법재판소 재판관

헌법재판소의 재판관은 법관의 자격을 가진 사람 중에서 대통령이 임명하되, 9인의 재판관 중에서 3인은 국회에서 선출하는 자를, 3인은 대법원장이 지명하는 자를 임명한다(헌법 제111조 제2항, 제3항, 헌법재판소법 제6조 제1항, 제2항).

헌법재판소 재판관의 임기는 6년이며, 연임할 수 있다(헌법 제112조 제1항, 헌법재판소법 제7조 제1항). 재판관의 정년은 65세이나, 헌법재판소장인 재판관의 정년은 70세이다(헌법재판소법 제7조 제2항).

재판관의 임기가 만료되거나 임기중 재판관이 결원된 때에는 임기만료 또는 결원된 날로부터 30일 이내에 후임자를 임명하여야 한다. 다만, 국회에서

25) 헌법재판소 재판관을 법관자격자로 한정하는 제도의 문제점에 관하여 상세한 논의는 정재황, 헌법재판제도의 문제점과 개선방향, 한국법학교수회(편), 법학교육과 법조개혁, 1994, 100-126(102 이하)쪽 참조.

선출한 재판관이 국회의 폐회 또는 휴회중에 그 임기가 만료되거나 결원이 된 때에는 국회는 다음 집회가 개시된 후 30일 이내에 후임자를 선출하여야 한다(헌법재판소법 제6조 제3항).

헌법재판소의 재판관은 1. 탄핵결정이 된 경우, 2. 금고 이상의 형의 선고를 받은 경우를 제외하고는 그 의사에 반하여 해임되지 않으며(헌법 제112조 제3항, 헌법재판소법 제8조), 정당에 가입하거나 정치에 관여할 수 없다(헌법 제112조 제2항, 헌법재판소법 제9조).

또한 헌법재판소 재판관은 1. 국회 또는 지방의회의 의원의 직, 2. 국회·정부 또는 법원의 공무원의 직, 3. 법인·단체 등의 고문·임원 또는 직원의 직을 겸할 수 없으며, 영리를 목적으로 하는 사업을 영위할 수 없다(헌법재판소법 제14조).

(3) 재판관회의

헌법재판소는 합의제 심판기관이며, 헌법재판소장이 대외적으로 헌법재판소를 대표하기는 하지만, 대통령이 집행부를 통할하는 것처럼 헌법재판소를 통할하는 것은 아니다. 그렇기 때문에 헌법재판소의 중요한 업무는 재판관회의에서 결정되는 것이 원칙이다.

재판관회의는 재판관 전원으로 구성하며, 헌법재판소장이 의장이 된다. 재판관회의는 재판관 7인 이상의 출석과 출석인원 과반수의 찬성으로 의결하며, 의장은 의결에 있어 표결권을 가진다. 특히 1. 헌법재판소규칙의 제정과 개정, (헌법재판소법) 제10조의2의 규정에 따른 입법의견의 제출에 관한 사항, 2. 예산요구, 예비금지출과 결산에 관한 사항, 3. 사무처장·사무차장·헌법연구관 및 3급 이상 공무원의 임면에 관한 사항, 4. 특히 중요하다고 인정되는 사항으로서 헌법재판소장이 부의하는 사항은 재판관회의의 의결을 거쳐야 한다(헌법재판소법 제16조 제1항-제4항).

3. 헌법재판소의 보조기관

(1) 헌법재판소 사무처

헌법재판소는 행정사무를 처리하기 위한 보조기관으로 사무처를 두고 있으며, 사무처장과 사무차장 이하 실·국·과를 두어 구체적인 업무를 담당하고 있다(헌법재판소법 제17조).

사무처공무원은 헌법재판소장이 임면한다. 다만, 3급 이상의 공무원의 경우에는 재판관회의의 의결을 거쳐야 한다. 또한 헌법재판소장은 다른 국가기관에 대하여 그 소속공무원을 사무처공무원으로 근무하게 하기 위하여 헌법재판소에의 파견근무를 요청할 수 있다(헌법재판소법 제18조 제4항, 제5항).

(2) 헌법연구관과 헌법연구관보

헌법재판소의 전문성 강화 및 원활한 재판업무의 보조를 위하여 가장 중요한 조직의 하나가 연구관제도라고 할 수 있다.[26] 헌법연구관은 헌법재판소장의 명을 받아 사건의 심리 및 심판에 관한 조사·연구에 종사하며(헌법재판소법 제19조 제3항), 헌법연구관의 임기는 10년으로 하되 연임할 수 있고, 정년은 60세로 한다(헌법재판소법 제19조 제7항).[27]

헌법연구관을 신규임용하는 경우에는 3년의 기간 동안 헌법연구관보로 임용하여 근무하게 한 후 그 근무성적을 참작하여 헌법연구관으로 임용한다. 다만, 경력 및 업무능력 등을 참작하여 헌법재판소규칙이 정하는 바에 따라 헌법연구관보 임용을 면제하거나 그 기간을 단축할 수 있다. 헌법연구관보도 헌법재판소장이 재판관회의의 의결을 거쳐 임용한다(헌법재판소법 제19조의2 제1항, 제2항).

(3) 소장비서실과 재판관비서관 등

헌법재판소장은 대외적으로 헌법재판소를 대표하는 등의 업무가 많으므로 비서실을 두어 그 업무를 보조하게 하고 있다. 또한 헌법재판소 재판관들에 대해서도 비서관을 배정하여 재판관의 명을 받아 헌법재판소의 업무와 관련한 여러 사무를 담당하도록 하고 있다(헌법재판소법 제20조).

그밖에 헌법재판소에는 서기 및 정리 등을 둠으로써 행정업무를 보조하게 하고 있다. 서기 및 정리는 사무처직원 중에서 헌법재판소장이 지명한다. 서기는 재판장의 명을 받아 사건에 관한 서류의 작성·보관 또는 송달에 관한 사무를 담당하며, 정리는 심판정에 있어서의 질서유지와 기타 재판장이 명하는 사무를 집행한다(헌법재판소법 제21조).

---

26) 중요한 헌법적 판단을 내리기에 앞서 헌법적 쟁점들을 미리 검토해 보거나 외국의 입법례 및 헌법판례 등을 비교·검토하는 등의 작업을 통해 헌법재판에 큰 영향을 미치고 있는 것이 바로 헌법재판소의 연구관인 것이다.

27) 헌법연구관의 자격에 대해서는 헌법재판소법 제19조 제4항이, 헌법연구관의 신분보장에 대해서는 헌법재판소법 제19조 제6항이 규정하고 있다.

V. 헌법재판소의 헌법상 지위와 권한범위

현행헌법상 헌법재판소는 법원과 함께 사법기능을 분장하는 사법기관이다. 따라서 헌법재판소의 권한범위를 확정함에 있어서는 법원과의 권한분배가 문제될 수밖에 없다. 이러한 법원과 헌법재판소 사이의 권한분배 내지 헌법재판소에 부여되는 권한의 범위는 헌법정책적 고려에 따라 다르게 인정될 수 있다.28)

현행헌법상 헌법재판소에 인정되는 권한은 크게 여섯 가지로 나누어질 수 있다(헌법 제111조 제1항, 제113조 제2항).

① 위헌법률심판권은 국회의 입법권에 대한 가장 강력하고 효율적인 통제수단이라고 할 수 있다. 헌법재판의 여러 유형 가운데 가장 기본적인 것에 속하는 위헌법률심판의 권한이 대법원이 아닌 헌법재판소에 부여된 것은 헌법재판의 중심적 권한이 헌법재판소에 있음을 확인시켜주는 것이다. 현행법은 구체적 규범통제만을 인정하고 있으며, 법개정을 통해 추상적 규범통제를 도입하는 것이 바람직하다는 주장도 있다.

② 탄핵심판권은 고위공직자의 위헌·위법한 행위에 대한 강력한 통제수단이다. 대법원 혹은 탄핵재판소 등에서 탄핵심판을 담당하도록 하지 않고, 헌법재판소가 탄핵심판을 담당하도록 함으로써 헌법재판소의 위상 내지 통제기능을 더욱 강화시키고 있는 것이다.

③ 정당해산심판권은 방어적 민주주의를 실현하는 대표적 제도이다. 정당해산심판권이 헌법재판소에 부여된 것은 - 비록 현재까지 정당해산심판은 단 한 건도 제기조차 되지 않았지만 - 정치과정의 합헌성을 통제하는 최종적 책임이 헌법재판소에 있음을 확인시켜주는 것이다.

④ 권한쟁의심판권은 국가기관 또는 지방자치단체를 당사자로 하는 권한분쟁이 발생할 경우 이에 대하여 심판하는 권한이다. 권한쟁의심판권은 헌법재판소가 권한분쟁에 대한 중립적 판단자로서도 중요한 역할을 기대받고 있

---

28) 헌법재판의 인정범위 내지 헌법재판소에 부여되는 (헌법재판에 관한) 권한의 인정범위는 각국의 정치문화적 배경 내지 사법제도의 전통에 따라 상당한 차이를 보이고 있다. 예컨대 위헌법률심판에 있어서도 예방적 규범통제, 구체적 규범통제 또는 추상적 규범통제의 도입에 관한 각국의 제도가 차이를 보이고 있으며, 우리나라의 경우에도 1960년의 제2공화국헌법에서 인정되었던 헌법재판소의 권한범위와 현행헌법상 헌법재판소의 권한범위가 일치하지 않고 있다.

음을 보여준다.

⑤ 헌법소원심판권은 헌법의 가장 중요한 기능인 기본권의 실질적 보장을 위하여 현행헌법에 의해 도입되었다. 현재 헌법소원심판은 위헌법률심판과 더불어 가장 활발하게 이용되고 있는 헌법소송유형이며, 실질적 법치주의를 실현하는 가장 중요한 도구의 하나이다. 하지만 현행 헌법재판소법에 의해 법원의 재판에 대한 헌법소원이 배제되고 있다는 점 때문에 적지 않은 문제가 야기되고 있다.

⑥ 헌법재판소의 자율적 활동을 뒷받침하기 위하여 헌법재판소규칙제정권이 인정되고 있다. 위헌법률심판권 등 다섯 가지 헌법소송에 관한 권한을 독립적이고 효율적으로 행사하기 위한 전제로서의 역할을 하는 것이 헌법재판소규칙제정권이라고 할 수 있다.29)

제 2 절 일반심판절차

개 요

현행 헌법재판소법은 헌법재판소의 심판을 일반심판절차와 특별심판절차로 나누어 규정하고 있다. 일반심판절차는 헌법소송의 유형에 따른 차이에도 불구하고 헌법재판소가 관할하는 사건들의 재판에 공통적으로 적용되는 소송절차를 지칭하는 것이며, 헌법재판소법 제22조-제40조에서 규정하고 있다. 반면에 특별심판절차는 각 소송유형별로 다르게 인정되고 있는 심판절차를 말한다.

이러한 일반심판절차는 심판의 주체와 심판의 진행과정에 따른 단계(심판의 청구, 심리, 결정 등)에 따라 정리될 수 있다.

Ⅰ. 심판의 주체

현행헌법 및 헌법재판소법상 헌법소송에 있어서 심판의 주체는 헌법재판소이다.

29) 그러나 그밖에 선거소송도 일종의 헌법소송이기 때문에 헌법재판소가 이를 담당하는 것이 합리적이라는 주장도 제기되고 있으며, 또한 제2공화국헌법 당시에 헌법재판소의 권한으로 인정되었던 헌법의 최종적 해석에 관한 포괄적 권한의 인정(제2공화국헌법 제83조의3 제2호)이 필요하다는 견해도 있다.

헌법재판소법상 특별한 예외규정이 있는 경우[30]를 제외하고는 헌법재판소의 심판은 재판관 전원으로 구성되는 재판부에서 관장하며, 헌법재판소장이 재판부의 재판장이 된다(헌법재판소법 제22조). 헌법재판소는 재판관 7인 이상의 출석으로 사건을 심리한다(심리정족수: 헌법재판소법 제23조 제1항).

그리고 법원에 의한 재판과 유사하게 일정한 경우에는 재판관에 대한 제척·기피·회피가 인정되고 있다(헌법재판소법 제24조 제1항, 제2항). 제척사유에 해당되지는 않지만 재판관에게 심판의 공정을 기대하기 어려운 사정이 있는 경우에는 당사자는 기피신청을 할 수 있다. 다만, 변론기일에 출석하여 본안에 관한 진술을 한 때에는 그러하지 아니하며, 당사자는 동일한 사건에 대하여 2인 이상의 재판관을 기피할 수 없다(헌법재판소법 제24조 제3항, 제4항). 또한 재판관은 제척 또는 기피의 사유가 있는 때에는 재판장의 허가를 얻어 스스로 재판에 관여하는 것을 회피할 수 있다(헌법재판소법 제24조 제5항).[31]

Ⅱ. 심판의 청구

1. 심판청구의 주체 내지 그 대리인

헌법재판소에 심판을 청구할 경우에는 심판청구의 주체가 누구인지가 문제되는데, 청구의 주체는 심판유형에 따라 달라질 수 있다. 그러나 헌법재판소법 제25조는 이와 관련한 일반규정을 두고 있다.

각종 심판절차에 있어서 정부가 당사자(참가인을 포함한다)인 때에는 법무부장관이 이를 대표하며, 각종 심판절차에 있어서 당사자인 국가기관 또는 지방자치단체는 변호사 또는 변호사의 자격이 있는 소속직원을 대리인으로 선임하여 심판을 수행하게 할 수 있다고 명시함으로써 심판청구의 주체 내지 그 대리인에 관한 규정을 두고 있다(헌법재판소법 제25조 제1항, 제2항). 또한 각종 심판절차에 있어서 사인이 당사자가 되는 경우에는 변호사강제주의가 규정되어 있다(헌법재판소법 제25조 제3항). 사인이 헌법소송의 당사자가 되는 경우는 현실적으로 헌법소원심판에 국한된다. 따라서 헌법소원심판 이외의

---

30) 예컨대 헌법소원심판의 본안전 판단을 위한 지정재판부(헌법재판소법 제72조)가 이에 해당된다.

31) 당사자의 제척 및 기피신청에 관한 심판에는 민사소송법 제44조, 제45조, 제46조 제1항·제2항 및 제48조의 규정을 준용한다(헌법재판소법 제24조 제6항).

경우에는 변호사강제주의가 현실적으로 문제되지 않는다.[32]

변호사 강제주의의 합헌성 여부

변호사강제주의는 재판업무에 분업화 원리의 도입이라는 긍정적 측면 외에도, 재판을 통한 기본권 실질적 보장, 사법의 원활한 운영과 헌법재판의 질적 개선, 재판심리의 부담경감 및 효율화, 사법운영의 민주화 등 공공복리에 그 기여도가 크다 하겠고, 그 이익은 변호사선임 비용지출을 하지 않는 이익보다는 크다고 할 것이며, 더욱이 무자력자에 대한 국선대리인제도라는 대상조치가 별도로 마련되어 있는 이상 헌법에 위배된다고 할 수 없다(헌재 1990.9.3. 89헌마120등 결정).

2. 심판청구의 방식

헌법재판소에의 심판청구는 심판사항별로 정하여진 청구서를 헌법재판소에 제출함으로써 한다. 다만, 위헌법률심판에 있어서는 법원의 제청서, 탄핵심판에 있어서는 국회의 소추의결서의 정본으로 이에 갈음한다(헌법재판소법 제26조 제1항), 청구서에는 필요한 증거서류 또는 참고자료를 첨부할 수 있다(헌법재판소법 제26조 제2항).

헌법재판소가 청구서를 접수한 때에는 지체 없이 그 등본을 피청구기관 또는 피청구인에게 송달하여야 한다. 그리고 위헌법률심판의 제청이 있은 때에는 법무부장관 및 당해 소송사건의 당사자에게 그 제청서의 등본을 송달한다(헌법재판소법 제27조). 청구서 또는 보정서면의 송달을 받은 피청구인은 헌법재판소에 답변서를 제출할 수 있다. 그 답변서에는 심판청구의 취지와 이유에 대응하는 답변을 기재한다(헌법재판소법 제29조).

재판장은 심판청구가 부적법하나 보정할 수 있다고 인정하는 경우에는 상당한 기간을 정하여 보정(補正)을 요구하여야 하며, 이러한 보정서면은 청구서와 같은 방식으로 송달되어야 한다. 재판장의 요구에 따른 보정이 있는 경

32) 헌법재판소는 "헌법재판소법 제 25조 제3항에 의한 변호사강제주의의 규정은 여러가지 헌법재판의 종류 가운데 사인이 당사자로 되는 심판청구인 탄핵심판청구와 헌법소원심판청구에 있어서 적용된다고 보아야 할 것인데…"(헌재 1990.9.3. 89헌마120등 결정) 라고 판시하고 있다. 그러나 헌법재판소는 노무현 대통령에 대한 탄핵사건에서 "국회의 탄핵소추절차는 국회와 대통령이라는 헌법기관 사이의 문제이고, 국회의 탄핵소추의결에 의하여 사인으로서의 대통령의 기본권이 침해되는 것이 아니라, 국가기관으로서의 대통령의 권한행사가 정지되는 것이다"라고 판시하고 있다(헌재 2004.5.14. 2004헌나1 결정).

우에는 처음부터 적법한 심판청구가 있은 것으로 보며, 재판장이 기간을 정하여 보정을 요구한 보정기간은 헌법재판소법 제38조의 규정에 의한 심판기간에 산입되지 않는다(헌법재판소법 제28조).

Ⅲ. 헌법재판의 심리

1. 심리의 방식

헌법재판소의 심리방식은 구두변론과 서면심리로 나누어진다. 탄핵심판, 정당해산심판 및 권한쟁의심판은 구두변론에 의하지만, 위헌법률심판과 헌법소원심판은 원칙적으로 서면심리로 하되, 다만 재판부가 필요하다고 인정하는 경우에는 변론을 열어 당사자·이해관계인 기타 참고인의 진술을 들을 수 있다(헌법재판소법 제30조).[33]

2. 증거조사

헌법재판의 심리를 위한 증거조사는 당사자의 신청 또는 직권으로 당사자 신문, 증인의 신문, 증거자료의 제출요구, 감정, 상황의 검증 등의 방법으로 행해진다(헌법재판소법 제31조 제1항). 재판부는 결정으로 다른 국가기관 또는 공공단체의 기관에 대하여 심판에 필요한 사실을 조회하거나, 기록의 송부나 자료의 제출을 요구할 수 있다. 다만, 재판·소추 또는 범죄수사가 진행 중인 사건의 기록에 대하여는 송부를 요구할 수 없다(헌법재판소법 제32조).

3. 심판의 장소

심판의 장소는 심판의 변론과 종국결정의 선고가 행해지는 장소를 말하며, 원칙적으로 헌법재판소의 심판정이다. 다만, 헌법재판소장이 필요하다고 인정하는 경우에는 심판정 이외의 장소에서 이를 할 수 있다(헌법재판소법 제33조).

---

33) 결국 탄핵심판, 정당해산심판과 권한쟁의심판은 자주 발생되지 않기 때문에 구두변론을 실시하지만, 사건의 수가 많은 위헌법률심판과 헌법소원심판의 경우에는 서류심사를 원칙으로 하는 것이다.

4. 심판의 공개

헌법재판소의 심판은 공개된다. 즉, 심판의 변론과 결정의 선고가 모두 공개되는 것이 원칙이다. 다만, 서면심리와 평의는 공개하지 않으며, 법원의 재판과 마찬가지로 국가의 안전보장·안녕질서 또는 선량한 풍속을 해할 우려가 있는 때에는 재판부의 결정으로 심리를 공개하지 않을 수 있다(헌법재판소법 제34조, 법원조직법 제57조 제1항 단서).

5. 심판정의 질서유지, 변론의 지휘 및 평의의 정리

헌법소송절차에서 재판장은 심판정의 질서와 변론의 지휘 및 평의의 정리를 담당한다(헌법재판소법 제35조 제1항). 또한 헌법재판소법은 심판정의 질서유지 및 용어의 사용과 관련하여 법원조직법을 준용하도록 함으로써(헌법재판소법 제35조 제2항) 재판장은 법원의 경우와 마찬가지로 법정질서의 유지에 관한 폭넓은 권한을 가진다.

Ⅳ. 헌법재판의 결정

1. 심판기간의 제한

헌법재판소가 결정을 내림에 있어서는 심판기간의 제한이 있다. 즉, 헌법재판소는 심판사건을 접수한 날로부터 180일 이내에 종국결정의 선고를 하여야 한다. 다만, 재판관의 궐위로 7인의 출석이 불가능한 때에는 그 궐위된 기간은 심판기간에 이를 산입하지 아니한다(헌법재판소법 제38조).

2. 결정정족수

헌법재판소의 결정정족수는 헌법재판소 재판관 7인 이상의 출석과 과반수의 찬성으로 사건에 관한 결정을 내리는 것이 원칙이다(헌법재판소법 제23조 제1항, 제2항 본문). 그러나 ① 법률의 위헌결정, 탄핵의 결정, 정당해산의 결정 또는 헌법소원에 관한 인용결정을 하는 경우와 ② 종전에 헌법재판소가 판시한 헌법 또는 법률의 해석적용에 관한 의견을 변경하는 경우에는 심리에 관여한 재판관 6인 이상의 찬성으로 결정한다(헌법 제113조 제1항과 헌법재판소법

제23조 제2항 단서).

결과적으로 헌법소송의 본안판단에 있어서는 권한쟁의심판의 경우에만 과반수에 의한 결정이 내려지고, 그밖의 헌법소송에서는 6인 이상의 찬성으로 법률의 위헌결정, 탄핵결정, 정당해산결정 또는 헌법소원의 인용결정이 내려진다.

3. 종국결정

헌법재판소가 종국결정을 할 때에는 1. 사건번호와 사건명, 2. 당사자와 심판수행자 또는 대리인의 표시, 3. 주문, 4. 이유, 5. 결정일자를 기재한 결정서를 작성하고 심판에 관여한 재판관 전원이 이에 서명·날인하여야 한다(헌법재판소법 제36조 제2항). 심판에 관여한 재판관은 결정서에 의견을 표시하여야 한다(헌법재판소법 제36조 제3항).[34] 종국결정이 선고되면 서기는 지체없이 결정서 정본을 작성하여 이를 당사자에게 송달하여야 하며, 종국결정은 관보에 게재함으로써 이를 공시한다(헌법재판소법 제36조).

4. 일사부재리의 원칙

헌법재판소법 제39조(일사불재리)　헌법재판소는 이미 심판을 거친 동일한 사건에 대하여는 다시 심판할 수 없다.

ⅰ. 일사부재리의 원칙의 개념

헌법재판소는 결정이 선고되면 동일한 심판에서 헌법재판소가 내린 결정을 더 이상 취소하거나 변경할 수 없고, 헌법재판소의 결정에 대해서는 상급심이 존재하지 않기 때문에 불복신청도 허용되지 아니하며, 불복신청이 허용되지 아니하므로 당사자는 확정된 당해 심판은 물론이고, 후행 심판에서 동일한 사항에 대하여 다시 심판을 청구할 수 없다. 한편, 이미 헌법재판소가 심판한 사건에 대해서 다시 헌법소송을 제기하거나 헌법재판소 결정에 대해 불복을 하는 헌법소송을 제기하게 되면 이는 헌법소송의 요건을 갖추지 못한 것으로서 부적법 각하결정을 면하지 못하게 될 것이다(헌재 2005.12.22. 2005헌마330 결정).

34) 종래 헌법재판소법 제36조 제3항에서는 법률의 위헌심판, 권한쟁의심판 및 헌법소원심판에 관여한 재판관에 대해서 결정서에 의견을 표시하도록 하고 있었고, 그 결과 탄핵심판과 정당해산심판에 대해서는 소수의견의 표시에 관한 명시적 규정이 없음으로 인하여 2004년의 노무현대통령에 대한 탄핵심판결정 당시에 논란이 빚어진 바 있다. 결국 헌법재판소는 결정문에서 소수의견을 명시하지 않았으나, 헌법재판의 발전을 위해서는 탄핵심판의 경우에도 소수의견을 명시하는 편이 더 바람직하다는 주장이 매우 강력하게 제기된 바 있으며, 이후 2005년 7월 29일의 법개정을 통하여 모든 헌법재판에 대하여 소수의견을 표시하도록 한 것이다.

ii. 일사부재리제도의 합헌성 여부

헌법재판에 있어서 이러한 일사부재리 규정을 두고 있는 이유는 법적 분쟁을 조기에 종결시켜 법적 안정 상태를 조속히 회복하고, 동일 분쟁에 대해 반복적으로 소송이 제기되는 것을 미연에 방지하여 소송경제를 이루기 위함이다. 헌법재판은 일반 법원의 재판과는 달리, 사실 판단이나 그에 대한 법령 적용을 주된 임무로 하는 것이 아니라 헌법의 해석을 주된 임무로 하고 있고(…저자에 의한 중략…), 그 결정의 효력은 당사자만이 아니라 국가기관은 물론, 일반 국민들에 대해서도 미치기 때문에 헌법재판에 있어 반복적인 소 제기의 제한은 중요한 의미를 갖게 된다. 만약 헌법재판소가 어떤 특정 사건에 대해 결정을 선고한다고 하더라도 후에 불복할 수 있어 그 결정이 확정적인 효력을 가지지 못하게 된다면, 문제가 된 법령 등은 계속적인 동일 소송의 제기로 인해 그 시행 여부가 불투명해질 것이고, 당사자가 계속적인 소송 제기를 멈추지 않는 한 법적 불안정 상태는 지속될 것이다. 따라서 법적 안정성의 조기확보나 소송경제를 위해 일사부재리 제도를 두는 것은 지나친 재판청구권의 제약이라고 할 수 없다(헌재 2005.12.22. 2005헌마330 결정).

iii. 헌법재판에서 재심의 허용여부: 민사소송법 제451조(구민사소송법 제422조)의 재심사유의 준용문제

다만, 이미 심판을 거친 동일한 사건이라 하더라도 예외 없이 다시 심판청구하는 것을 금지하게 되면, 당사자에게 심히 불합리한 결과를 야기할 가능성이 있다. 헌법재판소가 절차상 중대한 위법을 범하거나 그 주문에 영향을 미칠만한 중요부분에 대해 판단을 유탈하는 경우와 같이 그 심판에 있어 현저히 잘못을 범한 경우가 이에 해당할 것이다. 이러한 경우에 이를 시정할 수 있는 기회가 완전히 봉쇄된다면 헌법재판에 대한 국민의 신뢰가 무너져 법치주의의 근간을 흔들게 될 것이다. 따라서 재심의 불허가 극히 부당한 경우에는 예외적으로 다시 심판을 받을 수 있는 기회가 주어지는 것이 바람직하다. 그런데 헌법재판소법은 제40조 제1항에서 심판절차에 관하여 헌법재판의 성질에 반하지 아니하는 한도 내에서 민사소송에 관한 법령을 준용하고 하도록 하고 있고, 일정한 경우 형사소송에 관한 법령이나 행정소송법을 준용하도록 하고 있는 이외에, 헌법재판의 재심에 관하여는 별도의 명문규정을 두고 있지 않다. 그러므로 헌법재판소의 결정에 대해 재심이 허용될 수 있는지가 문제되는데, 헌법재판은 심판의 종류에 따라 그 절차의 내용과 결정의 효과가 한결같지 않기 때문에 재심의 허용여부나 허용정도 등은 심판절차의 종류에 따라서 개별적으로 판단될 수밖에 없다(헌재 1995. 1. 20. 93헌아1, 판례집 7-1, 113, 119). 이와 관련하여 헌법재판소는 ㉠ 헌법재판소법 제68조 제1항에 의한 헌법소원 중 공권력 작용을 대상으로 하는 권리구제형 헌법소원에 있어서, 재판부의 구성이 위법한 경우 등 절차상 중대하고도 명백한 위법이 있어 재심을 허용하지 아니하면 현저히 정의에 반하는 경우나(헌재 1995. 1. 20. 93헌아1, 판례집 7-1, 113, 121), ㉡ 헌법재판소의 결정에 영향을 미칠 중대한 사항에 관하여 판단을 유탈한 때(헌재 2001. 9. 27. 2001헌아3, 판례집 13-2, 457, 460)를 재심사유로 인정한 사실이 있다(헌재 2005. 12.22. 2005헌마330 결정).[35)]

Ⅴ. 심판비용

헌법재판소의 심판비용은 국가부담으로 하되, 당사자의 신청에 의한 증거조사의 비용은 헌법재판소규칙이 정하는 바에 따라 그 신청인에게 부담시킬 수 있다(헌법재판소법 제37조 제1항). 헌법재판소는 헌법소원심판의 청구인에 대하여 헌법재판소규칙으로 정하는 공탁금의 납부를 명할 수 있으며, 1. 헌법소원의 심판청구를 각하할 경우, 2. 헌법소원의 심판청구를 기각하는 경우에 그 심판청구가 권리의 남용이라고 인정되는 경우에는 헌법재판소규칙이 정하는 바에 따라 공탁금의 전부 또는 일부의 국고귀속을 명할 수 있다(헌법재판소법 제37조 제2항, 제3항).

Ⅵ. 준용규정: 헌법재판소법 제40조

헌법재판소의 심판절차에 관하여 헌법재판소법에 특별한 규정이 있는 경우를 제외하고는 헌법재판의 성질에 반하지 아니하는 한도 내에서 민사소송에 관한 법령의 규정을 준용한다. 이 경우 탄핵심판의 경우에는 형사소송에 관한 법령을, 권한쟁의심판 및 헌법소원심판의 경우에는 행정소송법을 함께 준용한다. 탄핵심판이나 권한쟁의심판, 헌법소원심판의 경우 형사소송에 관한 법령 또는 행정소송법이 민사소송에 관한 법령과 저촉될 때에는 민사소송에 관한 법령은 준용하지 않는다(헌법재판소법 제40조).

35) 헌법재판소는 판단유탈은 재심사유가 되지 아니한다고 판시한 바 있으나(헌재 1995.1.20. 93헌아1 결정), 헌재 2001.9.27. 2001헌아3 결정에서 판례를 변경하여 법령에 대한 헌법소원과는 달리 공권력의 작용에 대한 권리구제형 헌법소원심판절차에 있어서는 그 결정의 효력이 원칙적으로 당사자에게만 미치기 때문에 민사소송법의 재심에 관한 규정을 준용하여 '헌법재판소의 결정에 영향을 미칠 중대한 사항에 관하여 판단을 유탈한 때'를 재심사유로 허용하였다.

헌법재판소법 제40조의 준용규정과 관련하여 특히 헌법소원심판에 가처분에 관한 행정소송법 혹은 민사소송법규정의 준용여부가 문제되고 있다.[36)]

헌법소원심판에서 가처분의 허용 문제

헌법재판소법은 정당해산심판과 권한쟁의심판에 관해서만 가처분에 관한 규정(같은 법 제57조 및 제65조)을 두고 있을 뿐, 다른 헌법재판절차에 있어서도 가처분이 허용되는가에 관하여는 명문의 규정을 두고 있지 않다. 그러나 위 두 심판절차 이외에 같은 법 제68조 제1항 헌법소원심판절차에 있어서도 가처분의 필요성은 있을 수 있고, 달리 가처분을 허용하지 아니할 상당한 이유를 찾아볼 수 없으므로 위 헌법소원심판청구사건에서도 가처분이 허용된다고 할 것이다.

그러므로 헌법재판소법 제40조 제1항에 따라 준용되는 행정소송법 제23조 제2항의 집행정지규정과 민사소송법 제714조의 가처분규정에 비추어 볼 때, 이와 같은 가처분결정은 헌법소원심판에서 다투어지는 '공권력 행사 또는 불행사'의 현상을 그대로 유지시킴으로 인하여 생길 회복하기 어려운 손해를 예방할 필요가 있어야 하고 그 효력을 정지시켜야 할 긴급한 필요가 있어야 한다는 것 등이 그 요건이 된다 할 것이므로, 본안심판이 부적법하거나 이유없음이 명백하지 않는 한, 위와 같은 가처분의 요건을 갖춘 것으로 인정되고, 이에 덧붙여 가처분을 인용한 뒤 종국결정에서 청구가 기각되었을 때 발생하게 될 불이익과 가처분을 기각한 뒤 청구가 인용되었을 때 발생하게 될 불이익에 대한 비교형량을 하여 후자의 불이익이 전자의 불이익보다 크다면 가처분을 인용할 수 있는 것이다(헌재 2000.12.8. 2000헌사471 결정[사법시험령 제4조 제3항 효력정지 가처분신청]).

헌법재판소법 제40조 제1항에 따라 준용되는 행정소송법 제23조 제2항의 집행정지규정과 민사소송법 제714조의 가처분규정에 의하면, 법령의 위헌확인을 청구하는 헌법소원심판에서의 가처분은 위헌이라고 다투어지는 법령의 효력을 그대로 유지시킬 경우 회복하기 어려운 손해가 발생할 우려가 있어 가처분에 의하여 임시로 그 법령의 효력을 정지시키지 아니하면 안될 필요가 있을 때 허용되고, 다만 현재 시행되고 있는 법령의 효력을 정지시키는 것일 때에는 그 효력의 정지로 인하여 파급적으로 발생되는 효과가 클 수 있으므로 비록 일반적인 보전의 필요성이 인정된다고 하더라도 공공복리에 중대한 영향을 미칠 우려가 있을 때에는 인용되어서는 안 될 것이다(헌재 2002.4.25. 2002헌사129 결정).

36) 현행 헌법재판소법은 특별심판절차 가운데 정당해산심판의 경우(헌법재판소법 제57조)와 권한쟁의심판의 경우(헌법재판소법 제65조)에는 가처분제도를 명시적으로 규정하고 있으나, 그밖의 경우에는 가처분제도를 명시하지 않고 있다. 위헌법률심판의 경우에는 법원의 위헌법률심판제청이 있으면 재판절차가 정지되므로 역시 가처분제도의 필요성이 크지 않다(헌법재판소법 제42조 제1항). 탄핵심판의 경우에는 국회의 탄핵소추의 효과로서 탄핵심판대상자의 직무집행이 정지되므로 별도의 가처분제도를 인정할 필요성이 크지 않다(헌법 제65조 제3항, 헌법재판소법 제50조), 결국 가처분제도가 실질적으로 문제되는 것은 헌법소원심판이라고 할 수 있다.

제 3 절 위헌법률심판권

개 요

헌법소송유형 가운데 가장 오래된 것임과 동시에 가장 비중이 큰 것은 위헌법률심판이다. 실질적 법치주의의 구현을 위하여 법률의 내용적 정당성을 다툴 수 있는 제도로서 헌법재판제도가 처음 등장하면서 위헌법률심판이 시작되었고, 오늘날 위헌법률심판은 다양한 유형으로 분화·발전되었다. 그러나 위헌법률심판의 의미는 여전히 퇴색되지 않고 있다.

우리나라의 위헌법률심판제도는 추상적 규범통제를 도입하지 않은 채 구체적 규범통제만을 인정하고 있다. 그런 가운데 위헌으로 결정된 법률의 효력 문제를 둘러싼 논란이 비교적 복잡하게 전개되고 있다.

또한 위헌법률심판과 관련하여 빠뜨릴 수 없는 중요한 쟁점의 하나가 변형결정의 구속력 문제이다. 현행 헌법재판소법이 변형결정에 대한 법적 근거를 두지 않고 있는 것이 문제의 출발점이었지만, 오늘날 변형결정의 구속력 문제는 대법원과 헌법재판소의 갈등을 야기하는 가장 대표적인 쟁점의 하나로 인정되고 있다.

또한 위헌법률심판과 맞물려서 형식은 헌법소원이지만 실질은 위헌법률심판이라고 인정되는 위헌소원(헌법재판소법 제68조 제2항의 헌법소원)도 확실하게 정리해야 할 것이다.

사례 1 **위헌법률심판제청 및 위헌소원심판청구의 요건**

각종 해외 영화제에서 수상 경력이 있는 영화감독 甲은 '열정의 나라'라는 영화를 완성하였다. 영화 '열정의 나라'는 저명한 영화감독 甲의 작품이라는 점 때문에 영화 촬영 개시 전부터 여론의 집중적인 관심과 기대를 받았다. 그런데 이 영화가 완성되자 남녀 간의 맹목적인 성교 탐닉 행위의 묘사를 통하여 현대인의 고독과 의사소통 단절의 문제를 그린다는 내용이 알려지면서 음란성을 둘러싼 격렬한 논쟁에 휘말리게 되었다.

영화 '열정의 나라'의 제작 및 배급사의 대표인 乙은 이 영화를 상영하기 위해 영상물등급위원회에 상영등급분류신청을 하였다. 그러나 영상물등급위원회는 영화 '열정의 나라'는 별다른 스토리도 없으면서 남녀 간의 성교 장면이 차지하는 비중이 너무 클 뿐만 아니라, 그 묘사도 실제와 혼동할 정도로 너무 노골적이어서 미풍양속을 해칠 우려가 있다는 이유로 영화진흥법 규정에 따라 2개월의 상영등급보류결정을 하였다. 이러한 보류기간이 지나

자 乙은 영상물등급위원회에 다시 상영등급분류신청을 하였으나 영상물등급위원회는 다시 3개월의 상영등급보류결정을 하였다.

결국 거액을 투자하여 만든 영화 '열정의 나라'가 상영될 수 있을지조차 기약할 수 없게 되었다. 이러한 상황에 따라 막대한 피해를 보게 된 乙은 영상물등급위원회를 피고로 하여 상영등급보류결정의 취소를 구하는 행정소송을 제기하는 한편, 영상물등급위원회가 상영등급보류결정을 횟수나 기간의 제한 없이 내릴 수 있도록 한 영화진흥법 규정이 위헌라고 주장하면서 담당법원에 위헌법률심판제청신청을 하였다.

이러한 제청신청에 대하여 담당 법원은 어떠한 결정을 내려야 하는가? 또한 담당 법원이 위헌법률심판제청신청을 기각한 경우 乙이 취할 수 있는 대응수단과 예상되는 결과에 대하여도 논하시오.

[참고판례] 헌재 2001.8.30. 2000헌가9 결정; 헌재 1996.10.4. 93헌가13등 결정; 헌재 2000.2.24. 99헌가17 결정 등

사례 2 **변형결정의 기속력과 법원의 재판에 대한 헌법소원**

서울 근교에 소재한 육군 모부대 소속 운전병인 甲은 예하부대를 시찰하는 연대장 乙을 위하여 (군용차량표시가 되어 있는) 부대소속 승용차를 운전하였다. 그러나 시찰을 마치고 연대본부로 돌아가던 중 그 차는 丙이 운전하던 트럭과 충돌사고를 내었다. 이 사고에서 트럭을 운전하던 丙은 무사하였으나 甲은 전치 6주, 乙은 전치 8주의 부상을 입게 되었다. 이 사고에 대하여 丙을 고용하고 있던 A회사가 가입한 B보험회사에서 甲과 乙의 치료비를 비롯한 전체적 손해배상을 부담하게 되었으며, B보험회사는 사고 직후 모든 금액을 지불하였다.

그러나 경찰의 조사 결과 사고의 원인은 甲의 과속과 丙의 급차선변경이 경합하여 발생된 것으로 밝혀졌고, 이에 B보험회사는 일단 지불한 손해배상부담금 중 甲의 과실로 인한 손해배상부분에 대하여 대한민국을 상대로 법원에 구상금청구소송을 제기하였다. 1심 소송에서 패소한 B보험회사는 항소하는 한편 국가배상법 제2조 제1항 단서 규정에 대한 위헌법률심판의 제청을 신청하였으나 기각되었다.

그리하여 B보험회사는 헌법재판소에 헌법재판소법 제68조 제2항에 의한 헌법소원을 제기하면서, 일반 국민이 공무원과의 공동불법행위로 국가배상법 제2조 제1항 단서 조항에 의하여 국가에 대한 손해배상청구권이 제한되어 있는 군인 등에게 가한 손해를 혼자서 전부 배상한 경우, 위 법조항을 근거로 하여 일반 국민의 국가에 대한 구상권을 부인한다면, 첫째, 일반 국민이 공무원과 공동불법행위를 한 경우에만 혼자 그 손해를 전부 부담하게

되어 공평의 원리에 반하고, 둘째, 공무원의 직무상 불법행위로 초래한 손해에 대하여 국가가 그 손해를 부담하지 않고 일반 국민에게 손해배상책임을 전가하는 결과가 되어 헌법상 보장된 국민의 재산권을 침해하며, 셋째, 일반 국민은 우연한 사정에 의하여 그 손해배상의 부담부분이 증감되게 되어 법적 안정성을 해하는 것으로서 위헌이라고 주장하였다.

항소심에서도 패소한 B보험회사는 상고하였다. 상고심 심리 계속 중에 헌법재판소는 국가배상법 제2조 제1항 단서 중 군인 등의 국가배상청구권을 제한하는 부분은 "일반국민이 직무집행 중인 군인과의 공동불법행위로 직무집행 중인 다른 군인에게 공상을 입혀 그 피해자에게 공동의 불법행위로 인한 손해를 배상한 다음 공동불법행위자인 군인의 부담부분에 관하여 국가에 대하여 구상권을 행사하는 것을 허용하지 아니한다고 해석하는 한, 헌법에 위반된다"는 취지로 한정위헌결정을 내렸다.

그러나 대법원은 헌법재판소의 한정위헌결정은 유효하게 존속하는 법률이나 법률조항의 의미·내용과 그 적용 범위에 관한 해석기준을 제시하는 법률해석에 불과하고 헌법재판소법 제47조 제1항의 위헌결정이 아니므로 구속력이 인정될 수 없다고 하면서 헌법재판소의 위 한정위헌결정에도 불구하고 국가배상법 제2조 제1항 단서 규정을 그대로 적용하여 B보험회사의 상고를 기각하였다.

이 경우 B보험회사는 침해당한 기본권을 어떻게 구제받을 수 있는가?

[참고판례] 변형결정의 기속력과 재판소원의 예외적 허용 → 헌재 1995.11. 30. 94헌바40 결정; 대법원 1996.4.9. 선고 95누11405 판결; 헌재 1997.12.24. 96헌마172등 결정

[참고판례] 국가배상법 제2조 제1항 단서의 위헌성 여부 → 헌재 1994.12. 29. 93헌바21; 대법원 2001.2.15. 선고 96다42420 판결; 대법원 2001.4.27. 선고 95재다14 판결

[참고사례] [사례 49] 헌법재판소 변형결정의 구속력과 법원의 재판에 대한 헌법소원(장영수, 헌법사례연습, 제3판, 2002, 533-544쪽); [사례 37] 국가배상청구권의 제한과 제3자의 구상권(장영수, 헌법사례연습, 제3판, 2002, 416-425쪽)

Ⅰ. 위헌법률심판제도의 개념과 기능

위헌법률심판은 법원 또는 헌법재판소에서 의회가 제정한 법률이 헌법에 위배되는지 여부를 심사하고, 만일 헌법에 위반되는 것으로 인정되는 경우에

는 그 법률의 효력을 일반적으로 상실하게 하거나, 당해사건에서 그 법률의 적용을 배제하는 제도이다.

위헌법률심판제도는 헌법의 최고성을 입법에 대하여 관철시키는 제도로서 입법에 의한 기본권의 침해를 구제하는 기능(개인의 주관적인 권리구제기능)과 더불어 법질서의 통일성을 확보하고 법률내용의 정당성을 확보함으로써 실질적 법치주의를 관철시키는 기능(객관적 헌법질서 수호·유지 기능)이 인정되고 있다.

Ⅱ. 위헌법률심판제도의 유형

위헌법률심판제도는 위헌법률심판을 담당하는 기관의 성격에 따라 일반법원형(비집중형 사법심사),[37] 헌법재판소형(집중형 사법심사),[38] 정치기관형[39]으로 분류할 수 있다.

심판의 방식 내지 심판의 시기를 기준으로 할 때에는 예방적 규범통제(사전적·예방적 위헌법률심판),[40] 추상적 규범통제,[41] 구체적 규범통제[42]로 분류

37) **일반법원형**은 헌법재판을 위한 별도의 국가기관을 설치하지 않고 일반법원에서 법률을 적용하는 과정의 일부로 위헌법률심판권을 갖는 것이다. 이에 해당하는 국가로는 미국과 일본 등을 들 수 있다.

38) 독일과 오스트리아 등에서 발전되어 최근 세계 각국으로 확대되고 있는 헌법재판소형은 헌법적 분쟁의 특수한 성격 내지 헌법재판의 전문성을 고려하여 구성된 헌법재판소에 광범위한 헌법재판권을 부여하는 것을 특징으로 하며, 위헌법률심판권도 역시 다양한 헌법적 분쟁의 해결수단 중 하나로서 헌법재판소에게 맡겨지는 것이다.

39) **정치기관형**은 사법기관이 아닌 정치적 기관에서 위헌법률심판을 담당하는 것이다. 대표적인 예로서는 구소련의 연방헌법감독위원회, 구동독의 국가평의회 등을 들 수 있다. 과거에는 프랑스의 헌법평의회를 정치기관으로 분류하는 경우가 있었으나, 오늘날에는 이를 일종의 사법기관으로 보는 견해가 지배적이다.

40) **예방적 규범통제**는 법률의 공포 이전에 합헌성을 심사하는 제도로서 프랑스에서 채택되고 있는 위헌법률심판의 방식이다. 예방적 규범통제는 법률의 심의과정에서 위헌심사를 함으로써 법률의 합헌성통제의 실효성을 높일 수 있으며, 위헌적인 법률의 탄생을 원천적으로 봉쇄할 수 있다는 장점을 갖는다. 하지만 사법기관이 입법과정에 깊숙이 관여하는 것은 권력분립의 정신에 반한다는 문제 때문에 프랑스를 제외한 다른 나라에서는 이 제도를 도입한 예를 찾기 어렵다.

41) **추상적 규범통제**는 구체적인 쟁송사건과 관계없이 법률 그 자체의 위헌여부를 추상적으로 심사하고, 위헌으로 판단될 경우 그 법률의 효력을 일반적으로 무효화하는 제도로서 독일이 이를 채택한 대표적 국가이다. 추상적 규범통제는 예방적 규범통제와는 달리 법률의 성립 이전에 이를 통제하는 것은 아니지만, 그렇다고 구체적 규범통제처럼 법률의 위헌여부가 재판의 전제가 될 때에만 심판의 대상으로 삼는 것은 아니다. 일단 의회에 의하여 법률이 제정된 이후에 – 그 법률의 구체적 적용 및 이를 통한 재판의 전제성을 따질 필요 없이 – 법률내용의 위헌성이 문제될 경우에는 이를 심판의 대상으로 삼는 것이다.

따라서 이러한 추상적 규범통제는 위헌적 법률에 의한 기본권침해를 사전 예방적으로 억제

할 수 있다.

현행법상의 위헌법률심판제도는 헌법재판을 전담하는 전문법원으로 구성된 헌법재판소에서 위헌법률심판을 담당하는 헌법재판소형(집중형 사법심사) 및 구체적 소송사건을 심리·판단함에 있어서 법률의 위헌여부가 문제되는 경우에 재판의 전제가 된 법률의 합헌성을 심사하는 구체적 규범통제제도로 분류할 수 있다(헌법 제111조 제1항 제1호, 제107조 제1항, 헌법재판소법 제41조 제1항). 다만, 현행법상의 위헌법률심판제도는 심판의 결과 법률이 위헌으로 인정될 경우 미국과는 달리 당해 사건에서의 적용을 배제하는 것이 아니라 그 효력을 일반적으로 무효화하고 있는 것이 특징이다(헌법재판소법 제47조 제2항).

Ⅲ. 현행헌법 및 헌법재판소법에 따른 위헌법률심판절차

1. 위헌법률심판의 제청권자

현행법상 위헌법률심판제도는 구체적 규범통제제도의 형태로 규정되어 있으며, 위헌법률심판의 제청권자는 당해 사건의 담당법원(군사법원을 포함)에 한정되어 있다(헌법 제111조 제1항 제1호, 제107조 제1항, 헌법재판소법 제41조 제1항).

당해소송의 당사자는 제청권을 갖지 않으며, 담당법원에 대하여 위헌법률심판의 제청을 신청할 수 있을 뿐이다. 만약 담당법원이 잘못된 판단에 근거하여 위헌법률심판제청 신청을 기각할 경우 당사자는 위헌소원심판(헌법재판소법 제68조 제2항)을 청구할 수 있다.

한다는 점에서 기본권보호의 실효성이 높은 것으로 평가되며, 국내에서도 기본권보장의 실효성을 위하여 추상적 규범통제의 도입을 주장하는 학자들이 적지 않다.

42) **구체적 규범통제**는 구체적 소송사건을 심리·판단함에 있어서 법률의 위헌여부가 문제되는 경우에 적용법률의 합헌성을 심사하고, 위헌으로 판단될 경우 그 법률을 적용하지 않는 제도로서 미국이 이러한 위헌법률심판방식의 대표적 국가이다. 미국의 구체적 규범통제는 법률의 위헌여부가 재판의 전제가 될 때에만 심판대상으로 삼고 있으며, 또 심판의 결과 법률이 위헌으로 인정될 경우에도 그 효력을 일반적으로 무효화하지 않고 당해사건에서의 적용만을 배제함으로써 권력분립의 원리 및 입법부의 입법권에 대한 존중을 최대한 반영한 위헌법률심판으로 평가된다.

하지만 실제 미국 연방대법원에 의하여 위헌으로 인정되어 적용이 배제된 법률은 연방의회(또는 주의회)에 의하여 개정 또는 폐지되지 않을 수 없기 때문에 결과에 있어서는 법률의 일반적 무효를 선언한 것과 크게 다르지 않다.

2. 위헌법률심판제청의 절차

법원에 의한 위헌법률심판의 제청은 재판을 담당하는 모든 법원에 의해 행해질 수 있다. 다만, 대법원 이외의 법원이 위헌법률심판을 제청할 경우에는 대법원을 경유하여야 한다(헌법재판소법 제41조 제5항).43)

3. 위헌법률심판제청의 대상

위헌법률심판제청의 대상은 국회에서 법률의 형식으로 제정한 법규범 또는 법률적 효력을 가진 법률 이외의 법규범이다.

i. 법률

위헌법률심판제청의 대상인 법률은 원칙적으로 이미 시행되어 효력이 발생하고 현재 시점에서 유효한 법률이어야 한다. 위헌법률심판제청 당시 공포는 되었으나 시행되지 않은 법률은 위헌법률심판의 대상이 될 수 없다(헌재 1997.9.25. 97헌가4 결정).

폐지된 법률도 그 위헌 여부가 관련 소송사건의 재판의 전제가 되어 있다면 예외적으로 위헌법률심판의 대상이 된다(헌재 1994.6.30. 92헌가18 결정).

헌법재판소가 이미 위헌으로 결정한 법률도 위헌법률심판의 대상이 될 수 없다(헌재 1989.9.29. 89헌가86 결정).

ii. 법률적 효력을 갖는 법률 이외의 법규범

법률적 효력을 갖는 조약, 대통령의 긴급재정·경제명령(헌법 제76조 제1항)과 긴급명령(헌법 제76조 제2항)도 위헌법률심판의 대상이 된다[헌재 2001.9.27. 2000헌바20 결정(국제통화기금조약 제9조 제3항 등 위헌소원); 헌재 1999.4.29. 97헌가14 결정(대한민국과아메리카합중국간의상호방위조약제4조에의한시설과구역및대한민국에서의합중국군대의지위에관한협정 제2조 제1의 (나)항 위헌제청)].

43) 이처럼 대법원을 경유하도록 하는 것은 대법원에서 어떤 법률에 대하여 어떤 법원에서 위헌법률심판이 제청되었는지를 확인할 수 있도록 하는 절차로서의 의미를 가질 뿐이며, 과거 유신헌법 당시와 같이 대법원에서 실질적인 심사를 통해 하급법원의 위헌법률심판제청을 통제할 수 있는 권한(불송부결정권)은 가지고 있지 않다.

iii. **헌법규정**

헌법 제111조 제1항 제1호, 제5호 및 헌법재판소법 제41조 제1항, 제68조 제2항은 위헌심사의 대상이 되는 규범을 '법률'로 명시하고 있으며, 여기서 '법률'이라고 함은 국회의 의결을 거쳐 제정된 이른바 형식적 의미의 법률을 의미하므로 헌법의 개별규정 자체는 헌법소원에 의한 위헌심사의 대상이 아니다(헌재 1995.12.28. 95헌바3 결정; 헌재 1996.6.13. 94헌바20 결정; 헌재 1996.6.13. 94헌마118등 결정).

헌법은 전문과 각 개별조항이 서로 밀접한 관련을 맺으면서 하나의 통일된 가치체계를 이루고 있는 것으로서, 헌법의 제규정 가운데는 헌법의 근본가치를 보다 추상적으로 선언한 것도 있고, 이를 보다 구체적으로 표현한 것도 있으므로 이념적·논리적으로는 헌법규범상호간의 우열을 인정할 수 있는 것이 사실이다. 그러나 이때 인정되는 헌법규범상호간의 우열은 추상적 가치규범의 구체화에 따른 것으로서 헌법의 통일적 해석에 있어서는 유용할 것이지만, 그것이 헌법의 어느 특정 규정이 다른 규정의 효력을 전면적으로 부인할 수 있을 정도의 개별적 헌법규정 상호간에 효력상의 차등을 의미하는 것이라고는 볼 수 없다(헌재 1995.12.28. 95헌바3 결정; 헌재 1996.6.13. 94헌바20 결정; 헌재 1996.6.13. 94헌마118등 결정).

iv. **명령 · 규칙**

명령 · 규칙이 헌법이나 법률에 위반되는지 여부가 재판의 전제가 되는 경우 (대)법원의 명령 · 규칙심사권의 대상이 되나(헌법 제107조 제2항), 위헌법률심판의 대상이 될 수 없다(헌재 1996.10.4. 96헌가6 결정; 헌재 2000.1.27. 96헌바95등 결정).

헌법 제107조 제2항의 "규칙"에는 지방자치단체의 조례와 규칙이 모두 포함된다(대법원 1995.7.11. 선고 94누4615 전원합의체판결).

4. 위헌법률심판제청의 요건

헌법 제107조 ① 법률이 헌법에 위반되는 여부가 재판의 전제가 된 경우에는 법원은 헌법재판소에 제청하여 그 심판에 의하여 재판한다.

헌법 제111조 ① 헌법재판소는 다음 사항을 관장한다.

1. 법원의 제청에 의한 법률의 위헌여부 심판

헌법재판소법 제41조 (위헌여부 심판의 제청) ① 법률이 헌법에 위반되는 여부가 재판의 전제가 된 때에는 당해 사건을 담당하는 법원(군사법원을 포함한다. 이하 같다)은 직권 또는 당사자의 신청에 의한 결정으로 헌법재판소에 위헌여부의 심판을 제청한다.

담당 법원은 문제되는 법률(조항)이 ① 재판의 전제성을 갖추고 ② 위헌성에 대한 합리적인 의심이 존재하면 직권 또는 당해 소송의 당사자의 신청에 의하여 헌법재판소에 위헌법률심판의 제청을 하여야 한다.

(1) 재판의 전제성

ⅰ. 재판의 전제성의 의미

재판의 전제성이라 함은, 첫째 구체적인 사건이 법원에 계속(係屬)중이어야 하고, 둘째 위헌여부가 문제되는 법률이 당해 소송사건의 재판과 관련하여 적용되는 것이어야 하며, 셋째 그 법률이 헌법에 위반되는지의 여부에 따라 당해 사건을 담당한 법원이 다른 내용의 재판을 하게 되는 경우를 말한다(헌재 1992.12.24. 92헌가8 결정).

ⅱ. 법률의 위헌여부에 따라 법원이 다른 내용의 재판을 하게 되는 경우란?

법률의 위헌여부에 따라 법원이 "다른 내용의" 재판을 하게 되는 경우라 함은 원칙적으로 제청법원이 심리 중인 당해 사건의 재판의 결론이나 주문에 어떠한 영향을 주는 것 뿐만이 아니라, 문제된 법률의 위헌여부가 비록 재판의 주문 자체에는 아무런 영향을 주지 않는다고 하더라도 재판의 결론을 이끌어내는 이유를 달리 하는데 관련되어 있거나 또는 재판의 내용과 효력에 관한 법률적 의미가 전혀 달라지는 경우에는 재판의 전제성이 있는 것으로 보아야 한다(헌재 1992.12.24. 92헌가8 결정).

ⅲ. 재판의 전제성에서 '재판'의 의미

헌법재판소법 제68조 제2항에 의한 헌법소원심판은 심판대상이 된 법률조항이 헌법에 위반되는 여부가 관련사건에서 재판의 전제가 된 경우에 한하여 청구될 수 있는데, 여기서 "재판"이라 함은 판결·결정·명령 등 그 형식 여하와 본안에 관한 재판이거나 소송절차에 관한 재판이거나를 불문하며, 심급을 종국적으로 종결시키는 종국재판뿐만 아니라 중간재판도 이에 포함된다. 법 제295조에 의하여 법원이 행하는 증거채부결정은 당해 소송사건을 종국적으로 종결시키는 재판은 아니라고 하더라도, 그 자체가 법원의 의사결정으로서 헌법 제107조 제1항과 헌법재판소법 제41조 제1항 및 제68조 제2항에 규정된 재판에 해당된다(헌재 1996.12.26. 94헌바1 결정).

iv. 재판의 전제성에 대한 제청법원의 판단과 헌법재판소의 직권조사

위헌법률심판이나 헌법재판소법 제68조 제2항의 규정에 의한 헌법소원심판에 있어서 위헌여부가 문제되는 법률이 재판의 전제성 요건을 갖추고 있는지의 여부는 헌법재판소가 별도로 독자적인 심사를 하기보다는 되도록 법원의 이에 관한 법률적 견해를 존중해야 할 것이며, 다만 그 전제성에 관한 법률적 견해가 명백히 유지될 수 없을 때에만 헌법재판소는 이를 직권으로 조사할 수 있다 할 것이다(헌재 1993.5.13. 92헌가10등 결정; 헌재 1997.9.25. 97헌가4 결정).

V. 청구취지 확장의 조건부 의사표시와 재판의 전제성에 대한 판단

어선원 등이 직무상 사망한 경우 대통령령이 정하는 유족에게 유족급여 및 장제비를 지급하도록 규정한 '어선원 및 어선 재해보상보험법' 제27조 제1항 및 제28조 제1항(이하 '이 사건 법률조항'이라 한다)이 유족급여 및 장제비를 제외한 합의금 등 나머지 금액에 대한 부당이득반환청구에서 재판의 전제가 되는지 여부

청구인이 유족급여 및 장제비 부분을 소송물로 삼고 있지 않은 이상 유족급여 및 장제비에 관한 이 사건 법률조항은 위 부당이득금반환청구소송에 적용될 여지가 없다. 그렇다면 이 사건 법률조항의 위헌 여부가 당해사건의 재판에 어떠한 영향도 미친다고 볼 수 없으므로 재판의 전제성을 인정할 수 없다.

비록 청구인은 이 사건 법률조항에 대한 위헌결정이 내려질 경우 당해소송의 청구취지를 유족급여 및 장제비에 대한 부분까지 확장할 의사를 밝히고 있지만, 현재 청구취지가 확장되어 있지 않은 이상 장래에 확장할 것이라는 조건부 의사표시까지 고려하여 전제성 여부를 판단할 것은 아니다(헌재 2008.4.24, 2007헌바33 결정).

vi. 재판의 전제성의 소멸과 심판의 이익의 예외적 인정

위헌심판제청된 법률조항에 의하여 침해된다는 기본권이 중요하여 동 법률조항의 위헌 여부의 해명이 헌법적으로 중요성이 있는데도 그 해명이 없거나, 동 법률조항으로 인한 기본권의 침해가 반복될 위험성이 있는데도 좀처럼 그 법률조항에 대한 위헌심판의 기회를 갖기 어려운 경우에는 위헌제청 당시 재판의 전제성이 인정되는 한 당해소송이 종료되었더라도 예외적으로 객관적인 헌법질서의 수호·유지를 위하여 심판의 필요성을 인정하여 적극적으로 그 위헌 여부에 대한 판단을 하는 것이 헌법재판소의 존재이유에도 부합하고 그 임무를 다하는 것이 된다(헌재 1993.12.23. 93헌가2 결정; 헌재 2005.12.22. 2003헌가8 결정).

(2) 위헌성에 대한 의심

담당 법원은 제청권자로서 문제되는 법률의 위헌성에 대한 의심이 존재하는지 여부에 대해 판단한다. 위헌성에 대한 의심은 합리적인 의심으로도 족하다. 이것은 제청에 있어서 당해 법률에 대해 법원이 위헌의 확신이 있을 필요가 없으며, 합헌의 확신이 있을 때를 제외하고는 법원이 당해 법률에 대해 위헌법률심판을 제청하여야 하는 것을 의미한다.

> **위헌성에 대한 의심의 정도: 합리적인 위헌의 의심**
>
> 헌법 제107조 제1항, 헌법재판소법 제41조, 제43조 등의 규정취지는 법원은 문제되는 법률조항이 담당법관 스스로의 법적 견해에 의하여 단순한 의심을 넘어선 합리적인 위헌의 의심이 있으면 위헌여부심판을 제청을 하라는 취지이고, 헌법재판소로서는 제청법원의 이 고유판단을 될 수 있는 대로 존중하여 제청신청을 받아들여 헌법판단을 하는 것이다(헌재 1993.12.23. 93헌가2 결정).

5. 위헌법률심판제청의 효과: 재판의 정지

법원이 헌법재판소에 위헌법률심판의 제청을 하면 당해 소송사건의 재판은 헌법재판소의 위헌여부의 결정이 있을 때까지 정지되며, 다만 법원이 긴급하다고 인정하는 경우에 종국재판 외의 소송절차를 진행할 수 있다(헌법재판소법 제42조 제1항). 구체적 규범통제로서의 위헌법률심판의 본질상 법원은 헌법재판소의 위헌여부 결정을 기다려서 그 결과에 따라 문제의 법률을 적용 또는 배제하는 가운데 최종적인 판결을 내려야 하는 것이다.

6. 헌법재판소의 결정

법률에 대한 최종적인 위헌결정은 9인의 재판관 중 6인 이상의 찬성으로 행해질 수 있다(헌법 제113조 제1항과 헌법재판소법 제23조 제2항). 이처럼 현행법상 법률에 대한 위헌결정에 가중다수를 요구하고 있는 것은 법적 안정성과 입법부에 대한 존중을 고려한 것이다. 즉, 위헌성이 명확한 경우에만 예외적으로 법률에 대한 위헌결정을 내리도록 한 것이다.

Ⅳ. 헌법재판소의 (법률에 대한) 위헌결정의 효력

1. 일반효(대세효)

위헌으로 결정된 법률 또는 법률의 조항은 그 결정이 있는 날로부터 효력을 상실한다(헌법재판소법 제47조 제2항). 즉 당해 사건에 대한 적용만이 배제되는 것이 아니라 그 법률(조항)의 효력이 일반적으로 소멸되는 것이다(일반효 내지 대세효).

이러한 위헌결정의 효력은 구체적 규범통제의 성격과 잘 맞지 않는다고 볼 수 있는 측면도 있으나, 헌법질서의 객관성과 통일성 및 소송경제를 위해 필요하다고 인정될 수 있다.

2. 기속력

헌법재판소에 의한 법률에 대한 위헌결정은 법원 기타 국가기관 및 지방자치단체를 기속한다(헌법재판소법 제47조 제1항). 위헌결정의 기속력은 헌법의 최고규범성에서 직접 도출되는 것으로서, 실질적 법치주의를 실현시키는 중요한 요소가 된다.

반면에 헌법재판소의 합헌결정은 기속력이 없다. 즉, 헌법재판소에 의해 합헌으로 결정된 법률이라 하더라도 차후에 다시 위헌법률심판의 대상이 될 수 있는 것이다.

구체적으로 위헌결정의 효력이 미치는 범위에 관하여는 논란의 여지가 있지만, 결정의 주문 이외에 결정의 중요이유(결정요지)도 기속력을 갖는다고 이해하는 것이 타당하다.[44)]

위헌결정의 기속력과 관련하여 헌법재판소의 결정이 스스로를 기속할 수 있는지를 문제삼기도 하나, 일사부재리의 원칙이 인정되는 만큼(헌법재판소법 제39조) 헌법재판소도 당해사건에 대한 결정을 번복할 수는 없다고 보아야

---

44) 헌법재판소의 결정주문이 기속력을 갖는다는 점에 대해서는 의문의 여지가 없다. 반면에 결정이유에서 언급한 모든 사항이 국가기관을 구속하는 것으로 보는 것에는 무리가 있다. 그렇기 때문에 위헌결정의 기속력은 결정의 주문에 한정된다는 주장도 있다. 그러나 결정의 주문만이 기속력을 가질 경우에는 기속력의 범위가 지나치게 축소되어 위헌결정을 통해 법질서의 합헌성을 확보하는 데 문제가 생길 수 있으며, 결과적으로 위헌적인 법률이 재차 제정되어 다시금 위헌결정이 내려지는 일이 반복될 수도 있다.

할 것이다. 다만, 판례의 변경이 가능하므로, 사후에 유사한 사건에서 다른 결정을 내리는 것은 가능할 것이다.

3. 위헌법률심판의 결정유형과 변형결정의 효력

현행 헌법재판소법이 예정하고 있는 위헌법률심판의 (본안판단에 대한) 종국결정유형은 합헌결정과 위헌결정의 두 가지뿐이다. 그러나 현실적으로 헌법재판소는 그밖에 한정합헌결정, 한정위헌결정, 헌법불합치결정 등의 다양한 변형결정을 활용하고 있다.

한정합헌결정과 한정위헌결정은 합헌적 법률해석의 원칙에 기초한 결정유형으로서 위헌심판의 대상이 되는 법률이 다양한 해석가능성을 가지고 있을 뿐만 아니라, 어떤 해석을 취하느냐에 따라 합헌으로 판단될 수도 있고, 위헌으로 판단될 수도 있는 경우에는 위헌적인 해석을 배제한다는 전제조건 하에서 합헌으로 결정하는 것이다.

반면에 헌법불합치결정은 명백한 위헌결정이다. 그럼에도 불구하고 문제의 법률을 위헌으로 결정하여 당장 무효로 만들 경우에는 입법의 공백으로 인한 문제가 발생되는 경우가 드물지 않다. 이러한 문제를 해결하기 위하여 법률의 위헌성을 확인하면서도 잠정적으로 그 효력을 유지시키면서 입법자에 의한 법률의 개정을 요구하는 경우에 이용되는 것이 헌법불합치결정이며, 이러한 헌법불합치결정은 입법의 촉구로 이어지는 경우가 많다.

이러한 변형결정 가운데 최근 대법원과 헌법재판소 사이의 분쟁대상이 되고 있는 것은 특히 한정합헌결정과 한정위헌결정이다. 이러한 변형결정을 둘러싼 갈등은 일차적으로 입법의 미비에 기인한 것이라고 할 수 있다. 변형결정 자체가 헌법과 법률에 의하여 명문으로 인정되고 있는 결정유형은 아니다. 헌법은 위헌법률심판에 대한 구체적인 사항을 정하지 않고 있으며, 이를 정하고 있는 헌법재판소법은 제45조에서 "제청된 법률 또는 법률조항의 위헌여부만을 결정한다"고 규정하고 있기 때문에, 한정합헌, 한정위헌 등의 이른바 변형결정은 실정법에 기초한 것이 아니라 해석을 통하여 발전되어 온 것이다.

그로 인하여 변형결정의 헌법적·법률적 근거 및 효력에 대하여 아래에서 보는 바와 같이 헌법재판소와 대법원이 첨예한 견해대립을 보이고 있다.[45)]

45) 이러한 견해대립은 각자의 입장이 헌법재판소법 규정을 각기 유리한 방식으로 해석함으로

i. 헌법재판소의 변형결정과 그 기속력을 부인하는 대법원 판례

㉮ 구 소득세법 제23조 제4항 단서, 제45조 제1항 제1호 단서에 대한 한정위헌결정의 문제

헌법재판소는 헌재 1995.11.30. 94헌바40결정에서 구 소득세법 제23조 제4항 단서, 제45조 제1항 제1호 단서는 "실지거래가액에 의한 세액이 기준시가에 의한 세액을 초과하지 않는 범위 내에서 실지거래가액에 의하여 양도차익을 산정할 경우를 대통령령으로 정하도록 위임한 취지로 보아야 하고, 따라서 위 위임의 범위를 벗어나 실지거래가액에 의하여 양도소득세의 과세표준을 산정할 경우를 그 실지거래가액에 의한 세액이 그 본문의 기준시가에 의한 세액을 초과하는 경우까지를 포함하여 대통령령에 위임한 것으로 해석한다면 그 한도 내에서는 헌법 제38조, 제59조가 규정한 조세법률주의와 헌법 제75조가 규정한 포괄위임금지의 원칙에 위반된다"고 한정위헌 결정을 내렸으나, 대법원은 대법원 1996.4.9. 선고 95누11405 판결에서 헌법재판소의 위 한정위헌결정의 기속력을 부인하였다. 헌법재판소는 헌재 1997.12.24. 96헌마172등 결정에서 위 95누11405판결에 대해 예외적인 헌법소원의 대상으로 인정하고 이 판결을 직접 취소하였다.

㉯ 국가배상법 제2조 제1항 단서에 대한 한정위헌결정의 문제

헌법재판소는 헌재 1994.12.29. 93헌바21에서 국가배상법 제2조 제1항 단서 중 군인 등의 국가배상청구권을 제한하는 부분은 "일반국민이 직무집행 중인 군인과의 공동불법행위로 직무집행 중인 다른 군인에게 공상을 입혀 그 피해자에게 공동의 불법행위로 인한 손해를 배상한 다음 공동불법행위자인 군인의 부담부분에 관하여 국가에 대하여 구상권을 행사하는 것을 허용하지 아니한다고 해석하는 한, 헌법에 위반된다"라고 한정위헌결정을 내렸다. 그러나 대법원은 대법원

써 자신의 주장을 정당화시키고 있기 때문에 실정법규정의 형식논리적 해석만으로는 극복하기 어렵다. 따라서 변형결정의 실정법적 근거 및 효력은 문구해석이나 발생사적 해석보다는 목적론적 해석을 통하여 판단되어야 할 것이다. 즉 변형결정을 인정할 경우와 부정할 경우에 각기 발생되는 결과를 비교하여 위헌법률심판제도의 취지에 보다 적합한 경우를 선택하여야 한다는 것이다. 이렇게 볼 때 변형결정 및 그 구속력을 인정해야 할 필요성은 매우 명백해진다. 변형결정을 인정함으로써 앞서 설명한 바와 같이 헌법재판소가 국회의 입법권을 존중하는 가운데 자신의 위헌결정권을 합리적 한도 내로 축소시켜서 운용하는 것이 가능해지기 때문이다. 그러나 만일 변형결정 및 그 구속력을 부인할 경우에는 헌법재판소가 변형결정을 내리는 대신에 단순합헌이나 단순위헌의 결정을 내릴 수밖에 없게 된다. 이 경우 단순합헌의 결정은 위헌의 소지를 방치하는 것이 되기 때문에 위헌법률심판제도의 취지에 반하는 것이 될 것이며, 단순위헌의 결정은 국회의 입법권에 대한 심각한 제약이 될 수 있다는 어려움을 낳는 것이다. 그러나 동시에 변형결정의 한계에 대해서도 깊이 생각해 볼 필요가 있다. 비록 변형결정이 위헌법률심판제도의 취지를 살리면서도 국회의 입법권을 존중해주는 훌륭한 수단으로 이용될 수 있지만, 이러한 변형결정은 어디까지나 보충적 수단이라는 점을 잊지 말아야 한다는 것이다. 위헌법률심판은 법률의 내용이 헌법과 합치되는지의 여부를 판단하는 것이며, 그 판단은 명확할 필요가 있다. 다만 예외적인 경우에 변형결정을 통하여 위헌법률심판제도의 취지와 국회 입법권에 대한 존중을 조화시키게 되는 것이다.

2001.2.15. 선고 96다42420 판결에서 헌법재판소의 위 한정위헌결정의 기속력을 직접적으로 부인하지는 않았으나, 일반국민이 직무집행 중인 군인과의 공동불법행위로 직무집행 중인 다른 군인에게 공상을 입혀 그 피해자에게 공동의 불법행위로 인한 손해를 배상한 경우에는 "공동불법행위자 등이 부진정연대채무자로서 각자 피해자의 손해 전부를 배상할 의무를 부담하는 공동불법행위의 일반적인 경우와 달리 예외적으로 민간인은 피해 군인 등에 대하여 그 손해 중 국가 등이 민간인에 대한 구상의무를 부담한다면 그 내부적인 관계에서 부담하여야 할 부분을 제외한 나머지 자신의 부담부분에 한하여 손해배상의무를 부담하고, 한편 국가 등에 대하여는 그 귀책부분의 구상을 청구할 수 없다고 해석함이 상당하다 할 것이고"라고 하여 한정위헌결정에 반하는 취지로 판결하였고, 대법원 2001.4.27. 선고 95재다14 판결에서 한정위헌결정의 기속력을 부인하였다.

㉰ 구소득세법 제60조에 대한 (그 개정법률을 소급적용하라는 취지의) 헌법불합치 결정의 문제

헌법재판소는 1995.11.30. 91헌바1등 결정에서 구 소득세법 제60조의 위헌성을 확인하면서 그 개정법률을 "확정되지 아니한 모든 사건과 앞으로 행할 양도소득세 부과처분 모두에 대하여 위 개정법률을 적용할 것을 내용으로 하는 헌법불합치결정"을 내렸으나, 대법원은 "위 헌법불합치결정은 당해 조항의 위헌성이 제거된 개정법률이 시행되기 이전까지는 종전 구 소득세법 제60조를 그대로 잠정 적용하는 것을 허용하는 취지의 결정이라고 이해할 수밖에 없고, 그것이 당해 사건이라고 하여 달리 취급하여야 할 이유가 없다."라고 하면서 헌법재판소의 헌법불합치결정에 반하여 구 소득세법 제60조 규정을 개정법률의 시행 전까지 계속 적용하였다(대법원 1997.3.28. 선고 95누17960 판결과 대법원 1997.3.28. 선고 96누15602 판결).

ii. 대법원이 한정위헌결정의 구속력을 부인하는 논거

한정위헌 결정의 경우에는 헌법재판소의 결정에 불구하고 법률이나 법률조항은 그 문언이 전혀 달라지지 않은 채 그냥 존속하고 있는 것이므로 이와 같이 법률이나 법률조항의 문언이 변경되지 아니한 이상 이러한 한정위헌 결정은 법률 또는 법률조항의 의미, 내용과 그 적용범위를 정하는 법률해석이라고 이해하지 않을 수 없다(대법원 1996.4.9. 선고 95누11405 판결; 대법원 2001.4.27. 선고 95재다14 판결).

법령의 해석·적용 권한은 사법권의 본질적 내용을 이루는 것이고, 법률이 헌법규범과 조화되도록 해석하는 것은 법령의 해석·적용상 대원칙이므로, 합헌적 법률해석을 포함하는 법령의 해석·적용 권한은 대법원을 최고법원으로 하는 법원에 전속하는 것이며, 이러한 법원의 권한에 대하여 다른 국가기관이 법률의

해석기준을 제시하여 법원으로 하여금 그에 따라 당해 법률을 구체적 분쟁사건에 적용하도록 하는 등의 간섭을 하는 것은 우리 헌법에 규정된 국가권력 분립구조의 기본원리와 사법권 독립의 원칙상 허용될 수 없으므로, 법률의 해석기준을 제시하는 헌법재판소의 한정위헌결정은 법원에 전속되어 있는 법령의 해석·적용 권한에 대하여 기속력을 가질 수 없으며, 헌법재판소법에서 헌법재판소로 하여금 제청된 법률 또는 법률조항의 위헌 여부만을 결정하도록 하고(제45조), 법률의 위헌결정에 기속력을 부여하면서(제47조 제1항) 위헌으로 결정된 법률 또는 법률조항은 효력을 상실하도록 규정하고 있으므로(제47조 제2항), 법률 또는 법률조항 자체의 효력을 상실시키는 위헌결정은 기속력이 있지만, 한정위헌결정과 같은 해석기준을 제시하는 형태의 헌법재판소 결정은 기속력을 인정할 근거가 없다(대법원 2001.4.27. 선고 95재다14 판결. 대법원 1996.4.9. 선고 95누11405 판결도 같은 취지임).

iii. 헌법불합치결정의 구속력을 부인하는 대법원 판례

헌법재판소가 1995. 11. 30. 91헌바1, 95헌바12 등 병합사건에서 구 소득세법(1994. 12. 22. 법률 제4803호로 전문 개정되기 전의 것) 제60조가 위헌임에도 불구하고 굳이 헌법불합치결정을 한 것은 단순위헌결정을 하는 경우 그 결정의 효력이 당해 사건 등에 광범위하게 미치는 결과 구 법령에 근거한 양도소득세부과처분이 모두 취소되게 되어 법적 공백의 발생, 조세수입 감소로 인한 국가재정의 차질, 기납세자와의 형평 위배 등의 불합리가 발생하므로 이러한 부작용을 회피하기 위하여 개정법령의 시행일 이전에 종전의 법령을 적용하여 한 부과처분을 그대로 유지함이 옳다는 판단에서 나온 것임이 분명하다. 그런데 위 결정이유의 전단에서는 종래의 법령의 계속 적용이 가능하다고 하면서도 후단에서는 개정법률이 위헌성이 제거되었다는 이유로 이를 당해 사건 등에 소급하여 적용할 것을 설시하고 있으나, 이를 소급적용할 법리상 근거도 없을 뿐만 아니라 개별공시지가 시행 이전에 이미 양도가 이루어진 사건에 있어서는 위 개정법률은 양도 당시의 과세시가표준액 등에 의한 기준시가를 위 개정법률이 정하고 있는 개별공시지가로 환산하는 규정을 결하고 있으므로, 그와 같은 사례에 있어서는 그 처분이 전부 취소될 수밖에 없어 헌법불합치결정을 채택하는 근거로 내세운 법적 공백의 회피, 국가의 재정차질 방지 및 납세자 사이의 형평 유지에 정면으로 모순되는 결과가 발생하게 된다. 그렇다면 결국 위 헌법불합치결정은 당해 조항의 위헌성이 제거된 개정법률이 시행되기 이전까지는 종전 구 소득세법 제60조를 그대로 잠정 적용하는 것을 허용하는 취지의 결정이라고 이해할 수밖에 없고, 그것이 당해 사건이라고 하여 달리 취급하여야 할 이유가 없다(대법원 1997.3.28. 선고 96누15602 판결).

iv. 변형결정의 구속력을 인정하는 헌법재판소의 논거

㉮ 헌법재판소의 법률에 대한 위헌결정에는 단순위헌결정은 물론, 한정합헌, 한정위헌결정과 헌법불합치결정도 포함되고 이들은 모두 당연히 기속력을 가진다.

즉, 헌법재판소는 법률의 위헌여부가 심판의 대상이 되었을 경우, 재판의 전제가 된 사건과의 관계에서 법률의 문언, 의미, 목적 등을 살펴 한편으로 보면 합헌으로, 다른 한편으로 보면 위헌으로 판단될 수 있는 등 다의적인 해석가능성이 있을 때 일반적인 해석작용이 용인되는 범위내에서 종국적으로 어느 쪽이 가장 헌법에 합치되는가를 가려, 한정축소적 해석을 통하여 합헌적인 일정한 범위내의 의미내용을 확정하여 이것이 그 법률의 본래적인 의미이며 그 의미 범위내에 있어서는 합헌이라고 결정할 수도 있고, 또 하나의 방법으로는 위와 같은 합헌적인 한정축소 해석의 타당영역밖에 있는 경우에까지 법률의 적용범위를 넓히는 것은 위헌이라는 취지로 법률의 문언자체는 그대로 둔 채 위헌의 범위를 정하여 한정위헌의 결정을 선고할 수도 있다.

위 두 가지 방법은 서로 표리관계에 있는 것이어서 실제적으로는 차이가 있는 것이 아니다. 합헌적인 한정축소해석은 위헌적인 해석 가능성과 그에 따른 법적용을 소극적으로 배제한 것이고, 적용범위의 축소에 의한 한정적 위헌선언은 위헌적인 법적용 영역과 그에 상응하는 해석 가능성을 적극적으로 배제한다는 뜻에서 차이가 있을 뿐, 본질적으로는 다 같은 부분위헌결정이다(헌법재판소 1992. 2. 25. 89헌가104 결정).

㉯ 헌법재판소의 또 다른 변형결정의 하나인 헌법불합치결정의 경우에도 개정입법시까지 심판의 대상인 법률조항은 법률문언의 변화없이 계속 존속하나, 헌법재판소에 의한 위헌성 확인의 효력은 그 기속력을 가지는 것이다(헌재 1997.12. 24. 96헌마172등 결정).

vi. 변형결정의 구속력에 반하는 법원의 재판 및 원행정처분에 대한 예외적 헌법소원

㉮ 재판소원 배제규정에 대한 한정위헌 결정

헌법재판소법 제68조 제1항이 원칙적으로 헌법에 위반되지 아니한다고 하더라도, 법원이 헌법재판소가 위헌으로 결정하여 그 효력을 전부 또는 일부 상실하거나 위헌으로 확인된 법률을 적용함으로써 국민의 기본권을 침해한 경우에도 법원의 재판에 대한 헌법소원이 허용되지 않는 것으로 해석한다면, 위 법률조항은 그러한 한도 내에서 헌법에 위반된다.

㈏ **헌법재판소에 의하여 위헌으로 결정되어 효력을 상실한 명령·규칙을 적용한 재판에 대한 헌법소원**

명령・규칙에 근거한 집행행위가 존재하지 아니한 경우에는 그에 대한 헌법위반여부를 구체적인 재판절차에서 심사할 수 없기 때문에 직접 국민의 기본권을 침해하는 명령・규칙에 대하여는 주관적 권리구제절차로서 헌법소원의 가능성이 열려 있으므로, 헌법재판소에 의하여 명령・규칙이 위헌으로 결정되어 그 효력을 상실한 경우에도 법률의 경우와 그 법리가 다를 바 없다.

㈐ **변형결정의 구속력**

헌법재판소의 법률에 대한 위헌결정에는 단순위헌결정은 물론, 한정합헌, 한정위헌결정과 헌법불합치결정도 포함되고 이들은 모두 당연히 기속력을 가진다.

㈑ **위헌결정의 기속력에 반하는 재판의 취소**

이 사건 대법원판결은 헌법재판소가 이 사건 법률조항에 대하여 한정위헌결정을 선고함으로써 이미 부분적으로 그 효력이 상실된 법률조항을 적용한 것으로서 위헌결정의 기속력에 반하는 재판임이 분명하므로 이에 대한 헌법소원은 허용된다할 것이고, 또한 이 사건 대법원판결로 말미암아 청구인의 헌법상 보장된 기본권인 재산권 역시 침해되었다 할 것이다. 따라서 이 사건 대법원판결은 헌법재판소법 제75조 제3항에 따라 취소되어야 마땅하다.

㈒ **원행정처분에 대한 예외적 헌법소원**

행정처분이 헌법에 위반되는 것이라는 이유로 그 취소를 구하는 행정소송을 제기하였으나 법원에 의하여 그 청구가 받아들여지지 아니한 후 다시 원래의 행정처분에 대하여 헌법소원심판을 청구하는 것이 원칙적으로 허용될 수 있는지의 여부에 관계없이, 이 사건의 경우와 같이 행정소송으로 행정처분의 취소를 구한 청구인의 청구를 받아들이지 아니한 법원의 판결에 대한 헌법소원심판의 청구가 예외적으로 허용되어 그 재판이 헌법재판소법 제75조 제3항에 따라 취소되는 경우에는 원래의 행정처분에 대한 헌법소원심판의 청구도 이를 인용하는 것이 상당하다(헌재 1997.12.24. 96헌마172등 결정).

(4) 위헌결정의 효력발생시기

헌법재판소법 제47조 (위헌결정의 효력) ② 위헌으로 결정된 법률 또는 법률의 조항은 그 결정이 있는 날로부터 효력을 상실한다. 다만, 형벌에 관한 법률 또는 법률의 조항은 소급하여 그 효력을 상실한다.

헌법재판소법 제47조 제2항에 따라 법률에 대한 위헌결정은 원칙적으로 소급효를 갖지 못하며, 장래효만을 갖는다. 이러한 원칙적 장래효와 예외적

소급효의 규정은 "법적 안정성 내지 신뢰보호의 원칙"과 "개별적 사건에 있어서의 정의 내지 평등의 원칙"의 상충관계에서 입법자가 전자를 좀 더 중요시한 것이다.

i. 원칙적인 장래효(헌법재판소법 제47조 제2항 본문에 대한 합헌 결정)

헌법재판소에 의하여 위헌으로 선고된 법률 또는 법률의 조항이 제정 당시로 소급하여 효력을 상실하는가 아니면 장래에 향하여 효력을 상실하는가의 문제는 특단의 사정이 없는 한 헌법적합성의 문제라기보다는 입법자가 법적 안정성과 개인의 권리구제 등 제반이익을 비교형량하여 가면서 결정할 입법정책의 문제인 것으로 보인다. 우리의 입법자는 헌법재판소법 제47조 제2항 본문의 규정을 통하여 형벌법규를 제외하고는 법적 안정성을 더 높이 평가하는 방안을 선택하였는바, 이에 의하여 구체적 타당성이나 평등의 원칙이 완벽하게 실현되지 않는다고 하더라도 헌법상 법치주의의 원칙의 파생인 법적 안정성 내지 신뢰보호 원칙에 의하여 정당화된다 할 것이고, 특단의 사정이 없는 한 이로써 헌법이 침해되는 것은 아니라 할 것이다(헌재 1993.5.13. 92헌가10등 결정; 헌재 2001.12.20. 2001헌바7 결정).

ii. 예외적으로 소급효가 인정되는 경우

1. 그렇지만 효력이 다양할 수밖에 없는 위헌결정의 특수성 때문에 예외적으로 부분적인 소급효의 인정을 부인해서는 안 될 것이다. 첫째, 구체적 규범통제의 실효성의 보장의 견지에서 법원의 제청·헌법소원 청구 등을 통하여 헌법재판소에 법률의 위헌결정을 위한 계기를 부여한 당해 사건, 위헌결정이 있기 전에 이와 동종의 위헌여부에 관하여 헌법재판소에 위헌제청을 하였거나 법원에 위헌제청신청을 한 경우의 당해 사건, 그리고 따로 위헌제청신청을 아니하였지만 당해 법률 또는 법률의 조항이 재판의 전제가 되어 법원에 계속 중인 사건에 대하여는 소급효를 인정하여야 할 것이다. 둘째, 당사자의 권리구제를 위한 구체적 타당성의 요청이 현저한 반면에 소급효를 인정하여도 법적 안정성을 침해할 우려가 없고 나아가 구법에 의하여 형성된 기득권자의 이득이 해쳐질 사안이 아닌 경우로서 소급효의 부인이 오히려 정의와 평등 등 헌법적 이념에 심히 배치되는 때에도 소급효를 인정할 수 있다.

2. 어떤 사안이 후자와 같은 테두리에 들어가는가에 관하여는 본래적으로 규범통제를 담당하는 헌법재판소가 위헌선언을 하면서 직접 그 결정주문에서 밝혀야 할 것이나, 직접 밝힌 바 없으면 그와 같은 경우에 해당하는가의 여부는 일반법원이 구체적 사건에서 해당 법률의 연혁·성질·보호법익 등을 검토하고 제

반이익을 형량해서 합리적·합목적적으로 정하여 대처할 수밖에 없을 것으로 본다(헌재 1993.5.13. 92헌가10등 결정).

iii. 대법원에 의한 예외적인 소급효의 확장(동종사건)과 제한

헌법재판소의 위헌결정의 효력은 위헌제청을 한 당해사건, 위헌결정이 있기 전에 이와 동종의 위헌 여부에 관하여 헌법재판소에 위헌제청을 하였거나 법원에 위헌제청신청을 한 사건과 따로 위헌제청신청은 아니하였지만 당해 법률 또는 법률 조항이 재판의 전제가 되어 법원에 계속중인 사건뿐만 아니라, 위헌결정 이후에 위와 같은 이유로 제소된 일반사건에도 미친다고 할 것이나, 위헌결정의 효력은 그 미치는 범위가 무한정일 수는 없고 다른 법리에 의하여 그 소급효를 제한하는 것까지 부정되는 것은 아니라 할 것이며, 법적 안정성의 유지나 당사자의 신뢰보호를 위하여 불가피한 경우에 위헌결정의 소급효를 제한하는 것은 오히려 법치주의의 원칙상 요청되는 바라 할 것이다(대법원 1994.10.25. 선고 93다42740 판결; 대법원 2006.6.15. 선고 2005두10569 판결).

V. 특수형식의 위헌법률심판으로서의 위헌소원

1. 위헌소원의 의의와 성격

위헌소원(이른바 위헌심사형 헌법소원)이란 법률의 위헌여부에 대한 심판의 제청신청이 법원에서 기각된 때에 그 신청을 한 당사자가 헌법재판소법 제68조 제2항 제1문에 따라 제기하는 헌법소원이다. 반면 헌법재판소법 제68조 제1항에 의한 헌법소원을 권리구제형 헌법소원이라고 한다.

위헌소원은 형식상 헌법소원이지만, 그 실질에 있어서는 위헌법률심판이라고 할 수 있다. 현행헌법상 위헌법률심판에 대해서는 제111조 제1항 제1호에서 "법원의 제청에 의한 법률의 위헌여부 심판"이라고 명시하고 있으므로, 법원의 제청이 없을 경우에는 위헌법률심판 자체가 불가능해지는 것이다. 이러한 문제를 해결하기 위하여 헌법소원의 형식으로 사실상의 위헌법률심판을 인정하고 있는 것이 헌법재판소법 제68조 제2항에 의한 위헌소원이다.[46]

46) 이와 같이 외국에서는 찾기 어려운 독특한 제도가 헌법소원이라는 이름으로 헌법재판소법에 도입되게 된 데에는 우리 헌정사의 특수한 경험이 크게 작용하였다. 제3공화국 말기에 있었던 국가배상법 제2조 제1항 단서에 관한 대법원의 위헌결정 및 그에 뒤이은 엄청난 사법부

2. 위헌소원의 제기요건

헌법재판소법 제68조 (청구사유) ② 제41조 제1항의 규정에 의한 법률의 위헌여부심판의 제청신청이 기각된 때에는 그 신청을 한 당사자는 헌법재판소에 헌법소원심판을 청구할 수 있다. 이 경우 그 당사자는 당해 사건의 소송절차에서 동일한 사유를 이유로 다시 위헌여부심판의 제청을 신청할 수 없다.

헌법재판소법 제69조 (청구기간) ② 제68조 제2항의 규정에 의한 헌법소원심판은 위헌여부심판의 제청신청을 기각하는 결정을 통지받은 날부터 30일이내에 청구하여야 한다.

① 청구권자와 대상

위헌소원의 청구권자는 법원에 계속(係屬)중인 사건에서 재판의 전제가 되는 법률에 대한 위헌법률심판제청을 법원에 신청하였다가 기각된 당사자이다.

위헌소원의 경우에도 당사자가 사인(私人)인 경우 변호사강제주의의 원칙에 따라 당사자에게 변호사자격이 없는 한 변호사를 대리인으로 선임하여야 한다(헌법재판소법 제25조 제3항).

위헌소원의 대상은 법원의 위헌제청신청기각결정의 대상이 되었던 법률이다.

의 탄압에 영향을 받아 대법원이 제4공화국과 제5공화국의 기간동안 - 당시 위헌법률심판권을 보유하고 있던 헌법위원회에 - 단 1건의 위헌법률심사제청도 하지 않았고, 그 결과 위헌법률심사제도가 유명무실하게 되었던 쓰디 쓴 경험이 위헌법률심판의 제청여부를 법원에 전적으로 맡기지 못하게 한 것이다. 또한 그동안 헌법재판소법 제68조 제2항에 의한 헌법소원이 헌법재판소에서 적지 않게 인용되었음을 볼 때, 이러한 의구심은 근거 없는 것은 아니었다고 할 수 있다.

따라서 헌법재판소법 제68조 제2항에 의한 헌법소원이 현실적으로 필요하다는 것은 명백하다. 그러나 실질은 위헌법률심판이면서 형식은 헌법소원을 취하고 있다는 것은 비정상적인 형태임에 틀림없다. 문제는 헌법 제111조 제1항 제1호에서 위헌법률심판에 관하여는 '법원의 제청에 의한 법률의 위헌여부심판'으로 못 박고 있는 점에 있다. 즉, 당사자의 신청에 의한 위헌법률심판이 인정될 여지를 찾기 힘든 것이다. 그러므로 입법론적으로는 헌법 제111조 제1항 제1호를 '법률이 정하는 절차에 따른 위헌법률심판'으로 개정하는 전제 하에, 헌법재판소법 제68조 제2항의 규정을 동법 제41조에 제6항으로 삽입하고, 명칭도 '헌법소원' 대신에 '당사자에 의한 위헌법률심판의 제청'으로 바꾸는 편이 체계에 맞을 것으로 생각된다.

ⅰ. 법원에 위헌제청신청을 한 바 없는 법률조항에 대한 위헌소원 청구의 적법성

헌법재판소법 제68조 제2항의 규정에 의한 헌법소원심판은 법률의 위헌여부 심판의 제청신청을 하여 그 신청이 기각된 때에만 청구할 수 있는 것인바, 청구인은 상고심절차에관한특례법 제4조 제1항에 대한 위헌여부심판의 제청신청을 하지 아니하였고 따라서 법원의 기각결정도 없었으므로 이에 대한 심판청구는 부적법하다(헌재 2003.9.25. 2003헌바21 결정).

ⅱ. 위헌제청신청을 기각한 제청법원의 결정내용에 포함되어 있지 않은 법률조문에 관한 위헌소원청구의 적법성

헌법재판소법 제68조 제2항에 의한 헌법소원은 동법 제41조 제1항의 규정에 의한 위헌여부심판의 제청신청을 법원이 각하 또는 기각한 경우에만 당사자가 직접 당재판소에 헌법소원의 형태로 심판청구를 할 수 있는 것이므로, 법원의 위헌제청신청기각결정의 대상이 되지 아니한 규정들에 대한 심판청구 법 제68조 제2항에 따른 헌법소원심판의 대상이 될 수 없는 사항에 대한 것으로서 부적법하다(헌재 1994.4.28. 89헌마221 결정).

② 재판의 전제성

위헌소원의 심판은 본질상 위헌법률심판이기 때문에, - 위헌법률심판과 마찬가지로 - 재판의 전제성이 요구된다.

③ 위헌법률심사의 제청과 같은 방식의 청구서

헌법재판소법 제68조 제2항에 따른 헌법소원, 이른바 위헌소원은 동법 제68조 제1항에 따른 헌법소원과는 달리 헌법재판소법 제43조의 규정을 준용하여 위헌법률심사의 제청과 같은 방식의 청구서를 작성하여 헌법재판소에 심판을 청구(헌법재판소법 제71조 제2항)하여야 한다.[47]

④ 청구기간

위헌소원은 위헌법률심판의 제청신청을 기각하는 결정을 통지받은 날로부터 30일 이내에 청구하여야 한다(헌법재판소법 제69조 제2항). 또한 제1심에서 청구기간을 도과한 당사자가 상급심에서 다시 제청신청을 하여 또 기각결정

47) 즉 침해된 권리, 침해의 원인이 되는 공권력의 행사 또는 불행사 등이 아니라 사건 및 당사자, 위헌이라고 해석되는 법률 또는 법률의 조항, 위헌이라고 해석되는 이유 등을 기재한 심판청구서가 요구된다. 이와 같은 차이는 곧 위헌소원의 본질이 위헌법률심판이며, 헌법재판소에서 판단하여야 할 내용과 방식이 위헌법률심판과 다르지 않음을 보여주는 것이다.

을 받은 경우에 헌법재판소에 위헌소원심판을 청구할 수 있는지에 대한 문제가 제기되나, 이를 인정하는 것이 일반적이다.

3. 위헌소원의 심판절차

위헌소원은 헌법소원의 형식을 취하고 있으나 그 실질은 위헌법률심판이기 때문에 심판의 대상은 - 공권력의 행사 또는 불행사를 문제삼는 헌법재판소법 제68조 제1항에 의한 헌법소원의 경우와는 달리 - 위헌법률심판제청의 대상으로서 문제가 되었던 법률이다. 즉 헌법재판소법 제41조 제1항의 의미의 법률인 것이다.

따라서 국회에서 제정된 이른바 형식적 의미의 법률뿐만 아니라 그와 동일한 효력을 갖는 법규범, 즉 대통령의 긴급재정・경제명령(헌법 제76조 제1항)과 긴급명령(헌법 제76조 제2항), 법률과 동일한 효력을 갖는 조약 등이 심판의 대상이 된다.

위헌소원의 경우도 헌법재판소법 제68조 제1항에 따른 헌법소원과 마찬가지로 재판관 3인으로 구성되는 지정재판부에 의한 사전심사를 거친다. 지정재판부에서는 청구기관의 도과, 대리인의 선임이 없는 경우, 기타 청구가 부적법하고 그 흠결을 보정할 수 없는 경우에 지정재판부 재판관 전원의 일치된 의견으로 심판청구를 각하할 수 있다(헌법재판소법 제72조 제3항).

지정재판부의 각하결정이 없는 경우 헌법재판소는 위헌소원에 대한 심판절차에 들어가게 된다. 헌법재판소에 의한 위헌소원의 심판에서는 재판의 전제성을 비롯한 위헌소원의 제소요건이 제대로 갖추어졌는지를 검토하고, 문제된 법률의 위헌여부에 대한 판단을 내리게 된다. 특히 문제된 법률의 위헌여부에 대한 판단에 있어서는 위헌법률심판에 있어서와 마찬가지로 당사자가 주장하는 이유에 한정되지 않고 폭넓게 그 위헌여부를 검토하여 판단할 수 있다.

위헌소원의 심판이 본질상 위헌법률심판과 같은 것이기 때문에 헌법재판소도 그 결정형식을 - 청구인용과 기각으로 판단하던 과거와는 달리 - 합헌 또는 위헌의 결정으로 하고 있다. 당사자의 청구가 이유 없을 때, 즉 문제되는 법률이 합헌이라고 판단될 때에는 기각결정이 아닌 합헌결정을 하며, 청구가 부적법할 때에는 각하결정을 내린다. 반면에 문제되는 법률이 위헌이라고 판단될 때에는 인용결정이 아닌 위헌결정을 내리는 것이다.

물론 한정합헌, 한정위헌 등의 변형결정도 가능하다. 특히 위헌의 결정을 내리기 위해서는 재판관 6인 이상의 찬성이 있어야 한다(헌법 제113조 제1항, 헌법재판소법 제23조 제2항 제1호).

4. 위헌소원에 대한 헌법재판소 결정의 효력

위헌소원에 대한 헌법재판소 결정의 효력도 위헌법률심판의 경우와 유사하게 볼 수 있다(헌법재판소법 제75조 제6항).

합헌결정 또는 각하결정의 경우에는 특별히 문제될 것이 없으나, 위헌결정의 경우 그 효력의 범위 및 발생시기 등과 관련하여 - 위헌법률심판에 의한 위헌결정의 경우와 마찬가지로 - 많은 복잡한 문제들이 발생될 수 있는 것이다.

또한 헌법재판소법 제68조 제2항의 규정에 의한 위헌소원이 인용된 경우에 당해 헌법소원과 관련된 소송사건이 이미 확정된 때에는 당사자는 재심을 청구할 수 있다(헌법재판소법 제75조 제7항). 이러한 재심과 관련하여 형사사건에 대하여는 형사소송법의 규정을, 그밖의 사건에 대하여는 민사소송법의 규정을 준용한다(헌법재판소법 제75조 제8항).

사례의 해결절차

사례 1 위헌법률심판제청 및 위헌소원심판청구의 요건

Ⅰ. 사안의 분석과 쟁점의 정리 (5점)

Ⅱ. 위헌법률심판제도의 성격과 기능 (6점)

1. 실질적 법치주의의 요청과 위헌법률심판의 탄생
2. 입법자에 대한 헌법적 통제로서의 성격과 기능
3. 법률의 합헌성 추정과 위헌법률심판의 한계

Ⅲ. 위헌법률심판제청의 요건 (1) - 재판의 전제성 (8점)

1. 헌법 및 헌법재판소법의 규정
2. 구체적 규범통제로서의 성격과 요건
3. 재판의 전제성 인정의 기준

Ⅳ. 위헌법률심판제청의 요건 (2) - 위헌성에 대한 합리적 의심 (8점)

1. 제청권자로서의 법원과 그 판단의 의미
2. 위헌제청의 오남용과 그 문제점
3. 법원의 위헌제청을 기피할 경우의 문제점

4. 우리 헌법사의 경험과 현행법상의 대안

V. 제청신청에 대한 법원의 결정 (9점)

1. 재판의 전제성에 대한 판단
2. 사안의 위헌성에 대한 판단
3. 예상되는 법원의 결정

VI. 제청신청기각시 乙의 대응수단과 예상되는 결과 (9점)

1. 제청신청기각의 의미와 문제점
2. 대안으로서의 위헌소원제도
3. 예상되는 결과

VII. 결론 (5점)

사례 2 변형결정의 기속력과 법원의 재판에 대한 헌법소원

I. 사안의 분석과 쟁점의 정리 (5점)

II. 사법의 존재이유로서의 기본권 보장 (6점)

1. 민주적 법치국가와 사법의 의미
2. 헌법의 중심적 가치로서의 기본권과 국가기능의 관계
3. 기본권보장의 최후보루로서의 사법

III. 변형결정의 기속력과 사법의 통일성 문제 (8점)

1. 변형결정의 기속력을 둘러싼 대법원과 헌재의 갈등
2. 변형결정의 인정 이유와 그 한계
3. 대법원의 변형결정의 구속력 부인의 파급효 - 사법의 통일성 파괴

IV. 입법론적 대안의 검토 (11점)

1. 변형결정의 구속력 명문화
2. 법원의 재판에 대한 헌법소원의 허용
3. 대법원과 헌재의 견해대립을 해소하기 위한 별도의 절차 마련

V. 현행법 하에서의 해결방법: 예외적인 재판소원의 허용 (13점)

1. 사법의 불일치로 인한 기본권 침해의 헌법적 의미
2. 헌법재판소의 96헌마172등 결정과 예외적 재판소원의 허용 가능성
3. 예외적 재판소원의 한계와 근본적 문제해결의 필요성

VI. 결론 (5점)

제 4 절 탄핵심판권

개 요

탄핵심판은 전통적 의미의 헌법재판에 포함시키지 않는 예도 있었다. 앞서 살펴본 바와 같이 탄핵재판소를 별도로 구성하는 예가 있었는가 하면, 이를 일반 형사절차에 준하여 취급하는 입법례도 있다. 그러나 현행헌법상의 탄핵심판은 정치적 통제가 아닌 사법적 통제로 구성되어 있으며, 이를 헌법재판소가 담당하도록 함으로써 그 의미를 더욱 분명히 하고 있다.

그동안 탄핵심판이 실제 행해진 예가 없었기 때문에 관심이 높지 않았으나 2004년 당시 노무현 대통령에 대한 국회의 탄핵소추 및 헌법재판소의 탄핵심판을 계기로 이에 대한 관심이 매우 높아졌을 뿐만 아니라, 많은 쟁점들이 당시의 사건을 통해 제기되고 정리되었다.

사 례

대통령에 대한 탄핵

2010년 5월 2008년의 쇠고기 파동에 이어 심각한 돼지고기 파동이 이어지면서 국민의 정부에 대한 불신과 불만이 팽배하게 되었다. 쇠고기 파동과 달리 국내 양돈업자를 보호하기 위하여 외국산 돼지고기 수입을 엄격히 통제하는 정부의 조치로 인하여 돼지고기 값이 폭등하면서 촛불시위가 다시금 재연되었는데, 대통령이 촛불시위를 원천봉쇄하라는 지시를 내린 것이 알려지면서 급기야 대통령에 대한 탄핵주장까지 나오게 되었다. 마침 차기 대통령 후보 문제로 여당 내의 갈등이 심각한 상황에서 여당의 비주류와 야당이 연합하여 대통령에 대한 탄핵 소추를 의결하였다.

국회의 탄핵소추의결시 그 사유로 지적되었던 것은 첫째, 대통령으로서의 리더십 부족, 둘째, 잘못된 인사로 인한 국정의 혼란, 셋째, 국가원수인 대통령으로서 촛불시위의 원천봉쇄를 주장하는 등 국민의 기본권을 존중하지 않은 점이었다.

이와 같은 국회의 탄핵소추에 대하여 헌법재판소는 어떤 결정을 내려야 하는가?

[참고판례] 헌재 2004.5.14. 2004헌나1 결정

Ⅰ. 제도의 의의와 유형[48)]

1. 탄핵제도의 개념과 기능

탄핵제도는 일반적인 사법절차나 징계절차로써 소추 또는 징계하기 어려운 고위공직자나 법관(헌법 제106조 제1항) 또는 선거관리위원회 위원 등과 같이 신분이 보장된 공무원(헌법 제114조 5항)이 직무상 중대한 잘못을 범한 경우에 이를 의회가 소추하여 처벌하거나 파면하는 제도이다.

헌법 제65조의 탄핵심판절차의 본질

헌법 제65조는 행정부와 사법부의 고위공직자에 의한 헌법위반이나 법률위반에 대하여 탄핵소추의 가능성을 규정함으로써, 그들에 의한 헌법위반을 경고하고 사전에 방지하는 기능을 하며, 국민에 의하여 국가권력을 위임받은 국가기관이 그 권한을 남용하여 헌법이나 법률에 위반하는 경우에는 다시 그 권한을 박탈하는 기능을 한다.

즉, 공직자가 직무수행에 있어서 헌법에 위반한 경우 그에 대한 법적 책임을 추궁함으로써, 헌법의 규범력을 확보하고자 하는 것이 바로 탄핵심판절차의 목적과 기능인 것이다(헌재 2004.5.14. 2004헌나1 결정).

2. 한국헌법상의 탄핵제도

우리 헌법도 1948년의 헌법제정 이래로 탄핵제도를 계속 존치시키고 있다. 다만 탄핵심판기관은 계속 변경되어 왔는데, 제헌헌법 당시의 탄핵재판소, 제2공화국의 헌법재판소, 제3공화국의 탄핵심판위원회, 유신헌법 당시와 제5공화국의 헌법위원회, 현행헌법에서의 헌법재판소로 변화되어 왔다.

그러나 실제 탄핵소추안이 발의되어 국회를 통과하여 대통령에 대한 헌법재판소의 탄핵심판이 행해졌던 것은 헌재 2004.5.14. 2004헌나1 결정이 최초였다.

48) 탄핵제도의 연혁에 대하여 자세한 것은 장영수, 헌법학, 2009, 홍문사, 1287-1288쪽; 정종섭, 헌법소송법, 2009, 388쪽; 허영, 헌법소송법론, 2009, 252-253쪽 참조

3. 제도의 유형

탄핵제도는 탄핵의 효과를 기준으로 형사재판적 탄핵제도[49]와 징계적 탄핵제도[50], 탄핵심판기관의 성격과 기준에 따라 정치적 탄핵심판[51]과 사법적 탄핵심판[52]으로 나눌 수 있다.

현행법상의 탄핵제도는 형사재판적 탄핵제도가 아닌 징계적 성질의 탄핵제도이며, 정치적 탄핵심판이 아닌 사법적 탄핵심판의 성격을 갖는다.

Ⅱ. 심판절차

1. 탄핵소추의 요건: 헌법 제65조 제1항

헌법 제65조 ① 대통령·국무총리·국무위원·행정각부의 장·헌법재판소 재판관·법관·중앙선거관리위원회 위원·감사원장·감사위원 기타 법률이 정한 공무원이 그 직무집행에 있어서 헌법이나 법률을 위배한 때에는 국회는 탄핵의 소추를 의결할 수 있다.

② 제1항의 탄핵소추는 국회재적의원 3분의 1 이상의 발의가 있어야 하며, 그 의결은 국회재적의원 과반수의 찬성이 있어야 한다. 다만, 대통령에 대한 탄핵소추는 국회재적의원 과반수의 발의와 국회재적의원 3분의 2 이상의 찬성이 있어야 한다.

③ 탄핵소추의 의결을 받은 자는 탄핵심판이 있을 때까지 그 권한행사가 정지된다.

④ 탄핵결정은 공직으로부터 파면함에 그친다. 그러나 이에 의하여 민사상이나 형사상의 책임이 면제되지는 아니한다.

---

49) 형사재판적 탄핵제도는 영국에서 발전된 형태로서 탄핵소추가 되면 탄핵심판을 일종의 형사소송절차로 진행시키고 이를 통해 탄핵대상자의 위법행위에 대한 형벌까지 부과하는 것이다.

50) 징계적 탄핵제도는 탄핵심판을 통해 탄핵대상자가 공직에서 파면되어야 할 것인지의 여부만을 판단한다. 그밖에 민·형사상의 책임은 별도의 소송을 통해서 물을 수 있지만, 탄핵심판에서는 그 부분에 대해서 판단하지 않는 것이다. .

51) 정치적 탄핵심판은 예컨대 미국이나 영국의 경우 탄핵은 하원에서 소추하여 상원에서 결정하는 것처럼, 탄핵심판이 정치인들로 구성된 의회에 의한 정치적 심판으로 행해지는 것을 말한다. 물론 이러한 정치적 탄핵심판은 정치인들에 대한 신뢰 내지 민주정치의 공고한 제도화에 대한 신뢰가 전제되어야 할 것이다.

52) 사법적 탄핵심판은 헌법재판소나 법원과 같은 사법기관이 사법적인 기준에 따라 탄핵심판을 행하는 것을 말한다.

(1) 대상자

대통령·국무총리·국무위원·행정각부의 장·헌법재판소 재판관·법관·중앙선거관리위원회 위원·감사원장·감사위원 기타 법률이 정한 공무원[53]이다.

(2) 탄핵사유: 직무집행의 위배

탄핵사유는 탄핵대상 공무원이 그 '직무집행에 있어서 헌법이나 법률을 위배'하는 것을 말한다. 즉, 탄핵사유로 인정되기 위해서는 탄핵대상 공무원의 행위가 직무상 행위이며, 헌법이나 법률에 위배되는 것이어야 한다.

i. '직무상 행위'의 의미

"헌법 제65조에 규정된 탄핵사유를 구체적으로 살펴보면, '직무집행에 있어서'의 '직무'란, 법제상 소관 직무에 속하는 고유 업무 및 통념상 이와 관련된 업무를 말한다. 따라서 직무상의 행위란, 법령·조례 또는 행정관행·관례에 의하여 그 지위의 성질상 필요로 하거나 수반되는 모든 행위나 활동을 의미한다(헌재 2004.5.14. 2004헌나1 결정).

ii. '헌법이나 법률에 위배한 때'의 의미

헌법은 탄핵사유를 "헌법이나 법률에 위배한 때"로 규정하고 있는데, '헌법'에는 명문의 헌법규정뿐만 아니라 헌법재판소의 결정에 의하여 형성되어 확립된 불문헌법도 포함된다. '법률'이란 단지 형식적 의미의 법률 및 그와 등등한 효력을 가지는 국제조약, 일반적으로 승인된 국제법규 등을 의미한다(헌재 2004.5.14. 2004헌나1 결정).

iii. 직무집행 관련성의 시간적 범위

헌법 제65조 제1항은 '대통령…이 그 직무집행에 있어서'라고 하여, 탄핵사유의 요건을 '직무' 집행으로 한정하고 있으므로, 위 규정의 해석상 대통령의 직위를 보유하고 있는 상태에서 범한 법위반행위만이 소추사유가 될 수 있다고 보아야 한다. 따라서 당선 후 취임 시까지의 기간에 이루어진 대통령의 행위도 소추사유가 될 수 없다(헌재 2004.5.14. 2004헌나1 결정).

53) 검찰청법 제37조는 검사를, 경찰법 제11조 제6항은 경찰청장을 탄핵의 대상으로 규정하고 있다.

썬앤문 및 대선캠프 관련 불법정치자금 수수 등에 관한 소추사유들은 피청구인이 2003. 2. 25. 대통령으로 취임하기 전에 일어난 사실에 바탕을 두고 있는 것이어서 대통령으로서의 직무집행과 무관함이 명백하므로, 탄핵사유에 해당하지 않는다. 피청구인이 대통령으로 취임한 후에 일어난 사실에 바탕을 두고 있는 측근비리에 관하여 보건대, 이 사건 변론절차에서 현출된 모든 증거에 의하더라도 피청구인이 위 최도술 등의 불법자금 수수 등의 행위를 지시·방조하였다거나 기타 불법적으로 관여하였다는 사실이 인정되지 않으므로 이를 전제로 한 이 부분 소추사유는 이유없다(헌재 2004.5.14. 2004헌나1 결정).

iv. 불성실한 직책수행과 경솔한 국정운영으로 인한 정국의 혼란 및 경제파탄이 탄핵심판절차의 판단대상이 되는지 여부

헌법 제69조는 대통령의 취임선서의무를 규정하면서, 대통령으로서 '직책을 성실히 수행할 의무'를 언급하고 있다. 비록 대통령의 '성실한 직책수행의무'는 헌법적 의무에 해당하나, '헌법을 수호해야 할 의무'와는 달리, 규범적으로 그 이행이 관철될 수 있는 성격의 의무가 아니므로, 원칙적으로 사법적 판단의 대상이 될 수 없다고 할 것이다.

헌법 제65조 제1항은 탄핵사유를 '헌법이나 법률에 위배한 때'로 제한하고 있고, 헌법재판소의 탄핵심판절차는 법적인 관점에서 단지 탄핵사유의 존부만을 판단하는 것이므로, 이 사건에서 청구인이 주장하는 바와 같은 정치적 무능력이나 정책결정상의 잘못 등 직책수행의 성실성여부는 그 자체로서 소추사유가 될 수 없어, 탄핵심판절차의 판단대상이 되지 아니한다(헌재 2004.5.14. 2004헌나1 결정).

v. 기자회견에서 특정정당을 지지한 대통령의 발언이 공선법상의 공무원의 선거운동 금지 규정에 위반되는지 여부

공선법 제58조 제1항은 '당선'의 기준을 사용하여 '선거운동'의 개념을 정의함으로써, '후보자를 특정할 수 있는지의 여부'를 선거운동의 요건으로 삼고 있다. 그러나 이 사건의 발언이 이루어진 시기인 2004. 2. 18.과 2004. 2. 24.에는 아직 정당의 후보자가 결정되지 아니하였으므로, 후보자의 특정이 이루어지지 않은 상태에서 특정 정당에 대한 지지발언을 한 것은 선거운동에 해당한다고 볼 수 없다.

뿐만 아니라, 여기서 문제되는 대통령의 발언들은 기자회견에서 기자의 질문에 대한 답변의 형식으로 수동적이고 비계획적으로 행해진 점을 감안한다면, 대통령의 발언에 선거운동을 향한 능동적 요소와 계획적 요소를 인정할 수 없고, 이에 따라 선거운동의 성격을 인정할 정도로 상당한 목적의사가 있다고 볼 수 없다. 그렇다면 피청구인의 발언이 특정 후보자나 특정 가능한 후보자들을 당선 또는 낙선시킬 의도로 능동적·계획적으로 선거운동을 한 것으로는 보기 어렵다(헌재 2004.5.14. 2004헌나1 결정).

vi. 기자회견에서 특정정당을 지지한 대통령의 발언이 공무원의 정치적 중립의무[54]에 위반되는지 여부

대통령이 특정 정당을 일방적으로 지지하는 발언을 함으로써 국민의 의사형성과정에 영향을 미친다면, 정당과 후보자들에 대한 정당한 평가를 기초로 하는 국민의 자유로운 의사형성과정에 개입하여 이를 왜곡시키는 것이며, 동시에 지난 수 년간 국민의 신뢰를 얻기 위하여 꾸준히 지속해 온 정당과 후보자의 정치적 활동의 의미를 반감시킴으로써 의회민주주의를 크게 훼손시키는 것이다. 그런데 이 부분 대통령의 발언은 그 직무집행에 있어서 반복하여 특정 정당에 대한 자신의 지지를 적극적으로 표명하고, 나아가 국민들에게 직접 그 정당에 대한 지지를 호소하는 내용이라 할 수 있다.

따라서 선거에 임박한 시기이기 때문에 공무원의 정치적 중립성이 어느 때보다도 요청되는 때에, 공정한 선거관리의 궁극적 책임을 지는 대통령이 기자회견에서 전 국민을 상대로, 대통령직의 정치적 비중과 영향력을 이용하여 특정 정당을 지지하는 발언을 한 것은, 대통령의 지위를 이용하여 선거에 대한 부당한 영향력을 행사하고 이로써 선거의 결과에 영향을 미치는 행위를 한 것이므로, 선거에서의 중립의무를 위반하였다(헌재 2004.5.14. 2004헌나1 결정).

vii. 헌법을 준수하고 수호해야 할 대통령의 의무

헌법 제66조 제2항 및 제69조에 규정된 대통령의 '헌법을 준수하고 수호해야 할 의무'는 헌법상 법치국가원리가 대통령의 직무집행과 관련하여 구체화된 헌법적 표현이다. '헌법을 준수하고 수호해야 할 의무'가 이미 법치국가원리에서 파생되는 지극히 당연한 것임에도, 헌법은 국가의 원수이자 행정부의 수반이라는 대통령의 막중한 지위를 감안하여 제66조 제2항 및 제69조에서 이를 다시 한 번 강조하고 있다. 이러한 헌법의 정신에 의한다면, 대통령은 국민 모두에 대한 '법치와 준법의 상징적 존재'인 것이다(헌재 2004.5.14. 2004헌나1 결정).

54) 헌법재판소는 공무원의 선거에서의 중립의무를 자유선거원칙에서 도출하고 있다(헌재 2004.5.14. 2004헌나1 결정).

viii. 중앙선거관리위원회의 선거법위반 결정에 대한 대통령의 행위가 헌법에 위반되는지 여부

대통령이 현행법을 '관권선거시대의 유물'로 폄하하고 법률의 합헌성과 정당성에 대하여 대통령의 지위에서 공개적으로 의문을 제기하는 것은 헌법과 법률을 준수해야 할 의무와 부합하지 않는다. 물론, 대통령도 정치인으로서 현행 법률의 개선방향에 관한 입장과 소신을 피력할 수는 있으나, 어떠한 상황에서, 어떠한 연관관계에서 법률의 개정에 관하여 논의하는가 하는 것은 매우 중요하며, 이 사건의 경우와 같이, 대통령이 선거법위반행위로 말미암아 중앙선거관리위원회로부터 경고를 받는 상황에서 그에 대한 반응으로서 현행 선거법을 폄하하는 발언을 하는 것은 법률을 존중하는 태도라고 볼 수 없는 것이다.

모든 공직자의 모범이 되어야 하는 대통령의 이러한 언행은 법률을 존중하고 준수해야 하는 다른 공직자의 의식에 중대한 영향을 미치고, 나아가 국민 전반의 준법정신을 저해하는 효과를 가져오는 등 법치국가의 실현에 있어서 매우 부정적인 영향을 미칠 수 있다. 결론적으로, 대통령이 국민 앞에서 현행법의 정당성과 규범력을 문제삼는 행위는 법치국가의 정신에 반하는 것이자, 헌법을 수호해야 할 의무를 위반한 것이다(헌재 2004.5.14. 2004헌나1 결정).

ix. 재신임 국민투표를 제안한 행위가 헌법에 위반되는지 여부(적극)

국민투표는 직접민주주의를 실현하기 위한 수단으로서 '사안에 대한 결정' 즉, 특정한 국가정책이나 법안을 그 대상으로 한다. 따라서 국민투표의 본질상 '대표자에 대한 신임'은 국민투표의 대상이 될 수 없으며, 우리 헌법에서 대표자의 선출과 그에 대한 신임은 단지 선거의 형태로써 이루어져야 한다.

대통령이 자신에 대한 재신임을 국민투표의 형태로 묻고자 하는 것은 헌법 제72조에 의하여 부여받은 국민투표부의권을 위헌적으로 행사하는 경우에 해당하는 것으로, 국민투표제도를 자신의 정치적 입지를 강화하기 위한 정치적 도구로 남용해서는 안 된다는 헌법적 의무를 위반한 것이다. 물론, 대통령이 위헌적인 재신임 국민투표를 단지 제안만 하였을 뿐 강행하지는 않았으나, 헌법상 허용되지 않는 재신임 국민투표를 국민들에게 제안한 것은 그 자체로서 헌법 제72조에 반하는 것으로 헌법을 실현하고 수호해야 할 대통령의 의무를 위반한 것이다(헌재 2004.5.14. 2004헌나1 결정).

(3) 직무집행의 위법성의 정도와 탄핵결정(파면)과의 비례성

탄핵사유로 인정되기 위해서는 직무집행의 위법성 정도와 그 결과로서의 탄핵결정(즉 파면)과의 비례성이 인정되어야 한다.

ⅰ. '탄핵심판청구가 이유 있는 때'의 의미

㉮ 헌법재판소법은 제53조 제1항에서 "탄핵심판청구가 이유 있는 때에는 헌법재판소는 피청구인을 당해 공직에서 파면하는 결정을 선고한다."고 규정하고 있는데, 위 규정은 헌법 제65조 제1항의 탄핵사유가 인정되는 모든 경우에 자동적으로 파면결정을 하도록 규정하고 있는 것으로 문리적으로 해석할 수 있으나, 직무행위로 인한 모든 사소한 법위반을 이유로 파면을 해야 한다면, 이는 피청구인의 책임에 상응하는 헌법적 징벌의 요청 즉, 법익형량의 원칙에 위반된다. 따라서 헌법재판소법 제53조 제1항의 '탄핵심판청구가 이유 있는 때'란, 모든 법위반의 경우가 아니라, 단지 공직자의 파면을 정당화할 정도로 '중대한' 법위반의 경우를 말한다(헌재 2004.5.14. 2004헌나1 결정).

㉯ 대통령을 제외한 다른 공직자의 경우에는 파면결정으로 인한 효과가 일반적으로 적기 때문에 상대적으로 경미한 법위반행위에 의해서도 파면이 정당화될 가능성이 큰 반면, 대통령의 경우에는 파면결정의 효과가 지대하기 때문에 파면결정을 하기 위해서는 이를 압도할 수 있는 중대한 법위반이 존재해야 한다(헌재 2004.5.14. 2004헌나1 결정).[55)]

ⅱ. '법위반의 중대성'에 관한 판단 기준

'법위반이 중대한지' 또는 '파면이 정당화되는지'의 여부는 그 자체로서 인식될 수 없는 것이므로, '법위반이 어느 정도로 헌법질서에 부정적 영향이나 해악을 미치는지의 관점'과 '피청구인을 파면하는 경우 초래되는 효과'를 서로 형량하여 탄핵심판청구가 이유 있는지의 여부 즉, 파면여부를 결정해야 한다.

한편, 대통령에 대한 파면결정은, 국민이 선거를 통하여 대통령에게 부여한 '민주적 정당성'을 임기 중 다시 박탈하는 효과를 가지며, 직무수행의 단절로 인한 국가적 손실과 국정 공백은 물론이고, 국론의 분열현상 즉, 대통령을 지지하는 국민과 그렇지 않은 국민간의 분열과 반목으로 인한 정치적 혼란을 가져올 수 있다. 따라서 대통령에 대한 파면효과가 이와 같이 중대하다면, 파면결정을 정당화하는 사유도 이에 상응하는 중대성을 가져야 한다.

'대통령을 파면할 정도로 중대한 법위반이 어떠한 것인지'에 관하여 일반적으로 규정하는 것은 매우 어려운 일이나, 대통령의 직을 유지하는 것이 더 이상 헌법수호의 관점에서 용납될 수 없거나 대통령이 국민의 신임을 배신하여 국정을 담당할 자격을 상실한 경우에 한하여, 대통령에 대한 파면결정은 정당화되는 것이다(헌재 2004.5.14. 2004헌나1 결정).

55) 이와 같이 헌법재판소는 대통령에게만 법위반의 중대성이 요구되는 것으로 보는 듯한 표현을 쓰고 있다. 그러나 법위반의 중대성은 결국 파면결정과 위법성의 정도에 대한 비례성 판단을 의미하기 때문에 모든 소추대상 공무원에게도 적용되는 것으로 보아야 할 것이다.

(4) 국회의 소추

탄핵소추는 국회재적의원 3분의 1 이상의 발의가 있어야 하며, 그 의결은 국회재적의원 과반수의 찬성이 있어야 한다. 다만, 대통령에 대한 탄핵소추는 국회재적의원 과반수의 발의와 국회재적의원 3분의 2 이상의 찬성이 있어야 한다(헌법 제65조 제1항).

탄핵소추의 의결을 받은 자는 헌법재판소의 심판이 있을 때까지 그 권한행사가 정지된다(헌법재판소법 제50조).

국회의 탄핵소추절차에 적법절차원칙을 직접 적용할 수 있는지 여부

적법절차원칙이란, 국가공권력이 국민에 대하여 불이익한 결정을 하기에 앞서 국민은 자신의 견해를 진술할 기회를 가짐으로써 절차의 진행과 그 결과에 영향을 미칠 수 있어야 한다는 법원리를 말한다. 그런데 이 사건의 경우, 국회의 탄핵소추절차는 국회와 대통령이라는 헌법기관 사이의 문제이고, 국회의 탄핵소추의결에 의하여 사인으로서의 대통령의 기본권이 침해되는 것이 아니라, 국가기관으로서의 대통령의 권한행사가 정지되는 것이다. 따라서 국가기관이 국민과의 관계에서 공권력을 행사함에 있어서 준수해야 할 법원칙으로서 형성된 적법절차의 원칙을 국가기관에 대하여 헌법을 수호하고자 하는 탄핵소추절차에는 직접 적용할 수 없다고 할 것이고, 그 외 달리 탄핵소추절차와 관련하여 피소추인에게 의견진술의 기회를 부여할 것을 요청하는 명문의 규정도 없으므로, 국회의 탄핵소추절차가 적법절차원칙에 위배되었다는 주장은 이유 없다(헌재 2004.5.14. 2004헌나1 결정).

2. 탄핵심판절차의 진행: 헌법재판소법 제31조, 제32조, 제40조

탄핵심판절차의 진행과 관련해서는 구두변론을 원칙으로 하며(헌법재판소법 제30조 제1항), 헌법재판소법에 구체적 규정이 없는 경우에는 형사소송법 및 민사소송법의 규정을 준용한다(헌법재판소법 제40조). 피청구인에 대한 탄핵심판청구와 동일한 사유로 형사소송이 진행되고 있는 때에는 재판부는 심판절차를 정지할 수 있다(헌법재판소법 제51조).[56]

---

56) 현행 헌법재판소법은 탄핵심판절차와 관련하여 별도의 증거조사나 신문 등에 관한 규정을 두고 있지 않다. 따라서 일반심판절차에서 정하고 있는 헌법재판소법 제31조와 제32조의 규정이 탄핵심판의 경우에도 적용된다.

2004년의 노무현대통령에 대한 탄핵심판에서도 헌법재판소는 일반심판절차에 따른 증거조사와 자료제출요구 등을 통해 절차를 진행시킨 바 있다. 당시에는 탄핵심판에 관한 선례가 전혀 없는 상태였기 때문에 시행착오도 많이 나타났으며, 이를 통해 제도적 개선이 요구되는

i. 탄핵소추의결서에 기재되지 아니한 소추사유

헌법재판소는 사법기관으로서 원칙적으로 탄핵소추기관인 국회의 탄핵소추의 결서에 기재된 소추사유에 의하여 구속을 받는다. 따라서 헌법재판소는 탄핵소추의결서에 기재되지 아니한 소추사유를 판단의 대상으로 삼을 수 없다. 그러나 탄핵소추의결서에서 그 위반을 주장하는 '법규정의 판단'에 관하여 헌법재판소는 원칙적으로 구속을 받지 않으므로, 청구인이 그 위반을 주장한 법규정 외에 다른 관련 법규정에 근거하여 탄핵의 원인이 된 사실관계를 판단할 수 있다. 또한, 헌법재판소는 소추사유의 판단에 있어서 국회의 탄핵소추의결서에서 분류된 소추사유의 체계에 의하여 구속을 받지 않으므로, 소추사유를 어떠한 연관관계에서 법적으로 고려할 것인가의 문제는 전적으로 헌법재판소의 판단에 달려있다(헌재 2004.5.14. 2004헌나1 결정).

ii. 소유사유의 변경 또는 추가의 허용여부

소추의결서에 기재되지 아니한 새로운 사실을 탄핵심판절차에서 소추위원이 임의로 추가하는 것은 허용되지 아니한다. 2004. 3. 11. 대통령의 '총선과 재신임의 연계발언' 부분은 국회 탄핵소추의결서에 적시되지 않은 사실로서 국회의 탄핵의결 이후 소추의원 의견서에 추가된 소추사유이므로, 판단의 대상으로 삼지 않기로 한다(헌재 2004.5.14. 2004헌나1 결정).

3. 헌법재판소의 탄핵결정: 헌법 제113조 제1항, 헌법재판소법 제23조 제2항

탄핵심판사건은 다른 헌법소송과 마찬가지로 9인의 재판관 전원으로 구성되는 재판부에서 담당하며, 헌법재판소장이 재판장이 된다. 재판부는 7인 이상의 재판관이 출석하여 사건을 심리하며, 헌법재판소의 탄핵결정에는 재판관 9인중 6인 이상의 찬성이 필요하다. 탄핵결정에 대하여 이와 같이 가중된 의결정족수를 요구하는 것은 탄핵결정이 미치는 파급효를 고려하여 신중하게 판단하도록 하는 것이다.

탄핵심판에 있어서도 심판에 관여한 재판관은 결정서에 의견을 표시하여야 한다(헌법재판소법 제36조 제3항).[57]

부분도 적지 않게 확인되었다. 탄핵심판의 의의와 비중을 생각할 때, 신중하고 철저한 조사에 기초한 판단이 내려져야 할 것이다. 즉 관련사실을 면밀하게 검토한 후 당사자의 진술, 나아가 전문가의 의견 등을 충분히 확보한 후에 결정을 내리는 것이 필요하다. 그렇기 때문에 이를 고려하여 탄핵심판의 절차에 관한 규정을 보완하는 것이 요청되는 것이다.

Ⅲ. 결정의 효력

헌법재판소에 의한 탄핵결정은 그 대상자를 공직으로부터 파면(징계적 탄핵심판)하는 데 그친다(헌법 제65조 제4항 1문, 헌법재판소법 제53조 제1항). 그러나 탄핵의 결정을 받음으로써 민・형사상의 책임까지도 면제되는 것은 아니다(헌법 제65조 제4항 2문, 헌법재판소법 제54조 제1항).

탄핵결정으로 파면된 공직자는 결정선고일로부터 5년이 경과하지 아니하면 공무원이 될 수 없다(헌법재판소법 제54조 제2항). 탄핵결정은 헌법과 법률에 위배되는 불법행위를 전제로 법적 책임을 물어서 파면하는 것이기 때문에, 정치적 책임을 물어서 해임한 경우와는 달리 일정 기간 공직취임을 금지시키는 현행법의 태도는 합리적 이유가 있다고 할 수 있다.

생각해 보기

탄핵결정과 형사재판 사이에 일사부재리의 원칙이 적용되는가?

→ 현행헌법상의 탄핵심판은 형사재판적 성질을 갖는 것이 아니라 징계적 성질을 갖는 것이기 때문에 그 결정은 파면에 그치지만, 바로 그 때문에 탄핵결정과 형사재판 사이에 일사부재리의 원칙은 인정되지 않는다.

생각해 보기

대통령은 헌법재판소의 탄핵결정을 받은 공직자를 사면할 수 있는가?

→ 미국처럼 이를 명문으로 금지하고 있지 않은 경우라 하더라도 탄핵결정에 대한 사면은 인정될 수 없다고 보아야 할 것이다.[58] 국회의 탄핵소추와 헌법재판소의 탄핵결정을 통해 탄핵대상자에 대한 정치적·법적 책임이 명백해진 경우에 대통령이 이를 사면하는 것은 탄핵제도의 실효성을 현저하게 약화시킬 것이기 때문이다.

---

57) 종래 헌법재판소법 제36조 제3항에서는 법률의 위헌심판, 권한쟁의심판 및 헌법소원심판에 관여한 재판관에 대해서 결정서에 의견을 표시하도록 하고 있었고, 그 결과 탄핵심판과 정당해산심판에 대해서는 소수의견의 표시에 관한 명시적 규정이 없음으로 인하여 2004년의 노무현대통령에 대한 탄핵심판결정 당시에 논란이 빚어진 바 있다. 결국 헌법재판소는 결정문에서 소수의견을 명시하지 않았으나, 헌법재판의 발전을 위해서는 탄핵심판의 경우에도 소수의견을 명시하는 편이 더 바람직하다는 주장이 매우 강력하게 제기된 바 있으며, 이후 2005년 7월 29일의 법개정을 통하여 모든 헌법재판에 대하여 소수의견을 표시하도록 한 것이다.

58) 정종섭, 헌법소송법, 2009, 418쪽; 허영, 헌법소송법론, 2009, 271쪽.

사례의 해결절차

사례 **대통령에 대한 탄핵**

Ⅰ. 사안의 분석과 쟁점의 정리 (5점)

Ⅱ. 탄핵심판의 의의와 법적 성격 (7점)

1. 탄핵의 개념과 유형
2. 국회의 탄핵소추와 해임건의의 비교
3. 사법적 통제로서의 탄핵심판

Ⅲ. 탄핵의 법적 요건과 효과 (10점)

1. 고위공직자에 대한 특별한 통제수단으로서의 탄핵
2. 법위반행위에 대한 통제로서의 탄핵
3. 공직으로부터의 격리(파면)를 가져오는 제도로서의 탄핵
4. 헌법재판소 탄핵심판 결정의 효력

Ⅳ. 헌법재판소의 본안 전 판단 (9점)

1. 국회의 소추와 의결정족수 충족 여부
2. 법위반 행위에 대한 적시 여부
3. 본 사안에 대한 판단

Ⅴ. 헌법재판소의 본안 판단 (14점)

1. 법위반행위의 의미와 중대성에 대한 판단
2. 촛불시위원천봉쇄 명령의 의미와 중대성
3. 본 사안에 대한 판단

Ⅵ. 결론 (5점)

제 5 절 정당해산심판권

개 요

정당해산심판은 지금까지 단 한번도 제기된 바 없는 헌법소송이다. 그러나 이 제도의 의미는 매우 특별하다. 비록 '박물관의 녹슨 칼'이라는 비아냥도 있지만, 유사시에 대비하여 민주주의를 수호하기 위한 특별한 수단으로, 방어적 민주주의의 상징으로 인정되기 때문이다.

물론 정당해산심판이 자주 행해지는 것은 결코 바람직하지 않다. 위헌적 정당이 자주 등장하는 것도 바람직하지 않으며, 위헌적이지 않은 정당에 대해 심판이 행해지는 것은 더욱 바람직하지 않다. 그러나 정당해산심판이 오히려 정당특권으로 지칭되는 이유를 되새기면서 정당해산의 요건과 절차 및 효력을 신중하

게 검토하는 것이 필요할 것이다.

사 례

위헌정당의 해산59)

2011년 새로 창당된 소위 '社會主義聯合黨'은 맑스주의이념에 따른 새로운 정치질서의 구현을 내세우며 범사회주의 연합전선의 구축을 시도하였으며, 그 결과 2012년의 국회의원선거에서 전체유효득표중 23%의 지지를 얻는 성과를 올리며 38석의 의석을 확보한 제3의 정당으로 발돋움하였다.

그러나 총선이후 '社會主義聯合黨'의 노선은 점차 급진적인 색채를 더하게 되었고, 급기야 2012년 12월에는 총재인 甲을 중심으로 하는 당내주류에 의해 당헌이 개정되었다. 개정된 당헌에서는 무엇보다 그동안 당내 급진파와 온건파 사이에 논란의 대상이 되던 "프롤레타리아(무산대중)의 독재"의 실현을 위해 노력하고, 이를 위한 폭력혁명도 가능하다는 것이 명문화되었다.

이에 대한민국정부는 동 정당이 민주적 기본질서를 위태롭게 한다는 이유로 헌법재판소에 위헌심사를 제청하였다. 헌법재판소에 의한 위헌심사에 있어서 사회주의연합당측에서는 동 정당이 "프롤레타리아(무산대중)의 독재"를 위한 폭력혁명을 주장하는 맑스·레닌주의의 이념을 따르고 있는 것은 사실이나 그것은 서구각국의 공산당 등에서도 볼 수 있는 것으로 그것만으로는 위헌으로 볼 수 없다는 반론을 펼치고 있다. 더욱이 동 정당은 북한의 이념과 제도를 모델로 하지 않고 서구각국의 공산당을 모델로 삼았을 뿐이므로 이들 정당의 합법적 활동이 인정되고 있는 서구각국과 마찬가지로 대한민국 헌법하에서도 '社會主義聯合黨'의 활동에 대한 합법성과 정당성이 민주주의의 테두리내에서 인정되어야 한다고 주장한다.

동 정당의 위헌성여부와 만일 위헌으로 인정될 경우 그 요건과 효과는?

[참고판례] 4292.2.27. 대판 4291형상559(진보당해산사건)

Ⅰ. 정당해산의 의의와 성격

위헌정당해산제도를 규정하고 있는 헌법 제8조 제4항은 민주주의의 적에 대하여 민주주의 스스로를 방어하여야 한다는 이른바 방어적 민주주의를 구체화시킨 대표적인 헌법규정이다. 하지만 방어적 민주주의의 남용은 오히려 민주주의의 자기부정을 가져올 수 있기 때문에 위헌정당의 해산은 - 일반결

59) 이 사례는 장영수, 헌법사례연습, 2002, 86-97쪽, "[사례7] 위헌정당의 해산"에서 사안의 시간을 변경하여 수록하였다.

사와는 달리 - 헌법이 직접 정한 엄격한 요건과 절차에 따라서만 행해진다. 이처럼 정당은 헌법이 정한 특별한 요건과 절차에 따라서만 해산될 수 있다는 점에서 이 규정은 오히려 정당특권으로까지 불리우는 것이다.[60]

과거 헌법상의 위헌정당해산제도가 없는 가운데 진보당이 행정조치로 강제해산된 예가 있었다. 1959년 진보당 사건[61]이 그것인데, 이 사건을 계기로 1960년 헌법[62]에서 독일기본법 제21조 제2항의 위헌정당의 해산에 관한 규정을 모델로 하여 위헌정당해산제도를 헌법에 명문으로 인정하였다.

헌법 제8조 제4항은 위헌정당해산의 요건과 절차에 관하여 법률에 위임하지 않고 헌법에서 직접 규율하고 있다. 이는 국민의 기본권(정당활동의 자유)을 헌법이 직접 제한하는 규정의 대표적 예로서, 법률에 의해 헌법이 정한 사항을 변경할 수 없도록 하고 있는 것이다.

진보당 사건

진보당의 강령·정책은 헌법의 전문, 제5조, 제8조, 제18조, 제84조의 각 규정에 비추어볼 때 위헌이라 할 수 없고, 평화통일에 관한 주장 역시 헌법 제13조의 언론자유의 한계를 일탈하지 아니하는 한 이를 위법이라 할 수 없다(4292.2.27. 大判 4291刑上559).

Ⅱ. 정당해산의 요건

헌법 제8조 ④ 정당의 목적이나 활동이 민주적 기본질서에 위배될 때에는 정부는 헌법재판소에 그 해산을 제소할 수 있고, 정당은 헌법재판소의 심판에 의하여 해산된다.

1. 해산대상으로서의 정당의 개념

해산의 대상이 되는 정당은 정당법에 따라 등록을 마친 기성정당에 한하

60) 현대 민주국가에서 정당의 의의와 기능은 매우 특별하다. 한편으로는 대중민주주의를 실현하기 위하여 정당이 꼭 필요하지만, 정당이 독재화될 경우에는 오히려 민주주의를 효과적으로 파괴하게 될 수도 있기 때문이다. 이러한 정당의 이중성 때문에 정당에 대한 헌법의 태도도 이중적이다. 한편으로는 정당의 민주적 활동을 헌법적으로 보장함과 동시에, 다른 한편으로는 정당의 반헌법적·반민주적 활동을 규제하고 있는 것이다.

61) 진보당 사건에 대하여 자세한 것은 정종섭, 헌법소송법, 2009, 424-426쪽 참조.

62) 1960년 헌법 제13조 제2항, 제83조의3 제4호.

는 것으로 보는 것이 다수설이다. 그러나 등록되지 않은 정당의 정치적 활동을 인정하는 입장에서 볼 때에는 비등록정당을 포함하는 것으로 넓게 이해될 필요가 있다.[63)]

2. 정당의 목적과 활동

정당의 목적과 활동의 위헌성은 정당의 당헌이나 강령, 정당간부의 활동 등에 비추어서 판단하여야 한다. 즉 정당의 전체적 성격을 판단하여야 하며, 정당의 일부 당원 또는 일부 추종자들의 일탈행동이 정당의 위헌성을 판단하는 기준이 되어서는 곤란하기 때문이다.

3. 민주적 기본질서에의 위배

(1) 「민주적 기본질서」[64)]의 의미와 내용

자유민주적 기본질서에 위해를 준다 함은 모든 폭력적 지배와 자의적 지

---

63) 이렇게 이해할 때에만 정당법 제17조와 제18조에 의한 등록요건이 헌법 제8조 제1항에서 보장되고 있는 정당설립의 자유에 반하여 위헌이 된다는 문제를 피할 수 있게 된다. 즉 이렇게 이해할 경우 정당의 정치적 활동 및 정당해산제도 등과 같이 헌법에 의한 직접적인 보호는 - 등록 여하와 상관없이 - 모든 정당에게 부여되고, 다만 정당에 대한 국고보조 등과 같이 국가가 정당에 대하여 특별한 급부를 하는 경우에는 일정규모 이상의 정당만을 그 대상으로 한다는 측면에서 정당법상의 등록요건이 현실적 의의를 가질 수 있을 것이다.

다만 비등록정당의 경우, 그 정당의 규모가 작고, 따라서 현실적 위험성이 상대적으로 적을 것이기 때문에 정당해산이라는 제도를 사용할 만한 현실적인 필요성이 있을 것인지에 대하여는 별도의 검토가 필요할 것이다.

64) 헌법은 전문에서 '자유민주적 기본질서'를 그리고 제8조 제4항에서는 '민주적 기본질서'를 규정하고 있다. 이와 관련하여 민주적 기본질서와 자유민주적 기본질서를 같은 것으로 이해할 것인가, 아니면 민주적 기본질서는 자유민주적 기본질서와 사회민주적 기본질서를 포함하는 상위개념으로 이해되어야 하는가에 관하여 논란이 있었다. 그러나 이러한 견해의 대립은 민주적 기본질서의 헌법적 의의에 대한 올바른 이해에 기초하여 해결될 수 있다. 민주적 기본질서란 민주주의를 민주주의이게 만드는 민주주의의 핵심적 요소, 민주주의를 가능하게 하는 공동의 기초, 근본가치를 의미한다. 따라서 헌법 제8조 제4항에서 규정되고 있는 민주적 기본질서는 헌법 전문에서 규정한 자유민주적 기본질서와 다르지 않은 개념으로 이해되어야 한다.

민주적 기본질서의 헌법적 의의는 민주주의의 일정한 내용을 침해되어서는 안 될 핵심으로 인정하고 이에 대한 절대적 보호를 부여하는 데 있다. 연혁적으로 보더라도 서독에서 자유민주적 기본질서가 기본법에 규정된 데에는 바이마르의 가치상대주의적 민주주의에 대한 반성을 계기로 일정한 범위에서 민주주의의 가치구속성을 인정하여야 한다는 생각이 기초를 이루고 있으며, 이러한 자유민주적 기본질서에 대한 보호를 중심으로 이른바 방어적 민주주의의 이론이 (독일연방헌법재판소의) 판례와 학설에 의해 발전되기도 하였다. 이렇게 생각할 때 민주주의의 핵심으로서의 민주적 기본질서는 되도록 좁게 해석되어야 한다. 즉 그것 없이는 민주주의가 도대체 불가능하다고 말할 수 있는 최소한의 요소에 국한되어야 하는 것이다. 그리고 그밖의 문제에 대해서는 민주주의의 기초가 되는 다원주의 및 관용의 원리에 따라 - 상호 대립·충돌과 타협·조정을 통하여 발전되는 - 다양한 견해와 이해관계가 허용되어야 한다.

배 즉 반국가단체의 일인독재 내지 일당독재를 배제하고 다수의 의사에 의한 국민의 자치, 자유·평등의 기본원칙에 의한 법치주의적 통치질서의 유지를 어렵게 만드는 것이고, 이를 보다 구체적으로 말하면 기본적 인권의 존중, 권력분립, 의회제도, 복수정당제도, 선거제도, 사유재산과 시장경제를 골간으로 한 경제질서 및 사법권의 독립 등 우리의 내부체제를 파괴·변혁시키려는 것으로 풀이할 수 있을 것이다.65)

(2) 민주적 기본질서에 대한 「위배」

아직까지 정당해산심판은 헌법재판소에 한 건도 제소된 적이 없고, 독일 연방헌법재판소는 나치후속당인 사회주의제국당(SRP)과 공산당(KPD)에 대해 위헌판결을 내린 바 있다. 구체적으로 어떤 경우에 민주적 기본질서에 위배되는지에 관하여는 독일연방헌법재판소가 공산당 위헌판결에서 상세한 기준들을 제시한 바 있다:

① 정당은 기본법의 개별규정이나 심지어 전체 제도들을 거부하는 경우에도 그로 인하여 곧바로 위헌정당으로 해산되지는 않는다. 위헌정당으로 인정되기 위해서는 헌법의 최고가치들, 헌법질서를 자유민주적인 것으로 만드는 가장 기본적인 헌법원리들, 그리고 이러한 자유민주주의가 제대로 기능할 수 있기 위해서 모든 정당들이 지켜야 하는 원칙들을 배척하여야 한다.

② 정당은 또한 자유민주적 기본질서의 기본적 요청들을 수용하지 않거나, 거부하거나, 다른 것으로 대체하려고 한다고 해서 위헌정당으로 되지는 않는다. 위헌으로 인정되기 위해서는 그밖에도 현존질서에 대한 적극적이고 투쟁적·공격적인 태도를 가지고 계획적으로 현존질서를 침해하고 결국에는 완전히 폐기하려고 시도하여야 한다. 이것은 자유민주적 국가가 그에 대하여 적대적인 목표를 설정한 정당을 자기 쪽에서 침해하지 않으며, 오히려 방어적으로 자유민주적 기본질서에 대한 공격에 대하여 수호만 한다는 것을 의미

65) 헌재 1990.4.2. 89헌가113 결정; 그리고 독일연방헌법재판소는 사회주의제국당(SRP) 위헌판결에서 자유민주적 기본질서의 내용에 대해 다음과 같이 판시한 바 있다: "기본법 제21조 제2항의 의미에서의 자유민주적 기본질서란 모든 형태의 폭력적·자의적 지배를 배제하고 국민의 자주적 결정에 기초하는, 그때 그때의 다수에 따라 그리고 자유와 평등에 따라 구성된 법치국가적 통치질서를 말한다. 이러한 질서의 기본적 원리에 속하는 것으로는 최소한 다음과 같은 것들을 들 수 있다: 헌법에 의해 구체화된 인권, 특히 생명과 인격의 자유로운 발현에 관한 개인의 권리의 존중, 국민주권, 권력분립, 책임정치, 행정의 합법률성, 법원의 독립, 복수정당제와 야당의 합헌적 형성과 활동에 관한 권한을 포함한 모든 정당의 기회균등."(BVerfGE 2, 1[12f.]).

한다.[66]

③ 정당의 해산을 위해서는 정당이 자유민주적 기본질서를 침해하거나 폐지하려고 의도하고 있을 것을 요건으로 한다.

④ 정당의 위헌적 목적이 당분간 실현될 가망이 보이지 않는 경우에도 정당해산은 가능하다. 마찬가지로 정당이 그 위헌적 목적을 당분간 실현시킬 수 없기 때문에 잠시 보류하는 경우에도 위헌정당으로 해산될 수 있다.

⑤ 자유민주적 기본질서를 침해할 목적으로 취해진 정치적 행동은 그것이 개별적인 경우 - 말하자면 그밖에는 정당이 정당한 태도를 취하는데 일부의 구성원이나 추종자들의 「탈선」이 문제되는 경우 - 에는 그 정당이 위헌정당으로 해산되지 않는다. 위헌정당의 해산제도는 과거의 사건에 대한 제재가 아니라 장래의 위험에 대한 보호를 목적으로 하는 것이다.

⑥ 헌법적대적 의도의 입증에는 정당의 목표가 중요한 인식수단이 된다. 그리고 이 제도의 예방적 성격에 따라 (보다 중요한) 단기목표와 (덜 중요한) 장기목표를 구별하지 않는다.

Ⅲ. 정당해산의 절차와 집행

1. 정당해산의 제소

위헌정당해산의 제소권은 정부에게 있다(헌법 제8조 제4항). 그러나 특정 정당이 위헌의 소지가 있다고 판단될 때에 정부가 의무적으로 제소를 해야 하는 것은 아니다. 정치적 논쟁과정 속에서 자연스럽게 도태시킬 수 있다고 판단될 때에는 오히려 위헌정당으로 제소하기보다는 민주적 정치과정과 국민의 판단에 맡기는 것이 나을 수 있기 때문이다.

2. 정당해산의 결정

정당해산의 결정은 헌법재판소에서 9인의 재판관중 6인 이상의 찬성으로 행해진다(헌법 제113조 제1항, 헌법재판소법 제23조 제2항 제1호). 위헌정당의 해산결정은 창설적 효력을 가지며(헌법재판소법 제59조), 위헌정당이 아니라는 결정에 대해서는 다시 제소할 수 없다(헌법재판소법 제39조).

66) 이러한 기준은 정부가 정당해산제도를 남용하여 불편한 반대정당을 소추하는 것을 방지하기 위하여 요청되는 것이다.

3. 해산결정의 집행

헌법재판소의 해산결정이 있으면 그 결정은 피청구인인 정당과 국회, 정부, 중앙선거관리위원회에 송달된다(헌법재판소법 제58조 제2항). 통지를 받은 선거관리위원회는 해산결정을 받은 정당의 등록을 말소하고 그 뜻을 지체없이 공고하여야 한다(헌법재판소법 제60조, 정당법 제47조).

Ⅳ. 정당해산의 효과

1. 창설적 효력

헌법재판소의 위헌정당 해산결정은 창설적 효력을 가지며(헌법재판소법 제59조), 중앙선거관리위원회의 해산공고는 선언적·확인적 효력만을 갖는다.

2. 대체정당의 금지, 유사명칭의 금지 등

헌법재판소의 결정으로 정당이 해산된 경우에는 그 정당의 대표자 및 간부는 해산된 정당의 강령(또는 기본정책)과 동일하거나 유사한 정당을 창당하지 못한다(정당법 제40조).

또한 헌법재판소의 결정에 의하여 해산된 정당의 명칭과 같은 명칭은 정당의 명칭으로 다시 사용하지 못한다(정당법 제41조 제2항).

3. 정당재산의 귀속

헌법재판소의 결정에 의해 해산된 정당의 잔여재산은 국고에 귀속한다(정당법 제48조 제2항).

4. 소속의원의 자격상실 여부

헌법재판소의 결정에 의해 해산된 정당의 소속의원들이 의원직을 상실하는지의 여부에 관하여는 견해의 대립이 있다.

국회의원들이 국민에 의해 직접 선출되었다는 점을 강조하면서 그 민주적 정당성을 중요시하는 학자들은 정당이 해산된 이후에도 무소속의원으로 남는다는 견해를 펼치고 있다.[67] 그러나 위헌정당해산제도는 민주적 기본질서에 대한 직접적이고 심각한 위협의 존재를 인정하고 그에 대한 강력한 대책으로 마련된 것이기 때문에 - 비록 위헌정당해산요건의 인정은 엄격해야 하지만 - 일단 위헌정당해산의 요건을 갖춘 경우에는 강력한 제재수단이 동원되는 것이다. 따라서 정당활동의 실질적 주체가 되었던 국회의원들의 의원직이 계속 유지된다고 보기는 어렵다.[68][69]

사례의 해결절차

사례 위헌정당의 해산

Ⅰ. 사안의 분석과 쟁점의 정리 (5점)
1. 본사안의 기본문제와 논점들
2. 고찰의 방법

Ⅱ. 민주주의헌법하에서 정당의 특수한 지위와 특별한 보호 (6점)
1. 현대의 대중민주주의와 정당
→ 정당의 민주적 기능과 정당에 대한 헌법상의 보호
2. 방어적 민주주의와 위헌정당해산제도의 의의, 기능
3. 정당특권으로서의 위헌정당의 해산절차

Ⅲ. 위헌정당해산의 요건 (12점)
1. 해산대상으로서의 정당의 개념
2. 정당의 목적과 활동
3. 민주적 기본질서의 위배
4. 사회주의연합당의 위헌성에 대한 판단

Ⅳ. 위헌정당해산의 절차 (10점)
1. 정당해산의 제소
2. 정당해산의 결정
3. 정당등록의 말소

Ⅴ. 위헌정당해산의 효과 (12점)
1. 창설적 효력
2. 대체정당의 금지
3. 소속의원의 자격상실 여부
4. 정당재산의 귀속

Ⅵ. 맺음말 (5점)

67) 계희열, 헌법학(상), 2005, 301쪽; 김철수, 헌법학개론, 2007, 231쪽.
68) 권영성, 헌법학원론, 2009, 197쪽; 허영, 헌법이론과 헌법, 2003, 253쪽.
69) 독일의 경우에도 연방헌법재판소가 사회주의제국당에 대한 위헌판결(SRP-Urteil)과 공산당에 대한 위헌판결(KPD-Urteil)시 위헌으로 해산된 정당에 소속된 연방의회 및 주의회 의원들의 의원직상실을 선언한 바 있으며, 이후 연방선거법과 주선거법 가운데 의원직상실에 관한 명문규정을 두어 이 문제를 입법적으로 해결하였다.

제 6 절 권한쟁의심판권

개 요

권한쟁의심판은 헌법재판소의 구성 초기에는 별로 활용되지 못하다가 최근 이용이 급증하고 있는 헌법소송유형이다.

국가기관 상호간에 헌법상 권한의 존부 및 범위에 관한 다툼이 있을 경우에는 헌법적 기준에 따라 판단하는 것이 필요하다는 점에서 권한쟁의심판이 인정되는 것은 필요하다. 그런데 현행법상 헌법상 권한보다는 법률상 권한이 주로 문제되는 지방자치단체가 권한쟁의심판의 당사자로 명시되고 있는 점과 관련해서는 논란의 소지가 있다.

그러나 현재 권한쟁의심판이 활성화되면서 국가 및 지방자치단체의 권한범위 등에 관한 복잡한 문제들을 정리하는데 매우 긍정적인 역할을 하고 있음은 분명하다.

사례 1 **지방자치단체의 사무와 국회의 국정감사권의 범위**

2010년 지방선거를 통하여 선출된 새로운 서울시장은 미군기지가 이전하고 난 뒤 용산지역에 서울시의 핵심적인 테마파크를 구성하는 대규모 프로젝트를 입안하여 구체적인 개발에 들어갔다. 서울시의 계획에 따르면 이 지역에 서울시청 신청사를 중심으로 구역을 나누어 주거단지, 첨단벤처기업단지, 공원구역, 위락시설 등을 집중적으로 조성하여 세계 최고 수준의 대규모 테마파크를 만든다는 것이다.

그런데 이 계획을 수립·추진하는 과정에서 여러 기업 등의 과열경쟁이 문제되는가 하면, 부동산 가격의 급등으로 인한 문제 등이 계속 불거져 나오면서 계획 자체를 전면 백지화해야 한다는 주장까지도 나오게 되었다. 그러나 서울시에서는 이 계획을 흔들림 없이 추진한다는 확고한 입장을 견지하였다.

한편 용산지역 개발문제는 국회에서도 많은 논란의 대상이 되었고, 결국 국정감사를 통해 용산지역개발의 내막을 정확하게 검토하기로 하고, 서울시에 관련자료를 요청하였다. 그러자 서울시에서는 지방자치에 관한 업무에 국가가 관여하는 것은 헌법상 보장된 지방자치의 요청에 반한다고 주장하면서 자료제출을 거부하고 헌법재판소에 국회를 상대로 권한쟁의심판을 청구하였다.

헌법재판소는 어떠한 결정을 내려야 하겠는가?

사례 2

행복도시백지화입법과 지방자치단체의 자치권

구 정권에서 의욕적으로 추진되던 행정중심복합도시(이하 '행복도시' 라 함)는 정권이 바뀐 이후 그 추진사업이 지지부진한 가운데 범세계적인 경제 불황을 맞게 되었다. 이에 새 정부는 현재의 경제적 여건 하에서 행복도시 추진을 계속하는 것은 현실에 맞지 않는 것으로 판단하여 행복도시 추진을 백지화하려는 방안을 모색하게 되었다. 이러한 정부의 의도가 알려지면서 이를 둘러싼 찬반 양론이 격렬하게 대립하는 가운데 정부와 여당은 '행복도시의 백지화에 관한 특별조치법'(이하 '행복도시백지화법')을 입법예고하였다.

이 법률안에 따르면 기존의 행복도시로 이전하기로 되어 있던 공공기관들의 이전여부는 당해 기관 스스로의 판단에 따라 결정하도록 하며, 행복도시 건설과 관련하여 투입되던 정부예산은 그동안 진행되던 사업의 종료에 따른 뒷정리를 위한 1년간의 예산을 제외하고는 전액 세계 경제침체에 대응하기 위한 경기부양 예산으로 전용되도록 하였다.

이러한 정부 여당의 법률안 발의에 대해 야당에서는 정책의 일관성을 깨뜨림으로써 국민의 신뢰를 저버리는 무책임한 행동이라고 비난하였으며, 그 지역 주민들의 여론도 매우 나빠지고 있다.

이러한 상황에서 정부의 위임을 받아 행복도시 건설과 관련한 도로건설사업을 수행하고 있던 A 지방자치단체는 정부여당의 급작스러운 정책변경이 자신의 업무와 관련한 권한을 부당하게 침해한다고 생각하게 되었다. 또한 甲 건설회사는 행복도시의 백지화에 따른 재산상의 피해가 막대하다는 주장을 하고 있다.

과연 행복도시의 백지화는 A 지방자치단체나 甲 건설회사의 헌법상 지위를 위헌적으로 침해하는 것인가? 또한 이들이 행복도시 백지화의 위헌성을 다툴 수 있는 법적 대응수단은 무엇인가?

[참고판례] 기관위임사무와 지방자치단체의 권한쟁의심판 당사자 적격 → 헌재 1999.7.22. 98헌라4 결정

[참고판례] 법률제정행위에 대한 권한쟁의심판 → 헌재 2006.5.25. 2005헌라4 결정

[참고판례] 법률개정과 신뢰보호 → 헌재 2009.5.28. 2005헌바20 결정

Ⅰ. 제도의 의의와 유형

1. 제도의 의의

권한쟁의심판은 국가기관 상호간, 국가기관과 지방자치단체간, 또는 지방자치단체 상호간에 헌법적 권한이나 의무의 존부 또는 범위, 내용에 관하여 다툼이 발생한 경우에 제3의 독립된 기관인 헌법재판소가 이를 유권적으로 심판함으로써 그 분쟁을 해결하는 제도이다. 권한쟁의심판제도는 국가기관과 지방자치단체 등이 상호간의 권한의 존부와 범위 및 한계를 명확히 함으로써 ① 공적 기능의 수행을 원활히 하고, ② 권력 상호간의 견제와 균형을 유지(헌재 1995.2.23. 90헌라1 결정)시켜 헌법의 규범적 효력을 보호하는 역할을 한다.

2. 제도의 유형

현행법상 권한쟁의심판은 당사자에 따라 ① 국가기관 상호간의 권한쟁의, ② 국가기관과 지방자치단체 사이의 권한쟁의, ③ 지방자치단체 상호간의 권한쟁의로 나누어진다.(헌법 제111조 제1항 제4호, 헌법재판소법 제62조 제1항).[70][71]

Ⅱ. 청구의 요건

1. 권한쟁의심판의 당사자

헌법 제111조 ① 헌법재판소는 다음 사항을 관장한다.
4. 국가기관 상호간, 국가기관과 지방자치단체간 및 지방자치단체 상호간

70) 이러한 현행법에 따른 권한쟁의의 유형분류는 국가기관 이외에 지방자치단체를 당사자로 인정하는 것에 따른 것이다. 그러나 지방자치단체의 권한범위가 헌법적으로 정해지지 않고 있는 상황에서 지방자치단체를 「헌법적 권한의 존부 및 범위」에 관한 다툼을 대상으로 하는 「헌법재판」인 권한쟁의심판의 당사자로 인정하는 데에는 문제가 있다고 지적될 수 있다. 독일의 경우 지방자치단체는 기관소송의 당사자가 될 뿐이고, 권한쟁의의 당사자로 인정되지 않는다.

71) 비교법적으로 볼 때, 권한쟁의는 다양한 유형으로 나누어질 수 있다. 예컨대 우리 헌법재판제도의 모델이 되었던 독일의 경우에는 ① 헌법기관 사이의 권한쟁의(연방헌법재판소법 제13조 제5호, 제63조-제67조) 이외에도 ② 연방과 주 사이의 연방국가적 권한쟁의(연방헌법재판소법 제13조 제7호, 제68조-제70조)도 인정되고 있다.

의 권한쟁의에 관한 심판

▮헌법재판소법 제62조(권한쟁의 심판의 종류) ① 권한쟁의심판의 종류는 다음과 같다.

1. 국가기관 상호간의 권한쟁의심판
   국회, 정부, 법원 및 중앙선거관리위원회 상호간의 권한쟁의심판
2. 국가기관과 지방자치단체간의 권한쟁의심판
   가. 정부와 특별시·광역시 또는 도간의 권한쟁의심판
   나. 정부와 시·군 또는 지방자치단체인 구(이하 "자치구"라 한다)간의 권한쟁의심판
3. 지방자치단체 상호간의 권한쟁의심판
   가. 특별시·광역시 또는 도 상호간의 권한쟁의심판
   나. 시·군 또는 자치구 상호간의 권한쟁의심판
   다. 특별시·광역시 또는 도와 시·군 또는 자치구간의 권한쟁의심판

(1) 국가기관 상호간의 권한쟁의심판

ⅰ. 헌법재판소법 제62조 1항이 한정적 열거규정인가?, 아니면 예시규정인가?

헌법재판소법 제62조 제1항 제1호가 국가기관 상호간의 권한쟁의심판을 "국회, 정부, 법원 및 중앙선거관리위원회 상호간의 권한쟁의심판"이라고 규정하고 있더라도 이는 한정적, 열거적인 조항이 아니라 예시적인 조항이라고 해석하는 것이 헌법에 합치되므로 이들 기관외에는 권한쟁의심판의 당사자가 될 수 없다고 단정할 수 없다(헌재 1997.7.16. 96헌라2 결정).

ⅱ. "국가기관"에 해당하는지 여부에 대한 판단기준

헌법 제111조 제1항 제4호 소정의 "국가기관"에 해당하는지 여부는 ① 그 국가기관이 헌법에 의하여 설치되고 ② 헌법과 법률에 의하여 독자적인 권한을 부여받고 있는지, ③ 헌법에 의하여 설치된 국가기관 상호간의 권한쟁의를 해결할 수 있는 적당한 기관이나 방법이 있는지 등을 종합적으로 고려하여야 할 것인바, 이러한 의미에서 국회의원과 국회의장은 위 헌법조항 소정의 "국가기관"에 해당하므로 권한쟁의심판의 당사자가 될 수 있다(헌재 1997.7.16. 96헌라2 결정).[72]

(2) 국가기관과 지방자치단체간의 권한쟁의심판

헌법 제111조 제1항 제4호는 "국가기관과 지방자치단체 상호간"의 권한쟁의심판을 규정하고 있고, 헌법재판소법 제62조 제1항 제1호는 "국가기관 상

72) 종전 헌법재판소는 헌법재판소법 제62조 제1항 제1호의 규정을 한정적 열거규정으로 해석하여 국회의원이나 교섭단체의 권한쟁의심판 당사자 능력을 부인했으나(헌재 1995.2.23. 90헌라1 결정), 헌재 1997.7.16. 96헌라2 결정에서 판례를 변경하였다.

호간의 권한쟁의심판"의 당사자로 "국회, 정부, 법원 및 중앙선거관리위원회"를 규정하고 있는 반면, 같은 항 제2호에서 "국가기관과 지방자치단체간의 권한쟁의심판"의 당사자인 국가기관으로 "정부"만을 규정하고 있기 때문에, 여기서의 "정부"가 한정적 열거규정인지, 예시적인 규정인지, 정부를 국회, 정부, 법원과 같은 다른 국가기관을 지칭하는 광의의 정부로 확장해석할 수 있는 것인지가 논란이 되고 있다.[73)]

ⅰ. 헌법재판소법 제62조 1항 제2호의 "정부"의 해석

제62조 제1항 제2호가 "국가기관측 당사자로 '정부'만을 규정하고 있지만, 이 규정의 '정부'는 예시적인 것이므로 대통령이나 행정각부의 장 등과 같은 정부의 부분기관뿐 아니라 국회도 국가기관과 지방자치단체 간 권한쟁의심판의 당사자가 될 수 있다(헌재 2008.6.26. 2005헌라7 결정).[74)]

ⅱ. 기관위임사무와 지방자치단체의 권한쟁의심판 당사자적격

지방자치단체는 헌법 또는 법률에 의하여 부여받은 그의 권한, 즉 지방자치단체의 사무에 관한 권한이 침해되거나 침해될 우려가 있는 때에 한하여 권한쟁의 심판을 청구할 수 있다고 할 것인데, 도시계획사업실시계획인가사무는 건설교통부장관으로부터 시·도지사에게 위임되었고, 다시 시장·군수에게 재위임된 기관위임사무로서 국가사무라고 할 것이므로, 청구인의 이 사건 심판청구 중 도시계획사업실시계획인가처분에 대한 부분은 지방자치단체의 권한에 속하지 아니하는 사무에 관한 것으로서 부적법하다고 할 것이다.

이 사건의 쟁점은 피청구인이 재결청의 지위에서 행정심판법 제37조 제2항의 규정에 따라 행한 직접처분이 청구인의 권한을 침해하는가 여부이다. 따라서 이 사건은 지방자치단체인 청구인(성남시)과 국가기관인 재결청으로서의 피청구인(경기도지사) 사이의 권한쟁의사건이라고 할 것이다(헌재 1999.7.22. 98헌라4결정).

---

73) 이에 대하여는 정종섭, 헌법소송법, 2009, 477-478쪽; 허영, 헌법소송법론, 2009, 301쪽 참조.

74) 헌법재판소는 기초자치단체(강남구 등)와 국회 및 구선거관리위원회(강남구선거관리위원회) 간의 권한쟁의(헌재 2008.6.26. 2005헌라7 결정), 광역자치단체(서울특별시)와 국회 간(헌재 2005.12.22. 2004헌라3 결정), 기초자치단체(강남구)와 행정자치부장관 간(헌재 2002.10.31. 2002헌라2 결정)의 권한쟁의심판에서 그 당사자 능력을 인정하고 있으며, 종합부동산세법 제정행위에 대해 강남구 등의 기초자치단체가 국회를 상대로 제기한 권한쟁의심판청구에 대해 청구기간의 도과를 이유로 부적법각하결정을 내렸으나, 국회의 당사자능력을 부인하지는 않았다(헌재 2006.5.25. 2005헌라4 결정).

(3) 지방자치단체 상호 간의 권한쟁의심판

지방자치단체 상호간의 권한쟁의심판은 ① 특별시·광역시 또는 도 상호간, ② 시·군 또는 자치구 상호간, ③ 특별시·광역시 또는 도와 시·군 또는 자치구 간에 제기될 수 있다. 권한쟁의가 「지방교육자치에 관한 법률」 제2조의 규정에 의한 교육·학예에 관한 지방자치단체의 사무에 관한 것인 때에는 교육감이 당사자가 된다(헌법재판소법 제62조 제2항).

지방자치단체장의 당사자능력

권한쟁의 심판청구는 헌법과 법률에 의하여 권한을 부여받은 자가 그 권한의 침해를 다투는 헌법소송으로서 이러한 권한쟁의심판을 청구할 수 있는 자에 대하여는 헌법 제111조 제1항 제4호와 헌법재판소법 제62조 제1항 제3호가 정하고 있는바, 이에 의하면 지방자치단체의 장은 원칙적으로 권한쟁의 심판청구의 당사자가 될 수 없다. 다만 지방자치단체의 장이 국가위임 사무에 대해 국가기관의 지위에서 처분을 행한 경우에는 권한쟁의 심판청구의 당사자가 될 수 있다. 그런데 이 사건 ○○ 주식회사에 대한 피청구인 순천시장의 과세처분은 지방자치단체의 권한에 속하는 사항에 대하여 지방자치단체사무의 집행기관으로서 한 과세처분에 불과하므로 피청구인 순천시장은 이 사건 지방세 과세 권한을 둘러싼 다툼에 있어 권한쟁의 심판청구의 당사자가 될 수 없고, 청구인 광양시장 또한 마찬가지이다. 따라서 청구인 광양시장의 피청구인들에 대한 심판청구와 청구인 광양시의 피청구인 순천시장에 대한 심판청구는 모두 당사자능력을 결한 청구로서 부적법하다(헌재 2006.8.31. 2003헌라1 결정).

(4) 제3자 소송담당의 허용여부

권한쟁의심판의 청구인이 될 수 있는 기관의 부분기관이 그 소속기관을 위하여 자신의 이름으로 권한쟁의심판을 청구하는 제3자 소송담당이 허용되는지 여부에 대해서는 견해가 대립되고 있는데,[75] 헌법재판소는 제3자 소송담당을 허용하지 않고 있다.

제3자 소송담당의 허용여부

권한쟁의심판의 청구인은 청구인의 권한침해만을 주장할 수 있도록 하고 있을 뿐, 국가기관의 부분기관이 자신의 이름으로 소속기관의 권한을 주장할 수 있는

75) 이에 대하여 자세한 것은 허영, 헌법소송법론, 2009, 309쪽 참조.

'제3자 소송담당'의 가능성을 명시적으로 규정하고 있지 않은 현행법 체계에서 국회의 구성원인 청구인들은 국회의 '예산 외에 국가의 부담이 될 계약'의 체결에 있어 동의권의 침해를 주장하는 권한쟁의심판을 청구할 수 없다(헌재 2008.1.17. 2005헌라10 결정).

2. 대상: 피청구인의 처분 또는 부작위

i. 권한쟁의심판의 대상으로서의 처분이란?

처분은 입법행위와 같은 법률의 제정 또는 개정과 관련된 권한의 존부 및 행사상의 다툼, 행정처분은 물론 행정입법과 같은 모든 행정작용 그리고 법원의 재판 및 사법행정작용 등을 포함하는 넓은 의미의 공권력처분을 의미하는 것으로 보아야 한다(헌재 2006.5.25. 2005헌라4 결정).

ii. 권한쟁의심판의 대상으로서의 부작위란?

피청구인의 부작위에 의하여 청구인의 권한이 침해당하였다고 주장하는 권한쟁의심판은 피청구인에게 헌법상 또는 법률상 유래하는 작위의무가 있음에도 불구하고 피청구인이 그러한 의무를 다하지 아니한 경우에 허용된다(헌재 1998.7.14. 98헌라3 결정).[76)]

iii. 법률제정행위, 국회의장의 법률안가결선포행위

헌법재판소법 제61조 제2항에 따라 권한쟁의심판을 청구하려면 피청구인의 처분 또는 부작위가 존재하여야 한다. 여기서의 처분은 입법행위와 같은 법률의 제정과 관련된 권한의 존부 및 행사상의 다툼, 행정처분은 물론 행정입법과 같은 모든 행정작용 그리고 법원의 재판 및 사법행정작용 등을 포함하는 넓은 의미의 공권력 처분을 의미하는 것으로 보아야 할 것이므로, 법률에 대한 권한쟁의심판도 허용된다고 봄이 일반적이나 다만, '법률 그 자체'가 아니라 '법률제정행위'를 그 심판대상으로 하여야 할 것이다(헌재 2006.5.25. 2005헌라4 결정).[77)]

76) 입법부작위에 대한 권한쟁의 심판도 입법자의 민주적 정당성 및 (이에 기초한) 형성의 자유에 대한 존중에 비추어 볼 때 -입법부작위에 대한 헌법소원이 인정되는 경우(헌재 1989.3.17. 88헌마1 결정 등)와 마찬가지로- 헌법상 구체적인 입법의무가 인정될 수 있는 경우에만 인정되어야 할 것이다: 허영, 헌법소송법론, 317쪽. 어떠한 조건 하에서 입법부작위에 대한 권한쟁의심판의 대상이 인정될 수 있는지에 대해 독일연방헌법재판소는 명시적인 판단을 유보하고 있다((BVerfGE 92, 80[87]; 107, 286[294]).

헌법재판소는 국회의장이 야당의원들에게 개의일시를 통지하지 않음으로써 출석의 기회를 박탈한 채 본회의를 개의하여 한 법률안가결선포행위를 권한쟁의 심판의 대상으로 인정하였다(헌재 1997.7.16. 96헌라2 결정).

iv. 건설교통부장관이 경부고속철도 제4-1공구 역의 이름을 "천안아산역(온양온천)"으로 결정한 것이 권한쟁의심판의 대상이 되는 처분인지 여부

청구인의 권한에 부정적인 영향을 주어서 법적으로 문제되는 경우에는 사실행위나 내부적인 행위도 권한쟁의심판의 대상이 되는 처분에 해당한다고 할 것이므로, 피청구인의 이 사건 결정은, 그것이 행정소송의 대상이 되는 처분인지 여부는 별론으로 하고, 권한쟁의심판의 대상이 되는 처분에 해당한다고 할 것이다(헌재 2006.3.30. 2003헌라2 결정[아산시와 건설교통부장관간의 권한쟁의]).

v. 법적 중요성의 요구

여기서 "처분"이란 법적 중요성을 지닌 것에 한하므로, 청구인의 법적 지위에 구체적으로 영향을 미칠 가능성이 없는 행위는 "처분"이라 할 수 없어 이를 대상으로 하는 권한쟁의심판청구는 허용되지 않는다.

정부가 법률안을 제출하였다 하더라도 그것이 법률로 성립되기 위해서는 국회의 많은 절차를 거쳐야 하고, 법률안을 받아들일지 여부는 전적으로 헌법상 입법권을 독점하고 있는 의회의 권한이다. 따라서 정부가 법률안을 제출하는 행위는 입법을 위한 하나의 사전 준비행위에 불과하고, 권한쟁의심판의 독자적 대상이 되기 위한 법적 중요성을 지닌 행위로 볼 수 없다(헌재 2005.12.22. 2004헌라3 결정).

피청구인 강남구선거관리위원회는 공직선거법 제277조 제2항에 따라 2006년 지방선거를 앞두고 지방선거를 원활하게 치르도록 하기 위해 강남구의회가 다음해 예산을 편성할 때 지방선거에 소요되는 비용을 산입할 수 있도록 예상되는 비용을 미리 통보하였다. 이러한 통보행위가 권한쟁의심판청구의 대상이 되는 처분에 해당하기 위해서는 이것이 청구인 서울특별시 강남구에 새로운 의무를 부과한다거나 법적 지위에 어떤 변화를 초래하여야 한다. 그런데 청구인 서울특별시 강남구의 선거비용 부담은 공직선거법에서 그렇게 정하고 있기 때문에 발생하는 것이지 피청구인 강남구선거관리위원회가 이 사건 통보행위를 하였기 때문에 새롭게 발생한 것은 아니다. 또한 피청구인 강남구선거관리위원회의 선거

77) "이 사건 본안판단의 대상으로 된 것은 피청구인 국회의 법률제정행위로서 그 위헌 여부가 문제되는데"(헌재 2005.12.22. 2004헌라3 결정).

비용 통보행위는 미래에 발생할 선거비용을 다음 연도 예산에 반영하도록 하기 위해 미리 안내한 것에 불과하며, 이 통보행위 자체만으로 청구인 서울특별시 강남구가 2006년 예산편성 권한을 행사하는데 법적 구속을 받게 된 것은 아니다. 따라서 청구인 서울특별시 강남구의 법적 지위에 어떤 변화도 가져오지 않는 피청구인 강남구선거관리위원회의 이 사건 통보행위는 권한쟁의 심판의 대상이 되는 처분에 해당한다고 볼 수 없고, 청구인 서울특별시 강남구의 지방재정권을 침해하거나 침해할 가능성도 없다고 할 것이다(헌재 2008.6.26. 2005헌라7 결정).

행정자치부장관이 '행정부시장·부지사 회의'를 개최하여 행정자치부에서 작성한 표준안대로 복무조례를 개정할 것을 울산광역시 동구 및 북구에 요청한 것은 각 지방자치단체가 참고할 수 있도록 표준안을 제시한 것에 불과하여 단순한 업무협조 요청에 불과하고, 「징계업무처리지침」 및 「병·연가불허지시」를 통보한 것도 상호 협력의 차원에서 조언·권고한 것이거나 단순히 '업무연락'을 한 것이지, 각 지방자치단체를 법적으로 규제하는 강제적·명령적 조치를 취한 것이라 보기 어려우며, 기자회견을 통해 '총파업가담자에 대한 처벌과 정부의 방침에 소극적으로 대처하는 지방자치단체에 대하여 특별교부세 지원중단 등의 행정적·재정적 불이익 조치를 취할 것'이라는 것을 주된 내용으로 하는 담화문을 발표한 것 또한 단지 파업의 대응방침을 천명한 것으로 단순한 견해의 표명에 지나지 않는다 할 것이다. 이러한 행위들은 권한쟁의심판의 대상이 되는 처분이라 할 수 없으므로, 이를 대상으로 한 권한쟁의심판청구는 부적법하다(헌재 2006.3.30. 2005헌라1[울산광역시 동구 등과 행정자치부장관간의 권한쟁의]).

3. 청구사유: 청구인의 헌법상 또는 법률상 권한을 침해하거나 침해할 현저한 위험이 있을 것

헌법재판소법 제61조 (청구사유)　① 국가기관 상호간, 국가기관과 지방자치단체간 및 지방자치단체 상호간에 권한의 존부 또는 범위에 관하여 다툼이 있을 때에는 당해 국가기관 또는 지방자치단체는 헌법재판소에 권한쟁의심판을 청구할 수 있다.
② 제1항의 심판청구는 피청구인의 처분 또는 부작위가 헌법 또는 법률에 의하여 부여받은 청구인의 권한을 침해하였거나 침해할 현저한 위험이 있는 때에 한하여 이를 할 수 있다.

권한쟁의심판의 청구를 위해서는 피청구인의 처분 또는 부작위가 청구인의 헌법상 또는 법률상 권한을 침해하거나 침해할 현저한 위험이 있어야 한다(헌법재판소법 제61조 제2항). 여기서 권한은 헌법상 권한뿐만 아니라 법률상 권한도 포함된다. 권한의 '침해'는 현실적인 침해를 말하며, '침해할 현저할 위험'은 침해할 개연성이 예상되고 구체적으로 분쟁이 거론될 수 있을 정도로 상황이 구체화된 경우를 의미한다.[78)]

i. 국무총리 임명동의안의 처리가 국회에서 무산된 후 대통령이 국회의 동의 없이 국무총리서리를 임명한 데 대하여 다수당 소속 국회의원들이 국회 또는 자신들의 권한 침해를 주장하면서 권한쟁의심판을 청구할 수 있는지 여부

㉮ 재판관 김용준의 의견

(가) 정부에 의하여 국회의 권한이 침해가 된 때에, 국회가 권한쟁의심판을 청구하는 점에 관하여 다수의원이 찬성하지 아니함으로써 국회의 의결을 거칠 수 없는 경우에는, 침해된 국회의 권한을 회복하고자 하는 소수의원에게도 권한쟁의심판을 통하여 국회의 권한을 회복시킬 수 있는 기회를 주어야만 할 것이다. 그러나 위와 같이 국회의 부분기관에게 국회를 위한 '제3자소송담당'을 허용하는 것은 소수자를 보호하기 위한 것이므로, 일정 수 이상의 소수의원이나 소수의원으로 구성된 교섭단체에게만 국회를 위하여 권한쟁의심판을 청구할 적격이 인정되는 것이지, 재적의원 과반수를 이루는 다수의원이나 그들 의원으로 구성된 교섭단체의 경우에는 그들 스스로 국회의 의결을 거쳐 침해된 국회의 권한을 회복하기 위한 방법을 강구할 수 있으므로, 이들에게까지 굳이 법률에 규정되어 있지도 아니한 '제3자소송담당'을 허용할 필요성은 없는 것이다.

(나) 국회의원이 국회에서 심의·표결권한을 행사하는 것은 국회의원들 상호간 또는 국회의원과 국회의장 사이에서만 직접적인 법적 연관성을 가질 뿐, 국회의원과 대통령 등 국회 이외의 다른 국가기관과 사이에서는 아무런 직접적인 법적 연관성을 가지지 아니하므로, 대통령이 국회의 동의를 얻지 아니하고 국무총리서리를 임명한 행위가 국회에 대한 관계에서 국무총리의 임명에 관한 국회의 동의권한을 침해한 것인지의 여부는 별론으로 하고, 국회의원인 청구인들과의 관계에서 국무총리 임명동의안에 관한 청구인들의 심의·표결권한의 행사를 불가능하게 하거나 방해함으로써 그 권한을 침해할 가능성이 있다고 볼 수 없다.

㉯ 재판관 조승형, 재판관 고중석의 의견

(가) 대통령이 헌법에 정한 바에 따라 국회에 국무총리 임명동의요청을 한 다음 국회가 그 사정으로 임명동의안을 처리해 주지 아니한 특별한 사정이 있는 경우에 국무총리서리를 임명한 것은, 대통령이 국회에 국무총리 임명동의안을 제출하지 않거나 그 동의안이 부결된 상태에서 국무총리서리를 임명한 경우와는 달리, 실질적으로 국회의 동의를 얻어야 할 국무총리를 임명한 것이 아니라 그

78) 정종섭, 헌법소송법, 2009, 503-504쪽; 허영, 헌법소송법론, 317-319쪽.

명칭이나 형식에 관계없이 행정부 구성권자인 대통령이 헌법 제87조 제1항, 정부조직법 제23조에 따라 국무총리가 사고로 인하여 직무를 수행할 수 없을 때에 국무위원을 임명하여 국무총리 직무대행자를 지명할 수 있는 것에 준하여 국회가 임명동의안을 의결할 때까지 한시적으로 국무총리 직무대행자를 임명한 것에 불과하다고 할 것이므로 그 임명절차에 하자가 있다고 하더라도 이 사건 국무총리서리 임명행위가 직접적으로 헌법 제86조 제1항에 의한 국회의 국무총리 임명동의권이나 그 임명동의안에 관한 청구인들의 심의·표결권을 침해하였거나 침해할 현저한 위험이 있는 경우에 해당한다고 볼 수 없다.

(나) 국가기관 상호간의 권한쟁의심판은 헌법상의 국가기관 상호 간에 권한의 존부나 범위에 관한 다툼이 있고 이를 해결할 수 있는 적당한 기관이나 방법이 없는 경우에 헌법재판소가 헌법해석을 통하여 그 분쟁을 해결함으로써 국가기능의 원활한 수행을 도모하고 국가권력의 균형을 유지하여 헌법질서를 수호·유지하고자 하는 제도이다. 그런데 이 사건의 경우 국회는 대통령이 이미 국회에 제출한 국무총리 임명동의안에 대한 표결을 하여 가부를 결정할 수 있는 상태에 있고 특히 청구인들은 국회의 다수당인 한나라당 소속 국회의원들로서 그들만으로도 국무총리 임명동의안에 대한 가부를 결정하여 분쟁을 스스로 해결할 수 있는 방법이 있음에도 불구하고, 그 동의안에 대한 의결절차를 마치지도 아니한 채 미리 헌법재판소에 권한쟁의 심판을 청구한 것이므로, 청구인들의 이 사건 심판청구는 권리보호이익이 없어 부적법하다.

㈐ 재판관 정경식, 재판관 신창언의 의견

헌법재판소법 제62조 제1항 제1호에 열거되지 아니한 기관이나 또는 열거된 기관내의 각급 기관은 비록 그들이 공권적 처분을 할 수 있는 지위에 있을지라도 권한쟁의심판의 당사자가 될 수 없으며 또 위에 열거된 국가기관 내부의 권한에 관한 다툼은 권한쟁의심판의 대상이 되지 않는다고 볼 수 밖에 없다. 그러므로 국회의 경우 현행 권한쟁의심판제도하에서는 국가기관으로서의 국회만이 당사자로 되어 권한쟁의심판을 수행할 수 있을 뿐이고, 국회의 구성원이나 국회 내의 일부기관인 국회의원 및 교섭단체 등이 권한쟁의심판을 청구할 수는 없다고 할 것이다(헌재 1998.7.14. 98헌라1 결정).

ii. 지방자치단체의 영토고권의 주장과 권한침해의 개연성

권한쟁의심판은 피청구인의 처분 또는 부작위가 헌법 또는 법률에 의하여 부여받은 청구인의 권한을 침해하였거나 침해할 현저한 위험이 있는 때에 한하여 허용되는 것이므로, 피청구인의 처분 또는 부작위로 인하여 헌법 또는 법률에 의하여 부여받은 청구인의 권한이 침해될 개연성이 전혀 없는 경우에는 권한쟁의심판청구가 부적법하다고 할 것이다.

지방자치법 제11조 제6호는 지방자치단체가 처리할 수 없는 국가사무로 "우편, 철도 등 전국적 규모 또는 이와 비슷한 규모의 사무"를 열거하고 있으므로, 고속철도의 건설이나 고속철도역의 명칭 결정과 같은 일은 국가의 사무이고 지방자치단체인 청구인의 사무가 아님이 명백하다. 따라서 이 사건에서 청구인 권한이 침해될 개연성이 있는지 여부는 우선 청구인이 주장하는 바와 같은 영토고권이라는 자치권이 헌법 또는 법률에 의하여 청구인에게 부여되어 있는지 여부에 따라 결정된다고 할 것이다.(…저자에 의한 중략…)

그러나 지방자치제도의 보장은 지방자치단체에 의한 자치행정을 일반적으로 보장한다는 것뿐이고, 마치 국가가 영토고권을 가지는 것과 마찬가지로 지방자치단체에게 자신의 관할구역 내에 속하는 영토·영해·영공을 자유로이 관리하고 관할구역 내의 사람과 물건을 독점적·배타적으로 지배할 수 있는 권리가 부여되어 있다고 할 수는 없다. 청구인이 주장하는 지방자치단체의 영토고권은 우리 나라 헌법과 법률상 인정되지 아니한다. 따라서 이 사건 결정이 청구인의 영토고권을 침해한다는 주장은 가지고 있지도 않은 권한을 침해받았다는 것에 불과하여 본안에 들어가 따져볼 필요가 없다(헌재 2006.3.30. 2003헌라2 결정[아산시와 건설교통부장관간의 권한쟁의]).

4. 권한의 존부 및 범위에 대한 확정의 필요성

권한침해의 종료와 예외적 심판이익의 인정

현재의 제16대 국회는 4년 임기중 전반기를 이미 마쳤고, 후반기 들어 2002. 7.경 새로이 각 상임위원회의 위원배정이 이루어졌으며, 이 때 청구인은 다시 보건복지위원회에 배정되어 현재까지 동 위원회에서 활동하고 있다. 그러므로 청구인이 이 사건 권한쟁의심판청구에 의하여 달성하고자 하는 목적은 이미 이루어져 청구인이 주장하는 권리보호이익[79]은 소멸하였다. 그러나 이 사건과 같이 상임위원회 위원의 개선, 즉 사·보임행위는 법률의 근거하에 국회관행상 빈번하게 행해지고 있고 그 과정에서 당해 위원의 의사에 반하는 사·보임이 이루어지는 경우도 얼마든지 예상할 수 있으므로 청구인에게 뿐만 아니라 일반적으로도 다시 반복될 수 있는 사안이어서 헌법적 해명의 필요성이 있으므로 이 사건은 심판의 이익이 있다(헌재 2003.10.30. 2002헌라1 결정).

79) 권한쟁의심판에 있어서도 '권리보호의 이익'이라는 용어가 많이 사용되고 있으나, 권한쟁의심판에 있어서는 헌법소원과는 달리 청구인의 권리가 아닌 '권한'의 보호를 요구하는 것이기 때문에 '권리보호의 이익'이라는 용어는 적절하지 않은 것으로 생각된다.

5. 청구기간

권한쟁의의 심판은 그 사유가 있음을 안 날로부터 60일 이내에, 그 사유가 있은 날로부터 180일 이내에 청구하여야 하며, 이 기간은 불변기간이다(헌법재판소법 제63조).

법률제정행위에 대한 권한쟁의심판의 청구기간의 기산점

법률의 제정에 대한 권한쟁의심판의 경우, 청구기간은 법률이 공포되거나 이와 유사한 방법으로 일반에게 알려진 것으로 간주된 때부터 기산되는 것이 일반적이다. 일정한 법률안이 법률로 성립하기 위해서는 국회의 의결을 거쳐 관보에 게재·공포되어야 하고, 이로써 이해당사자 및 국민에게 널리 알려지는 것이기 때문이다(헌재 2006.5.25. 2005헌라4 결정).[80)]

Ⅲ. 가처분

헌법재판소법 제65조 (가처분) 헌법재판소가 권한쟁의심판의 청구를 받은 때에는 직권 또는 청구인의 신청에 의하여 종국결정의 선고시까지 심판대상이 된 피청구인의 처분의 효력을 정지하는 결정을 할 수 있다.

Ⅳ. 헌법재판소의 결정

헌법재판소법 제66조 (결정의 내용) ① 헌법재판소는 심판의 대상이 된 국가기관 또는 지방자치단체의 권한의 존부 또는 범위에 관하여 판단한다.

② 제1항의 경우에 헌법재판소는 권한침해의 원인이 된 피청구인의 처분을 취소하거나 그 무효를 확인할 수 있고, 헌법재판소가 부작위에 대한 심판청구를 인용하는 결정을 한 때에는 피청구인은 결정취지에 따른 처분을 하여야 한다.

80) 만약 법률제정행위를 대상으로 하는 권한쟁의심판에 있어서 청구인이 소정의 청구기간이 지난 이후에야 그 법률과 법적 관련성을 갖게 된 경우에는 그 법률과 관련성을 가지게 된 때를 청구기간의 기산점으로 보아야 할 것이다. 이에 대하여 자세한 것은 차진아, 권한쟁의심판과 위헌법률심판의 충돌에 관한 고찰, 헌법학연구 제15권 제1호(2009.3), 381-422(396-397)쪽 참조.

권한쟁의심판에 관한 헌법재판소의 결정은 헌법재판소의 의결정족수에 관한 헌법재판소법 제23조의 규정에 따라 재판관 7인 이상의 출석과 관여한 재판관의 과반수로 내려진다(헌법재판소법 제23조 제2항 본문).[81]

권한쟁의심판의 본안에 대한 종국결정의 형식은 크게 각하 결정과 인용결정 및 기각결정으로 나눌 수 있다. 인용결정은 청구인과 피청구인 간 권한의 존부 또는 범위에 관한 판단(헌법재판소법 제66조 제1항)으로서 피청구인의 처분 또는 부작위가 청구인의 헌법상 또는 법률상 권한을 침해하였거나 침해할 현저한 위험이 있다는 확인재판의 성격을 갖는다.[82]

나아가 헌법재판소법은 헌법재판소가 인용결정을 하는 경우에 이에 기초하여 권한침해의 원인이 된 피청구인의 처분을 취소하거나 그 무효를 확인할 수 있도록 규정하고 있다(헌법재판소법 제66조 제2항 전단). 이러한 취소 또는 무효확인 결정은 형성재판의 성격을 갖는다.[83]

ⅰ. 피청구인의 점용료부과처분을 취소한 사례

㉮ 지방자치단체를 상대로 한 권한쟁의심판절차에서 지방자치단체 사무에 관해 단체장이 행한 처분을 취소할 수 있는지 여부

지방자치단체의 지방자치사무에 관해 단체장이 행한 처분은 지방자치단체의 대표이자 집행기관인 단체장이 지방자치법 제9조 소정의 지방자치단체의 사무처리의 일환으로 당해 지방자치단체의 이름과 책임으로 행한 것이므로 지방자치단체를 피청구인으로 한 권한쟁의심판절차에서 단체장의 처분을 취소할 수 있다.

㉯ 당정협의내용, 추진지침, 의견서, 지방의회의 의결 등에 드러난 입법경위가 분명하고 명시적인 법률조항의 해석에 영향을 미칠 수 있는지 여부

당정협의내용, 추진지침, 의견서, 지방의회의 의결 등 법률조항 입법경위를 살펴 볼 때 중점적으로 거론된 내용이 그대로 입법되지 아니하였다 하더라도 그러한 사정이 취지가 분명하고 명시적인 법률조항의 해석에 영향을 미칠 수 없다. 당시의 제반 사정을 고려하여 어떠한 법률을 제정할 것인가 하는 것은 입법자의

81) 다른 헌법소송과는 달리 권한쟁의심판에 대해서는 6인 이상의 찬성을 요하지 않는 것은 권한쟁의심판이 여타의 헌법소송과는 구조적으로 다른 측면이 있기 때문이다. 권한쟁의심판의 경우에는 같은 사안에 대해서 청구인과 피청구인이 바뀔 수도 있기 때문에 어느 한쪽에 가중된 요건으로 의결정족수를 정하는 것이 불합리한 것이다.

82) 정종섭, 헌법소송법, 2009, 513-514쪽; 허영, 헌법소송법론, 2009, 327쪽.

83) 차진아, 권한쟁의심판과 위헌법률심판의 충돌에 관한 고찰, 헌법학연구 제15권 제1호(2009.3), 381-422(405)쪽.

광범위한 형성의 자유에 속하는 것이기 때문이다.

㉰ 부산광역시 강서구가 진해시를 상대로, 진해시 용원동 내의 일부인 계쟁 토지가 법률에 의해 그 관할이 자신에게 옮겨졌다고 주장하면서 관할확인을 구하고, 진해시가 계쟁 토지에 대한 사무와 재산을 인계하지 아니하는 부작위가 위법하다는 확인을 구하고, 위 계쟁토지에 대해 진해시장이 한 점용료부과처분의 취소를 구하는 권한쟁의심판사건에서 청구인의 심판청구를 인용한 사례

서울특별시광진구등9개자치구설치및특별시·광역시·도간관할구역변경등에관한법률(이하 '이 사건 법률'이라 한다)이 1994. 12. 22. 법률 제4802호로 제정되어 1995. 3. 1.부터 시행되었는데, 이 사건 법률 제8조에 따라 이 사건 계쟁토지가 청구인인 부산광역시 강서구의 관할구역으로 변경되었다. 피청구인은 지방자치법 제5조에 따라 위 토지들에 대한 사무와 재산을 청구인에게 인계할 의무가 있음에도 이를 이행하지 않고 있는 부작위는 위법하다. 청구인의 관할구역으로 변경된 위 토지에 대하여 피청구인이 점용료부과처분을 한 것은 처분권한 없는 자가 한 처분으로서 위법한 것이므로 취소되어야 한다(헌재 2006.8.31. 2004헌라2 결정[강서구와 진해시간의 권한쟁의)].

ii. 피청구인의 과세처분의 무효를 인정한 사례

㉮ 공유수면에 대한 지방자치단체의 관할구역과 자치권한 인정 여부

지방자치법 제4조 제1항에 규정된 지방자치단체의 구역은 주민·자치권과 함께 지방자치단체의 구성요소로서 자치권을 행사할 수 있는 장소적 범위를 말하며, 자치권이 미치는 관할 구역의 범위에는 육지는 물론 바다도 포함되므로, 공유수면에 대한 지방자치단체의 자치권한이 존재한다.

㉯ 공유수면과 매립지에 대한 지방자치단체의 관할구역 경계 및 그 기준

현행 지방자치법 제4조 제1항은 지방자치단체의 관할구역 경계를 결정함에 있어서 '종전'에 의하도록 하고 있고, 지방자치법 제4조 제1항의 개정 연혁에 비추어 보면 위 '종전'이라는 기준은 최초로 제정된 법률조항까지 순차 거슬러 올라가게 되므로 1948. 8. 15. 당시 존재하던 관할구역의 경계가 원천적인 기준이 된다. 그런데 이 사건 기록을 살펴볼 때, 이 사건 매립지에서 '종전'에 해당하는 관할구역 경계에 대하여는 조선총독부 임시토지조사국 훈령인 일반도측량실시규정(1914년)에 의거하여 1918년에 제작된 지형도상의 해상경계선이 그 기준이 된다.

그리고 종래 특정한 지방자치단체의 관할구역에 속하던 공유수면이 매립되는 경우에도, 법률 또는 대통령령 등에 의한 경계변경이 없는 한, 그 매립지는 당해 지방자치단체의 관할구역에 편입된다.

㉢ 1948. 8. 15. 당시와 가장 근접한 1974년 발행 국가기본도상의 해상경계선에 의하여 청구인 광양시와 피청구인 순천시 사이의 관할구역 경계를 확인한 사례

전라남도 광양시, 순천시 및 여수시 소재 율촌제1지방산업단지 매립지 중 ○○ 주식회사가 전라남도로부터 분양받은 산업단지 446,283㎡(135,000평)와 위 산업단지 블럭 1-1 구역의 공장 연면적 231,192.92㎡, 사무실 등 연면적 10,171.85㎡(이하 '이 사건 매립지'라 한다)에서는 광양시와 순천시의 관할구역을 나누는 해상경계에 있어 1948. 8. 15. 당시와 가장 근접하면서도 위 1918년 지형도상 해상경계선과 가장 유사한 1969년 국가기본도상의 해상경계선이 일응 이 사건 해역에서 양 지방자치단체 간의 관할을 나누는 경계선이 될 가능성이 있었다. 그런데 1973년 대통령령인 시·군·구·읍·면의관할구역변경에관한규정에 의해 1973. 7. 1.부터 이 사건 해역의 전남 광양군 골약면에 속하던 장도와 송도가 전남 여천군 율촌면으로 관할구역이 변경되었으므로 위 관할구역의 변경이 반영되었고 이후 법률 또는 대통령령의 개폐, 행정관습법의 성립 등으로 변경된 바 없는 1974년 발행 국가기본도상의 해상경계선이 이 사건 매립지에서 청구인 광양시와 피청구인 순천시 사이의 관할구역 경계를 나누는 최종적 기준이 된다.

㉣ 청구인 광양시의 관할권한을 확정하면서 이를 침해한 피청구인 순천시의 과세처분의 무효를 확인한 사례

이 사건 매립지 중 제1별지 도면 표시 가, 나, 다, 라, 마, 바, 사, 아, 자의 각 점을 순차 연결한 선(1974년 발행 국가기본도상의 해상경계선)의 오른쪽(동쪽) 부분은 청구인 광양시의 관할권한에 속하고, 피청구인 순천시가 2003. 7. 1. ○○ 주식회사에 대하여 부과한 도시계획세, 공동시설세 등의 부과처분 중 위와 같은 청구인 광양시의 관할권한에 속하는 목적물에 대하여 이루어진 부분은 청구인 광양시의 지방자치권(자치재정권)을 침해하여 권한이 없는 자에 의하여 이루어진 과세처분으로서 그 효력이 없다(헌재 2006.8.31. 2003헌라1 결정[광양시등과 순천시등간의 권한쟁의]).

헌법재판소는 위헌법률심판에 있어서는 재판관 6인 이상의 찬성이 있어야 대상 법률에 대해 위헌결정을 내릴 수 있음에도 불구하고, 권한쟁의심판절차에서는 법률제정 행위 내지 국회의장의 법률안가결선포행위에 대해 재판관 단순과반수인 4-5인의 찬성으로 그 무효확인 결정을 내릴 수 있는지가 논란이 되고 있다.[84)]

84) 이에 대하여 자세한 것은 차진아, 권한쟁의심판과 위헌법률심판의 충돌에 관한 고찰, 헌법학연구 제15권 제1호(2009.3), 381-422(407-411)쪽 참조. 권한쟁의심판과 위헌법률심판에 있어서 결정 정족수의 차이로 인한 문제양상에 대해 자세한 것은 남복현, 헌법재판의 결정정족수, 현대

iii. 야당의원들에게 개의일시를 통지하지 않음으로써 출석의 기회를 박탈한 채 본회의를 개의하여 행한, 국회의장의 법률안가결선포행위의 위헌여부

헌재 1997.7.16. 96헌라2 결정에서 국회의장의 법률안가결선포행위의 행위여부의 위헌여부에 대해 재판관 3인은 각하 의견, 법률안 가결선포행위에 대해 각각 3인은 합헌의견, 3인은 위헌의견이었다.

㉮ **재판관 김용준, 재판관 김문희, 재판관 이영모의 의견**

권한쟁의심판의 결정내용에 관한 헌법재판소법 제66조는 제1항에서 "헌법재판소는 심판의 대상이 된 국가기관 또는 지방자치단체의 권한의 존부 또는 범위에 관하여 판단한다."고 규정하면서, 제2항에서 "제1항의 경우 피청구기관의 처분 또는 부작위가 이미 청구인의 권한을 침해한 때에는 이를 취소하거나 그 무효를 확인할 수 있다."고 규정하고 있다.

그런데 청구인들은 이 사건에서 권한침해여부에 대한 확인을 구함에 그치지 않고 나아가 피청구인의 이 사건 법률안 가결선포행위에 대한 위헌확인까지 구하고 있는바, 권한쟁의심판청구서, 준비서면 등과 변론에 나타난 청구인들의 주장을 종합하여 보면, 이 부분 확인청구는 결국 피청구인의 행위의 효력을 제거해 달라는 취지로 보이므로 심판청구서에 기재된 표현문구에 구애될 필요 없이 이를 헌법재판소법 제66조 제2항의 무효확인청구로 받아들여 판단함이 상당하다.

국회의 입법절차는 법률안의 제출로부터 심의·표결 및 가결선포와 정부에의 이송에 이르기까지 여러과정을 거쳐 진행되며, 그 과정에 국회의 구성원인 다수의 국회의원들이 참여하여 국민의 의사나 상충하는 이익집단간의 이해를 반영하게 된다. 이와 같은 국회 입법절차의 특성상 그 개개의 과정에서 의도적이든 아니든 헌법이나 법률의 규정을 제대로 준수하지 못하는 잘못이 있을 수 있다. 그러한 잘못이 현실로 나타날 경우 그로 인하여 일부 국회의원들의 입법에 관한 각종의 권한이 침해될 수 있는데, 이러한 사정만으로 곧바로 법률안의 가결선포행위를 무효로 한다면 이는 곧 그 법률의 소급적 무효로 되어 국법질서의 안정에 위해를 초래하게 된다.

따라서 국회의 입법과 관련하여 일부 국회의원들의 권한이 침해되었다 하더라도 그것이 입법절차에 관한 헌법의 규정을 명백히 위반한 흠에 해당하는 것이 아니라면 그 법률안의 가결선포행위를 무효로 볼 것은 아니라고 할 것인바, 우리 헌법은 국회의 의사절차에 관한 기본원칙으로 제49조에서 '다수결의 원칙'을, 제50조에서 '회의공개의 원칙'을 각 선언하고 있으므로, 이 사건 법률안의 가결선포행위의 효력 유무는 결국 그 절차상에 위 헌법규정을 명백히 위반한 흠이 있는지 여부에 의하여 가려져야 할 것이다.

그러므로 나아가 이 사건 기록과 변론에 나타난 자료를 토대로 이 사건 법률

공법과 개인의 권익보호(균제 양승두 교수 화갑기념논문집), 1994, 983-1003(997-998)쪽 참조.

안의 의결절차에 과연 위 헌법규정을 명백히 위반한 흠이 있는지에 관하여 보건대, 이 사건 법률안은 재적의원의 과반수인 국회의원 155인이 출석한 가운데 개의된 본회의에서 출석의원 전원의 찬성으로(결국 재적의원 과반수의 찬성으로) 의결처리되었고, 그 본회의에 관하여 일반국민의 방청이나 언론의 취재를 금지하는 조치가 취하여지지도 않았음이 분명하므로, 그 의결절차에 위 헌법규정을 명백히 위반한 흠이 있다고는 볼 수 없다.

청구인들은 위 본회의의 소집과정에서 상당수 국회의원들에 대하여 적법한 개회통지가 이루어지지 않았고 또 전격적인 개의로 말미암아 일반국민의 방청이나 언론의 취재도 사실상 곤란하였다는 점을 들어 이 사건 법률안이 입법절차에 관한 헌법의 규정을 위반하여 가결선포된 것이라고 주장하고 있으나, 이러한 문제는 모두 의사절차상의 국회법위반 여부나 의사절차의 적정성 여부에 관련된 것에 불과한 것으로 보아야 할 것이다.

그렇다면 피청구인의 이 사건 법률안의 가결선포행위에는 위에서 본 바와 같은 국회법위반의 하자는 있을지언정 입법절차에 관한 헌법의 규정을 명백히 위반한 흠이 있다고 볼 수 없으므로, 이를 무효라고 할 수는 없다.

㈏ **재판관 이재화, 재판관 조승형, 재판관 고중석의 의견**

의회민주주의의 기본원리의 하나인 다수결원리는 의사형성과정에서 소수파에게 토론에 참가하여 다수파의 견해를 비판하고 반대의견을 밝힐 수 있는 기회를 보장하여 다수파와 소수파가 공개적이고 합리적인 토론을 거쳐 다수의 의사로 결정을 한다는데 그 정당성의 근거가 있는 것이다. 따라서 입법과정에서 소수파에게 출석할 기회를 주지 않고 토론과정을 거치지 아니한 채 다수파만으로 단독처리하는 것은 다수결원리에 의한 의사결정이라고 볼 수 없다.

헌법 제49조는 “국회는 헌법 또는 법률에 특별한 규정이 없는 한 재적의원 과반수의 출석과 출석의원 과반수의 찬성으로 의결한다. 가부동수인 때에는 부결된 것으로 본다.”고 규정하고 있다.

이 규정은 의회민주주의의 기본원리인 다수결원리를 선언한 것으로서 이는 단순히 재적의원 과반수의 출석과 출석의원 과반수에 의한 찬성을 형식적으로 요구하는 것에 그치지 않는다. 헌법 제49조는 국회의 의결은 통지가 가능한 국회의원 모두에게 회의에 출석할 기회가 부여된 바탕위에 재적의원 과반수의 출석과 출석의원 과반수의 찬성으로 이루어져야 한다는 것으로 해석하여야 한다.

이러한 풀이는 의회민주주의와 다수결원리의 헌법적 의미를 고려하면 당연한 것이다. 헌법 제49조를 형식적으로 풀이하여 재적의원 과반수를 충족하는 다수파에게만 출석의 가능성을 준 다음 그들만의 회의로 국가의사를 결정하여도 헌법위반이 아니라고 해석하는 것은 의회민주주의의 기본원리인 공개와 토론의 원리 및 다수결원리의 정당성의 근거를 외면한 것이고, 복수정당제도를 채택하고 있는 헌법의 정신에 정면배치될 뿐만 아니라 결과적으로 국민의 다원적 의사를 대표하는 국민대표기관으로서의 국회의 본질적 기능을 무너뜨리는 것이다.

헌법 제49조의 다수결원리를 구체화하는 규정으로 국회법은 제72조와 제76조에서 국회 본회의의 개의와 의사일정에 관한 규정을 두고 있는 것인데, 위에서 본 바와 같이 피청구인은 위 국회법규정에 위반하여 청구인들에게 본회의 개의일시를 알리지 않음으로써 본회의에의 출석가능성을 배제한 가운데 본회의를 개의하여, 신한국당 소속의원들만 출석한 가운데 그들만의 표결로 이 사건 법률들이 가결되었음을 선포한 것이므로, 피청구인의 이 사건 법률안의 가결선포행위는 국회의원인 청구인들의 권한을 침해한 것임과 아울러 다수결원리를 규정한 헌법 제49조에 명백히 위반되는 것이라고 아니할 수 없다(헌재 1997.7.16. 96헌라2 결정).

ⅳ. 위원회의 심사를 거치지 않은 법률안에 대한 질의, 토론절차를 생략한 절차상 하자와 국회의장의 법률안가결선포행위의 효력(헌재 2009.10.29. 2009헌라8 결정)

헌법재판소는 위원회의 심사를 거치지 않고 본회의에 상정된 신문법개정안에 대해 질의, 토론절차를 생략하고 행한 표결을 행한 국회의장의 행위가 국회의원의 심의·표결권을 침해하였음은 인정하였으나, 그러한 절차상의 하자로 인한 국회의장의 법률안가결선포행위의 무효여부에 대해서는 기각 의견이 6인(그 구체적 논거에 대해서는 의견이 나뉘었다), 인용의견이 3인으로서 결정정족수 미달로 기각되었다.

ⅴ. 일사부재의 원칙위반의 하자와 국회의장의 법률안가결선포행위의 효력(헌재 2009.10.29. 2009헌라8 결정)

헌법재판소는 방송법개정안에 대해 재적의원 과반수의 출석에 미달한 전자투표는 부결된 것이고 이에 대해 재투표한 것은 일사부재의원칙을 위반한 하자가 있음을 인정하였으나, 그러한 절차상의 하자로 인한 국회의장의 법률안가결선포행위의 무효여부에 대해서는 기각 의견이 7인(그 구체적 논거에 대해서는 의견이 나뉘었다), 인용의견이 2인으로서 결정정족수 미달로 기각되었다.

Ⅴ. 결정의 효력

헌법재판소법 제67조 (결정의 효력) ① 헌법재판소의 권한쟁의심판의 결정은 모든 국가기관과 지방자치단체를 기속한다.

② 국가기관 또는 지방자치단체의 처분을 취소하는 결정은 그 처분의 상대방에 대하여 이미 생긴 효력에 영향을 미치지 아니한다.

권한쟁의심판에 대한 헌법재판소의 결정은 심판의 대상이 된 국가기관 또는 지방자치단체의 권한의 존부 또는 범위를 구속력 있게 확인하며(헌법재판소법 제66조 제1항), 이러한 헌법재판소의 결정은 모든 국가기관과 지방자치단체를 기속한다(헌법재판소법 제67조 제1항). 따라서 청구인과 피청구인뿐만 아니라 다른 모든 국가기관과 지방자치단체도 권한의 존부 또는 범위에 관한 헌법재판소의 결정취지에 반하는 작위 또는 부작위를 해서는 안 되며,[85] 부작위에 대한 심판청구에 대한 인용결정이 내려진 경우 피청구인은 결정취지에 따른 처분을 하여야 한다(헌법재판소법 제66조 제2항).

다만, 국가기관 또는 지방자치단체의 처분을 취소하는 결정은 그 처분의 상대방에 대하여 이미 생긴 효력에 영향을 미치지 아니한다(헌법재판소법 제67조 제2항). 이 규정의 취지는 국가기관 또는 지방자치단체의 처분권한을 둘러싼 분쟁으로 인하여 처분의 상대방인 국민이 불의의 피해를 입지 않도록 하기 위한 것으로서, 신뢰보호의 원칙 또는 그 근저에 깔려 있는 법적 안정성이라는 요청에서 그 정당성을 찾을 수 있다.[86]

사례의 해결절차

사례 1 지방자치단체의 사무와 국회의 국정감사권의 범위

Ⅰ. 사안의 분석과 논점의 정리 (5점)
Ⅱ. 지방자치의 본질과 자치권의 범위 (8점)
1. 지방 자치의 의의와 기능
2. 지방자치의 본질에 관한 견해의 대립
3. 자치권의 범위
Ⅲ. 용산지역 개발의 법적 근거와 성격 (8점)
1. 자치단체 내 지역개발의 의미와 성격
2. 지역개발에 관한 지자체의 권한과 국가의 권한
3. 사안의 문제와 서울시의 주도적 역할
Ⅳ. 국정감사의 성격 및 대상범위와 자치권의 침해여부 (11점)
1. 국정감사제도의 의의와 성격

85) 허영, 위의 책, 331쪽.
86) 차진아, 권한쟁의심판과 위헌법률심판의 충돌에 관한 고찰, 헌법학연구 제15권 제1호 (2009.3), 381-422(413)쪽.

2. 현행법상 국정감사의 대상범위
   → 국정감사 및 조사에 관한 법률 제7조 제2항
3. 본 사안에 대한 판단

Ⅴ. 헌법재판소의 결정 (13점)

1. 권한쟁의심판의 청구요건에 대한 판단
2. 서울시의 청구취지에 대한 판단
   (1) 국가가 보조금을 지원한 경우
   (2) 국가가 보조금을 지원하지 않은 경우
3. 예상되는 결정과 그 효과

Ⅵ. 결론 (5점)

사례 2 행복도시백지화입법과 지방자치단체의 자치권

Ⅰ. 사안의 분석과 논점의 정리 (5점)

Ⅱ. 행복도시의 성격과 행복도시백지화법의 헌법적 문제점 (7점)

1. 행복도시의 성격과 법적 근거
2. 국가정책의 일관성 문제와 법개정에 의한 정책변경의 필요성
3. 행복도시백지화법의 근거와 문제점

Ⅲ. 행복도시백지화법에 따른 A지방자치단체의 권한침해 여부 (9점)

1. A지방자치단체의 담당업무의 성격
2. 위임사무에 대한 지방자치단체의 권한범위
3. 법률개정과 관련한 신뢰보호의 문제
   → 부진정소급입법과 신뢰보호

Ⅳ. 행복도시백지화법에 따른 재산권 침해 여부 (9점)

1. 국가작용에 의한 재산상 손실의 정당성 판단기준
   → 비례성, 신뢰에 대한 보상
2. 甲 건설회사의 법적 지위와 계약조건의 문제
   → 계약조건에 명시되지 않았으면 신뢰보호의 문제(부진정 소급효)
3. 甲 건설회사와 여타 관련 기업과의 형평성 문제

Ⅴ. 행복도시백지화의 위헌성을 다투는 법적 대응수단 (15점)

1. 위헌적 입법에 의한 법익침해와 그에 대한 대응수단
2. A지방자치단체가 사용할 수 있는 법적 대응수단
   (1) 행복도시백지화법의 국회통과이전
   → 국회에 청원, 대통령에 청원(대통령의 법률안거부권 행사 촉구), 언론・출판・집회・결사의 자유 등 행사
   (2) 행복도시백지화법의 국회통과이후

→ 권한쟁의심판: 법률제정행위도 처분이나, 기관위임사무에 대한 지방자치단체의 권한쟁의심판청구는 청구인적격 없음
→ 위헌법률심판 내지 위헌소원 : 재판의 전제성
→ 권리구제형 헌법소원 : 기본권의 주체

3. 갑 건설회사가 사용할 수 있는 법적 대응수단
   (1) 행복도시백지화법의 국회통과이전
   → 국회에 청원, 대통령에 청원(대통령의 법률안거부권 행사 촉구), 언론 · 출판 · 집회 · 결사의 자유 등 행사
   (2) 행복도시백지화법의 국회통과이후
   → 위헌법률심판 내지 위헌소원 : 재판의 전제성
   → 권리구제형 헌법소원 : 기본권 침해의 직접성

Ⅵ. 결론 (5점)

제 7 절 헌법소원심판권

개 요

헌법소원심판은 위헌법률심판과 더불어 가장 비중 있는 헌법소송유형이며, 양적으로는 가장 많이 이용되고 있는 헌법소송이기도 하다.

헌법소원심판은 우리나라에서는 현행 헌법에 의해 처음 도입되었다. 그러나 헌법 제111조 제1항 제5호에서는 "법률이 정하는 헌법소원에 관한 심판"이라고 규정함으로써 헌법소원심판에 관한 사항을 정하지 않고 전적으로 법률에 위임하고 있으며, 이에 따라 헌법재판소법 제68조 이하에서 헌법소원심판의 대상과 요건, 절차 및 효과 등이 규정되고 있다.

이처럼 헌법에서 헌법소원심판에 관한 사항을 정하지 않고 전적으로 법률에 위임하는 태도는 - 특히 헌법소원을 처음 도입하게 되어 그 기본적 성격과 구조에 관해서조차 이해의 편차가 크게 나타나고 있는 우리의 상황에서는 - 헌법재판소법에 의한 헌법소원제도의 구체화와 관련하여 많은 논란의 소지를 제공하고 있으며, 실제로 현행 헌법재판소법의 헌법소원심판에 관한 규정들에 대하여는 많은 비판적 논의가 전개되고 있다.

특히 헌법소원심판과 관련하여서는 재판소원 문제, 헌법소원의 절차에 관한 문제, 헌법소원인용결정의 효력범위 및 집행에 관한 문제 등을 둘러싼 쟁점에 주목할 필요가 있다.

사례 1 대통령에 의한 헌법소원 심판청구의 적법성

현직 대통령인 甲은 A지역 소재 B대학의 명예박사학위를 수여받는 자리에서 그 지역 국회의원 보궐선거에 관하여 자신의 소속 정당후보자인 乙을 지지하는 발언을 몇 차례 반복하였다. 이러한 甲의 발언이 정치적으로 큰 반향을 일으키며 야당인 C정당에서 이를 대통령의 선거중립의무 위반이라고 비난하고 나섰다.

이러한 논란이 확산되자 중앙선거관리위원회에서 이 문제에 개입하여 甲의 발언은 공직선거법성 대통령에게 요구되는 선거중립의무에 반하는 것이므로 유사사태가 재발하지 않도록 유의하라는 협조공문을 보냈다.

이에 甲은 자신이 대통령이지만 국민의 한사람으로서 정치적 의사표현의 자유를 가지고 있으며, 직접 선거유세에 참여하여 지지연설을 한 것도 아닌데 이러한 발언까지 못하도록 막는 것은 과도한 기본권제한이라고 생각하게 되었다. 결국 甲은 중앙선거관리위원회의 협조공문이 사실상 자신의 기본권에 대한 과도한 제한이라는 취지로 헌법재판소에 헌법소원을 제기하였다.

그러자 야당과 일부 시민단체에서는 국가기관인 대통령이 헌법소원을 제기하는 것은 적절하지 않으며 차라리 권한쟁의심판을 청구하였어야 한다고 주장하면서 甲이 제기한 헌법소원의 각하를 요구하였다.

과연 이 사안에서 헌법재판소는 어떠한 결정을 내려야 하겠는가?

[참고판례] 헌재 2008.1.17. 2007헌마700 결정

사례 2 행정특별시 건설과 헌법소원심판청구의 적법성

2004년 10월 신행정수도 건설이 헌법재판소의 위헌결정으로 인하여 무산된 이후 정부에서는 신행정수도 건설을 대체할 수 있는 방안을 모색하게 되었다. 이와 관련하여 정부 내에서는 다음의 세가지 안이 대두되었다. 첫째, 헌법재판소의 요구대로 국민투표를 실시하여 수도를 이전하자는 안이 있다. 둘째, 수도를 이전하는 대신에 정부의 각 부처를 그 업무관련성에 따라 전국의 각 도시로 분산하는 방안이 제시되었다. 셋째, 헌법재판소의 결정에 따른 수도의 구성요소에 해당되는 핵심국가기관을 제외한 다수의 행정부처를 신행정수도예정지였던 공주·연기지역에 이전하는 방안이다.

이 세 가지 안을 놓고 정부 내에서 많은 논란이 있었으나 원래의 신행정수도에 제일 가까운 제3안이 다수의 지지를 얻어 정부안으로 채택되었다. 이에 정부에서는 여당의 협조를 얻어 『행정특별시 건설에 관한 법률』을 통과시켰다. 동법률에 따르면 국회, 대법원, 헌법재판소 및 통일부·외교통상부·국방부 등 몇 개 행정부처를 서울에 존치시키는 대신에 국무총리를 비롯하여 재정경제부·교육인적자원부·보건복지부·여성가족부 등 기타 다수

의 행정부처를 행정특별시로 지정된 공주·연기 지역으로 이전하게 되었다. 또한 동법률은 행정특별시에 청와대 별관을 두어 대통령이 수시로 행정특별시에서 집무를 할 수 있도록 제반여건을 갖추도록 하였다.

이 법률이 공포되자 신행정수도건설법에 반대하였던 다수의 서울특별시 의회의원 및 서울시민들이 동법률의 위헌성을 주장하며 헌법재판소에 헌법소원을 제기하였다. 이들의 주장에 따르면 동법률은 헌법재판소에 의해 위헌으로 결정된 수도이전을 사실상 우회적·탈법적으로 달성하고자 하는 불법적인 시도로서 위헌이라고 한다. 반면에 정부측에서는 헌법재판소가 수도의 요건으로 지적하였던 핵심적 국가기관들은 서울에 남아 있기 때문에 수도이전이 아니며 따라서 동법률이 위헌일 수 없다고 반박하고 있다.

과연 헌법재판소는 어떤 결정을 내려야 하겠는가?

[참고판례] 헌재 2004.10.21. 2004헌마554등 결정(신행정수도의건설을위한특별조치법 위헌확인); 헌재 2005.11.24. 2005헌마579등 결정(신행정수도 후속대책을 위한 연기·공주지역 행정중심복합도시 건설을 위한 특별법 위헌확인)

Ⅰ. 헌법소원심판제도의 의의

헌법소원심판이란 공권력의 행사 또는 불행사로 인하여 헌법상 보장된 기본권이 침해된 경우에 헌법재판소에 심판청구를 하여 침해의 원인이 된 공권력의 행사를 취소하거나 그 불행사가 위헌임을 확인함으로써 기본권을 구제하는 제도이다(헌법 제111조 제1항 제5호, 헌법재판소법 제68조).

이러한 헌법소원심판은 모든 국가권력의 행사를 헌법, 특히 그 중심이 되고 있는 기본권에 부합되도록 하여야 한다는 실질적 법치주의의 요청을 실현시키는 기능을 하고 있으며, 이것은 한편으로는 기본권보장(개인의 주관적 권리구제)의 기능으로, 다른 한편으로는 헌법보호(객관적 헌법질서의 수호·유지)의 기능으로 나타난다.

헌법소원은 헌법재판소법 제68조 제1항의 헌법소원(권리구제형 헌법소원)과 헌법재판소법 제68조 제2항의 헌법소원(위헌소원, 위헌심사형 헌법소원)으로 나눌 수 있다. 그러나 전술한 바와 같이 위헌소원은 그 실질적인 성격이 위헌법률심판과 다르지 않으므로 위헌법률심판권 부분에서 상술하였다. 이하에서는 헌법재판소법 제68조 제1항의 헌법소원을 중심으로 서술한다.

Ⅱ. 헌법소원심판의 대상: 공권력의 행사 또는 불행사

헌법재판소법 제68조 (청구사유) ① 공권력의 행사 또는 불행사로 인하여 헌법상 보장된 기본권을 침해받은 자는 법원의 재판을 제외하고는 헌법재판소에 헌법소원심판을 청구할 수 있다. 다만, 다른 법률에 구제절차가 있는 경우에는 그 절차를 모두 거친 후가 아니면 청구할 수 없다.

헌법소원의 대상은 원칙적으로 모든 - 기본권을 침해하는 - 공권력의 행사 또는 불행사이다. 그러나 헌법재판소법 제68조 제1항 후단에 의해 법원의 재판이 헌법소원의 대상에서 배제되어 있다. 또한 예컨대 아주 예외적으로 인정되는 통치행위에 대해서는 헌법소원심판이 배제되는 경우도 생각해 볼 수 있을 것이다.

1. 입법작용에 대한 헌법소원

여기서의 입법작용은 강학상의 입법작용, 즉 일반·추상적인 법규범의 정립작용을 말한다. 공권력 가운데 강학상의 입법작용은 헌법소원심판의 청구에 있어서 기본권 침해의 직접성, 헌법소원의 보충성 등과 관련하여 다른 공권력과는 특수한 점이 있기 때문에 이들을 묶어서 고찰하는 것이다.

ⅰ. 법률

헌법재판소법 제68조 제1항에 의하면 공권력의 행사 또는 불행사로 인하여 헌법상 보장된 기본권을 침해받는 자는 헌법소원심판을 청구할 수 있으며 여기에 공권력에는 입법권도 포함된다 할 것이므로 법률에 대한 헌법소원심판청구는 가능하다고 할 것이고, 법률에 대한 헌법소원에 있어서는 다른 구제절차가 없으므로 이른바 "보충성의 원칙"이 적용될 여지가 없는 것인 만큼 직접 법률에 대하여 헌법소원심판을 청구할 수 있다(헌재 1991.11.25, 89헌마99 결정).

ⅱ. 입법부작위에 대한 헌법소원

㉮ 진전입법부작위와 부진정입법부작위의 구별

넓은 의미의 "입법부작위(立法不作爲)"에는, ① 입법자가 헌법상 입법의무가 있는 어떤 사항에 관하여 전혀 입법을 하지 아니함으로써 "입법행위의 흠결(Lücke)이 있는 경우"(즉, 입법권의 불행사)와 ② 입법자가 어떤 사항에 관하여 입법은 하였으나 그 입법의 내용·범위·절차 등이 당해 사항을 불완전, 불충분 또는 불공정하게 규율함으로써 "입법행위에 결함(Fehler)이 있는 경우"(즉, 결함이 있는 입법권의 행사)가 있는데, 일반적으로 전자를 진정(眞正)입법부작위, 후자를 부진정(不眞正)입법부작위라고 부르고 있다(헌재 1996.10.31. 94헌마108 결정).

㉯ 진정입법부작위에 대한 헌법소원

법률의 제정을 소구하는 헌법소원심판청구는 헌법상 기본권보장을 위하여 명시적인 입법위임이 있거나 헌법해석상 특정인에게 구체적인 기본권이 생겨 이를 보장하기 위한 국가의 행위 내지 보장의무가 발생하였음에도 불구하고 국가가 아무런 입법조치를 취하지 않고 있는 경우가 아니면 원칙적으로 부적법하다(헌재 1989.3.17. 88헌마1 결정).

㉰ 부진정입법부작위에 대한 헌법소원

헌법소원은 헌법재판소법 제68조 제1항에 규정한 바와 같이 공권력의 불행사에 대하여서도 청구할 수 있지만, 입법부작위에 대한 헌법소원은 원칙적으로 인정될 수 없고, 다만 헌법에서 기본권 보장을 위해 명시적인 입법위임을 하였음에도 입법자가 이를 이행하지 않거나, 헌법해석상 특정인에게 구체적인 기본권이 생겨 이를 보장하기 위한 국가의 행위의무 내지 보호의무가 발생하였음이 명백함에도 입법자가 아무런 입법조치를 취하지 않고 있는 경우에만 예외적으로 인정될 수 있다. 기본권 보장을 위한 법규정이 불완전하여 보충을 요하는 경우에는 그 불완전한 법규 자체를 대상으로 하여 그것이 헌법위반이라는 적극적인 헌법소원을 청구함은 별론으로 하고, 입법부작위를 헌법소원의 대상으로 삼을 수는 없다(헌재 1999.1.28. 97헌마9 결정).

기본권 보장을 위한 법규정이 불완전하여 그 보충을 요하는 경우에 그 불완전한 법규 자체를 대상으로 하여 그것이 헌법위반이라는 적극적인 심판청구를 한 경우는 부진정 부작위입법에 대한 헌법소원에 해당된다(헌재 1995.10.26. 94헌마242 결정[부산직할시검인계약서제도실시에따른시세불균일과세에관한조례 제2조 등 위헌확인]).

㉱ 부진정입법부작위에 대한 헌법소원에 있어서 청구기간

이른바 부진정입법부작위를 대상으로 憲法訴願을 제기하려면 그것이 平等의 원칙에 위배된다는 등 헌법위반을 내세워 積極的인 헌법소원을 제기하여야 하며, 이 경우에는 헌법재판소법 소정의 提訴期間을 준수하여야 한다(헌재 1996.10.31. 94헌마108 결정).

iii. 법률적 효력을 갖는 법률 이외의 법규범

법률적 효력을 갖는 조약, 대통령의 긴급재정·경제명령(헌법 제76조 제1항)과 긴급명령(헌법 제76조 제2항)도 헌법소원의 대상이 된다(헌재 1996.2.29. 93헌마186 결정[긴급재정명령 등 위헌확인]; 헌재 2001.3.21. 99헌마139 결정[대한민국과일본국간의어업에관한협정비준등 위헌확인]).

iv. 대법원의 명령·규칙심사권과 명령·규칙에 대한 헌법소원

헌법 제107조 제2항이 규정한 명령·규칙에 대한 대법원의 최종심사권이란 구체적인 소송사건에서 명령·규칙의 위헌여부가 재판의 전제가 되었을 경우 법률의 경우와는 달리 헌법재판소에 제청할 것 없이 대법원의 최종적으로 심사할 수 있다는 의미이며, 헌법 제111조 제1항 제1호에서 법률의 위헌여부심사권을 헌법재판소에 부여한 이상 통일적인 헌법해석과 규범통제를 위하여 공권력에 의한 기본권침해를 이유로 하는 헌법소원심판청구사건에 있어서 법률의 하위법규인 명령·규칙의 위헌여부심사권이 헌법재판소의 관할에 속함은 당연한 것으로서 헌법 제107조 제2항의 규정이 이를 배제한 것이라고는 볼 수 없다. 그러므로 법률의 경우와 마찬가지로 명령·규칙 그 자체에 의하여 직접 기본권이 침해되었음을 이유로 하여 헌법소원심판을 청구하는 것은 위 헌법 규정과는 아무런 상관이 없는 문제이다. 그리고 헌법재판소법 제68조 제1항이 규정하고 있는 헌법소원심판의 대상으로서의 "공권력"이란 입법·사법·행정 등 모든 공권력을 말하는 것이므로 입법부에서 제정한 법률, 행정부에서 제정한 시행령이나 시행규칙 및 사법부에서 제정한 규칙 등은 그것들이 별도의 집행행위를 기다리지 않고 직접 기본권을 침해하는 것일 때에는 모두 헌법소원심판의 대상이 될 수 있는 것이다. 집행부나 지방의회에 의한 명령·규칙·조례 등의 제정도 공권력의 행사이므로 명령·규칙·조례 등의 내용이 기본권을 침해할 경우에는 이에 대하여 헌법소원을 제기하는 것이 가능하다(헌재 1990.10.15. 89헌마178 결정).

v. 행정규칙

㉮ 행정규칙은 원칙적으로 행정기관 내부에서만 효력을 갖기 때문에 헌법소원이 대상이 되는 공권력의 행사라고 볼 수 없으나, 예외적으로 대외적 구속력을 갖는 경우에는 헌법소원의 대상이 된다.

행정기관 내부를 규율하는 행정규칙도 법령의 직접적인 위임을 받아 이를 구체화하거나 법령의 내용을 구체적으로 보충하는 경우에는 공권력의 행사에 해당한다고 할 것이므로(헌재 1997.7.16. 97헌마70 결정).

㉯ 법령의 직접적인 위임에 따라 위임행정기관이 그 법령을 시행하는데 필요한 구체적 사항을 정한 것이면, 그 제정형식은 비록 법규명령이 아닌 고시, 훈령, 예규 등과 같은 행정규칙이더라도 그것이 상위법령의 위임한계를 벗어나지 아니하는 한, 상위법령과 결합하여 대외적인 구속력을 갖는 법규명령으로서 기능하게 된다고 보아야 할 것인바, 청구인이 법령과 예규의 관계규정으로 말미암아 직접 기본권침해를 받았다면 이에 대하여 바로 헌법소원심판을 청구할 수 있다(헌재 1992.6.26. 91헌마25 결정).

㉰ 계호근무준칙(2000. 3. 29. 법무부 훈령 제422호로 개정된 것) 제298조 제1호·제2호(이하 '이 사건 준칙조항'이라 한다)은 행정규칙이기는 하나 검사 조사실에서의 계구사용에 관한 재량권 행사의 준칙으로서 오랫동안 반복적으로 시행되어 그 내용이 관행으로 확립되었다 할 수 있는 것으로, 이 사건 준칙조항을 따라야 하는 검사 조사실 계호근무자로서는 검사 조사실에서 수용자가 조사를 받는 동안에는 그 때 그 때 개별적으로 상관에게 요청하여 그 지시를 받아 계구사용의 해제를 결정할 여유가 사실상 없기 때문에 일단은 재량의 여지없이 원칙적, 일률적으로 계구를 사용하여 수용자를 결박한 상태에서 계호해야 한다. 그렇다면 이 사건 준칙조항은 이와 같은 재량 없는 집행행위를 통하여 계호대상이 되는 수용자에게 직접적으로 계구사용으로 인한 기본권제한의 효력을 미치게 된다고 볼 수 있다"(헌재 2005.5.26. 2004헌마49 결정).

vi. 고시 또는 공고

고시 또는 공고의 법적 성질은 일률적으로 판단될 것이 아니라 고시에 담겨진 내용에 따라 구체적인 경우마다 달리 결정된다고 보아야 한다. 즉, 고시가 일반·추상적 성격을 가질 때는 법규명령 또는 행정규칙에 해당하지만, 고시가 구체적인 규율의 성격을 갖는다면 행정처분에 해당한다. 이 사건 국세청고시는 특정사업자를 납세병마개 제조자로 지정하였다는 행정처분의 내용을 모든 병마개 제조자에게 알리는 통지수단에 불과하므로, 청구인의 이 사건 국세청고시에 대한 헌법소원심판청구는 고시 그 자체가 아니라 고시의 실질적 내용을 이루는 국세청장의 위 납세병마개 제조자 지정처분에 대한 것으로 해석함이 타당하다(헌재 1998.4.30. 97헌마141 결정).

vii. 헌법개정

㉮ 국민투표에 의하여 확정된 현행 헌법의 성립과정과 헌법 제130조 제2항이 헌법의 개정을 국민투표에 의하여 확정하도록 하고 있음에 비추어, 헌법은 그

전체로서 주권자인 국민의 결단 내지 국민적 합의의 결과라고 보아야 할 것으로, 헌법의 규정을 헌법재판소법 제68조 제1항 소정의 공권력 행사의 결과라고 볼 수도 없다(헌재 1995.12.28. 95헌바3 결정. 헌재 1996.6.13. 94헌바20 결정도 같은 취지임).

㉯ 헌법은 그 전체로서 주권자인 국민의 결단 내지 국민적 합의의 결과라고 보아야 할 것이므로, 헌법의 개별규정을 헌법재판소법 제68조 제1항 소정의 공권력 행사의 결과라고 볼 수도 없고(헌법재판소 1995.12.28. 선고, 95헌바3 결정 참조), 따라서 국회가 헌법 제29조 제2항을 개정하지 아니하고 있는 것이 헌법재판소법 제68조 제1항 소정의 공권력의 불행사에 해당한다고 할 수 없다(헌재 1996.6.13. 94헌마118등 결정).

viii. 국회가 의결한 예산 또는 국회의 예산안 의결행위

예산은 일종의 법규범이고 법률과 마찬가지로 국회의 의결을 거쳐 제정되지만 법률과 달리 국가기관만을 구속할 뿐 일반국민을 구속하지 않는다. 국회가 의결한 예산 또는 국회의 예산안 의결은 헌법재판소법 제68조 제1항 소정의 '공권력의 행사'에 해당하지 않고 따라서 헌법소원의 대상이 되지 아니한다(헌재 2006.4.25. 2006헌마409 결정).

2. 집행작용[87]에 대한 헌법소원

현행 헌법재판소법은 헌법소원의 제기와 관련하여 보충성을 요구하고 있기 때문에(헌법재판소법 제68조 제1항 단서) 대부분의 집행작용은 헌법소원을 제기하기 이전에 행정소송을 거쳐야 한다. 그런데 현행 헌법재판소법은 법원의 재판을 헌법소원의 대상에서 배제하고 있기 때문에(제68조 제1항 후단), 결과적으로 대부분의 집행작용이 헌법소원의 대상에서 배제되고 있다. 이러한 맥락에서 법원의 재판을 거친 행정처분, 즉 원행정처분에 대한 헌법소원의 인정여부에 대해 학설이 대립되고 있으나, 아래에서 보는 바와 같이 헌법재판소는 원칙적으로 부인하고 있다.[88] 결과적으로 헌법소원의 대상이 되는 집행작용은 행정소송의 대상이 되지 않는 행정작용에 한정된다.

87) 아래에서는 집행부의 작용 중 전술한 강학상의 입법작용을 제외한 작용을 살펴본다.
88) 원행정처분에 대한 헌법소원의 인정여부에 관한 학설대립에 관하여 자세한 것은 장영수, 헌법학, 2009, 1300쪽; 정종섭, 헌법소송법, 2009, 545쪽.

ⅰ. 원행정처분에 대한 헌법소원

㉮ 원행정처분에 대한 헌법소원심판청구를 받아들여 이를 취소하는 것은, 원행정처분을 심판의 대상으로 삼았던 법원의 재판이 예외적으로 헌법소원심판의 대상이 되어 그 재판 자체까지 취소되는 경우에 한하여, 국민의 기본권을 신속하고 효율적으로 구제하기 위하여 가능한 것이고, 이와는 달리 법원의 재판이 취소되지 아니하는 경우에는 확정판결의 기판력으로 인하여 원행정처분은 헌법소원심판의 대상이 되지 아니한다(헌재 1998.6.25. 91헌마174 결정).

㉯ 행정처분이 헌법에 위반되는 것이라는 이유로 그 취소를 구하는 행정소송을 제기하였으나 법원에 의하여 그 청구가 받아들여지지 아니한 후 다시 원래의 행정처분에 대하여 헌법소원심판을 청구하는 것이 원칙적으로 허용될 수 있는지의 여부에 관계없이, 이 사건의 경우와 같이 행정소송으로 행정처분의 취소를 구한 청구인의 청구를 받아들이지 아니한 법원의 판결에 대한 헌법소원심판의 청구가 예외적으로 허용되어 그 재판이 헌법재판소법 제75조 제3항에 따라 취소되는 경우에는 원래의 행정처분에 대한 헌법소원심판의 청구도 이를 인용하는 것이 상당하다(헌재 1997.12.24. 96헌마172등 결정).

ⅱ. 통치행위

㉮ 대통령의 긴급재정경제명령은 국가긴급권의 일종으로서 고도의 정치적 결단에 의하여 발동되는 행위이고 그 결단을 존중하여야 할 필요성이 있는 행위라는 의미에서 이른바 통치행위에 속한다고 할 수 있으나, 통치행위 포함하여 모든 국가작용은 국민의 기본권적 가치를 실현하기 위한 수단이라는 한계를 반드시 지켜야 하는 것이고, 헌법재판소는 헌법의 수호와 국민의 기본권 보장을 사명으로 하는 국가기관이므로 비록 고도의 정치적 결단에 의하여 행해지는 국가작용이라고 할지라도 그것이 국민의 기본권 침해와 직접 관련되는 경우에는 당연히 헌법재판소의 심판대상이 된다(헌재 1996.2.29. 93헌마186 결정).

㉯ 헌법재판소는 외국에의 국군의 파견결정은 고도의 정치적 결단이 요구되는 그 성격상 국방 및 외교에 관련된 고도의 정치적 결단을 요하는 문제로서, 대의기관인 대통령과 국회가 내리는 정치적 결단을 가급적 존중되어야 하고 헌법재판소가 사법적 기준만으로 이를 심판하는 것은 자제되어야 한다고 판시하였다(헌재 2004.4.29. 2003헌마814 결정).

ⅲ. 권력적 사실행위

재무부장관이 제일은행장에 대하여 한 국제그룹의 해체준비착수지시와 언론발표 지시는 상급관청의 하급관청에 대한 지시가 아님은 물론 동 은행에 대한 임의적 협력을 기대하여 행하는 비권력적 권고·조언 등의 단순한 행정지도로서의 한계를 넘어선 것이고, 이와 같은 공권력의 개입은 주거래 은행으로 하여금 공권력에 순응하여 제3자 인수식의 국제그룹 해체라는 결과를 사실상 실현시키는 행위라고 할 것으로, 이와 같은 유형의 행위는 형식적으로는 사법인 주거래 은행의 행위였다는 점에서 행정행위는 될 수 없더라도 그 실질이 공권력의 힘으로 재벌기업의 해체라는 사태변동을 일으키는 경우인 점에서 일종의 권력적 사실행위로서 헌법소원의 대상이 되는 공권력의 행사에 해당한다(헌재 1993.7.29. 89헌마31 결정).[89]

iv. 검사의 처분

㉮ 검사의 기소처분

검사의 공소제기처분은 법원에 공소가 제기된 이후에는 법원의 재판절차에 흡수되어 그 적법성에 대하여 충분한 사법적 조사를 받게 되므로 그 독자적 합헌성을 심사할 필요성이 상실된 것이라 아니할 수 없어 검사의 공소제기 자체에 대한 헌법소원심판청구는 부적법하다(헌재 1992.12.24, 90헌마158 결정).

㉯ 검사의 불기소처분[90](고소를 제기한 바 없는 범죄피해자의 불기소처분에 대한 헌법소원)

범죄피해자는 그가 고소를 제기한 바 없었어도 검사의 불기소처분에 대하여 헌법소원심판을 청구할 자격이 있는 한편, 그는 고소인이 아니므로 불기소처분에 대하여 검찰청법에 정한 항고, 재항고의 제기에 의한 구제를 받을 방법이 없고, "고소권자로서 고소한 자"에 해당하지 않아 형사소송법 제260조 제1항 소정의 재정신청 절차를 취할 수도 없으므로 곧바로 헌법소원심판을 청구할 수 있다(헌재 2008.11.27. 2008헌마399 결정).

㉰ 검사의 기소유예처분

검사의 기소유예처분에 대해서는 무죄를 주장하는 당해 피의자가 헌법소원을 청구할 수 있다(헌재 1992.06.26, 92헌마7 결정; 헌재 2009.7.30. 2007헌마1114 결정).

---

89) 구속된 피의자에게 검사조사실에서 수갑 및 포승을 시용한 상태로 피의자신문을 받게 한 행위(헌재 2005.5.26. 2001헌마728 결정).

90) 과거에는 검사의 불기소처분의 경우 피해자가 검찰청법상의 항고, 재항고를 거친 뒤 헌법소원을 제기할 수 있었다. 그러나 2007.6.1. 형사소송법 제260조의 개정(2008.1.1.발효)으로 재정신청사건이 모든 고소사건으로 확대됨에 따라 검사의 불기소처분에 대한 고소인의 헌법소원은 (헌법소원의 보충성 및 재판소원의 배제 때문에) 가능하지 않게 되었다.

v. 행정계획

국립대학인 서울대학교의 "94학년도 대학입학고사주요요강"은 사실상의 준비행위 내지 사전안내로서 행정쟁송의 대상이 될 수 있는 행정처분이나 공권력의 행사는 될 수 없지만 그 내용이 국민의 기본권에 직접 영향을 끼치는 내용이고 앞으로 법령의 뒷받침에 의하여 그대로 실시될 것이 틀림없을 것으로 예상되어 그로 인하여 직접적으로 기본권 침해를 받게 되는 사람에게는 사실상의 규범작용으로 인한 위험성이 이미 현실적으로 발생하였다고 보아야 할 것이므로 이는 헌법소원의 대상이 되는 헌법재판소법 제68조 제1항 소정의 공권력의 행사에 해당된다고 할 것이며, 이 경우 헌법소원 외에 달리 구제방법이 없다(헌재 1992.10.1. 92헌마68 결정).

vi. 행정부작위

행정권력의 부작위에 대한 헌법소원의 경우에 있어서는 공권력의 주체에게 헌법에서 유래하는 작위의무가 특별히 구체적으로 규정되어 이에 의거하여 기본권의 주체가 행정행위를 청구할 수 있음에도 공권력의 주체가 그 의무를 해태하는 경우에 허용된다고 할 것이며, 따라서 의무위반의 부작위 때문에 피해를 입었다는 단순한 일반적인 주장만으로는 족하지 않다고 할 것이므로 기본권의 침해없이 행정행위의 단순한 부작위의 경우는 헌법소원으로서는 부적법하다(헌재 1996.11.28. 92헌마237 결정; 헌재 2005.9.29. 2005헌마437 결정)[91]

vii. 헌법소원의 대상이 되지 않는 행위

㉮ 대통령의 법률안제출행위

대통령의 법률안 제출행위는 국가기관간의 내부적 행위에 불과하고 국민에 대하여 직접적인 법률효과를 발생시키는 행위가 아니므로 헌법재판소법 제68조에서 말하는 공권력의 행사에 해당되지 않는다(헌재 1994.8.31. 92헌마174 결정).

㉯ 훈령·통첩 등 내부기준

훈령·통첩 등과 같이 일종의 내부 기준에 불과하고 그것이 국민이나 법원을 구속하는 효력은 없는 경우에는 헌법소원의 대상이 되지 않는다(헌재 2001.2.22. 2000헌마29 결정).

91) 다만 행정부작위에 대해서는 부작위위법확인소송이 인정되므로(행정소송법 제4조 제3호, 제36조), 헌법소원의 보충성과 재판소원의 배제 때문에 행정부작위가 실제로 헌법소원의 대상이 되기는 어려울 것이다.

㉰ 질의에 대한 답변, 회신 등

청구인이 피청구인에게 인터넷을 통한 선거광고대행행위가 법상 허용되는지 여부에 대하여 질의할 당시는 선거운동기간 이전이므로 인터넷 선거광고대행행위를 하지 못한 이유는 동 행위가 사전선거운동에 해당되어 공직선거및선거부정방지법 제82조의3에 의해 직접 금지되어 있었기 때문이며 피청구인의 답변에 의한 것이 아니다. 따라서 피청구인이 위 질의에 대하여 법에 위반된다고 답변하였다 하더라도 그 자체로 청구인의 권리를 제한하는 공권력작용으로 볼 수 없고, 다만 법률적 문제에 대한 해석 및 안내를 위한 단순한 회신에 불과한 것이므로 헌법재판소법 제68조 제1항의 '공권력의 행사'에 해당하지 않는 것으로 보아야 한다(헌재 2001.3.21. 2000헌마37 결정).

㉱ 국회 본회의에서 행한 시정연설에서 신임투표를 실시한다고 밝힌 대통령의 행위

헌법재판소법 제68조 제1항은 "공권력의 행사 또는 불행사"로 인하여 헌법상 보장된 기본권을 침해받은 자가 헌법소원을 청구할 수 있다고 규정하고 있으므로, 헌법소원의 대상이 되려면 "공권력의 행사 또는 불행사"에 해당하여야 하는바, 피청구인인 대통령의 발언내용 및 이를 전후한 여러 사정들을 종합하여 볼 때, 피청구인의 발언의 본의는 재신임의 방법과 시기에 관한 자신의 구상을 밝힌 것에 불과하며, 정치권에서 어떤 합의된 방법을 제시하여 주면 그에 따라 절차를 밟아 국민투표를 실시하겠다는 것이어서 이는 법적인 절차를 진행시키기 위한 정치적인 사전 준비행위 또는 정치적 계획의 표명일 뿐이다.

국민투표라는 것은 대통령이 그 대상이 되는 사항을 구체적으로 정하여 국민투표안을 공고함으로써 비로소 법적인 절차가 개시되므로, 공고와 같이 국민투표에 관한 절차의 법적 개시로 볼 수 있는 행위가 있을 때에 비로소 법적인 효력을 지닌 공권력의 행사가 있게 되고, 그러한 법적 행위 이전에 국민투표의 실시에 관한 정치적 제안을 하거나 내부적으로 계획을 수립하여 검토하는 등의 조치는 일종의 준비행위에 불과하여 언제든지 변경·폐기될 수 있다. 이 사건 심판의 대상이 된 피청구인의 발언만으로는 국민투표의 실시에 관하여 법적인 구속력 있는 결정이나 조치가 취해진 것이라 할 수 없으며, 그로 인하여 국민들의 법적 지위에 어떠한 영향을 미친다고 볼 수 없다.

그렇다면 비록 피청구인이 대통령으로서 국회 본회의의 시정연설에서 자신에 대한 신임국민투표를 실시하고자 한다고 밝혔다 하더라도, 그것이 공고와 같이 법적인 효력이 있는 행위가 아니라 단순한 정치적 제안의 피력에 불과하다고 인정되는 이상 이를 두고 헌법소원의 대상이 되는 "공권력의 행사"라고 할 수는 없으므로, 이에 대한 취소 또는 위헌확인을 구하는 청구인들의 심판청구는 모두 부적법하다(헌재 2003.11.27. 2003헌마694 결정).

3. 사법작용에 대한 헌법소원

현행 헌법재판소법 제68조 제1항 후단에서는 법원의 재판에 대한 헌법소원(이른바 재판소원)을 명시적으로 배제하고 있다. 법원의 재판을 헌법소원의 대상에서 배제하는 것이 헌법소원의 본질에 반하는 것으로서 위헌이라는 주장이 제기되어 합헌설과 위헌설이 첨예한 대립을 보인 바 있다.[92][93]

헌법재판소는 재판소원을 배제하고 있는 헌법재판소법 제68조 제1항에 대하여 원칙적으로 합헌이나, 예외적으로 헌법재판소가 위헌으로 결정한 법령을 적용함으로써 국민의 기본권을 침해한 재판에 대하여도 헌법소원이 배제되는 것으로 해석하는 한 위헌이라는 취지로 한정위헌결정을 내린 바 있으며, 예외적으로 재판소원을 인정하고 있다.

i. 재판소원 배제에 대한 한정위헌결정

법원의 재판을 헌법소원심판의 대상에 포함시켜야 한다는 견해는 기본권보호의 측면에서는 보다 이상적이지만, 이는 헌법재판소의 위헌결정을 통하여 이루어질 문제라기 보다 입법자가 해결해야 할 과제이다. 헌법재판소법 제68조 제1항은 국민의 기본권(평등권 및 재판청구권등)의 관점에서는 입법형성권의 헌법적 한계를 넘는 위헌적인 법률조항이라고 할 수 없다.

헌법재판소법 제68조 제1항이 원칙적으로 헌법에 위반되지 아니한다고 하더라도, 법원이 헌법재판소가 위헌으로 결정하여 그 효력을 전부 또는 일부 상실하거나 위헌으로 확인된 법률을 적용함으로써 국민의 기본권을 침해한 경우에도 법원의 재판에 대한 헌법소원이 허용되지 않는 것으로 해석한다면, 위 법률조항은 그러한 한도 내에서 헌법에 위반된다.

명령·규칙에 근거한 집행행위가 존재하지 아니한 경우에는 그에 대한 헌법위반여부를 구체적인 재판절차에서 심사할 수 없기 때문에 직접 국민의 기본권을

92) 이에 대하여 자세한 것은 장영수, 현행 헌법소원제도의 의의, 본질과 법원의 재판에 대한 헌법소원의 문제, (고려대학교 법학연구소) 법학논집 제32집, 1996, 1-25쪽 참조.

93) 오스트리아나 스위스, 스페인 등과 같이 헌법소원의 대상을 모든 공권력(의 행사 또는 불행사)이 아닌 특정한 유형의 공권력(의 행사 또는 불행사)에 국한하는 외국의 입법례들에 비추어 볼 때 법원의 재판을 헌법소원의 대상에서 배제한 것이 헌법소원제도의 본질에 반하는 것은 아니며, 입법정책에 맡겨져 있는 일, 즉 헌법적으로 허용될 수 있는 것으로 볼 수 있다. 하지만 다른 한편으로는 다름 아닌 법원의 재판에 대한 헌법소원을 배제하는 것은 헌법소원의 실효성을 현저하게 떨어뜨리게 만들며, 결국 헌법소원을 통한 국민의 기본권보장이라는 헌법소원의 본질적 기능조차도 약화시킨다는 점에서 매우 많은 문제를 야기한다는 것도 간과될 수 없다. 따라서 해석론상으로 볼 때 재판소원의 배제가 위헌이라고 할 수는 없지만, 입법론적으로 볼 때 재판소원이 허용되는 것이 바람직하다는 것이다.

침해하는 명령·규칙에 대하여는 주관적 권리구제절차로서 헌법소원의 가능성이 열려 있으므로, 헌법재판소에 의하여 명령·규칙이 위헌으로 결정되어 그 효력을 상실한 경우에도 법률의 경우와 그 법리가 다를 바 없다(헌재 1997.12.24. 96헌마172등 결정).

ii. 변형결정의 기속력에 반하는 법원의 재판에 대한 헌법소원 인정

헌법재판소의 법률에 대한 위헌결정에는 단순위헌결정은 물론, 한정합헌, 한정위헌결정과 헌법불합치결정도 포함되고 이들은 모두 당연히 기속력을 가진다.

이 사건 대법원판결은 헌법재판소가 이 사건 법률조항에 대하여 한정위헌결정을 선고함으로써 이미 부분적으로 그 효력이 상실된 법률조항을 적용한 것으로서 위헌결정의 기속력에 반하는 재판임이 분명하므로 이에 대한 헌법소원은 허용된다 할 것이고, 또한 이 사건 대법원판결로 말미암아 청구인의 헌법상 보장된 기본권인 재산권 역시 침해되었다 할 것이다. 따라서 이 사건 대법원판결은 헌법재판소법 제75조 제3항에 따라 취소되어야 마땅하다(헌재 1997.12.24. 96헌마172등 결정).

iii. 원행정처분에 대한 헌법소원의 예외적 인정

행정처분이 헌법에 위반되는 것이라는 이유로 그 취소를 구하는 행정소송을 제기하였으나 법원에 의하여 그 청구가 받아들여지지 아니한 후 다시 원래의 행정처분에 대하여 헌법소원심판을 청구하는 것이 원칙적으로 허용될 수 있는지의 여부에 관계없이, 이 사건의 경우와 같이 행정소송으로 행정처분의 취소를 구한 청구인의 청구를 받아들이지 아니한 법원의 판결에 대한 헌법소원심판의 청구가 예외적으로 허용되어 그 재판이 헌법재판소법 제75조 제3항에 따라 취소되는 경우에는 원래의 행정처분에 대한 헌법소원심판의 청구도 이를 인용하는 것이 상당하다(헌재 1997.12.24. 96헌마172등 결정).

Ⅲ. 헌법소원심판의 청구요건

1. 기본권의 침해

i. 국가기관 또는 이를 구성하는 자의 헌법소원심판청구

㉮ 헌법재판소법 제68조 제1항의 규정에 의한 헌법소원은, 헌법이 보장하는

기본권의 주체가 국가기관의 공권력의 행사 또는 불행사로 인하여 그 기본권을 침해받았을 경우 이를 구제하기 위한 수단으로 인정된 것이므로, 헌법소원을 청구할 수 있는 자는 원칙으로 기본권의 주체로서의 국민에 한정되며 국민의 기본권을 보호 내지 실현할 책임과 의무를 지는 국가기관이나 그 일부는 헌법소원을 청구할 수 없다(헌재 2000.8.31. 2000헌마156 결정).

㈏ 심판대상조항이나 공권력 작용이 넓은 의미의 국가 조직영역 내에서 공적 과제를 수행하는 주체의 권한 내지 직무영역을 제약하는 성격이 강한 경우에는 그 기본권 주체성이 부정될 것이지만, 그것이 일반 국민으로서 국가에 대하여 가지는 헌법상의 기본권을 제약하는 성격이 강한 경우에는 기본권 주체성을 인정할 수 있다.

개인의 지위를 겸하는 국가기관이 기본권의 주체로서 헌법소원의 청구적격을 가지는지 여부는, 심판대상조항이 규율하는 기본권의 성격, 국가기관으로서의 직무와 제한되는 기본권 간의 밀접성과 관련성, 직무상 행위와 사적인 행위 간의 구별가능성 등을 종합적으로 고려하여 결정되어야 할 것이다.

그러므로 대통령도 국민의 한사람으로서 제한적으로나마 기본권의 주체가 될 수 있는바, 대통령은 소속 정당을 위하여 정당활동을 할 수 있는 사인으로서의 지위와 국민 모두에 대한 봉사자로서 공익실현의 의무가 있는 헌법기관으로서의 지위를 동시에 갖는데 최소한 전자의 지위와 관련하여는 기본권 주체성을 갖는다고 할 수 있다(헌재 2008.1.17. 2007헌마700 결정).

ii. 기본권이 아닌 권한에 대한 침해로서 부적법한 경우

㉮ 국회의원이 국회 내에서 행하는 질의권·토론권 및 표결권등은 입법권 등 공권력을 행사하는 국가기관 국회의 구성원의 지위에 있는 국회의원에게 부여된 권한이지 국회의원 개인에게 헌법이 보장하는 권리 즉 기본권으로 인정된 것이라고 할 수 없으므로, (…저자에 의한 중략…) 헌법상 보장된 구체적 기본권을 침해당한 바 없는 국회의원인 청구인들에게 헌법소원심판청구가 허용된다고 할 수 없다(헌재 1995.2.23. 90헌마125 결정).

㈏ 청구인이 국회법 제48조 제3항 본문에 의하여 침해 당하였다고 주장하는 기본권은 청구인이 국회 상임위원회에 소속하여 활동할 권리, 청구인이 무소속 국회의원으로서 교섭단체소속 국회의원과 동등하게 대우받을 권리라는 것으로서 이는 입법권을 행사하는 국가기관인 국회를 구성하는 국회의원의 지위에서 향유할 수 있는 권한일 수는 있을지언정 헌법이 일반국민에게 보장하고 있는 기본권이라고 할 수는 없다(헌재 2000.8.31. 2000헌마156 결정).

2. 청구인 적격: 기본권 침해의 직접성, 현재성, 자기관련성

(1) 기본권 침해의 직접성

헌법소원심판의 청구는 기본권에 대한 직접적인 침해가 발생된 경우에 제기될 수 있다. 즉, 공권력의 행사 또는 불행사가 청구인의 기본권에 간접적으로 영향을 미치는 경우에는 헌법소원을 제기할 수 없다.

ⅰ. 공권력의 행사과정에서 청구인 개인에 대해 행사한 바는 없으나 청구인의 개인재산권을 직접 대상으로 하여 행사였다 하여 헌법소원의 자기관련성, 직접성을 인정한 사례

이 사건 공권력의 행사가 청구인 주도의 계열기업 전면해체와 그 경영권의 제3자 인수를 내용으로 하고 있는 이상 청구인 자신의 기본권과 무관한 것이었다 할 수 없으며, 이 사건 공권력의 행사과정에서 청구인 개인을 직접 상대방으로 하여 대인적으로 행사한 바는 없으나 청구인의 개인주식 등 재산권과 기업경영권을 직접 대상으로 하여 대물적으로 행사하였는 바, 이러한 사실관계하에서는 공권력의 행사 자체에 의하여 청구인의 기본권이 직접 침해당한 경우라고 볼 것이다(헌재 1993.7.29. 89헌마31 결정 - 국제그룹해체사건).

ⅱ. 법령에 의한 기본권 침해의 직접성

㉮ 법령에 의한 기본권 침해의 직접성의 의미

－법률 또는 법률조항 자체가 헌법소원의 대상이 될 수 있으려면 그 법률 또는 법률조항에 의하여 구체적인 집행행위를 기다리지 아니하고 직접, 현재, 자기의 기본권을 침해받아야 하는 것을 요건으로 하고, 여기서 말하는 기본권 침해의 직접성이란 집행행위에 의하지 아니하고 법률 그 자체에 의하여 자유의 제한, 의무의 부과, 권리 또는 법적 지위의 박탈이 생긴 경우를 뜻하므로, 구체적인 집행행위를 통하여 비로소 당해 법률 또는 법률조항에 의한 기본권 침해의 법률효과가 발생하는 경우에는 직접성의 요건이 결여된다(헌재 1992.11.12. 91헌마192 결정).

－이와 같이 법령에 대한 헌법소원에 있어서 기본권 침해의 직접성을 요구하는 이유는, 법령은 일반적으로 구체적인 집행행위를 매개로 하여 비로소 기본권을 침해하게 되므로 기본권의 침해를 받은 개인은 먼저 일반 쟁송의 방법으로 집행행위를 대상으로 하여 기본권 침해에 대한 구제 절차를 밟는 것이 헌법소원의 성격상 요청되기 때문이다(헌재 2002.12.18. 2001헌마111 결정).

㉯ 위임규정과 기본권 침해의 직접성

－법률 또는 법률조항 자체가 헌법소원의 대상이 될 수 있으려면 구체적인 집행행위를 기다리지 아니하고 그 법률 또는 법률조항에 의하여 직접, 현재, 자기의 기본권을 침해받아야 하는 바, 위에서 말하는 집행행위에는 입법행위도 포함되므로 법률 규정이 그 규정의 구체화를 위하여 하위규범의 시행을 예정하고 있는 경우에는 당해 법률 규정의 직접성은 부인된다(헌재 1996.2.29. 94헌마213 결정).

통상 법률조항이 정관에 위임하고 있는 경우 그 조항 자체가 기본권을 침해하는 것으로 볼 수 없지만, 이 사건에서는 청구인이 그 조항의 규정 형식 자체를 문제삼고 있고, 입법부가 정관에 기본권 관련 사항을 위임할 수 있는지는 특수한 헌법적 성격을 가지므로, 헌법소원의 직접성 요건을 인정함이 상당하다(헌재 2001.4.26. 2000헌마122 결정).

－위 도시정비법 규정은 주택재건축사업을 시행하는 경우 임대주택을 의무적으로 공급하도록 강제하고 있는 규정으로, 비록 법률 자체에서 공급비율 등을 확정적으로 정하고 있지 않더라도 사업시행자의 임대주택공급의무 부담은 위 도시정비법 규정에서 직접적으로 나오는 것이라고 보아야 할 것이다. 만약 임대주택공급비율 등을 구체적으로 확정하고 있다는 이유로 시행령 규정만을 심판대상으로 삼는다면, 시행령 규정이 위헌이 되더라도 임대주택공급제도 자체의 효력은 여전히 유지될 것이고, 그렇게 되면 주택재건축사업시행자가 부담하게 되는 임대주택공급의무제도를 문제삼고 있는 청구인들의 심판청구 목적은 달성될 수 없을 것이다. 따라서 이 사건에서는 임대주택공급의무를 정하고 있는 도시정비법 규정과 그 공급비율을 구체적으로 정하고 있는 시행령 조항이 불가분의 일체로서 임대주택공급의무를 정하고 있다고 할 것이므로 모두 심판대상으로 삼는 것이 상당하다고 할 것이다. 결국 위 도시정비법 조항과 시행령 조항은 함께 직접성 요건을 갖추고 있다고 할 것이다(헌재 2008.10.30. 2005헌마222 결정).

－이 조항은 "…… 청소년유해매체물을 제공하고자 하는 자는 대통령령이 정하는 표시방법에 따라 당해 정보가 청소년유해매체물임을 표시하여야 한다."고 규정하는데, 청소년유해매체물의 표시방법을 하위규범인 대통령령에 위임하고 있어 직접성 요건이 흠결된 것이 아닌가 하는 의문이 제기될 수 있다. (… 저자에 의한 중략…) 그러나 이 조항은 청소년유해매체물의 표시의무를 부과하면서 다만 그 구체적인 방법을 대통령령에게 위임하고 있는 것이므로, '표시의무의 부과'라는 금지의무의 설정이 동 법률조항에서 직접 이루어지고 있다는 관점에서 볼 때, 동 조항은 직접 기본권(표현의 자유)을 제한하고 있는 것이므로 '직접성'이 인정된다(헌재 2004.1.29. 2001헌마894 결정).

㉰ 법령에 근거한 집행행위가 재량행위인 경우: 직접성 부인

－법령에 근거한 구체적인 집행행위가 재량행위인 경우에는 법령은 집행관청에게 기본권침해의 가능성만을 부여할 뿐 법령 스스로가 기본권의 침해행위를 규

정하고 행정청이 이에 따르도록 구속하는 것이 아니고, 이때의 기본권의 침해는 집행기관의 의사에 따른 집행행위, 즉 재량권의 행사에 의하여 비로소 이루어지고 현실화되므로 이러한 경우에는 법령에 의한 기본권침해의 직접성이 인정될 여지가 없다. 만일 국세청장이 청구인을 납세병마개 제조자로 지정하였다면 청구인의 기본권이 침해될 여지가 없다는 점을 감안한다면, 청구인의 기본권침해는 이 사건 조항들에 의해서가 아니라 청구인을 배제하고 다른 경업자를 납세병마개 제조자로 지정한 국세청장의 지정행위에 의하여 비로소 발생하였음이 분명하다. 따라서 이 사건 조항들을 직접 심판대상으로 하는 이 사건 헌법소원은 직접성 요건을 갖추지 못하여 부적법하다(헌재 1998.4.30. 97헌마141 결정).

－피청구인은 매년 이듬해 학년도의 대학입학전형기본계획을 발표하고, 교육평가원장은 위 기본계획에 의거하여 수능시험의 시험영역, 출제문항, 배점 및 시험시간, 출제형식, 성적통지 등 기술적인 사항에 관한 세부시행계획을 수립하고 이를 기초로 수능시험을 실시한 뒤, 각 수험생별로 성적을 산정하여 이를 통지한다. 그러므로 이 사건 계획은 교육평가원장의 구체적인 집행행위를 예정하고 있다.

한편 이 사건 2005학년도 수능시험에서는 제7차 교육과정이 적용됨에 따라 수험생이 사회탐구와 과학탐구 중에서 한 영역만을 선택하여 응시하며, 사회탐구와 과학탐구 내에서도 공통과목이 없어지고 그 대신 수험생이 여러 과목 중에서 복수의 과목을 선택하게 되었다. 이와 같이 수험생이 시험영역과 과목을 선택하여 수험생마다 응시영역과 과목이 서로 다르게 됨에 따라, 선택과목 간 난이도 차이를 조정해 주는 것이 이전보다 더욱 중요하게 되었다. 또한 교차지원에 대비하여 사회탐구와 과학탐구와 같이 서로 다른 영역간의 점수를 동등화할 것인지, 영역 내에서 복수의 선택과목을 선택하여 획득한 점수를 동등화할 것인지 등의 문제가 발생하였다. 그런데 이 사건 계획에서는 성적통지 시 영역별/과목별로 표준점수, 백분위, 등급을 기재하도록 규정하면서도 구체적인 표준점수의 산출방법이나 백분위의 산출방법에 대해서는 규정하고 있지 않다.

그러므로 교육평가원장은 이 사건 계획 등 피청구인에 의하여 정해진 기본계획의 기준에 따라 수험생의 성적을 산정한다 하더라도, 구체적으로 원점수를 표준화하는데 있어서는 위와 같은 요소를 모두 고려하여, ① 표준화 방식(선형변환, 비선형 정규화 변환 등) 중 어떤 방식을 선택하여 산정할 것인지, ② 선택과목별 난이도와 응시자 집단의 학력 차이에 따른 점수 조정을 할 것인지, ③ 만일 조정한다면 그 구체적인 방법은 어떤 것을 택할 것인지 등에 관하여 교육평가원장 스스로의 판단과 선택에 따라 결정한 후, 수험생들의 구체적인 표준점수와 백분위를 산정한 것이다. 또한 '반올림에 의한 소수점 폐지' 정책은 2002년부터 시행되었으나, 이 사건 계획에서는 '백분위'라고만 할 뿐, 어느 점수를 기준으로 한 백분위인지 여부를 명확히 하지 않았으므로, 표준점수를 기준으로 백분위를 산출한다고 하더라도 '정수화된' 표준점수를 기준으로 산출할 것인지 아니면 정수화 이전의 표준점수를 기준으로 산출한 백분위를 정수화하는 것인지 여부는 이 사건 계획만으로 결정되지 아니한다.

청구인들은 교육평가원장이 소수점 첫째자리 혹은 둘째자리의 표준점수를 기준으로 백분위를 선정한 다음 그 백분위를 정수화하지 않고, 소수점 첫째자리에서 반올림하여 정수화한 표준점수를 가지고 백분위를 산정하여 이를 정수화 하였기 때문에 원점수의 차이가 왜곡되었고, 이로 인하여 자신들의 기본권이 침해되었다고 주장한다. 그러나 앞에서 본 바와 같이 이 사건 계획은 이에 관한 아무런 지침을 제공하고 있지 않으므로, 이로 인한 청구인들의 불이익 내지 기본권 침해는 이 사건 계획이 아니라 교육평가원장의 구체적 집행행위의 결과 발생한 것이다.

즉, 교육평가원장이 이 사건 계획에 의거하여 각 수험생별로 표준점수와 백분위를 산정하는 등의 구체적인 집행행위를 하였을 때 청구인들에게 불이익을 주거나 법적 지위에 영향을 미치게 되며, 교육평가원장이 이 사건 계획의 기준에 따라 성적을 산정하고 표준화 방식을 선택함에 있어서는 앞에서 본 바와 같이 재량이 인정되므로, 이 사건 계획은 기본권침해의 직접성이 인정되지 아니한다(헌재 2008.4.24. 2005헌마35 결정[2005학년도 대학입학전형기본계획 위헌확인]).

㉱ **권리관계가 집행행위 이전에 확정된 상태인 경우**

법규범이 집행행위를 예정하고 있더라도 법규범의 내용이 집행행위 이전에 이미 국민의 권리관계를 직접 변동시키거나 국민의 법적 지위를 결정적으로 정하는 것이어서 국민의 권리관계가 집행행위의 유무나 내용에 의하여 좌우될 수 없을 정도로 확정된 상태라면 그 법규범의 권리침해의 직접성이 인정된다(헌재 1997.7.16. 97헌마38 결정[종합생활기록부제도개선보완시행지침 위헌확인]).

㉲ **집행행위에 대한 권리구제절차를 밟을 것을 요구할 수 없는 경우(형벌, 징계벌 조항)**

법령의 집행행위를 기다렸다가 그 집행행위에 대한 권리구제절차를 밟을 것을 국민에게 요구할 수 없는 경우에는 예외적으로 기본권침해의 직접성이 인정될 수 있다. 예컨대, 형법상의 법률조항은 엄밀한 의미에서 법률 그 자체에 의하여 국민의 신체의 자유를 제한하는 것이 아니라 넓은 의미의 재량행위(법관의 양형)의 하나인 형법조항의 적용행위라는 구체적인 집행행위를 통하여 비로소 국민의 기본권이 제한되는 것이지만, 국민에게 그 합헌성이 의심되는 형법조항에 대하여 위반행위를 우선 범하고 그 적용·집행행위인 법원의 판결을 기다려 헌법소원심판을 청구할 것을 요구할 수는 없다. 따라서 이러한 경우에는 예외적으로 집행행위가 재량행위임에도 불구하고 법령에 의한 기본권침해의 직접성을 인정할 수 있다(헌재 1998.4.30. 97헌마141 결정).

㉳ **집행행위를 대상으로 하는 구제절차가 없거나 권리구제의 기대가능성이 없는 경우**

헌법소원심판의 대상이 될 수 있는 법률은 그 법률에 기한 다른 집행행위를 기다리지 않고 직접 국민의 기본권을 침해하는 법률이어야 하지만 구체적 집행행위가 존재한다고 하여 언제나 반드시 법률 자체에 대한 헌법소원심판청구의 적법성이 부정되는 것은 아니고, 예외적으로 집행행위가 존재하는 경우에도 그 집행행위를 대상으로 하는 구제절차가 없거나 구제절차가 있다고 하더라도 권리구제의 기대가능성이 없고 다만 기본권 침해를 당한 자에게 불필요한 우회절차를 강요하는 것밖에 되지 않는 경우로서 당해 법률에 대한 전제관련성이 확실하다고 인정되는 때에는 당해 법률을 헌법소원의 직접대상으로 삼을 수 있다(헌재 1992.4.14. 90헌마82 결정).

㉴ **직접성요건이 결여된 법규정을 심판대상에 포함시킨 경우**

이 사건의 경우에 직접성요건을 충족시키는 규정들과 직접성요건이 결여된 규정들이 그 내용상 서로 내적인 연관관계에 있으면서 '재정통합은 직장·지역가입자 사이의 보험료부담의 평등원칙에 위반된다'는 하나의 통일적인 청구취지를 구성하고 있다. 보험료산정규정의 내용을 고려하지 않고서는 재정통합의 위헌여부를 부담평등의 관점에서 판단할 수 없기 때문에, 이러한 경우에 직접성요건의 결여를 이유로 심판대상규정 중 보험료산정규정만을 분리하여 실체적 판단으로부터 배제하는 것은 적절치 않다(헌재 2000.6.29. 99헌마289 결정).

3. 기본권침해의 현재성

기본권의 침해는 공권력의 작용과 현재 관련이 있어야 하며, 장래 어느 때인가 관련될 수도 있다는 것만으로는 헌법소원을 제기하기에 충분치 않다. 즉, 법적으로 확인하기 어려운 장래의 법적 지위를 미리 확보하기 위한 수단으로 헌법소원을 이용할 수는 없다.

그러나 기본권의 침해에 대하여 사후구제적인 보호뿐만 아니라 사전예방적인 보호도 필요하기 때문에, 헌법재판소는 가까운 장래에 기본권의 침해가 발생될 것이 확실시되는 경우에는 기본권침해의 현재성을 확대함으로써 헌법소원의 청구를 인정하고 있다.

기본권 침해의 현재성의 확대

㉮ 이 사건 법률은 1994.8.3. 법률 제4774호로 공포되었고 1995.1.1.부터 시행된다. 이 사건 법률이 시행되면 즉시 중원군은 폐지되고 충주시에 흡수되므로, 이 사건 법률이 효력발생하기 이전에 이미 청구인들의 권리관계가 침해될 수도 있다고 보여지고 현재의 시점에서 청구인들이 불이익을 입게 될 수도 있다는 것을 충분히 예측할 수 있으므로 기본권침해의 현재성이 인정된다(헌재 1994.12.29. 94헌마201 결정).

㉯ 고등학교에서 일본어를 배우고 있는 청구인들은 서울대학교 대학별 고사의 선택과목에서 일본어가 제외되어 있는 입시요강으로 인하여 그들이 94학년도 또는 94학년도에 서울대학교 일반계열 입학을 지원할 경우 불이익을 입게 될 수도 있다는 것을 현재의 시점에서 충분히 예측할 수 있는 이상 기본권침해의 현재성을 인정하여 헌법소원심판청구의 이익을 인정하는 것이 옳을 것이다. 기본권 침해가 눈앞에 닥쳐올 때를 기다렸다가 헌법소원을 하라고 요구한다면 기본권구제의 실효성을 기대할 수 없기 때문이다(헌재 1992.10.1. 92헌마68등 결정 – 서울대학교 「94학년도 대학입학고사주요요강」에 대한 헌법소원).

㉰ 청구인에 대한 유죄판결이 미확정에 있어 기본권의 제한이 아직 현실화된 것은 아니지만 형사재판절차가 현재 계속 중에 있어 기본권제한의 가능성이 구체적으로 현출된 단계에 있는 경우에는 신속한 기본권구제를 위하여 현재 기본권이 침해되고 있는 경우와 마찬가지로 헌법소원이 허용된다(헌재 2001.3.21. 99헌마150 결정).[94]

㉱ 청구인들이 임차한 각 건물이 있는 곳은 각 일반주거지역·준주거지역·준공업지역으로 지정되어 있어, 청구인들이 단란주점 건축허가를 신청하였다고 하더라도 관할행정청은 위 시행령 제51조 제1항 제3호 내지 제6호 및 제13호에 따라 재량의 여지없이 당연히 그 건축허가를 불허하게 될 것이고, 위 시행령 조항 자체에 대하여는 위헌여부심판제청신청도 인정되지 아니하므로, 위 시행령 조항을 직접 헌법소원심판의 대상으로 삼을 수 있고, 아울러 위 시행령 조항으로 인하여 장래 발생할 청구인들에 대한 기본권침해가 틀림없을 것으로 현재 확실히 예측되므로, 청구인들 주장의 직업선택의 자유, 재산권 등 기본권 구제의 실효성을 위하여 그 침해의 현재관련성도 인정될 수 있다(헌재 2002.8.29. 2000헌마556 결정).

94) 금융관련법령을 위반한 죄로 벌금 이상의 실형을 선고받은 자로 하여금 5년간 증권회사의 임원이 될 수 없게 한 증권거래법 제33조 제2항 제3호의 규정이 과잉금지의 원칙에 위반하여 직업선택의 자유를 침해하는지 여부가 문제된 사건이다.

4. 기본권침해의 자기관련성

i. 기본권 침해의 자기관련성의 의미

헌법재판소법 제68조 제1항에서 규정하는 "공권력의 행사 또는 불행사로 인하여 기본권의 침해를 받은 자"는 공권력의 행사 또는 불행사로 인하여 자기의 기본권이 현재 그리고 직접적으로 침해받은 자를 의미하므로 원칙적으로 공권력의 행사 또는 불행사의 직접적인 상대방이 청구인적격이 있으나, 공권력의 작용의 직접적인 상대방이 아닌 제3자라고 하더라도 공권력의 작용이 그 제3자의 기본권을 직접적이고 법적으로 침해하고 있는 경우에는 그 제3자에게 자기관련성이 있다. 반대로 타인에 대한 공권력의 작용이 단지 간접적, 사실적 또는 경제적인 이해관계로만 관련되어 있는 제3자에게는 자기관련성은 인정되지 않는다고 보아야할 것이다(헌재 1993.3.11. 91헌마233 결정).

ii. 예외적으로 제3자의 자기관련성을 인정하기 위한 기준

㉮ 법률 또는 법률조항 자체가 헌법재판소법 제68조 제1항에 의한 헌법소원의 대상이 되기 위해서는 청구인이 그 법률 또는 법률조항에 의하여 구체적인 집행행위를 기다리지 아니하고 직접, 현재 그리고 자기의 기본권을 침해받아야 하는 것이 원칙이나 예외적으로 제3자에게도 자기관련성이 인정될 수 있는데, 어떠한 경우에 제3자의 자기관련성을 인정할 것인지는 법의 목적과 실질적인 규율의 대상, 법률 또는 법률조항의 제한이나 금지가 제3자에게 미치는 효과나 진지성의 정도 등을 종합적으로 고려하여 판단하여야 한다.

뉴스통신진흥에관한법률 제10조 등은 청구인 회사(뉴스통신사)와 서로 경업관계에 있는 연합뉴스사를 국가기간뉴스통신사로 지정하고 이에 대하여 재정지원 등 혜택을 부여함을 그 내용으로 하는바, 그 혜택의 범위에서 제외된 청구인 회사의 경우 영업활동이 부당하게 축소되므로 그러한 범위에서 기본권에 대하여 직접 법적인 제한을 받는 것으로 보아야 한다(헌재 2005.6.30. 2003헌마841 결정).

㉯ 국민건강보험법 부칙 제6조 및 제7조의 직접적인 수규자는 법인이나, 직장의료보험조합은 공법인으로서 기본권의 주체가 될 수 없을 뿐만 아니라, 법규정의 실질적인 규율대상이 수규자인 법인의 지위와 아울러 제3자인 청구인들(직장의료보험조합의 조합원들)의 법적 지위라고 볼 수 있으며, 법규정이 내포하는 불이익이 수규자의 범위를 넘어 제3자인 청구인들에게도 유사한 정도의 불이익을 가져온다는 의미에서 거의 동일한 효과를 가지고 있으므로, 법의 목적 및 실질적인 규율대상, 법규정에서의 제한이나 금지가 제3자에게 미치는 효과나 진지성의 정도, 규범의 수규자에 의한 헌법소원의 제기가능성 등을 종합적으로 고려하여 판단할 때, 청구인들의 자기관련성을 인정할 수 있다(헌재 2000.6.29. 99헌마289 결정).

5. 헌법소원심판청구의 보충성

헌법소원(심판청구)의 보충성이란 다른 모든 법적 구제절차를 거친 후에 헌법소원을 최종적인 구제수단으로 이용하도록 하는 것을 말한다(현행 헌법재판소법 제68조 제1항 단서).

헌법소원심판을 청구함에 있어서 보충성을 요구하는 것은 모든 기본권침해에 관한 사건들이 헌법소원으로 집중되어서 헌법재판소가 과중한 부담을 지게 되는 것을 막기 위한 것이다. 그러나 우리나라의 경우에는 대부분의 집행작용은 보충성의 요청에 따라 행정소송을 거치게 되는데 재판소원이 배제됨에 따라 헌법소원의 대상에서 배제되는 문제가 있다.

헌법재판소는 보충성원칙과 관련하여 권리보호의 신속성 또는 실효성을 위하여 필요한 경우 예외를 인정하고 있다.

i. 헌법소원의 보충성의 원칙의 의미와 그 예외

헌법재판소법 제68조 제1항에서 말하는 "다른 법률에 의한 구제절차"는 공권력의 행사 또는 불행사를 직접 대상으로 하여 그 잘못 자체를 다투는 권리구제절차를 의미하는 것이고, 공권력의 행사·불행사의 결과 생긴 효과를 원상회복시키거나 손해배상을 위한 사후적·보충적 구제수단은 포함되지 않는 것인 바, 이 사건 국제그룹 해체와 그 정리조치가 형식상으로는 사법인인 제일은행이 행한 행위이므로 당시 시행되던 구 행정소송법상의 행정소송의 대상이 된다고 단정하기 어렵고, 따라서 당사자에게 그에 의한 권리구제절차를 밟을 것을 기대하기는 곤란하므로 이와 같은 범주의 권력적 사실행위의 경우에는 보충성의 원칙의 예외로서 소원의 제기가 가능하다(헌재 1993.7.29. 89헌마31 결정).

ii. 법령에 대한 헌법소원에서 보충성

법령 자체에 대한 헌법소원심판청구의 경우에도 법령 자체에 의한 직접적인 기본권침해 여부가 문제되었을 경우 그 법령의 효력을 직접 다투는 것을 소송물로 하여 일반 법원에 구제를 구할 수 있는 절차는 존재하지 아니하므로 이 경우에는 다른 구제절차를 거칠 것 없이 바로 헌법소원심판을 청구할 수 있다(헌재 1993.5.13. 91헌마190 결정).

iii. 구제절차의 존부가 불명확한 경우

세무대학장의 재임용추천거부행위와 같은 총·학장의 임용제청이나 그 철회는 행정기관 상호간의 내부적인 의사결정 과정일 뿐 행정소송의 대상이 되는 행정처분이라고 볼 수 없다는 것이 대법원의 일관된 판례이므로 세무대학장이 청구인의 교수 재임용추천을 하지 아니한 공권력 불행사의 위헌여부를 다투는 청구인이 행정소송을 거치지 아니하고 바로 헌법소원심판을 청구하였다고 하더라도 소원심판청구의 적법요건인 보충성의 원칙에 반하지 아니한다(헌재 1993.5.13. 91헌마190 결정).

iv. 구제절차의 실효성이 없는 경우

검사의 수사기록 열람·등사거부행위에 대하여는 형사소송법상의 준항고가 허용되지 아니하고 행정심판법이나 행정소송법상의 행정쟁송이 허용된다 하더라도 그에 의하여 권리가 구제될 가능성이 없어서 청구인에게 위와 같은 절차의 선이행을 요구하는 것은 청구인으로 하여금 불필요한 우회절차를 강요하는 것이 된다 할 것이므로 위와 같은 경우에는 헌법재판소법 제68조 제1항 단서에 불구하고 구제절차를 거치지 아니하고 직접 헌법소원을 제기할 수 있는 예외적인 경우의 하나로 보아야 할 것이다(헌재 1997.11.27. 94헌마60 결정).

v. 정당한 사유 있는 착오로 구제절차를 거치지 않은 경우

수용소에서의 신문기사 삭제행위에 대해 행정심판이나 행정소송의 대상이 될 수 있을 것이라고 일반국민이 쉽게 판단하기는 어렵고, 청구인이 구금자로서 활동의 제약을 받고 있었던 점을 아울러 고려할 때 이는 전심절차 이행의 기대가능성이 없어 보충성의 예외인 경우로 인정된다(헌재 1998.10.29. 98헌마4 결정).

6. 헌법소원심판상 권리보호의 이익

헌법소원심판은 국민의 기본권을 보호하기 위한 것이므로, 헌법소원심판을 통하여 기본권을 보호할 가능성이 있는 경우(즉 권리보호의 이익이 있는 경우)에만 헌법소원심판의 청구가 정당한 것으로 인정된다. 헌법재판소는 헌법소원심판이 계속중이라 하더라도 권리보호의 이익이 상실된 경우에는 원칙적으로 심판청구를 각하하지만, 예외적으로 심판청구의 이익을 인정하는 경우가 있다.

권리보호이익의 상실과 예외적 심판이익의 인정

그런데, 청구인들에 대한 침해행위는 이미 종료되어 이 사건 심판대상행위에 대하여 위헌확인을 하더라도 청구인들에 대한 권리구제는 불가능한 상태이어서 주관적 권리보호의 이익은 소멸되었다고 할 것이다.

그러나 헌법소원제도는 개인의 주관적인 권리구제 뿐만 아니라 객관적인 헌법질서를 보장하는 기능도 갖고 있으므로, 헌법소원이 주관적 권리구제에는 별 도움이 되지 않는다 하더라도 그러한 침해행위가 앞으로도 반복될 위험이 있거나 당해 분쟁의 해결이 헌법질서의 수호・유지를 위하여 긴요한 사항이어서 헌법적으로 그 해명이 중대한 의미를 지니고 있는 경우에는 심판청구의 이익을 인정할 수 있다고 할 것이다(헌재 1992. 1. 28. 91헌마111, 판례집 4, 51, 56-57; 헌재 1997. 3. 27. 92헌마273, 판례집 9-1, 337, 342 등 참조). 이 사건의 자료에 의하면, 전국의 다수 유치장 화장실의 구조와 사용실태가 이 사건에서의 그것과 유사하여(이러한 구조의 유사성은 유치실내 화장실이 유치장설계표준에 관한 경찰청예규에 "대변소의 문은 간수의 감시에 지장이 없도록 하반 부분으로 하여야 한다"라고 규정되어 있는데 기인하는 것으로 보인다) 청구인들에 대한 이 사건 심판대상행위와 동종의 조치로 인한 기본권침해행위는 여러 사람에 대하여, 그리고 반복하여 일어날 위험이 있다고 보여지므로, 심판청구의 이익이 인정된다(헌재 2001.7.19. 2000헌마546 결정[유치장내 화장실설치 및 관리행위 위헌확인]).

Ⅳ. 심판절차

1. 헌법소원의 청구기간

헌법 재판소법 제69조 (청구기간) ① 제68조 제1항의 규정에 의한 헌법소원의 심판은 그 사유가 있음을 안 날부터 90일 이내에, 그 사유가 있은 날부터 1년이내에 청구하여야 한다. 다만, 다른 법률에 의한 구제절차를 거친 헌법소원의 심판은 그 최종결정을 통지받은 날로부터 30일이내에 청구하여야 한다.

청구기간이 지난 이후에 헌법소원심판을 청구한 경우에는 지정재판부 재판관 전원의 일치된 의견에 의한 결정으로 각하된다(헌법재판소법 제72조 제3항 제2호).

i. 법령에 대한 헌법소원의 청구기간의 기산점

법령에 대한 헌법소원의 청구기간도 기본권을 침해받은 때로부터 기산하여야 할 것이지 기본권을 침해받기도 전에 그 침해가 확실히 예상되는 등 실체적 제요건이 성숙하여 헌법판단에 적합하게 된 때로부터 기산할 것은 아니므로, 법령의 시행과 동시에 기본권침해를 받은 자는 그 법령이 시행된 사실을 안 날로부터 60일 이내에, 그 법령이 시행된 날로부터 180일 이내에 청구하여야 할 것이나, 법령이 시행된 후에 비로소 그 법령에 해당하는 사유가 발생하여 기본권의 침해를 받게 된 경우에는 그 사유가 발생하였음을 안 날로부터 60일 이내에, 그 사유가 발생한 날로부터 180일 이내에 청구하여야 할 것이다. 따라서 종전에 이와 견해를 달리하여 법령에 대한 헌법소원의 청구기간의 기산점에 관하여 기본권의 침해가 확실히 예상되는 때로부터도 청구기간을 기산한다는 취지로 판시한 우리 재판소의 의견은 이를 변경하기로 한다(헌재 1996.3.28. 93헌마198 결정).

ii. 법시행일의 유예기간과 기본권 침해 시점

㉮ 부칙규정(附則規定)에 의하여 법 시행일로부터 1년간의 유예기간(猶豫期間)을 두어 1년이 되는 시점까지만 의약품도매상을 할 수 있도록 한 경우에는, 법 시행일에 이미 일정한 시점 이후부터는 영업을 할 수 없도록 기간을 제한받은 것이므로 청구인은 법시행일에 유예기간과 관계없이 기본권의 침해를 받은 것으로 보아야 한다(헌재 1996.3.28. 93헌마198 결정).

㉯ 개정된 법령이 종전에 허용하던 영업을 금지하는 규정을 신설하면서 부칙에서 유예기간을 둔 경우에 그 법령시행 전부터 영업을 해오던 사람은 그 법령 시행일에 이미 유예기간 이후부터는 영업을 할 수 없도록 기간을 제한받은 것이므로, 그 법령 시행일에 부칙에 의한 유예기간과 관계없이 기본권의 침해를 받은 것으로 보아야 한다(헌재 2003.1.30. 2002헌마516 결정).

iii. 공권력의 불행사에 대한 헌법소원 청구기간의 기산점

공권력의 불행사로 인한 기본권침해는 그 불행사가 계속되는 한 기본권침해의 부작위가 계속된다 할 것이므로, 공권력의 불행사에 대한 헌법소원심판은 그 불행사가 계속되는 한 기간의 제약이 없이 적법하게 청구할 수 있다(헌재 1994.12.29. 89헌마2 결정).

2. 헌법소원의 청구방식

헌법소원심판의 청구는 일반심판절차에 따른 청구방식을 취한다. 특히 헌법소원의 경우에는 변호사강제주의가 적용되므로 변호사가 아닌 청구인은 반드시 변호사를 선임하여야 한다(헌법재판소법 제25조 제3항).

헌법소원심판을 청구하고자 하는 자가 변호사를 대리인으로 선임할 자력이 없는 경우에는 헌법재판소에 국선대리인을 선임하여 줄 것을 신청할 수 있으며(헌법재판소법 제70조 제1항 제1문), 이와 무관하게 공익상의 필요성이 인정될 경우에는 헌법재판소가 국선대리인을 선임할 수 있다(헌법재판소법 제70조 제2항). 그러나 심판청구가 명백히 부적법하거나 이유없는 경우 또는 권리의 남용이라고 인정되는 경우에는 국선대리인을 선정하지 아니할 수 있다(헌법재판소법 제70조 제3항 단서).

3. 헌법소원에 대한 지정재판부의 심리

헌법소원심판에 있어서는 재판관 3인으로 구성되는 지정재판부를 두어 사전심사를 담당하게 할 수 있다(헌법재판소법 제72조 제1항). 현재 헌법재판소는 헌법소원심판에 대한 사전심사를 통하여 형식요건의 구비 여부를 검토하고 있다(본안전 판단). 이처럼 사전심사를 거치도록 하는 것은 헌법소원심판사건이 다른 헌법소송유형에 비하여 양적으로 많아서 헌법재판소에 과중한 부담을 주게 될 것을 방지하기 위한 것으로 이해될 수 있다.

현행 헌법재판소법상 지정재판부의 심리에 의하여 형식요건의 결여를 이유로 각하하게 되는 경우는 다음과 같다.

① 다른 법률에 의한 구제절차가 있는 경우 그 절차를 모두 거치지 않거나 또는 법원의 재판에 대하여 헌법소원의 심판이 청구된 경우

② 헌법재판소법 제69조의 규정에 의한 청구기간이 경과된 후 헌법소원심판이 청구된 경우

③ 헌법재판소법 제25조의 규정에 의한 대리인의 선임 없이 청구된 경우

④ 기타 헌법소원심판의 청구가 부적법하고 그 흠결을 보정할 수 없는 경우

각하의 결정을 내리기 위해서는 3인의 재판관 전원의 의견이 일치하여야 한다(헌법재판소법 제72조 제3항). 지정재판부는 전원의 일치된 의견으로 제3항

의 각하결정을 하지 아니하는 경우에는 결정으로 헌법소원을 재판부의 심판에 회부하여야 하며, 헌법소원심판의 청구 후 30일이 경과할 때까지 각하결정이 없는 때에는 심판에 회부하는 결정이 있는 것으로 본다(헌법재판소법 제72조 제4항).

4. 헌법소원에 대한 본안판단

헌법소원심판청구에 관한 지정재판부의 사전검토(본안전판단)의 결과 헌법소원청구의 형식요건이 갖추어져 있다고 판단되어 전원재판부에 회부된 경우에는 청구의 취지에 관한 본안심사에 들어가게 된다.

헌법소원심판의 경우에는 원칙적으로 서면심리에 의하여 심사를 진행하며(헌법재판소법 제30조 제2항), 헌법소원청구에 대하여 인용결정을 내리기 위해서는 9인의 재판관중 6인 이상의 찬성이 필요하다(헌법 제113조 제1항, 헌법재판소법 제23조 제2항).

V. 결정의 효력

헌법재판소법 제75조 (인용결정) ① 헌법소원의 인용결정은 모든 국가기관과 지방자치단체를 기속한다.
② 제68조 제1항의 규정에 의한 헌법소원을 인용할 때에는 인용결정서의 주문에서 침해된 기본권과 침해의 원인이 된 공권력의 행사 또는 불행사를 특정하여야 한다.
③ 제2항의 경우에 헌법재판소는 기본권침해의 원인이 된 공권력의 행사를 취소하거나 그 불행사가 위헌임을 확인할 수 있다.
④ 헌법재판소가 공권력의 불행사에 대한 헌법소원을 인용하는 결정을 한 때에는 피청구인은 결정취지에 따라 새로운 처분을 하여야 한다.
⑤ 제2항의 경우에 헌법재판소는 공권력의 행사 또는 불행사가 위헌인 법률 또는 법률의 조항에 기인한 것이라고 인정될 때에는 인용결정에서 당해 법률 또는 법률의 조항이 위헌임을 선고할 수 있다.
⑥ 제5항의 경우 및 제68조제2항의 규정에 의한 헌법소원을 인용하는 경우에는 제45조 및 제47조의 규정을 준용한다.
⑦ 제68조 제2항의 규정에 의한 헌법소원이 인용된 경우에 당해 헌법소원과 관련된 소송사건이 이미 확정된 때에는 당사자는 재심을 청구할 수 있다.
⑧ 제7항의 규정에 의한 재심에 있어 형사사건에 대하여는 형사소송법의 규정을, 그외의 사건에 대하여는 민사소송법의 규정을 준용한다.

헌법재판소법 제39조 (일사부재리) 헌법재판소는 이미 심판을 거친 동일한 사건에 대하여는 다시 심판할 수 없다.

권리구제형 헌법소원에 있어서 재심의 허용 여부

㉮ 재판부의 구성이 위법한 경우(행정작용에 속하는 공권력 작용에 대한 헌법소원일 것)

헌법재판소법 제68조 제1항에 의한 헌법소원 중 행정작용에 속하는 공권력작용을 대상으로 하는 권리구제형 헌법소원에 있어서는, 사안의 성질상 헌법재판소의 결정에 대한 재심은 재판부의 구성이 위법한 경우 등 절차상 중대하고도 명백한 위법이 있어서 재심을 허용하지 아니하면 현저히 정의에 반하는 경우에 한하여 제한적으로 허용될 수 있을 뿐이다(헌재 1995.1.20. 93헌아1 결정)

㉯ 헌법재판소의 결정에 영향을 미칠 중대한 사항에 관하여 판단을 유탈한 때(행정작용에 속하는 공권력 작용에 대한 헌법소원일 것)

공권력의 작용에 대한 권리구제형 헌법소원심판절차에 있어서 '헌법재판소의 결정에 영향을 미칠 중대한 사항에 관하여 판단을 유탈한 때'를 재심사유로 허용하는 것이 헌법재판의 성질에 반한다고 볼 수는 없으므로, 민사소송법 제422조 제1항 제9호를 준용하여 "판단유탈"도 재심사유로 허용되어야 한다. 따라서 종전에 이와 견해를 달리하여 행정작용에 속하는 공권력 작용을 대상으로 한 권리구제형 헌법소원에 있어서 판단유탈은 재심사유가 되지 아니한다는 취지의 의견(헌재 1995.1.20. 93헌아1, 판례집 7-1, 113; 1998.3.26. 98헌아2, 판례집 10-1, 320)은 이를 변경하기로 한다(헌재 2001.9.27. 2001헌아3 결정).

사례의 해결절차

사례 1 대통령에 의한 헌법소원 심판청구의 적법성

Ⅰ. 사안의 분석과 쟁점의 정리 (5점)

Ⅱ. 헌법소원의 성격과 청구인 적격 (6점)

1. 헌법소원의 의의
2. 기본권보장수단으로서의 헌법소원
3. 헌법소원의 청구인적격과 기본권주체성

Ⅲ. 甲의 乙에 대한 지지발언의 의미와 성격 (7점)

1. 대통령의 헌법상 지위
2. 정치인으로서의 대통령과 그의 활동범위
3. 선거후보자에 대한 대통령의 지지발언의 파급효

Ⅳ. 중앙선관위의 협조공문의 성격과 효력 (7점)

1. 대통령의 선거중립의무의 성격
2. 甲의 지지발언의 선거중립의무 위배여부
3. 중앙선관위의 협조공문의 법적 구속력

Ⅴ. 헌법소원심판에 대한 본안전 판단 (10점)

1. 중앙선관위 협조공문의 공권력 여부에 대한 판단
2. 대통령인 甲의 기본권주체성 여부에 대한 판단
3. 기본권 침해의 직접성, 현재성, 자기관련성에 대한 판단
4. 헌법소원의 보충성에 대한 판단

Ⅵ. 헌법소원심판에 대한 본안판단 (10점)

1. 甲의 지지발언에 대한 기본권적 보호
2. 대통령의 선거중립의무에 의한 기본권 제한의 정당성
3. 헌법재판소의 결정과 그 효력

Ⅶ. 결론 (5점)

사례 2 행정특별시 건설과 헌법소원심판청구의 적법성

Ⅰ. 사안의 분석과 쟁점의 정리 (5점)

Ⅱ. 헌법재판소의 결정과 법률에 의한 수도이전의 위헌성 (8점)

1. 신행정수도법에 대한 위헌결정의 개요
2. 헌재결정에 따른 수도의 구성요건
3. 헌재결정에 따른 수도변경의 요건

Ⅲ. 행정특별시 건설의 성격과 문제점 (10점)

1. 행정특별시로의 정부부처 이전의 성격: 사실상의 수도이전인가?
2. 청와대 별관 설치의 의미와 문제점: 복수의 수도인가?
3. 행정특별시 건설의 절차적 문제점
   → 국민적 합의없이 법률에 의한 추진: 사실상의 수도이전으로 인정될 경우의 문제점

Ⅳ. 헌법재판소의 본안전 판단 (8점)

1. 청구인적격
2. 청구기간, 보충성 등의 요건
3. 본 사안에 대한 판단

Ⅴ. 헌법재판소의 본안판단 (14점)

1. 청구인측의 주장에 대한 판단
2. 피청구인측의 주장에 대한 판단
3. 본 사안에 대한 판단

Ⅶ. 결론 (5점)

제 8 절 헌법재판소규칙제정권

▌헌법 제113조 ② 헌법재판소는 법률에 저촉되지 아니하는 범위 안에서 심판에 관한 절차, 내부규율과 사무처리에 관한 규칙을 제정할 수 있다.

Ⅰ. 제도의 의의

헌법 제113조 제2항에 따라 헌법재판소는 법률에 저촉되지 아니하는 범위 안에서 심판에 관한 절차, 내부규율과 사무처리에 관한 규칙을 제정할 수 있다.

오늘날 형식적인 기관의 분립이 아니라 실질적인 기능의 분립이라는 관점에서 이해된 권력분립의 체계 속에서 볼 때, 헌법재판소의 규칙제정권은 ① (사법기능의 일부를 담당하는) 헌법재판소의 독립성 확보와 ② 헌법재판기능의 능률성을 위하여 필요한 것으로 볼 수 있다.

Ⅱ. 범위와 내용

헌법재판소규칙에 의해 규율될 수 있는 내용은 ① 심판에 관한 절차, ② 내부규율, ③ 사무처리로 분류될 수 있다(헌법 제113조 제2항, 헌법재판소법 제10조 제1항).

심판에 관한 절차나 내부규율을 헌법재판소가 자율적 규칙으로 정할 수 있도록 한 것은 헌법재판작용의 독립성 및 효율성을 확보하기 위하여 꼭 필요한 것이며, 사무처리에 관한 규칙의 제정도 같은 이유에서 필요하다고 할 수 있다. 헌법재판소는 「공직자윤리법의 시행에 관한 헌법재판소규칙」, 「부패방지법의 시행에 관한 헌법재판소규칙」 등을 제정·적용하고 있을 뿐만 아니라, 헌법재판소공무원규칙, 헌법재판소기록물관리규칙, 「헌법재판소공무원의 청렴유지 등을 위한 행동강령」, 「헌법재판소법 제19조 제4항 제5호의 연구기관의 범위에 관한 규칙」 등 다수의 규칙을 제정하여 적용시키고 있다.

다만 헌법재판소규칙은 법률에 위배되지 않는 범위 내에서만 인정된다(헌법 제113조 제2항, 헌법재판소법 제10조 제1항).

Ⅲ. 규칙제정절차 및 규칙의 효력

헌법재판소규칙의 제정과 개정은 재판관회의의 의결을 거쳐서 확정되어야 한다(헌법재판소법 제16조 제4항 제1호). 헌법재판소규칙에는 전문을 붙여야 하며, 전문에서 재판관회의의 의결을 얻은 뜻을 기재하고 헌법재판소장이 서명한 후 헌법재판소장인을 날인하고 그 일자를 명기하여야 한다(「헌법재판소규칙의 공포에 관한 규칙」 제2조).

재판관회의에서 의결된 규칙은 의결된 후 15일 이내에 사무처장이 공포절차를 취하도록 요구되고 있으며, 규칙은 관보에 게재하여 공포한다(「헌법재판소규칙의 공포에 관한 규칙」 제4조). 규칙의 공포일은 그 규칙을 게재한 관보가 발행된 날로 하며(「헌법재판소규칙의 공포에 관한 규칙」 제5조), 규칙은 특별한 규정이 없는 한 공포한 날로부터 20일을 경과함으로써 효력을 발생한다(「헌법재판소규칙의 공포에 관한 규칙」 제6조).

헌법재판소규칙의 효력은 헌법 제113조 제2항의 문구("법률에 저촉되지 아니하는 범위안에서")에 비추어 볼 때 법률의 하위에 있는 것으로 이해될 수밖에 없다. 그러나 대통령령과는 대등한 위치에 있는 것으로 평가된다.

Ⅳ. 헌법재판소규칙에 대한 통제

헌법재판소규칙이 헌법 또는 법률에 합치되지 않을 경우에는 이를 구체적으로 어떤 방식으로 통제할 수 있을 것인지가 문제될 수 있다. 현행 사법체계상 헌법재판소는 최고의 국가기관이며 사법기관이기 때문에 헌법재판소의 상위에 있는 다른 국가기관에서 이를 통제하는 것은 기대할 수 없기 때문이다.

이와 관련하여 주로 문제되는 점은 대법원이 헌법 제107조 제2항에 의한 명령·규칙에 대한 위헌·위법심사권을 통하여 헌법재판소규칙을 통제하는 것이 가능한지의 여부이다. 예컨대 대법원규칙에 대한 위헌심판권은 헌법재판소에 있다고 하겠으나, 자연적 정의의 원칙에 따라 헌법재판소규칙에 대한 최종적 위헌심판권은 대법원이 가진다는 견해가 제시되고 있다.[95)]

95) 김철수, 헌법학개론, 2006, 1599쪽 이하.

그러나 현행 사법체계상 법원과 헌법재판소의 조직이 완전히 분리되어 있을 뿐만 아니라, 헌법 제107조 제2항에 의한 「대법원의 최종적 심사권」이 법원조직 내에서의 최종적 심사권이라고 해석하는 것을 전제할 때, 대법원이 헌법재판소규칙을 심사하는 것은 적절하지 않다고 생각된다.

사항색인

ㅈ

[저자약력]

▌장영수

고려대 법학과 및 대학원 졸업(법학석사)
독일 프랑크푸르트 대학교 법학과 졸업(법학박사)
현 고려대학교 법학전문대학원 교수
고려대학교 법학연구원장, 자유전공학부장
헌법재판소 연구위원
국회 입법지원위원
행정안전부 정책기획위원회 위원
통일부 남북관계발전위원회 위원
감사원 행정심판위원회 위원

〈주요저서〉
민주헌법과 국가질서, 헌법총론, 기본권론, 국가조직론, 헌법학, 헌법사례연습 등

〈주요논문〉
정치현실과 헌법의 규범력,
헌법의 기본원리로서의 민주주의,
헌법의 기본원리로서의 법치주의,
정당의 헌법적 기능과 당내민주주의,
민주적 선거의 요청과 헌법,
언론자유의 실현구조에 관한 서설,
현행헌법상 권력분립의 기본체계,
현행헌법체계상 헌법재판소의 헌법상의 지위 등

▌김수갑

충북대학교 법학과 졸업(법학사)
서울대학교 대학원 법학과 수료(법학석사)
고려대학교 대학원 법학과 수료(법학박사)
미국 Santa Clara 대학교 Law School Visiting Scholar
충북대학교 법과대학장 겸 법무대학원장 역임
입법고등고시, 행정고등고시 등 시험 위원 역임
현 충북대학교 법과대학 교수

〈주요 저서 및 논문〉
헌법 다시보기(공저), 창작과 비평사
헌법상 문화국가원리에 관한 연구
문화재향유권의 법리에 관한 고찰
유전자기술의 규제원리
행정중심복합도시 건설 입법, 정책 평가
의원의 면책특권 등

▌차진아

고려대 법학과 및 대학원 졸업(법학석사)
독일 자브뤼켄 대학교 법학과 졸업(법학박사)
제39회 사법시험합격(변호사)
현 서울시립대학교 법학전문대학원 교수
서울시 인사위원회 위원

〈주요논문〉
조세국가의 헌법적 근거와 한계
사회국가의 이념과 그 현실적 한계
입법의 의의와 기능에 부합하는 입법절차형성의 방향
권한쟁의심판과 위헌법률심판의 충돌에 관한 고찰
종합부동산세의 구조와 성격 및 헌법적 문제점 등

국가조직론

2010년 2월 20일 초판 1쇄인쇄
2010년 2월 25일 초판 1쇄발행

저 자 장영수 · 김수갑 · 차진아
발행인 배 효 선

발행처 도서출판 法 文 社

413-756 경기도 파주시 교하읍 문발리 526-3
등 록 1957년 12월 12일/제2-76호(윤)
전 화 (031)955-6500~6 FAX (031)955-6525
E-mail (영업) bms@bobmunsa.co.kr
(편집) edit66@bobmunsa.co.kr
홈페이지 http://www.bobmunsa.co.kr

조 판 (주) 성 지 이 디 피

정가 28,000원 ISBN 978-89-18-01743-3